Viajes extraordinarios

Julio Verne

Viajes extraordinarios

Cinco semanas en globo
Viaje al centro de la Tierra
Alrededor de la Luna

Prólogo de Antonio Soler

ESPASA

RELECTURAS NARRATIVA

Títulos originales: *Cinq semaines en ballon* (1863); *Voyage au centre de la Terre* (1864); *Autour de la Lune* (1870)
Traducción del francés: M. Arrasola, Trinidad García del Cid, Emilio Martín

Diseño de colección y cubierta: Estudio Joaquín Gallego

Depósito legal: M. 12.351-2005
ISBN: 84-670-1761-9

Espasa, en su deseo de mejorar sus publicaciones, agradecerá cualquier sugerencia que los lectores hagan al departamento editorial por correo electrónico: sugerencias@espasa.es

Impreso en España/Printed in Spain
Impresión: Unigraf, S. L.

Editorial Espasa Calpe, S. A.
Vía de las Dos Castillas, 33. Complejo Ática - Edificio 4
28224 Pozuelo de Alarcón (Madrid)

Índice

Prólogo de Antonio Soler 9

Viajes extraordinarios

Cinco semanas en globo 13
Viaje al centro de la Tierra 245
Alrededor de la Luna 449

Prólogo

Hace cien años que murió Verne, pertenecía a la estirpe de los viajeros inmóviles. Pocas maletas necesita la imaginación. Cuentan que la mayor aventura de su vida pertenece al periodo de la adolescencia, cuando se escapó de su casa con el propósito de llegar a la India para impresionar a una prima suya de la que estaba enamorado. No llegó demasiado lejos en su empresa. Ni se aproximó a Oriente ni al corazón de su prima. Estudió leyes, tal vez para satisfacer a su padre, y fue agente de bolsa, para vivir como un burgués. Luego coqueteó con la política, aunque su vocación era la literatura. Pero tampoco ésta pareció apreciarlo al principio. Fracasó como dramaturgo y como libretista de ópera. Sus primeras narraciones tampoco entusiasmaron a nadie.

Su prima acabó casándose con otro y dándole la espalda definitivamente. La literatura y el éxito no hicieron lo mismo. Ante su insistencia, le abrieron las puertas. Verne llegó a su década prodigiosa, la de 1860, y *Cinco semanas en globo* lo situó en un lugar de privilegio que ya no abandonaría nunca. Había dado con la fórmula, con el esquema narrativo para el que mejor estaba preparado. Venía la era de las máquinas y Verne iba a hacer de sacerdote de esa nueva religión, de esa nueva filosofía. El progreso, el positivismo.

Las máquinas y los viajes extraordinarios. El hombre comenzaba a ser verdaderamente dueño del planeta, la naturaleza era dominada definitivamente y el ser humano empezaba a soñar con nuevos horizontes.

O por lo menos así lo hacían algunas de las mentes más avanzadas de la época. Verne soñó con un futuro en el que las fantasías iban a mezclarse con una nueva realidad. El hombre iba a volar más alto y más rápido de lo que podía insinuar cualquier aerostato, iba a desentrañar los misterios del fondo del mar y de la tierra. Y de esas aventuras iba a obtener un aprendizaje que lo haría más sabio y mejor. Quizá ahí es donde Verne más se equivocó. Después de él vendrían los escritores pesimistas, los que iban a anunciar un futuro de máquinas sin piedad y hombres deshumanizados, hipercontrolados, censurados, más pobres e incultos, robotizados.

Cuando Verne murió, por las aceras de Brooklyn andaba un niño llamado Henry Miller, un niño que tiempo después iba a definir el desafío y las posibilidades del hombre en el siglo XX. «Sólo existe una gran aventura y es hacia dentro, hacia uno mismo», escribiría Miller. Pero Verne estaba en el inicio de los sueños, cuando el mundo todavía era joven y la inocencia, o algo parecido, posible. La aventura seguía estando fuera. Por otro lado, las máquinas, el progreso, no habían mostrado todavía su lado más siniestro. Los gases letales de la Gran Guerra no se habían usado, Hiroshima no era un símbolo, sólo el nombre de una ciudad perdida en Japón. La muerte industrial de Auschwitz, la radiactividad, el napalm eran la pesadilla de una noche que todavía no había comenzado.

Verne era un soñador blanco, inmaculado. A veces sofisticado en sus cábalas científicas, a veces intencionadamente ingenuo en su visión de la aventura humana. Y sin embargo, sus novelas siguen vigentes. Son el umbral para todas las literaturas posibles. No importa que algunas de sus fantasías llegaran a cumplirse y formen parte de nuestra cotidianidad. Lo que importa es su capacidad para hacer soñar al lector, para seguir agrandando sus horizontes. No importa la adivinación de lo real que llevó a cabo hace un siglo y medio. Importa lo que sigue habiendo de irreal en sus libros, de inalcanzable. Cuando Neil Armstrong puso un pie en la Luna asistimos a un hecho prodigioso, pero el viaje selenita de Ardan, Barbicane y Nicholl, los viajeros de *Alrededor de la Luna*, siempre tendrá un componente mágico del que la realidad carece. El viaje de Verne fue un viaje más largo que el de Armstrong, Collins y Aldrich.

Ahí es donde siempre estuvo la grandeza de Verne. En su capacidad para vencer lo chato y anodino de lo cotidiano. Sus profecías, los submarinos, el aire acondicionado, los cohetes, pueden ser curiosos, pero pertenecen al terreno de lo anecdótico, sobre todo porque no juzgamos a un vidente sino a un escritor. Un viajero de la imaginación. En *Viaje al centro de la Tierra*, el profesor Lidenbrock se considera el Colón de las tierras subterráneas. Verne quiso ser un Colón literario. Y de esa vocación nacen sus novelas más características y personales, las de sus viajes extraordinarios. El hombre que no se conforma con los territorios conocidos, el que siempre quiere llegar más allá de las geografías conocidas.

Un cañón apuntando al cielo y una bala que debe volar a 12.000 yardas por segundo para alcanzar la Luna. Los estratos de esquistos coloreados de tonos verdes en el centro de la Tierra, los países exóticos vistos desde el globo y los viajeros que esperan encontrar gallinas en nuestro satélite. Historias que acaban bien, sociedades científicas que premian el valor y la sed de conocimiento, el sueño ingenuo y a la vez luminoso de un tiempo que tuvo a Verne, el viajero inmóvil, como a uno de sus profetas más destacados.

ANTONIO SOLER

Cinco semanas en globo

Capítulo I

Una enorme concurrencia asistía a la sesión que la Real Sociedad Geográfica de Londres, domiciliada en la plaza de Waterloo, número 3, celebraba el 14 de enero de 1862. El presidente sir Francis M... daba cuenta a sus honorables colegas de una importante comunicación en un discurso frecuentemente interrumpido por los aplausos.

El brillante discurso terminaba con algunas frases rimbombantes, en las que se desbordaba el patriotismo.

—Inglaterra ha marchado siempre a la cabeza de las naciones (pues es sabido que unas naciones marchan universalmente a la cabeza de las otras) por la intrepidez de sus viajeros, en el curso de los descubrimientos geográficos (asentimiento general). El doctor Samuel Fergusson, uno de sus gloriosos hijos, no desmentirá su origen (de todas partes: No, no). Si esta tentativa tiene éxito (¡lo logrará!), reunirá, completándolas, las diseminadas noticias que de la cartografía africana existen (vehemente aprobación), y si fracasa (¡jamás! ¡jamás!), pasará a la historia, al menos, como una de las empresas más audaces del genio humano (ovación indescriptible).

—¡Hurra!, ¡hurra! —prorrumpió la asamblea, electrizada por estas emocionantes palabras.

—¡Hurra por el intrépido Fergusson! —exclamó uno de los oyentes más vehementes.

Estallaron entusiastas vítores. El nombre de Fergusson salió de todas las bocas y nos inclinamos a creer que se ennobleció al ser pronunciado en lengua inglesa. Los concurrentes habían quedado emocionados.

¡Allí estaban, sin embargo, envejecidos y fatigados, intrépidos exploradores, cuyo temperamento aventurero les hizo recorrer las cinco partes del mundo. Todos, más o menos física o moralmente, habían escapado a los naufragios, a los incendios, a los tomahawk, a las porras de los salvajes, a los postes de suplicio, a los caníbales de la Polinesia! Pero nada pudo contener el palpitar de sus corazones durante el discurso de sir Francis M..., que fue sin duda el mayor éxito oratorio del que hubo memoria en la Real Sociedad Geográfica de Londres.

Pero en Inglaterra el entusiasmo no se traduce solamente en palabras. Produce dinero más rápidamente que las máquinas de The Royal Mint[1]. Durante la sesión fue votada una subvención para patrocinar la idea, a favor del doctor Fergusson, que se elevó a la cifra de dos mil quinientas libras. La importancia de la suma era proporcional a la de la empresa.

Uno de los miembros de la Sociedad interpeló al presidente para saber si el doctor Fergusson sería oficialmente presentado.

—El doctor está a disposición de la asamblea —respondió sir Francis M...

—¡Que entre! —exclamaron—, ¡que entre! Bueno será que veamos con nuestros propios ojos a un hombre de una audacia tan extraordinaria.

—¡Quizá esta increíble propuesta —dijo un viejo comodoro apoplético— no tenga otro fin que el de engañarnos!

—¿Y si el doctor Fergusson no existiese? —dijo un malicioso.

—Habría que inventarlo —respondió un humorista, miembro de la docta corporación.

—Haced entrar al doctor Fergusson —dijo simplemente sir Francis M...

Y el doctor entró en medio de una salva de aplausos sin inmutarse lo más mínimo.

Era un hombre de unos cuarenta años, de estatura y constitución ordinarias; su temperamento sanguíneo se ocultaba bajo un rostro moreno; tenía una fisonomía fría de expresión, de rasgos correctos, nariz fuerte, en forma de proa de buque, la nariz del hombre destinado a los descubrimientos; sus ojos sumamente dulces, más inteligentes que audaces, daban un gran encanto a su fisonomía; los brazos eran largos y sus pies se posaban en tierra con el aplomo de un gran andarín.

[1] Casa de la Moneda de Londres. *(N. del A.)*

Una calma grave se traslucía en toda su persona y nadie sospechó que fuese capaz de cometer el menor engaño.

Los hurras y los aplausos no cesaron hasta el momento en que el doctor Fergusson reclamó silencio con un gesto amable. Se dirigió al sillón preparado para su presentación, y de pie, inmóvil, con mirada enérgica, levantó hacia el cielo el índice de la mano derecha, abrió la boca y pronunció esta única palabra:

—¡Excelsior!

¡No!, jamás ninguna inesperada interpelación de los señores Bright y Cobden, ni ninguna petición de recursos extraordinarios de lord Palmerston para la defensa de las costas de Inglaterra, obtuvieron éxito parecido. El discurso de sir Francis M... había sido valorado en exceso. El doctor se mostraba a la vez sublime, grande, sobrio y mesurado; había dicho la palabra exacta:

«¡Excelsior!»

El viejo comodoro, completamente identificado con aquel hombre extraño, reclamó la inserción íntegra del discurso del doctor Fergusson en The Proceedings of the Royal Geographical Society of London.

¿Quién era el doctor y qué empresa iba a acometer?

El padre del joven Fergusson, un bravo capitán de la marina inglesa, había asociado a su hijo desde su más tierna infancia a los peligros y a las aventuras de su profesión. Este niño, que parecía no haber conocido nunca el miedo, reveló bien pronto un espíritu vivo, una inteligencia de investigador, una marcada inclinación hacia los trabajos científicos; mostró, por otra parte, una afición poco común a distinguirse en sus trabajos, no encontró nunca obstáculos en nada, ni siquiera al comer con tenedor por primera vez, cosa en que los niños no suelen acertar.

Bien pronto su imaginación se inflamó con la lectura de las empresas atrevidas, de las exploraciones marítimas; siguió con pasión los descubrimientos que jalonaron la primera parte del siglo diecinueve; soñó con la gloria de los Mungo Park, de los Bruce, de los Caillié, de los Levaillant y es de creer que un poco también con la de Selkirk, el Robinsón Crusoe, a quien no juzgaba inferior. ¡Qué de horas muertas pasó con él en su isla de Juan Fernández! Aprobó casi siempre las ideas del marinero abandonado; muchas veces, sin embargo, discrepó de sus planes y sus proyectos; él hubiera obrado de otra manera, mejor tal vez, por lo menos tan bien, ciertamente. Pero, seguramente él no hubiera huido nunca de aquella isla maravillosa, donde era feliz como un rey sin súbditos...; no, ¡aunque se hubiera tratado de llegar a ser primer lord del almirantazgo!

Piense el lector en lo que estas ideas se desarrollarían durante su juventud aventurera pasada en los cuatro rincones del mundo. Su padre, hombre culto, no dejó de consolidar esta viva inteligencia con serios estudios en hidrografía, en física y en mecánica y con un ligero barniz de botánica, medicina y astronomía.

A la muerte del digno capitán, Samuel Fergusson, que a la sazón contaba veintidós años, había ya dado la vuelta al mundo; se alistó en el cuerpo de Ingenieros de Bengala y se distinguió en muchos asuntos; pero la vida de soldado no le agradaba; poco aficionado a mandar, tampoco le gustaba obedecer. Presentó su dimisión y, cazando y recogiendo hierbas, se remontó hacia el norte de la península india y la recorrió de Calcuta a Surat. Un simple paseo de aficionado.

De Surat pasó a Australia y tomó parte en 1845 en la expedición del capitán Sturt, encargado de descubrir ese mar Caspio que se supone existe en el centro de Nueva Holanda.

Samuel Fergusson regresó a Inglaterra hacia 1850 y, poseído más que nunca del demonio de los descubrimientos, acompañó en 1853 al capitán McClure en la expedición que dio la vuelta al continente americano desde el estrecho de Bering al cabo Farewel.

A pesar de las fatigas de todo género y bajo todos los climas, la constitución de Fergusson resistió maravillosamente; vivía cómodamente en medio de las mayores privaciones; era el tipo del perfecto viajero, cuyo estómago se estrecha o se dilata a voluntad, cuyas piernas se alargan o se encogen según sea la cama improvisada y que duerme a cualquier hora del día o vela a cualquiera de la noche.

Nada menos extraño, pues, que encontrar a nuestro infatigable viajero visitando de 1855 a 1857 el oeste del Tíbet en compañía de los hermanos Schlagintweit, y obteniendo en esta expedición curiosas observaciones etnográficas.

Durante estos diversos viajes, Samuel Fergusson fue el corresponsal más activo y más interesante del *Daily Telegraph,* el periódico de un penique, cuya tirada se elevaba a 140.000 ejemplares diarios y que era apenas suficiente para sus muchos millones de lectores. Así pues, el doctor era bien conocido, aun cuando no hubiera sido miembro de ninguna sabia institución, ni de las Reales Sociedades Geográficas de Londres, de París, Berlín, Viena o San Petersburgo, ni del Traveller's Club, ni de la misma Royal Polytechnic Institution que dominaba su amigo el estadístico Kokburn.

Este sabio le propuso, con el fin de agradarle, que resolviera el siguiente problema: conociendo el número de millas recorridas por el doctor en sus viajes alrededor del mundo, ¿cuánto ha recorrido su cabeza más que sus pies a consecuencia de su diferencia de diámetro? O bien, siendo conocido el número de millas recorridas por los pies y por la cabeza del doctor, calcular su longitud exacta en una línea.

Pero Fergusson estaba siempre alejado de las corporaciones científicas, siendo de la iglesia militante y no parlante; opinaba que valía más emplear el tiempo en investigar que en discutir, y en descubrimientos que en discursos.

Se cuenta que un inglés llegó un día a Ginebra con intención de visitar el lago; le hicieron subir a uno de esos viejos coches donde la gente se sienta de lado como en los ómnibus y ocurrió que, por casualidad, el inglés fue colocado de espaldas al lago; el coche efectuó tranquilamente su viaje circular sin que al inglés se le ocurriera volverse ni una sola vez, y regresó a Londres encantado del lago de Ginebra. El doctor Fergusson, por el contrario, se había vuelto más de una vez durante sus viajes, tanto que había visto mucho. Esto, por supuesto, obedecía a su temperamento. Había motivos para creer que era un tanto fatalista, pero de un fatalismo muy ortodoxo; contaba consigo mismo y hasta con la Providencia: se sentía impulsado, más que atraído en sus viajes y recorría el mundo, como una locomotora sin guía que siguiera el camino trazado por los carriles.

—Yo no sigo mi camino —decía—. Es mi camino el que me sigue.

No debe extrañar, por tanto, que acogiera sin inmutarse los aplausos de la Real Sociedad; estaba por encima de estas miserias, ya que no tenía orgullo y menos vanidad; encontraba sencilla la proposición que había dirigido al presidente sir Francis M... y no percibió la inmensa conmoción que ésta produjo.

Después de la sesión, el doctor fue conducido al Traveller's Club, en Pall Mall; un soberbio banquete se había preparado en su obsequio; el número de platos servidos estuvo en relación con la importancia del personaje, y el esturión que figuró en esta espléndida comida no tendría de largo tres pulgadas menos que el mismo Samuel Fergusson.

Numerosos brindis fueron pronunciados con los vinos de Francia en honor de los célebres viajeros que se habían distinguido por tierras de África. Se bebió a su salud o a su memoria, y lo que es muy inglés, por orden alfabético: por Abbadie, Adanis, Adamson, Anderson, Arnaud, Baikie, Baldwin, Barth, Batonda, Beke, Beltrame, Du Berba, Bimbachi, Bologuesi, Bolwik, Bolzoni, Bomerain, Brisson, Browne, Bruce, Brun-Rollet, Burchell, Burckhasdt, Burton, Caillaud, Caillié, Campbell, Chapansan, Clapperton, Clo-Bey, Colomieu, Courbal, Caming, Cuny, Debonó, Deeken, Denham, Desavanchers, Dicksen, Dickson, Dochard, Duchailler, Duneau, Durand, Duroulé, Duveyrier, Ertrard, Escayrac de Lature, Ferret, Fresnel, Galmier, Galton, Geoffroy, Golberry, Hapn, Halm, Harnier, Heokart, Henglin, Horemenn, Hogston, Irubert, Kaufman, Knoblecher, Krapt, Kumnier, Lafargue, Laing, Lajaille, Lambert, John Lander, Richard Lander, Lanural, Lampriere, Lefebore, Lejean, Levaillant, Livingstone, Macearthie, Maggian, Maizan, Malzac, Moffat, Mollien Monteiro, Morritson, Mungo Park, Neimans, Nervoey, Panet, Partarrieau, Pascal,

Pearse, Peddie, Péney, Petherick, Poncet, Prax, Raflenel, Rath, Rebmann, Richardson, Riley, Ritchie, Rochelt D'Hericourt, Rongawi, Roscher, Ruppel, Saugnier, Speke, Steidner, Thilaud, Thompson, Thornton, Toole, Tousny, Trotter, Tuckey, Tyrwitt, Vandey, Veyssiere, Vincent, Vinco, Vogel, Wadberg, Warington, Washington, Wezue, Wild y, en fin, el doctor Samuel Fergusson, que con su audaz tentativa debía enlazar los trabajos de estos viajeros y completar la serie de descubrimientos africanos.

CAPÍTULO II

Al día siguiente, en su número del 15 de enero, el *Daily Telegraph* publicaba el siguiente artículo:

«África va a revelar al fin el secreto de sus vastos desiertos; un Edipo moderno nos dará la clave de este enigma, que los sabios de sesenta siglos no pudieron descifrar. Antaño buscar las fuentes del Nilo, *fontes Nili quaerere,* era considerado como una tentativa insensata, una quimera irrealizable.

El doctor Barth siguiendo hasta el Sudán el camino trazado por Denham y Clapperton; el doctor Livingstone multiplicando sus intrépidas investigaciones desde el cabo de Buena Esperanza hasta el lago Zambeze; y los capitanes Burton y Speke, con el descubrimiento de los grandes lagos interiores, abrieron tres caminos a la civilización moderna; su punto de intersección, adonde ningún viajero pudo llegar, es el corazón mismo de África. Hacia allí deben dirigirse todos los esfuerzos.

Los trabajos de estos osados campeones de la ciencia van a ser reanudados por la audaz tentativa del doctor Samuel Fergusson, cuyas hermosas exploraciones han tenido ocasión de apreciar nuestros lectores.

Este intrépido explorador se propone atravesar en globo toda el África de este a oeste. Si nuestras referencias son exactas, el punto de partida de este sorprendente viaje será la isla de Zanzíbar, en la costa oriental.

Respecto al punto de llegada, sólo a la Providencia está reservado conocerlo.

La propuesta de esta exploración científica fue hecha ayer oficialmente a la Real Sociedad de Geografía; una suma de dos mil quinientas libras fue votada para atender los gastos de la empresa.

Tendremos al corriente a nuestros lectores de esta tentativa que no tiene precedente en los anales geográficos».

Ya puede suponerse la resonancia que tuvo este artículo; levantó primero tempestades de incredulidad; el doctor Fergusson pasó por un ser puramente quimérico inventado por el señor Barnum, que después de haber cultivado el «canard» en los Estados Unidos, se aprestaba a «trabajar» en las islas británicas.

Un jocoso comentario apareció en el número de febrero de los *Boletines de la Sociedad Geográfica de Ginebra;* se mofaba irónicamente de la Real Sociedad de Londres, del Traveller's Club y del esturión gigante.

Pero el señor Petermann, en sus *Mitteilungen* publicadas en Gotha, redujo al silencio al periódico de Ginebra. El señor Petermann conocía personalmente al doctor Fergusson y garantizaba la audacia de su intrépido amigo.

Bien pronto se desvaneció toda duda; los preparativos del viaje se hacían en Londres; las fábricas de Lyon habían recibido un importante pedido de tafetán para la construcción del aeróstato y por último el gobernador británico ponía a la disposición del doctor el transporte *El Audaz* al mando del capitán Pennet.

Bien pronto se recobraron los decaídos ánimos y estallaron mil felicitaciones. Los detalles de la empresa aparecieron en los *Boletines de la Sociedad Geográfica de París;* un notable artículo apareció en los *Nuevos anales de viajes,* de geografía, historia y arqueología de M. V. A. Malte-Brun; un minucioso trabajo publicado en *Zeitchrift fur Allgemeine Erdkunde,* por el doctor W. Koner, demostró con éxito la posibilidad del viaje, sus probabilidades de triunfo, la naturaleza de los obstáculos, las inmensas ventajas del medio de locomoción por la vía aérea, y desaprobó únicamente el punto de partida; indicaba en su lugar Masnah, pequeño puerto de Abisinia, desde donde James Bruce en 1768 había partido en busca de las fuentes del Nilo. Desde luego admiraba sin reserva el espíritu enérgico del doctor Fergusson y el corazón de bronce que concebía e intentaba semejante viaje.

La *North American Review* no vio con agrado que tal gloria estuviera reservada a Inglaterra; tomó a broma la propuesta del doctor y le aconsejaba que puesto ya en camino llegara hasta América.

Para terminar, sin contar los periódicos del mundo entero, no hubo revista científica, desde el *Diario de las misiones evangélicas* hasta la *Revista de Argelia y colonias,* desde los *Anales de la propaganda de la fe* hasta el *Church Missionary Intelligencer,* que no relatara el hecho en todas sus formas.

Apuestas considerables se cruzaron en Londres y en toda Inglaterra: primero, sobre la existencia real o supuesta del doctor Fergusson; segundo, sobre el viaje mismo, que no llegaría a intentarse según unos y que sería emprendido según otros; tercero, sobre la cuestión de saber si triunfaría o no; cuarto, sobre la probabilidad o imposibilidad de la vuelta del doctor Fergusson. Se invirtieron sumas enormes en las apuestas, como si se tratara de las carreras de Epsom. De esta manera, creyentes, incrédulos, ignorantes y sabios, todos tenían los ojos fijos en el doctor. Llegó a ser el león del día, sin dudarse que tenía melena. Él mismo suministró voluntariamente detalles precisos sobre su expedición. Fue fácilmente abordable y el hombre más natural del mundo. Más de un aventurero se presentó, queriendo compartir la gloria y los peligros de su tentativa; pero él rehusó la oferta sin dar razones de su negativa.

Numerosos inventores de mecanismos aplicables a la dirección de los globos, le propusieron sus sistemas, pero no quiso aceptar ninguno. A los que le preguntaron si había hecho algún descubrimiento en este aspecto, no quiso contestarles, y se ocupó más activamente que nunca de los preparativos de su viaje.

Capítulo III

El doctor Fergusson tenía un amigo que no era precisamente su segundo yo, su alter ego; la amistad no existe entre dos personas idénticas.

Pero aun cuando Dick Kennedy y Samuel Fergusson tenían cualidades, aptitudes y temperamentos distintos, sus corazones vibraban al unísono; y esto no era obstáculo, sino todo lo contrario.

El tal Dick Kennedy era un escocés en toda la extensión de la palabra, abierto, resuelto, testarudo. Vivía en la pequeña ciudad de Leith, cerca de Edimburgo, un verdadero suburbio de la Vieja Ahumada[1]. Pescaba ocasionalmente, pero era, por encima de todo y siempre, un conocido cazador; cosa nada extraña en un hijo de Caledonia, explorador de las montañas de los Highlands. Se le citaba como un maravilloso tirador de carabina; no solamente partía bolas sobre una hoja de cuchillo, sino que las dividía en dos partes tan iguales que pesándolas inmediatamente no se podía encontrar diferencia apreciable.

La fisonomía de Kennedy recordaba mucho la de Halbert Glendining, tal como la ha descrito Walter Scott en *El monasterio;* su estatura pasaba de seis pies ingleses[2]; lleno de gracia y desenvoltura, estaba dotado

---

[1] Vieja Ahumada: sobrenombre de Edimburgo, *Auld Reekie. (N. del A.)*

[2] Un metro y ochenta centímetros. *(N. del T.)*

de una fuerza hercúlea; su rostro fuertemente tostado por el sol, sus ojos vivos y negros, un atrevimiento natural muy decidido, en fin, algo que indicaba bondad y solidez en toda su persona predisponía en favor del escocés.

Los dos amigos se conocieron en la India en una época en que ambos pertenecían al mismo regimiento; mientras Dick se dedicaba a la caza de tigres y elefantes, Samuel recogía plantas e insectos; cada uno podía enorgullecerse de su destreza en el oficio, y más de una de las plantas que cogió el doctor valió tanto como la conquista de un par de colmillos de marfil.

Estos dos jóvenes nunca tuvieron ocasión de salvarse la vida mutuamente, ni de hacerse favor alguno; de ahí nació una amistad inalterable. El destino los alejaba a veces, pero la simpatía los unía siempre.

Desde su vuelta a Inglaterra, se separaron a menudo a causa de las largas expediciones del doctor, pero al regreso, éste no dejaba nunca de ir, no a pedir, sino a gastar algunas semanas de su tiempo con su amigo el escocés.

Dick charlaba del pasado, Samuel preparaba el porvenir; uno miraba hacia adelante, el otro hacia atrás. De ahí un espíritu inquieto, el de Fergusson; una placidez perfecta, la de Kennedy.

Después de su viaje al Tíbet, el doctor pasó cerca de dos años sin hablar de nuevas exploraciones; Dick supuso que su querencia por los viajes y su deseo de aventuras se habían colmado. Estaba encantado. Esto, pensaba, hubiera acabado mal algún día; por mucho conocimiento que se tenga de los hombres, no se viaja impunemente en medio de antropófagos y bestias feroces; Kennedy exhortaba a Samuel a moderarse, puesto que ya había hecho bastante por la ciencia y demasiado para la gratitud humana.

A esto el doctor contestaba con el silencio, permanecía pensativo y se entregaba a cálculos secretos, pasando las noches haciendo números, experimentando por sí mismo varios aparatos que nadie comprendía. Se veía que una gran idea germinaba en su cerebro.

«¿Qué podrá preocuparle así?», se preguntaba Kennedy cuando le dejó su amigo para irse a Londres en el mes de enero.

Lo supo una mañana por el artículo del *Daily Telegraph.*

—¡Misericordia! —exclamó—. Loco, insensato. ¡Atravesar el África en globo! ¡No faltaba más que esto! ¡He aquí lo que meditaba desde hacía dos años!

En vez de estas admiraciones ponga el lector fuertes puñetazos en la cabeza y tendrá una idea del ejercicio a que se entregaba el bravo Dick al hablar así.

Cuando su ama de llaves, la vieja Elspeth, quiso insinuar que esto podría muy bien ser un engaño:

—Vamos —respondió él—, ¡como si yo no conociese a mi amigo! ¿No es muy propio de él eso de viajar por los aires? Ahí le tiene, celoso de las águilas, ahora. No, ciertamente, esto no ocurrirá, yo sabré impedirlo. ¡Ah! Si se le dejase en libertad, un día partiría con rumbo a la luna.

Aquella misma noche, Kennedy, entre impaciente y colérico, tomaba el tren en la estación del ferrocarril general y al día siguiente llegaba a Londres.

Tres cuartos de hora más tarde un coche le dejaba en la casa del doctor situada en el barrio de Soho, calle Greek, franqueaba el umbral de la puerta y se anunciaba dando en la puerta cinco fuertes puñetazos.

Fergusson en persona salió a abrirle.

—¿Dick? —exclamó, sin demasiada extrañeza.

—El mismo —respondió Kennedy.

—Cómo, mi querido Dick, ¿tú en Londres, durante las cacerías de invierno?

—Yo en Londres.

—Y ¿qué vienes tú a hacer aquí?

—Impedir una locura sin nombre.

—¿Una locura? —dijo el doctor.

—¿Es verdad lo que dice este periódico? —exclamó Kennedy, alargándole el número del *Daily Telegraph.*

—¡Ah! ¿Te refieres a eso? ¡Qué indiscretos son los periódicos! Pero siéntate, mi querido Dick.

—No me sentaré. ¿Tienes en efecto la idea de emprender ese viaje?

—Efectivamente, mis preparativos llevan buen camino y yo...

—¿Dónde están tus proyectos, para hacerlos mil pedazos? ¿Dónde están, para que yo los haga añicos?

El digno escocés estaba realmente furioso.

—Calma, mi querido Dick —repuso el doctor—; comprendo tu irritación. Te ha molestado que no te haya comunicado mis nuevos proyectos.

—¡Y llamas a eso nuevos proyectos!

—He estado muy ocupado —repuso Samuel, sin dejar que le interrumpiera—. He tenido mucho que hacer, pero tranquilízate, no me hubiese marchado sin escribirte.

—¡Ah! Me hacen reír tus planes.

—Porque yo tenía intención de llevarte conmigo.

El escocés dio un brinco digno de un camello.

—¡Ah, vamos! —exclamó—. Lo que quieres es que nos encierren a los dos en el Hospital de Betlehen[3].

---

[3] Manicomio de Londres. *(N. del A.)*

—Yo he contado contigo y te he escogido excluyendo a otros muchos.

Kennedy permanecía estupefacto.

—Cuando me hayas escuchado diez minutos —continuó tranquilamente el doctor— me darás las gracias.

—¿Hablas en serio?

—Muy en serio.

—¿Y si yo me negase a acompañarte?

—No te negarás.

—Pero de todas maneras, ¿si yo me negase?

—Partiría solo.

—Sentémonos —dijo el cazador—, y hablemos tranquilamente. Desde el momento en que no te burlas, vale la pena que discutamos.

—Discutamos mientras almorzamos, si tú no te opones a ello, mi querido Dick.

Los dos amigos se sentaron frente a frente, ante una mesita, entre una pila de sándwiches y una enorme tetera.

—Mi querido Samuel —dijo el cazador—, tu proyecto es una insensatez, es un imposible. No es serio, ni factible.

—Eso lo veremos después de ensayarlo.

—Pero si precisamente lo que no hay que hacer es ensayarlo.

—Haz el favor de decirme por qué.

—¿Y los peligros y los mil obstáculos?

—Los obstáculos —repuso seriamente Fergusson— fueron inventados para ser vencidos; y en cuanto a los peligros, ¿quién puede enorgullecerse de evitarlos? Todo es peligroso en la vida; puede ser muy peligroso sentarse delante de una mesa o ponerse el sombrero; hay que considerar, ante todo, lo que ha de ocurrir como si hubiera ya ocurrido, y ver tan sólo el presente en el porvenir, pues el porvenir no es sino un presente muy lejano.

—¿Qué significa esto? —exclamó Kennedy, encogiéndose de hombros—. ¡Tú, siempre fatalista!

—Siempre, pero en el buen sentido de la palabra. No nos preocupemos nunca de lo que la suerte nos reserva y no olvidemos jamás nuestro proverbio inglés: «El hombre que nace para ser ahorcado, no se ahogará nunca».

Estos argumentos no tenían réplica, a pesar de lo cual Kennedy objetó con otros muchos fáciles de suponer, pero demasiado largos para exponerlos aquí.

—En fin —dijo después de una hora de discusión—, si quieres a todo trance atravesar el África, si esto es necesario para tu felicidad, ¿por qué no sigues los caminos trazados?

—¿Por qué? —respondió el doctor animándose—; porque hasta la fecha todos han fracasado. Porque desde Mungo Park, asesinado en el Níger, hasta Vogel, desaparecido en el Wadoi; desde Oudney, muerto en Murning; Clapperton, muerto en Sackaton; hasta el francés Maizan, descuartizado; desde el mayor Laing, muerto por los tuaregs, a Roscher de Hamburgo, degollado a principios de 1860, numerosas víctimas han sido inscritas en el martirologio africano. Porque luchar contra los elementos, contra el hambre, la sed, la fiebre, contra los animales feroces y contra pueblos más feroces todavía, es imposible. Porque lo que no se pudo conseguir de una manera, debe intentarse de otra. En fin, porque adonde no se puede llegar atravesando el territorio, es necesario ir por un lado o por encima.

—Si no se trata de pasar encima —replicó Kennedy—, sino de pasar por encima.

—Pues bien —repuso el doctor con la mayor sangre fría del mundo—, ¿qué tengo que temer? No dejarás de reconocer que he tomado mis precauciones para no temer una caída de mi globo; si a pesar de aquéllas sucediera esto, me encontraría en tierra en las mismas condiciones normales de los exploradores; pero mi globo no me faltará nunca, no hay que ocuparse de ello.

—Al contrario, es precisamente lo que hay que tener en cuenta.

—No, mi querido Dick. Yo espero no separarme de él antes de mi llegada a la costa occidental de África. Con él todo es posible, sin él caigo de lleno en los peligros y en los obstáculos de semejante expedición; con él, ni el calor, ni los torrentes, ni las tempestades, ni el simún, ni los climas insalubres, ni los animales salvajes, ni los hombres, son de temer. Si tengo calor, me elevo; si paso frío, desciendo; si me encuentro una montaña, paso por encima; si lo que hay es un precipicio, lo franqueo; un río lo atravieso, una tormenta la domino, un torrente lo paso rozando como los pájaros, ando sin fatigarme, me paro sin necesitar descanso, observo a vista de pájaro las ciudades nuevas, vuelo con la rapidez del huracán, tan pronto en lo más alto de los aires como a cien pies del suelo, y el mapa africano va pasando ante mis ojos como el Atlas mayor del mundo.

El bravo Kennedy empezaba a emocionarse y, sin embargo, el espectáculo evocado ante sus ojos le producía vértigo. Contemplaba a Samuel con admiración, pero también con temor; se sentía ya balanceándose en el espacio.

—Veamos —dijo—, discutamos un poco, querido Samuel. ¿Has encontrado el medio de dirigir los globos?

—Ni mucho menos. Eso es una utopía.

—Pero entonces tú irás...

—Donde Dios quiera, pero, no obstante, del este al oeste.

—Y esto, ¿por qué?

—Porque yo cuento con ayudarme con los vientos alisios cuya dirección es constante.

—¡Oh!, verdaderamente —exclamó Kennedy reflexionando—; los vientos alisios... ciertamente, en rigor se puede... ya hay algo...

—¿Que hay algo? No, mi bravo amigo. Lo hay todo. El gobierno inglés ha puesto un transporte a mi disposición; se ha acordado igualmente que tres o cuatro navíos recorran la costa occidental, en la época en que se presuma mi llegada. Dentro de tres meses, a más tardar, estaré en Zanzíbar, donde tendrá lugar el inflamiento de mi globo, y desde allí nos elevaremos...

—¿Nos?... —dijo Dick.

—¿Tendrás todavía valor para hacerme alguna objeción? Habla, amigo Kennedy.

—¿Alguna objeción? Mil podría hacerte, pero entre otras, dime: si piensas ver el país, si piensas subir y bajar a voluntad tuya, no podrás hacerlo sin que el globo pierda gas; no ha habido hasta la fecha otros medios de proceder, y esto es precisamente lo que ha impedido las grandes excursiones por la atmósfera.

—Mi querido Dick, yo no te diré más que esto: no perderé ni un solo átomo de gas, ni una sola molécula.

—¿Y podrás descender cuando quieras?

—Podré bajar cuando lo desee.

—¿Y cómo te arreglarás?

—Éste es mi secreto, amigo Dick; ten confianza y que mi divisa sea la tuya: «Excelsior».

—Vaya con «Excelsior» —replicó el cazador, que no sabía una palabra de latín.

Pero estaba decidido a oponerse por todos los medios posibles a la marcha de su amigo. Aparentó ser de su misma opinión y se limitó a observar. En cuanto a Samuel, fue a vigilar sus preparativos.

Capítulo IV

La línea aérea que el doctor Fergusson pensaba seguir no había sido elegida a capricho; su punto de partida fue estudiado seriamente y no sin motivo resolvió elevarse en la isla de Zanzíbar. Esta isla, situada cerca de la costa oriental de África, se encuentra a 6 grados de latitud austral, es decir, a cuatrocientas treinta millas geográficas por debajo del ecuador.

De esta isla había partido la última expedición enviada desde los Grandes Lagos al descubrimiento de las fuentes del Nilo.

Bueno será explicar qué exploraciones, entre todas las realizadas, pensaba el doctor Fergusson elegir como precedentes. Dos había: la del doctor Barth en 1849 y la de los tenientes Burton y Speke en 1858.

El doctor Barth fue un hamburgués que obtuvo, para su compatriota Overweg y para él, la autorización de unirse a la expedición del inglés Richardson, que estaba encargado de una misión en el Sudán.

Este vasto país está situado entre los 15 y los 10 grados de latitud norte, es decir, que para llegar a él es necesario avanzar más de mil quinientas millas en el interior de África.

Hasta entonces esta comarca era tan sólo conocida por el viaje de Denham, de Clapperton y de Oudney de 1822 a 1824. Richardson, Barth y Overweg, deseosos de llevar más lejos sus investigaciones, llegaron a

Túnez y a Trípoli como sus antecesores, yendo después a Mourzonk, capital de Fezán.

Abandonan entonces la línea perpendicular y avanzan por el oeste hacia Ghat, guiados no sin dificultad por los tuaregs. Después de mil escenas de bandidaje, de vejaciones y de ataques a mano armada, llega su caravana al vasto oasis de Asben. El doctor Barth se destacó de sus compañeros e hizo una excursión a la ciudad de Aghades reuniéndose nuevamente con la expedición; volviendo a ponerse en marcha el 12 de diciembre. Llegó la expedición a la provincia de Damerghon; allí los tres viajeros se separaron y Barth emprendió el camino de Kano, adonde logró llegar a fuerza de paciencia y pagando tributos considerables.

A pesar de una intensa fiebre, abandonó la ciudad el 7 de marzo, seguido únicamente por un criado. El principal fin de su viaje era reconocer el lago Tchad, del cual distaba todavía trescientas cincuenta millas. Avanzó, pues, hacia el este y llegó a la ciudad de Yonri Polo, en el Bornu, que es el centro del Gran Imperio Central de África. Allí tuvo noticia de la muerte de Richardson, que pereció víctima de las privaciones y las fatigas. Llegó a Kuka, capital de Bornu, en las orillas del lago. Por fin, al cabo de tres semanas, el 14 de abril, doce meses y medio después de haber abandonado Trípoli, llegó a la ciudad de Ugornon.

Volvemos a encontrarlos saliendo el 29 de marzo de 1851, con Overweg, con el fin de visitar el reino de Adamona, al sur del lago; llegó hasta la ciudad de Yola, un poco más abajo de los 9 grados de latitud norte. Es el límite extremo alcanzado al sur por este atrevido viajero.

Vuelve en el mes de agosto a Kuka, desde donde parte para recorrer sucesivamente el Hándara, el Barghimi, el Kanem y, como límite extremo hacia el este, llega a la ciudad de Masena, situada en los 17 grados 20 minutos de longitud oeste[1]. El 25 de noviembre de 1852, después de la muerte de Overweg, su último compañero, se dirige hacia el oeste, visita Sokoto, atraviesa el Níger y llega, por fin, a Tombuctú, donde padeció ocho largos meses en medio de las vejaciones del jeque, de los malos tratos y de la miseria. Pero la presencia de un cristiano en la ciudad no pudo ser tolerada mucho tiempo; los dulando le amenazaron con el asesinato. El doctor abandonó, pues, la ciudad el 17 de marzo de 1854, refugiándose en la frontera, donde vivió treinta y tres días en la más absoluta desnudez; regresa a Kano en noviembre, entra en el Koutra, donde vuelve a tomar la ruta de Denham, después de cuatro meses de espera; vuelve a ver Trípoli hacia fin de agosto de 1855 y regresa a Londres sin ninguno de sus compañeros.

[1] Se trata del meridiano inglés que pasa por el observatorio de Greenwich. *(N. del A.)*

He aquí lo que fue este audaz viaje de Barth.

El doctor Fergusson anotó cuidadosamente que éste había llegado a los 4 grados de altitud norte y a los 17 grados de longitud oeste.

Veamos ahora lo que hicieron los tenientes Burton y Speke en el África oriental.

Las diversas expediciones que remontaron el Nilo no pudieron jamás llegar a las fuentes misteriosas de este río. Después del relato del médico alemán Ferdinand Werne, de la expedición intentada en 1840, bajo los auspicios de Mahomet Alí, llegó a Gondokoro, situado entre los 4 y 5 grados paralelos norte.

En 1855, Brun-Rollet, un saboyano, nombrado cónsul de Cerdeña en el Sudán oriental, en sustitución de Vandey, muerto apenas salido de Jartum y bajo el nombre del viajante Jacob, traficante de goma y de marfil, llegó a Belenia más allá de los 4 grados y volvió enfermo a Jartum, donde murió en 1857.

Ni el doctor Péney, jefe del servicio médico egipcio, que en un vaporcito alcanzó un grado por bajo de Gondokoro, y volvió a morir extenuado a Jartum; ni el veneciano Miani, que siguiendo el contorno de las cataratas situadas por debajo de Gondokoro, alcanzó el segundo paralelo; ni el negociante maltés Andrea Debono, que llevó aún más lejos su excursión por el Nilo, pudieron traspasar el límite infranqueable.

En 1859 el señor Guillaume Lejean, encargado de una misión por el gobierno francés, llegó a Jartum por el mar Rojo y se embarcó en el Nilo en compañía de veintiún hombres y veinte soldados; pero no pudo pasar de Gondokoro y corrió los mayores peligros en medio de los negros en plena revolución. La expedición dirigida por el señor Escayrac de Lauture intentó asimismo llegar a las famosas fuentes.

Pero éste fue el término fatal de todos los viajeros; los enviados de Nerón llegaron en la antigüedad a los 9 grados de latitud; no se ganó, pues, en dieciocho siglos más que 5 o 6 grados, o sea, de trescientas a trescientas sesenta millas geográficas.

Muchos viajeros intentaron llegar a las fuentes del Nilo tomando un punto de partida en la costa oriental de África.

De 1768 a 1772, el escocés Bruce salió de Masnah, puerto de Abisinia, recorrió el Tigris, visitó las ruinas de Axum, creyó ver las fuentes del Nilo donde no estaban y no obtuvo ningún resultado serio.

En 1844 el doctor Krapf, misionero anglicano, fundó un convento en Nombaz, en la costa de Zanguebar, y descubrió, junto al reverendo Rebman, dos montañas a trescientas millas de la costa; éstos son los montes Kilimanjaro y Kenya, que los señores Heuglin y Thornton acaban de escalar en parte.

En 1845, el francés Maizan desembarcó solo en Baga-mayo, frente a Zanzíbar, y llegó a Deje-la-Mhora, donde el jefe de la tribu le hizo perecer víctima de crueles suplicios.

En 1859, en el mes de agosto, el joven viajero Rocher, de Hamburgo, partió con una caravana de mercaderes árabes, llegando al lago Niassa, donde fue asesinado mientras dormía.

Por fin, en 1857, los tenientes Burton y Speke, ambos oficiales del ejército de Bengala, fueron enviados por la Sociedad Geográfica de Londres para explorar los grandes lagos africanos; el 17 de junio abandonaron Zanzíbar, internándose directamente hacia el oeste.

Después de cuatro meses de sufrimientos inauditos, saqueados sus equipajes y asesinados los portadores de éstos, llegaron a Kazeh, punto de reunión de traficantes y caravanas; estaban en plena tierra de la luna, donde recogieron preciosos documentos sobre las costumbres, el gobierno, la religión, la flora y la fauna del país; después se dirigieron hacia Tanganica, que es el primero de los grandes lagos, situado entre los 3 y los 8 grados de latitud austral; llegaron allí el 14 de febrero de 1858 y visitaron las diversas tribus de las orillas, la mayor parte de las cuales eran caníbales.

Partieron de nuevo el 26 de mayo, entrando en Kazeh el 20 de junio. Allí, Burton, extenuado, se vio obligado a permanecer varios meses por encontrarse enfermo; durante este tiempo, Speke realizó una excursión hacia el norte de más de trescientas millas hacia el lago Ukerewe, que logró divisar el 3 de agosto, pero no pudo llegar a ver sino la entrada, situada en los 2 grados 30 minutos de latitud.

Estaba de regreso a Kazeh el 25 de agosto y emprendía nuevamente con Burton el camino de Zanzíbar, donde lograron llegar en marzo del año siguiente. Estos dos atrevidos exploradores volvieron entonces a Inglaterra y la Sociedad Geográfica de París les adjudicó su premio anual.

El doctor Fergusson observó con atención que nadie había logrado pasar a los 2 grados de latitud austral, ni de los 29 grados de longitud este.

Se trataba, pues, de enlazar el resultado de las exploraciones de Burton y Speke, con el de las del doctor Barth; era decidirse a franquear una extensión de terreno de más de 12 grados.

CAPÍTULO V

El doctor Fergusson activaba los preparativos de su viaje; dirigía en persona la construcción de su aeróstato, haciendo ciertas modificaciones, sobre las que guardaba impenetrable reserva.

Desde hacía mucho tiempo venía dedicándose al estudio de la lengua árabe y de varios idiomas mandingos; gracias a sus aptitudes de políglota hizo rápidos progresos.

Entre tanto, su amigo el cazador no le abandonaba un momento; temía sin duda que el doctor Fergusson emprendiera su vuelo sin avisarle; todavía a propósito de esto le pronunciaba persuasivos discursos, que no convencían a Samuel Fergusson, y prorrumpía en patéticas súplicas, de las que aquél no se daba por aludido. Dick le sentía escapársele de entre las manos.

El pobre escocés estaba realmente atormentado; no observaba la bóveda azulada sin sombríos terrores; experimentaba, durmiendo, vaivenes vertiginosos y todas las noches se sentía caer desde alturas enormes.

Hay que añadir que durante estas terribles pesadillas cayó de su cama una o dos veces. Su primer cuidado fue mostrar a Fergusson una fuerte contusión que se hizo en la cabeza.

—Y, sin embargo —añadió con su natural bondad—, tres pies de altura ¡nada más!, a pesar de lo cual me causó un chichón parecido: ¡juzga, pues!

Esta insinuación llena de melancolía no enmudeció al doctor.

—No nos caeremos —dijo éste.

—Pero ¿y si nos caemos?

—No nos caeremos.

Tal fue la conversación, y Kennedy no tuvo nada que contestar.

Lo que exasperaba singularmente a Dick era que el doctor parecía prescindir por completo de su persona; le consideraba como irrevocablemente destinado a ser su compañero por los aires. Esto no tenía duda. Samuel hacía un intolerable abuso de la primera persona del plural:

«Nosotros avanzamos..., nosotros estaremos preparados..., nosotros partiremos...».

Y del adjetivo posesivo en singular:

«Nuestro globo..., nuestra barquilla..., nuestra exploración...».

Y del plural:

«Nuestros preparativos..., nuestros descubrimientos..., nuestras ascensiones».

Dick temblaba, aunque estaba decidido a no partir; pero no quería contrariar demasiado a su amigo. Hemos de confesar que sin darse cuenta del todo había traído paulatinamente de Edimburgo algunos trajes variados y sus mejores escopetas.

Un día, después de reconocer que con una suerte extraordinaria se podía tener la dicha de triunfar, fingió rendirse a los deseos del doctor; pero para retrasar el viaje discurrió la serie de dilaciones más variada. Insistió sobre la utilidad de la expedición y sobre su oportunidad...

El descubrimiento de las fuentes del Nilo, ¿era verdaderamente necesario?... ¿Era eso trabajar por la felicidad de la humanidad?... Cuando, después de todo, las tribus de África estuvieran civilizadas, ¿serían más dichosas?... ¿Era cierto, además, que la civilización no estuvo allí antes que en Europa?... Tal vez; y sobre todo, ¿no podía esperarse todavía?... La travesía de África se haría seguramente algún día de una manera menos arriesgada. En un mes, en seis, en un año, algún explorador llegaría sin duda...

Estas insinuaciones producían un efecto contrario al que se proponían, y el doctor se consumía de impaciencia.

—¿Quieres, pues, desgraciado Dick, quieres tú, falso amigo, que esta gloria recaiga sobre otro? ¿Tendré necesidad de renunciar a mi proyecto?; ¿retroceder ante obstáculos que no son tales?; ¿olvidar, por cobardes dudas, lo que hacen por mí el gobierno inglés y la Real Sociedad Geográfica de Londres?

—Pero... —replicó Kennedy, que tenía gran costumbre de emplear esta conjunción.

—Pero —dijo el doctor— ¿no sabes tú que mi viaje debe contribuir al éxito de las exploraciones actuales? ¿Ignoras que nuevos exploradores avanzan hacia el centro de África?

—Sin embargo...

—Escúchame bien, Dick, y observa este mapa.

Dick obedeció con resignación.

—Remonta el curso del Nilo —dijo Fergusson.

—Lo remonto —respondió dócilmente el escocés.

—Llega a Gondokoro.

—Ya estoy allí.

Y Kennedy pensaba qué fácil era un viaje parecido... sobre el mapa.

—Toma una de las puntas del compás —repuso el doctor— y apóyala sobre esta ciudad que los más atrevidos apenas han rebasado.

—Ya la apoyo.

—Y ahora, busca sobre la costa la isla de Zanzíbar, en los 6 grados de latitud sur.

—Ya está.

—Continúa ahora este paralelo y llega a Kazeh.

—Aquí estoy.

—Remóntate por los 33 grados de longitud hasta la abertura del lago Ukerewe, en el sitio donte se detuvo el teniente Speke.

—Heme aquí, un paso más y hubiera caído en el lago.

—Pues bien, ¿tú sabes lo que hay derecho a suponer de las noticias dadas por las tribus de las riberas?

—No me lo figuro.

—Pues que este lago, cuya extremidad inferior está en los 2 grados 30 minutos de latitud, debe extenderse asimismo hasta los 2 grados y medio por encima del Ecuador.

—Verdaderamente.

—Pues de esta extremidad septentrional se escapa una corriente de agua, que debe necesariamente reunirse al Nilo, si no es el Nilo mismo.

—Esto sí que es curioso.

—Pues apoya la segunda punta de tu compás sobre esta extremidad del lago Ukerewe.

—Ya lo he hecho, amigo Fergusson.

—¿Cuántos grados cuentas entre las dos puntas?

—Apenas dos.

—¿Y sabes tú lo que esto representa, Dick?

—Nada en absoluto.

—Apenas si son ciento veinte millas, es decir, nada.

—Casi nada, Samuel.

—¿Y sabes tú lo que ocurre en estos momentos?

—Pardiez, te aseguro que no.

—Pues bien, aquí lo tienes. La Sociedad Geográfica ha considerado muy importante la exploración de este lago, vislumbrado por Speke.

Bajo sus auspicios, el teniente, hoy capitán, Speke se ha asociado al capitán Grant, del ejército de las Indias, se han puesto a la cabeza de una expedición numerosa y espléndidamente subvencionada. Tienen la misión de remontar el lago y volver a Gondokoro; han recibido una subvención de más de cinco mil libras y el gobernador del Cabo ha puesto soldados hotentotes a su disposición; partieron de Zanzíbar a finales de octubre de 1860. Mientras tanto, el inglés John Petherick, cónsul de su majestad en Jartum, recibió del Foreign Office cerca de setecientas libras; debe equipar un vapor en Jartum, cargarlo de suficientes provisiones y llegar a Gondokoro; allí esperará a la caravana del capitán Speke para abastecerla.

—Bien pensado —dijo Kenendy.

—Como ves, hemos de darnos prisa si queremos participar en estos trabajos de exploración. Y no es esto todo; mientras se marcha con paso seguro al descubrimiento de las fuentes del Nilo, otros viajeros van bravamente al corazón de África.

—¿A pie? —dijo Kennedy.

—A pie —respondió el doctor sin dar importancia a la insinuación—. El doctor Krapf se propone avanzar hacia el oeste por el Djob, río situado bajo el Ecuador. El barón de Decken ha abandonado Mombaz, ha recorrido las montañas de Kenya y del Kilimanjaro y se internan en el centro.

—¿Siempre a pie?

—Siempre a pie o a lomos de un mulo.

—Es exactamente igual para mí —replicó Kennedy.

—En fin —repuso el doctor—, el señor De Heuglin, vicecónsul de Austria en Jartum, acaba de organizar una expedición muy importante, cuyo primer fin es encontrar al explorador Vogel, que en 1853 fue enviado al Sudán para asociarse a los trabajos del doctor Barth. En 1856 abandonó Bornu y resolvió explorar el país desconocido que se extiende entre el lago Tchad y el lago Darfur. Desde esta fecha no ha vuelto a aparecer. Cartas llegadas en junio de 1860 a Alejandría refieren que fue asesinado por orden del rey de Wadai; pero otras cartas dirigidas por el doctor Hartmann al padre del viajero relatan que, según cuenta un fellah de Bornu, Vogel quedó prisionero en Wara; no estaba, pues, perdida toda esperanza. Se formó un comité bajo la presidencia del duque regente de Sajonia-Coburgo-Gotha, del que es secretario mi amigo Petermann; una suscripción nacional ha sufragado los gastos de la expedición, a la que han contribuido numerosos sabios. El señor De Heuglin salió de Masnah en el mes de junio y al propio tiempo que busca el camino de Vogel, debe explorar todo el territorio comprendido entre el Nilo y el Tchad, es decir, reunir los datos aportados en la expedición del capitán Speke, a los del doctor Barth, y entonces África habría sido atravesada del este al oeste[1].

—Pues bien —repuso el escocés—, puesto que todo esto va tan bien encaminado, ¿qué vamos a hacer allí?

El doctor Fergusson no contestó nada y se contentó con encogerse de hombros.

---

[1] Después de la marcha del doctor Fergusson se supo que el señor De Heuglin, al cabo de ciertas discusiones, tomó un camino distinto del que se le asignó a su expedición, cuyo mando fue transmitido al señor Munzinger. *(N. del A.)*

Capítulo VI

El doctor Fergusson tenía un criado; respondía con diligencia al nombre de Joe; tenía un temperamento excelente; había dedicado a su amo una confianza absoluta y una abnegación sin límites; se adelantaba siempre a sus órdenes y las interpretaba de una manera inteligente; un Caleb nada gruñón y con un eterno buen humor; si se hubiese buscado a propósito, no se habría encontrado nadie mejor dispuesto. Fergusson podía fiarse por entero de él en todos los detalles de su vida y tenía razón. ¡Singular y honrado Joe! ¡Un criado que dispone la comida y cuyo gusto es el vuestro, que os hace el baúl y no se olvida de los calcetines y las camisas, que posee vuestras llaves y vuestros secretos sin abusar de ellos! Pero también hay que tener en cuenta lo que el doctor significaba para el digno Joe. ¡Con qué respeto y con qué confianza acataba Joe sus misiones! Cuando Fergusson hablaba, loco tenía que ser el que le interrumpiera. Todo lo que pensaba había de ser justo; todo lo que decía, sensato; lo que ordenaba, factible; lo que emprendía, posible; lo que terminaba, admirable. Aunque le hubierais hecho pedazos, cosa que sin duda os habría repugnado, Joe no hubiera cambiado de parecer respecto a su amo.

Así es que cuando el doctor concibió el proyecto de atravesar África por los aires, fue para Joe cosa hecha. Ya no existían obstáculos; desde el momento en que el doctor Fergusson había resuelto partir, ya había llegado con su fiel servidor, pues este bravo muchacho, aunque no se había hablado de ello, sabía muy bien que participaría en el viaje.

Iba a prestar grandes servicios por su inteligencia y su maravillosa agilidad. Si hubiera sido necesario nombrar un profesor de gimnasia para los monos del Jardín Zoológico, ya de por sí bien ágiles, Joe habría obtenido esta plaza. Saltar, trepar, volar, ejecutar mil vueltas imposibles; esto era para él un juego.

Si Fergusson era la cabeza y Kennedy los brazos, Joe debía ser la mano. Había acompañado ya a su amo durante varios viajes y poseía algún barniz de ciencia a su modo, pero se distinguía sobre todo por una filosofía dulce, un optimismo encantador; todo lo encontraba fácil, lógico, natural y, por consiguiente, no sentía la necesidad de quejarse ni de renegar. Entre otras cualidades poseía un golpe de vista extraordinario; compartía con Maestlin, el profesor de Kepler, la rara facultad de distinguir sin anteojos los satélites de Júpiter y de contar en el grupo de las Pléyades las catorce estrellas, de las cuales las últimas son de la novena dimensión. No se enorgullecía por esto; al contrario, os hubiera saludado muy bien y en ocasiones sabía muy lindamente servirse de sus ojos.

Con esta confianza que inspiraba a Joe el doctor, no son de extrañar las incesantes discusiones que mantenían Kennedy y el digno servidor, guardando desde luego las debidas consideraciones. El uno dudaba y el otro creía; uno era la prudencia clarividente, el otro la confianza ciega. El doctor se encontraba entre la duda y la fe, aunque bueno será advertir que no le preocupaban ni la una ni la otra.

—¿Cómo va, señor Kennedy? —decía Joe.

—¿Y tú, muchacho?

—Ya se acerca el momento. Parece ser que nos embarcamos para la Luna.

—Querrás decir para la tierra de la Luna, que no es tan lejos; pero estate tranquilo porque es tan peligroso...

—¿Peligroso con un hombre como el doctor Fergusson?

—No quisiera quitarte las ilusiones, querido Joe, pero lo que ahora emprende es sencillamente la obra de un insensato; no partirá.

—¿Que no partirá? ¿No ha visto su globo en el taller del señor Mittchell en el Borough?

—Me guardaré muy bien de ir a verlo.

—Pues se perderá usted el ver un hermoso espectáculo. ¡Qué cosa tan hermosa!, ¡qué bonito corte!, ¡qué encantadora barquilla!, ¡qué cómodos vamos a estar allí dentro!

—¿Piensas en serio acompañar a tu amo?

—Yo —repuso Joe con convicción— le acompañaré adonde él quiera, no faltaría más que esto, dejarle solo cuando hemos recorrido el mundo juntos; ¿quién le iba a sostener cuando se cansase?; ¿quién le tendería una mano vigorosa para saltar un precipicio?; ¿quién le cuidaría si cayera enfermo? No, señor Dick, Joe ocupará siempre su puesto, al lado del doctor; ¿qué digo?, alrededor del doctor Fergusson.

—Bravo muchacho.

—Usted viene con nosotros, por supuesto —repuso Joe.

—¿Qué duda cabe? —dijo Kennedy—; es decir, que os acompaño para impedir hasta el último momento que Samuel cometa una locura semejante. Yo le acompañaré hasta el mismo Zanzíbar, con el fin de que allí todavía la mano de un amigo le detenga en su proyecto insensato.

—No conseguirá nada, señor Kennedy, salvo expresar su opinión. Mi señor no es un botarate; medita largamente lo que va a emprender y cuando su resolución está tomada, ni el diablo le hace desistir.

—Eso lo veremos.

—No se ilusione con esa esperanza. Además, lo interesante es que venga. Para un cazador como usted, el África es un país maravilloso. Así, de todas maneras no le pesará el viaje.

—No, ciertamente, no me arrepentiré de mi viaje, sobre todo si este obstinado se rinde por fin a la evidencia.

—A propósito —dijo Joe—, ¿sabe que es hoy el peso?

—¿Cómo el peso?

—Sin duda, mi amo, usted y yo nos tenemos que pesar.

—¡Como los jockeys!

—Como los jockeys. Pero tranquilícese; no le harán adelgazar si es usted demasiado pesado. Le llevará tal como esté.

—Yo no me dejaré pesar —dijo el escocés con firmeza.

—Pero, señor, es que parece que es necesario para su máquina.

—Pues bien, su máquina prescindirá de ello.

—Pero hombre, ¿y si por falta de cálculos exactos no podemos elevarnos?

—¡Pardiez, pues si no deseo otra cosa!

—Vamos, señor Kennedy, mi amo va a venir de un momento a otro.

—No iré.

—¡No le dará usted ese disgusto!

—Se lo daré.

—Bien —dijo Joe riendo—, habla así porque no está él aquí, pero cuando le diga cara a cara: «Dick (con permiso de usted), Dick, tengo necesidad de conocer exactamente tu peso». Usted irá, yo respondo de ello.

—Yo no iré.

En este momento el doctor entró en su gabinete de trabajo, donde tenía lugar esta conversación y miró a Kennedy, que se sintió inquieto.

—Dick —dijo el doctor—, ven con Joe; tengo necesidad de saber lo que pesáis los dos.

—Pero...

—Podrás conservar el sombrero en la cabeza. Vamos.

Y Kennedy fue.

Llegaron los tres a los talleres del señor Mittchell, donde una balanza, de las llamadas romanas, había sido preparada. Era necesario en efecto que el doctor conociera el peso de sus acompañantes para establecer el equilibrio de su aeróstato. Hizo subir a Dick sobre la plataforma de la balanza; éste sin hacer resistencia decía en voz baja:

—Está bien, está bien; esto no compromete a nada.

—Ciento cincuenta y tres libras —dijo el doctor anotando este número en su cuaderno.

—¿Soy demasiado pesado?

—Nada de eso, señor Kennedy —replicó Joe—; además, yo soy ligero y esto será una compensación.

Y diciendo esto Joe ocupó con entusiasmo el sitio del cazador; fue necesario volver la balanza a su equilibrio; se puso en la actitud del Wellington que imita a Aquiles a la entrada de Hyde-Park y estuvo admirable, aun sin escudo.

—Ciento veinte libras —apuntó el doctor.

—¡Eh! ¡Eh! —dijo Joe con una sonrisa de satisfacción.

Nadie hubiera podido decir por qué sonreía.

—Ahora me toca a mí —dijo Fergusson, y apuntó ciento treinta y cinco libras por su cuenta.

—Los tres juntos —dijo— no pesamos más de cuatrocientas libras.

—Pero señor —repuso Joe—, si fuera necesario para su expedición, podría adelgazar veinte libras, no comiendo.

—Es inútil, muchacho —repuso el doctor—; puedes comer a tu gusto y aquí tienes media corona para que lo hagas mejor.

Capítulo VII

El doctor Fergusson se había preocupado desde hacía tiempo de los detalles de su expedición. Es natural que el globo, el maravilloso vehículo destinado a transportarle por los aires, fuese el objeto de su constante solicitud.

En primer lugar, y para no dar demasiadas dimensiones al aeróstato, decidió llenarlo de hidrógeno, que es catorce veces y media más ligero que el aire. La producción de este gas es fácil y es el que ha dado mejores resultados en las experiencias aerostáticas.

El doctor, después de cálculos muy exactos, sacó la consecuencia de que para los objetos indispensables de su viaje y para su aparato podía llevar un peso de cuatro mil libras; fue, pues, necesario buscar cuál era la fuerza ascensional capaz de elevar este peso y, por consiguiente, cuál debía ser la capacidad del globo.

Un peso de cuatro mil libras está representado por un desplazamiento de aire de 44.847 pies cúbicos, lo que equivale a decir que 44.847 pies cúbicos de aire pesan alrededor de cuatro mil libras, y dando al globo esta capacidad de 44.847 pies cúbicos[1] y llenándolo en vez de con aire con gas hidrógeno, que como es catorce veces y media más ligero, no pesa más que 276 libras, queda una diferencia de peso de 3.724 libras. Esta diferencia

[1] 1.661 metros cúbicos. *(N. del A.)*

entre el peso del gas contenido en el globo y el peso del aire que lo rodea es lo que constituye la fuerza ascensional del aeróstato.

Sin embargo, si se introdujeran en el globo los 44.847 pies cúbicos de gas de que hablamos, se llenaría por completo; esto no es factible, pues a medida que el globo sube a las capas menos densas del aire, el gas que encierra tiende a dilatarse y no tardaría en estallar la cubierta. No se llenan, pues, generalmente, más que dos terceras partes de los globos.

Pero el doctor, como consecuencia de cierto proyecto conocido solamente por él, resolvió no llenar más que la mitad de su aeróstato, puesto que necesitaba llevar 44.847 pies cúbicos de hidrógeno y dar a su globo una capacidad de aproximadamente el doble.

Lo proyectó de forma alargada, que es la más corriente; el diámetro horizontal era de cincuenta pies y el vertical de 75[2], obteniendo así un esferoide cuya capacidad se elevaba en cifras redondas a noventa mil pies cúbicos.

Si el doctor Fergusson hubiera podido emplear dos globos, sus probabilidades de éxito aumentarían; en efecto, en el caso de que uno se rompiera en el aire, se podría, arrojando lastre, mantener en el aire por medio del otro. Pero la maniobra de dos aeróstatos resulta muy difícil cuando se trata de conservar una fuerza ascensional igual.

Después de haber reflexionado largamente, Fergusson, por una disposición ingeniosa, reunió las ventajas de los dos globos sin ninguno de sus inconvenientes; construyó dos de desiguales dimensiones y los encerró uno en otro. Su globo exterior, que conservó las dimensiones antes citadas, contenía uno más pequeño de la misma forma, que no tenía más que cuarenta y cinco pies de diámetro horizontal y sesenta y ocho pies de diámetro vertical. La capacidad de este globo interior no era, pues, más que de 67.000 pies cúbicos; debía flotar en el fluido que lo rodeaba; una válvula se abría de un globo a otro y cubría la necesidad de hacer que se comunicasen entre sí.

Esta disposición presentaba además una ventaja; que si era necesario dar salida al gas para descender, se dejaría escapar primero el del globo grande; cuando se vaciase enteramente, el pequeño quedaría intacto; era posible, pues, deshacerse de la cubierta exterior, como de un peso incómodo, y el segundo aeróstato no ofrecería al viento la presa que ofrecen los globos a medio inflar.

Además, en el caso de un accidente, o de un desgarrón en el globo exterior, el otro tenía la ventaja de estar preservado.

---

[2] Esta dimensión no tiene nada de extraordinaria. En 1784, Mongolfier construyó en Lyon un aeróstato cuya capacidad era de 340.000 pies cúbicos o 20.000 metros cúbicos, y podía elevar un peso de veinte toneladas. *(N. del A.)*

Los dos aeróstatos fueron construidos con un tafetán cruzado de Lyon, revestido de gutapercha. Esta sustancia gomo-resinosa posee una impermeabilidad absoluta, es completamente inatacable por los ácidos y por los gases. Se puso además una capa doble de tafetán en la parte superior del globo, donde se hacía casi todo el esfuerzo.

Esta envoltura podía retener el fluido por tiempo ilimitado. Pesaba media libra por cada nueve pies cuadrados. Siendo la superficie del globo exterior de unos 11.600 pies cuadrados, su envoltura pesaba seiscientas cincuenta libras. La envoltura del segundo globo, que tenía 9.200 pies cuadrados de superficie, no pesaba más que quinientas diez libras; o sea, en total 1.160 libras.

Las cuerdas destinadas a sostener la barquilla fueron hechas de cáñamo, de una gran solidez, y las dos válvulas fueron objeto de minuciosos cuidados, como lo hubiera sido el timón de un navío.

La barquilla, de forma circular y de un diámetro de quince pies, estaba construida de mimbre, reforzada por una ligera armadura de hierro y provista en su parte inferior de resortes elásticos, destinados a amortiguar los choques. Su peso y el de sus cuerdas no pasaba de doscientas ochenta libras.

El doctor hizo construir además cuatro cajas de tela de dos líneas de espesor; estaban unidas entre sí por tubos provistos de llaves; unido a ellas iba un serpentín de dos pulgadas de diámetro, poco más o menos, que terminaba en dos ramas rectas de desigual longitud, pero de las cuales la mayor medía veinticinco pies de alto y la más corta quince solamente.

Las cajas de tela se embutían en la barquilla de manera que ocupasen el menor espacio posible; el serpentín, que no debía instalarse hasta más tarde, fue embalado por separado, así como una potente pila eléctrica de Bunsen. Este aparato había sido combinado tan ingeniosamente, que no pesaba más que setecientas libras, incluidos veinticinco galones de agua contenidos en una caja especial.

Los instrumentos destinados al viaje consistieron en dos barómetros, dos termómetros, dos brújulas, un sextante, dos cronómetros, un horizonte artificial y un altazimut para indicar los objetos lejanos o inaccesibles. El Observatorio de Greenwich se había puesto a disposición del doctor. Por su parte, no se proponía hacer experimentos de física, quería solamente conocer su dirección y determinar la posición de los principales riachuelos, montañas y ciudades.

Se proveyó de tres áncoras de hierro a toda prueba, así como de una escala de seda ligera y resistente de unos cincuenta pies de longitud.

Calculó, asimismo, el peso exacto de sus víveres; consistían éstos en té, café, bizcochos, carne salada y pemmickan, preparación que en un pequeño volumen encerraba muchos elementos nutritivos. Independientemente de una suficiente reserva de aguardiente, dispuso dos cajas que contenían cada una veintiséis galones.

El consumo de estos alimentos debía disminuir poco a poco el peso elevado por el aeróstato. Es necesario advertir que el equilibrio de un globo en el aire es de una sensibilidad extremada. La pérdida de un peso casi insignificante puede producir una elevación muy apreciable.

El doctor no olvidó ni una tienda, que debía recubrir una parte de la barquilla, ni las mantas que componían toda la cama de viaje, ni las escopetas de caza, ni sus provisiones de pólvora y balas.

He aquí el resumen de sus diferentes cálculos:

	libras
Fergusson	135
Kennedy	153
Joe	120
Peso del primer globo	650
Peso del segundo globo	510
Barquilla y cuerdas	280
Áncoras, instrumentos, fusiles, mantas, tiendas, utensilios diversos	190
Carne, pemmickan, bizcochos, té, café, aguardiente	386
Agua	400
Aparato	700
Peso del hidrógeno	276
Lastre	200
TOTAL	4.000

Tal era el desglose de las cuatro mil libras que el doctor Fergusson se proponía levantar; no llevaba más que doscientas libras de lastre «para casos imprevistos solamente», decía, pues contaba con no utilizarlo, gracias a su aparato.

CAPÍTULO VIII

Hacia el 10 de febrero, los preparativos tocaban a su fin. Los aeróstatos, encerrados uno en otro, estaban completamente terminados; habían sido expuestos a una fuerte presión de aire, hasta el máximo que podían resistir, y esta prueba había dado buen concepto de su solidez y demostraba lo esmerada que había sido su fabricación.

Joe no cabía en sí de gozo; corría sin cesar de la calle Greek a los talleres del señor Mitchell, trabajador siempre, pero expansivo al mismo tiempo, dando voluntariamente detalles sobre el asunto a personas que ni siquiera se los pedían, orgulloso, sobre todo, de acompañar a su amo. Nos inclinamos a creer que obtuvo alguna propina desarrollando las ideas y los planes del doctor, haciendo que le vieran a través de alguna ventana entreabierta y dándole a conocer en las calles. No hay que guardarle rencor por esto, estaba en su derecho de especular un poco con la admiración y la curiosidad de sus contemporáneos.

El 16 de febrero el *Audaz* levó anclas en Greenwich. Era un barco de vapor de ochocientas toneladas y gran marcha, que estuvo encargado de abastecer la última expedición de sir James Ross a las regiones polares. Al comandante Pennet se le tenía por un hombre notable; se interesaba especialmente por el viaje del doctor, a quien admiraba de antiguo. El citado Pennet tenía más de sabio que de soldado, lo que no era obstáculo para que su barco llevara cuatro cañones que nunca habían hecho daño alguno y servían únicamente para producir los ruidos más pacíficos del mundo. La bodega del *Audaz* fue arreglada de manera que sirviera de alojamiento al aeróstato, que fue trasladado con grandes precauciones, durante el día 18 de febrero. Fue depositado en el fondo del navío, a cubierto de cualquier accidente que pudiera ocurrir. La barquilla y sus accesorios, las anclas, las cuerdas, los víveres, las cajas de agua que se debían llenar a la llegada, todo fue acondicionado en presencia de Fergusson.

Se embarcaron diez toneladas de ácido sulfúrico y diez toneladas de hierro viejo para la producción del gas hidrógeno. Esta cantidad era más que suficiente, pero se hacía preciso reparar las pérdidas posibles. El aparato destinado a producir el gas, compuesto de unos treinta barriles, fue puesto en el fondo de la cala.

Estos preparativos terminaron el 18 de febrero por la noche. Dos camarotes, preparados con todo confort, esperaban al doctor Fergusson y a su amigo Kennedy. Este último, jurando que no se marcharía, se presentó a bordo con un verdadero arsenal de caza, dos excelentes escopetas de dos cañones y carga por la culata y una carabina a toda prueba, de la fábrica de Purdey Moore y Dickson, de Edimburgo; con tal arma no tendría dificultad ningún cazador en alojar una bala en el ojo de una gamuza; guardó asimismo dos revólveres Colt de seis tiros, para las necesidades imprevistas; su saco para la pólvora, su canana, el plomo y balas en cantidad suficiente, sin rebasar los límites de peso marcados por el doctor.

Los tres viajeros se instalaron a bordo durante el día 19 de febrero; fueron recibidos con grandes distinciones por el capitán y sus oficiales, el doctor siempre impasible, preocupado únicamente con su expedición; Dick, emocionado, aunque sin querer aparentarlo; Joe, retozón, prorrumpiendo en incesantes bromas: llegó bien pronto a ser el bufón del barco, donde se le ofrecía un gran campo para sus payasadas.

El día 20, la Real Sociedad Geográfica dio un banquete de despedida al doctor Fergusson y a Kennedy. El comandante Pennet y sus oficiales asistieron a esta comida, que fue muy animada y pródiga en libaciones de honor; los brindis menudearon para desear a los convidados cien años de vida. Sir Francis M... presidía con una emoción apenas contenida, pero lleno de dignidad.

En esta gran confusión, Dick Kennedy se llevó una buena parte de las felicitaciones báquicas. Después de haber brindado «por el intrépido Fergusson, gloria de Inglaterra», se bebió a la salud «del no menos valiente Kennedy, su audaz compañero».

Dick se sonrojó mucho, lo que se tomó por modestia: los aplausos se redoblaron. Dick enrojeció más todavía.

Un mensaje de la reina llegó en el momento de servir los postres; cumplimentaba a los dos viajeros y hacía votos por el éxito de la empresa.

Esto dio motivos a nuevos brindis «por Su Graciosa Majestad».

A medianoche, después de emocionantes despedidas y calurosos apretones de manos, se separaron los convidados.

Los botes del *Audaz* esperaban en el puente de Westminster; el capitán tomó asiento en compañía de sus pasajeros y sus oficiales y el Támesis les llevó hacia Greenwich.

Una hora después, todos dormían a bordo.

Al día siguiente, 21 de febrero, a las tres de la madrugada, las calderas roncaban; a las cinco se levaban anclas y bajo el impulso de su hélice, el *Audaz* enfilaba la desembocadura del Támesis.

Es inútil decir que todas las conversaciones a bordo giraban únicamente sobre la expedición del doctor Fergusson. A juzgar por lo que se oía, inspiraba una confianza tal, que bien pronto, salvo el escocés, no hubo nadie que pusiera en duda el éxito de la empresa.

Durante las horas desocupadas del viaje, el doctor daba un verdadero curso de geografía en la cámara de oficiales. Éstos se apasionaron por los descubrimientos de África hechos en los últimos cuarenta años; el doctor les refirió las exploraciones de Barth, Burton, Speke y Grant; les describió esa misteriosa región confiada de todos los países a las investigaciones de la ciencia. En el norte, el joven Duveyrier exploró el Sáhara y llevó a París a los jefes de los tuaregs. Bajo la protección del gobierno francés, se preparaban dos expediciones que bajando del norte y llegando al oeste se cruzarían en Tombuctú. En el sur, el infatigable Livingstone, avanzaba sin cesar hacia el ecuador, y desde marzo de 1862 remontaba en compañía de Mackensie el curso del Roovania. El siglo XIX no transcurriría ciertamente sin que el África revelase los secretos ocultos en su seno desde hace seis mil años.

La atención de los oyentes de Fergusson subió de punto cuando les dio a conocer con todo detalle los preparativos de su viaje; quisieron comprobar sus cálculos, discutieron y el doctor entró de lleno en la controversia.

En general producía extrañeza la cantidad relativamente limitada de víveres que llevaba consigo. Un día, uno de los oficiales interrogó al doctor sobre este punto.

—¿Les sorprende eso? —respondió Fergusson.

—Sin duda.

—Pero ¿qué duración suponen que va a tener mi viaje? ¿Meses enteros? Ése es un grave error; si se prolongase, estaríamos perdidos y no llegaríamos nunca. Deben saber que desde Zanzíbar a la costa del Senegal no hay más que tres mil quinientas o cuatro mil millas a lo sumo. Pues a doscientas cuarenta millas cada doce horas, lo que no se parece a la velocidad de nuestros ferrocarriles, y viajando día y noche, serían suficientes siete días para atravesar África.

—Pero entonces no podrán ver nada, ni hacer observaciones geográficas, ni conocer el país.

—Haré todo eso —respondió el doctor— si soy dueño de mi globo, si me elevo o desciendo a voluntad, si me detengo cuando me parezca, sobre todo cuando corrientes demasiado violentas amenacen estrellarme.

—Las encontrarán —dijo el comandante Pennet—; hay huracanes que hacen más de doscientas cuarenta millas por hora.

—Vean —replicó el doctor— cómo con tal rapidez se atravesará África en doce horas; se levantará uno en Zanzíbar y se acostará en San Luis.

—Pero —repuso un oficial— ¿es que un globo puede ser arrastrado con esa velocidad?

—Ya se ha visto —respondió Fergusson.

—¿Y el globo ha resistido?

—Perfectamente. Fue en la época de la coronación de Napoleón, en 1804. El aeronauta Garnerin lanzó en París a las once de la noche un globo que llevaba la inscripción siguiente escrita en letras de oro: «París, 25 de frimario del año XIII, coronación del emperador Napoleón por Su Santidad Pío VII». A las cinco de la mañana siguiente los habitantes de Roma vieron el mismo globo cernerse sobre el Vaticano, recorrer la campiña romana e ir a caer en el lago Bracciano. Así pues, señores, un globo puede resistir tales velocidades.

—Un globo sí, pero no un hombre —se aventuró a decir Kennedy.

—Un hombre también. Pues un globo está siempre inmóvil respecto al aire que le rodea; así pues, él no marcha, es esta masa de aire la que lo hace, y si no, enciendan una vela en la barquilla y la llama no vacilará. Un aeronauta que hubiera ido en el globo de Garnerin, no habría experimentado ningún sufrimiento por esta velocidad. Además, yo no tengo por qué experimentar tal velocidad, y si puedo sujetar durante la noche el globo a un árbol o a cualquier accidente del terreno, no dejaré de hacerlo. Llevamos víveres para dos meses, y nada impedirá a nuestro bravo cazador surtirnos de caza en abundancia cuando tomemos tierra.

—¡Ah!, señor Kennedy, va a hacer buenos disparos —dijo un joven guardiamarina, mirando al escocés con ojos de envidia.

—Sin contar —respuso otro— que sus distracciones serán acompañadas de una gran gloria.

—Señores... —respondió el cazador—, yo estoy muy agradecido... a sus felicitaciones... pero no me corresponde recibirlas.

—¡Cómo! —se oyó de todas partes—, ¿no irá usted?

—Yo no partiré.

—¿No acompañará al doctor Fergusson?

—No; no le acompañaré y si estoy aquí es por acompañarle hasta el último momento.

Todas las miradas se dirigieron al doctor.

—No le escuchen —repuso éste con aire tranquilo—; es un asunto que no hace falta discutir con él; por su parte sabe perfectamente que partirá.

—¡Por San Patricio! —exclamó Kennedy—, yo atestiguo...

—No atestigües nada, amigo Dick; te has medido, te has pesado, llevas contigo tu pólvora, tus fusiles y tus balas; así que no hablemos más de ello.

Y en efecto, desde este momento hasta la llegada a Zanzíbar, Dick no despegó los labios. No volvió a hablar de ello. Como si hubiera muerto.

CAPÍTULO IX

El *Audaz* enfiló rápidamente hacia el cabo de Buena Esperanza; el tiempo continuaba espléndido, aunque el mar se encontraba algo agitado.

El 30 de marzo, veintisiete días después de la salida de Londres, el monte de la Tabla se perfilaba en el horizonte; la Ciudad de El Cabo, situada al pie de un anfiteatro de colinas, apareció al fin en los anteojos marinos y bien pronto el *Audaz* ancló en el puerto. Pero el capitán no arribaba más que para tomar carbón, lo que fue obra de un día; al día siguiente, el navío se dirigía hacia el sur para doblar la punta meridional de África y entrar en el canal de Mozambique.

No era para Joe el primer viaje por mar; no tardó en encontrarse a bordo como en su propia casa. Todos le querían por su franqueza y su buen humor. Una gran parte de la celebridad de su amo recaía sobre él. Se le escuchaba como un oráculo y él por su parte no se equivocaba más que otro cualquiera.

Así pues, mientras el doctor proseguía el curso de sus descripciones en la cámara de oficiales, Joe reinaba en el castillo de proa y hacía historia a su manera; procedimiento ya seguido por los historiadores de todos los tiempos. Se trataba, naturalmente, del viaje aéreo. A Joe le había costado que los espíritus recalcitrantes admitieran el proyecto, pero, una vez aceptado, la imaginación de los marineros, estimulada por los relatos de Joe, ya no conocía nada imposible.

El brillante narrador persuadía a su auditorio de que después de aquel viaje se harían muchos otros. Aquél era tan sólo el principio de una larga serie de empresas sobrehumanas.

—Ya veis, amigos míos, que cuando se ha probado este género de locomoción no se puede ya prescindir de él, y en nuestra próxima expedición en vez de ir de lado, iremos hacia arriba en línea recta.

—Entonces iréis a la Luna —exclamó uno de sus oyentes, maravillado.

—¿A la Luna? —replicó Joe—. No, eso es demasiado vulgar; a la Luna va todo el mundo; además, allí no hay agua y tiene uno que llevar una enorme cantidad de víveres y hasta aire en ampollas para poder respirar.

—¿Y si se encontrase uno allí ginebra? —dijo un marinero aficionado a esta bebida.

—Aunque así fuera, amigo mío; no, nada de Luna; pero nos pasearemos por las bellas estrellas, por los encantadores planetas de los que mi amo me ha hablado tantas veces. De modo que empezaremos por visitar Saturno...

—¿El que tiene un anillo? —preguntó el segundo contramaestre.

—Sí, un anillo de boda; sólo que no se sabe qué ha sido de su mujer.

—¿Cómo subiréis tan alto? —dijo un grumete estupefacto—. Quizá tu amo sea el diablo.

—¿El diablo? Es demasiado bueno para eso.

—¿Y después de Saturno? —preguntó uno de los más impacientes del auditorio.

—¿Después de Saturno? Pues bien, visitaremos Júpiter, que es un lugar bien raro, donde los días son sólo de nueve horas y media, cosa muy cómoda para los perezosos y donde los años, por ejemplo, duran doce años, lo cual es ventajoso para las personas a las que sólo quedan seis meses de vida; esto prolonga un poco su existencia.

—¿Doce años? —repuso el grumete.

—Sí, pequeño; así es que en aquel país mamarías aún y aquel viejo que debe de contar cincuenta años, sería un chiquillo de cuatro años y medio.

—Eso es imposible —prorrumpió el castillo de proa en pleno.

—Es la pura verdad —dijo Joe con toda seguridad—. Pero ¿qué queréis? Cuando se persiste en vegetar en este mundo no se aprende nada, se queda uno ignorante como un puerco espín. Venid a Júpiter y veréis. Por ejemplo, es necesaria la etiqueta allá arriba, pues hay satélites de buena sociedad.

Y todos se reían, pero le creían a medias; les hablaba de Neptuno, donde los marinos son muy bien recibidos; de Marte, donde a los militares les ponen por las nubes, lo que acaba por ser molesto. En cuanto a Mercurio, es un feo mundo lleno sólo de ladrones y mercaderes, tan semejantes los unos a los otros que es difícil distinguirlos; y en fin, les hacía de Venus un cuadro realmente encantador.

—Y cuando volvamos de esta expedición —dijo el amable narrador—, nos condecorarán con la Cruz del Sur que brilla allá arriba en la solapa de Dios.

—Y os la tendréis bien ganada —dijeron los marineros.

Así se pasaban en alegres conversaciones las largas veladas del castillo de proa. Y durante este tiempo, las conversaciones instructivas del doctor seguían su curso.

Un día en que se trataba de la dirección de los globos se rogó a Fergusson que diera su opinión sobre este extremo.

—Yo no creo que en el futuro se puedan dirigir los globos. Conozco todos los sistemas ensayados o propuestos; ninguno ha tenido éxito, ninguno es practicable. Ya comprenderán que yo me he ocupado de este asunto, que tiene tanto interés para mí, pero no he podido resolverlo con los medios suministrados por los conocimientos actuales de mecánica. Será necesario descubrir un motor de una potencia extraordinaria y de una ligereza imposible. Y todavía no se podrán resistir las corrientes de aire de alguna importancia. Hasta ahora, además, se han ocupado demasiado de dirigir la barquilla y no el globo. Es un error.

—Hay, sin embargo —le replicaron—, grandes relaciones entre un aeróstato y un navío que se dirige a voluntad.

—Pero —respondió el doctor— no tienen punto de comparación. El aire es infinitamente menos denso que el agua; en este elemento el barco no está sumergido más que a medias, en tanto que el aeróstato se sumerge por entero en la atmósfera y permanece inmóvil con relación al fluido que le rodea.

—¿Piensa, pues, que la ciencia aerostática ha dicho su última palabra?

—No, por cierto. ¡No! Es necesario buscar otra cosa, y si no se puede dirigir un globo, mantenerlo al menos en las corrientes atmosféricas favorables. A medida que se eleva, aquéllas son mucho más uniformes y constantes en su dirección; no son turbadas por los valles y las montañas que surcan la superficie del globo y que como saben ustedes son la causa principal del viento y de la desigualdad de su fuerza. Luego, una vez en determinadas zonas, el globo no tendrá más que situarse en las corrientes que le convengan.

—Pero entonces —replicó el capitán Pennet—, para lograrlo será necesario subir o bajar constantemente. Ésta es la verdadera dificultad, mi querido doctor.

—¿Y por qué?, mi querido capitán.

—Entendámonos; esto no será una dificultad y un obstáculo más que para los viajes largos y no para los simples paseos aéreos.

—¿Por qué razón?

—Porque no se sube sino con la condición de arrojar lastre y no se desciende sino perdiendo gas, y en estos manejos las provisiones de gas y de lastre se agotarán bien pronto.

—Mi querido Pennet. Ése es todo el problema. Ésa es la única dificultad que la ciencia debe preocuparse de vencer. No se trata de dirigir los globos, se trata de moverlos de arriba abajo sin consumir el gas que es su fuerza, su sangre y su alma, si se me permite la frase.

—Tiene razón, mi querido doctor, pero esta dificultad no está todavía resuelta, este medio no ha sido encontrado aún.

—Yo les pido perdón, está descubierto.

—¿Por quién?

—Por mí.

—¿Por usted?

—Ya comprenderán que sin esto no me habría arriesgado a atravesar África en globo. Al cabo de veinticuatro horas, me habría encontrado sin gas.

—¿Pero no ha hablado de esto en Inglaterra?

—No. No tenía por qué discutirlo en público. Me parecía inútil. He hecho en secreto experiencias preparatorias y he quedado satisfecho; no tenía necesidad de hacer más.

—Y bien, mi querido Fergusson, ¿se le puede preguntar su secreto?

—Sin duda, mi procedimiento es bien sencillo.

La atención del auditorio se elevó al más alto grado y el doctor se expresó tranquilamente en estos términos:

CAPÍTULO X

Se ha intentado frecuentemente, señores, elevarse o descender a voluntad sin perder el gas o el lastre de un globo. Un aeronauta francés, el señor Meunier, quería obtener este resultado comprimiendo el aire en una capacidad interior. Un belga, el doctor Van Hecke, por medio de alas y de paletas desplegaba una fuerza vertical que hubiera sido insuficiente la mayoría de las veces. Los resultados prácticos obtenidos por estos diversos procedimientos han sido insignificantes.

Yo he resuelto abordar el problema más radicalmente. Y por lo pronto he suprimido por completo el lastre y lo he reservado para los casos de fuerza mayor, tales como la rotura de mi aparato, o la necesidad de elevarme instantáneamente para evitar un obstáculo imprevisto.

Mis medios de ascensión y de descenso consisten únicamente en dilatar o contraer, por temperaturas diversas, el gas encerrado en el interior del globo. Y he aquí cómo obtengo este resultado.

Ustedes han visto embarcar con la barquilla muchas cajas cuyo uso ignoraban. Estas cajas son cinco.

La primera contiene cerca de veinticinco galones de agua, a la que yo añado algunas gotas de ácido sulfúrico para aumentar su conductibilidad y la descompongo por medio de una fuerte pila de Bunsen. El agua, como saben, se compone de dos volúmenes de hidrógeno y uno de oxígeno.

Este último, bajo la acción de la pila, se traslada por su polo positivo a una segunda caja. Una tercera colocada encima de ésta y de una capacidad doble, recibe el hidrógeno que llega por el polo negativo.

Dos llaves, de las cuales una tiene una abertura dos veces mayor que la otra, comunican estas dos cajas con una cuarta que se llama caja de mezcla. Allí, en efecto, se mezclan estos dos gases procedentes de la descomposición del agua. La capacidad de esta caja de mezcla es de unos cuarenta y un pies cúbicos[1].

En la parte superior de esta caja hay un tubo de platino provisto de otra llave.

Ya lo habrán comprendido, señores: el aparato que les he descrito es sencillamente un soplete de gas oxígeno e hidrógeno, cuyo calor sobrepasa el de los fuegos de forja.

Esto aclarado, paso a la segunda parte del aparato.

De la parte inferior de mi globo, que está herméticamente cerrado, salen dos tubos separados por un pequeño intervalo. El uno nace hacia la mitad de las capas superiores del gas hidrógeno; el otro, a la mitad de las inferiores.

Estos dos tubos están provistos, de trecho en trecho, de fuertes articulaciones de caucho que les permiten adaptarse a las oscilaciones del aeróstato.

Descienden ambos a la barquilla y se pierden en una caja de forma cilíndrica que se llama caja de calor. Está cerrada en sus extremos por dos fuertes discos del mismo metal.

El tubo que parte de la región inferior del globo se introduce en esta caja cilíndrica por el disco de abajo; penetra y cobra la forma de un serpentín helicoidal del cual los anillos superpuestos ocupan casi toda la altura de la caja. Antes de salir, el serpentín se introduce en un pequeño cono, cuya base cóncava, en forma de casquete esférico, se dirige hacia abajo.

Por el vértice de este cono es por donde sale el segundo tubo y va a situarse en las capas superiores del globo.

El casquete esférico del pequeño cono es de platino para que no se funda bajo la acción del soplete, pues éste está situado en el fondo de la caja de hierro, en medio del serpentín helicoidal, y la extremidad de su llama lamerá este casquete.

Ya saben, señores, lo que es un calorífero destinado a calentar las habitaciones. También saben cómo funciona. El aire de la habitación pasa por los tubos y es devuelto con una temperatura más elevada. Así pues, lo que acabo de describirles no es, a decir verdad, más que un calorífero.

---

[1] Un metro y cincuenta centímetros cúbicos. *(N. del A.)*

¿Cuál será el resultado de esto? Una vez encendido el soplete, el hidrógeno del serpetín y del cono cóncavo se calienta y sube rápidamente por el tubo que lo conduce a las regiones superiores del aeróstato. El vacío se hace debajo y atrae el gas de las regiones inferiores, que se calienta a su vez y es continuamente reemplazado; se establece así en los tubos y el serpentín una corriente extremadamente rápida de gas, saliendo y entrando en el globo y recalentándose sin cesar.

Los gases aumentan un 1/480 de su volumen, por grado de calor. Así pues, si yo elevo la temperatura en 18 grados[2], el hidrógeno del aeróstato se dilatará en un 18/480 o en 1.614 pies cúbicos[3]; desplazará, pues, 1.614 pies cúbicos más de aire, lo que aumentará su fuerza ascensional en ciento sesenta libras. Es como si hubiésemos arrojado este mismo peso de lastre. Si yo aumento la temperatura en 180 grados[4], el gas se dilatará un 180/480; desplazará 16.740 pies cúbicos más y su fuerza ascensional se aumentará en mil seiscientas libras.

Como comprenderán, señores, puedo obtener fácilmente desequilibrios considerables. El volumen del aeróstato ha sido calculado de tal manera que, estando a medio inflar, desplaza un peso de aire exactamente igual al de la cubierta del gas hidrógeno y de la barquilla llena de viajeros y con todos sus accesorios.

Hinchado de esta manera, está en equilibrio en el aire; ni sube, ni baja.

Para producir la ascensión, caliento el gas a una temperatura superior a la temperatura ambiente, por medio de mi soplete; por este exceso de calor, se obtiene una tensión más fuerte y el globo se hincha más, subiendo tanto cuanto yo dilato el hidrógeno.

El descenso se hace, naturalmente, moderando el calor del soplete y dejando refrescarse la temperatura. La ascensión será, pues, mucho más rápida que el descenso. Pero esto es una afortunada circunstancia; no tengo interés en descender rápidamente y por el contrario puedo tenerlo para una marcha ascensional muy rápida que evite los obstáculos. Los peligros están abajo y no arriba.

Además, como ya he dicho, llevo una cierta cantidad de lastre que me permitirá elevarme más deprisa todavía, si fuera preciso. Mi válvula, situada en el polo superior del globo, no es más que una válvula de seguridad. El globo conserva siempre la misma carga de hidrógeno; las variaciones de temperatura que yo produzco en este ambiente de gas

---

[2] Se trata de grados Farenheit, que equivalen a 10 grados centígrados. Los gases aumentan un 1/267 de su volumen por grado centígrado. *(N. del A.)*

[3] Sesenta y dos metros cúbicos aproximadamente. *(N. del A.)*

[4] 100 grados centígrados. *(N. del A.)*

encerrado tienen por objeto, únicamente, facilitar sus movimientos de ascenso y descenso.

Ahora, señores, como detalle práctico añadiré lo siguiente. La combustión del hidrógeno y el oxígeno en la punta del soplete producen únicamente vapor de agua. Yo he provisto a la parte inferior de la caja cilíndrica de hierro de un tubo de escape, con una válvula que funciona a menos de dos atmósferas de presión; por consiguiente, en cuanto tenga esta presión, el vapor se escapa por la misma.

He aquí ahora cifras exactas:

Veinticinco galones de agua descompuesta en sus elementos constitutivos producen doscientas libras de oxígeno y veinticinco de hidrógeno. Esto representa a la presión atmosférica 1.890 pies cúbicos[5] del primero y 3.780 pies cúbicos[6] del segundo; en total, 5.670 pies cúbicos de la mezcla[7].

La llave de mi soplete abierta del todo consume veintisiete pies cúbicos[8] por hora, con una llama por lo menos seis veces más fuerte que la de los grandes faroles de alumbrado. Como término medio, y para mantenerme a una altura poco considerable, no quemaré más que nueve pies cúbicos[9] por hora; mis veinticinco galones de agua representan, pues, seiscientas treinta horas de navegación aérea, o sea, un poco más de veintiséis días.

Y como yo puedo descender a voluntad y renovar mi provisión de agua en mi camino, mi viaje puede tener una duración indefinida.

He aquí mi secreto, señores: es bien simple, y como todo lo sencillo, no dejará de triunfar. La dilatación y la contracción del gas del aeróstato, tal es mi procedimiento, que no exige ni alas embarazosas ni motor mecánico. Un calorífero para producir cambios de temperatura y un soplete para calentarlo; esto no es ni incómodo ni pesado. Creo haber reunido todas las garantías de éxito».

El doctor Fergusson terminó así su discurso y fue aplaudido con entusiasmo. No se le podía hacer ninguna objeción; todo estaba previsto y resuelto.

—Sin embargo —dijo el comandante—, esto puede ser peligroso.

—Qué importa —respondió sencillamente el doctor—, si es factible.

---

5 Setenta metros cúbicos de oxígeno. *(N. del A.)*

6 Ciento cuarenta metros cúbicos de hidrógeno. *(N. del A.)*

7 Doscientos diez metros cúbicos. *(N. del A.)*

8 Un metro cúbico. *(N. del A.)*

9 Un tercio de metro cúbico. *(N. del A.)*

CAPÍTULO XI

Un viento constantemente favorable había acelerado la marcha del *Audaz* hacia su punto de destino. La navegación del canal de Mozambique fue enteramente apacible. La travesía marítima presagiaba una buena travesía aérea. Todos esperaban el momento de la llegada para dar los últimos toques a los preparativos del doctor Fergusson.

Por fin, el buque estuvo a la vista de la ciudad de Zanzíbar, enclavada en la isla del mismo nombre, y el 15 de abril a las once de la mañana ancló en el puerto.

La isla de Zanzíbar pertenece al imán de Mascat, aliado de Francia e Inglaterra, y es seguramente la colonia más hermosa. A su puerto llegan numerosos navíos de las vecinas regiones.

La isla no está separada de la costa africana más que por un canal cuya mayor dimensión no excede de treinta millas.

Tiene un gran tráfico de goma, marfil y sobre todo de ébano, pues Zanzíbar es el gran mercado de esclavos. Allí va a reunirse todo el botín conquistado en las batallas que los jefes del interior libran sin cesar. Este tráfico se extiende también por toda la costa oriental y hasta las latitudes del Nilo, y el señor G. Lejean ha visto comerciar con esclavos bajo el pabellón francés.

En cuanto llegó el *Audaz,* el cónsul inglés en Zanzíbar subió a bordo a ponerse a la disposición del doctor; desde hacía un mes los periódicos de Europa le habían tenido al corriente de los proyectos de aquél. Pero hasta entonces había formado parte de la numerosa falange de incrédulos.

—Dudaba —dijo tendiendo la mano a Samuel Fergusson—, pero ya no dudo.

Ofreció su propia casa al doctor, a Dick Kennedy y, como es natural, al bravo Joe.

Gracias a sus cuidados, tuvo el doctor conocimiento de varias cartas que había recibido del capitán Speke. El capitán y sus compañeros debían haber sufrido de un modo atroz hambre y mal tiempo hasta llegar al país de Ugogo; avanzaban con enorme dificultad y no esperaban volver a enviar noticias hasta pasado algún tiempo.

—He aquí peligros y privaciones que nosotros evitaremos —dijo el doctor.

Los equipajes de los tres viajeros fueron transportados a la casa del cónsul. Se pensaba desembarcar el globo en la playa de Zanzíbar; había cerca del mástil de señales un emplazamiento favorable, próximo al cual existía una enorme construcción, que lo preservaría de los vientos del este. Esta gran torre que se asemejaba a un tonel colocado sobre su base y al lado del cual la torre de Heilderberg no hubiera parecido más que un simple barril, servía de fuerte y sobre su plataforma vigilaban beloutchis armados con lanzas, especie de guarnición fanática y vocinglera.

Pero durante el desembarco del aeróstato el cónsul fue advertido de que la población de la isla se oponía por la fuerza. Nada más obcecado que las pasiones fanatizadas. La noticia de la llegada de un cristiano que debía elevarse en los aires fue recibida con irritación; los negros, más supersticiosos que los árabes, vieron en este proyecto intenciones hostiles a su religión; se figuraban que querían apoderarse del Sol y de la Luna, astros que son objeto de veneración en los pueblos africanos. Resolvieron, pues, oponerse a esta expedición sacrílega.

Enterado el cónsul de estos propósitos, conferenció con el doctor Fergusson y el comandante Pennet. Éste no quería retroceder ante las amenazas, pero su amigo le hizo desistir de sus propósitos.

—El triunfo sería nuestro, seguramente —le dijo—; la guardia misma del imán nos prestaría su apoyo con mano dura si hubiera necesidad; pero, mi querido comandante, un accidente puede ocurrir de improviso; bastaría un mal golpe para causar al globo un accidente irreparable y el viaje quedaría comprometido sin remedio; es necesario proceder con grandes precauciones.

—Pero ¿qué hacer? Si desembarcamos en la costa de África, encontraremos las mismas dificultades. ¿Qué hacer?

—Nada más sencillo —respondió el cónsul—. Vean esas islas situadas más allá del puerto; desembarquen su aeróstato en una de ellas, lleven un destacamento de marineros y no correrán ningún riesgo.

—Perfectamente —dijo el doctor—; y podremos terminar cómodamente nuestros preparativos.

El comandante se rindió a este consejo. El *Audaz* se aproximó a la isla de Kumbeni. Durante la mañana del 16 de abril, el globo fue puesto a recaudo en medio de una planicie rodeada de espesos bosques.

Se erigieron dos mástiles de ochenta pies de altura colocados a la misma distancia uno del otro; un juego de poleas fijas en su extremidad permitía subir el aeróstato por medio de un cable transversal y entonces podía ser desinflado. El globo interior se unía a la parte superior del globo exterior de forma que pudiera ser levantado como él.

En el apéndice inferior de cada globo fueron fijados los dos tubos para introducir el hidrógeno.

El día 17 transcurrió disponiendo el aparato destinado a producir el gas; se componía de treinta toneles en los que se verificaba la descomposición del agua por medio de hierro viejo y ácido sulfúrico, mezclados con una gran cantidad de agua. El hidrógeno se trasladaba a un gran tonel central después de haber sido lavado a su paso y de allí pasaba a cada aeróstato por los tubos de introducción. De esta manera cada uno de ellos se llenaba de una cantidad de gas perfectamente determinada.

Fue necesario emplear para esta operación 1.866 galones[1] de ácido sulfúrico, 10.050 libras[2] de hierro y novecientos sesenta galones[3] de agua.

Esta operación comenzó a la noche siguiente, hacia las tres de la mañana, y duró cerca de ocho horas. Al día siguiente, el aeróstato cubierto con su red se balanceaba graciosamente sobre la barquilla, retenido por gran número de sacos de tierra. El aparato de dilatación fue montado con gran cuidado, y los tubos que salían del aeróstato fueron adaptados a la caja cilíndrica.

Las anclas, las cuerdas, los instrumentos, las mantas de viaje, la tienda, los víveres y las armas fueron colocados en la barquilla en el sitio que les estaba reservado; la provisión de agua fue hecha en Zanzíbar. Las doscientas libras de lastre fueron repartidas en cincuenta sacos colocados en el fondo de la barquilla, pero al alcance de la mano.

Estos preparativos terminaron hacia las cinco de la tarde; los centinelas vigilaban sin cesar alrededor de la isla y las embarcaciones del *Audaz* surcaban el canal.

---

[1] 8.397 litros. *(N. del A.)*

[2] Más de ocho toneladas. *(N. del A.)*

[3] 4.347 litros. *(N. del A.)*

Los negros seguían manifestando su cólera con gritos, gestos y contorsiones. Los faquires recorrían los grupos irritados, alentando esta irritación; algunos fanáticos trataron de llegar a nado a la isla, pero se les pudo alejar con facilidad.

Entonces comenzaron los sortilegios y los encantos; los embaucadores de la lluvia, que pretendían mandar a las nubes, llamaron a los huracanes y las «lluvias de piedras»[4] en su socorro; para esto cogieron hojas de todos los árboles distintos del país y las hirvieron a fuego lento, mientras mataban un cordero, hundiéndole una larga aguja en el corazón, pero a pesar de sus ceremonias el cielo permaneció puro y de nada les sirvió su carnero ni sus gestos.

Los negros se entregaron entonces a furiosas orgías, emborrachándose con «tembo», licor ardiente sacado del cocotero o de una cerveza extremadamente embriagadora llamada «togura». Sus cánticos, sin melodía apreciable, pero cuyo ritmo era bien preciso, continuaron hasta muy avanzada la noche.

Hacia las seis de la tarde, una última comida reunió a los viajeros en la mesa del comandante y de sus oficiales. Kennedy, a quien ya nadie preguntaba nada, murmuraba en voz baja palabras incomprensibles y no dejaba de mirar al doctor Fergusson.

Esta comida fue triste. La proximidad del momento supremo inspiraba a todos penosas reflexiones. ¿Qué reservaba el destino a los atrevidos viajeros? ¿Volverían a encontrarse en medio de sus amigos, en el hogar doméstico? Si los medios de transporte les llegasen a faltar, ¿qué sería de ellos entre tribus feroces, en comarcas inexploradas y en medio de inmensos desiertos?

Estas ideas, difusas hasta entonces y de las cuales se habían preocupado poco, llenaban las sobreexcitadas imaginaciones. El doctor Fergusson, siempre frío, siempre impasible, charlaba de unas cosas y de otras, pero en vano trató de disipar aquella tristeza contagiosa; no lo pudo lograr.

Ante el temor de posibles demostraciones contra la persona del doctor y de sus compañeros se acostaron los tres a bordo del *Audaz*. A las tres de la mañana abandonaban su camarote y se dirgían a la isla de Kumbeni.

El globo se balanceaba ligeramente al soplo del viento del este. Los sacos de tierra que lo retenían fueron reemplazados por veinte marineros. El comandante Pennet y sus oficiales asistían a esta solemne partida.

En aquel momento, Kennedy se fue derecho al doctor, le estrechó la mano y le dijo:

---

[4] Nombre que dan los negros al granizo. *(N. del A.)*

—¿Es cosa decidida, Samuel, que marchas?

—Está decidido, mi querido Dick.

—¿He hecho yo todo lo que de mí dependía para impedir este viaje?

—Todo.

—Entonces tengo la conciencia tranquila respecto a esto y te acompaño.

—Estaba seguro —respondió el doctor, sin poder disimular una honda emoción.

El momento del último adiós llegaba. El comandante y sus oficiales abrazaron con emoción a sus intrépidos amigos, sin exceptuar al digno Joe, orgulloso y contento. Cada uno de los asistentes quiso estrechar por sí mismo la mano del doctor Fergusson.

A las nueve, los tres compañeros de viaje ocuparon su sitio en la barquilla; el doctor encendió el soplete y aumentó la llama de manera que produjera un calor rápido. El globo, que permanecía en tierra en perfecto equilibrio, comenzó a elevarse al cabo de algunos minutos. Los marineros aflojaron las cuerdas que lo retenían. La barquilla se elevó una veintena de pies.

—Amigos míos —exclamó el doctor, de pie entre sus dos compañeros y agitando su sombrero—, demos a nuestro navío aéreo un nombre que sea su buena suerte. ¡Bauticémosle el *Victoria!*

Un hurra formidable se escuchó.

—¡Viva la reina, viva Inglaterra!

En este momento la fuerza ascensional del globo aumentó prodigiosamente; Fergusson, Kennedy y Joe dieron un último adiós a sus amigos.

—¡Suelten! —exclamó el doctor.

Y el *Victoria* se elevó rápidamente en los aires, mientras los cuatro cañones del *Audaz* tronaban en su honor.

Capítulo XII

El aire era puro, el viento moderado. El *Victoria* se elevó casi perpendicularmente a una altura de mil quinientos pies, lo que fue indicado por una depresión de dos pulgadas menos dos líneas[1] en la columna barométrica.

A esta altura, una corriente más acentuada llevó el globo hacia el sudoeste. ¡Qué magnífico espectáculo se desarrollaba a la vista de los viajeros! La isla de Zanzíbar se ofrecía entera a sus ojos y se destacaba en color más oscuro, como sobre un vasto planisferio; los campos tomaban la apariencia de un muestrario de diversos colores; grandes grupos de árboles indicaban los bosques y los montes.

Los habitantes de la isla aparecían como insectos. Los hurras y los gritos se extinguían poco a poco en la atmósfera, y sólo los cañonazos del navío vibraban en la concavidad inferior del aeróstato.

—¡Qué hermoso es todo esto! —exclamó Joe rompiendo el silencio por primera vez.

No obtuvo respuesta. El doctor se ocupaba de observar las variaciones barométricas y de tomar notas de los distintos detalles de su ascensión.

---

[1] Alrededor de cinco centímetros. La depresión es poco más o menos de un centímetro por cien metros de elevación. *(N. del A.)*

Kennedy miraba y no tenía ojos bastantes para verlo todo. Los rayos del sol venían en ayuda del soplete, la tensión del gas aumentó. El *Victoria* alcanzó una altura de dos mil quinientos pies.

El *Audaz* aparecía bajo el aspecto de una barquichuela y la costa africana se trazaba al oeste por un inmenso ribete de espuma.

—¿No hablan? —dijo Joe.

—Nosotros miramos —respondió el doctor, dirigiendo su anteojo hacia el continente.

—Por mi parte necesito hablar.

—Por supuesto, Joe, puedes hablar cuanto te agrade.

Y Joe hizo él solo un terrible consumo de onomatopeyas. Los «¡oh!», los «¡ah!» y los «¡hola!» salieron de sus labios.

Durante la travesía sobre el mar, el doctor juzgó conveniente mantenerse a esta altura; así podía observar la costa en una extensión mayor; el termómetro y el barómetro, colgados en el interior de la tienda entreabierta, estaban al alcance de sus ojos; un segundo barómetro, colocado exteriormente, debía servir durante las guardias nocturnas.

Al cabo de dos horas, el *Victoria*, impulsado por una velocidad de poco más de ocho millas, ganó sensiblemente la costa. El doctor resolvió aproximarse a tierra; moderó la llama del soplete y bien pronto el globo descendió a trescientos pies del suelo.

Se encontraba por encima de Urima, nombre que lleva esta porción de la costa oriental de África; espesos contornos de mangles protegían la costa; la marea baja dejaba divisar sus espesas raíces roídas por el diente del océano Índico. Las dunas que formaban antes la línea costera se perdían en el horizonte, y el monte Uguru dirigía su cima hacia el noroeste.

El *Victoria* pasó cerca de un lugar que en su mapa el doctor reconoció como Kaole. Toda la población reunida lanzaba alaridos de cólera y de temor; las flechas fueron lanzadas en vano contra el monstruo de los aires, que se balanceaba majestuosamente por encima de todas aquellas furias impotentes.

Soplaba viento del sur, pero el doctor no se inquietó por esta dirección; esto le permitía, por el contrario, seguir la ruta trazada por los capitanes Burton y Speke.

Kennedy se había vuelto tan locuaz como Joe; cambiaban entre sí frases de admiración.

—¡Nos reímos de las diligencias! —decía el uno.

—¡Y de los vapores! —decía el otro.

—¡Y de los trenes! —replicaba Kennedy—, con los cuales se atraviesan los países sin verlos.

—A mí que no me hablen más que de un globo —exclamaba Joe—; no se siente la marcha y la naturaleza se toma la molestia de desarrollarse ante tu vista.

—¡Qué espectáculo!, ¡qué admiración!, ¡qué éxtasis!, ¡un sueño en una hamaca!

—¿Y si comiéramos? —dijo Joe, a quien el aire había abierto el apetito.

—Es una buena idea, muchacho.

—¡Oh!, la comida no será difícil de hacer: galleta y carne en conserva.

—Y café a discreción —agregó el doctor—. Te permito tomar un poco de calor de mi soplete; tiene de sobra. Y de esta manera no habrá riesgo de un incendio.

—Eso sería terrible —replicó Kennedy—. Es como si tuviéramos un polvorín debajo de nosotros.

—Enteramente igual, no —respondió Fergusson—; pero en fin, si el gas se inflamase, se consumiría poco a poco y nosotros descenderíamos a tierra, lo que no sería agradable; ¡pero no tengáis cuidado!, nuestro aeróstato está herméticamente cerrado.

—Comamos, pues —dijo Kennedy.

—Vamos, señores —dijo Joe—; voy a preparar un café del cual ya me darán luego su opinión.

—El hecho es —repuso el doctor— que Joe, entre mil virtudes, tiene un talento especial para preparar este delicioso brebaje; se compone de una mezcla de diversos orígenes que no ha querido nunca hacerme conocer.

—Pues bien, mi amo, puesto que estamos al aire libre, puedo confiarle mi receta. Es sencillamente una mezcla, por partes iguales, de café de Moka, de Borbón y de Río Núñez.

Pocos minutos después, tres tazas humeantes estaban servidas y terminaban un almuerzo sustancioso, sazonado por el buen humor de los comensales. Después cada uno volvió a su puesto de observación.

El país se distinguía por una extrema fertilidad; los senderos sinuosos y estrechos se hundían bajo las bóvedas de verdura. Pasaban sobre los campos cultivados de tabaco, de maíz y de cebada en plena madurez; aquí y allá vastos arrozales de tallos derechos y flores purpúreas; se distinguían corderos y cabras encerradas en grandes jaulas, levantadas sobre pilotes, que las preservaban de los dientes del leopardo. Una vegetación exuberante crecía en aquel pródigo suelo. En numerosos pueblos se reproducían las escenas de gritos y estupefacción a la vista del *Victoria*, y el doctor Fergusson se mantenía prudentemente fuera del alcance de las flechas; los habitantes, agrupados alrededor de sus chozas contiguas, continuaban persiguiendo a los viajeros con sus vanas imprecaciones.

A mediodía, el doctor, consultando su mapa, juzgó que se encontraba sobre el país de Uzaramo[2]. El campo estaba erizado de cocoteros, papayos y algodoneros, de los cuales parecía burlarse el *Victoria.* Joe encontraba esta vegetación muy natural tratándose de África; Kennedy divisaba liebres y codornices que estaban pidiendo un tiro; pero hubiera sido pólvora perdida, teniendo en cuenta la imposibilidad de recoger la caza.

Los aeronautas marchaban a una velocidad de doce millas por hora y pronto se encontraron a 38 grados 20 minutos de longitud sobre el pueblo de Tounda.

—Aquí es —dijo el doctor— donde Burton y Speke sufrieron fiebres violentas y creyeron por un momento comprometida su expedición. Y sin embargo, estaban todavía poco alejados de la costa, pero ya las fatigas y las privaciones se hacían sentir duramente.

En este país, en efecto, reina una malaria perpetua; el mismo doctor no pudo evitar sus efectos sino elevando el globo por encima de los miasmas de aquella tierra húmeda, cuyas emanaciones dilataba el ardiente sol.

A veces lograban distinguir una caravana descansando en un «Kraal» y esperando allí el fresco de la tarde, para reanudar el viaje. Los «Kraal» son vastos emplazamientos rodeados de setos y de cañaverales, donde los traficantes se reservan no solamente de las fieras, sino también de las tribus de bandidos de la comarca. Veían cómo corrían los indígenas y cómo se dispersaban a la vista del *Victoria.*

Kennedy quería contemplarlos desde más cerca, pero Samuel se opuso constantemente a este deseo.

—Los jefes están bien armados de mosquetes —dijo—, y nuestro globo sería un blanco demasiado fácil para colocar una bala.

—¿Un agujero de bala podría hacernos caer?

—Inmediatamente no, pero pronto ese agujero se haría una gran rasgadura, por la cual se escaparía todo nuestro gas.

—Entonces mantengámonos a respetuosa distancia de estos impíos. ¿Qué pensarán al vernos surcar los aires? Estoy seguro que sienten deseos de adorarnos.

—Dejémonos adorar —dijo el doctor—, pero de lejos; siempre saldremos ganando. Ved cómo ya cambia de aspecto el país. Los pueblos son más raros, los mangos, la vegetación disminuye en esta latitud. El terreno se hace sinuoso y hace presentir montañas próximas.

—En efecto —dijo Kennedy—, me parece percibir algunas alturas por este lado.

—En el oeste... son las primeras cadenas del Ourizara, el monte Dutlumi, sin duda, detrás del cual espero que podamos resguardarnos para

[2] La u y la ou significan comarca en la lengua del país. *(N. del A.)*

pasar la noche. Voy a dar más actividad a la llama del soplete; estamos obligados a conservar una altura de quinientos o seiscientos pies.

—Es una gran idea la que ha tenido, señor —dijo Joe—; la maniobra no es difícil, ni fatigosa; se da una vuelta a la llave y eso es todo.

—Ya estamos más a gusto —dijo el cazador cuando el globo se hubo elevado—; el reflejo de los rayos del sol sobre esa arena roja era insoportable.

—¡Qué árboles tan magníficos! —exclamó Joe—; aunque sean muy habituales, son bien hermosos. Bastaría una docena para hacer un bosque.

—Éstos son baobabs —respondió el doctor Fergusson—. Ahí tenéis uno cuyo tronco bien pudiera tener cien pies de circunferencia. Tal vez sea al pie de este mismo árbol donde pereció el francés Maizan en 1845, pues estamos encima del pueblo de Deje-la-Mhora, donde se aventuró solo; fue preso por el jefe de esta región, atado al pie de un baobab, y este negro feroz le cortó lentamente las articulaciones, mientras resonaba el canto de guerra; después le cortó el cuello, se detuvo para afilar un cuchillo embotado, y arrancó la cabeza del desgraciado antes de cortarla. El pobre francés tenía veintiséis años.

—¿Y Francia no se vengó de este crimen? —preguntó Kennedy.

—Francia reclamó; el caíd de Zanzíbar hizo todo lo posible por encontrar al asesino, pero no pudo lograrlo.

—Yo le ruego que no nos detengamos —dijo Joe—; subamos, mi amo, subamos, si me quiere hacer caso.

—Es esto tanto más necesario, Joe, cuanto que el monte Dutlumi se levanta delante de nosotros. Si mis cálculos son exactos, lo habremos dejado atrás antes de las siete de la tarde.

—¿No viajaremos por la noche? —preguntó el cazador.

—No, aunque es posible; con precauciones y vigilancia se podría hacer sin peligro. Pero no basta con atravesar África, es necesario verla.

—Hasta ahora no hemos tenido nada que lamentar, mi amo. El país es el más cultivado y el más fértil del mundo, y no un puro desierto. ¡Crea, pues, a los geógrafos!

—Esperemos, Joe, esperemos; ya veremos más adelante.

Hacia las seis y media de la tarde, el *Victoria* se encontró frente al monte Dutlumi; para franquearlo tuvo que elevarse a tres mil pies y para esto el doctor no elevó la temperatura más que 18 grados[3]. Se puede decir que dirigía su globo con la mano. Kennedy le indicaba los obstáculos que había que remontar y el *Victoria* se deslizaba por los aires rozando la montaña.

A las ocho descendió por el lado opuesto, donde la pendiente era menos pronunciada y abrupta. Lanzadas las anclas fuera de la barquilla,

---

[3] 10 grados centígrados. *(N. del A.)*

una de ellas, al encontrar las ramas de una higuera de Indias, se enganchó allí fuertemente. Bien pronto Joe se dejó caer por la cuerda y la sujetó con solidez. La escala de seda le fue tendida y subió con ligereza. El aeróstato quedó casi inmóvil al abrigo de los vientos del este.

La comida de la noche fue preparada; los viajeros, excitados por su paseo aéreo, hicieron una merma considerable en sus provisiones.

—¿Qué camino hemos recorrido hoy? —preguntó Kennedy devorando grandes bocados.

El doctor fijó su situación por medio de observaciones lunares y consultó el excelente mapa que le servía de guía; pertenecía al atlas *Der neuester Entedekungen in Afrika*, publicado en Gotha por su sabio amigo Pettermann, quien se lo había enviado. Este atlas había de servir en todo el viaje del doctor, pues contenía el itinerario de Burton y Speke a los grandes lagos, el Sudán según el doctor Barth, el bajo Senegal según Guillaume Lejean y el delta del Níger por el doctor Baikie.

Fergusson estaba provisto, asimismo, de una obra que reunía en un solo cuerpo todas las nociones adquiridas sobre el Nilo y titulada *The sources of the Nile being a general survey of the basin of that river and of its head stream, with the history of the Nilotic discovery by Charles Beke, Th. D*[4].

Poseía también los excelentes mapas publicados en los Boletines de la Sociedad Geográfica de Londres, y ningún lugar de las comarcas descubiertas debía pasarle inadvertido.

Consultando su mapa encontró que su ruta longitudinal era de 2 grados o ciento veinte millas al oeste.

Kennedy observó que la ruta se dirigía hacia el Mediodía. Pero esta dirección agradaba al doctor, que quería reconocer lo antes posible las huellas de sus predecesores.

Se decidió que la noche se dividiría en tres guardias, con el fin de que cada uno pudiera velar en su turno por la seguridad de los otros dos. El doctor tomó la guardia de las nueve, Kennedy la de medianoche y Joe la de las tres de la madugada.

Así pues, Kennedy y Joe, envueltos en sus mantas, se echaron bajo la tienda y durmieron apaciblemente, mientras el doctor Fergusson velaba.

---

[4] *Las fuentes del Nilo. Informe general sobre su cuenca y sus principales afluentes, con la historia de los descubrimientos en el Nilo,* por Charles Beke. *(N. del T.)*

Capítulo XIII

La noche fue apacible; sin embargo, el sábado por la mañana, al despertarse, Kennedy se quejaba de debilidad y escalofríos de fiebre.

El tiempo cambiaba; el cielo, cubierto de espesas nubes, parecía prepararse para un nuevo diluvio. Este triste país era Zungomero, donde llueve continuamente exceptuando una quincena del mes de enero.

No pasó mucho tiempo sin que una lluvia violenta acometiera a los viajeros; por debajo de ellos, los caminos cortados por mullahs, especies de torrentes momentáneos, aparecían impracticables, invadidos además por zarzas espinosas y enredaderas gigantescas. Se percibían bien claramente las emanaciones de hidrógeno sulfurado de que habla el capitán Burton.

—Según él, y tiene razón, parece como si hubiese un cadáver oculto detrás de cada maleza.

—Mal país —respondió Joe—; y parece que el señor Kennedy no se encuentra muy bien tras haber pasado la noche en él.

—Efectivamente, tengo una fiebre bastante alta —dijo el cazador.

—Esto no tiene nada de extraño, mi querido Dick; nos encontramos en una de las regiones más insanas de África; pero no permaneceremos aquí más tiempo. En marcha.

Gracias a una hábil maniobra de Joe, el ancla se desenganchó, y por medio de la escala, éste volvió a ganar la barquilla. El doctor dilató vivamente el gas y el *Victoria* volvió a tomar vuelo impulsado por un fuerte viento.

Sólo algunas chozas aparecieron en medio de esta niebla pestilente. El país cambiaba de aspecto. Es muy frecuente en África que una región malsana y reducida limite con otras comarcas enteramente salubres.

Kennedy sufría visiblemente y la fiebre abrumaba su naturaleza vigorosa.

—No es éste el momento oportuno para estar enfermo —dijo envolviéndose en su manta y acostándose bajo la tienda, que cubría parte de la barquilla.

—Un poco de paciencia, mi querido Dick —replicó el doctor Fergusson—, y estarás curado rápidamente.

—¡Curado!, palabra, Samuel, si tienes en tu botiquín de viaje alguna droga que me cure, dámela sin tardar. La tomaré con los ojos cerrados.

—Yo tengo algo mejor que eso, amigo Dick, y te voy a dar un febrífugo que no nos costará nada.

—¿Y cómo te arreglarás?

—Es muy sencillo. Sólo voy a elevarme por encima de estas nubes que nos rodean y alejarme de esta atmósfera pestilente. Te pido diez minutos para dilatar el hidrógeno.

No habían transcurrido los diez minutos cuando los viajeros habían atravesado la zona húmeda.

—Espera un poco, Dick, y sentirás la influencia del aire puro y del sol.

—He aquí un remedio —dijo Joe—. ¡Pero es maravilloso!

—No, es muy natural.

—Oh, yo no dudo que sea natural.

—Llevo a Dick a respirar aire sano, como se hace en todos los países del mundo y como en la Martinica le enviarían a los Pitous[1] para huir de la fiebre amarilla.

—Oh, pero es un paraíso este globo —exclamó Kennedy, ya más alegre.

—Si no lo es, nos lleva a él —replicó muy serio Joe.

Era un espectáculo curioso el de las masas de nubes aglomeradas en aquel momento por debajo de la barquilla; rodaban unas sobre otras y se confundían en un brillo magnífico, reflejando los rayos del sol. El *Victoria* alcanzó una altura de cuatro mil pies. El termómetro indicaba un visible descenso en la temperatura. No se distinguía la tierra. A unas cincuenta millas hacia el oeste, el monte Rubeho elevaba su cresta brillante; marcaba el límite del país de Ugogo por los 36 grados 20 minutos de longitud. El viento soplaba con una velocidad de veinte millas por hora, pero los

[1] Montaña elevada de Martinica. *(N. del A.)*

viajeros no sentían esta rapidez; no experimentaban ninguna sacudida, porque habían perdido el sentido de la locomoción.

Tres horas más tarde la predicción del doctor se realizaba. Kennedy no sentía ningún escalofrío de fiebre y almorzaba con apetito.

—He aquí lo que vence al sulfato de quinina —dijo con satisfacción.

—Decididamente —dijo Joe—, aquí será donde yo me retire cuando sea viejo.

Hacia las diez de la mañana la atmósfera se aclaró. Se abrió un boquete en las nubes; la tierra reapareció; el *Victoria* descendía insensiblemente. El doctor Fergusson buscaba una corriente que le llevara más al noroeste y la encontró a seiscientos pies del suelo. El país se hacía accidentado, montuoso. El distrito de Zungomero desaparecía en el este con los últimos cocoteros de esta latitud.

Bien pronto las crestas de una montaña formaron una prominencia más saliente. Varios picos se elevaban aquí y allá. Era necesario observar a cada momento los conos agudos que parecían surgir inesperadamente.

—Estamos en medio de rocas —dijo Kennedy.

—Puedes estar tranquilo, Dick, que no las tocaremos.

—Bonita manera de viajar es ésta —replicó Joe.

En efecto, el doctor manejaba su globo con una destreza maravillosa.

—Si hubiésemos tenido que caminar por este terreno húmedo —dijo—, nos habríamos hundido en este cieno malsano. Desde nuestra salida de Zanzíbar, la mitad de nuestras bestias de carga hubieran muerto ya de cansancio. Tendríamos el aspecto de espectros y la desesperación se habría apoderado de nosotros. Habríamos estado en lucha incesante con nuestros guías y nuestros criados, expuestos a su brutalidad sin freno. Durante el día un calor húmedo, insoportable, aplanante. Por la noche un frío casi siempre intolerable y las picaduras de ciertas moscas, cuyas mandíbulas atraviesan la tela más espesa y provocan la locura. Y todo esto sin hablar de las bestias y de las tribus feroces.

—No deseo experimentarlas —replicó simplemente Joe.

—No exagero nada —repuso el doctor Fergusson—; con el relato de los viajeros que han tenido la audacia de aventurarse en estas regiones, asomarían las lágrimas a vuestros ojos.

Hacia las once, traspasaban la cuenca del Tuengé; las tribus esparcidas sobre las colinas amenazaban con sus armas al *Victoria* inútilmente; llegó por fin a las últimas ondulaciones del terreno que preceden al Rubeho; forman la tercera cadena, que es la más elevada de los montes del Usagara.

Los viajeros se daban perfecta cuenta de la conformación geográfica del país. Estas tres ramificaciones, de las cuales el Dutlumi forma el primer escalón, están separadas por vastas planicies longitudinales; las crestas elevadas se componen de conos redondeados, entre los cuales el suelo está salpicado de bloques erráticos y de guijarros. La pendiente más dura de estas montañas da frente a la costa de Zanzíbar; las pendientes occidentales no son sino mesetas inclinadas. Las depresiones del terreno están cubiertas con una tierra negra y fértil, donde la vegetación es vigorosa. Varias corrientes de agua se dirigen hacia el este y parecen afluir al Kingani, en medio de grupos gigantescos de sicomoros, de tamarindos, de calabaceras y de palmas.

—Atención —dijo el doctor Fergusson—. Nos aproximamos al Rubeho, cuyo nombre significa en la lengua del país «Pasaje de los vientos». Haremos muy bien en atravesar las aristas agudas a una cierta altura. Si mi mapa es exacto, debemos elevarnos a más de cinco mil pies.

—¿Tendremos ocasión de alcanzar estas zonas superiores con frecuencia?

—Muy raramente. La altitud de las montañas de África parece ser mediocre comparada con las cimas de Europa y Asia. Pero, en todo caso, nuestro *Victoria* no tendrá dificultad en franquearlas.

Al cabo de un rato el gas se dilató bajo la acción del calor y el globo tomó una marcha ascensional muy marcada; la dilatación del hidrógeno no ofrecía ningún peligro y, además, la vasta capacidad del aeróstato no estaba llena más que en sus tres cuartas partes; el barómetro por una depresión de cerca de ocho pulgadas indicó una elevación de seis mil pies.

—¿Iremos mucho tiempo así? —preguntó Joe.

—La atmósfera terrestre tiene una altura de seis mil toesas[2] —respondió el doctor—. Con un gran globo se subiría mucho. Es lo que han hecho los señores Briochy y Gay Lussac, pero empezaron a echar sangre por la boca y por los oídos. El aire respirable les faltaba. Hace algunos años dos atrevidos franceses, los señores Barral y Bixio, se aventuraron también en las altas regiones, pero su globo se deshizo.

—¿Y ellos cayeron? —preguntó vivamente Kennedy.

—Sin duda, pero como deben caer los sabios, sin hacerse ningún mal.

—Pues bien, señores, están en libertad de imitar su caída; pero yo, que no soy más que un ignorante, prefiero quedarme en una honrada medianía, ni tan alta ni tan baja. No es necesario ser ambicioso.

A seis mil pies, la densidad del aire había disminuido sensiblemente; el sonido se transmite allí con gran dificultad y la voz apenas se oye; la vista de los objetos se hace confusa. La mirada no percibe más que grandes masas bastante indeterminadas; los hombres, los animales, se hacen absolutamente invisibles; los caminos son bandas, y los lagos, estanques.

---

[2] Medida francesa antigua, equivalente a 1.949 metros. *(N. del T.)*

El doctor y sus compañeros se sentían en un estado normal. Una corriente atmosférica de una extrema velocidad les transportaba más allá de las montañas áridas sobre cuyo vértice se destacaban grandes masas de nieve. Su aspecto convulsionado demostraba algún trabajo neptuniano de los primeros días del mundo.

El sol brillaba en el cenit y sus rayos caían a plomo sobre las cimas desiertas. El doctor realizó un dibujo exacto de estas montañas que están divididas en cuatro grupos distintos casi en línea recta y de las cuales la más septentrional es la más alejada.

Bien pronto el *Victoria* descendió siguiendo la línea de la vertiente opuesta del Rubeho a lo largo de una pendiente frondosa y poblada de árboles de un verde muy oscuro; después vinieron las crestas y las barrancas, conformando una especie de desierto que sirve de antesala al país de Ugogo; más abajo se extendían planicies amarillas, torrefactas, agrietadas, cubiertas aquí y allá por plantas salinas y matorrales espinosos.

Más lejos, algunos árboles, formando bosques, embellecían el horizonte.

El doctor se aproximó al suelo; las anclas fueron lanzadas y una de ellas prendió bien pronto en las ramas de un vasto sicomoro.

Joe, deslizándose rápidamente por el árbol, sujetó el ancla con precaución; el doctor dejó su soplete en actividad para conservar en el aeróstato una cierta fuerza ascensional, que les mantuviese en el aire; el viento se había calmado súbitamente.

—Ahora —dijo Fergusson—, coge dos escopetas, amigo Dick, una para ti y otra para Joe, y procurad entre los dos haceros con algunas chuletas de antílope. Ésa será nuestra comida.

—¡A cazar! —exclamó Kennedy.

Escaló la barquilla y descendió. Joe se había dejado caer de rama en rama y esperaba ya, estirando sus miembros. El doctor, aligerado del peso de sus compañeros, pudo extinguir completamente el soplete.

—No vaya a volar, mi amo —exclamó Joe.

—No tengas cuidado, muchacho, estoy sólidamente amarrado. Voy a poner mis notas en orden. Buena caza y sed prudentes. Además, yo observaré la zona desde mi puesto y a la menor cosa sospechosa dispararé un tiro. Ésta será la señal de alarma.

—De acuerdo —respondió el cazador.

Capítulo XIV

El país, árido, seco, formado de una tierra arcillosa que se agrietaba con el calor, parecía desierto; aquí y allí algunas señales de caravanas, osamentas blanqueadas de hombres y de bestias, medio carcomidas y confundidas con el polvo mismo.

Después de una media hora de marcha, Dick y Joe se internaron en un bosque de gomeros, ojo avizor y dispuestos a disparar sus fusiles. No sabían lo que sería necesario hacer. Sin ser un gran tirador, Joe manejaba con destreza un arma de fuego.

—Da gusto caminar, señor Dick, y, sin embargo, este terreno no es muy cómodo —dijo tropezando con los trozos de cuarzo de los que estaba sembrado.

Kennedy hizo señas a su compañero para que se callara y se detuviera. Era necesario saber pasarse sin perros, y por mucha que fuera la agilidad de Joe, no podía tener el olfato de un perro de caza o de un lebrel.

En el lecho de un torrente donde se estancaban todavía algunas aguas, saltaba un grupo de diez antílopes. Estos graciosos animales, presintiendo un peligro, parecían inquietos; mientras comían, su linda cabeza se volvía con viveza, olfateando con sus narices móviles el rastreo de los cazadores.

Kennedy rodeó algunos matorrales mientras Joe permanecía inmóvil; calculó el alcance de su fusil e hizo fuego. El grupo desapareció en un abrir y cerrar de ojos; sólo un antílope macho, herido en el lomo, cayó fulminado. Kennedy se precipitó sobre su presa.

Era un *blawe-bock,* un magnífico animal de un azul pálido tirando a gris, con el vientre y el interior de las patas de una blancura de nieve.

—¡Fantástico! —exclamó el cazador—. Es una especie de antílope muy rara y espero poder preparar su piel para que se conserve.

—¡Pardiez!, ¿piensa hacer eso, señor Dick?

—¡Sin duda! Mira qué espléndido pelo.

—Pero el doctor Fergusson no admitirá una sobrecarga de este tipo.

—Tienes razón, Joe. Es, sin embargo, una pena tener que abandonar por entero un animal tan hermoso.

—Por entero no, señor Dick; debemos obtener todas las ventajas nutritivas que posee, y, si me lo permite, voy a hacerlo tan bien como el síndico de la honorable corporación de carniceros de Londres.

—No te molestes, amigo mío; tú sabes que en mi calidad de cazador, me cuesta tan poco trabajo desollar una pieza de caza como matarla.

—Estoy seguro, señor Dick; entonces prepare un hornillo con tres piedras; yo traeré leña seca en cantidad y no le pido más que algunos minutos para tener la lumbre encendida.

—En esto no se tarda mucho —replicó Kennedy.

Procedió bien pronto a hacer la hoguera, que ardía algunos instantes después.

Joe había sacado del cuerpo del antílope una docena de costillas y los trozos más tiernos de solomillo, que se transformaron bien pronto en sabrosos asados.

—He aquí una cosa que agradará al amigo Samuel —dijo el cazador.

—¿Sabe en qué pienso, señor Dick?

—Sin duda alguna en los bistecs.

—Nada de eso. Pienso en el papel que haríamos si no volviéramos a encontrar más el aeróstato.

—¡Bah!, ¡qué idea! ¿Crees que el doctor va a abandonarnos?

—No; pero el ancla puede desatarse.

—Imposible. Además, Samuel no tendría dificultad en descender con su globo; lo maneja con gran precisión.

—Pero ¿y si el viento lo arrastra y no puede volver hacia nosotros?

—Vamos, Joe, da tregua a tus suposiciones, pues no tienen nada de agradables.

—Ah, señor, todo lo que ocurre en este mundo es natural, pues todo puede llegar; hay, pues, que preverlo todo...

En este momento se oyó un disparo.

—¡Cáspita! —dijo Joe.

—¡Mi escopeta!, conozco su detonación.

—¡Una señal!

—Un peligro para nosotros.

—Para él quizá —replicó Joe.

—¡En marcha!

Los cazadores recogieron rápidamente el producto de su caza y volvieron a tomar el camino, guiados por las señales que Kennedy había dejado. El espesor de las malezas les impedía distinguir al *Victoria,* del que no podían estar muy alejados.

Se oyó un segundo disparo.

—Esto indica urgencia —dijo Joe.

—¡Bueno!, otra detonación.

—Esto me hace sospechar que se trata de una defensa personal.

—Apresurémonos.

Y corrieron con todas sus fuerzas. Una vez llegados al límite del bosque, vieron enseguida al *Victoria* en un sitio y al doctor en la barquilla.

—¿Qué pasa, pues? —preguntó Kennedy.

—¡Gran Dios! —exclamó Joe.

—¿Qué ves tú?

—¡Allí, un grupo de negros que asaltan el globo!

En efecto, a dos millas de allí, unos treinta individuos se apiñaban gesticulando, chillando, dando brincos al pie del sicomoro. Algunos, encaramados en el árbol, llegaban a las ramas más elevadas. El peligro parecía inminente.

—Mi amo está perdido —exclamó Joe.

—Vamos Joe, sangre fría y vista. Tenemos la vida de cuatro de estos negritos en nuestras manos. ¡Adelante!

Habían avanzado una milla con extrema rapidez, cuando un nuevo disparo partió de la barquilla; alcanzó a un bulto negro que subía por la cuerda del ancla. Un cuerpo sin vida cayó de rama en rama y quedó suspendido a unos veinte pies del suelo, con los brazos y las piernas balanceándose en el aire.

—Caramba —dijo Joe parándose—, ¿cómo demonios se ha colocado ese animal allí?

—Poco importa —respondió Kennedy—; ¡corramos, corramos!

—Ah, señor Kennedy —exclamó Joe, riendo a carcajadas—; ¡se ha colgado del rabo! Un mono, son monos.

—Es mejor que si fueran hombres —replicó Kennedy, precipitándose en medio de la banda chillona.

Era un grupo de cinocéfalos tremendos, feroces y brutales, de aspecto terrible, con sus hocicos de perro. Sin embargo, algunos tiros les hicieron entrar en razón, y la horda gesticulante escapó, dejando a muchos de los suyos en tierra.

En un instante Kennedy se aproximó a la escala; Joe se encaramaba al sicomoro y desataba el ancla; la barquilla descendió hasta él y subió sin dificultad. Algunos minutos después el *Victoria* se elevaba dirigiéndose hacia el este al impulso de un viento moderado.

—Todo un asalto —dijo Joe.

—Creíamos que te habían asaltado los indígenas.

—No eran más que monos, afortunadamente —respondió el doctor.

—De lejos la diferencia no es grande, mi querido Samuel.

—Ni de cerca —replicó Joe.

—Aunque así sea —repuso Fergusson—, este ataque de monos ha podido tener graves consecuencias. Si el ancla se hubiera soltado, quién sabe adónde me habría llevado el viento.

—¿Qué le decía yo, señor Kennedy?

—Tienes razón, Joe; pero aun teniendo razón, en ese momento preparabas los bistecs de antílope cuya vista me ha abierto el apetito.

—Lo creo —respondió el doctor—, la carne de antílope es exquisita.

—Puede juzgar, señor, la mesa está servida.

—Bajo mi palabra —dijo el cazador—, estas tajadas de venado tienen un olorcillo salvaje que no es de despreciar.

—¡Bien!, yo viviría de antílope hasta el fin de mis días —respondió Joe con la boca llena—, sobre todo con un vaso de *grog* [1] para facilitar la digestión.

Joe preparó la bebida en cuestión, que fue saboreada con deleite.

—Hasta aquí esto marcha bastante bien —dijo.

—Muy bien —repuso Kennedy.

—Vamos, señor Dick, ¿se arrepiente de habernos acompañado?

—¡Habría yo querido ver quién me lo hubiera impedido! —respondió el cazador con ademán resuelto.

Eran las cuatro de la tarde; el *Victoria* encontró una corriente más rápida, la tierra se alejaba insensiblemente y bien pronto la columna barométrica indicó una altura de mil quinientos pies sobre el nivel del mar. El doctor se vio obligado a sostener su aeróstato por una dilatación de gas bastante fuerte y el soplete funcionó sin cesar.

Hacia las siete, el *Victoria* pasaba sobre la cuenca del Kanyemé; el doctor reconoció al instante este vasto desmonte de diez millas de extensión, con sus villorrios perdidos en medio de los baobabs y de los calabazares. Allí está la residencia de uno de los sultanes del país de Ugogo, donde la civilización es quizá menos atrasada; se vende allí con menos

[1] Grog: bebida compuesta por una parte de alcohol y otra de agua. Ponche. *(N. del T.)*

frecuencia a los miembros de la familia, pero animales y hombres viven juntos en chozas redondas sin armadura, que parecen muelas de heno.

Después de Kanyemé, el terreno se vuelve árido y rocoso, pero al cabo de una hora, en una fértil depresión, la vegetación recobra todo su vigor a poca distancia del Mabunguru. El viento caía con el día y la atmósfera parecía dormirse. El doctor buscó en vano una corriente a diferentes alturas; al ver esta calma de la naturaleza resolvió pasar la noche en los aires y para mayor seguridad se elevó alrededor de mil pies. El *Victoria* permaneció inmóvil. En la noche magníficamente estrellada reinaba un profundo silencio.

Dick y Joe se tendieron sobre su apacible camastro y se durmieron profundamente durante la guardia del doctor; a medianoche éste fue reemplazado por el escocés.

—Si sobreviniera el menor accidente despiértame —le dijo Fergusson—, y sobre todo no pierdas de vista el barómetro. Ésta es nuestra brújula.

La noche fue fría, llegó a haber hasta 27 grados[2] de diferencia con la temperatura del día. Con las tinieblas había estallado el concierto nocturno de los animales a los que la sed y el hambre arrojan de sus guaridas; las ranas dejaban oír su voz de soprano, aumentada con el aullido de los chacales, mientras que la voz imponente de los leones sostenía los acordes de esta orquesta viviente.

Volviendo a ocupar su puesto por la mañana, el doctor Fergusson consultó su brújula y observó que la dirección del viento había cambiado durante la noche. El *Victoria* había derivado hacia el noroeste una treintena de millas desde las dos; pasaba por encima del Mabunguru, país pedregoso cuajado de bloques de sienita de un hermoso pulimento, y erizado de rocas de espalda de asno; masas cónicas semejantes a las rocas de Karnak, erizaban el suelo, como otros tantos dólmenes druídicos; numerosas osamentas de búfalos y de elefantes blanqueaban aquí y allí; había pocos árboles, excepto hacia el este, donde existían profundos bosques bajo los cuales se ocultaban algunos pueblos.

Hacia las siete, una roca redonda de cerca de dos millas de extensión apareció como un inmenso caparazón.

—Estamos en buen camino —dijo el doctor Fergusson—, he aquí Jihoue-la-Mkoa, donde vamos a hacer alto durante algunos instantes. Voy a renovar la provisión de agua necesaria para la alimentación de mi soplete; tratemos de amarrar en alguna parte.

—Hay pocos árboles —respondió el cazador.

—Intentémoslo sin embargo, Joe; arroja las anclas.

---

[2] 14 grados centígrados. *(N. del A.)*

El globo, perdiendo poco a poco su fuerza ascensional, se acercó a tierra; las anclas se balancearon; el extremo de una de ellas se enganchó en un saliente rocoso y el *Victoria* quedó inmóvil.

No había que pensar que el doctor pudiera extinguir por completo el soplete durante las paradas. El equilibrio del globo había sido calculado al nivel del mar; como el país iba siempre remontándose, y al encontrarse a seiscientos o setecientos pies de elevación, el globo tendría siempre tendencia a descender por debajo del mismo suelo, era necesario, pues, sostenerlo con una cierta dilatación del gas. Únicamente en el caso de ausencia de todo viento, habría dejado el doctor reposar la barquilla en tierra, y el aeróstato, privado entonces de un peso considerable, se habría sostenido a flote sin el auxilio del soplete.

Los mapas indicaban grandes charcas en la vertiente occidental de Jihoue-la-Mkoa. Joe se dirigió allí solo, con un barril que podía contener unos diez galones; encontró sin dificultad el sitio indicado, no lejos de una aldea desierta. Hizo su provisión de agua y volvió en menos de tres cuartos de hora; no había visto nada de particular, excepto unas enormes trampas para elefantes; creyó caer él mismo en una de ellas, donde yacía un esqueleto medio carcomido.

Recogió en su excursión una especie de nísperos que los monos comen con avidez. El doctor reconoció el fruto del mbenbu, árbol muy abundante en la parte occidental de Jihoue-la-Mkoa. Fergusson esperaba a Joe con cierta impaciencia, pues toda parada en aquella tierra inhospitalaria le inspiraba siempre temores.

El agua fue embarcada sin dificultad, pues la barquilla descendió casi al nivel del suelo; Joe pudo arrancar el ancla y subió con ligereza al lado de su amo. Inmediatamente, éste reavivó la llama y el *Victoria* volvió a tomar su camino por el aire.

Distinguió entonces a unas cien millas a Kazeh, importante establecimiento en el interior de África, adonde, merced a una corriente de viento sudeste, los viajeros esperaban llegar durante la jornada; marcaba una velocidad de catorce millas por hora; la dirección del aparato se hizo entonces bastante difícil; no podía elevarse a demasiada altura sin dilatar mucho el gas, pues el país se encontraba a una altura media de tres mil pies. Así pues, en la medida de lo posible, el doctor decidió no forzar su dilatación; siguió, pues, derechamente las sinuosidades de una pendiente bastante dura y pasó cerca de los pueblos de Thembo y de Tura Wels. Este último forma parte del Unyamwezy, magnífica región donde alcanzan los árboles las mayores dimensiones, entre otros, los cactus, que llegan a ser gigantescos.

Hacia las dos, con un tiempo magnífico, bajo un sol de fuego, que extinguía la menor corriente de aire, el *Victoria* se cernía por encima de la ciudad de Kazeh, situada a trescientas cincuenta millas de la costa.

—Salimos de Zanzíbar a las nueve de la mañana —dijo el doctor Fergusson consultando sus notas—, y en dos días de travesía hemos recorrido con nuestros rodeos cerca de quinientas millas geográficas. Los capitanes Burton y Speke hubieran tardado cuatro meses y medio en recorrer el mismo camino.

CAPÍTULO XV

Kazeh, punto importante del África central, no es una ciudad; a decir verdad, no hay ciudades en el interior. Kazeh no es más que una reunión de seis vastas excavaciones. Allí están cerradas las chozas, las barracas de los esclavos, con pequeños patios y jardines pequeños, cuidadosamente cultivados; cebollas, batatas, berenjenas, calabazas y setas de un sabor acabado, crecen a maravilla.

El Unyamwezy es la tierra de la Luna por excelencia, el parque fértil y espléndido de África; en el centro se encuentra el distrito de Unyanembé, región deliciosa, donde viven perezosamente algunas familias de omaníes, que son los árabes de origen más puro.

Durante mucho tiempo han ejercido el comercio en el interior de África y en Arabia; han traficado con gomas, marfil, telas y esclavos; sus caravanas surcaron estas regiones ecuatoriales; van aún a buscar a la costa objetos de lujo y de placer para los mercaderes enriquecidos, y éstos, en medio de mujeres y criados, pasan en esta región encantadora la existencia menos agitada y más tranquila, siempre echados, riendo, fumando o durmiendo.

Alrededor de estas excavaciones, numerosas chozas de indígenas, vastos emplazamientos para los mercados, campos de cannabis y de daturas, hermosos árboles de frescas sombras; he aquí Kazeh.

Éste es el lugar de reunión general de las caravanas; las del sur con sus esclavos y sus cargamentos de marfil; las del oeste que exportan el algodón y los abalorios a las tribus de los Grandes Lagos.

Así en los mercados reina una agitación perpetua, una algarabía indescriptible, compuesta de los gritos de los cargadores mestizos, del sonido de los tambores y cornetas, del piafar de los elefantes y de los golpes de roten del Jemadar[1] que lleva la batuta en esta sinfonía pastoral.

Allí se exponen sin orden, y aun con un desorden encantador, telas vistosas, abalorios de marfil, colmillos de rinoceronte, dientes de tiburón, miel, tabaco y algodón; allí se realizan las compras más extrañas, donde cada objeto no tiene más valor que el de los deseos que excita.

De repente esta agitación, este movimiento, este ruido, calló súbitamente. El *Victoria* acababa de aparecer en los aires; se cernía majestuosamente y descendía poco a poco, sin apartarse de la vertical. Hombres, mujeres, niños, esclavos, mercaderes, árabes y negros, todos desaparecieron y se introdujeron en los *tembés* y en las cabañas.

—Mi querido Samuel —dijo Kennedy—, si continuamos provocando estas reacciones, no tendremos el gusto de entablar relaciones comerciales con estas gentes.

—Se podría hacer, sin embargo —dijo Joe—, una operación comercial de gran simplicidad. Consistiría en descender tranquilamente y transportar las mercancías más preciadas sin preocuparse de los mercaderes. Se enriquecería uno enseguida.

—Bien —dijo el doctor—, estos indígenas han tenido miedo en los primeros momentos. Pero no tardarán en volver por superstición o por curiosidad.

—¿Lo cree así, mi amo?

—Ya veremos; pero será prudente no acercarse demasiado; el *Victoria* no es un globo blindado, ni acorazado; no está, pues, al abrigo de una bala ni de una flecha.

—¿Pretendes, pues, mi querido Samuel entrar en negociaciones con estos africanos?

—Si es posible, ¿por qué no? —respondió el doctor—; deben encontrarse en Kazeh los mercaderes árabes más instruidos, menos salvajes. Recuerdo que los señores Burton y Speke se hacen lenguas de la hospitalidad de los habitantes de la ciudad. Así pues, podemos nosotros intentar la aventura.

Habiéndose aproximado a tierra poco a poco, el *Victoria* sujetó una de sus anclas a la copa de un árbol cercano a la plaza del mercado.

---

[1] Jefe de la caravana. *(N. del A.)*

Toda la población reapareció en aquel momento fuera de sus escondrijos; sacaban las cabezas con circunspección. Muchos waganga, fácilmente reconocibles por sus insignias de conchas cónicas, se adelantaron resueltamente; eran los hechiceros del lugar. Llevaban a la cintura pequeñas calabazas negras untadas de grasa y diversos objetos de magia, de una suciedad completamente doctoral.

Poco a poco la muchedumbre se unió a ellos, las mujeres y los niños les rodearon, los tambores rivalizaron en ruido, las manos se juntaron y fueron dirigidas al cielo.

—Es la manera de suplicar —dijo el doctor Fergusson—; si no me engaño, estamos llamados a representar un gran papel.

—Pues bien, señor, represéntelo.

—Tú mismo, mi bravo Joe, quizá te vayas a convertir en un dios.

—¡Ah, señor!, esto no me inquieta lo más mínimo y el incienso no me desagrada.

En este momento uno de los hechiceros, un waganga, hizo un gesto y todo el clamor se extinguió en un profundo silencio. Dirigió algunas palabras a los viajeros, pero en una lengua desconocida.

El doctor Fergusson, que no había entendido nada, lanzó al azar algunas palabras en árabe y fue inmediatamente contestado en esta lengua.

El orador pronunció una extensa arenga, muy florida y que fue escuchada atentamente; el doctor no tardó en comprender que el *Victoria* estaba protegido por la Luna en persona y que esta amable deidad se había dignado aproximarse a la ciudad con sus tres hijos, honor que no sería olvidado jamás, en aquella tierra amada del Sol.

El doctor respondió con gran dignidad que la Luna hacía cada mil años una excursión a sus dominios, para satisfacer la necesidad de conocer más de cerca a sus adoradores; les rogaba, pues, que no se molestaran, y que aprovecharan su divina presencia para que pudiesen conocer sus necesidades y escuchar sus voces.

El mago respondió a su vez que el sultán, el «Mwani», enfermo desde hacía largos años, reclamaba los auxilios del cielo e invitaba a los hijos de la Luna a trasladarse a su lado.

El doctor dio a conocer la invitación a sus compañeros.

—¿Y vas tú a trasladarte al lado del rey negro? —dijo el cazador.

—Sin duda alguna. Estas gentes me parecen bien dispuestas; la atmósfera está en calma; no se percibe el menor soplo de viento; no tenemos nada que temer por el *Victoria*.

—¿Pero qué vas a hacer?

—No te preocupes, mi querido Dick, con un poco de medicina me arreglaré.

Después dijo dirigiéndose a la muchedumbre:

—La Luna, teniendo piedad del soberano amado de los hijos de Unyamwezy, nos ha confiado el cuidado de su curación. Que se prepare a recibirnos.

Los clamores, los cantos y las demostraciones se redoblaron y todo aquel vasto hormiguero de cabezas negras se puso en movimiento.

—Ahora, amigos míos —dijo el doctor Fergusson—, es necesario prepararse para cualquier circunstancia; podemos, en un momento dado, vernos obligados a partir inmediatamente. Dick quedará, pues, en la barquilla, y por medio del soplete conservará una fuerza ascensional suficiente. El ancla está fuertemente sujeta y no hay nada que temer. Voy a bajar a tierra. Joe me acompañará; después se quedará al pie de la escala.

—¡Cómo! ¿Irás tú solo a casa de ese negro? —dijo Kennedy.

—¡Cómo, señor Samuel! —exclamó Joe—, ¿no quiere que le acompañe hasta allí?

—No, iré solo; estas buenas gentes se figuran que su gran deidad, la Luna, ha venido a hacerles una visita; estoy protegido por la superstición; así pues, no tengáis ningún temor y permaneced cada uno en el puesto que os he asignado.

—Puesto que tú lo quieres... —replicó el cazador.

—Cuida de la dilatación del gas.

—Enterado.

Los gritos de los indígenas aumentaron; reclamaban enérgicamente la intervención celeste.

—Vamos, vamos —dijo Joe—. Los encuentro un poco imperiosos con su buena Luna y sus divinos Hijos.

El doctor, provisto de su botiquín de viaje, descendió a tierra, precedido de Joe. Éste, grave y digno, como correspondía, se sentó al pie de la escala, con las piernas cruzadas por debajo, a la manera de los árabes, y una parte de la muchedumbre le rodeó formando un círculo respetuoso.

Durante este tiempo, el doctor Fergusson, conducido al son de los instrumentos, escoltado por los danzantes religiosos, avanzó lentamente hacia el *tembé* real situado bastante lejos de la ciudad; eran cerca de las tres y el sol resplandecía; no podía hacer otra cosa en atención a las circunstancias.

El doctor marchaba con dignidad; los waganga le rodeaban y contenían a la muchedumbre. Fergusson pronto fue recibido por el hijo natural del sultán, un joven bien parecido, que según la costumbre del país, era el único heredero de los bienes paternos, con exclusión de los hijos legítimos; se prosternó ante el Hijo de la Luna; éste lo levantó con un gracioso gesto.

Tres cuartos de hora después, por senderos sombreados, en medio de un exceso de vegetación tropical, la procesión entusiasmada llegó al palacio del sultán, una especie de edificio cuadrado llamado Ititenya y situado en la vertiente de una colina. Un corredor, con techo de bálago, dominaba el exterior, apoyado sobre pilares de madera esculpidos de manera lamentable. Largas líneas de arcilla rojiza decoraban los muros, pretendiendo reproducir figuras de hombres y de serpientes, aunque en verdad no lo lograban. La techumbre de esta habitación no descansaba precisamente sobre los muros y el aire podía circular por allí libremente; además no tenía ventanas ni casi puerta.

El doctor Fergusson fue recibido con grandes honores por los guardianes y los favoritos, hombres de hermosa raza, de los Unyamwezy, tipo puro de las poblaciones del África central, fuertes y robustos, bien constituidos y de buen aspecto. Sus cabellos, divididos en un gran número de trenzas pequeñas, caen sobre sus espaldas; por medio de incisiones negras o azules, rayan sus mejillas desde las sienes hasta la boca. Sus orejas, extremadamente dilatadas, soportan discos de madera y placas de goma copal; estaban vestidos de telas brillantemente pintadas; los soldados armados de azagayas, arco, flecha dentada y emponzoñada con jugo de euforbia, machete, «sime» largo, sable con dientes de sierra, y pequeñas hachas de guerra.

El doctor penetró en el palacio. Allí, a pesar de la enfermedad del sultán, el escándalo ya terrible se redobló a su llegada. Observó en el umbral de la puerta colas de liebre y crines de cebra, suspendidos a manera de talismanes. Fue recibido por el conjunto de las mujeres de su majestad, a los acordes armoniosos del «upatu», especie de platillos hechos con el fondo de una olla de cobre y el ruido ensordecedor del «kilindo», tambor de cinco pies de altura, formado por un tronco de árbol y en el cual dos «virtuosos» se esforzaban en dar puñetazos.

La mayor parte de las mujeres eran muy hermosas y fumaban, riendo, tabaco y «thang» en grandes pipas negras; parecían muy bien formadas bajo su largo traje plegado con gracia y llevaban el «kilt» de fibras de calabaza ceñido a la cintura.

Seis de ellas, que no eran de las menos alegres del grupo, estaban colocadas en un lugar reservado y destinadas a un suplicio cruel. A la muerte del sultán debían ser enterradas vivas a su lado, para distraerle durante la eterna soledad.

El doctor Fergusson, después de haber observado todo esto al primer golpe de vista, se adelantó hasta el lecho de madera del soberano. Vio allí a un hombre como de unos cuarenta años, completamente embrutecido por las orgías de toda especie y con el cual no era posible hacer nada. La enfermedad, que databa de bastantes años, no era otra cosa que una borrachera perpetua. El real borracho había perdido el conocimiento hacía poco y todo el amoníaco del mundo no habría bastado para ponerle en pie.

Los favoritos y las mujeres, doblando la rodilla, se inclinaron durante esta visita solemne. Por medio de algunas gotas de un cordial extremadamente fuerte, el doctor logró reanimar un instante aquel cuerpo embrutecido; el sultán hizo un movimiento y este síntoma, en un cadáver que no daba señales de vida hacía algunas horas, fue acogido con un redoblamiento de gritos en honra del médico.

Éste, que había hecho ya bastante, separó con un movimiento rápido a sus adoradores demasiado expresivos y salió del palacio. Se dirigió al *Victoria*. Eran las seis de la tarde.

Joe, durante su ausencia, esperaba tranquilamente al pie de la escala; la muchedumbre le tributaba los mayores honores. Identificado con su papel de verdadero Hijo de la Luna, les dejaba hacer. Para ser una divinidad, tenía el aire de un buen hombre, nada fiero y familiar con las jóvenes africanas que no dejaban de contemplarle. Les pronunciaba además amables discursos.

—Adorad, señoritas, adorad —les decía—; soy un pobre diablo, aunque sea hijo de una deidad.

Le presentaron los dones propiciatorios, depositados, según costumbre, en los «uzimn» o chozas. Consistían en espigas de cebada y en «pombé». Joe se creyó obligado a probar esta especie de cerveza fuerte, pero su paladar, aunque hecho al vino y al whisky, no pudo soportar la violencia de aquel alcohol. Hizo un gesto horrible, que la concurrencia interpretó como una amable sonrisa.

Después las jóvenes, confundiendo sus voces en un lánguido canturreo, ejecutaron una danza alrededor de él.

—¡Ah!, danzáis muy bien —dijo—, y como no volveré a estar a vuestro lado, voy a enseñaros un baile de mi país.

Y dio principio a una danza que aturdía, contoneándose, estirándose, doblándose, bailando con los pies, de rodillas, con las manos, agitándose en contorsiones extravagantes, en posturas increíbles, con muecas imposibles, dando así a la multitud una extraña idea de la forma en que los dioses bailan en la Luna.

Mientras tanto, todos aquellos africanos encontraron bien pronto la forma de reproducir sus maneras, sus saltos, sus zarandeos; no perdían un gesto ni olvidaban una actitud; se produjo entonces una confusión, un movimiento, una agitación de la cual es difícil dar una idea, ni siquiera aproximada. En lo mejor de la fiesta, Joe divisó al doctor.

Venía éste a toda prisa, en medio de una muchedumbre aulladora y desordenada. Los faquires y los jefes parecían muy animados. Rodeaban al doctor, lo apretaban, lo amenazaban.

¡Extraño cambio! ¿Qué había pasado? ¿Había el sultán muerto torpemente entre las manos de su médico celeste?

Kennedy, desde su sitio, vio el peligro sin comprender la causa. El globo, fuertemente impulsado por la dilatación del gas, mantenía en tensión la cuerda que le impedía elevarse en los aires.

El doctor llegó al pie de la escala. Un temor supersticioso contenía todavía a la muchedumbre, impidiéndola entregarse a violencias contra su persona; trepó rápidamente por los peldaños y Joe le siguió con agilidad.

—No hay que perder un momento —le dijo su amo—. No te ocupes de soltar el ancla. Cortaremos la cuerda. Sígueme.

—Pero ¿qué pasa? —preguntó Joe mientras escalaba a la barquilla.

—¿Qué ocurre? —dijo Kennedy con su carabina en la mano.

—Mirad —dijo el doctor señalando el horizonte.

—¿Y qué? —preguntó el cazador.

—Pues bien, ¡la Luna!

La Luna, en efecto, aparecía roja y espléndida, como un globo de fuego sobre un fondo azul. ¡Era ella! ¡Ella y el *Victoria!*

O había dos lunas, o los extranjeros no eran sino unos impostores, unos falsos dioses.

Tales habían sido las naturales reflexiones de la muchedumbre. De ahí su cambio de actitud.

Joe no pudo contener una inmensa carcajada. La población de Kazeh, comprendiendo que se le escapaba su presa, prorrumpió en aullidos prolongados.

Los arcos y los mosquetes fueron dirigidos hacia el globo.

Pero uno de los faquires hizo una señal. Las armas se abatieron; trepó al árbol con la intención de coger la cuerda del ancla y traer la máquina a tierra.

Joe se abalanzó con un hacha en la mano.

—¿Es necesario cortar? —dijo.

—Espera —respondió el doctor.

—Pero ¿y este negro...?

—Podremos tal vez salvar nuestra ancla y a él también. Siempre habrá tiempo de cortar.

El faquir, una vez en el árbol, después de haber roto las ramas del mismo, llegó a soltar el ancla; ésta, violentamente atraída por el aeróstato, prendió al hechicero entre las piernas y sobre este hipógrifo inesperado partió por las regiones del aire.

El estupor de la muchedumbre fue inmenso al ver a uno de sus waganga lanzarse al espacio.

—¡Hurra! —exclamó Joe mientras el *Victoria,* gracias a su fuerza ascensional, se elevaba con gran rapidez.

—Se sostiene bien —dijo Kennedy—; un pequeño viaje no le sentará mal.

—¿Es que vamos a soltar a este negro de repente? —preguntó Joe.

—De ningún modo —replicó el doctor—; lo volveremos a dejar en tierra, y, creo que después de esta aventura, su poder de hechicero aumentará, especialmente en el espíritu de sus contemporáneos.

—Son capaces de hacer de él un dios —exclamó Joe.

El *Victoria* había llegado a una altura de unos mil pies, poco más o menos. El negro se agarraba a la cuerda con una energía terrible. Callaba, sus ojos permanecían fijos. Su terror se mezclaba con el asombro. Un ligero viento del oeste impulsó al globo fuera de la ciudad. Una media hora más tarde, el doctor, viendo el país desierto, moderó la llama del soplete y se aproximó a tierra. A veinte pies del suelo el negro tomó rápidamente la iniciativa; se lanzó, cayó sobre las piernas y se puso a huir hacia Kazeh en tanto que, súbitamente aligerado, el *Victoria* se elevaba en los aires.

Capítulo XVI

He aquí el resultado —dijo Joe— de pasar por hijos de la Luna sin permiso! ¡Este satélite ha querido jugarnos una mala pasada! ¿No será, mi amo, que ha comprometido con su medicina la reputación de la Luna?

—En realidad —dijo el cazador—, ¿quién era ese sultán de Kazeh?

—Un viejo borracho medio muerto —respondió el doctor—, y cuya pérdida no será muy vivamente sentida. Pero la conclusión de esto es que los honores son efímeros y no hay que abusar de ellos.

—Tanto peor —replicó Joe—; pero aquello me gustaba. ¡Ser adorado!, hacer de dios a capricho. Pero ¿qué queréis? La Luna se ha dejado ver y completamente roja, lo que prueba que estaba molesta.

Durante estos discursos y otros en los cuales Joe examinó el astro de la noche desde un punto de vista enteramente nuevo, el cielo se cargaba de gruesas nubes hacia el norte, nubes siniestras y pesadas. Un viento bastante vivo que se había levantado a trescientos pies del suelo empujaba al *Victoria* hacia el nordeste. Sobre él la bóveda azulada estaba pura, pero se notaba la pesadez del ambiente.

Los viajeros se encontraron hacia las ocho de la noche en los 32 grados 40 minutos de longitud y 4 grados 17 minutos de latitud; las corrientes atmosféricas, bajo la influencia de una tormenta próxima, les arrastraban con una velocidad de treinta y cinco millas por hora. Bajo sus pies pasaban rápidamente las planicies onduladas y fértiles de Mfuto. El espectáculo era impactante y fue admirado.

—Estamos en pleno país de la Luna —dijo el doctor Fergusson—; ha conservado este nombre que le dio la antigüedad sin duda porque la Luna fue allí adorada en todo tiempo. Es verdaderamente una región magnífica y difícilmente se encontrará una vegetación más hermosa.

—Si se la encontrara alrededor de Londres, no sería natural —respondió Joe—, pero sería muy agradable. ¿Por qué estas bellezas están reservadas a países tan bárbaros?

—¿Y quién sabe —replicó el doctor— si algún día esta región no llegará a ser el centro de la civilización? Los pueblos del porvenir se dirigirán aquí, quizá cuando las regiones de Europa se hayan agotado y no puedan alimentar a sus habitantes.

—¿Crees eso? —dijo Kennedy.

—Sin duda, mi querido Dick. Observa la marcha de los acontecimientos; considera las emigraciones sucesivas de los pueblos y llegarás a la misma conclusión que yo. Asia es la primera abastecedora del mundo, ¿no es verdad? Durante cuatro mil años trabaja, es fertilizada, produce, y después, cuando las piedras han reemplazado a las espigas doradas de Homero, sus hijos abandonan su seno agotado y marchito. Los ves entonces arrojarse sobre Europa joven y potente que los alimentaba desde hace dos mil años. Pero ya su fertilidad se pierde; sus facultades productivas disminuyen cada día; las nuevas enfermedades que sufren cada año los productos de la tierra, sus falsas cosechas, sus insuficientes recursos, todo esto son signos ciertos de una vitalidad que se altera, de un agotamiento próximo. Así vemos ya a los pueblos precipitarse a los senos vigorosos de América como a una fuente no inagotable, pero aún inagotada. A su vez, este nuevo continente se hará viejo; sus bosques vírgenes caerán bajo el hacha de la industria; su suelo se debilitará por haber producido demasiado lo mucho que se le había pedido; allí donde dos cosechas se producen cada año apenas saldrá una, a costa de trabajo. Entonces África ofrecerá a las nuevas razas los tesoros acumulados en tantos siglos en su seno. Estos climas, funestos a los extranjeros, se purificarán por los saneamientos y los drenajes; estas aguas dispersas se reunirán en un lecho común para formar una arteria navegable. Y este país sobre el cual nos cernemos, más fértil, más rico, más sano que los otros, llegará a ser algún gran reino donde se producirán descubrimientos todavía más asombrosos que el vapor y la electricidad.

—¡Ah, señor! —dijo Joe—, yo querría ver eso.

—Te has levantado muy temprano, muchacho.

—Además —dijo Kennedy—, ésa será quizá una época más fastidiosa que ésta, pues la que la industria lo absorberá todo en su provecho.

A fuerza de inventar máquinas, los hombres serán devorados por ellas. Yo me he figurado siempre que el último día del mundo será aquel en que una inmensa caldera calentada a tres millares de atmósferas haga estallar nuestro planeta.

—Y yo añado —dijo Joe— que los americanos no serán los últimos que trabajen en esa máquina.

—En efecto —respondió el doctor—, son grandes caldereros. Pero sin dejarnos llevar a semejantes discusiones, contentémonos con admirar esta tierra de la Luna, ya que podemos hacerlo.

El Sol, filtrando sus últimos rayos entre la masa de nubes amontonadas, adornaba con una cresta de oro los menores accidentes del terreno; árboles gigantescos, hierbas arborescentes, musgos a ras de tierra, todo tenía su parte en este efluvio luminoso; el terreno, ligeramente ondulado, resaltaba aquí y allá en pequeñas colinas cónicas; ninguna montaña en el horizonte; inmensas empalizadas cercadas de maleza, setos impenetrables, juncos espinosos, separaban los claros donde se extendían numerosos pueblos; los euforbios gigantescos los rodeaban de fortificaciones naturales que se entremezclaban con las ramas coraliformes de los arbustos.

Pronto el Malagazari, principal afluente del lago Tanganica, serpenteó bajo los macizos de verdura; daba asilo a numerosos arroyos nacidos de torrentes aumentados en la época de las crecidas o de estanques excavados en el lecho arcilloso del suelo. Observada desde arriba, era una redecilla de cascadas colocadas en toda la parte occidental del país.

Animales con joroba pastaban en los prados fértiles y desaparecían bajo las grandes hierbas; los bosques, perfumados de esencias magníficas, se ofrecían a los ojos como vastos ramilletes; pero en estos ramilletes, leones, leopardos, hienas y tigres, se refugian para escapar a los últimos calores del día. A veces un elefante hacía ondular la cima de los arbustos y se oía el crujido de los árboles cediendo a sus colmillos de marfil.

—¡Qué país de caza! —gritó Kennedy con entusiasmo—; ¡una bala lanzada al azar en pleno bosque encontraría una caza digna de ella! ¿No podríamos intentarlo?

—No, mi querido Dick; ya viene la noche, una noche amenazadora, escoltada por una tempestad. ¡Oh!, las tempestades son terribles en esta comarca donde el suelo está dispuesto como una inmensa batería eléctrica.

—Tiene razón, señor —dijo Joe—; el calor ha llegado a ser sofocante, el viento ha caído completamente; se siente que algo se prepara.

—La atmósfera está cargada de electricidad —respondió el doctor—; todo ser viviente es sensible a este estado del aire que precede a la lucha de los elementos y confieso que nunca lo experimenté como ahora.

—¿No convendría descender? —preguntó el cazador.

—Al contrario, Dick, sería mejor subir. Lo que temo es ser arrastrado fuera de mi ruta durante estos cruzamientos de corrientes atmosféricas.

—¿Quieres, pues, abandonar la dirección que seguimos desde la costa?

—Si me es posible —respondió Fergusson—, me dirigiré más directamente al norte durante 7 u 8 grados tratando de remontar hacia las latitudes supuestas de las fuentes del Nilo; quizá podamos ver algunas señales de la expedición del capitán Speke o de la caravana del señor De Heuglin. Si mis cálculos son exactos, nos encontramos en los 32 grados 40 minutos de longitud y yo querría subir derecho más allá del ecuador.

—¡Mirad! —gritó Kennedy, interrumpiendo a su compañero—, ved esos hipopótamos que se arrojan fuera de los estanques, esas masas de carne sanguinolenta y esos cocodrilos que aspiran ruidosamente el aire.

—¡Se ahogan! —dijo Joe—. ¡Ah, qué encantadora manera de viajar y cómo despreciamos esa malhechora gusanería! ¡Señor Samuel!, ¡señor Kennedy!, vean esas bandas de animales que marchan en filas compactas. Son unos doscientos. Ésos son lobos.

—No, Joe; son perros salvajes; una famosa raza que no teme atacar a los leones. Es el encuentro más terrible que puede tener un viajero. Inmediatamente lo hacen pedazos.

—¡Bueno!, no será Joe quien se encargue de ponerles un bozal —respondió el simpático muchacho—. Por otra parte, si éste es su espacio natural, no es necesario violentarlos demasiado.

El silencio aumentaba poco a poco bajo la influencia de la tempestad; parecía que el aire espeso era incapaz de transmitir los sonidos; la atmósfera parecía acolchada, y como una sala cubierta de tapices, perdía toda sonoridad. El pájaro remero, la grulla coronada, los grajos rojos y azules, el burlón, las moscaretas desaparecían en los grandes árboles. La naturaleza entera ofrecía los síntomas de un próximo cataclismo.

A las nueve de la noche el *Victoria* permanecía inmóvil sobre el Mséné, vasta reunión de pueblos apenas visibles en la sombra; a veces el reflejo de un rayo de luz en el agua dormida señalaba fosas distribuidas regularmente, y en una última claridad, la mirada pudo percibir la sombra tranquila y sombría de palmeras, tamarindos, sicomoros y euforbios gigantescos.

—Me ahogo —dijo el escocés, aspirando a pleno pulmón aquel aire rarificado—. ¡No nos movemos! ¿Descenderemos?

—Pero ¿y la tempestad? —dijo el doctor con inquietud.

—Si temes ser arrastrado por el viento, me parece que no tienes otro partido que tomar.

—Quizá la tempestad no estalle esta noche —replicó Joe—; las nubes están muy altas.

—Por esa razón no me decido a traspasarlas; haría falta subir a una gran altura, perder de vista la tierra y no saber durante toda la noche si avanzamos ni hacia dónde nos dirigimos.

—Decídete, mi querido Samuel; es urgente.

—Es una lástima que el viento haya caído —replicó Joe—; nos hubiera llevado lejos de la tempestad.

—Eso es lo lamentable, amigos míos, pues las nubes son un peligro para nosotros; encierran corrientes opuestas que pueden enlazarnos en sus torbellinos, y relámpagos capaces de incendiarnos. Por otro lado, la fuerza de la ráfaga puede precipitarnos a tierra si echamos las anclas en un árbol.

—Entonces, ¿qué hacemos?

—Hace falta mantener el *Victoria* en una zona media entre los peligros de la tierra y el cielo. Tenemos agua en cantidad suficiente para el soplete y nuestras doscientas libras de lastre están intactas. Cuando haya necesidad, me serviré de ellas.

—Vamos a velar contigo —dijo el cazador.

—No, amigos míos; poned las provisiones al abrigo y acostaros; yo os despertaré si es necesario.

—Pero mi amo, ¿no haría bien en reposar ya que nada nos amenaza todavía?

—No, gracias muchacho; prefiero velar. Estamos inmóviles y si las circunstancias no cambian, mañana nos encontraremos exactamente en el mismo lugar.

—Buenas noches, señor.

—Buenas noches, si es posible.

Kennedy y Joe se tendieron bajo las mantas y el doctor permaneció solo en la inmensidad.

La cúpula de nubes descendía insensiblemente y la oscuridad se hacía profunda. La bóveda negra se extendía alrededor del globo terrestre como para aplastarlos. De repente un rayo violento, rápido, penetrante, rasgó la sombra; su desgarrón no se había cerrado cuando el pavoroso ruido del trueno resonó en el espacio.

—¡Alerta! —gritó Fergusson.

Los dos durmientes, despertados por aquel ruido siniestro, se pusieron a sus órdenes.

—¿Descendemos? —dijo Kennedy.

—No, el globo no resistiría. Subamos antes de que estas nubes se deshagan en agua y el viento se desencadene.

Y activó la llama del soplete en las espirales del serpentín.

Las tempestades de los trópicos se desenvuelven con una rapidez comparable a su violencia. Un segundo rayo rompió la nube y fue seguido de otros veinte inmediatos. El cielo aparecía surcado por multitud de chispas eléctricas que se quebraban entre las grandes gotas de la lluvia.

—Nos hemos retrasado —dijo el doctor—. Nos falta todavía atravesar una zona de fuego, ¡con nuestro globo lleno de aire inflamable!

—¡Pues a tierra, a tierra! —seguía diciendo Kennedy.

—El riesgo de ser abrasados sería casi el mismo y pronto nos desgarrarían las ramas de los árboles.

—¡Subamos, señor Samuel!

—Más deprisa, más deprisa aún.

En esta parte de África, durante las tempestades ecuatoriales, no es raro contar de treinta a cincuenta rayos por minuto. El cielo es literalmente de fuego y los ruidos del trueno no cesan un instante.

El viento se desencadenaba con una violencia terrible en aquella atmósfera abrasada; retorcía las nubes incandescentes; se hubiera dicho que el soplo de un ventilador inmenso activaba aquel incendio.

El doctor Fergusson mantenía un soplete en pleno calor; de rodillas en el centro de la barquilla, Kennedy sujetaba las cortinas de la tienda. El globo daba vueltas vertiginosamente y los viajeros experimentaban inquietantes oscilaciones. Se hacían grandes cavidades en el aeróstato; el viento entraba con violencia y el tafetán detonaba bajo su presión. Una especie de granizada precedida de un ruido tumultuoso surcaba la atmósfera y crepitaba sobre el *Victoria*. Éste, sin embargo, continuaba su marcha ascensional; los relámpagos dibujaban tangentes inflamadas en su circunferencia; estaba en plena hoguera.

—¡Sea lo que Dios quiera! —dijo el doctor Fergusson—; estamos en sus manos; Él sólo puede salvarnos. Preparémonos para cualquier acontecimiento, incluso un incendio. Nuestra caída puede no ser rápida.

La voz del doctor llegaba apenas al oído de sus compañeros; pero éstos podían ver su rostro tranquilo al fulgor de los relámpagos; observaba los fenómenos de fosforescencia producidos por el fuego de San Telmo que vagaba por la cubierta del aeróstato. Éste giraba a impulsos del torbellino, pero subía siempre; al cabo de un cuarto de hora había pasado la zona de las nubes tempestuosas; las emanaciones eléctricas se desarrollaban por debajo de él, como una vasta corona de fuegos artificiales suspendida de su barquilla.

Era aquel uno de los más bellos espectáculos que la Naturaleza puede mostrar al hombre. Abajo, la tempestad. En lo alto, el cielo estrellado, tranquilo, mudo, impasible, con la Luna proyectando sus apacibles rayos sobre las nubes irritadas.

El doctor Fergusson consultó el barómetro; dio doce mil pies de elevación. Eran las once de la noche.

—Gracias al cielo, el peligro ha pasado —dijo—; no necesitamos más que mantenernos a esta altura.

—¡Ha sido terrible! —respondió Kennedy.

—Bueno —replicó Joe—, esto da amenidad al viaje y no estoy disgustado de haber visto una tempestad desde tan alto. Es un bonito espectáculo.

Capítulo XVII

Hacia las seis de la mañana del lunes el sol se elevó por encima del horizonte; las nubes se disiparon y un hermoso viento refrescó las primeras luces de la mañana.

La tierra, toda perfumada, reaparecía a los ojos de los viajeros. El globo, al girar en medio de corrientes opuestas, apenas se había desviado; el doctor, dejando contraerse el gas, descendió con objeto de buscar una dirección más septentrional. Durante un largo rato sus exploraciones fueron vanas; el viento los arrastró hacia el oeste hasta dar vista a las célebres montañas de la Luna, que se reúnen en semicírculo alrededor de la extremidad del lago Tanganica; su cadena poco acentuada se destacaba sobre el horizonte azulado; se la hubiera tenido por una fortificación natural, infranqueable a los exploradores del centro de África; algunas cumbres aisladas conservaban restos de las nieves perpetuas.

—Henos aquí —dijo el doctor—, en un país inexplorado; el capitán Burton ha avanzado más adelante hacia el oeste, pero no ha podido alcanzar estas célebres montañas; hasta ha negado su existencia, afirmada por Speke, su compañero; pretende que son producto únicamente de la imaginación de este último; para nosotros, amigos míos, esto no tiene duda posible.

—¿Las franquearemos nosotros? —preguntó Kennedy.

—No, si Dios quiere; espero encontrar un viento favorable que me llevará al ecuador; aguardaré allí si es necesario y haré del *Victoria* como un navío que arroja el ancla con los vientos contrarios.

Pero las previsiones del doctor no debían tardar en realizarse. Después de haber ensayado diferentes alturas, el *Victoria* enfiló hacia el nordeste, con una mediana velocidad.

—Estamos en la buena dirección —dijo, consultando su brújula—, y apenas a doscientos pies de tierra, circunstancias todas afortunadas para reconocer estas regiones nuevas; el capitán Speke, cuando fue a descubrir el lago Ukerewe se remontó más al este y en línea recta por encima de Kazeh.

—¿Marcharemos mucho tiempo a merced de la suerte? —preguntó Kennedy.

—Tal vez; nuestro fin es alcanzar una extremidad por el lado de las fuentes del Nilo y tenemos más de seiscientas millas que recorrer hasta el límite extremo alcanzado por los exploradores llegados del norte.

—¿Y no echaremos pie a tierra? —dijo Joe, deseoso de desentumecer las piernas.

—Sí, por cierto; será necesario, además, renovar nuestros víveres y mi bravo Dick nos aprovisionará de carne fresca.

—De todo lo que tú quieras, amigo Samuel.

—Tendremos también que renovar nuestra reserva de agua. ¡Quién sabe si no seremos arrojados hacia regiones áridas! No estará de más, por consiguiente, tomar las debidas precauciones.

A mediodía el *Victoria* se encontraba hacia los 29 grados 15 minutos de longitud y 3 grados 15 minutos de latitud. Atravesó la aldea de Uyofu, último límite septentrional del Unyamwezy, sesgando el lago Ukerewe, que no se podía distinguir todavía.

Las poblaciones próximas al ecuador parecen un poco más civilizadas y están gobernadas por monarcas absolutos, cuyo despotismo no tiene límite; su reunión más compacta constituye la provincia de Karagwah.

Los tres viajeros decidieron que tomarían tierra en el primer emplazamiento favorable. Se debía hacer un alto prolongado y pasar una cuidadosa revista al aeróstato; las anclas, lanzadas fuera de la barquilla, llegaron bien pronto a rozar las altas hierbas de una inmensa pradera; desde cierta altura ésta parecía cubierta de un césped liso, pero en realidad, este césped tenía de siete a ocho pies de espesor.

El *Victoria* atravesaba estas hierbas sin curvarlas, como una mariposa gigantesca. No había un obstáculo a la vista. Era como un océano de verdura sin una sola roca.

—Podremos avanzar largo tiempo de este modo —dijo Kennedy—; no distingo ni un solo árbol al que nos podamos aproximar; temo que nos quedemos sin caza.

—Espera, mi querido Dick; no podrías cazar en estas hierbas, más altas que tú; acabaremos por encontrar un sitio favorable.

Era en verdad un paseo encantador, una verdadera navegación sobre aquel mar tan verde, casi transparente, que se ondulaba suavemente al soplo del viento. La barquilla justificaba bien su nombre y parecía surcar las olas, a no ser por el vuelo de algunos pájaros de espléndidos colores, que se escapaban muchas veces de las altas hierbas dando alegres gritos; las anclas flotaban en el lago de flores y trazaban un surco que se cerraba detrás de ellas como la estela de un barco.

De repente, el globo experimentó una fuerte sacudida; el ancla había prendido, sin duda, en una hendidura de roca oculta bajo aquel césped gigantesco.

—Estamos sujetos —dijo Joe.

—Pues bien, arroja la escala —replicó el cazador.

No había acabado estas palabras cuando un grito agudo repercutió en el aire y las frases siguientes, entrecortadas por exclamaciones, salieron de los labios de los tres viajeros:

—¿Qué es esto?

—Un grito singular.

—¡Toma! ¡Si seguimos marchando!

—El ancla se ha soltado.

—No, sigue tirante —repuso Joe, que intentaba recoger la cuerda.

—¡Es una roca que anda!

Un gran remolino se hacía en las hierbas y bien pronto una forma alargada y sinuosa se elevó sobre ellas.

—¡Una serpiente! —dijo Joe.

—¡Una serpiente! —exclamó Kennedy, armando su carabina.

—¿Eh? ¡No! —dijo el doctor—, es la trompa de un elefante.

—¡Un elefante, Samuel!

Y Kennedy, diciendo esto, se echó la escopeta a la cara.

—¡Espera, Dick, espera!

—Sin duda el animal nos remolca y hacia buen sitio, Joe, hacia buen sitio.

El elefante avanzaba con cierta rapidez; llegó bien pronto a un claro donde se le pudo ver por completo; en su talla gigantesca el doctor reconoció un macho de una magnífica especie; sus blancos colmillos eran de una curvatura admirable y medirían hasta ocho pies de longitud; los brazos del ancla estaban fuertemente sujetos entre ellos.

El animal intentó inútilmente desembarazarse con su trompa de la cuerda que le sujetaba a la barquilla.

—¡Adelante, adelante! —exclamó Joe en el colmo de la alegría, excitando con sus gritos a aquel extraño medio de transporte—. He aquí una nueva manera de viajar; mejor que un caballo, ¡un elefante!

—¿Pero adónde nos lleva? —preguntó Kennedy blandiendo su carabina y ardiendo en deseos de disparar.

—Nos lleva adonde queremos ir, mi querido Dick; un poco de paciencia.

—*Wig a more! Wig a more!*, como dicen nuestros paisanos de Escocia —exclamó el alegre Joe—; ¡adelante, adelante!

El animal tomó un galope muy rápido; movió su trompa a derecha e izquierda y en sus saltos daba violentas sacudidas a la barquilla. El doctor, con el hacha en la mano, estaba atento a cortar la cuerda si hubiera necesidad.

—Pero no nos separaremos de nuestra ancla más que en último extremo.

Esta carrera detrás del elefante duró cerca de una hora y media; el animal no parecía experimentar ninguna fatiga; estos enormes paquidermos pueden resistir trotes considerables y de un día a otro se les encuentra a distancias inmensas, como las ballenas, a las cuales se parecen en el volumen y en la rapidez.

—Para el caso —dijo Joe— es una ballena que hemos arponeado, y no hacemos más que imitar la maniobra de los balleneros durante sus pescas.

Pero un cambio en la naturaleza del terreno obligó al doctor a modificar su modo de locomoción.

Un bosque espeso apareció al norte de la pradera, a unas tres millas de distancia; se juzgó desde luego necesario separar el globo de su conductor. Kennedy fue encargado de parar al elefante en su carrera; se echó su carabina a la cara pero su posición no era favorable para alcanzar al animal con éxito; una primera bala dirigida al cráneo se aplastó como sobre una plancha de acero; el animal no pareció sentirlo; al ruido de la descarga su paso se aceleró y su velocidad fue la de un caballo a galope.

—¡Diablos! —dijo Kennedy.

—¡Qué cabeza más dura! —dijo Joe.

—Vamos a ensayar algunas balas cónicas disparándolas sobre el lomo —repuso Kennedy, y cargando su carabina con cuidado, hizo fuego.

El animal lanzó un grito terrible y continuó más deprisa.

—Vamos —dijo Joe, armándose de uno de los fusiles—, es necesario que le ayude, señor Dick, o esto no se acabará nunca.

Y dos balas fueron a alojarse en los costados de la bestia.

El elefante se detuvo, levantó su trompa y volvió a emprender a toda velocidad su carrera hacia el bosque, sacudió su enorme cabeza y la sangre comenzó a correr a lo largo de sus heridas.

—Continuemos nuestro fuego, señor Dick.

—Y un fuego nutrido —añadió el doctor—, pues no estamos más que a veinte toesas del bosque.

Hubo que disparar diez veces más. El elefante dio un salto pavoroso; la barquilla y el globo crujieron como si se hubiesen destrozado; la sacudida hizo caer el hacha de las manos del doctor al suelo.

La situación se hizo terrible entonces; la cuerda del ancla sujeta fuertemente no podía ser desatada, ni cortada por el cuchillo de los viajeros. El globo se aproximaba rápidamente al bosque cuando el animal recibió una bala en un ojo en el momento en que levantó la cabeza; sus rodillas se plegaron; presentó su flanco al cazador.

—Una bala al corazón —dijo éste descargando por última vez su carabina.

El elefante lanzó un rugido de angustia y de agonía; se detuvo un instante haciendo oscilar su trompa y después cayó con todo su peso sobre uno de sus colmillos, que rompió por completo. Estaba muerto.

—El colmillo roto —exclamó Kennedy— es del marfil que en Inglaterra vale treinta y cinco guineas las cien libras.

—¡Tanto! —dijo Joe, deslizándose a tierra por la cuerda del ancla.

—¿Para qué pensar en ello, mi querido Dick? —respondió el doctor Fergusson—; ¿somos traficantes de marfil? ¿Hemos venido aquí para hacer fortuna?

Joe examinó el ancla; estaba sólidamente sujeta al colmillo que había permanecido intacto. Samuel y Dick saltaron al suelo en tanto que el aeróstato medio desinflado se balanceaba por encima del animal.

—¡Magnífica bestia! —exclamó Kennedy—. ¡Qué volumen! Yo no he visto jamás en la India un elefante de esta talla.

—Esto no tiene nada de extraño, mi querido Dick; los elefantes del centro de África son los más hermosos. Los Anderson, los Cumming, los han cazado como éste en los alrededores de El Cabo, de donde emigran para el ecuador; en el ecuador los encontraremos frecuentemente en grupos numerosos.

—Mientras tanto —repuso Joe—, vamos a probar algo de éste. Yo me encargo de procurarles una comida suculenta a expensas de este animal. El señor Kennedy va a cazar durante una o dos horas. El señor Samuel va a pasar revista al *Victoria* y durante este tiempo yo me dedicaré a la cocina.

—Está muy bien pensado —dijo el doctor—; haz lo que quieras.

—Por mi parte —dijo el cazador—, voy a tomarme las dos horas de libertad que Joe se ha dignado concederme.

—Ve, amigo mío; pero sé prudente. No te alejes.

—No tengas cuidado.

Y Dick, cogiendo su fusil, se internó en el bosque.

Entonces Joe se ocupó de sus funciones; hizo en el suelo un hoyo profundo de unos dos pies; lo rellenó con las ramas secas que cubrían el suelo y provenían de las brechas abiertas en el bosque por los elefantes, cuyas huellas se veían. Una vez lleno el hoyo extendió encima una cantidad de leña de unos dos pies de altura y le prendió fuego.

Enseguida volvió hacia el cadáver del elefante, caído a unas diez toesas del bosque; cortó primeramente la trompa, que medía cerca de dos pies de ancho en su nacimiento; eligió la parte más delicada y unió a esto uno de los pies del animal; éstos son, en efecto, los trozos por excelencia, como la joroba del camello, la pata del oso o la cabeza del jabalí.

Cuando la leña estuvo completamente consumida, el hoyo, desembarazado de las cenizas y de los carbones, ofrecía una temperatura muy elevada; los trozos del elefante envueltos en hojas aromáticas fueron depositados en el fondo de este horno improvisado y recubiertos de cenizas calientes; después Joe puso una segunda cantidad de leña cubriéndolo todo, y cuando la madera se consumió, la carne estaba asada, a punto.

Entonces Joe retiró la comida del fuego; depositó la apetitosa carne sobre las hojas verdes y dispuso su comida en medio de una magnífica pradera; llevó bizcochos, aguardiente, café y cogió agua fresca y limpia de un riachuelo vecino.

Este festín, así preparado, alegraba los ojos y Joe pensaba, sin ser demasiado orgulloso, que daría todavía mucho más gusto comerlo.

«Un viaje sin fatigas y sin peligros —repetía—. ¡La comida a sus horas!, ¡una hamaca perpetua! ¿Acaso se puede pedir más? ¡Y el buen señor Kennedy que no quiere venir!»

Por su parte, el doctor Fergusson se dedicaba a un examen escrupuloso del aeróstato. Éste no parecía haber sufrido con la tormenta; el tafetán y la gutapercha habían resistido maravillosamente; tomando la altura actual del suelo sobre el nivel del mar, y calculando la fuerza ascensional del globo vio con satisfacción que el hidrógeno continuaba en la misma cantidad; la cubierta, hasta entonces, permanecía completamente impermeable.

Hacía cinco días solamente que los viajeros habían abandonado Zanzíbar; el *pemmickan* no se había empezado; las provisiones de bizcochos y de carne en conserva eran suficientes para un largo viaje; no había que renovar más que la reserva de agua.

Los tubos y el serpentín parecían estar en perfecto estado; gracias a sus articulaciones de caucho se adaptaban a todas las oscilaciones del aeróstato.

Cuando terminó su examen, el doctor se ocupó de poner sus notas en orden. Hizo un apunte bastante bien ejecutado de la campiña que le rodeaba, con la larga pradera hasta perderse de vista, el bosque y el globo inmóvil sobre el monstruoso cuerpo del elefante.

Al cabo de dos horas Kennedy volvió con un rosario de perdices gruesas y un pernil de oryx, variedad de gemsbok, perteneciente a la especie más ágil de los antílopes. Joe se encargó de preparar este aumento de provisiones.

—La comida está servida —exclamó bien pronto, con su voz más alegre.

Y los tres viajeros no tuvieron más que sentarse sobre el verde césped; los pies y la trompa del elefante fueron declarados exquisitos; se bebió por Inglaterra, como siempre, y deliciosos habanos perfumaron por vez primera aquella región encantadora.

Kennedy comía, bebía y hablaba por cuatro; estaba embriagado; propuso muy seriamente a su amigo el doctor establecerse en el bosque, construir una cabaña de follaje y comenzar la dinastía de los Robinsones africanos.

La proposición no tuvo aceptación, a pesar de que Joe se postuló para desempeñar el papel de Viernes.

El campo parecía tan tranquilo y tan desierto que el doctor resolvió pasar la noche en tierra. Joe armó una hoguera circular, barricada indispensable contra las bestias feroces. Las hienas, los leopardos y los chacales, atraídos por el olor de la carne del elefante, merodearon por los alrededores. Kennedy tuvo muchas veces que disparar su carabina sobre los visitantes demasiado audaces; pero al fin transcurrió la noche sin ningún incidente desagradable.

CAPÍTULO XVIII

Al día siguiente, desde las cinco, comenzaron los preparativos de salida. Joe con el hacha, que afortunadamente había podido encontrar, cortó los colmillos del elefante. El *Victoria*, recobrando su libertad, arrastró a los viajeros hacia el noroeste con una velocidad de dieciocho millas.

El doctor había calculado cuidadosamente su posición por la altura de las estrellas durante la jornada precedente. Estaba a 2 grados 40 minutos de latitud bajo el ecuador, o sea, a ciento sesenta millas geográficas; atravesó numerosos pueblos sin preocuparse de los gritos que provocaba su aparición; hizo croquis de la conformación de los diversos lugares; franqueó las pendientes de Rubemhé, casi tan escarpadas como los picos del Ousagara, y encontró más tarde Benga, los primeros salientes de la cadena del Karagwah, que, según su opinión, derivan necesariamente de las montañas de la Luna. Así pues, las antiguas leyendas que hacían de estas montañas la cuna del Nilo se aproximan a la verdad, puesto que confinan con el lago Ukerewe, depósito supuesto de las aguas del gran río.

En Kafuro, gran distrito de los mercaderes del país, apercibió por fin en el horizonte el lago tan buscado, que el capitán Speke entrevió el 3 de agosto de 1858.

Samuel Fergusson estaba emocionado; tocaba casi uno de los puntos principales de su exploración y su anteojo no perdía detalle de aquella región misteriosa que su mirada detallaba así:

«Por debajo, una tierra estéril; algunos barrancos cultivados; el terreno sembrado de conos de una altitud media se allana en las proximidades del lago. Los campos de cebada reemplazan a los arrozales; allí crece esta planta, de la cual se extrae el vino del país, y el "mwani", planta salvaje que sirve de café. La reunión de unas cincuenta chozas circulares, recubiertas de un techo con flores, constituye la capital de Karagwah.

Se distinguen fácilmente las caras espantadas de una raza bastante hermosa, de un tinte amarillo oscuro. Las mujeres, de una gordura inverosímil, se arrastran por las plantaciones. Sorprendo a mis compañeros enseñándoles que aquella obesidad, muy apreciada en el país, se obtiene por un régimen obligatorio de leche cuajada».

Al mediodía, el *Victoria* se encontraba a 1 grado 45 minutos de latitud austral; a la una el viento lo impulsaba sobre el lago.

Este lago ha sido nombrado Nyanza Victoria[1] por el capitán Speke. En aquel lugar mediría unas noventa millas de anchura; en su extremidad meridional, el capitán encontró un grupo de islas, que llamó archipiélago de Bengala. Llevó su reconocimiento hasta Muanza, por la costa este, donde fue muy bien recibido por el sultán. Hizo la triangulación de esta parte del lago; pero no pudo conseguir una barca ni para atravesarlo, ni para visitar la gran isla de Ukerewe; esta isla, muy poblada, está gobernada por tres sultanes y durante la marea baja no es sino una península.

El *Victoria* abordó el lago más al norte, con gran disgusto del doctor, que hubiera querido determinar los contornos inferiores. Las orillas, erizadas de matorrales espinosos y de espesas malezas, desaparecían literalmente bajo nubes de mosquitos de un color pardo. El paraje debía ser inhabitable e inhabitado; se veían grupos de hipopótamos revolcarse en los cañaverales o hundirse en las aguas cristalinas del lago.

Éste, visto desde lo alto, ofrecía hacia el este un horizonte tan lejano que se hubiera dicho que era el mar; la distancia era bastante grande entre las dos orillas para que las comunicaciones no se hubieran podido establecer; además, las tempestades son allí fuertes y frecuentes, pues los vientos soplan con furor en aquella cuenca elevada y descubierta.

Al doctor le costó trabajo guiarse; temía ser arrastrado hacia el este, pero afortunadamente una corriente le llevó directamente al norte, y a las seis de la tarde el *Victoria* se establecía en una pequeña isla desierta a los 0 grados 30 minutos de latitud y 32 grados 52 minutos de longitud, a veinte millas de la costa.

Los viajeros pudieron sujetarse a un árbol y, como el viento se calmó al anochecer, permanecieron tranquilos, sujetos por el ancla. No se pudo soñar en tomar tierra; allí, como en las villas del Nyanza, las legiones de

---

[1] Nyanza significa lago. *(N. del A.)*

mosquitos cubrían el suelo en espesa nube. Joe observó que el árbol mismo estaba cubierto de picaduras; pero no se disgustó, pues lo encontró muy natural por parte de los mosquitos.

Sin embargo, el doctor, menos optimista, soltó toda la cuerda que pudo con el objeto de escapar de los crueles insectos que se elevaban con un murmullo inquietante.

El doctor reconoció la altura del lago sobre el nivel del mar tal como lo había determinado el capitán Speke, o sea, 3.750 pies.

—Henos aquí en una isla —dijo Joe, que se rascaba hasta romperse las muñecas.

—Poco habríamos tardado en recorrerla —respondió el cazador—; y salvo estos amables insectos, no se distingue un ser viviente.

—Las islas, de las que el lago está sembrado —respondió el doctor Fergusson—, no son, a decir verdad, más que vértices de colinas sumergidas; pero hemos tenido suerte al haber encontrado un abrigo, pues las riberas de este lago están habitadas por tribus feroces. Dormid pues, ya que el cielo nos prepara una noche tranquila.

—¿Pero tú no vas a hacer lo mismo, Samuel?

—No, yo no podría cerrar los ojos; mis pensamientos me quitarían el sueño. Mañana, amigos míos, si el viento es favorable, marcharemos derechos al norte y descubriremos tal vez las fuentes del Nilo, ese secreto que permanece impenetrable. Tan cerca de las fuentes del gran río, yo no podría dormir.

Kennedy y Joe, a quienes las preocupaciones científicas no afectaban hasta tal extremo, no tardaron en dormirse profundamente bajo la salvaguardia del doctor.

El miércoles, 23 de abril, el *Victoria* reanudó el viaje a las cuatro de la mañana con un cielo gris; la noche se disipaba difícilmente sobre las aguas del lago, cubiertas por una espesa niebla, pero bien pronto un viento violento dispersó la bruma. El *Victoria* fue zarandeado durante algunos minutos en sentidos diversos y, por fin, se remontó directamente hacia el norte.

El doctor Fergusson palmoteó con alegría.

—Estamos en el buen camino —exclamó—. Hoy o nunca veremos el Nilo. Amigos míos, estamos franqueando el ecuador; entramos en nuestro hemisferio.

—¡Oh! —dijo Joe—, ¿cree usted, mi amo, que el ecuador pasa por aquí?

—Por aquí mismo, mi buen muchacho.

—Pues bien; si le parece bien, creo conveniente «mojarlo» sin perder un minuto.

—Ve por un vaso de *grog* —respondió el doctor, riendo—; tienes una manera de entender la cosmografía que no es ninguna tontería.

Y he aquí cómo fue celebrado el paso de la línea a bordo del *Victoria*.

Éste marchaba rápidamente. Se divisaba hacia el oeste la costa baja y poco accidentada. Al fondo, las mesetas más elevadas del Uganda y del Usoga.

La velocidad del viento se hizo excesiva, casi de treinta millas por hora.

Las aguas del Nyanza, removidas con violencia, producían espuma como las olas de un mar. Por ciertas hierbas desprendidas del fondo, que se balanceaban en la superficie durante las calmas, el doctor reconoció que el lago debía tener una gran profundidad. Apenas una o dos toscas barcas fueron vistas durante esta rápida travesía.

—Este lago —dijo el doctor— es evidentemente, por su posición elevada, el depósito natural de los ríos de la parte oriental de África; el cielo le entrega en forma de lluvia las aguas que extrae, en forma de vapor, de sus afluentes. Me parece seguro que el Nilo debe tener aquí su origen.

—Lo veremos —replicó Kennedy.

Hacia las nueve, la costa del oeste se aproximó; parecía desierta y arbolada. El viento varió un poco hacia el este y se pudo distinguir la otra ribera del lago. Ésta se curvaba en forma que terminaba por un ángulo muy abierto, hacia los 2 grados 40 minutos de latitud septentrional. Altas montañas elevaban sus picos áridos en esta extremidad del Nyanza, pero entre ellas una garganta profunda y sinuosa daba paso a un río caudaloso.

Maniobrando su aeróstato, el doctor Fergusson examinó el país con una mirada ávida.

—Ved —exclamó—, ved amigos míos, los relatos de los árabes eran exactos. Hablan de un río por el cual el lago Ukerewe desagua hacia el norte y este río existe, vamos siguiendo su curso, y corre con una velocidad comparable a la nuestra. Y esta gota de agua que huye bajo nuestros pies va ciertamente a confundirse con las olas del Mediterráneo. ¡Es el Nilo!

—¡Es el Nilo! —repitió Kennedy, que compartía el entusiasmo de Samuel Fergusson.

—¡Viva el Nilo! —exclamó Joe, que deseaba invariablemente que viviese algo cuando estaba alegre.

Rocas enormes entorpecían aquí y allá la corriente de este misterioso río. Sus aguas espumeaban; se formaban rápidas cataratas que confirmaron al doctor en sus previsiones. De las montañas de alrededor descendían numerosos torrentes que se hacían espuma al caer; a simple vista podían contarse a centenares. Se veían surgir del suelo pequeños hilillos de agua diseminados, cruzándose, confundiéndose, luchando en velocidad y dirigiéndose al río naciente, que se hacía río después de haberlos absorbido.

—Éste sí que es el río —repetía el doctor con convicción—. El origen de su nombre ha apasionado a los sabios tanto como el origen de sus aguas; se le ha hecho venir del griego, del copto, del sánscrito[2]; poco importa, después de todo, puesto que nos ha revelado por fin el secreto de sus fuentes.

—Pero —dijo el cazador— ¿cómo asegurarse de la identidad de este río con el que los viajeros del norte han reconocido?

—Tendremos pruebas ciertas, irrecusables, infalibles —respondió Fergusson—, si el viento nos favorece durante una hora más.

Los montes se separaban dejando sitio a numerosos pueblos y campos plantados de sésamo, de dourah, de caña de azúcar. Las tribus de aquellas regiones se agitaban hostiles, parecían más cerca de la cólera que de la adoración; los tomaban por extranjeros y no por dioses. Parecía que al explorar las fuentes del Nilo les querían robar alguna cosa. El *Victoria* hubo de mantenerse fuera del alcance de sus mosquetes.

—Tomar tierra aquí será muy difícil —dijo el escocés.

—Pues bien —dijo Joe—, tanto peor para estos indígenas; les privaremos del encanto de nuestra conversación.

—Sin embargo, yo necesito descender —respondió el doctor Fergusson—, aunque no sea más que un cuarto de hora. Sin eso, no podría comprobar los resultados de nuestra exploración.

—¿Es indispensable, Samuel?

—Indispensable, y descenderemos aunque tengamos que hacer uso del fusil.

—La cosa me place —respondió Kennedy acariciando su carabina.

—Cuando usted quiera, mi amo —dijo Joe, preparándose al combate.

—No será la primera vez —respondió el doctor— que se haya hecho ciencia con las armas en la mano.

—Descuida, Samuel, y confía en tus dos guardianes.

—¿Estamos ya, señor?

—Todavía no; debemos elevarnos aquí mismo para percibir la configuración exacta del país.

El hidrógeno se dilató y en menos de diez minutos el *Victoria* se cernía a una altura de 2.500 pies sobre el suelo.

Se distinguía desde allí una intrincada redecilla de riachuelos que el río recibía en su lecho; venían, principalmente, del oeste, entre colinas numerosas y campos fértiles.

—No estamos más que a noventa millas de Gondokoro —dijo el doctor señalando su mapa— y a menos de cinco millas del punto alcanzado por los exploradores venidos del norte. Aproximémonos a tierra con precaución.

---

[2] Un sabio bizantino ve en «Neilos» un nombre aritmético: *n* representa 50; *e*, 5; *i*, 30; *o*, 70; *s*, 200; lo que hace el número de los días del año. *(N. del A.)*

El *Victoria* descendió más de dos mil pies.

—Ahora, amigos míos, estad atentos a cualquier circunstancia.

—Estamos dispuestos —respondieron Dick y Joe.

—Bien.

El *Victoria* marchó siguiendo el cauce del río y a cien pies apenas. El Nilo medía cincuenta toesas en aquel lugar y los indígenas se agitaban tumultuosamente en los pueblos que bordeaban sus riberas. En los 2 grados forma una cascada cortada a pico de unos diez pies de altura, infranqueable por tanto.

—He aquí la cascada indicada por el señor Debono —exclamó el doctor.

La cuenca del río se ensanchaba, sembrada de numerosas islas que Samuel Fergusson devoraba con la mirada; parecía buscar un punto de referencia que aún no encontraba.

Algunos negros habían avanzado en una barca por debajo del globo. Kennedy les saludó con un tiro que, sin alcanzarlos, les obligó a ganar la orilla más que aprisa.

—¡Buen viaje! —les gritó Joe—; en su lugar yo no pensaría en volver, tendría miedo de un monstruo que lanza pólvora a voluntad.

Pero he aquí que el doctor Fergusson cogió de repente su anteojo y lo dirigió hacia una isla oculta en medio del río.

—¡Cuatro árboles! —exclamó—, mirad allá abajo.

En efecto, cuatro árboles aislados se elevaban en su extremidad.

—Es la isla de Benga, ¡es ella con toda seguridad! —agregó.

—Bueno, ¿y qué? —preguntó Dick.

—Allí descenderemos si Dios quiere.

—¡Pero parece habitada, señor Samuel!

—Joe tiene razón; si no me engaño, allí hay una reunión de una veintena de indígenas.

—Les pondremos en fuga; no será difícil —respondió Fergusson.

—Sea como has dicho —replicó el cazador.

El Sol estaba en el cenit. El *Victoria* se aproximó a la isla.

Los negros, pertenecientes a la tribu de Makado, lanzaron gritos enérgicos. Uno de ellos agitaba en el aire su sombrero de corteza. Kennedy le tomó por punto de mira, hizo fuego y el sombrero voló hecho pedazos.

Fue una desbandada general. Los indígenas se precipitaron en el río y lo atravesaron a nado; de las dos riberas vino una nube de balas y una lluvia de flechas, pero sin peligro para el aeróstato, cuya ancla había mordido una fisura de la roca. Joe se dejó escurrir a tierra.

—La escala —exclamó el doctor—. Sígueme, Kennedy.

—¿Qué quieres hacer?

—Descender; necesito un testigo.

—Aquí estoy.

—Joe, vigila bien.

—Esté tranquilo, señor, yo respondo de todo.

—Ven, Dick —dijo el doctor echando pie a tierra.

Dirigió a su compañero hacia un grupo de rocas que se elevaban en el extremo de la isla; allí buscó algún tiempo, huroneó en las malezas y se llenó las manos de sangre.

De repente cogió vivamente los brazos del cazador.

—¡Mira! —dijo.

—¡Dos letras! —exclamó Kennedy.

En efecto, dos letras grabadas sobre la roca aparecían con toda claridad. Se leía claramente:

A. D.

—¡A. D.! —prosiguió el doctor Fergusson—, Andrea Debono. La firma del viajero que más avanzó en el curso del Nilo.

—Esto sí que es irrecusable, amigo Samuel.

—¿Estás convencido ahora?

—Es el Nilo. No podemos dudarlo.

El doctor miró por última vez aquellas preciosas iniciales, de las cuales tomó exactamente la forma y las dimensiones.

—¡Y ahora —dijo—, al globo!

—Deprisa entonces, algunos indígenas se preparan para volver a pasar el río.

—Poco nos importa ahora. Si el viento nos impulsa hacia el norte durante algunas horas, alcanzaremos Gondokoro y estrecharemos la mano de nuestros compatriotas.

Diez minutos después el *Victoria* se elevaba majestuosamente, mientras el doctor Fergusson, en señal de triunfo desplegaba el pabellón con las armas de Inglaterra.

Capítulo XIX

Qué dirección llevamos? —preguntó Kennedy viendo consultar la brújula a su amigo.

—Nornoroeste.

—¡Diablos! ¡Pero eso no es el norte!

—No, Dick, y creo que nos costará trabajo llegar a Gondokoro; lo siento, pero al fin y al cabo hemos enlazado las exploraciones del este con las del norte; no hay, pues, por qué lamentarse.

El *Victoria* se alejaba poco a poco del Nilo.

—Dirijamos una última mirada —dijo el doctor— a esta infranqueable latitud que no han podido atravesar jamás los más intrépidos viajeros. Éstas son las insociables tribus señaladas por los señores Petherick, D'Arnaud, Miani y el joven viajero M. Lejean, a los cuales debemos los mejores trabajos sobre el alto Nilo.

—¿Así pues —preguntó Kennedy—, nuestros descubrimientos están de acuerdo con los presentimientos de la ciencia?

—Enteramente conformes. Las fuentes del río Blanco, de Bahr-el-Abiad, están sumergidas en un lago grande como el mar; allí tiene su nacimiento; la poesía saldrá perdiendo, sin duda; se quería atribuir a este rey de los ríos un origen celeste; los antiguos lo conocían con el nombre de Océano y no estaban muy lejos de suponer que descendía directamente del Sol. Pero es necesario allanarse y aceptar lo que la ciencia nos enseña; tal vez no habrá sabios siempre, pero siempre existirán poetas.

—Se distinguen todavía las cataratas —dijo Joe.

—Éstas son las cataratas del Makedo, a los 3 grados de latitud. Nada es más exacto. ¡Qué lástima que no hayamos podido seguir durante algunas horas el curso del Nilo!

—Y allá abajo, delante de nosotros —dijo el cazador—, distingo la cumbre de una montaña.

—Es el monte Logwek, la Montaña Temblorosa de los Árabes; toda esta región fue visitada por Andrea Debono, que la recorrió con el nombre de Latif Effendi. Las tribus vecinas del Nilo son enemigas y se hacen una guerra de exterminio. Juzgaréis sin dificultad los peligros que tuvo que afrontar.

El viento llevaba entonces al *Victoria* hacia el noroeste. Para evitar el monte Logwek, fue necesario buscar una corriente más desviada.

—Amigos míos —dijo el doctor a sus compañeros—, ahora es cuando verdaderamente comenzamos nuestra travesía africana. Hasta aquí, hemos seguido las huellas de nuestros antecesores. Vamos a lanzarnos de aquí en adelante hacia lo desconocido. ¿No nos faltará valor?

—¡Nunca! —exclamaron a la vez Dick y Joe.

—En marcha, entonces, y que el cielo nos ayude.

A las diez de la noche, después de haber pasado por encima de barrancos, bosques y pueblos dispersos, llegaron los viajeros a la falda de la Montaña Temblorosa, después de haber rodeado sus suaves laderas.

En esta memorable jornada del 23 de abril, durante una marcha de quince horas, bajo el impulso de un viento rápido, habían recorrido una distancia de más de trescientas quince millas.

Pero esta última parte del viaje les había dejado una triste impresión. Un completo silencio reinaba en la barquilla. ¿Estaba el doctor Fergusson absorto en sus descubrimientos? ¿Pensaban sus dos compañeros en aquella travesía en medio de regiones desconocidas? Había algo de todo esto, sin duda, unido a vivos recuerdos de Inglaterra y de los amigos abandonados. Joe únicamente demostraba indiferencia, encontrando muy natural que la patria no estuviera allí, desde el momento en que estaba ausente; pero respetó el silencio de Samuel Fergusson y de Dick Kennedy.

A las diez de la noche, el *Victoria* «fondeaba» en la Montaña Temblorosa [1]; tomaron una comida sustanciosa y se durmieron todos sucesivamente, bajo la guardia de uno de ellos.

Al día siguiente, al despertar, se serenaron sus ideas; hacía un tiempo hermoso y el viento soplaba en buena dirección; un almuerzo amenizado por Joe acabó de poner a todos de buen humor.

---

[1] La tradición refiere que tiembla cuando un musulmán pone el pie en ella. *(N. del A.)*

La región que recorrían en aquel momento era inmensa; confina con las montañas de la Luna y los montes del Darfur; una extensión tan grande como Europa.

—Atravesamos, sin duda —dijo el doctor—, lo que se supone que es el reino de Usoga; los geógrafos han pretendido que existe en el centro de África una vasta depresión, un inmenso lago central. Veremos si esta presunción tiene alguna apariencia de verdad.

—Pero ¿cómo se ha podido hacer esta suposición? —dijo Kennedy.

—Por los relatos de los árabes. Estas gentes son muy habladoras, demasiado tal vez. Algunos viajeros llegados a Kazeh o a los Grandes Lagos han visto esclavos traídos de las regiones centrales; les han preguntado por su país, se han formado una ligera impresión con estos diversos informes y han deducido lo demás. En el fondo de todo esto hay siempre algo de verdad, y como tú has visto, no se han engañado sobre el origen del Nilo.

—Nada más exacto —respondió Kennedy.

—Gracias a esos documentos se han podido intentar ensayos de mapas. Así pues, voy a seguir nuestro camino por uno de ellos y rectificarlo si fuera preciso.

—¿Y toda esta región está habitada? —preguntó Joe.

—Sin duda, y mal habitada.

—Lo dudaba.

—Estas tribus diseminadas están comprendidas bajo la denominación general de nyam-nyam, y este nombre no es otra cosa que una onomatopeya; reproduce el ruido de la masticación.

—Admirable —dijo Joe—; ¡nyam!, ¡nyam!

—Mi buen Joe; si fueras tú la causa inmediata de esta onomatopeya, no lo encontrarías tan admirable.

—¿Qué quiere decir?

—Que estos pueblos están considerados antropófagos.

—¿Es verdad eso?

—Completamente; se había dicho también que estos indígenas estaban provistos de una cola como simples cuadrúpedos; pero bien pronto se ha reconocido que este apéndice pertenecía a las pieles de bestias de que están cubiertos.

—Tanto peor. Una cola es siempre muy agradable para espantar a los mosquitos.

—Es posible, Joe; pero es necesario relegar esto a la categoría de fábula, así como la cabeza de perro que el viajero Brun-Rollet atribuía a ciertos pueblos.

—¿Cabezas de perro? Muy cómodas para ladrar, y al mismo tiempo, para ser antropófago.

—Lo que está desgraciadamente corroborado es la ferocidad de estos pueblos, tan ávidos de carne humana que la buscan con pasión.

—Yo pido —dijo Joe— que no se apasionen demasiado por mi persona.

—¡Eso te conviene! —dijo el cazador.

—Así es, señor Dick. Si debo ser comido en algún momento de escasez, quiero que sea en su provecho y en el de mi amo. Pero alimentar a estos salvajes, ¡qué asco!, ¡me moriría de vergüenza!

—Pues bien, mi buen Joe —dijo Kennedy—; en vista de lo que hemos oído contamos contigo en cuanto haya ocasión.

—A su disposición, señores.

—Joe habla de ese modo —replicó el doctor— para que le cuidemos y le engordemos bien.

—¡Quién sabe! —respondió Joe—; ¡el hombre es un animal tan egoísta!

Por la tarde el cielo se cubrió de una niebla caliente que rezumaba del suelo; la bruma apenas permitía distinguir los objetos terrestres; así pues, temeroso de chocar contra algún pico imprevisto, el doctor dio hacia las cinco la señal de alto.

La noche transcurrió sin incidentes, pero fue necesario redoblar la vigilancia en aquella profunda oscuridad.

El monzón sopló con una violencia extrema durante la mañana del día siguiente; el viento soplaba en las cavidades inferiores del globo; agitaba violentamente el apéndice por el cual penetraban los tubos de dilatación; hubo que sujetarlos con cuerdas, maniobra en la que Joe se condujo con gran destreza.

Comprobó a la vez que el orificio del aeróstato permanecía herméticamente cerrado.

—Esto tiene para nosotros doble importancia —dijo el doctor Fergusson—; nos evita desde luego la pérdida de un gas precioso; pero además no dejamos alrededor nuestro una estela inflamable, que acabaríamos por incendiar.

—Sería un enojoso incidente —dijo Joe.

—¿Y nos precipitaríamos a tierra? —dijo Dick.

—Precipitarnos, no. El gas ardería tranquilamente y descenderíamos poco a poco. Un accidente parecido le ocurrió a una aeronauta francesa, la señora Blanchard; prendió fuego a su globo al lanzar cohetes; pero no cayó y no se hubiera matado, sin duda, si su barquilla no hubiera chocado con una chimenea, por lo que se precipitó al suelo.

—Esperemos que no nos ocurra nada semejante —dijo el cazador—; hasta ahora nuestra travesía no me parece demasiado peligrosa y no se me ocurre ninguna razón que nos impida llegar a nuestro fin.

—Yo tampoco la veo, mi querido Dick; los accidentes, además, han sido causados siempre por la imprudencia de los aeronautas o por la mala construcción de sus aparatos. Sin embargo, en una cantidad de miles de ascensiones aerostáticas no pasan de veinte los accidentes que han producido la muerte. En general, son los aterrizajes o las salidas los que ofrecen más peligro. Así pues, en tal caso no debemos desechar ninguna precaución.

—Ya es la hora de almorzar —dijo Joe—; nos contentaremos con carne en conserva y café hasta que el señor Kennedy haya encontrado el medio de regalarnos un buen trozo de carne de monte.

CAPÍTULO XX

El viento se había hecho violento e irregular. El *Victoria* soportaba verdaderas tempestades en los aires. Arrojado tan pronto al norte como al sur, no podía encontrar una corriente constante.

—Marchamos muy deprisa sin avanzar demasiado —dijo Kennedy, observando las oscilaciones frecuentes de la aguja imantada.

—El *Victoria* marcha por lo menos con una velocidad de treinta leguas por hora —dijo Samuel Fergusson—. Asomaos y veréis desaparecer el campo bajo vuestros pies. Fijaos en este bosque, parece que corre delante de nosotros.

—El bosque se ha convertido en un calvero —respondió el cazador.

—Y el calvero en un pueblo —replicó Joe unos instantes más tarde—. Miren las caras de los negros estupefactos.

—Es una reacción normal —respondió el doctor—. Los campesinos franceses, cuando vieron los primeros globos, dispararon sobre ellos al tomarlos por monstruos aéreos; se puede comprender, pues, que un negro del Sudán abra los ojos desmesuradamente.

—A fe mía —dijo Joe mientras el *Victoria* atravesaba un pueblecillo a cien pies del suelo—, voy a arrojar una botella vacía con su permiso, mi amo; si llega sana y salva, la adorarán; si se rompe, harán talismanes con los trozos.

Y dicho esto, arrojó una botella que no tardó en hacerse mil pedazos, mientras los indígenas se introducían en sus chozas dando grandes gritos.

Un poco más tarde, Kennedy exclamó:

—Mirad un árbol singular; es de una especie por arriba y de otra por abajo.

—¡Bueno! —dijo Joe—; éste es un país en el que los árboles crecen unos sobre otros.

—Es, sencillamente, un tronco de higuera —respondió el doctor— sobre el cual se ha extendido un poco de tierra vegetal. El viento un buen día ha arrojado una semilla de palmera y ésta ha crecido como en pleno campo.

—Una moda muy curiosa —dijo Joe— que trasladaré a Inglaterra; hará muy bien en los parques de Londres; sin contar con que será un medio de multiplicar los árboles frutales; se tendrán jardines de altura, lo que será muy del gusto de los pequeños propietarios.

En este momento fue necesario elevar el *Victoria* para franquear un bosque de estos árboles de más de trescientos pies, una especie de higueras seculares.

—Éstos sí que son árboles magníficos —exclamó Kennedy—; no conozco nada tan hermoso como el aspecto de estos bosques venerables. Mira, Samuel.

—La altura de esta higuera es verdaderamente maravillosa, mi querido Dick, y, sin embargo, no extrañaría en los bosques del Nuevo Mundo.

—Pero ¿cómo? ¿Existen árboles más elevados aún?

—Sin duda. Entre ellos los que llamamos nosotros *mammouth trees.* Así, en California se ha encontrado un cedro de cuatrocientos cincuenta pies, cuya altura rebasa la de la torre del Parlamento y también la de la gran pirámide de Egipto. Su base tenía ciento veinte pies de circunferencia y las capas concéntricas de su madera permitían suponerle más de cuatro mil años de existencia.

—¡Ah, señor, eso no es extraño! Cuando se vive cuatro mil años, ¿hay nada más natural que tener una gran estatura?

Pero durante el relato del doctor y la respuesta de Joe, al bosque había sustituido una reunión de cabañas dispuestas circularmente alrededor de una plaza. En el centro crecía un único árbol y Joe exclamó al verlo:

—Pues bien, si en cuatro mil años no ha podido producir más que estas flores, no le doy mi enhorabuena.

Y mostró un sicomoro gigantesco, cuyo tronco desaparecía por completo bajo un montón de huesos humanos. Las flores de que hablaba Joe eran cabezas cortadas recientemente, sujetas por medio de puñales clavados en la corteza.

—¡El árbol de guerra de los caníbales! —dijo el doctor—. Los indios cuelgan la piel del cráneo; los africanos, la cabeza entera.

—Cuestión de modas —dijo Joe.

Pero ya la aldea con sus cabezas sangrientas desaparecía en el horizonte; otra, un poco más alejada, ofrecía un espectáculo no menos repugnante; cadáveres medio devorados, esqueletos mezclados con el polvo, miembros humanos esparcidos aquí y allá habían sido dejados como pasto de las hienas y los chacales.

—Éstos son sin duda los cuerpos de los criminales; esta costumbre también se practica en Abisinia, donde son expuestos a las bestias feroces, que terminan de devorarlos a su gusto después de haberles degollado de un mordisco.

—No es mucho más cruel que la horca —dijo el escocés—. Es más sucio y nada más.

—En las regiones del sur de África —prosiguió el doctor— se contentan con encerrar al criminal en su propia choza con sus bestias y quizá con su familia, prenden fuego y arde todo al mismo tiempo. Yo a esto lo llamo crueldad, pero confieso con Kennedy que si la horca es menos cruel, no es menos bárbara.

Joe, con la perspicaz vista que le distinguía, señaló algunas bandas de pájaros carniceros que se cernían en el horizonte.

—Son águilas —exclamó Kennedy después de haberlas reconocido con el anteojo—; magníficos pájaros cuyo vuelo es tan rápido como el nuestro.

—El cielo nos preserve de sus ataques —dijo el doctor—; para nosotros son más temibles que las bestias feroces y las tribus salvajes.

—¡Bah! —respondió el cazador—, las alejaremos a tiros.

—Preferiría, sin embargo, mi querido Dick, no tener que recurrir a tu destreza; el tafetán de nuestro globo no resistiría uno de sus picotazos; afortunadamente creo que estos temibles pájaros están más asustados que atraídos por nuestra máquina.

—Pero ¡ah!, una idea —dijo Joe—; hoy las ideas me asaltan por decenas: si logramos reunir un tiro de águilas vivas, las sujetaremos a nuestra barquilla y nos arrastrarán por los aires.

—El medio ha sido propuesto seriamente —respondió el doctor—; pero yo lo creo poco practicable con animales tan indóciles.

—Se les enseña —respondió Joe—; en vez de bridas se les guiará con anteojeras que les intercepten la vista; tuertas, irían a la derecha o a la izquierda; ciegas, se pararían.

—Permíteme, mi buen Joe, que prefiera un viento favorable a tus águilas enganchadas; es más barato de alimentar y más seguro.

—Se lo permito, señor; pero me quedo con mi idea.

Era mediodía; el *Victoria* marchaba desde hacía algún tiempo a una velocidad más moderada; el país pasaba por debajo de él, pero ya no huía.

De repente, gritos y silbidos llegaron a oídos de los viajeros; éstos se asomaron y pudieron distinguir en una llanura abierta un espectáculo emocionante.

Dos pueblos se batían con encarnizamiento, haciendo volar nubes de flechas en los aires. Los combatientes, ávidos de matarse unos a otros, no se dieron cuenta de la llegada del *Victoria;* eran unos trescientos, que se embestían en horrible confusión; la mayor parte de ellos, rojos de la sangre de las heridas, en la cual se revolcaban, formaban un conjunto repugnante.

Al aparecer el aeróstato hubo un compás de espera; los aullidos se redoblaron, se lanzaron algunas flechas a la barquilla, una de ellas tan cerca que Joe pudo cogerla con la mano.

—¡Pongámonos fuera de su alcance! —exclamó el doctor Fergusson—. Nada de imprudencias; no nos lo podemos permitir.

La matanza continuaba de una y otra parte a golpes de hacha y de lanza; en cuanto un enemigo caía al suelo, su adversario se apresuraba a cortarle la cabeza; las mujeres, mezcladas en aquella barahúnda, recogían las cabezas sangrientas y las apilaban a cada extremo del campo de batalla; muchas veces se peleaban entre sí para conquistar el terrible trofeo.

—Vergonzosa escena —exclamó Kennedy con profundo asco.

—Son repugnantes —dijo Joe—; pero, después de todo, si tuvieran un uniforme, serían como todos los guerreros del mundo.

—Siento un gran deseo de intervenir en el combate —repuso el cazador blandiendo su carabina.

—¡No! —replicó prestamente el doctor—. No nos mezclemos en lo que no nos importa. ¿Sabes tú quién es el agraviado para que te atrevas a desempeñar el papel que le está reservado a la Providencia? Huyamos inmediatamente de este espectáculo repugnante. Si los grandes capitanes pudieran dominar, como nosotros, el campo de sus hazañas, acabarían quizá por perder el gusto de la sangre y las conquistas.

El jefe de uno de los bandos salvajes se distinguía por una estatura atlética unida a una fuerza hercúlea. Con una mano hundía su lanza en las filas compactas de sus enemigos y con la otra hacía grandes destrozos a hachazos. Hubo un momento en que arrojó lejos de sí su lanza, roja de sangre, ésta se precipitó sobre un herido al que separó un brazo de un solo golpe, cogió el brazo y llevándoselo a la boca, le dio grandes mordiscos.

—¡Ah! —dijo Kennedy—, ¡horrible bestia, no lo volverás a hacer más!

Y el guerrero, herido de un balazo en la frente, cayó hacia delante.

A su caída un profundo estupor se apoderó de sus guerreros; aquella muerte sobrenatural les espantó, reanimando el ardor de sus adversarios, y en un segundo el campo de batalla fue abandonado por la mitad de los combatientes.

—Vamos a buscar una corriente más alta que nos arrastre —dijo el doctor—. Estoy descorazonado después de ver este espectáculo.

Pero no partió lo suficientemente deprisa como para no ver a la tribu victoriosa precipitarse sobre los muertos y los heridos, disputarse aquella carne caliente todavía y repartírsela ávidamente.

—¡Puf! —dijo Joe—, esto es repugnante.

El *Victoria* se elevó dilatándose; los aullidos de la horda delirante lo persiguieron durante algunos instantes; pero, al fin, arrastrado hacia el sur se alejó de aquella escena de carnicería y canibalismo.

El terreno ofrecía entonces accidentes variados, con numerosas corrientes de agua que se dirigían hacia el este; desembocaban sin duda en los afluentes del lago Mu, o en el río de las Gacelas, acerca de las cuales Guillaume Lejean ha dado tan curiosos detalles.

Al llegar la noche, el *Victoria* arrojó el ancla a los 27 grados de longitud y 4 grados 20 minutos de latitud septentrional, después de una travesía de ciento cincuenta millas.

Capítulo XXI

La noche se hizo muy oscura. El doctor no había podido reconocer el país. El *Victoria* estaba sujeto a un árbol muy elevado, cuya masa apenas se distinguía confusamente en la sombra. Siguiendo su costumbre, tomó el turno de las nueve y a medianoche Dick vino a reemplazarle.

—¡Vela bien, Dick!, vela con cuidado.

—¿Es que ocurre alguna novedad?

—No; sin embargo, he creído escuchar vagos rumores debajo de nosotros; no sé a ciencia cierta de dónde los ha traído el viento; un exceso de prudencia no puede perjudicarnos.

—Habrás oído los gritos de algunas bestias salvajes.

—No, me ha parecido otra cosa; en fin, al menor indicio no dejes de depertarnos.

—Descuida.

Después de haber escuchado atentamente por última vez, el doctor, no oyendo nada, se echó sobre su manta y se durmió al instante.

El cielo estaba cubierto de espesas nubes, pero ni el más ligero soplo de viento agitaba el aire. El *Victoria,* sujeto por una sola ancla, no experimentaba ninguna oscilación.

Kennedy, apoyado de codos sobre la barquilla, para poder vigilar el soplete en actividad, pensaba en aquella calma oscura; e interrogaba al horizonte; y como ocurre a los espíritus inquietos o prevenidos, su mirada creía muchas veces sorprender vagos resplandores. Una de las veces le pareció percibir claramente uno a doscientos pasos de distancia; pero no fue más que un relámpago, después del cual no vio nada más.

Era sin duda una de esas sensaciones luminosas que la vista percibe en las profundas oscuridades.

Kennedy se tranquilizó y volvió a caer en su contemplación indecisa cuando un agudo silbido rasgó los aires.

¿Era el grito de un animal o de un pájaro nocturno? ¿Había salido de labios humanos?

Kennedy, comprendiendo toda la gravedad de la situación, creyó llegado el momento de despertar a sus compañeros; pero se dijo que en cualquier caso, fueran hombres o bestias, estaban fuera de alcance; revisó sus armas y con su anteojo de noche paseó de nuevo su mirada por el espacio.

Creyó bien pronto distinguir por debajo de él formas vagas que se deslizaban hacia el árbol; por un rayo de luna que se filtró como un relámpago entre dos nubes, reconoció claramente un grupo de individuos que se agitaban en la sombra.

La aventura de los cinocéfalos le vino a la memoria; puso la mano en el hombro del doctor. Éste se despertó enseguida.

—Silencio —dijo Kennedy—, hablemos en voz baja.

—¿Ocurre algo?

—Sí, despertemos a Joe.

En cuanto Joe se hubo levantado, el cazador contó lo que había visto.

—¿Otra vez esos malditos monos? —dijo Joe.

—Es posible; pero es necesario tomar precauciones.

—Joe y yo —dijo Kennedy— vamos a descender al árbol por la escala.

—Y mientras tanto —repuso el doctor—, tomaré mis medidas para que nos podamos elevar rápidamente.

—De acuerdo.

—Descendamos —dijo Joe.

—No uséis las armas más que en último extremo —dijo el doctor—; no es prudente revelar nuestra presencia en estos parajes.

Dick y Joe contestaron con una señal. Se dejaron caer sin ruido hacia el árbol y tomaron sitio sobre una horquilla de fuertes ramas, donde el ancla se había enganchado.

Llevaban unos minutos escuchando mudos e inmóviles en el follaje. Al menor crujido de la corteza, Joe asía la mano del escocés:

—¿No oye?

—Sí, parece que se aproxima.

—¿Y si fuera una serpiente? El silbido que usted ha captado...

—¡No!, tiene algo de humano.

—Prefiero los salvajes —dijo Joe—. Los reptiles me repugnan.

—El ruido aumenta —replicó Kennedy un instante después.

—¡Sí!, se elevan, trepan.

—Vigila por este lado, yo me encargo del otro.

—Bien.

Se encontraban los dos aislados en el extremo de una hermosa rama, que se erguía recta en medio de ese verdadero bosque que llamamos baobab; la oscuridad, aumentada por el espesor del follaje, era profunda; sin embargo, Joe, aproximándose al oído de Kennedy e indicándole la parte inferior del árbol, dijo:

—Negros.

Algunas palabras intercambiadas en voz baja llegaron a oídos de los dos viajeros.

Joe se echó a la cara su fusil.

—Espera —dijo Kennedy.

Los salvajes habían escalado, en efecto, el baobab; surgían de todas partes, se deslizaban por las ramas como reptiles, trepando lenta pero seguramente; se delataban ellos mismos por las emanaciones de sus cuerpos, cubiertos de una grasa infecta. Bien pronto dos cabezas aparecieron a la vista de Kennedy y de Joe, al mismo nivel de la rama que ellos ocupaban.

—Atención —dijo Kennedy—, ¡fuego!

La doble detonación resonó como un trueno y se extinguió entre gritos de dolor. En un momento toda la horda había desaparecido.

Pero en medio de los aullidos, se había producido un grito extraño, inesperado, ¡imposible!: una voz humana había indudablemente proferido estas palabras en francés:

—¡A mí! ¡A mí!

Kennedy y Joe, estupefactos, volvieron a la barquilla lo más deprisa posible.

—¿Habéis oído? —les dijo el doctor.

—¡Sin duda!, un grito sobrenatural: ¡A mí! ¡A mí!

—¡Un francés en manos de estos bárbaros!

—¡Un viajero!

—¡Un misionero, tal vez!

—Están asesinando, martirizando al desgraciado —exclamó el cazador.

El doctor intentó en vano ocultar su emoción.

—No hay duda —dijo—. Un desgraciado francés ha caído en manos de estos salvajes. Pero no marcharemos sin haber hecho todo lo humanamente posible para salvarlo. En nuestros disparos habrá reconocido un socorro inesperado, una intervención providencial. No dejaremos que se frustre su última esperanza. ¿Es ésta vuestra opinión?

—Es nuestro parecer, Samuel, y estamos listos para obedecerte.

—Combinemos, pues, nuestras maniobras; y en cuanto amanezca intentaremos rescatarlo.

—¿Pero cómo espantaremos a esos salvajes? —preguntó Kennedy.

—Es evidente —dijo el doctor—, por la manera en que han huido, que no conocen las armas de fuego; debemos, pues, aprovechar su miedo; pero es necesario esperar a que llegue el momento de actuar. Prepararemos nuestro plan de salvación, según la disposición del lugar.

—Ese pobre desgraciado no puede estar lejos —dijo Joe—, pues...

—¡A mí! ¡A mí! —repitió la voz, más debilitada.

—¡Bárbaros! —exclamó Joe, con emoción—; pero ¿y si le matan esta noche?

—No es probable, amigos míos; estas tribus salvajes hacen morir a sus prisioneros en pleno día; ¡necesitan el sol!

—¿Y si yo aprovechase la noche —dijo el escocés— para deslizarme hacia ese desgraciado?

—Yo le acompaño, señor Dick.

—¡Esperad, amigos míos, esperad! Ese ofrecimiento hace honor a vuestro corazón y a vuestro valor; pero nos expondréis a todos y perjudicaréis aún más al que queremos salvar.

—¿Por qué? —repuso Kennedy—. Estos salvajes están atemorizados, dispersos, ¡no volverán!

—Dick, obedéceme, te lo ruego; obro por el bien de todos; si por casualidad te dejases sorprender, todo estaría perdido.

—¡Pero ese infortunado nos aguarda!, ¡qué espera! ¡Nada le responde! ¡Nadie va en su socorro! ¡Debe creer que sus sentidos le han engañado, que no ha oído nada!...

—Se le puede tranquilizar —dijo el doctor Fergusson.

Y de pie, en medio de la oscuridad, haciendo con sus manos un altavoz, exclamó con energía en la lengua del extranjero.

—Quienquiera que sea, ¡tenga confianza! ¡Tres amigos velan por usted!

Un alarido terrible le respondió, ahogando sin duda la respuesta del prisionero.

—¡Le matan!, ¡le van a degollar! —exclamó Kennedy—. ¡Nuestra intervención no habrá servido más que para precipitar la hora de su suplicio! ¡Es necesario hacer algo!

—Pero, Dick, ¿qué pretendes hacer en medio de esta oscuridad?

—¡Oh!, ¡si fuese de día! —exclamó Joe.

—Pues bien, ¿y si fuese de día? —preguntó el doctor con un tono singular.

—Nada más sencillo, Samuel —respondió el cazador—. Descendería a tierra y dispersaría a esta canalla a tiros.

—¿Y tú, Joe? —preguntó Fergusson.

—Yo, señor, obraría más prudentemente, diciendo al prisionero que huyese en una dirección convenida.

—¿Y cómo le darías el aviso?

—Por medio de esta flecha que he cogido al vuelo y a la que sujetaría una esquela, o simplemente hablándole en alta voz, puesto que estos negros no entienden nuestra lengua.

—Vuestros planes son impracticables, amigos míos; la mayor dificultad para ese infortunado sería escaparse, aun admitiendo que lograra burlar la vigilancia de sus verdugos. En cuanto a ti, mi querido Dick, con mucha audacia y aprovechando el espanto sembrado por nuestras armas de fuego, tu proyecto tal vez tuviera éxito; pero si fracasara, estarías perdido y habría dos personas a quien salvar en vez de una. ¡No! Es necesario poner por nuestra parte todos los medios y proceder de otra manera.

—Pero obrar enseguida —replicó el cazador.

—Tal vez —respondió Samuel, recalcando estas palabras.

—Mi señor, ¿será usted, pues, capaz de disipar estas incertidumbres?

—¿Quién sabe, Joe?

—¡Ah!, si hace tal cosa, le proclamo el primer sabio del mundo.

El doctor calló duante algunos instantes; reflexionaba. Sus dos compañeros lo contemplaban con emoción; estaban sobreexcitados por aquella situación extraordinaria. Bien pronto, Fergusson volvió a hablar:

—He aquí mi plan —dijo—. Nos quedan doscientas libras de lastre, puesto que los sacos que hemos traído están todavía intactos. Supongamos que este prisionero, un hombre evidentemente agotado por los sufrimientos, pese tanto como uno de nosotros; nos quedarán todavía sesenta libras para arrojar con el fin de elevarnos más rápidamente.

—¿Cómo piensas maniobrar? —preguntó Kennedy.

—De esta forma, Dick; tú comprendes bien que si llego hasta el prisionero y arrojo una cantidad de lastre igual a su peso, no he cambiado en nada el equilibrio del globo; pero entonces, si quiero obtener una ascensión rápida para escapar de esta tribu de negros, necesito emplear medios más enérgicos que el soplete; así pues, arrojando este exceso de lastre en el momento preciso, estoy seguro de elevarme con gran rapidez.

—Eso es evidente.

—Sí, pero hay un inconveniente, y es que para descender más tarde, deberé perder una cantidad de gas proporcional al aumento de lastre que haya arrojado. El gas es una cosa preciosa, pero no hay que lamentar su pérdida cuando se trata de la vida de un hombre.

—Tienes razón, Samuel, debemos sacrificarlo todo por salvarle.

—Manos a la obra, pues, y colocad estos sacos sobre el borde de la barquilla, de manera que puedan arrojarse de una vez.

—Pero, ¿y esta oscuridad?

—Oculta nuestros preparativos y no se disipará hasta que éstos se terminen. Tened cuidado de que estén todas las armas al alcance de nuestra mano. Quizá sea necesario disparar; la carabina representa un tiro; los dos fusiles, cuatro; los dos revólveres, doce; total, diecisiete que pueden ser disparados en un cuarto de minuto. Pero tal vez no tengamos necesidad de recurrir a este estrago. ¿Estáis listos?

—Lo estamos —respondió Joe.

Los sacos estaban dispuestos y las armas cargadas.

—Bien —dijo el doctor—, no perdáis nada de vista. Joe será el encargado de arrojar el lastre y Dick de elevar al prisionero; pero que no se haga nada antes de que yo lo ordene. Joe, ve enseguida a soltar el ancla y sube rápidamente a la barquilla.

Joe se dejó deslizar por el cable y reapareció al cabo de algunos instantes. El *Victoria* quedó libre flotando en la atmósfera, casi inmóvil.

Durante este tiempo, el doctor se aseguró de la existencia de una cantidad de gas suficiente en la caja de mezcla para surtir las necesidades del soplete sin que fuera necesario recurrir durante algún tiempo a la acción de la pila de Bunsen; levantó los dos hilos conductores, perfectamente aislados, que servían para la descomposición del agua; después, rebuscando en su saco de viaje, sacó dos trozos de carbón terminados en punta, que sujetó al extremo de cada hilo.

Sus dos amigos le miraban sin comprender, pero callaban; cuando el doctor hubo terminado su trabajo, se puso en pie en medio de la barquilla; tomó en cada mano uno de los dos carbones y aproximó sus puntas.

De repente se produjo una intensa y deslumbradora claridad, con un resplandor irresistible entre las dos puntas de carbón; un haz inmenso de luz eléctrica rompía literalmente la oscuridad de la noche.

—¡Oh! —dijo Joe—, mi señor.

—Ni una palabra —dijo el doctor.

Capítulo XXII

Fergusson proyectó hacia los diversos puntos del espacio su potente rayo de luz y lo detuvo sobre un lugar de donde partían los gritos de espanto. Sus dos compañeros lanzaron una mirada ávida.

El baobab sobre el cual se mantenía el *Victoria* casi inmóvil se elevaba en el centro de un calvero; entre campos de sésamo y cañas de azúcar se distinguían unas cincuenta cabañas bajas y cónicas, a cuyo alrededor hormigueaba una numerosa tribu.

A cien pies bajo el globo se elevaba un poste. Al pie de este poste gemía una criatura humana, un joven de unos treinta años, de largos cabellos negros, medio desnudo, extenuado, ensangrentado, cubierto de heridas, con la cabeza inclinada sobre el pecho como Cristo en la cruz. Algunos cabellos más cortos en el vértice del cráneo indicaban el lugar de una tonsura medio borrada.

—¡Un misionero! ¡Un sacerdote! —exclamó Joe.

—¡Pobre desgraciado! —respondió el cazador.

—Nosotros le salvaremos, Dick —dijo el doctor.

La muchedumbre de negros, al ver el globo semejante a un enorme cometa con una cola de luz deslumbradora, fue presa de un espanto fácil de suponer.

A sus gritos, el prisionero levantó la cabeza. Sus ojos brillaron con una rápida esperanza y sin comprender del todo lo que pasaba tendió sus manos hacia sus inesperados salvadores.

—¡Nos ha visto; nos ha visto! —exclamó Fergusson—. Dios sea loado. Los salvajes están completamente asustados. Le salvaremos. ¿Estáis dispuestos, amigos míos?

—Estamos listos, Samuel.

—Joe, extingue el soplete.

La orden del doctor fue ejecutada. Una brisa apenas perceptible impulsaba dulcemente al *Victoria* por encima del prisionero al mismo tiempo que descendía insensiblemente por la contracción del gas. Durante cerca de diez minutos permaneció flotando en medio de hondas luminosas. Fergusson proyectaba sobre la muchedumbre su linterna brillante, que dibujaba aquí y allá rápidos y vivos haces de luz. La tribu, bajo el imperio de un terror indescriptible, desapareció en sus chozas y la soledad se hizo alrededor del poste. El doctor había, pues, tenido razón en contar con la aparición fantástica del *Victoria* que proyectaba rayos de sol en aquella inmensa oscuridad.

La barquilla se aproximó al suelo. Sin embargo, algunos negros más audaces, comprendiendo que su víctima iba a escapárseles, volvieron dando grandes gritos. Kennedy tomó su fusil, pero el doctor le ordenó que no disparase.

El sacerdote, arrodillado, sin fuerzas ya para sostenerse de pie, no estaba atado al poste; su debilidad hacía inútiles todas las ligaduras. En el momento en que la barquilla llegó al suelo, el cazador, dejando su arma y levantando al sacerdote en vilo lo depositó en la barquilla en el instante mismo en que Joe arrojaba bruscamente doscientas libras de lastre. El doctor contaba con remontarse con una rapidez extrema; pero, en contra de sus previsiones, el globo, después de haberse elevado trescientos o cuatrocientos pies sobre el suelo, permaneció inmóvil.

—¿Qué nos retiene? —exclamó con acento de terror.

Algunos salvajes acudieron dando feroces gritos.

—¡Oh! —exclamó Joe, abalanzándose hacia fuera—. Uno de estos malditos negros se ha agarrado en la parte inferior de la barquilla.

—¡Dick, Dick! —exclamó el doctor—, ¡la caja de agua!

Dick comprendió el pensamiento de su amigo y levantando una de las cajas de agua, que pesaba más de cien libras, la arrojó al abismo.

El *Victoria*, súbitamente aligerado, dio un salto de trescientos pies sobre los rugidos de la tribu, de la que se escapaba el prisionero envuelto en un rayo de luz deslumbradora.

—¡Hurra! —exclamaron los dos compañeros del doctor.

De repente, el globo dio un nuevo salto que le llevó a mil pies de altura.

—¿Qué pasa? —preguntó Kennedy, que estuvo a punto de perder el equilibrio.

—No es nada, es el bribón que nos abandona —respondió tranquilamente Samuel Fergusson.

Y Joe, asomándose rápidamente, pudo todavía distinguir al salvaje con las manos extendidas dando vueltas en el espacio y bien pronto estrellarse en el suelo. El doctor separó entonces los dos hilos eléctricos y la oscuridad volvió a ser absoluta. Era la una de la madrugada.

El francés, desvanecido, abrió por fin los ojos.

—Está salvado —le dijo el doctor.

—¡Salvado! —respondió en inglés, con triste sonrisa—, salvado de una muerte cruel. Hermanos míos, os lo agradezco, mis días están contados, y aun mis horas. No he de vivir mucho tiempo.

Y el misionero, agotado, fue presa de otro desmayo.

—Se muere —exclamó Dick.

—No, no —respondió Fergusson, precipitándose hacia él—, pero está muy débil; acostémosle bajo la tienda.

Extendieron dulcemente sobre sus mantas el pobre cuerpo extenuado, cubierto de cicatrices y de heridas todavía sangrantes, donde el hierro y el fuego habían dejado en veinte sitios sus huellas dolorosas. El doctor hizo con el pañuelo unas cuantas tiras que extendió sobre las heridas después de haberlas lavado; realizó estos cuidados sabiamente, con la habilidad de un médico; después, cogiendo un cordial de su botiquín, puso algunas gotas en los labios del sacerdote.

Éste movió débilmente los labios y apenas tuvo fuerzas para decir:

—Gracias, gracias.

El doctor comprendió que era necesario dejarle en un reposo absoluto; corrió las cortinas de la tienda y volvió a tomar el mando del globo.

Éste, teniendo en cuenta el peso del nuevo huésped, había sido aligerado en cerca de ciento ochenta libras; se sostenía, pues, sin la ayuda del soplete. Al amanecer, una corriente le impulsó súbitamente hacia el oesnoroeste. Fergusson fue a observar durante algunos instantes al sacerdote adormecido.

—¿Podremos conservar a este compañero que el cielo nos ha enviado? —dijo el cazador—. ¿Tienes alguna esperanza?

—Sí, Dick, con cuidados y con este aire tan puro.

—¡Cómo ha sufrido este hombre! —dijo Joe, con emoción—; ¡y pensar que ha hecho cosas más audaces que nosotros, viviendo solo en medio de estas tribus!

—De eso no hay duda —respondió el cazador.

Durante toda esa jornada, el doctor no quiso que el sueño del desgraciado fuera interrumpido; era un profundo amodorramiento, cortado por quejidos que no dejaban de inquietar a Fergusson.

Al llegar la noche, el *Victoria* quedó estacionado en medio de la oscuridad. Aquella noche, en tanto que Joe y Kennedy se relevaban al lado del enfermo, Fergusson veló por la seguridad de todos.

Al día siguiente por la mañana, el *Victoria* apenas si había avanzado hacia el oeste. El día se anunciaba claro y espléndido. El enfermo pudo llamar a sus nuevos amigos con voz más potente. Se levantaron las cortinas de la tienda y aspiró con delicia el aire vivo de la mañana.

—¿Cómo se encuentra? —le preguntó Fergusson.

—Mejor tal vez —respondió—, ¿y vosotros, amigos míos, a los que no he visto sino en sueños? Apenas me he podido dar cuenta de lo que ha ocurrido. ¿Quiénes sois, para que vuestros nombres no sean olvidados en mi última plegaria?

—Somos viajeros ingleses —respondió Samuel—; estamos intentando atravesar África en globo y durante nuestro paso hemos tenido la dicha de salvarle.

—¡La ciencia tiene sus héroes! —dijo el misionero.

—Pero la religión tiene sus mártires —respondió el escocés.

—¿Es usted misionero? —preguntó el doctor.

—Soy un sacerdote de la misión de los lazaristas. El cielo os ha enviado a mí; ¡Dios sea loado! El sacrificio de mi vida estaba hecho. Pero venís de Europa, habladme de Francia. Estoy sin noticias desde hace cinco años.

—¡Cinco años, solo, entre los salvajes! —exclamó Kennedy.

—Son almas que hay que rescatar —dijo el joven sacerdote—, hermanos ignorantes y bárbaros que la religión únicamente puede instruir y civilizar.

Samuel Fergusson, respondiendo al deseo del misionero, le habló largamente de Francia.

Éste le escuchaba con avidez y las lágrimas corrieron por sus mejillas. El pobre joven estrechaba con efusión las manos de Kennedy y de Joe con las suyas, ardientes de fiebre; el doctor le preparó algunas tazas de té que bebió con placer; tuvo entonces fuerzas para incorporarse un poco y sonreír viéndose transportado a aquel cielo tan puro.

—Sois viajeros valientes —dijo—, y triunfaréis en vuestra audaz empresa; volveréis a ver a vuestros parientes, a vuestros amigos, vuestra patria, vuestros...

La debilidad del joven sacerdote se hizo tan grande entonces que fue necesario acostarlo de nuevo. Una postración de algunas horas lo dejó como muerto entre las manos de Fergusson. Éste no pudo contener su emoción; sentía cómo se escapaba aquella existencia. ¿Iba a irse tan pronto el hombre al que ellos habían arrancado del suplicio? Humedeció de nuevo las heridas horribles del mártir, por lo que tuvo que sacrificar la mayor parte de su provisión de agua para refrescar sus miembros febriles. Le rodeó de los cuidados más tiernos y más inteligentes. El enfermo renacía poco a poco entre sus brazos y recobraba el sentimiento, aunque no la vida.

El doctor supo su historia, contada con palabras entrecortadas.

—Hable en su lengua nativa —le dijo—; la comprendo bien y eso le fatigará menos.

El misionero era un pobre joven del pueblo de Aradan, en Bretaña, en pleno Morbihan; sus primeros instintos le impulsaron hacia la carrera eclesiástica; a esta vida de abnegación quiso unir la vida de peligros, entrando en la orden de los sacerdotes de la misión de que San Vicente de Paul fue glorioso fundador; a los veinte años dejó su país por las playas inhospitalarias de África. Y allí, poco a poco, franqueando obstáculos, luchando con privaciones, caminando y rogando llegó hasta el seno de las tribus que habitan los afluentes del Nilo superior; durante dos años, su religión fue rechazada, su celo ignorado, sus caridades tomadas a mal; permaneció prisionero de uno de los pueblos más crueles del Nyambarra, sujeto a mil malos tratos. Pero siempre enseñaba, instruía y oraba. La tribu se dispersó y le dejó por muerto después de uno de los combates tan frecuentes en aquellos pueblos; en vez de volver sobre sus pasos, continuó su peregrinación evangélica. Su época más apacible fue cuando le tomaron por un loco; se familiarizó con los idiomas de aquellas regiones; catequizaba. En fin, durante dos largos años todavía, recorrió aquellas bárbaras regiones impulsado por esa fuerza sobrehumana que viene de Dios; desde hacía un año residía en la tribu de los nyam-nyam, llamada Barafru, una de las más salvajes. Habiendo muerto el jefe hacía algunos días se le atribuyó esta muerte inesperada, y se decidió inmolarle; hacía cuarenta horas que duraba su suplicio, así que, según había supuesto el doctor, debía morir al mediodía. Cuando oyó el ruido de las armas de fuego, la naturaleza le impulsó a decir: «¡a mí, a mí!», y creyó haber soñado cuando una voz bajada del cielo le prodigó palabras de consuelo.

—No me apeno —añadió— por mi vida que se extingue; mi vida es de Dios.

—Espere todavía —le respondió el doctor—, estamos a su lado, le salvaremos de la muerte del mismo modo que le hemos arrancado del suplicio.

—No pido tanto al cielo —respondió el sacerdote, resignado—. Bendito sea Dios por haberme dado antes de morir la alegría de estrechar manos amigas y de oír la lengua de mi país.

El misionero se debilitaba de nuevo. La jornada transcurrió así, entre la esperanza y el temor; Kennedy muy emocionado y Joe enjugando sus ojos furtivamente.

El *Victoria* recorrió poco camino y parecía como si el viento no quisiera causar fatiga a su preciosa carga.

Joe señaló al anochecer un inmenso resplandor hacia el oeste. En latitudes más elevadas se hubiera podido creer en una vasta Aurora Boreal; el cielo parecía de fuego. El doctor examinó atentamente el fenómeno.

—No puede ser más que un volcán en actividad —dijo.

—Pero el viento nos lleva por encima —replicó Kennedy.

—Pues bien, lo franquearemos a una considerable altura.

Tres horas después el *Victoria* se encontraba en plenas montañas; su posición exacta era 24 grados 15 minutos de longitud y 4 grados 42 minutos de latitud; ante él un cráter en ignición arrojaba torrentes de lava fundida y proyectaba trozos de rocas a gran altura; corrientes de fuego líquido caían en cascadas deslumbradoras. Magnífico y peligroso espectáculo, pues el viento, con una fijeza constante, llevaba al globo hacia aquella atmósfera encendida.

No se podía rodear el obstáculo; era necesario franquearlo; el soplete fue puesto a toda llama y el *Victoria* ascendió a seis mil pies dejando entre el volcán y él un espacio de más de trescientas toesas.

Desde su lecho de dolor, el sacerdote moribundo pudo contemplar el cráter de fuego del que se escapaban con estrépito mil haces deslumbradores.

—¡Qué hermoso es esto! —dijo—, y es que el poder de Dios es infinito hasta en sus más terribles manifestaciones.

El desbordamiento de lava en ignición revestía los flancos de la montaña con un verdadero tapiz de llamas; el hemisferio inferior del globo resplandeció en la noche; un calor tórrido subía hasta la barquilla y el doctor Fergusson tuvo prisa de huir de tan peligrosa situación.

Hacia las diez de la noche, la montaña no era más que un punto rojo en el horizonte y el *Victoria* proseguía tranquilamente su viaje en una zona menos elevada.

CAPÍTULO XXIII

Una noche magnífica se extendía sobre la tierra. El misionero dormía en una postración apacible.

—No volverá más en sí —dijo Joe—. ¡Pobre hombre! ¡Y pensar que apenas tiene treinta años!

—Morirá en nuestros brazos —dijo el doctor, con desesperación—. Su respiración, ya tan débil, se debilita todavía más y yo no puedo hacer nada para salvarle.

—¡Infames salvajes! —exclamó Joe, a quien estos súbitos arranques de cólera acometían con frecuencia—. ¡Y pensar que este digno misionero ha tenido todavía palabras para disculparles, para excusarles, para perdonarles!

—El cielo le proporciona una noche bien hermosa, Joe, su última noche quizá. Sufrirá poco, sin embargo, y su muerte no será más que un apacible sueño.

El moribundo pronunció algunas palabras entrecortadas; el doctor se aproximó. La respiración del enfermo era cada vez más difícil. Pidió aire; las cortinas fueron descorridas y él aspiró con delectación las brisas ligeras de aquella noche transparente; las estrellas irradiaban su débil luz y la luna lo envolvía con la blanca mortaja de sus rayos.

—Amigos míos —dijo con voz debilitada—, yo me voy. Que Dios os recompense con su protección, que Él os pague mi deuda de gratitud.

—Todavía hay esperanza —le respondió Kennedy—. Esto no es más que un desvanecimiento pasajero. No morirá. ¿Se puede morir acaso en una noche de verano tan hermosa como ésta?

—La muerte ya está aquí —replicó el misionero—, la siento, dejadme mirarla frente a frente. La muerte, comienzo de las cosas eternas, no es más que el fin de los cuidados de la tierra. Ponedme de rodillas, hermanos míos, os lo pido por favor.

Kennedy lo levantó; daba lástima ver sus miembros sin fuerzas, doblarse bajo el peso del cuerpo.

—¡Dios mío, Dios mío —exclamó el apóstol moribundo—, ten piedad de mí!

Su rostro resplandeció. Lejos de esta tierra en la que no había conocido jamás las alegrías, en medio de aquella noche que proyectaba sobre él sus más dulces claridades, en camino para el cielo, hacia el cual se elevaba como en una ascensión milagrosa, parecía resucitar a una nueva existencia.

Su último gesto fue una bendición suprema a sus amigos de un día. Y cayó bruscamente, en brazos de Kennedy, cuyo rostro estaba bañado por gruesas lágrimas.

—¡Muerto! —dijo el doctor, inclinándose sobre él.

Y por un tácito acuerdo se arrodillaron para orar en silencio.

—Mañana por la mañana —repuso enseguida Fergusson— lo enterraremos en esta tierra de África regada con su sangre.

Durante el resto de la noche velaron por turno el cadáver el doctor, Kennedy y Joe, sin que una sola palabra rompiese su religioso silencio; todos lloraban.

A la mañana siguiente soplaba viento sur y el *Victoria* marchaba bastante lentamente sobre una vasta cadena de montañas; allí, cráteres apagados, más acá tierras incultas sin una gota de agua, rocas calcinadas, bosques erráticos, canteras de marga blanquecinas, todo denotaba una gran esterilidad.

Hacia el mediodía, el doctor, para proceder al entierro del cadáver, resolvió descender en un barranco en medio de rocas plutónicas de formación primitiva; las montañas que lo circundaban debían ofrecerles abrigo y permitirles posar la barquilla en el suelo, pues no existía ningún árbol que pudiera ofrecerles un punto de amarre.

Pero como ya había hecho comprender el doctor a Kennedy, como consecuencia de la pérdida de lastre que sufrieron para salvar al misionero, no podían descender ahora más que con la condición de dejar escapar una cantidad proporcional de gas; abrió, pues, la válvula del globo exterior. El hidrógeno salió y el *Victoria* descendió tranquilamente al barranco.

En cuanto la barquilla llegó al suelo, el doctor cerró la válvula; Joe saltó a tierra reteniendo con una mano el borde exterior y con la otra amontonó en la barquilla las piedras suficientes para reemplazar el peso de su cuerpo; después pudo ya emplear sus dos manos y en breves momentos depositó en la barquilla más de quinientas libras de piedras; entonces el doctor y Kennedy pudieron descender a su vez. El Victoria se encontraba en equilibrio y su fuerza ascensional era impotente para elevarlo.

Por otra parte, no fue necesario emplear muchas piedras, pues los bloques reunidos por Joe eran de un peso extremado, lo que atrajo un instante la atención de Fergusson. El suelo estaba sembrado de cuarzo y de rocas de pórfido.

«He aquí un singular descubrimiento», se dijo mentalmente el doctor.

Durante este tiempo, Kennedy y Joe buscaron un sitio apropiado para la fosa. Hacía un calor extremo en aquel barranco, encajonado como un horno. El sol de mediodía dejaba caer a plomo sus brillantes rayos.

Fue necesario, ante todo, limpiar la tierra de los fragmentos de roca que la cubrían; después abrieron una fosa bastante profunda para que los animales no pudieran desenterrar el cadáver.

El cuerpo del mártir fue allí depositado con todo respeto.

La tierra cayó sobre sus despojos mortales y encima fueron colocados grandes fragmentos de rocas a manera de lápida.

El doctor, sin embargo, permanecía inmóvil y abstraído en sus reflexiones. No oía el llamamiento de sus compañeros, no pensaba como ellos en buscar un resguardo contra el calor del día.

—¿En qué piensas, Samuel? —le preguntó Kennedy.

—En un contraste extraño de la Naturaleza, en un hecho singular debido al azar. ¿Sabéis en qué terreno ha sido sepultado este hombre abnegado, este hombre humilde y consagrado de corazón a la pobreza?

—¿Qué quieres decir, Samuel? —preguntó el escocés.

—Este misionero, que había hecho voto de pobreza, reposa ahora sobre una mina de oro.

—¡Una mina de oro! —exclamaron Kennedy y Joe.

—Una mina de oro —respondió tranquilamente el doctor—. Estos bloques que pisáis como piedras sin valor, son mineral de una gran pureza.

—¡Imposible, imposible! —replicó Joe.

—No buscaríais largo tiempo entre estas fisuras de esquisto pizarroso sin encontrar pepitas importantes.

Joe se precipitó como un loco sobre los esparcidos fragmentos. Kennedy estaba a punto de imitarle.

—Cálmate, mi buen Joe —le dijo su amo.

—Señor, usted sí puede tener calma.

—¡Cómo!, ¡un filósofo de tu temple...!

—¡Ah, señor!, no hay filosofía que valga.

—Veamos, reflexiona un poco. ¿De qué nos serviría toda esta riqueza si no podemos transportarla?

—¿Que no podemos transportarla? ¿Y por qué?

—Es demasiado peso para nuestra barquilla. He dudado en comunicarte este descubrimiento por el temor de producirte un disgusto.

—¡Cómo! —dijo Joe—. Abandonar estos tesoros, una fortuna que es nuestra, que la tenemos en nuestro poder, ¡dejarla!

—Ten calma, amigo mío. ¿Es que te ha acometido la fiebre del oro? ¿Es que este muerto que tú acabar de enterrar no te ha enseñado la vanidad de las cosas humanas?

—Todo eso es verdad —respondió Joe—, pero al fin y al cabo es oro. Señor Kennedy, ¿no es verdad que usted me ayudará a recoger un poco de estos millones?

—¿Qué haremos con ellos, mi pobre Joe? —dijo el cazador, quien no pudo contener una sonrisa—. No hemos venido aquí a buscar una fortuna y no debemos tomar esto en consideración.

—Pesan mucho los millones —replicó el doctor—, y no es fácil metérselos en el bolsillo.

—Pero ni siquiera —respondió Joe, viéndose vencido—, ¿no podríamos, en vez de arena, llevar este mineral como lastre?

—Pues bien, lo acepto —dijo Fergusson—, pero espero que no harás el ridículo cuando arrojemos algunos millares de libras esterlinas por la borda.

—¡Millares de libras! —replicó Joe—, ¿es posible que todo esto sea oro?

—Sí, amigo mío, es un rincón donde la Naturaleza ha acumulado tesoros desde hace muchos siglos. Aquí hay oro suficiente como para enriquecer países enteros. Australia y California reunidas en el fondo de un desierto.

—¡Y todo esto no será utilizado nunca!

—Tal vez. De todas maneras, voy a hacer algo para consolarte.

—Difícil será eso —replicó Joe, con aire resignado.

—Escucha; voy a tomar la situación exacta de este lugar, te la diré y a tu vuelta a Inglaterra se lo comunicarás a tus conciudadanos si crees que tanto oro puede hacer su felicidad.

—Bueno, mi señor, ya veo que tiene razón; me resigno hasta que haya algún medio de obrar de otra manera. Llenemos nuestra barquilla de este precioso mineral y si queda algo al fin de nuestro viaje, siempre saldremos ganando eso.

Y Joe puso manos a la obra. Procedía de buena fe; reunió bien pronto cerca de mil libras de cuarzo, en las cuales el oro se encontraba encerrado en una ganga de gran dureza.

El doctor le dejaba hacer sonriendo; durante este trabajo tomó sus alturas y determinó que la tumba del misionero estaba en los 22 grados 23 minutos de longitud y 4 grados 55 minutos de latitud septentrional.

Después, arrojando una última mirada sobre el montón de piedras, bajo el cual reposaba el cuerpo del joven francés, volvió hacia la barquilla; hubiera querido colocar una cruz modesta y tosca sobre aquella tumba abandonada en medio de los desiertos de África, pero ni un solo árbol crecía en los alrededores.

—Dios la reconocerá —dijo.

Una preocupación bastante seria se adueñó bien pronto del pensamiento de Fergusson; habría dado mucho de aquel oro por encontrar un poco de agua; quería reemplazar la que había arrojado con la caja durante la elevación del negro, pero era algo imposible en tan áridos territorios; lo cual no dejaba de inquietarle. Obligado a alimentar sin cesar sus aparatos comenzaba a encontrarse escaso de agua, ya que también era necesario atender a la sed; se propuso no desperdiciar ninguna ocasión para renovar su reserva.

De vuelta a la barquilla, la encontró repleta por las piedras del avariento Joe. Subió sin decir nada. Kennedy ocupó su sitio habitual y Joe siguió a los dos, no sin arrojar una mirada de codicia sobre los tesoros del barranco.

El doctor encendió su aparato; el serpentín se calentó, la corriente de hidrógeno se produjo al cabo de algunos minutos, el gas se dilató, pero el globo no subía.

Joe le miraba hacer con gran inquietud y no decía una palabra.

—Joe —dijo el doctor.

Joe no respondió.

—Joe, ¿no me oyes?

Joe hizo señas de que oía, pero que no quería entender.

—Me vas a hacer el favor —replicó Fergusson— de arrojar una pequeña cantidad de este mineral a tierra.

—Pero señor, me había permitido...

—Yo te he permitido reemplazar el lastre. Eso es todo.

—Sin embargo...

—¿Quieres que nos quedemos eternamente en este desierto?

Joe dirigió una mirada desesperada hacia Kennedy, pero el cazador tomó el aire del hombre al que nada le importa.

—¿Qué decides, Joe?

—¿No funciona el aparato? —replicó obstinado.

—El aparato está encendido, ya lo ves, pero el globo no se elevará hasta que arrojes un poco de lastre.

Joe se rascó la oreja, tomó un pequeño fragmento de cuarzo, el más pequeño de todos, lo pesó, lo repesó, lo hizo saltar entre sus manos; era un peso de tres o cuatro libras; por fin, lo arrojó.

El *Victoria* no se movió.

—¡Pardiez! —exclamó—; ¿pero no subimos todavía?

—¡Todavía no! —respondió el doctor—. Continúa.

Kennedy reía. Joe arrojó todavía hasta una docena de libras. El globo permanecía inmóvil. Joe palideció.

—¡Pobre muchacho! —dijo Fergusson—. Dick, tú y yo, si no me equivoco, pesamos alrededor de cuatrocientas libras; es necesario, pues, arrojar por lo menos un peso igual al nuestro, puesto que es el que nos reemplazaba cuando estábamos en tierra.

—¡Arrojar cuatrocientas libras! —exclamó Joe con tono lastimero.

—No hay más remedio si queremos elevarnos. ¡Vamos, valor!

El pobre muchacho, dando profundos suspiros se puso a arrojar lastre del globo. De tiempo en tiempo se paraba.

—¿No subimos todavía? —decía.

—No subimos —le contestaban invariablemente.

—¡Parece que se mueve! —dijo al fin.

—Todavía no —replicó Fergusson.

—Ahora sube, estoy seguro.

—Continúa —replicó Kennedy.

Joe, cogiendo un último bloque con desesperación, lo precipitó fuera de la barquilla. El *Victoria* se elevó un centenar de pies, y ayudado por el soplete sobrepasó bien pronto las cimas que lo rodeaban.

—Ahora, Joe —dijo el doctor—, te queda todavía una bonita fortuna, si es que podemos guardar esta provisión hasta el fin del viaje; serás rico por el resto de tus días.

Joe no respondió nada y se echó lentamente sobre su lecho de mineral.

—Ya ves, mi querido Dick —prosiguió el doctor—, lo que puede influir este metal sobre el mejor muchacho del mundo. ¡Qué de pasiones, qué de avideces, qué de crímenes produciría el conocimiento de una mina parecida! Es descorazonador.

Por la noche, el *Victoria* había avanzado noventa millas hacia el oeste; se encontraba, por consiguiente, en línea recta a mil cuatrocientas millas de Zanzíbar.

Capítulo XXIV

El *Victoria,* anclado en un árbol solitario y casi deshecho, pasó la noche en una perfecta tranquilidad. Los viajeros pudieron disfrutar un poco del sueño del que tanta necesidad tenían; las emociones de las jornadas anteriores les habían dejado tristes recuerdos.

Hacia la mañana, el cielo recobró su limpidez brillante y su calor. El globo se elevó en los aires; después de muchos ensayos infructuosos encontró una corriente de aire más rápida que las demás que lo llevó hacia el noroeste.

—Ya no avanzamos —dijo el doctor—. Si no me equivoco, hemos recorrido la mitad de nuestro viaje en diez días, poco más o menos; pero a la velocidad que marchamos, nos será necesario un mes para terminarlo. Esto es tanto más molesto por cuanto que estamos amenazados de que nos falte el agua.

—¡Pero la encontraremos! —respondió Dick—. Es imposible que no encontremos algún riachuelo, algún arroyo, o algún estanque en esta vasta extensión.

—Lo deseo.

—¿No será el cargamento de Joe el que retarda nuestra marcha?

Kennedy hablaba así para impacientar al buen muchacho. Lo hacía con tanto mayor gusto cuanto que, por un momento, había experimentado las mismas alucinaciones que Joe; pero no queriendo aparentar debilidad, se hizo fuerte y procuró reír y tomarlo a broma.

Joe le miró con ojos que pedían clemencia. Pero el doctor no respondió. Pensaba, no sin secretos terrores, en las vastas soledades del Sáhara; allí se pasaban semanas enteras sin que las caravanas encontraran un pozo donde apagar su sed. También seguía con toda atención las menores depresiones del suelo.

Estas precauciones y los últimos incidentes habían modificado sensiblemente el ánimo de los tres viajeros; hablaban menos; se abstraían más en sus propios pensamientos.

El digno Joe no era el mismo desde que había sumergido sus miradas en aquel océano de oro; callaba, contemplaba con avidez aquellas piedras amontonadas en la barquilla, sin valor hoy, pero inestimables mañana.

Por lo demás, el aspecto de aquella parte de África era inquietante. El desierto aparecía poco a poco. Ni un pueblo, ni siquiera una reunión de chozas. La vegetación disminuía; apenas algunas plantas raquíticas como en las tierras estériles de Escocia, un comienzo de arenas blanquecinas y piedras de fuego, algunos lentiscos y zarzas espinosas. En medio de aquella esterilidad, la corteza del planeta parecía de aristas de rocas vivas y cortantes. Estos síntomas de aridez daban que pensar al doctor.

No parecía que ninguna caravana se hubiera arriesgado jamás por aquella comarca desierta; habría dejado algunas señales visibles de su paso, las osamentas blanquecinas de sus hombres o de sus bestias. Pero nada. Y se notaba que bien pronto una inmensidad de arena sucedería a aquella región desolada.

Sin embargo, no se podía retroceder; era necesario seguir adelante. El doctor no pedía más; soñaba con una tempestad que los empujara más allá de aquel país. ¡Y ni una nube en el cielo! Al final de la jornada, el *Victoria* no había avanzando más que treinta millas.

¡Si no faltara el agua! Pero no quedaban más que tres galones[1]. Fergusson apartó un galón destinado a apagar la sed ardiente que un calor de noventa grados[2] hacía intolerable; dos galones quedaban, por tanto, para alimentar la caldera. No podían producir más que cuatrocientos ochenta pies cúbicos de gas y la caldera necesitaba unos nueve pies cúbicos por hora; no se podía marchar más que durante cincuenta y cuatro horas. Todo esto era rigurosamente matemático.

—¡Cincuenta y cuatro horas! —dijo a sus compañeros—. Ahora bien, como estoy completamente decidido a no viajar de noche por temor a no divisar un arroyo, una fuente o un charco, sólo tenemos para viajar tres días y medio, durante los cuales es necesario encontrar el agua a toda

[1] Unos trece litros y medio. *(N. del A.)*

[2] 50 grados centígrados. *(N. del A.)*

costa. Me creo en el deber de preveniros de esta grave situación, amigos míos, pues no reservo más que un solo galón para nuestra sed y debemos imponernos una severa ración.

—¡Racionarnos! —respondió el cazador—; pero todavía no hay que desesperar; tenemos tres días por delante, ¿no es verdad?

—Sí, mi querido Dick.

—Pues bien, no debemos apenarnos, y en estos tres días habrá tiempo de tomar una resolución; hasta entonces, redoblemos la vigilancia.

En la comida de la noche el agua se midió estrictamente; la cantidad de aguardiente aumentó en el *grog;* pero era necesario defenderse de este licor, más dañino que refrescante.

La barquilla reposó durante la noche sobre una inmensa meseta que representaba una fuerte depresión. Su altura era apenas de ochocientos pies sobre el nivel del mar. Esta circunstancia dio alguna esperanza al doctor; le recordó las presunciones de los geógrafos sobre la existencia de una vasta extensión de agua en el centro de África. Si este lago existía, era necesario llegar a él; pero no se atisbaba ni un cambio en el cielo inmóvil.

A la noche apacible, estrellada, en toda su magnificencia, sucedieron el día cálido y los rayos ardientes del sol: en sus primeras luces, la temperatura ya era muy alta. A las cinco de la mañana el doctor dio la señal de partida y durante un rato bastante largo el *Victoria* permaneció sin movimiento en una atmósfera de plomo.

El doctor habría podido escapar, huir del calor intenso, elevándose a zonas superiores; pero para ello era necesario gastar una mayor cantidad de agua, cosa imposible por el momento. Se contentó, pues, con mantener su aeróstato a cien pies del suelo; allí una corriente débil le impulsó hacia el horizonte occidental.

El desayuno se compuso de un poco de carne seca y de *pemmickan.* Hacia el mediodía, el *Victoria* apenas había avanzado algunas millas.

—No podemos ir más deprisa —dijo el doctor—. Nosotros no mandamos, obedecemos.

—¡Ah!, mi querido Samuel —dijo el cazador—, he aquí una de las ocasiones en que un propulsor no sería de despreciar.

—Sin duda, Dick, admitiendo, sobre todo, que no necesitara agua para ponerse en movimiento, pues entonces la situación sería exactamente la misma; hasta la fecha, además, no se ha inventado nada que sea practicable. Los globos no se encuentran todavía en el punto en que están los navíos con la invención del vapor. Se han necesitado 6.000 años para inventar las turbinas y las hélices: tenemos tiempo para esperar.

—¡Maldito calor! —dijo Joe, enjugando su frente sudorosa.

—Si tuviéramos agua, este calor nos prestaría un buen servicio, puesto que dilata el hidrógeno del aeróstato y se necesita una llama menos fuerte en el serpentín. Es verdad que si tuviésemos casi agotado el líquido no tendríamos que economizarlo. ¡Ah!, maldito salvaje que nos ha costado una preciosa caja.

—¿Te arrepientes de lo que has hecho, Samuel?

—No, Dick, puesto que pudimos rescatar a aquel infortunado de una muerte horrible. Pero los cien litros de agua que arrojamos nos hubieran sido tan útiles... Eran doce o trece días de marcha asegurados para atravesar este desierto.

—¿Hemos hecho al menos la mitad del viaje? —preguntó Joe.

—Como distancia, sí; como duración, no; si el viento nos abandona, pues parece que tiene tendencia a disminuir por completo.

—Vamos, señor —replicó Joe—; no hay que quejarse; hasta ahora nos ha ido muy bien; yo no podría desesperarme aunque quisiera. Encontraremos agua. Se lo aseguro.

El suelo, sin embargo, se deprimía de milla en milla. Las ondulaciones de las montañas auríferas venían a morir en la llanura; eran los últimos destellos de una naturaleza agotada. Las hierbas ralas reemplazaban a los hermosos árboles del este; algunas bandas de una verdura marchita, luchaban todavía contra la invasión de las arenas; las grandes rocas caídas de los picachos lejanos, destrozadas en su caída, se esparcían en agudos cantos, que bien pronto se harían arena gruesa y más tarde polvo impalpable.

—He aquí el África tal como tú te la representabas, Joe; razón tenía yo para decirte: «Ármate de paciencia».

—Bueno, señor —replicó Joe—, esto es natural al menos; calor y arena. Sería absurdo buscar otra cosa en un lugar como éste. En cambio, no esperaba ver los bosques y las praderas de antes. Era un contrasentido; no valía la pena venir de tan lejos para volver a encontrar la campiña de Inglaterra. Ésta es la primera vez que veo África tal y como la había imaginado y no me disgusta saborearla un poco.

Hacia la noche el doctor comprendió que el *Victoria* no había ganado más que veinte millas durante la abrasadora jornada. Una oscuridad cálida lo envolvía desde que el sol desapareció detrás de un horizonte trazado con la nitidez de una línea recta.

Al día siguiente era el primero de mayo, jueves, pero los días se sucedían con una monotonía desesperante; cada mañana igualaba a la que la había precedido: el mediodía arrojaba con profusión sus mismos rayos, siempre ardientes, y la noche condensaba en su sombra el calor esparcido, que al día siguiente volvería a llegar a la noche que le sucediera. El viento, apenas sensible, parecía un suspiro más que un soplo, y se presentía el momento en que aun este aliento se extinguiría.

El doctor reaccionaba contra la tristeza de esta situación; conservaba la calma y la sangre fría de un corazón aguerrido, con sus anteojos en la mano interrogaba todos los puntos del horizonte; veía decrecer insensiblemente las últimas colinas y desaparecer la última vegetación; delante de él se extendía toda la inmensidad del desierto. La responsabilidad que pesaba sobre él le afectaba poderosamente, aunque procurase no aparentarlo. Había arrastrado consigo a aquellos dos hombres, Dick y Joe, casi por la fuerza de la amistad o del deber. ¿Había obrado bien? ¿No se trataba de recorrer caminos inexplorados aún? ¿No intentaba con aquel viaje franquear los límites de lo imposible? ¿No habría Dios reservado a siglos más lejanos el conocimiento de aquel continente ingrato?

Todos estos pensamientos, como ocurre en las horas de descorazonamiento, se multiplicaron en su cerebro, y por una irresistible asociación de ideas, Samuel se colocaba fuera de la lógica y del razonamiento. Después de decirse lo que no hubiera debido hacer, se preguntaba lo que era necesario hacer entonces. ¿Sería imposible volver sobre sus pasos? ¿No existirían corrientes superiores, que le llevaran a regiones menos áridas? Conocía ya el camino recorrido, pero ignoraba lo que habría de venir; y como su conciencia le atormentaba decidió explicarse con toda franqueza ante sus dos compañeros; les expuso claramente la situación; les mostró lo que se había hecho y lo que faltaba por hacer; en rigor se podía regresar o intentarlo al menos; ¿cuál era su opinión?

—Yo no tengo otra opinión que la de mi amo —respondió Joe—. Lo que él sufra, puedo yo sufrirlo mejor que él. Donde él vaya, iré yo.

—¿Y tú, Kennedy?

—Yo, mi querido Samuel, no soy hombre que se desespere; conocía como nadie los peligros de esta empresa; pero no quise verlos desde el momento que tú los afrontabas; estoy entregado en cuerpo y alma a ti. En la situación presente, mi opinión es que debemos perseverar. Seguir hasta el final. Los peligros, además, no me parecen tan grandes como para regresar. Así pues, adelante. Puedes estar seguro de nosotros.

—Gracias, amigos —respondió el doctor, verdaderamente emocionado—. Esperaba esto de vosotros; pero necesitaba estas palabras de aliento. Una vez más, gracias.

Y los tres hombres se estrecharon la mano con efusión.

—Escuchadme —dijo Fergusson—. Según mis cuentas, no estamos a más de trescientas millas del golfo de Guinea; por tanto, el desierto no puede extenderse indefinidamente, puesto que la costa está habitada y recorrida hasta un cierto límite hacia el interior. Si es necesario, nos dirigiremos hacia esta costa y es imposible que no nos encontremos con algún oasis, o algunos pozos donde renovar nuestras provisiones de agua; pero lo que nos falta es el viento, y sin él estaremos detenidos en una plácida calma en medio de los aires.

—Esperemos con resignación —dijo el cazador.

Pero cada uno por su parte interrogó en vano al horizonte durante aquella interminable jornada. Nada aparecía que pudiera hacer nacer una esperanza. Las últimas ondulaciones del suelo desaparecían a la puesta del sol, cuyos rayos horizontales se proyectaban en una larga línea de fuego sobre la tranquila inmensidad. Estaban en el desierto.

Los viajeros no habían franqueado más que una distancia de quince millas. Habían gastado, al igual que el día precedente, ciento treinta y cinco pies cúbicos de gas para alimentar el soplete; y tuvieron que sacrificar dos pintas de las ocho de agua que quedaban para apagar su ardiente sed.

La noche pasó tranquila, ¡demasiado! El doctor no dormía.

Capítulo XXV

Al día siguiente, con la misma pureza de cielo y la misma inmovilidad de la atmósfera, el *Victoria* se elevó a una altura de quinientos pies; pero apenas si avanzó sensiblemente hacia el oeste.

—Estamos en pleno desierto —dijo el doctor—; ¡he aquí la inmensidad de arena!, ¡qué extraño espectáculo!, ¡qué singular disposición de la Naturaleza! ¿Por qué antes aquella vegetación excesiva, y aquí esta extremada aridez, y todo esto en la misma latitud y bajo los mismos rayos del sol?

—El porqué, mi querido Samuel, me inquieta muy poco —respondió Kennedy—; el motivo me preocupa menos que el hecho; esto es así: he aquí lo importante.

—Es necesario filosofar un poco, mi querido Dick; eso no puede hacernos daño.

—Filosofemos, no tengo inconveniente en ello. Tenemos tiempo de sobra. Apenas avanzamos; el viento tiene miedo de soplar, está dormido.

—Esto no durará —dijo Joe—; me parece percibir algunos grupos de nubes hacia el este.

—Joe tiene razón —respondió el doctor.

—Bueno —dijo Kennedy—; vamos a tener nuestra nube con una buena lluvia y un buen viento que nos azotará la cara.

—Ya veremos, Dick, ya veremos.

—Es, sin embargo, viernes, mi señor, y yo desconfío de los viernes.

—Pues bien, yo espero que hoy puedas rectificar tus creencias.

—Así lo deseo, señor. ¡Uf! —dijo, secándose la cara—, el calor es una gran cosa, en invierno sobre todo; pero en verano no conviene abusar de él.

—¿No temes que el ardor del sol ponga en peligro el globo? —preguntó Kennedy al doctor.

—No, la gutapercha con la que se ha reforzado el tafetán soporta temperaturas mucho más elevadas. Yo la he sometido, interiormente, por medio del serpentín, algunas veces, a una temperatura de 158 grados [1] y la cubierta no pareció haber sufrido.

—¡Una nube! ¡Una verdadera nube! —exclamó en aquel momento Joe, cuya vista penetrante desafiaba a todos los anteojos.

En efecto, una banda espesa y que ya se distinguía bien, se elevaba lentamente por encima del horizonte; parecía bastante profunda y como inflada; era un amontonamiento de pequeñas nubes que conservaban invariablemente su forma primitiva. El doctor dedujo de ello que no existía ninguna corriente de aire en aquella aglomeración.

Esta masa compacta había aparecido hacia las ocho de la mañana y hasta las once no alcanzó al disco del sol, que desapareció por entero detrás de la espesa cortina. En aquel momento mismo, la parte inferior se remontó sobre la línea del horizonte, que resplandecía en plena luz.

—Es una nube aislada —dijo el doctor—; no debemos contar con ella. Mira, Dick, su forma es todavía exactamente igual a la que tenía esta mañana.

—En efecto, Samuel, no trae lluvia, ni viento, por lo menos para nosotros.

—Eso es lo que hay que temer, si se mantiene a tan gran altura.

—Bien, Samuel; ¿y si fuésemos nosotros a buscarla, ya que no quiere abrirse sobre nosotros?

—Creo que no nos serviría de gran cosa —respondió el doctor—; sería un gasto de gas, y, por consiguiente, otro más considerable todavía de agua. Pero en nuestra situación no conviene desaprovechar nada; vamos a elevarnos.

El doctor lanzó el máximo de llama del soplete a las espirales del serpentín; un violento calor se desarrolló y rápidamente el globo se elevó bajo la acción del hidrógeno dilatado.

A mil quinientos pies del suelo encontró la masa opaca de una nube y entró en una espesa niebla, manteniéndose en aquella altura; pero no en-

---

[1] 70 grados centígrados. *(N. del A.)*

contró el menor soplo de viento; aquella niebla parecía desprovista de humedad y apenas se humedecieron los objetos expuestos a su contacto. El *Victoria,* envuelto en aquellos vapores, tomó una marcha más sensible, pero a eso se redujo todo.

El doctor comprobaba con tristeza el mediocre resultado obtenido con su maniobra, cuando oyó exclamar a Joe, con el acento de la más viva sorpresa.

—¡Ah, caramba!

—¿Qué te pasa, Joe?

—Mi amo, señor Kennedy, he aquí una cosa bien extraña.

—¿Pero qué sucede?

—No estamos solos, aquí hay intrigantes. Nos han robado nuestro invento.

—¿Te has vuelto loco? —preguntó Kennedy.

Joe parecía la viva imagen de la estupefacción. Permanecía inmóvil.

—¿Será que el sol ha trastornado la inteligencia de este pobre muchacho? —dijo el doctor, volviéndose hacia él—. ¿Me quieres decir...?

—¿Pero no ve, señor? —dijo Joe, indicando un punto en el espacio.

—Por San Patricio —exclamó Kennedy a su vez—, esto no es posible. ¡Samuel, Samuel! ¡Mira!

—Ya veo —respondió tranquilamente el doctor.

—¡Otro globo! Otros pasajeros como nosotros.

En efecto, a doscientos pies, un aeróstato flotaba en el aire con su barquilla y sus viajeros; seguía exactamente la misma ruta que el *Victoria.*

—Pues bien —dijo el doctor—, vamos a hacerles señales; coge la bandera, Kennedy, y muéstrales sus colores.

Parecía que los viajeros del segundo aeróstato habían tenido en el mismo momento la misma idea, pues la misma bandera repetía exactamente el mismo saludo sostenida por una mano que se movía de idéntica forma.

—¿Qué significa esto? —preguntó el cazador.

—Son monos —exclamó Joe—; se burlan de nosotros.

—Esto significa —respondió Fergusson, riendo— que eres tú mismo el que te haces esta señal, mi querido Dick. Esto quiere decir que somos nosotros mismos los que están en esa segunda barquilla y que ese globo es sencillamente nuestro *Victoria.*

—Lo que es eso, mi amo, con todos los respetos —dijo Joe—, no me lo hará creer jamás.

—Siéntate en el borde de la barquilla, Joe, agita tus brazos y verás.

Joe obedeció, y vio sus gestos exacta e instantáneamente reproducidos.

—Esto no es más que un efecto de espejismo —dijo el doctor—, un simple fenómeno de óptica; se debe a la rarefacción desigual de las capas de aire, y esto es todo.

—Es maravilloso —replicó Joe, que no se rendía a la evidencia y multiplicaba sus experimentos a todo brazo.

—¡Qué curioso espectáculo! —dijo Kennedy—; es agradable ver a nuestro bravo *Victoria.* ¿Sabéis que tiene muy buen aspecto y que se cierne majestuosamente?

—Lo ha expresado exactamente —replicó Joe—; es un efecto singular, verdaderamente.

Pero bien pronto la imagen se debilitó gradualmente; las nubes se elevaron a gran altura abandonando al *Victoria,* que no pretendió seguirlas, y al cabo de una hora desaparecieron en pleno cielo.

El viento, apenas sensible, pareció disminuir todavía más. El doctor, desesperado, se aproximó a tierra.

Los viajeros, que con este incidente se habían distraído de sus preocupaciones, recayeron en sus tristes pensamientos abrumados por un calor devorador.

Hacia las cuatro, Joe señaló un objeto en relieve sobre la inmensa planicie de arena y bien pronto pudo afirmar que dos palmeras se elevaban a una distancia no muy lejana.

—¡Palmeras! —dijo Fergusson—. ¡Eso indica que hay una fuente, un pozo!

Cogió un anteojo y comprobó que los ojos de Joe no se engañaban.

—¡Por fin —prosiguió—, hay agua!

—¡Agua! Y estamos salvados, pues por poco que marchemos, seguiremos avanzando, y acabaremos por llegar.

—Bueno, señor —dijo Joe—, ¿y si bebiésemos entre tanto? El aire es verdaderamente sofocante.

—Bebamos, muchacho.

Nadie se hizo de rogar. Una pinta entera fue consumida, con lo que quedó reducida la provisión a tres pintas y media de agua.

—¡Ah, cuánto bien me ha hecho! —dijo Joe—. ¡Qué buena es! Jamás ninguna cerveza de Perkins me ha causado tanto placer.

—Éstas son las ventajas de las privaciones —respondió el doctor.

—Pequeñas ventajas, después de todo —dijo el cazador—; aunque beber agua no me causa placer nunca, consentiría en privarme de ese placer con tal de que el agua no me faltase.

A las seis, el *Victoria* volaba por encima de las palmeras.

Eran dos raquíticos árboles, mezquinos, secos, dos espectros de árbol, sin follaje, más muertos que vivos. Fergusson los contempló con terror.

A su pie se distinguían las piedras medio carcomidas de un pozo; pero estas piedras calcinadas por los ardores del sol parecían no formar más que un polvo impalpable. No había signo alguno de humedad. El corazón de Samuel se deprimió, e iba a comunicar sus temores a sus compañeros cuando las exclamaciones de éstos atrajeron su atención.

A simple vista, hacia el oeste, se distinguía una larga línea de osamentas blanqueadas; fragmentos de esqueletos rodeaban el pozo; una caravana había llegado hasta allí marcando su paso con aquel largo osario; los más débiles habían ido cayendo poco a poco sobre la arena; los más fuertes, al llegar a la fuente tan deseada, habían encontrado en sus bordes una muerte terrible.

Los viajeros se miraron palideciendo.

—No descendamos —dijo Kennedy—; huyamos de este odioso espectáculo. No hay una gota de agua que recoger.

—¡No, Dick!, es necesario comprobarlo concienzudamente. Tanto da pasar la noche aquí como en otra parte. Registremos estos pozos hasta el fondo; ha habido ahí un manantial y quizá quede todavía algo.

El *Victoria* tomó tierra; Joe y Kennedy colocaron en la barquilla un peso de arena equivalente al suyo y descendieron. Corrieron al pozo y penetraron en su interior por una escalera que no era más que arena. El manantial parecía agotado desde hacía largos años. Cavaron en la arena seca y desmenuzable, la más árida de las arenas; no había indicio alguno de humedad.

El doctor los vio volver a la superficie del desierto, sudorosos, extenuados, cubiertos de un polvo fino, abatidos, descorazonados, desesperados.

Comprendió la inutilidad de sus esfuerzos: lo esperaba y no dijo nada. Sintió que a partir de aquel momento debería tener valor y energía por los tres.

Joe recogió los fragmentos de una piel carcomida que arrojó con furor en medio de las osamentas, dispersas por el suelo.

Durante la comida, los viajeros no cambiaron una palabra entre sí; comían con repugnancia.

Y, sin embargo, aún no habían sufrido, verdaderamente, los tormentos de la sed, y todavía conservaban alguna esperanza.

Capítulo XXVI

La ruta recorrida por el *Victoria* durante la jornada precedente no excedía de diez millas, y para mantenerse en el aire se habían gastado ciento sesenta y dos pies cúbicos de gas.

El sábado por la mañana el doctor dio la señal de partida.

—El soplete no puede funcionar más que seis horas —dijo—. Si en estas seis horas no hemos descubierto ni un pozo, ni una fuente, sólo Dios sabe lo que nos espera.

—Poco viento hace esta mañana —dijo Joe—, pero ya se levantará más —añadió viendo la tristeza mal disimulada de Fergusson.

¡Vana esperanza! Hacía una calma chicha, una de esas calmas que en los mares tropicales encadenan obstinadamente a los navíos. El calor llegó a ser intolerable y el termómetro a la sombra, bajo la tienda, marcó 113 grados[1].

Joe y Kennedy, echados el uno cerca del otro, buscaban, si no con el sueño, al menos en la somnolencia, el olvido de la situación. Una inactividad forzada les proporcionaba penosos ocios. El hombre es más digno de lástima cuando no puede librarse de sus pensamientos por medio de un trabajo o una ocupación material; pero allí no había nada que vigilar,

[1] 45 grados centígrados. *(N. del A.)*

ni mucho menos que intentar; era necesario sufrir la situación sin poder mejorarla.

Los sufrimientos de la sed comenzaron a hacerse sentir cruelmente; el aguardiente, lejos de apaciguar esta necesidad vital, la aumentaba y justificaba el nombre de «leche de tigres» que le dan los naturales de África. Apenas quedaban dos pintas de un líquido caldeado. Los tres miraban aquellas preciosas gotas y ninguno de ellos pensaba siquiera en acercar a ellas sus labios. ¡Dos pintas de agua en medio de un desierto! Entonces el doctor, sumido en estas reflexiones, se preguntó si había obrado prudentemente, si no hubiera sido mejor conservar el agua que había descompuesto, constituyendo una pérdida, para mantenerse en la atmósfera. Se había recorrido algún camino, sin duda, pero ¿se había adelantado algo? Pero la esperanza impulsaba a Samuel hacia delante. Y, sin embargo, aquellos dos galones de agua, que iba a gastar en vano, eran suficientes para nueve días de parada en el desierto. Y algunos cambios podrían producirse en nueve días. Quizá también conservando el agua hubiera debido elevarse arrojando lastre, resignándose a perder el gas para volver a descender después; pero el gas de su globo, ¡era su sangre, era su vida!

Estas consideraciones bullían en su mente, y durante horas enteras permaneció sumido en ellas, con la cabeza entre las manos.

—Es necesario hacer un último esfuerzo —se dijo hacia las diez de la mañana—; es necesario intentar por última vez descubrir una corriente atmosférica que nos transporte; es necesario agotar los últimos recursos.

Y mientras sus compañeros dormían elevó a una alta temperatura el hidrógeno del aeróstato; éste aumentó bajo la dilatación del gas y se elevó en línea recta entre los rayos perpendiculares del sol. El doctor buscó inútilmente un soplo de viento desde los cien pies hasta las cinco millas de altura; el punto de partida permanecía obstinadamente debajo de él; una calma absoluta parecía reinar hasta los últimos límites del aire respirable.

Por fin el agua de la alimentación se agotó; el soplete se extinguió falto de gas; la pila de Bunsen dejó de funcionar, y el *Victoria*, contrayéndose, descendió dulcemente sobre la arena en el sitio mismo que la barquilla había tocado tierra.

Era mediodía; los cálculos dieron 19 grados 25 minutos de longitud y 6 grados 51 minutos de latitud a unas ciento cinco millas del lago Tchad, y a más de cuatrocientas millas de las costas occidentales de África.

Al tomar tierra, Dick y Joe salieron de su sopor.

—¿Nos detenemos? —dijo el escocés.

—Es necesario —respondió Samuel con un tono grave.

Sus compañeros le comprendieron. El nivel del suelo estaba al nivel del mar, como consecuencia de su constante depresión; así, el globo se mantenía en un equilibrio perfecto y una inmovilidad absoluta.

El peso de los viajeros fue reemplazado por una carga equivalente de arena y ellos echaron pie a tierra; cada uno se concentró en sus propios pensamientos y durante muchas horas no hablaron. Joe preparó la comida, compuesta de galleta y de *pemmickan,* del que casi no comieron; un sorbo de agua caldeada completó este triste almuerzo.

Durante la noche nadie veló porque nadie dormía. El calor fue abrasador. Al día siguiente no quedaba más que media pinta de agua; el doctor la puso en reserva, y se resolvió no tocarla hasta el último extremo.

—Me ahoga —exclamó bien pronto Joe— este calor insoportable. Pero no me extraña —dijo después de haber consultado el termómetro—, pues estamos a 140 grados[2]. La arena abrasa como si saliera de un horno. ¡Y sin una nube en este cielo de fuego! Es para volverse loco.

—No nos desesperemos —dijo el doctor—; a estos grandes calores suceden inevitablemente tempestades bajo esta latitud y llegan con la rapidez del relámpago; a pesar de la abrumadora serenidad del cielo, se pueden producir grandes cambios en menos de una hora.

—Pero, en fin —replicó Kennedy—, ¿no hay algún indicio de que esto vaya a ocurrir?

—Pues bien —dijo el doctor—, me parece que el barómetro tiene una ligera tendencia a bajar.

—El cielo te oiga, Samuel, pues estamos clavados a este suelo como un pájaro cuyas alas se han destrozado.

—Con la diferencia, sin embargo, mi querido Dick, de que nuestras alas están intactas y espero que puedan servirnos todavía.

—¡Ah, el viento, el viento! —exclamó Joe—; si tuviéramos un arroyuelo o un pozo, no nos faltaría nada; nuestros víveres son suficientes y con el agua podríamos esperar un mes sin sufrir. Pero la sed es una cosa cruel.

La sed, y también la contemplación incesante del desierto, fatigaba el espíritu. No había un accidente del terreno, ni un montículo de arena, ni una piedra en que fijar la mirada. Aquella planicie desalentaba y producía esa enfermedad que se llama «el mal del desierto». La impasibilidad de aquel azul árido del cielo y de aquel amarillo inmenso de la arena acababa por horrorizar. En la atmósfera encendida, el calor parecía vibrar, como encima de una hoguera incandescente; el espíritu se desesperaba de ver aquella calma inmensa y no vislumbraba ninguna razón para que este estado de cosas cesara, pues la inmensidad es una especie de eternidad.

[2] 60 grados centígrados. *(N. del A.)*

Bien pronto los desgraciados, privados de agua bajo aquella temperatura tórrida, comenzaron a sentir síntomas de alucinación; sus ojos se dilataban, su mirada se hacía turbia.

Cuando la noche hubo llegado, el doctor resolvió combatir aquel inquietante estado con una marcha rápida; quiso recorrer la llanura de arena durante algunas horas, no para buscar nada, sino para andar.

—Venid conmigo —dijo a sus compañeros—; creedme, os sentará bien.

—Imposible —respondió Kennedy—, yo no podría dar un paso.

—Yo prefiero dormir —dijo Joe.

—Pero el sueño o el reposo os serán funestos, amigos míos; reaccionad contra este sopor. ¡Vamos, venid!

El doctor no pudo lograr nada de ellos, y partió solo en medio de la transparencia estrellada de la noche. Sus primeros pasos fueron penosos, los pasos de un hombre debilitado y poco habituado a marchar; pero reconoció bien pronto que este ejercicio le sería muy saludable; avanzó varias millas hacia el oeste cuando de repente fue presa de un vértigo; se creyó caído en un abismo; sintió que sus rodillas se doblaban; la vasta soledad le horrorizó; el doctor era el punto matemático, el centro de una circunferencia infinita, ¡es decir, la nada! El *Victoria* había desaparecido enteramente en la sombra. Al doctor le invadió un miedo invencible, ¡él, el impasible, el viajero audaz! Quiso volver sobre sus pasos, pero en vano; gritó pero ningún eco le respondió y su voz cayó en el espacio como una piedra en un abismo sin fondo. Se dejó caer desfallecido sobre la arena, en medio de los grandes silencios del desierto.

A medianoche recobró el conocimiento en los brazos de su fiel Joe. Inquieto por la ausencia prolongada de su amo se había lanzado siguiendo las huellas claramente impresas en la arena; lo había encontrado desvanecido.

—¿Qué le ha ocurrido, mi amo? —le preguntó.

—No es nada, mi buen Joe; un momento de debilidad y nada más.

—No será nada, en efecto, señor; pero levántese; apóyese en mí y volvamos al *Victoria.*

El doctor, en brazos de Joe, volvió a tomar el camino que había seguido.

—Era imprudente, señor, aventurarse así. Podía haber sido desvalijado —añadió riendo—. Pero veamos, señor, hablemos seriamente.

—Habla, te escucho.

—Es absolutamente necesario tomar una decisión. Nuestra situación no puede durar más de algunos días, y si el viento no llega estamos perdidos.

El doctor no respondió.

—Pues bien, es necesario que alguno se sacrifique por los demás y es natural que ése sea yo.

—¿Qué quieres decir? ¿Cuál es tu proyecto?

—Un proyecto bien sencillo: coger víveres y marchar siempre hacia delante, hasta que llegue a algún sitio. Si durante este tiempo el cielo les envía un viento favorable, no me esperen, márchense. Por mi parte, si llego a alguna aldea, procuraré entenderme con algunas palabras de árabe que usted me dará por escrito y yo le enviaré socorro o me dejaré la piel. ¿Qué opina de mi plan?

—Es insensato, pero digno de tu bravo corazón, Joe. Eso es imposible. No nos abandonarás.

—De todos modos, señor, es necesario intentar algo; esto no les perjudicaría nada, puesto que, se lo repito, no tendrían que esperarme y, la verdad, yo podría tener éxito.

—No, Joe, no nos separaremos; ése sería un dolor añadido a los demás. Está escrito que ha de ser así y está probablemente escrito también que más tarde será de otro modo. Así pues, esperemos con resignación.

—Sea, señor, pero le aviso una cosa; le doy un día más; no esperaré más. Hoy es domingo, o lunes, pues es la una de la mañana; si el martes no partimos, intentaré la aventura; es un proyecto irrevocablemente decidido.

El doctor no respondió; regresó a la barquilla y tomó sitio cerca de Kennedy. Éste estaba sumido en un silencio absoluto que no debía de ser el del sueño.

CAPÍTULO XXVII

Al día siguiente, la primera preocupación del doctor fue consultar el barómetro; era su obsesión ver si la columna de mercurio había sufrido una depresión apreciable.

—¡Nada! —se dijo—, ¡nada!

Salió de la barquilla y fue a examinar el tiempo; el mismo calor, la misma pureza, la misma implacabilidad.

—¡No queda más remedio que desesperar! —exclamó.

Joe no decía nada, absorto en sus pensamientos y meditando su proyecto de exploración. Kennedy se levantó muy enfermo, preso de una sobreexcitación inquietante. Sufría horriblemente de la sed. Su lengua y sus labios tumefactos apenas podían articular un sonido.

Había todavía algunas gotas de agua; todos lo sabían, todos pensaban en ello y se sentían atraídos hacia ellas; pero nadie osaba dar un paso.

Los tres compañeros, los tres amigos se miraban con ojos espantados, con un sentimiento de avidez bestial que se reflejaba sobre todo en Kennedy; su potente organismo sucumbía más rápido ante aquellas intolerables privaciones. Durante la jornada fue presa del delirio; iba y venía dando roncos gritos, mordiéndose las manos, dispuesto a abrirse las venas para beber su sangre.

—¡Ah! —exclamó—, ¡país de la sed! ¡Deberías ser llamado país de la desesperación!

Después cayó en una postración profunda; no se oía más que el silbido de su respiración entre sus labios secos.

Hacia la noche, Joe fue víctima a su vez de un comienzo de locura; el vasto oasis de arena le parecía como un estanque inmenso con aguas claras y limpias; más de una vez se precipitó sobre el suelo ardiente para beber y se levantó con la boca llena de polvo.

—¡Maldición! —se decía con cólera—, ¡es agua salada!

Entonces, mientras Fergusson y Kennedy yacían inmóviles le asaltó el invencible pensamiento de consumir las pocas gotas de agua puestas en reserva. El deseo fue más fuerte que él; se abalanzó hacia la barquilla y arrastrándose sobre las rodillas, fijos sus ojos en la botella que contenía el líquido, lanzó sobre ella una mirada extraviada, la cogió y se la llevó a sus labios.

En aquel momento resonaron las palabras «¡beber!», «¡beber!», pronunciadas con un acento desgarrador.

Era Kennedy que se arrastraba hacia él; el desgraciado pedía vida, suplicaba de rodillas, lloraba.

Joe, llorando también, le presentó la botella y Kennedy agotó el contenido hasta la última gota.

—¡Gracias! —dijo.

Pero Joe no le oyó; había vuelto como él a caer en la arena.

Se ignora lo que pasó durante aquella noche ardiente; pero el martes por la mañana bajo la ducha de fuego que vertía el sol, los infortunados sintieron desentumecerse sus miembros poco a poco. Cuando Joe quiso levantarse le fue imposible; no podía hacerlo.

Miró en su derredor.

En la barquilla, el doctor, abrumado, los brazos cruzados sobre el pecho, miraba a un punto imaginario del espacio con una fijeza idiota. Kennedy estaba espantoso; balanceaba la cabeza de derecha a izquierda como una bestia feroz enjaulada.

De repente las miradas del cazador se dirigieron hacia su carabina cuya culata sobresalía del borde de la barquilla.

—¡Ah! —exclamó levantándose con un esfuerzo sobrehumano.

Se precipitó sobre el arma, perdido, loco y se metió el cañón en la boca.

—¡Señor, señor! —dijo Joe arrojándose sobre él.

—¡Déjame, vete! —exclamó el escocés en un estertor.

Los dos lucharon con encarnizamiento.

—Vete o te mato —repitió Kennedy.

Pero Joe se agarró a él con fuerza; lucharon así, sin que el doctor pareciera advertirlo, durante cerca de un minuto; en la lucha la carabina se disparó de repente; ante el ruido de la detonación, el doctor se levantó rígido como un espectro; miró a su alrededor.

Pero de repente he aquí que su mirada se anima, su mano se extiende hacia el horizonte y con una voz que no parecía humana, exclama:

—¡Allí, allí! ¡Allá lejos!

Tenía tal energía en su gesto que Joe y Kennedy se separaron y los dos miraron.

La llanura se agitaba como un mar furioso en un día de tempestad; las olas de arena chocaban unas contra otras en medio de una intensa polvareda; una inmensa columna venía del sudoeste dando vueltas con una extrema rapidez; el sol desapareció detrás de una nube opaca cuya sombra desmesurada se alargaba hasta el *Victoria;* los granos de arena fina giraban con la facilidad de moléculas líquidas y aquella marea creciente avanzaba poco a poco.

Una mirada enérgica de esperanza brilló en los ojos de Fergusson.

—¡El *simún!* —exclamó.

—¡El *simún!* —repitió Joe sin comprender.

—¡Tanto mejor! —exclamó Kennedy en un arranque desesperado—, tanto mejor; vamos a morir.

—¡Tanto mejor! —repitió el doctor—. Al contrario, vamos a vivir.

Se puso a arrojar rápidamente la arena que llenaba la barquilla.

Sus compañeros comprendieron al fin, se unieron a él y tomaron sitio a su lado.

—Y ahora, Joe —dijo el doctor—, arroja fuera unas cincuenta libras de tu mineral.

Joe no dudó; sin embargo, experimentó algo como una pena fugaz. El globo se elevó.

—Ya era hora —exclamó el doctor.

El simún llegaba, en efecto, con la rapidez del rayo. Un poco más y el Victoria hubiera sido aplastado, hecho pedazos, destrozado. La inmensa tromba iba a alcanzarlo; cayó sobre él una granizada de arena.

—¡Más lastre! —gritó el doctor a Joe.

—Ahí va —respondió éste, arrojando un enorme fragmento de cuarzo.

El *Victoria* se elevó rápidamente por encima de la tromba; pero envuelto en un inmenso torbellino de arena, fue transportado con una velocidad incalculable por encima de aquel mar espumoso.

Samuel, Dick y Joe no hablaban; miraban, esperaban, refrescados por el viento del torbellino.

A las tres la tormenta cesó; la arena formaba al caer una innumerable cantidad de montículos; el cielo recobró su tranquilidad primitiva.

El *Victoria,* otra vez inmóvil, planeaba a la vista de un oasis, isla cubierta de árboles verdes, que se alzaba sobre la superficie de aquel océano.

—¡El agua! ¡El agua está allí! —exclamó el doctor.

Bien pronto, abriendo la válvula superior, dio escape al hidrógeno a doscientos pasos del oasis.

En cuatro horas los viajeros habían franqueado un espacio de doscientas cuarenta millas. La barquilla fue pronto equilibrada y Kennedy, seguido por Joe, se arrojó al suelo.

—Vuestros fusiles —exclamó el doctor—, vuestros fusiles y sed prudentes.

Dick se precipitó sobre su carabina y Joe se apoderó de uno de los fusiles. Avanzaron rápidamente hasta los árboles y penetraron bajo aquella fresca vegetación que les anunciaba abundantes fuentes; no se fijaron en unas anchas pisadas, cuyo rastro reciente se marcaban aquí y allá sobre su suelo húmedo.

De repente un rugido retumbó a veinte pasos de ellos.

—¡El rugido de un león! —dijo Joe.

—Tanto mejor —repitió el cazador exasperado—. Lo cazaremos.

—¡Prudencia, señor Dick, prudencia! De la vida de uno depende la vida de todos.

Pero Kennedy no le escuchó, avanzó con los sentidos alerta, la carabina armada, con expresión terrible. Bajo una palmera, un enorme león de melena negra se encontraba en postura de atacar. Apenas hubo visto al cazador cuando dio un bote; pero no había tocado todavía la tierra cuando una bala fulminante en el corazón le hizo caer muerto.

—¡Hurra! ¡Hurra! —exclamó Joe.

Kennedy se deslizó hacia los pozos siguiendo las húmedas huellas y se echó delante de una fuente fresca, en la cual mojó sus labios ávidos; Joe le imitó y no oyó más que el chasqueo de la lengua de los animales que calman su sed.

—Tenga cuidado, señor Dick —dijo Joe, respirando—, no abuse.

Pero Dick, sin responder, seguía bebiendo. Zambullía su cabeza y sus manos en aquella agua bienhechora; se emborrachaba.

—¿Y el señor Fergusson? —dijo Joe.

Esta pregunta volvió a Kennedy en sí; llenó una botella que había llevado y corrió a la salida de los pozos.

Pero ¡cuál fue su sorpresa! Un cuerpo opaco, enorme, cerraba la abertura. Joe, que seguía los pasos de Dick, retrocedió con él.

—¡Estamos encerrados!

—¡Es imposible! ¿Qué quiere decir?

Dick no acabó. Un rugido terrible le hizo comprender con qué nuevo enemigo tenía que entendérselas.

—¡Otro león! —exclamó Joe.

—¡No, una leona! ¡Ah, maldita bestia, espera! —dijo el cazador volviendo a cargar rápidamente su carabina.

Un instante después hacía fuego, pero ya el animal había desaparecido.

—Adelante —exclamó.

—No, señor Dick, no la ha matado del disparo; su cuerpo hubiera rodado hasta aquí; está esperando a caer sobre el primero de nosotros que aparezca y ése estará perdido.

—Pero ¿qué hacer? ¡Es necesario salir, Samuel nos está esperando!

—Atraigamos al animal; tome mi fusil y deme su carabina.

—¿Cuál es tu plan?

—Ahora lo verá.

Joe, quitándose su americana, la puso al final del arma y la presentó como cebo por encima de la abertura. La bestia, furiosa, se precipitó sobre ella; Kennedy la esperaba, le cortó el paso y de un balazo le quebró la paletilla. La leona rugiendo rodó por la escalera hasta Joe. Éste sentía ya las enormes patas del animal abatirse sobre él cuando retumbó una segunda detonación y el doctor Fergusson apareció en la abertura con el fusil en la mano, todavía humeante.

Joe se levantó instantáneamente, saltó por encima del cuerpo de la bestia y entregó a su amo la botella llena de agua.

Llevarla a sus labios y vaciarla en el acto fue para Fergusson cuestión de un instante, y los tres viajeros dieron gracias desde el fondo de su corazón a la Providencia, que les había salvado tan milagrosamente.

Capítulo XXVIII

La noche fue encantadora y la pasaron bajo las frescas sombras de las mimosas después de una comida reconfortante en la que no se escatimó el té y el *grog*.

Kennedy había recorrido el oasis de arriba abajo. Había explorado todos los matorrales; los viajeros eran los únicos seres animados de aquel paraíso terrestre; se extendieron sobre sus mantas y pasaron una noche apacible que les permitió olvidar los sufrimientos pasados.

Al día siguiente, 7 de mayo, el sol brillaba en todo su esplendor, pero sus rayos no podían atravesar la espesa cortina de sombra. Como había víveres en cantidad, el doctor resolvió esperar en aquel lugar un viento favorable.

Joe había transportado su cocina portátil y se dedicaba a preparar numerosas combinaciones culinarias, usando el agua con despreocupada prodigalidad.

—¡Qué extraña sucesión de peligros y de placeres! —exclamó Kennedy—; esta abundancia después de aquella privación, este lujo sucediendo a aquella miseria. ¡Ah!, ¡yo he creído volverme loco!

—Mi querido Dick —le dijo el doctor—, si no es por Joe, no estarías en situación de discurrir sobre la inestabilidad de las cosas humanas.

—¡Buen amigo! —dijo Dick tendiendo la mano a Joe.

—No hay por qué —respondió éste—; ya me tomaré mi revancha, señor Dick, aunque prefiero de todas maneras que no se presente la ocasión de ejecutar una cosa parecida.

—¡Qué pobre naturaleza la nuestra! —dijo Fergusson—; dejarse abatir por tan poco.

—Por tan poca agua querréis decir, mi amo. ¡Qué indispensable es este elemento para la vida!

—Sin duda, Joe; las gentes privadas de comer resisten mucho más tiempo que las gentes privadas de beber.

—Lo creo. Además, cuando hay necesidad, se come lo que se encuentra, aunque sea a un semejante, y aunque esta comida termine pesando en el corazón durante largo tiempo.

—Los salvajes no tienen esos escrúpulos, sin embargo —dijo Kennedy.

—Sí, pero son salvajes, y están acostumbrados a comer carne cruda; es una costumbre que me repugnaría.

—Es tan repugnante, en efecto —replicó el doctor—, que nadie quería creer los relatos de los primeros exploradores de África; éstos contaron que muchos pueblos se nutrían de carne cruda, y todo el mundo se negó a admitir el hecho. En circunstancias así le ocurrió una singular aventura a James Bruce.

—Cuéntenos eso, señor; tenemos tiempo para escucharle —dijo Joe tumbándose voluptuosamente sobre la fresca hierba.

—Veréis. James Bruce era un escocés del condado de Stirgling que de 1768 a 1772 recorrió toda la Abisinia hasta el lago Tyana, en busca de las fuentes del Nilo. Después volvió a Inglaterra, donde no publicó sus viajes hasta 1790. Sus relatos fueron acogidos con una incredulidad extrema, incredulidad que sin duda está reservada a los nuestros. Las costumbres de los abisinios parecían tan diferentes de los usos y costumbres ingleses que nadie quería creerle. Entre otros detalles, James Bruce había dicho que los pueblos de África oriental comían carne cruda. Este hecho levantó a todo el mundo en contra suya. ¡Podía decir lo que quisiera, ya que nadie iba a ir a verlo! Bruce era un hombre muy valeroso y muy irritable. Estas dudas le molestaron en grado sumo. Un día, en un salón de Edimburgo, un escocés volvió sobre el tema de las bromas diarias en su presencia, y respecto a la carne cruda declaró simplemente que la cosa no era creíble ni verdadera. Bruce no dijo nada; salió y volvió a los pocos momentos con un bistec crudo, salpicado de sal y de pimienta según la moda africana: «Señor —dijo el escocés—, dudando de una cosa que yo he relatado me habéis hecho una grave injuria; creyéndola impracticable os habéis equivocado completamente. Y para probarlo a todos vais a comer enseguida este bistec crudo o me daréis una satisfacción de vuestras palabras». El escocés tuvo miedo y obedeció no sin grandes gestos. Entonces, con la mayor sangre fría James Bruce añadió: «Y admitiendo que la cosa no fuera verdad, señor, no sostendréis en adelante por lo menos que sea imposible».

—Bien hecho —dijo Joe—; si el escocés hubiera cogido una indigestión, no habría tenido más que lo que merecía. Y si a nuestra vuelta a Inglaterra se pone nuestro viaje en duda...

—¿Qué harás tú, Joe?

—Haré comer a los incrédulos trozos del *Victoria* sin sal y sin pimienta.

Todos rieron las ocurrencias de Joe. La jornada pasó rápidamente en agradable conversación; con la fuerza renacía la esperanza; con la esperanza, la audacia. El pasado se desvanecía ante el porvenir con una rapidez providencial.

Joe no habría querido abandonar jamás aquel refugio encantador. Era el reino de sus sueños; se sentía en su casa. Fue necesario que su amo le diera la situación exacta y él, con gran seriedad, la apuntó en su libro de viaje: 15 grados 43 minutos de longitud y 8 grados 32 minutos de latitud.

Kennedy no echaba de menos más que una sola cosa, no poder cazar en aquel bosque en miniatura. Según él, lo que faltaba allí eran unas cuantas bestias feroces.

—Sin embargo, mi querido Dick —repuso el doctor—, olvidas muy pronto; ¿y el león y la leona?

—¡Bah! —dijo con el desdén de un verdadero cazador por el animal muerto—; al menos, su presencia en este oasis puede hacer suponer que no estamos muy alejados de regiones mas fértiles.

—Mediocre prueba, Dick; estos animales, obligados por el hambre o la sed, recorren a menudo distancias considerables; durante la próxima noche haremos bien en velar con más vigilancia y encender fuego.

—¡Con esta temperatura! —dijo Joe—; en fin, si es necesario, se hará. Pero me dará gran pena quemar este bonito bosque que nos ha sido tan útil.

—Tendremos cuidado de no incendiarlo —respondió el doctor—, con el fin de que otros puedan encontrar algún día un refugio en medio del desierto.

—Lo procuraremos, señor: pero ¿cree que este oasis es conocido por alguien?

—Ciertamente. Es un lugar de alto para las caravanas que frecuentan el centro de África y su visita podría no serte agradable, Joe.

—¿Existen también por aquí los temibles nyam-nyam?

—Sin duda, es el nombre general de todos estos pueblos, y bajo el mismo clima las mismas razas deben de tener costumbres parecidas.

—¡Puf! —dijo Joe—. Después de todo, es muy natural. Si los salvajes tuvieran los gustos de los *gentlemen*, ¿dónde estaría la diferencia? Por ejemplo; estas buenas gentes no se habrían hecho de rogar para engullir el bistec del escocés y aun al mismo escocés si se hubiera descuidado.

Después de esta reflexión tan sensata, Joe fue a encender sus hogueras para la noche haciéndolas tan pequeñas como fue posible. Estas precauciones fueron afortunadamente inútiles y todos cayeron en profundo sueño.

Al día siguiente el tiempo no había cambiado todavía, se mantenía obstinadamente hermoso. El globo permanecía inmóvil sin que ninguna oscilación indicara el menor soplo de viento.

El doctor volvió a inquietarse: si el viaje debía prolongarse de esa forma, los víveres serían insuficientes. Después de haber estado a punto de sucumbir por falta de agua, ¿se verían obligados a morir de hambre? Pero recobró su tranquilidad viendo el mercurio del barómetro bajar muy sensiblemente; había signos evidentes de un cambio en la atmósfera; decidió, pues, hacer sus preparativos de partida para aprovechar la primera ocasión; la caja de alimentación y la del agua fueron llenadas por completo.

Fergusson pudo restablecer enseguida el equilibrio del aeróstato y Joe tuvo que sacrificar una parte notable de su precioso mineral. Con la salud, los pensamientos ambiciosos le habían vuelto. Hizo más de un gesto antes de obedecer a su amo, pero éste le demostró que no podía elevar un peso tan considerable; le dio a elegir entre el agua y el oro; Joe no dudó más y arrojó a la arena una gran parte de sus preciosos guijarros.

—Ahí quedan, para los que vengan después de nosotros —dijo—. Quedarán muy extrañados al encontrar esta fortuna en semejante lugar.

—¡Ah! —dijo Kennedy—. ¿Y si algún sabio viajero encuentra estas muestras?

—No dudo, mi querido Dick, que se verá muy sorprendido y acaso publique su sorpresa en numerosos volúmenes. Algún día oiremos hablar de un maravilloso yacimiento de cuarzo aurífero en medio de las arenas de África.

—Y Joe será la causa.

La idea de engañar quizá a algún sabio consoló al pobre muchacho y le hizo sonreír.

Durante el resto de la jornada el doctor esperó en vano un cambio de la atmósfera. La temperatura aumentó y sin la sombra del oasis hubiera sido insoportable. El termómetro marcó al sol 149 grados [1]. Una verdadera lluvia de fuego atravesaba el aire. Fue la mayor temperatura que habían observado hasta entonces.

---

[1] 69 grados centígrados. *(N. del A.)*

Joe dispuso, como la víspera, el vivaque de noche y durante las guardias del doctor y de Kennedy no se produjo ningún incidente nuevo.

Pero hacia las tres de la mañana, mientras velaba Joe, la temperatura disminuyó súbitamente, el cielo se cubrió de nubes y la oscuridad aumentó.

—¡Alerta! —exclamó Joe despertando a sus dos compañeros—, ¡alerta, ya está aquí el viento!

—¡Al fin! —dijo el doctor observando el cielo—. Es una tempestad. ¡Al *Victoria*, al *Victoria!*

No había tiempo que perder. El *Victoria* se abatía bajo el empuje del huracán moviendo la barquilla, que se arrastraba por la arena. Si por casualidad una parte de lastre hubiera caído al suelo, el aeróstato se habría marchado y toda esperanza de volverlo a encontrar se habría perdido de una vez para siempre.

Pero el rápido Joe corrió con todas sus fuerzas y paró la barquilla, en tanto que el aeróstato se acostaba sobre la arena con riesgo de rasgarse. El doctor ocupó su lugar habitual, encendió su soplete y arrojó el exceso de peso.

Los viajeros dirigieron una última mirada a los árboles del oasis, que se doblaban bajo la tempestad, y bien pronto, impulsados por el viento del este a doscientos pies del suelo, desaparecieron en la noche.

Capítulo XXIX

Desde el momento de la partida, los viajeros se desplazaron con con gran rapidez; deseaban dejar aquel desierto donde habían estado a punto de perder la vida.

Hacia las nueve y cuarto de la mañana notaron algunas señales de vegetación; hierbas flotando sobre el mar de arena, anunciándoles como a Cristóbal Colón la proximidad de la tierra; algunos brotes verdes apuntaban tímidamente entre los guijarros, que parecían representar el papel de rocas en aquel océano.

Colinas todavía poco elevadas se ondulaban en el horizonte; su perfil, atenuado por la bruma, se dibujaba vagamente; la monotonía desaparecía.

El doctor saludó con alegría aquella nueva región y como el vigía de un buque estaba a punto de gritar:

«¡Tierra!, ¡tierra!».

Una hora más tarde, el continente se extendía bajo sus ojos con un aspecto todavía salvaje pero menos llano, menos desnudo; algunos árboles se perfilaban en el cielo gris.

—¿Estamos, pues, en algún país civilizado? —preguntó el cazador.

—¿Civilizado, señor Dick? Vaya una manera de hablar; todavía no se ven habitantes.

—No tardarán mucho —respondió Fergusson—, al paso que vamos.

—¿Pero seguimos en el país de los negros, señor Samuel?

—Sí, Joe, y en espera del país de los árabes.

—¿De los árabes, señor, de los verdaderos árabes, con sus camellos?

—No, sin camellos; estos animales son raros, por no decir desconocidos, en estas comarcas; hace falta remontarse algunos grados al norte para encontrarlos.

—¡Qué fastidio!

—¿Y por qué, Joe?

—Porque si tuviésemos viento contrario, nos prodrían servir.

—¿Cómo?

—Señor, es una idea que se me ocurre; se les podría atar a la barquilla y hacerse remolcar por ellos. ¿Qué decís a eso?

—Mi pobre Joe, esa idea la tuvo otro antes que tú; fue explotada por un divertido autor francés, en una novela, claro está. Unos viajeros se hacen arrastrar en globo por camellos; llega un león que devora a los camellos, se traga el remolque y tira del globo, a su vez. Ya ves que todo esto es de alta fantasía y no tiene nada en común con nuestro género de locomoción.

Joe, un poco confundido al ver que su idea ya había sido usada, buscó qué animal habría podido devorar al león; pero no lo encontró y se puso a mirar el paisaje.

Un lago de mediana anchura se extendía ante su mirada con un anfiteatro de colinas que no tenían derecho a llamarse montañas, pobladas de los árboles más variados; el *elais* dominaba la espesura, con sus hojas de quince pies de largo y su tronco erizado de agudas espinas; el *bombax* cargaba el viento de la suave pelusa de sus semillas; los perfumes activos del *pendanus,* «el Kenda de los árabes», embalsamaban el aire hasta la zona que atravesaba el *Victoria;* el papaya, con sus hojas como palmeras que produce la nuez del Sudán, el baobab y los bananeros, completaban aquella flora frondosa de las regiones intertropicales.

—El país es soberbio —dijo el doctor.

—He aquí los animales —dijo Joe—; los hombres no están lejos.

—¡Ah!, ¡los magníficos elefantes! —exclamó Kennedy—. ¿No habrá manera de cazar un poco?

—¿Y cómo pararnos, mi querido Dick, con una corriente de esta violencia? ¡No, sufre un poco el suplicio de Tántalo! Ya te resarcirás más tarde.

Había, en efecto, para excitar la imaginación de un cazador; el corazón de Dick palpitaba fuertemente y sus dedos se crispaban sobre la culata de su Purdey.

La fauna de aquel país valía tanto como la flora. El toro salvaje se revolcaba en una espesa hierba bajo la cual desaparecía por entero; elefantes grises, negros o amarillos de las tallas más grandes pasaban como una tromba por medio de los bosques, destrozando, saqueando, dejando a su paso la devastación; sobre la vertiente baja de las colinas brotaban cascadas y corrientes de agua que se dirigían hacia el norte; allí los rinocerontes se bañaban con gran ruido y los hipopótamos de doce pies de largo se tendían sobre las rodillas dirigiendo hacia el cielo sus redondas mamas repletas de leche.

Era toda una colección de animales raros en un jardín maravilloso, donde pájaros sin número y de mil colores cambiantes pasaban a través de las plantas arborescentes.

En esta prodigalidad de la Naturaleza, el doctor reconoció el soberbio reino de Adamova.

—Nos aprovechamos de los descubrimientos modernos; he reconocido la pista interrumpida de los viajeros. Es una feliz coincidencia, amigos míos, vamos a poder enlazar los trabajos de los capitanes Burton y Speke con las exploraciones del doctor Barth; hemos abandonado a los ingleses para encontrar un hamburgués y bien pronto llegaremos al punto extremo alcanzado por este sabio audaz.

—Me parece —dijo Kennedy— que entre estas dos exploraciones hay una vasta extensión de terreno, si se juzga por el camino que hemos recorrido.

—Es muy fácil de calcular; coge el mapa y mira cuál es la longitud del extremo meridional del lago Ukerewe alcanzado por Speke.

—Se encuentra hacia los 37 grados.

—Y la villa de Yola que nosotros alcanzaremos esta noche y a la cual Barth llegó, ¿dónde está situada?

—Hacia los 12 grados de longitud.

—Hay, pues, unos 25 grados, que a sesenta millas cada uno son mil quinientas millas.

—Un buen paseo —dijo Joe— para los que quieran ir a pie.

—Se hará, sin embargo; Livingstone y Moffat siguen avanzando hacia el interior; el Nyassa que ellos han descubierto no está muy lejos del lago Tanganica, reconocido por Burton; antes de fin de siglo estas regiones inmensas estarán sin duda exploradas. Pero —agregó el doctor consultando su brújula— temo que el viento nos lleve demasiado hacia el oeste. Habría querido avanzar hacia el norte.

Después de doce horas de marcha, el *Victoria* se encontró en los confines de la Nigricia. Los primeros habitantes de estas tierras, los árabes chouas, apacentaban sus rebaños nómadas. Las vastas cimas del monte Atlántika se alzaban sobre el horizonte; montes que ningún pie europeo había hollado todavía y cuya altura está calculada en unas mil trescientas toesas. Su pendiente occidental determina el encauzamiento de todas las aguas de esta parte de África hacia el océano; las montañas de la Luna de esta región.

Por fin un verdadero río apareció a los ojos de los viajeros y por los inmensos hormigueros que lo bordeaban el doctor reconoció el Benué, uno de los grandes afluentes del Níger, el que los indígenas han denominado el «Origen de las aguas».

—Este río —dijo el doctor a sus compañeros— llegará a ser un día la vía natural de comunicación con el interior de la Nigricia; bajo el mando de uno de nuestros bravos capitanes, el vapor *La Pléyade* lo remontó hasta la villa de Yola; veis, pues, que estamos en país conocido.

Numerosos esclavos se ocupaban en los trabajos de los campos cultivando el sorgo, especie de mijo que forma la base de su alimentación; los más estúpidos gritos se sucedían a la vista del *Victoria,* que pasaba como un meteoro. Por la noche, a cuarenta millas de Yola, se detuvo el globo: delante de él, pero un poco más lejos, se divisaban los dos conos agudos del monte Mendif.

El doctor hizo arrojar las anclas, que se engancharon en la copa de un árbol elevado, pero un viento sumamente fuerte balanceaba al *Victoria,* hasta inclinarlo horizontalmente, y hacía que muchas veces la posición de la barquilla fuese extremadamente peligrosa; Fergusson no cerró los ojos en toda la noche; frecuentemente estuvo a punto de desatar el cable de sujeción y huir de la tormenta. Por fin la tempestad se calmó y las oscilaciones dejaron de ser tan inquietantes.

Al día siguiente el viento se mostró más moderado, pero alejó a.los viajeros de la villa de Yola, que nuevamente reconstruida por los fulahs excitaba la curiosidad de Fergusson; sin embargo, se tuvo que resignar a dirigirse hacia el norte y también un poco hacia el este.

Kennedy propuso hacer un alto en aquel país de caza; Joe aseguraba que la necesidad de carne fresca se hacía ya sentir; pero las costumbres salvajes del país, la actitud de la población, algunos tiros de fusil disparados contra el *Victoria,* decidieron al doctor a continuar su viaje. Atravesaban una región que era escenario de asesinatos y de incendios, donde las luchas guerreras son incesantes y en la cual los sultanes se disputan sus reinos en medio de las más atroces carnicerías.

Numerosos pueblos cubiertos de anchas chozas se extendían entre grandes pastos cuya hierba espesa estaba salpicada de flores violetas.

Las chozas, semejantes a grandes colmenas, estaban defendidas por empalizadas erizadas de pinchos.

Las vertientes salvajes de las colinas recordaban los glen de las altas tierras de Escocia, y Kennedy experimentó esa sensación muchas veces.

A pesar de sus esfuerzos, el doctor continuaba hacia el nordeste, en dirección al monte Mendif, que desaparecía en medio de las nubes. Las altas cimas de estas montañas separaban la cuenca del Níger de la cuenca del lago Tchad.

Bien pronto apareció el Bagelé con sus dieciocho pueblos asentados en sus flancos como una nidada de niños en el seno de su madre. Magnífico espectáculo para las miradas que dominaban y sorprendían aquella reunión; los barrancos se mostraban cubiertos de campos de arroz y de cacahuetes.

A las tres, el *Victoria* se encontraba frente al monte Mendif. No habían podido evitarlo y era necesario pasar por encima de él. El doctor, aumentando la temperatura hasta los 180 grados [1], dio al globo una nueva fuerza ascensional de cerca de seiscientas libras y se elevó a más de dieciocho mil pies. Ésta fue la mayor elevación obtenida durante el viaje y la temperatura disminuyó de tal forma que el doctor y sus compañeros tuvieron que recurrir a sus mantas.

Fergusson tuvo prisa por descender, pues la envoltura del aeróstato corría peligro de romperse; tuvo, sin embargo, tiempo de comprobar el origen volcánico del monte, cuyos cráteres extinguidos no son más que profundos abismos. Grandes montañas de estiércol de pájaros daban a los flancos del Mendif la apariencia de rocas calcáreas; había allí cantidad suficiente para abonar todas las tierras del Reino Unido.

A las cinco, el *Victoria,* al abrigo de los vientos del sur recorrió dulcemente las pendientes de la montaña y se detuvo en una gran planicie alejada de todo poblado; desde que el globo tomó tierra fueron adoptadas grandes precauciones para sujetarlo fuertemente, y Kennedy, con su fusil en la mano, se lanzó por la meseta inclinada; no tardó en volver con media docena de patos salvajes y una especie de chochas que Joe aderezó a su manera. La comida fue muy agradable y la noche se pasó en absoluto reposo.

---

[1] 100 grados centígrados. *(N. del A.)*

Capítulo XXX

Al día siguiente, 11 de mayo, el *Victoria* reanudó su marcha a la aventura; los viajeros tenían en él la confianza de un marino en su navío.

Huracanes terribles, calores tropicales, salidas peligrosas, descensos más peligrosos aún se habían arrostrado con fortuna siempre y en todo momento. Se podía decir que Fergusson lo guiaba con un gesto; así, sin conocer el punto de llegada, el doctor no tenía dudas sobre el éxito del viaje. Únicamente en aquel país de bárbaros y fanáticos, la prudencia le obligaba a tomar las más rigurosas precauciones; recomendó, pues, a sus compañeros estar siempre atentos a cualquier acontecimiento.

El viento los transportaba un poco más al norte y hacia las nueve divisaron la gran ciudad de Mosfeia. Asentada sobre una eminencia y encajonada a la vez entre dos altas montañas, estaba situada en una posición inexpugnable; un camino estrecho entre un pantano y un bosque era su único acceso.

En aquel momento, un caíd acompañado de una escolta a caballo, cubierto con vestidos de colores muy vivos, precedido de exploradores que apartaban las ramas a su paso, hacía su entrada en la ciudad.

El doctor descendió con el fin de contemplar a los indígenas más de cerca; pero a medida que el globo aumentaba a sus ojos, exteriorizaron señales de terror y no tardaron en desaparecer a toda la velocidad que les permitían sus piernas o sus caballos.

Solo el caíd no se movió; cogió su espingarda, la armó y esperó bravamente. El doctor se aproximó a ciento cincuenta pies apenas y dulcificando la voz le dirigió un saludo en árabe.

Pero a estas palabras que descendían del cielo, el caíd echó pie a tierra, se prosternó sobre el polvo del camino y el doctor no pudo ya distraerle de su adoración.

—Es muy posible —dijo— que estas gentes nos tomen por seres sobrenaturales, porque cuando vieron a los primeros europeos, creyeron que eran de una raza sobrehumana. Y cuando este caíd hable de nuestro encuentro no dejará de exagerarlo con todos los recursos de su imaginación árabe. Juzgad, pues, lo que las leyendas dirán de nosotros algún día.

—Tal vez sea enojoso —respondió el cazador—; desde el punto de vista de la civilización, valdría más pasar por hombres simplemente, lo cual daría a los negros una idea bien distinta de la potencia europea.

—Conforme, mi querido Dick, ¿pero qué podemos hacer nosotros? Aunque explicaras largamente a los sabios del país el mecanismo de un aeróstato, no podrían comprenderte y seguirían creyendo en una intervención sobrenatural.

—Señor —preguntó Joe—, usted ha hablado de los primeros europeos que han explorado este país; ¿me quiere decir quiénes han sido, si no tiene inconveniente?

—Querido muchacho, estamos precisamente en la ruta del mayor Denham. En este Mosfeia mismo fue recibido por el sultán de Mandura; había abandonado el Bornu, acompañaba al caíd en una expedición contra los fulahs, asistió al ataque de la ciudad que resistía bravamente con sus flechas a las balas árabes y puso en fuga a las tropas del caíd; esto no fue más que el pretexto para asesinatos, pillajes y razzias; el mayor fue completamente desvalijado, lo dejaron desnudo, y si no es por un caballo, bajo cuyo vientre se ocultó, y que le permitió huir de los vencedores al galope desenfrenado, no hubiera jamás entrado en Kuka, la capital de Bornu.

—¿Quién era ese mayor Denham?

—Un intrépido inglés que de 1822 a 1824 mandó una expedición en el Bornu en compañía del capitán Clapperton y del doctor Oudney. Partieron de Trípoli en el mes de marzo, llegaron a Murzuk, la capital de Fezán, y siguiendo el camino que más tarde debía tomar el doctor Barth para volver a Europa, llegaron el 16 de febrero de 1823 a Kuka, cerca del lago Tchad. Denham hizo varias exploraciones en Bornu, Mándara y en las riberas orientales del lago; mientras tanto, el 15 de diciembre de 1823, el capitán Clapperton y el doctor Oudney se dirigían en el Sudán hasta

Sokoto, y Oudney moría de fatiga y de agotamiento en la ciudad de Murmur.

—Esta parte de África —preguntó Kennedy— ha rendido, pues, un gran tributo de víctimas a la ciencia.

—Sí, esta comarca es fatal. Nosotros marchamos directamente hacia el reino de Barghimi, que Vogel atravesó en 1856 para penetrar en el Wadai, donde desapareció. Este joven de veintitrés años había sido enviado para cooperar en los trabajos del doctor Barth; se encontraron el 1 de diciembre de 1854; después Vogel comenzó las exploraciones del país; hacia 1856 anunció en sus últimas cartas su intención de conocer el reino de Wadai, en el que ningún europeo había penetrado todavía; parece que llegó hasta Wara, la capital, donde fue hecho prisionero según unos, muerto según otros, por haber intentado la ascensión de una montaña sagrada de los alrededores; pero no se puede admitir con ligereza la muerte de los viajeros, pues esto excusa de ir en su busca; así más de una vez ha sido oficialmente divulgada la muerte del doctor Barh, lo que le ha causado con frecuencia una legítima irritación. Es, pues, muy posible que Vogel haya sido hecho prisionero por el sultán de Wadai, que esperará canjearlo. El barón de Neimans se ponía en camino hacia el Wadai cuando murió en El Cairo, en 1855. Sabemos ahora que el señor De Heuglin, con la expedición enviada desde Leipzig, se ha lanzado siguiendo las huellas de Vogel. Así pues, en muy poco tiempo tendremos noticias exactas sobre la suerte de este joven e interesante viajero[1].

Mosfeia había desaparecido del horizonte hacía largo tiempo. El Mándara mostraba bajo las miradas de los viajeros su asombrosa fertilidad con sus bosques de acacias, de locustos, de flores rojas y las plantas herbáceas de los campos de algodoneros y de indigoteros; el Shari, que desemboca cuatro millas más lejos en el lago Tchad, arrastraba su corriente impetuosa.

El doctor hizo seguir a sus compañeros el curso de este río sobre los mapas de Barth.

—Ved —dijo— cómo los trabajos de este sabio son de extrema precisión; nos dirigimos en línea recta hacia el distrito de Loggoum y quizá también sobre Kernak, su capital. Allí fue donde murió el pobre Toole, a los veintidós años apenas: era un joven inglés, abanderado del ochenta regimiento, que debía reunirse algunas semanas después al mayor Denham en África y no tardó en encontrar la muerte. ¡Ah!, se puede llamar justamente a esta inmensa región el cementerio de los europeos.

---

[1] Después de la partida del doctor, cartas dirigidas desde El Obeid por el señor Munzinger, el nuevo jefe de la expedición , no dejaron desgraciadamente ninguna duda sobre la muerte de Vogel. *(N. del A.)*

Algunas canoas, de unos cincuenta pies de longitud, surcaban la corriente del Shari. El *Victoria,* a mil pies de tierra, atraía poco la atención de los indígenas; pero el viento, que hasta entonces soplaba con alguna fuerza, tendió a disminuir.

—¿Será, tal vez, que vamos a caer en una plácida calma? —dijo el doctor.

—Pero no tendremos que temer ni la falta de agua ni el desierto —observó Joe.

—No; pero sí poblaciones más temibles todavía.

—He aquí —dijo Joe— algo que parece una ciudad.

—Es Kernak. Los últimos soplos del viento nos llevarán allí y si lo deseamos podemos levantar su plano exacto.

—¿No nos acercaremos? —preguntó Kennedy.

—Nada más fácil, Dick; estamos justamente encima de la ciudad; permíteme dar una vuelta a la llave del soplete y no tardaremos en descender.

El *Victoria,* media hora después, se mantenía inmóvil a doscientos pies del suelo.

—Aquí estamos —dijo el doctor— más cerca de Kernak de lo que estaría de Londres un hombre encaramado en la cúpula de San Pablo. Así podremos observar cómodamente.

—¿Qué es ese ruido de mazos que se oye por todas partes?

Joe miró atentamente y vio que el ruido era producido por numerosos tejedores que golpeaban al aire libre sus telas tendidas sobre vastos troncos de árboles.

La capital del Loggoum se dejaba ver ahora en toda su amplitud como sobre un plano cuadriculado; era una verdadera ciudad con casas alineadas y calles bastante largas; en medio de una gran plaza existía un mercado de esclavos, y había una gran afluencia de mercaderes, pues las esclavas que tienen los pies y las manos de una extrema pequeñez son muy buscadas y se colocan con grandes beneficios.

A la vista del *Victoria,* el efecto tan frecuentemente repetido en otras partes, se reprodujo una vez más: primero gritos, después una estupefacción profunda; los negocios fueron abandonados, suspendidos los trabajos; el ruido cesó. Los viajeros permanecían en una inmovilidad absoluta y no perdían un detalle de la populosa ciudad; descendieron a unos sesenta pies del suelo.

Entonces el gobernador del Loggoum salió de su vivienda, desplegando su estandarte verde y acompañado de sus músicos, que soplaban con toda la fuerza de sus pulmones en roncos cuernos de búfalo. La muchedumbre se reunió a su alrededor. El doctor Fergusson quiso hacerse oír; no pudo conseguirlo.

Aquella raza, de frente alta, cabellos rizados, con la nariz casi aguileña, parecía altiva e inteligente; pero la presencia del *Victoria* la cambió totalmente; se veía a los jinetes correr en todas direcciones; bien pronto se pudo apreciar que las tropas del gobernador se reunían para combatir a un enemigo tan extraordinario. Joe se apresuró a desplegar sus pañuelos de todos los colores, pero no obtuvo ningún resultado.

Sin embargo, el caíd, rodeado de su corte, reclamó silencio y pronunció un discurso del cual el doctor no pudo entender nada; era árabe mezclado con baghimi: únicamente reconoció en la lengua universal de los gestos una invitación muy expresiva a que se fuera; no se hubiera hecho de rogar, pero a falta de viento, le era materialmente imposible. Su inmovilidad exasperó al gobernador y sus cortesanos se pusieron a aullar para obligar al monstruo a huir.

Eran personajes curiosos aquellos cortesanos, con sus cinco o seis camisas; tenían enormes vientres, algunos de los cuales parecían postizos. El doctor explicó a sus compañeros que ésta era la manera de hacer la corte al sultán. La redondez del abdomen indicaba la ambición de las gentes. Estos hombres gruesos gesticulaban y gritaban, uno de ellos sobre todo, que debía de ser el primer ministro si su amplitud encontraba allí abajo la recompensa merecida.

La multitud de los negros unía sus aullidos a los gritos de la corte, repitiendo sus gestos como monos, lo que producía un movimiento único e instantáneo de diez mil brazos.

A estos medios de intimidación que fueron juzgados insuficientes, se unieron otros más convincentes. Soldados armados con arcos y flechas se dispusieron en orden de batalla; pero ya el *Victoria* se había dilatado y se elevaba tranquilamente fuera de su alcance. El gobernador cogió entonces un mosquete y apuntó hacia el globo. Pero Kennedy se adelantó, y de un tiro de su carabina arrojó el arma de las manos del caíd.

A este golpe inesperado sucedió una desbandada general; cada uno entró más que aprisa en su choza y durante el resto del día la ciudad permaneció desierta.

La noche llegó. El viento no soplaba. Era necesario resolverse a permanecer inmóvil a trescientos pies del suelo. Ningún fuego brillaba en la sombra; reinaba un silencio de muerte. El doctor redobló la prudencia; aquella calma podía ocultar alguna amenaza.

Y Fergusson tenía razón en velar. Hacia la medianoche toda la ciudad pareció como ardiendo. Cientos de rayos de fuego se cruzaban como husos formando una confusión de líneas de fuego.

—Esto sí que es curioso —dijo el doctor.

—Pero, Dios me perdone —respondió Kennedy—; se diría que el incendio sube y se aproxima a nosotros.

En efecto, al ruido de gritos aterradores y de detonaciones de mosquetes, la masa de fuego se elevó hacia el *Victoria*. Joe se preparó a arrojar lastre. Fergusson no tardó en tener la explicación del fenómeno.

Millares de palomas, con la cola impregnada de materias combustibles, habían sido lanzadas contra el *Victoria;* espantadas, subieron trazando en la atmósfera sus zigzags de fuego. Kennedy se dispuso a hacer una descarga con todas sus armas contra aquella masa; pero ¿qué podía él solo contra tan numeroso ejército? Los pichones rodeaban la barquilla y el globo, cuyas cubiertas reflejaban la luz, parecía envuelto en una red de fuego.

El doctor no dudó y arrojando un fragmento de cuarzo se puso fuera del alcance de los pájaros peligrosos. Durante dos horas se les pudo ver aquí y allá en la noche; después, poco a poco, su número disminuyó y se extinguieron.

—Ahora podemos dormir tranquilos —dijo el doctor.

—No está mal imaginado, para ser cosa de salvajes —dijo Joe.

—Sí, emplean comúnmente estos pichones para incendiar los rastrojos de los pueblos; pero esta vez el pueblo ha volado más alto todavía que sus volátiles incendiarios.

—Decididamente, un globo no tiene enemigos a quien temer —dijo Kennedy.

—Algunos hay —replicó el doctor.

—¿Cuáles son?

—Los imprudentes que lleva en su barquilla; así pues, amigos míos, vigilancia en cualquier lugar, siempre vigilancia.

Capítulo XXXI

Hacia las tres de la mañana, Joe, estando de guardia, vio la ciudad desaparecer bajo sus pies. El *Victoria* reemprendía su marcha. Kennedy y el doctor se despertaron.

Este último consultó la brújula y reconoció con satisfacción que el viento había cambiado hacia el nornoroeste.

—Tenemos suerte —dijo—; siempre alcanzamos el éxito. Descubriremos el lago Tchad hoy mismo.

—¿Es una enorme extensión de agua? —preguntó Kennedy.

—Considerable, mi querido Dick; en su mayor longitud y su mayor anchura este lago llega a medir ciento veinte millas.

—Eso amenizará un poco nuestro viaje; ¡pasearnos sobre una sabana líquida!

—Me parece que no podemos quejarnos; es muy variado, y sobre todo, lo estamos haciendo en las mejores condiciones posibles.

—Sin duda, Samuel; sin las privaciones del desierto, no habríamos corrido ningún peligro serio.

—Es verdad que nuestro bravo *Victoria* se ha portado siempre maravillosamente. Hoy es 12 de mayo; partimos el 18 de abril; así que llevamos veinticinco días de marcha. Diez días más y habremos llegado.

—¿Adónde?

—No lo sé; ¿pero qué nos importa?

—Tienes razón, Samuel; confiemos a la Providencia el cuidado de dirigirnos y de mantenernos en buena salud como hasta ahora. No se nos nota que hemos atravesado los países más pestilentes del mundo.

—Estamos en las mismas condiciones que cuando nos elevamos, a pesar de lo que hemos hecho.

—¡Vivan los viajes aéreos! —exclamó Joe—. Aquí estamos, después de veinticinco días, con buen aspecto, bien nutridos, bien descansados, demasiado descansados quizá, pues mis piernas comienzan a entumecerse y no tendría inconveniente en ponerlas en movimiento durante unas treinta millas.

—Ya te darás esta satisfacción en las calles de Londres, Joe; pero, para concluir, hemos salido tres como Denham, Clapperton y Overwerg; como Barth, Richardson y Vogel y, con más suerte que nuestros antecesores, los tres nos encontramos aquí. Pero es muy importante que no nos separemos. Si mientras uno de nosotros está en tierra, el *Victoria* tuviera que elevarse para evitar un peligro súbito, imprevisto, quién sabe si no le volveríamos a ver jamás. Así pues, yo te digo francamente, Kennedy, que no me gusta que te alejes con el pretexto de cazar.

—Me permitirás, sin embargo, amigo Samuel, que siga satisfaciendo ese capricho; no hay ningún mal en renovar nuestras provisiones; además, antes de nuestra salida, me hiciste entrever una serie de cacerías soberbias y hasta aquí he hecho muy pocas proezas del estilo de las de Anderson y Cumming.•

—Mi querido Dick; la memoria te flaquea o tu modestia te lleva a olvidar tus proezas; me parece que sin hablar de caza menor, tienes ya un antílope, un elefante y dos leones sobre tu conciencia.

—Está bien, ¿pero qué es eso para un cazador africano que ve pasar todos los animales de la creación por delante de la boca de su fusil? ¡Mira ese grupo de jirafas!

—¡Jirafas! —dijo Joe—. ¡Si no abultan más que mi puño!

—Porque estamos a mil pies por encima de ellas, pero de cerca tienen tres veces tu altura.

—¿Y qué me dices de esa manada de gacelas? —dijo Kennedy—. ¿Y de esas avestruces que huyen con la rapidez del viento?

—¡Avestruces eso! —dijo Joe—; ¡son pollos y nada más que pollos!

—Vamos, Samuel, ¿no quieres que nos aproximemos?

—Nos podemos aproximar, Dick, pero no tomar tierra. ¿Qué objeto tiene matar desde lejos a esos animales que no te serán de ninguna utilidad? Si se tratase de cazar un león, un leopardo o una hiena lo comprendería, sería una bestia peligrosa menos. Pero un antílope, o una gacela, sin otro provecho que la vana satisfacción de tus instintos de cazador, no creo que valga verdaderamente la pena. Después de todo, amigo mío, vamos a mantenernos a cien pies del suelo y si distingues algún animal feroz, me darás mucho gusto metiéndole una bala en el corazón.

El *Victoria* descendía poco a poco manteniéndose, sin embargo, a una altura prudencial. En aquella comarca salvaje y poco poblada era necesario desconfiar de los peligros inesperados.

Los viajeros seguían directamente ahora el curso del Shari; las riberas encantadoras del río desaparecían bajo las sombras de los árboles de variados matices; trepadoras y grandes enredaderas serpenteaban por todas partes y producían curiosas combinaciones de colores. Los cocodrilos se recreaban a pleno sol, sumergiéndose bajo las aguas con la rapidez del lagarto; agrupándose formaban numerosas islas verdes que rompían la corriente del río.

De esta manera, en medio de una naturaleza rica y exuberante, atravesaron el distrito de Maffata. Hacia las nueve de la mañana, el doctor Fergusson y sus amigos alcanzaron la orilla meridional del lago Tchad. Era éste el mar Caspio de África, cuya existencia fue largo tiempo relegada a la categoría de fábula; mar interior al cual llegaron solamente las expediciones de Denham y de Barth. El doctor intentó fijar la configuración actual, bien diferente de la de 1847; en efecto, el mapa de este lugar es imposible de dibujar; está rodeado de pantanos cenagosos y casi infranqueables en los cuales Barth creyó perecer; de una a otra orilla, estos pantanos cubiertos de cañas y de papiros de quince pies ocultaban el lago mismo; frecuentemente, las ciudades establecidas en sus orillas son también sumergidas, como ocurrió a Bornu en 1856, y ahora los hipopótamos y los cocodrilos se hundían en los mismos sitios en que se elevaban las habitaciones de Bornu.

El sol dirigía sus rayos oblicuos sobre aquellas aguas tranquilas, y hacia el norte, los dos elementos se confundían en un mismo horizonte.

El doctor quiso comprobar la naturaleza del agua que durante largo tiempo se creyó salada. No había ningún peligro en aproximarse a la superficie del lago, y la barquilla llegó a rozar casi la superficie, como un pájaro, a cinco pies de distancia.

Joe arrojó una botella y la recogió casi llena; probaron el agua y la encontraron poco potable, con un cierto sabor a carbonato de sosa.

Mientras el doctor anotaba el resultado de su experiencia, un disparo resonó a su lado. Kennedy no había podido resistir el deseo de enviar una bala a un monstruoso hipopótamo; éste, que respiraba tranquilamente, desapareció y la bala cónica del cazador no pareció molestarle lo más mínimo.

—Mejor hubiera sido arponearle —dijo Joe.

—¿Y cómo?

—Con una de nuestras anclas. Hubiera sido un garfio formidable para un animal semejante.

—Joe —dijo Kennedy— ha tenido verdaderamente una idea...

—Que os ruego no la pongáis en práctica —replicó el doctor—. El animal nos habría arrastrado a donde no tenemos nada que hacer.

—Sobre todo ahora, que ya estamos enterados de la calidad del agua del lago Tchad.

—¿Se come ese pescado, señor Fergusson?

—Lo que llamas pescado, Joe, es sencillamente un mamífero del género de los paquidermos; su carne es excelente y objeto de un gran comercio entre las tribus de las riberas del lago.

—Entonces siento que el disparo del señor Dick no haya tenido éxito.

—Este animal no es vulnerable más que en el vientre y entre los muslos; la bala de Dick no le habrá traspasado. Pero si el terreno me parece propicio, nos detendremos en el extremo septentrional del lago; allí Kennedy se encontrará en pleno territorio de las fieras y podrá despacharse a su gusto.

—Y bien —dijo Joe—, que el señor Dick se dedique también a cazar el hipopótamo. Yo querría probar la carne de este anfibio. No es natural penetrar hasta el centro de África para alimentarse de becadas y de perdices como en Inglaterra.

Capítulo XXXII

Desde su llegada al lago Tchad, el *Victoria* había encontrado una corriente que lo desplazaba más hacia el oeste; algunas nubes disminuían el calor del día. Se sentía, además, un poco de viento sobre aquella vasta extensión de agua; pero hacia la una, el globo, cruzando diagonalmente el lago, avanzó de nuevo hacia tierra siete u ocho millas.

El doctor, un poco disgustado al principio por aquella dirección, no volvió a lamentarse cuando distinguió la ciudad de Kuka, la célebre capital de Bornu. Pudo divisar al momento la línea de sus murallas de arcilla blanqueada. Algunas mezquitas bastante grandes se elevaban pesadamente por encima de la multitud de dados de juguete, que son las casas árabes. En los patios de las casas y en las plazas públicas crecían palmeras y árboles de caucho coronados por una cúpula de follaje de más de cien pies de anchura.

Joe hizo observar que aquellos inmensos quitasoles estaban en relación con la fuerza de los rayos solares y dedujo conclusiones muy favorables para la Providencia.

Kuka se compone realmente de dos ciudades distintas separadas por el «Dendal», largo bulevar de trescientas toesas, lleno en aquellos momentos de caminantes y de jinetes. En un lado se encuentra la ciudad rica con sus casas altas y aéreas; al otro, la ciudad pobre, triste conjunto de viviendas bajas y cónicas donde vegeta una indigente población, pues Kuka no es ni comercial ni industrial.

Kennedy encontraba alguna semejanza con un Edimburgo que se extendiera en una planicie, con sus dos ciudades perfectamente determinadas.

Pero apenas los viajeros pudieron lanzar esta ojeada, porque con la movilidad que caracteriza las corrientes de esta región, un viento contrario los arrastró bruscamente transportándolos a lo largo de unas cuarenta millas sobre el lago Tchad.

Éste fue un nuevo espectáculo; podían contar las numerosas islas del lago habitadas por los bidiomahs, piratas sanguinarios, muy temidos y cuya vecindad causa tanto pavor como la de los tuaregs del Sáhara. Aquellos salvajes se prepararon a recibir hostilmente al *Victoria* con flechazos y piedras, pero éste abandonó bien pronto las islas, sobre las cuales parecía revolotear como una mariposa gigantesca. En aquel momento, Joe miró el horizonte y dirigiéndose a Kennedy le dijo:

—Vaya, señor Dick, usted que está siempre soñando con la caza aquí precisamente tiene una ocasión.

—¿Qué es, Joe?

—Y esta vez mi amo no se opondrá a sus deseos.

—¿Pero qué es?

—¿Ve usted allá abajo este grupo de grandes pájaros que se dirige hacia nosotros?

—¡Pájaros! —dijo el doctor, cogiendo sus anteojos.

—Ya los veo —replicó Kennedy—, son por lo menos una docena.

—Catorce, si no se lo toma a mal —repuso Joe.

—Quiera el cielo que sean de una especie bastante dañina para que el tierno Samuel no tenga nada que objetarme.

—No tendré nada que decir —repuso Fergusson—, pero preferiría ver esos pájaros lejos de nosotros.

—¿Tiene miedo a esos volátiles? —dijo Joe.

—Son buitres, Joe, y del mayor tamaño, y si nos atacan...

—Pues bien, nos defenderemos, Samuel; tenemos un arsenal para recibirlos. No creo que estos animales sean tan temibles.

—¡Quién sabe! —respondió el doctor.

Diez minutos después el grupo se había aproximado a tiro de fusil. Los catorce pájaros hacían resonar en el aire sus gritos roncos, y avanzaban hacia el *Victoria* más irritados que extrañados de su presencia.

—¡Cómo gritan! —dijo Joe—; ¡qué alboroto! ¿Es que no les conviene que se les usurpe sus dominios o que se permita uno volar como ellos?

—En verdad —dijo el cazador—, tienen un aspecto terrible y yo creo que lo serían mucho más si estuviesen armados de una carabina Purdey Moore.

—No la necesitan —repuso Fergusson, que se había puesto muy serio.

Los buitres volaban trazando inmensos círculos y sus órbitas se estrechaban poco a poco alrededor del *Victoria;* cruzaban el aire con una fantástica rapidez y se precipitaban muchas veces con la velocidad de una bala rompiendo su línea de proyección con un ángulo brusco y atrevido.

El doctor, inquieto, resolvió elevarse en la atmósfera para escapar de aquella peligrosa vecindad y dilató el hidrógeno del globo, que no tardó en elevarse, pero los buitres subieron con él, poco dispuestos a abandonarlo.

—Parece que nos tienen ganas —dijo el cazador, armando su carabina.

En efecto, las aves se aproximaban, y más de una, llegando a cincuenta pies apenas, parecía desafiar las armas de Kennedy.

—Tengo unas ganas atroces de tirar sobre ellos —dijo.

—No, Dick, no; no les pongamos furiosos sin razón; sería invitarles a atacarnos.

—Pero yo acabaría fácilmente con ellos.

—Te engañas, Dick.

—Tenemos una bala para cada uno.

—Y si ellos se lanzan hacia la parte superior del globo, ¿cómo les tirarás? Figúrate que te encuentras en presencia de un grupo de leones en tierra o de tiburones en pleno océano. Para los aeronautas, la situación es bastante peligrosa.

—¿Hablas seriamente, Samuel?

—Muy seriamente, Dick.

—Esperemos entonces.

—Esperemos. Estate preparado para el caso de un ataque, pero no abras fuego sin que yo lo ordene.

Las aves revoloteaban a una corta distancia. Se distinguía perfectamente su garganta pelada, distendida por el esfuerzo de sus gritos, su cresta cartilaginosa guarnecida de papilas violetas que se enderezaban con furor. Eran del mayor tamaño; su cuerpo pasaba de tres pies de longitud y el revés de sus alas blancas resplandecía al sol; se podría decir que eran tiburones alados, con los cuales tenían una formidable semejanza.

—Nos siguen —dijo el doctor, viéndolos elevarse con él—, y si queremos elevarnos, su vuelo les llevará más alto todavía.

—Bueno; ¿y qué hacer? —preguntó Kennedy.

El doctor no respondió.

—Escucha, Samuel —dijo el cazador—, estos pájaros son catorce, nosotros tenemos diecisiete tiros a nuestra disposición; haciendo fuego con todas nuestras armas, ¿no hay medio de destruirlos o de dispersarlos? Yo me encargo de unos cuantos.

—No dudo de tu puntería, Dick; doy por muertos los que pasen delante de tu carabina; pero, te lo repito, si atacan el hemisferio superior del globo no podrás verlos, desgarrarán la envoltura que nos sostiene ¡y estamos a tres millas de altura!

En aquel instante uno de los más bravos marchó derecho hacia el *Victoria,* con el pico y las garras abiertos, preparados para morder, listos para desgarrar.

—¡Fuego, fuego! —gritó el doctor.

Apenas había acabado cuando el pájaro, herido de muerte, caía dando vueltas por el espacio.

Kennedy había cogido una de las escopetas de dos cañones. Joe tenía la otra.

Asustados por la detonación, los buitres se detuvieron un instante, pero volvieron bien pronto a la carga con un furor extremo. Kennedy, de un tiro, atravesó el cuello al más próximo. Joe partió el ala a otro.

—Ya no quedan más que once —dijo.

Pero los pájaros cambiaron de táctica y de común acuerdo se elevaron por encima del *Victoria.* Kennedy miró a Fergusson.

Pese a su energía y su impasibilidad, éste se había puesto extremadamente pálido. Hubo un momento de profundo silencio, después se oyó un desgarramiento estridente, como de seda que se arranca, y sintieron que la barquilla descendía vertiginosamente.

—¡Estamos perdidos! —exclamó Fergusson, dirigiendo una mirada al barómetro, que subía con rapidez. Después, añadió—: ¡Fuera lastre, fuera!

Y en pocos segundos, todos los fragmentos de cuarzo habían desaparecido.

—¡Seguimos cayendo!... Vaciad las cajas del agua... ¿Joe, oyes?... Nos precipitamos en el lago.

Joe obedeció. El doctor observó. El lago parecía venir hacia ellos como una marea ascendente; los objetos aumentaban a simple vista; la barquilla no estaba más que a doscientos pies de la superficie del Tchad.

—¡Las provisiones!, ¡las provisiones! —exclamó el doctor.

Y la caja que las contenía fue arrojada al espacio.

La caída se hizo menos rápida, pero los desgraciados seguían cayendo.

—Arrojad más, ¡más todavía! —exclamó de nuevo el doctor.

—No queda más —dijo Kennedy.

—Sí —respondió lacónicamente Joe, santiguándose rápidamente.

Y desapareció por encima del borde de la barquilla.

—¡Joe, Joe! —gritó el doctor, aterrado.

Pero Joe no le oía ya. El *Victoria,* aligerado de su peso, recuperó su marcha ascensional y se remontó a mil pies en los aires, y el viento, haciendo presa en la envoltura deshinchada, lo arrastraba hacia las costas septentrionales del lago.

—¡Perdido! —dijo el cazador, con un gesto de desesperación.

—¡Perdido por salvarnos! —respondió Fergusson.

Y aquellos hombres tan intrépidos sintieron brotar de sus ojos gruesas lágrimas. Se pusieron a observar, pretendiendo distinguir algún resto del desgraciado Joe, pero estaban ya muy lejos.

—¿Qué hacemos? —preguntó Kennedy.

—Descender a tierra en cuanto esto sea posible, Dick; y después, esperar.

Tras sesenta millas de marcha, el *Victoria* descendió sobre una costa desierta al norte del lago. Las anclas hicieron presa en un árbol poco elevado y el cazador las sujetó fuertemente.

Llegó la noche, pero ni Fergusson ni Kennedy pudieron dormir un solo instante.

Capítulo XXXIII

Al día siguiente, 13 de mayo, los viajeros reconocieron enseguida la parte de la costa que ocupaban. Era una especie de isla de tierra cerrada en medio de un inmenso pantano. Alrededor de este trozo de tierra sólida se elevaban cañas grandes, como árboles de Europa, que se extendían hasta perderse de vista.

Aquellos pantanos infranqueables hacían segura la posición del *Victoria;* sólo había que vigilar del lado del lago; la vasta sabana de agua iba ensanchándose, sobre todo hacia el este, y no aparecía en el horizonte ni continente ni islas.

Los dos amigos no habían querido hablar de su infortunado compañero. Kennedy fue el primero en hacer partícipe de sus conjeturas al doctor.

—Quizá Joe no esté perdido —dijo—; es un muchacho muy decidido, un nadador como hay pocos. Fue capaz de atravesar el Frith of Forth [1] de Edimburgo. Le volveremos a encontrar; cuándo y cómo, lo ignoro; pero por nuestra parte, no escatimaremos nada para darle ocasión de reunirse con nosotros.

—Dios te oiga —respondió el doctor, con voz emocionada—. Haremos todo lo posible por volver a encontrar a nuestro amigo. Orientémo-

[1] Firth of Forth: estuario del río Forth, en Escocia. En la ribera sur de este río se encuentra la ciudad de Edimburgo. *(N. del T.)*

nos de momento. Pero ante todo quitemos al *Victoria* esta envoltura exterior que ya es inútil; esto nos librará de un peso considerable, seiscientas cincuenta libras, lo que vale la pena.

El doctor y Kennedy pusieron manos a la obra; experimentaron grandes dificultades; era necesario arrancar trozo por trozo aquel tafetán, muy resistente, y cortarlo en pequeñas bandas para sacarlo de la red. El desgarramiento producido por el pico de los pájaros se extendía en una longitud de muchos pies.

Esta operación duró cerca de cuatro horas; pero en última instancia el globo interior, completamente libre, parecía no haber sufrido ningún daño. El *Victoria* había disminuido en una quinta parte. Esta diferencia fue lo bastante sensible como para preocupar a Kennedy.

—¿Será suficiente? —preguntó al doctor.

—No temas nada respecto a esto, Dick; restableceré el equilibrio y, si nuestro pobre Joe vuelve, podremos reanudar con él nuestra marcha.

—En el momento de nuestra caída, Samuel, si mi memoria no me es infiel, no debíamos estar muy alejados de una isla.

—Recuerdo eso, en efecto, pero la isla, como todas las del Tchad, está, sin duda, habitada por una raza de piratas y de asesinos; esos salvajes habrán sido seguramente testigos de nuestro accidente, y si Joe cae en sus manos, a menos que la superstición lo proteja, ¿qué harán con él?

—Es hombre de muchos recursos, te lo repito; tengo confianza en su valor y en su inteligencia.

—Así lo espero. Ahora, Dick, vas a cazar por los alrededores sin alejarte mucho; es urgente renovar nuestros víveres, dado que hemos sacrificado la mayor parte.

—Bien, Samuel, no estaré ausente mucho tiempo.

Kennedy cogió una escopeta de dos cañones y avanzó entre los grandes árboles hacia un montecillo bastante próximo. Frecuentes detonaciones probaron bien pronto al doctor que su caza sería fructífera.

Durante este tiempo se ocupó en hacer el recuento de los objetos que quedaban en la barquilla y de establecer el equilibrio del segundo aeróstato; aún había unas treinta libras de *pemmickan,* algunas provisiones de té y de café, cerca de galón y medio de aguardiente y una caja de agua completamente vacía; toda la carne seca había desaparecido.

El doctor sabía que por la pérdida del hidrógeno del primer globo, su fuerza ascensional se había reducido alrededor de 900 libras; debía, pues, basarse en esta diferencia para reconstituir su equilibrio. El nuevo *Victoria* desplazaba 67.000 pies y encerraba 33.480 pies cúbicos de gas; el aparato de dilatación aparecía en muy buen estado; ni la pila ni el serpentín habían sufrido daño alguno.

La fuerza ascensional del nuevo globo era, pues, de unas tres mil libras; reuniendo las piezas del aparato, los viajeros, la provisión de agua, la barquilla y sus accesorios, cargando cincuenta galones de agua y cien libras de carne fresca el doctor llegó a un total de 2.830 libras. Podía, pues, llevar ciento setenta libras de lastre para un caso imprevisto y el aeróstato se encontraría entonces equilibrado con el medio ambiente.

Sus cálculos fueron puestos en práctica y reemplazó el peso de Joe por un suplemento de lastre. Empleó la jornada entera en estos preparativos y los terminó antes del regreso de Kennedy. El cazador había hecho buen acopio; traía una verdadera carga de patos, de ánades salvajes, de becadas, de cercetas y de pendales. Se ocupó de preparar la caza y de ahumarla. Cada pieza, atravesada por una pequeña varita, fue suspendida por encima de una hoguera de leña verde. Cuando la preparación pareció conveniente a Kennedy, todo fue empaquetado en la barquilla.

Al día siguiente, el cazador debía completar el resto de sus provisiones.

La noche sorprendió a los viajeros en medio de estos trabajos. Su comida se compuso de *pemmickan,* bizcochos y té. El cansancio, después de haberles abierto el apetito, les dio sueño. Cada uno durante su guardia interrogó a las tinieblas, creyendo muchas veces oír la voz de Joe; pero, ¡ay!, estaba muy lejos aquella voz que ellos habrían querido escuchar.

Al amanecer, el doctor despertó a Kennedy.

—He meditado largamente —le dijo— sobre lo que conviene hacer para encontrar a nuestro compañero.

—Sea el que sea tu plan, me parece bien; habla.

—Ante todo, es muy importante que Joe tenga noticias de nosotros.

—Sin duda; si el pobre muchacho se figurase que nosotros le abandonamos...

—¡Él! Nos conoce demasiado; nunca se le ocurrirá semejante idea, pero es necesario que sepa dónde estamos.

—¿Cómo?

—Vamos a ocupar nuestro sitio en la barquilla y elevarnos en el aire.

—Pero, ¿y si el viento nos aleja?

—No será así, afortunadamente; mira, Dick, la brisa nos lleva sobre el lago y esta circunstancia que hubiera sido desfavorable ayer, es hoy propicia. Nuestros esfuerzos deben dirigirse a mantenernos sobre esta vasta extensión de agua durante todo el día. Joe no podrá por menos de vernos allí, adonde sus miradas se dirigirán sin cesar. Tal vez él mismo nos informará del lugar de su refugio.

—Si está solo y libre, lo hará, seguro.

—Y si está prisionero —repuso el doctor—, la costumbre de los indígenas no es encerrar a sus cautivos, y nos verá y comprenderá el fin de nuestras exploraciones.

—Pero, en fin —repuso Kennedy—, es necesario prever todos los casos: si no encontramos ningún indicio, si no ha dejado ningún rastro de su paso, ¿qué haremos?

—Ganar la parte septentrional del lago, manteniéndonos lo más cerca posible; allí esperaremos, exploraremos sus riberas, buscaremos en el follaje de sus orillas, en las cuales Joe intentará guarecerse, y no abandonaremos el sitio sin haber hecho todo lo posible por encontrarlo.

—Partamos pues —repuso el cazador.

El doctor tomó la situación exacta de aquel trozo de tierra cerrada que iban a abandonar; juzgó, por su mapa y por el sitio, que se encontraban al norte del Tchad entre la ciudad de Lari y el poblado de Ingémini, ambos visitados por el mayor Denham. Durante este tiempo, Kennedy completó sus provisiones de carne fresca. Aunque en los pantanos que lo rodeaban se observasen señales de rinocerontes, cocodrilos e hipopótamos no tuvo ocasión de encontrar uno solo de estos enormes animales.

A las siete de la mañana, no sin grandes dificultades, pues el pobre Joe sabía soltarla con gran habilidad, el ancla fue desatada del árbol. El gas se dilató y el nuevo *Victoria* ascendió a doscientos pies. Se balanceó al principio girando sobre sí mismo, pero por fin tomó una corriente bastante viva, avanzó sobre el lago y bien pronto fue llevado con una velocidad de veinte millas por hora.

El doctor se mantenía constantemente a una altura que variaba entre doscientos y quinientos pies. Kennedy descargaba frecuentemente su carabina por encima de las islas; los viajeros se aproximaron casi imprudentemente, escudriñando con la mirada las breñas, los matorrales, los jarales, todos aquellos sitios en que alguna sombra, alguna cueva de roca hubiera podido dar asilo a su compañero. Descendieron hasta las largas piraguas que surcaban el lago. Los pescadores, a su vista, se precipitaban al agua y ganaban la isla con las demostraciones de temor menos disimuladas.

—No vemos nada —dijo Kennedy, después de dos horas de exploración.

—Esperemos, Dick, y no perdamos la esperanza. No debemos estar lejos del lugar del accidente.

A las once el *Victoria* había avanzado noventa millas; encontró entonces una nueva corriente que, bajo un ángulo casi recto, lo impulsó hacia el este unas sesenta millas. Se cernía por encima de una isla muy vasta y poblada que el doctor juzgó debía ser Farram, donde se encuentra la capital de los bidiomahs. Esperaban ver surgir a Joe escapándose de cada maleza, llamándoles. Libre lo habrían elevado sin dificultad; prisionero, repitiendo la maniobra empleada con el misionero, se habría reunido bien pronto con sus amigos, pero no se veía nada, nada se movía. Era para desesperarse.

El *Victoria* llegó a las dos y media a la vista de Tangalia, aldea situada sobre la ribera oriental del Tchad y que marca el límite extremo alcanzado por Denham en la época de su exploración.

El doctor se inquietó por la dirección persistente del viento. Se veía empujado hacia el este, arrastrado hacia el centro de África, impulsado de nuevo hacia interminables desiertos.

—Es absolutamente necesario deternernos —dijo—, y al mismo tiempo tomar tierra. En interés de Joe, sobre todo, debemos volver hacia el lago; pero antes tratemos de encontrar una corriente opuesta.

Durante más de una hora buscó diferentes zonas. El *Victoria* seguía derivando hacia la tierra firme; pero afortunadamente a mil pies, una corriente muy violenta los transportó hacia el noroeste.

No era posible que Joe estuviera en una de las islas del lago; hubiera encontrado algún medio de manifestar su presencia; quizá había sido internado en tierra. Así fue como razonó el doctor cuando volvió a divisar la ribera septentrional del Tchad.

En cuanto a pensar que Joe se hubiera ahogado, era inadmisible. Hubo una horrible idea que atravesó el espíritu de Fergusson y de Kennedy: ¡los caimanes son numerosos en estos parajes! Pero ni uno ni otro tenía valor para formular este temor. Sin embargo, vino tan manifiestamente a su pensamiento, que el doctor dijo sin más preámbulo:

—Los cocodrilos no se encuentran más que en las orillas de las islas o del lago; Joe habrá tenido bastante destreza para evitarlo; además son poco peligrosos y los africanos se bañan sin temor a sus ataques.

Kennedy no respondió; prefirió callar a discutir esa terrible posibilidad.

El doctor señaló la ciudad de Lari hacia las cinco de la tarde. Los habitantes trabajaban en la recolección de algodón delante de sus cabañas de cañas trenzadas, en medio de cercados limpios y cuidadosamente ordenados. Esta reunión de unas cincuenta chozas ocupaba una ligera depresión de terreno en un valle que se extendía entre bajas montañas. La violencia del viento los llevaba más hacia delante de lo que le convenía al doctor; pero cambió otra vez y los devolvió precisamente a su punto de partida, a la especie de isla firme donde habían pasado la noche precedente. El ancla, en vez de encontrar los brazos de un árbol, se agarró en un grupo de cañas mezcladas con el cieno espeso del pantano y de una resistencia considerable.

Al doctor le costó mucho trabajo contener el aeróstato; pero, por fin, el viento cayó con la noche y los dos amigos velaron juntos, casi desesperados.

CAPÍTULO XXXIV

A las tres de la mañana hacía un fuerte viento. Soplaba con tal violencia que el *Victoria* no podía permanecer cerca de tierra sin peligro; las cañas raspaban su envoltura, amenazando con desgarrarla.

—Es necesario partir, Dick —dijo el doctor—. No podemos permanecer en esta situación.

—¿Pero y Joe, Samuel?

—No le abandono, puedes estar seguro, y aunque el huracán nos lleve a cien millas al norte, volveré. Pero aquí comprometemos la seguridad de todos.

—¡Partir sin él! —exclamó el cazador, con acento de profundo dolor.

—¿Tú crees —replicó Fergusson— que no me sangra el corazón como a ti? Pero, ¿no obedezco a una imperiosa necesidad?

—Estoy a tus órdenes —respondió el cazador—; partamos.

Pero la partida presentaba grandes dificultades. El ancla, enganchada fuertemente, resistía a todos los esfuerzos, y el globo, tirando en sentido contrario, aumentaba más su tensión. Kennedy no pudo conseguir arrancarla; además, en la posición en que estaban, su maniobra se hacía muy peligrosa, pues el *Victoria* corría peligro de elevarse antes de que él hubiera tenido tiempo de subir a la barquilla.

El doctor, no queriendo correr tal riesgo, hizo entrar al escocés en la barquilla y se resignó a cortar la cuerda del ancla; el *Victoria* dio un salto de trescientos pies en el aire y tomó directamente el camino del norte.

Fergusson no podía más que dejarse llevar por la tormenta; se cruzó de brazos y se encerró en tristes reflexiones.

Después de unos instantes de profundo silencio se volvió hacia Kennedy, no menos taciturno.

—Tal vez hemos tentado a Dios —dijo—; no pertenece a los hombres emprender un viaje parecido.

Y un suspiro de dolor salió de su pecho.

—Hace algunos días apenas —respondió el cazador—, nos felicitábamos de haber escapado con bien de los peligros, nos estrechamos la mano los tres.

—¡Pobre Joe! Buena y excelente naturaleza, corazón bravo y franco; envanecido un momento por sus riquezas, sacrificó voluntariamente sus tesoros. Y ahora está lejos de nosotros y el viento nos lleva con una velocidad irresistible.

—Veamos, Samuel; aun admitiendo que haya encontrado asilo entre las tribus del lago Tchad, podrá hacer como los viajeros que las han visitado antes que nosotros, como Denham y como Barth. Éstos han regresado a su país.

—Ah, mi pobre Dick, Joe no sabe una palabra de su lengua. Está solo, sin riquezas. Los viajeros de que tú hablas no avanzaron, sino enviando a los caídes numerosos presentes, en medio de una escolta armada y preparada para estas expediciones. Y aun así no pudieron evitar sufrimientos y tribulaciones de la peor especie. ¿Qué quieres que le ocurra a nuestro infortunado compañero? Es horrible pensarlo. Ésta es una de las mayores desgracias que he sufrido en mi vida.

—Pero volveremos, Samuel.

—Volveremos, Dick, aunque tengamos que abandonar el *Victoria* cuando nos sea necesario volver a pie al lago Tchad y ponernos en comunicación con el sultán de Bornu. Los árabes no pueden haber conservado mal recuerdo de los primeros europeos.

—Yo te seguiré, Samuel —respondió el cazador, con energía—, puedes contar conmigo. Renunciaremos a terminar este viaje. Joe se ha sacrificado por nosotros; nosotros nos sacrificaremos por él.

Esta resolución llevó renovadas esperanzas al corazón de los dos hombres. Se sintieron fuertes con la misma idea; Fergusson adoptó las disposiciones necesarias para lanzarse en una corriente contraria que pudiera devolverlos al lago Tchad; pero era imposible entonces y el descenso mismo se hacía impracticable en un terreno desnudo y con un huracán de tal violencia.

El *Victoria* atravesaba así el país de los tibbus; franqueó el Belad, el Djerid, desierto espinoso que forma el límite del Sudán, y penetró en el desierto de arena sembrado de largas huellas de caravanas; la última línea de vegetación se confundió bien pronto con el cielo en el horizonte meridional; no lejos del principal oasis de aquella parte de África donde hay cincuenta pozos sombreados por árboles magníficos; pero fue imposible detenerse. Un campamento árabe, con sus tiendas de telas rayadas y algunos camellos, levantando sobre la arena su cabeza de víbora, animaba aquella soledad; pero el *Victoria* pasó como una estrella fugaz y recorrió así una distancia de sesenta millas en tres horas, sin que Fergusson lograra detener su carrera.

—No podemos hacer alto —dijo—, no podemos descender; ni un árbol ni un saliente de terreno. ¿Tendremos que franquear el Sáhara? ¡Decididamente, el cielo está contra nosotros!

Hablaba así con una rabia de desesperado, cuando vio hacia el norte la arena del desierto levantarse en medio de una espesa polvareda y dar vueltas bajo el impulso de corrientes opuestas.

En medio del torbellino, destrozada, rota, aplastada contra la tierra, una caravana entera desaparecía bajo la avalancha de arena; los camellos, en medio de la confusión, lanzaban gemidos sordos y lastimeros; gritos y aullidos salían de aquel conjunto espantoso. Alguna vez, una vestidura abigarrada se distinguía por sus colores vivos en el caos y el estruendo de la tempestad dominaba aquella escena de destrucción.

Bien pronto la arena se acumuló en masas compactas y allí donde poco antes se extendía la llanura sin límites, se elevó una colina agitada todavía, tumba inmensa de una caravana devorada.

El doctor y Kennedy, pálidos, asistían al terrible espectáculo; no podían maniobrar con su globo, que daba vueltas en medio de las corrientes contrarias y no obedecía ya a las diferentes dilataciones del gas. Envuelto en remolinos de aire, giraba con una rapidez vertiginosa, sometiendo a la barquilla a grandes oscilaciones. Los instrumentos, suspendidos bajo la tienda, chocaban hasta destrozarse, los tubos del serpentín se curvaron hasta romperse, las cajas de agua cayeron con estrépito; a dos pies uno del otro los viajeros no podían oírse y con las manos crispadas se agarraban a las cuerdas e intentaban sostenerse contra el furor del huracán.

Kennedy, con los cabellos revueltos, miraba sin hablar; el doctor había recobrado su audacia en medio del peligro y nada evidenciaba en sus rasgos alguna emoción ni aun cuando después de una última vuelta el *Victoria* se encontró súbitamente parado en una calma inesperada; el viento norte había ascendido y los arrastraba en sentido inverso por el camino de por la mañana con la misma rapidez.

—¿Dónde vamos? —exclamó Kennedy.

—Dejemos hacer a la Providencia, mi querido Dick, no quiero dudar de ella; lo que convenga, ella lo sabe mejor que nosotros, y aquí nos tienes, volviendo hacia los lugares que no esperábamos encontrar más.

El suelo, tan llano, tan igual a la ida, estaba ahora trastornado como las olas después de la tempestad; una serie de pequeños montículos apenas fijos jalonaban el desierto; el viento soplaba con violencia y el *Victoria* volaba en el espacio.

La dirección seguida por los viajeros difería un poco de la que habían tomado por la mañana; así, hacia las nueve, en vez de encontrar las orillas del lago Tchad vieron extenderse el desierto delante de ellos.

Kennedy hizo la observación.

—Poco importa —respondió el doctor—; lo importante es volver al sur; encontraremos las ciudades de Bornu, Wouddie o Kuka y no dudaré en detenerme.

—Si estás satisfecho, yo también —replicó el cazador—; pero haga el cielo que no nos veamos obligados a atravesar el desierto como esos desgraciados árabes. Lo que hemos visto es horrible.

—Y se reproduce con mucha frecuencia, Dick. Las travesías del desierto son mucho más peligrosas que las del océano; el desierto tiene todos los peligros del mar, el mismo afán de devorar, y además fatigas y privaciones insostenibles.

—Me parece —dijo Kennedy— que el viento tiende a calmarse; el polvo de las arenas es menos compacto, sus ondulaciones disminuyen, se aclara el horizonte.

—Tanto mejor; es necesario observar atentamente y que ni un solo punto escape a nuestra vista.

—Yo me encargo, Samuel, y al primer árbol que aparezca te avisaré.

Y Kennedy, con el anteojo en la mano, se apoyó en el borde de la barquilla.

Capítulo XXXV

Qué había sido de Joe durante las vanas exploraciones de su amo?

Cuando cayó al lago, su primer movimiento en la superficie fue levantar la vista; vio al *Victoria,* ya muy elevado por encima del lago, remontarse con rapidez, disminuir de tamaño poco a poco y desaparecer hacia el norte tomando una corriente rápida. Su amo, sus amigos, estaban salvados.

«Es una felicidad —se dijo— que yo haya tenido la idea de arrojarme al Tchad. No hubiera dejado de acudir a la mente del señor Kennedy esta idea y con seguridad no habría dudado en hacer lo que yo, pues es muy natural que un hombre se sacrifique por salvar a otros dos. Es pura matemática.»

Tranquilo sobre este punto, Joe se puso a pensar en sí mismo; estaba en medio de un lago inmenso, rodeado de pueblos desconocidos y probablemente feroces. Razón de más para animarse, pues no contaba más que consigo mismo. Así pues, no se asustó.

Antes del ataque de las aves de rapiña, que, consideraba, se habían conducido como verdaderos buitres, había divisado una isla en el horizonte; resolvió, pues, dirigirse hacia ella y se puso a desplegar todos sus conocimientos en el arte de la natación, después de haberse despojado de la parte más molesta de sus vestiduras. No se trataba, sin embargo, más que de un paseo de cinco o seis millas, así que en cuanto estuvo en pleno lago, no pensó más que en nadar vigorosa y directamente.

Al cabo de hora y media la distancia que le separaba de la isla había disminuido mucho.

Pero a medida que se aproximaba a tierra, un pensamiento, al principio pasajero, tenaz después, embargó su espíritu. Sabía que las orillas del lago están pobladas de enormes cocodrilos y conocía la voracidad de estos animales.

Pese a su manía de encontrarlo todo natural en este mundo, el muchacho se sintió invenciblemente emocionado; temía que un «rostro blanco» fuese particularmente del gusto de los cocodrilos y no avanzó sino con una extrema precaución, ojo avizor. No estaba más que a un centenar de brazas de una orilla sombreada por verdes árboles, cuando una ráfaga de aire cargado de penetrante olor a musgo llegó hasta él.

«Valor —se dijo—, aquí está lo que yo temía, el caimán no está lejos.»

Y se sumergió rápidamente, pero no lo suficiente como para evitar el contacto de un cuerpo enorme, cuya áspera epidermis le raspó al pasar; se creyó perdido y se puso a nadar con una velocidad desesperada; volvió a la superficie del agua, respiró y desapareció de nuevo. Tuvo un cuarto de hora de una indecible angustia en el que su presencia de ánimo se tambaleó, creyendo oír alrededor de él el ruido de las enormes mandíbulas a punto de devorarle. Nadaba ahora entre dos aguas lo más silenciosamente posible cuando se sintió cogido de un brazo, después por la cintura.

¡Pobre Joe! Tuvo un último pensamiento para su amo y se puso a luchar con desesperación, sintiéndose atraído no hacia el fondo del lago, como el cocodrilo tiene costumbre de hacer para devorar a sus presas, sino hacia la superficie misma.

Apenas pudo respirar y abrir los ojos se vio entre dos negros de color de ébano; los africanos lo sujetaban vigorosamente y lanzaban gritos extraños.

—¡Caramba! —no pudo menos de exclamar Joe—; negros en vez de caimanes; la verdad, prefiero esto. Pero, ¿cómo estos hombres se atreven a bañarse en estos parajes?

Joe ignoraba que los habitantes de las islas del Tchad, como muchos negros, se lanzaban impunemente a las aguas infestadas de cocodrilos sin preocuparse de su presencia; los anfibios de aquel lago tienen una reputación bastante merecida de saurios inofensivos.

¿Pero no habría evitado Joe un peligro para caer en otro? Dejó que los acontecimientos decidieran, y puesto que no podía hacer nada se dejó conducir hasta la orilla sin mostrar ningún temor.

«Evidentemente —se decía—, estas gentes han visto al *Victoria* rozar las aguas del lago como un monstruo de los aires; han sido testigos lejanos de mi caída y no pueden menos de mostrarse atentos con un hombre caído del cielo. Dejémosles hacer.»

Estaba sumido Joe en estas reflexiones cuando tomó tierra en medio de una muchedumbre que aullaba, de todos los sexos, de todas las edades, pero no de todos los colores. Se encontraba en medio de una tribu de bidiomahs de un negro soberbio. No tuvo que sonrojarse por lo ligero de su traje; se encontraba medio desnudo, a la última moda del país.

Pero antes de que hubiera tenido tiempo de darse cuenta de su situación, no pudo sustraerse a las adoraciones de que era objeto. Esto le tranquilizó, aunque la historia de Kazeh se le vino a la memoria.

«Presiento que me voy a convertir en un dios, un hijo de la Luna. Pues bien, no hay más que conformarse con este oficio cuando no se ha podido elegir otro. Lo que importa es el tiempo. Si el *Victoria* vuelve a pasar, aprovecharé mi nueva posición para dar a mis adoradores el espectáculo de una ascensión milagrosa.»

Mientras Joe reflexionaba de esta manera, la muchedumbre se agolpaba a su alrededor; se prosternaban, aullaban, lo palpaban, se iban familiarizando con él; pero, al menos, pensaron en ofrecerle un festín magnífico compuesto de leche agria con arroz mezclado con miel; el buen muchacho, sacando partido de todo, hizo entonces una de las mejores comidas de su vida y dio a su pueblo una alta idea de la manera como los dioses devoran en las grandes ocasiones.

Cuando llegó la noche los brujos de la isla le cogieron respetuosamente por la mano y le condujeron a una especie de casa, rodeada de talismanes; antes de penetrar allí, Joe arrojó una mirada bastante inquieta sobre los trozos de osamentas que se elevaban alrededor del santuario; tuvo, además, tiempo de reflexionar acerca de su situación cuando fue encerrado en su cabaña.

Durante el anochecer y una parte de la noche oyó cantos de fiesta, los ecos de una especie de tambor y un ruido de hierros muy dulce para los oídos africanos; coros y aullidos acompañaban a las interminables danzas que los negros bailaban alrededor de la cabaña sagrada con mil contorsiones y gestos.

Joe pudo ver aquel conjunto ensordecedor a través de las paredes de lodo y cañas de la cabaña; tal vez, en otras circunstancias, le hubieran causado un vivo placer aquellas extrañas ceremonias, pero pronto se sintió atormentado por una idea muy desconsoladora. Aun tomando las cosas por el lado positivo, encontraba estúpido y al mismo tiempo triste estar perdido en aquella comarca salvaje en medio de pueblos semejantes. Muy pocos viajeros de los que osaron aventurarse hasta aquellas regiones habían vuelto a su país. Además, ¿podía fiarse de las adoraciones de que era objeto? Tenía muchas razones para no creer en la vanidad de las grandezas humanas. Se preguntó si en aquel país la adoración no llegaría al extremo de devorar al ser adorado.

A pesar de esta idea, después de algunas horas de reflexión, la fatiga le libró de sus negros temores y Joe cayó en un sueño muy profundo que se hubiera prolongado hasta el amanecer si una humedad inesperada no le hubiera despertado.

Bien pronto esta humedad se hizo agua y el agua se elevó hasta la mitad del cuerpo de Joe.

—¿Qué es esto? —dijo—, ¿una inundación, una tromba, un nuevo suplicio de los negros? Desde luego, no esperaré hasta tener el agua al cuello.

Y diciendo esto derribó las paredes de un golpe con la espalda y se encontró, ¿dónde? ¡En pleno lago! ¡La isla había desaparecido! Sumergida durante la noche. En su lugar no existía más que la inmensidad del Tchad.

—Triste país para los propietarios —dijo Joe, y volvió con vigor al ejercicio de sus facultades natatorias.

Uno de esos fenómenos bastante frecuentes en el lago Tchad había librado al bravo muchacho. Más de una isla, que parecía tener la solidez de la roca, había desaparecido así y frecuentemente las poblaciones de las riberas tienen que recoger a los desgraciados supervivientes de estas terribles catástrofes.

Joe ignoraba esta particularidad, pero no dudó en aprovecharla. Divisó una barca errante y subió a ella rápidamente. Era una especie de tronco de árbol torpemente labrado. Había en ella, por suerte, un par de remos, y Joe, aprovechando una corriente bastante rápida, se dejó arrastrar.

—Orientémonos —dijo—; la estrella Polar, que tan afortunadamente hace su oficio de indicar el camino del norte a todo el mundo, vendrá en mi ayuda.

Reconoció con satisfacción que la corriente le llevaba hacia la ribera septentrional del Tchad y se dejó arrastrar. Hacia las dos de la mañana echó pie a tierra en un promontorio cubierto de cañas espinosas que parecían demasiado inoportunas aun para un filósofo como él; pero un árbol crecía allí expresamente para ofrecerle un lecho entre sus ramas. Joe se encaramó a él para mayor seguridad y esperó allí, sin dormir apenas, los primeros rayos del día.

La mañana llegó con la rapidez de las regiones ecuatoriales. Joe echó una mirada sobre el árbol que le había hospedado durante la noche y un espectáculo bastante inesperado le aterró. Las ramas del árbol estaban literalmente cubiertas de serpientes y de camaleones; el follaje desaparecía en sus entrelazamientos; se hubiera dicho que era un árbol de una especie nueva que producía reptiles; bajo los primeros rayos del sol todo aquello se arrastró y se retorció. Joe experimentó un gran sentimiento de terror mezclado de angustia y se lanzó a tierra en medio de los silbidos de la banda.

—He aquí una cosa que no hubiera creído jamás.

No sabía que las últimas cartas del doctor Vogel habían dado a conocer esta singularidad de las riberas del Tchad, donde los reptiles son más numerosos que en ningún otro país del mundo. Después de haberlo visto, Joe resolvió ser más prudente en adelante y, orientándose por el sol, se puso en marcha dirigiéndose hacia el nordeste. Evitaba cuidadosamente encontrarse con cabañas, chozas, barracas o cuevas; en una palabra, todo lo que podía servir de abrigo a la raza humana.

¡Qué de miradas dirigió al cielo! Esperaba ver aparecer al *Victoria* y aunque buscó en vano durante aquella jornada de marcha, esto no disminuyó su confianza en su amo; era necesaria una gran energía de carácter para tomar tan filosóficamente su situación. El hambre se unió a la fatiga, pues nutrirse de raíces, de médulas de arbustos, tales como el melé, o de frutos de palmera no era suficiente para un hombre; sin embargo, persistiendo en su propósito, avanzó unas treinta millas hacia el oeste. Su cuerpo llevaba en veinte sitios las señales de las mejores espinas de que las cañas del lago, las acacias y las mimosas estaban erizadas, y sus pies sangrantes hacían su marcha extremadamente dolorosa. Pero por fin pudo reaccionar contra los sufrimientos y la noche llegó; resolvió pasarla en las riberas del Tchad.

Allí sufrió atroces picaduras de millares de insectos: moscas, mosquitos, hormigas de media pulgada, cubrían literalmente el suelo. Al cabo de dos horas no le quedaba a Joe más que un trozo pequeño de los vestidos que le cubrían; los insectos lo habían devorado todo. Fue una noche terrible en la que el fatigado viajero no tuvo ni una hora de sueño; durante este tiempo los jabalíes, los búfalos salvajes, el ajub, especie de cocodrilo muy peligroso, rugían en las breñas y bajo las aguas del lago; el concierto de las bestias feroces repercutía en medio de la noche. Joe no osaba moverse. Su resignación y su paciencia se pusieron a prueba en aquella situación.

Por fin llegó el día; Joe se levantó precipitadamente y juzgue el lector el disgusto que experimentó viendo qué animal inmundo había compartido su lecho: un sapo, pero un sapo de cinco pulgadas de largo, una bestia monstruosa, repugnante, que le miraba con sus grandes ojos redondos. Joe sintió el corazón oprimido y, recuperando alguna fuerza en medio de la repugnancia que sentía, corrió a grandes pasos para lanzarse a las aguas del lago. El baño calmó un poco los picores que le torturaban, y después de haber comido algunas hojas volvió a emprender su camino con una obstinación y una entereza de las que no era consciente. No tenía el control de sus actos y, sin embargo, sentía en sí una fuerza superior a la desesperación.

Sin embargo, le torturaba un hambre terrible; su estómago, menos resignado que él, se quejaba; se vio obligado a enlazarse fuertemente una liana alrededor del cuerpo; afortunadamente, su sed podía extinguirse a cada paso y recordando los sufrimientos del desierto halló una suerte relativa en no sufrir los tormentos de esta imperiosa necesidad.

—¿Dónde estará el *Victoria?* —se preguntaba—. El viento soplaba del norte. Debía volver al lago. Sin duda el señor Samuel habría realizado una nueva instalación para restablecer el equilibrio; pero el día de ayer ha debido de ser suficiente para estos trabajos; no será, pues, imposible que hoy..., pero obremos como si no los fuera a ver más. Después de todo, si llego a alcanzar una de las grandes ciudades del lago me encontraré en la posición de los viajeros de que nos ha hablado mi amo. ¿Por qué no he de salir del paso como ellos? Ellos han vuelto, ¡qué diablo!... Vamos, valor.

Hablando así y caminando sin cesar el intrépido Joe cayó en pleno bosque en medio de un grupo de salvajes. Se detuvo a tiempo y no fue visto. Los negros se dedicaban a emponzoñar sus flechas con el jugo de la euforbia, gran ocupación de los pueblos de aquellas regiones y que se hace con una especie de solemne ceremonia.

Joe, inmóvil, conteniendo su respiración, se ocultaba entre malezas, cuando al levantar los ojos por un claro del follaje vio al *Victoria,* ¡el *Victoria* mismo dirigiéndose hacia el lago apenas a cien pies por encima de él! ¡Imposible hacerse ver!

Una lágrima se asomó a sus ojos, no de desesperación sino de gratitud: su amo le estaba buscando, su amo no le abandonaba. Era necesario esperar la marcha de los negros. Podría entonces abandonar su retiro y correr hacia los bordes del Tchad.

Pero entonces el *Victoria* se perdió a lo lejos en el cielo. Joe resolvió esperarle, volvería a pasar de seguro. Y volvió a pasar, en efecto, pero más al este; Joe corrió, gesticuló, gritó..., todo fue en vano; un viento violento arrastraba al globo con una irresistible velocidad.

Por primera vez la energía y la esperanza abandonaron el corazón del infortunado; se vio perdido; creyó que su amo había partido para no volver; no se atrevía a pensar más, no quería reflexionar.

Como un loco, los pies ensangrentados, el cuerpo destrozado, caminó durante todo el día y parte de la noche. Se apoyaba tan pronto sobre las rodillas como sobre las manos; veía llegar el momento en que las fuerzas le faltaran y entonces moriría.

Y avanzando así, acabó por encontrarse frente a un pantano, o de algo parecido, pues la noche había llegado hacía algunas horas; cayó inesperadamente en un cieno tenaz; a pesar de sus esfuerzos, a pesar de su resistencia, desesperado, sintió que se sumergía poco a poco en aquel terreno fangoso; algunos minutos más tarde se había sumergido hasta medio cuerpo.

—Llega la muerte —se dijo—, ¡y qué muerte!...

Luchaba con desesperación, pero sus esfuerzos sólo servían para hundirlo más en la tumba que el desgraciado se abría a sí mismo. Ni un trozo de árbol al que agarrarse, ni una caña a la que sujetarse..., comprendió lo que sería de él..., sus ojos se cerraron.

—¡Mi amo, mi amo! ¡A mí!... —exclamó.

Y esta voz desesperada, aislada, apagada ya, se perdió en la noche.

CAPÍTULO XXXVI

Desde que Kennedy había vuelto a su puesto de observación en el borde de la barquilla no había dejado de mirar el horizonte con gran atención.

Al cabo de algún tiempo, se volvió hacia el doctor y dijo:

—Si no me equivoco, hay ahí abajo una tropa en movimiento, hombres o animales; todavía es imposible distinguirlos. En todo caso se desplazan con rapidez, pues levantan una nube de polvo.

—¿No será otro viento contrario —dijo Samuel—; una tromba que nos devuelva al norte?

Se levantó para examinar el horizonte.

—No lo creo, Samuel —respondió Kennedy—; es una manada de gacelas o de bueyes salvajes.

—Puede ser, Dick; pero está por lo menos a nueve o diez millas de nosotros y, por mi parte, ni aun con el anteojo puedo reconocer nada.

—En todo caso no lo perderé de vista; hay aquí algo extraño que me intriga; parece una maniobra de caballería. ¡Ah! ¡No me engaño! ¡Son jinetes! ¡Mira!

El doctor observó con atención el grupo indicado.

—Creo que tienes razón —dijo—; es un destacamento de árabes o de tibbus; huyen en la misma dirección que nosotros; pero tenemos más velocidad y los alcanzaremos fácilmente. Dentro de media hora estaremos en condiciones de ver y juzgar lo que debemos hacer.

Kennedy había cogido su anteojo y miraba atentamente. La masa de jinetes se hacía más visible; algunos de ellos se separaban.

—Es, evidentemente —replicó Kennedy—, una maniobra o una caza. Parece que estas gentes persiguen alguna cosa. Me gustaría saber qué.

—Paciencia, Dick. En poco tiempo los alcanzaremos e incluso los pasaremos si siguen esta ruta; marchamos con una rapidez de veinte millas por hora y no hay caballo que pueda sostener una velocidad parecida.

Kennedy volvió a su puesto y algunos minutos después dijo:

—Son árabes lanzados a toda velocidad. Los distingo perfectamente. Son unos cincuenta. Veo sus albornoces que se inflan con el viento. Es un ejercicio de caballería; su jefe les precede a cien pasos y ellos siguen sus huellas.

—Quienquiera que sean, Dick, no son de temer, y si es necesario me elevaré.

—¡Espera, espera un poco, Samuel! Es curioso —añadió Dick después de un nuevo examen—; hay algo que no comprendo bien: por sus esfuerzos y por la irregularidad de su línea tienen más aspecto de perseguir que de llevar una marcha normal.

—¿Estás seguro, Dick?

—Evidentemente, no me engaño. Es una caza, pero una caza del hombre; no es un jefe quien les precede, sino un fugitivo.

—¡Un fugitivo! —dijo Samuel con emoción.

—¡Sí!

—No los perdamos de vista y esperemos.

Pronto avanzó el globo tres o cuatro millas hacia estos jinetes, que corrían con una velocidad prodigiosa.

—¡Samuel, Samuel! —gritó Kennedy con voz temblorosa.

—¿Qué te ocurre Dick?

—¿Es una alucinación? ¿Es posible?

—¿Qué quieres decir?

—Espera.

Y el cazador limpió rápidamente el cristal del anteojo y se puso a mirar.

—¿Qué? —dijo el doctor.

—¡Es él, Samuel!

—¡Él! —gritó este último.

«Él» lo decía todo. No había necesidad de nombrarle.

—¡Es él a caballo, a cien pasos apenas de sus enemigos! ¡Huye!

—Es Joe, sin duda —dijo el doctor palideciendo.

—¡No puede vernos en su huida!

—Nos verá —respondió Fergusson, rebajando la llama de su soplete.

—Pero, ¿cómo?

—En cinco minutos estaremos a cincuenta pies del suelo; en quince estaremos encima de él.

—Hay que prevenirle con un tiro de fusil.

—¡No! ¡No puede volver sobre sus pasos; tiene cortado el camino!

—¿Qué hacemos entonces?

—¡Esperar!

—¡Esperar! ¿Y esos árabes?

—¡Los alcanzaremos, los adelantaremos! No estamos alejados más de dos millas y si el caballo de Joe tiene fuerzas...

—¡Gran Dios! —exclamó Kennedy.

—¿Qué hay?

Kennedy había lanzado un grito de desesperación viendo a Joe caer a tierra. Su caballo, evidentemente rendido, fatigado, acababa de derrumbarse.

—Nos ha visto —gritó el doctor—; al levantarse nos ha hecho señas.

—¡Pero los árabes van a alcanzarle! ¿A qué espera? ¡Ah!, ¡valeroso muchacho! ¡Hurra! —exclamó el cazador no pudiendo contenerse.

Joe se había levantado enseguida, en el instante en que uno de los más rápidos jinetes se precipitaba sobre él; moviéndose como una pantera lo esquivó, saltó a la grupa y cogió al árabe por la garganta; con sus manos nerviosas y sus dedos de hierro, lo estranguló, lo tiró a la arena y siguió su espantosa carrera.

Un inmenso grito de los árabes se elevó en el aire; pero, entretenidos con su persecución, no habían visto al *Victoria* a quinientos pasos detrás de ellos y apenas a treinta pies del suelo. Estaban a veinte cuerpos del caballo del fugitivo.

Uno de ellos se aproximó sensiblemente a Joe e iba a atraversarlo con su lanza cuando Kennedy, la vista fija, la mano firme, lo detuvo con una bala y lo precipitó a tierra. Joe no se volvió al oír el ruido. Una parte de la tropa suspendió su carrera y se postró ante la vista del *Victoria;* la otra continuó la persecución.

—Pero, ¿qué hace Joe? —gritó Kennedy—; ¿no se para?

—Hace algo mejor que eso, Dick; ¡le he comprendido! Se mantiene en la misma dirección que el aeróstato. Cuenta con nuestra inteligencia. ¡Ah! ¡Bravo muchacho! ¡Lo elevaremos en las barbas de esos árabes! No estamos a más de doscientos pasos.

—¿Qué hay que hacer? —preguntó Kennedy.

—Deja tu fusil a un lado.

—Ya está —dijo el cazador depositando su arma.

—¿Puedes sostener en tus brazos ciento cincuenta libras de lastre?

—Más todavía.

—No, eso es suficiente.

Y el doctor fue poniendo sacos de arena en los brazos de Kennedy.

—Mantente al borde de la barquilla y estate atento a tirar este lastre de un solo golpe. Pero por tu vida no lo hagas sin orden mía.

—Descuida.

—¡Sin esto no recuperaríamos a Joe, y estaría perdido!

—¡Cuenta conmigo!

El *Victoria* dominaba casi la tropa de jinetes que se lanzaban a rienda suelta sobre los pasos de Joe. El doctor, con medio cuerpo fuera de la barquilla, sostenía la escala desplegada, dispuesto a lanzarla en el instante preciso. Joe había mantenido la distancia entre sus perseguidores y él a unos cincuenta pies. El *Victoria* les adelantó.

—¡Atención! —dijo Samuel a Kennedy.

—¡Estoy listo!

—¡Joe! ¡Prepárate!... —gritó el doctor con su voz sonora echando la escala, cuyos primeros tramos rozaban el polvo del suelo.

A la llamada del doctor, Joe, sin parar su caballo, se había vuelto; la escala llegó cerca de él, y en el momento en que se cogía a ella:

—¡Suelta el lastre! —gritó el doctor a Kennedy.

—Ya está.

Y el *Victoria,* despojado de un peso superior al de Joe, se elevó ciento cincuenta pies en el aire.

Joe se agarró fuertemente a la escala durante las tremendas oscilaciones que el ascenso del globo le hizo describir; después, haciendo un gesto indescriptible a los árabes y encaramándose con la agilidad de un acróbata llegó hasta sus compañeros que le recibieron con los brazos abiertos. Los árabes lanzaron un grito de sorpresa y de rabia. El fugitivo acababa de serles arrebatado al vuelo y el *Victoria* se alejaba rápidamente.

—¡Mi amo, señor Dick! —había dicho Joe.

Y cediendo a la emoción y a la fatiga se desvaneció mientras Kennedy, delirando casi, exclamaba:

—¡Salvado, salvado!

—¡Pardiez! —dijo el doctor, que había recobrado su tranquila impasibilidad.

Joe estaba casi desnudo; sus brazos ensangrentados, su cuerpo cubierto de heridas, daban a entender los sufrimientos que había pasado. El doctor vendó sus heridas y le acostó bajo la tienda.

Joe volvió pronto de su desvanecimiento y pidió un vaso de aguardiente que el doctor no creyó poder negarle. Joe no era un hombre al que hubiera que tratar como a todo el mundo. Después de haber bebido estrechó la mano de sus dos compañeros y se mostró dispuesto a contar su historia.

Pero no se le permitió hablar y el bravo muchacho cayó en un profundo sueño del que parecía tener gran necesidad.

El *Victoria* tomaba ahora una línea oblicua hacia el oeste. Bajo el impulso de un viento excesivo volvió a la llanura del desierto espinoso por encima de las palmeras dobladas o arrancadas por la tempestad; y habiendo sostenido una marcha de cerca de doscientas millas después de la elevación de Joe, traspasó hacia la noche los diez grados de longitud.

Capítulo XXXVII

Durante la noche disminuyó la violencia que el viento había tenido durante el día y el *Victoria* permaneció apaciblemente en la copa de un gran sicomoro; el doctor y Kennedy velaron turnándose y Joe aprovechó para dormir tranquilamente de un tirón veinticuatro horas seguidas.

—He aquí el remedio que necesitaba —dijo Fergusson—; su naturaleza se encargará de curarlo.

Con el nuevo día, el viento se volvió muy fuerte, pero variable; soplaba bruscamente, tan pronto hacia el norte como hacia el sur, pero en último término el *Victoria* fue transportado hacia el oeste.

El doctor, con el mapa en la mano, reconoció el reino de Damergu, terreno ondulado, de una gran fertilidad, con las chozas de sus pueblos hechas de grandes cañas entremezcladas con ramas de asclepias. Los molinos de granos se elevaban en los campos cultivados sobre pequeños andamiajes destinados a preservarlos de la invasión de los ratones y de las hormigas blancas.

Bien pronto se distinguió la ciudad de Zinder, fácilmente reconocible por su vasta plaza de ejecuciones; en el centro se erguía el árbol de la muerte; el verdugo velaba al pie y cualquiera que pasase bajo su sombra era inmediatamente colgado.

Consultando la brújula, Kennedy no pudo evitar decir:

—¡Volvamos a tomar el camino del norte!

—¿Qué importa? Si nos lleva a Tombuctú, no nos arrepentiremos. Jamás se hará un viaje tan hermoso en mejores circunstancias...

—Ni con mejor salud —respondió Joe, que asomó su cara rejuvenecida a través de las cortinas de la tienda.

—Aquí está nuestro bravo amigo —exclamó el cazador—, nuestro salvador. ¿Cómo te va?

—Perfectamente, señor Kennedy, perfectamente. Nunca me he encontrado tan bien. Nada sienta mejor a un hombre que un viaje de placer precedido de un baño en el Tchad; ¿no es verdad, mi amo?

—Noble corazón —respondió Fergusson estrechándole la mano—, ¡qué de angustias y de inquietudes nos has causado!

—Y viceversa. ¿Creen que yo estaba tranquilo por su suerte? Pueden jactarse de haberme hecho pasar un gran temor.

—No nos entenderemos nunca, Joe, si tomas las cosas de esta manera.

—Veo que su caída no le ha transformado —añadió Kennedy.

—Tu abnegación ha sido sublime, muchacho, y nos ha salvado, porque si el *Victoria* cae al lago, nadie nos habría podido rescatar.

—Pero si mi abnegación, como quiere llamar a mi salto, les ha salvado, ¿es que no me ha salvado a mí también puesto que nos encontramos los tres a salvo? Por consiguiente, en todo esto no tenemos nada que reprocharnos unos a otros.

—No se podrá uno entender nunca con este muchacho —dijo el cazador.

—El mejor medio de entenderse —replicó Joe— es no hablar más de esto. Lo que ha pasado, pasado está.

—¡Terco! —dijo el doctor riendo—. Al menos querrás contarnos tu historia.

—¡Si tienen mucho interés! Pero antes voy a preparar este ganso, pues ya veo que el señor Dick no ha perdido el tiempo. Bueno; vamos a ver cómo esta caza de África se comporta en un estómago europeo.

El ganso fue asado bien pronto a la llama del soplete y devorado poco a poco. Joe tomó de él su buena parte como un hombre que no ha comido en varios días. Después del té y del grog puso a sus compañeros al corriente de sus aventuras; habló con cierta emoción considerando todos los sucesos con su filosofía habitual. El doctor no pudo menos de estrecharle varias veces la mano al ver aquel digno servidor, más preocupado de la salud de su amo que de la suya; a propósito de la inmersión de la isla de los bidiomahs, le explicó la frecuencia de este fenómeno en el lago Tchad.

En fin, Joe, siguiendo su relato, llegó al momento en que sumergido en el pantano dio un último grito de desesperación.

—Me creía perdido, mi amo —dijo—, y mis pensamientos se dirigieron a ustedes. Empecé a defenderme. ¿Cómo?; estaba decidido a no dejarme tragar sin intentar alguna cosa cuando a dos pasos de mí distingo, ¿qué?: un trozo de cuerda recientemente cortada; hago un último esfuerzo y bien que mal llego al cable; tiro, éste se resiste; me izo y finalmente ¡estoy en tierra firme! ¡Y al cabo de la cuerda encuentro un ancla! ¡Ah! ¡Mi amo!, tengo derecho a llamarla el ancla de la salvación si no se ve inconveniente en ello. ¡La reconocí! ¡Un ancla del *Victoria!* ¡Había tomado tierra en aquel sitio! Sigo la dirección de la cuerda que me da su dirección y después de nuevos esfuerzos salgo de la hondonada. Había recobrado las fuerzas y el valor y caminé durante una parte de la noche alejándome del lago. Llegué, en fin, a los bordes de un inmenso bosque. Allí, en una cerca algunos caballos pacían bien ajenos a lo que les pudiera ocurrir. Hay momentos de la existencia en que todo el mundo sabe montar a caballo, ¿no es verdad? Yo no pierdo un minuto en reflexionar, salto sobre el lomo de uno de los cuadrúpedos y parto hacia el norte a toda velocidad. No les hablaré de las ciudades, que no he visto, ni de los pueblos que he evitado. No. Atravieso los campos sembrados, franqueo las malezas, salto las empalizadas. ¡Empujo a mi bestia, la excito, la apresuro! Llego al límite de las tierras cultivadas. ¡Bueno! ¡El desierto! Igual me da; veré mejor delante de mí. Esperaba siempre distinguir al *Victoria* aguardándome, arrostrando tempestades. Pero nada. ¡Al cabo de tres horas caí como un tonto en un campamento de árabes! ¡Ah! ¡Qué caza! ¡Ved, señor Dick, un cazador no sabe lo que es la caza si no ha sido cazado! ¡Y, sin embargo, si puede le doy el consejo de no ensayarlo! ¡Mi caballo cae de fatiga; se me estrecha el cerco; me caigo yo también; salto a la grupa de un árabe! Yo no le quería mal y espero que no me guardará rencor por haberle estrangulado. ¡Pero ya lo han visto! y ya saben el resto. El *Victoria* corre sobre mis pasos y ustedes me elevan al vuelo, como un jinete hace con una anilla. ¿No tenía yo razón al contar con ustedes? Bueno, señor Samuel, ya ve qué sencillo es todo esto. Nada hay más natural en el mundo. Estoy dispuesto a volver a empezar si lo necesitan. Y, además, como le decía, mi amo, no vale la pena hablar de ello.

—¡Mi buen Joe! —respondió el doctor con emoción—. No en vano confiábamos en tu inteligencia y tu destreza.

—¡Bah!, señor; no hay más que seguir los acontecimientos y entregarse al azar. Como ve, lo más seguro es aceptar las cosas como se presentan.

Durante la historia de Joe, el globo había atravesado rápidamente una gran extensión. Kennedy advirtió en el horizonte una aglomeración de chozas que se presentaban con la apariencia de un pueblo. El doctor consultó su mapa y reconoció el burgo de Tagelet en el Damergu.

—Volvemos a encontrar —dijo— la ruta de Barth. Aquí es donde se separó de sus compañeros Richardson y Overwerg. El primero debía seguir la ruta de Zinder; el segundo, la de Maradi, y recordaréis que de estos tres viajeros Barth es el único que volvió a Europa.

—Entonces —dijo el cazador siguiendo sobre el mapa la dirección del *Victoria*—, ¿nos remontamos directamente hacia el norte?

—Directamente, mi querido Dick.

—Y esto, ¿no te inquieta?

—¿Por qué?

—Es que este camino nos lleva a Trípoli por encima del gran desierto.

—¡Oh! No iremos tan lejos, amigo mío; al menos así lo espero.

—Pero, ¿dónde pretendes detenerte?

—Veamos, Dick, ¿no sientes curiosidad por visitar Tombuctú?

—¡Tombuctú!

—Sin duda —replicó Joe—. No se puede permitir uno hacer un viaje por África sin visitar Tombuctú.

—Tú serás el quinto o sexto europeo que haya visto esta ciudad misteriosa.

—¡Vaya por Tombuctú!

—Entonces déjanos llegar entre los 17 y 18 grados de latitud y allí buscaremos un viento favorable que pueda conducirnos hacia el oeste.

—Bien —respondió el cazador—; ¿pero tenemos todavía mucho camino que recorrer por el norte?

—Ciento cincuenta millas, lo menos.

—Duerma, señor —respondió Joe—; usted también, mi amo, imite al señor Kennedy; deben tener necesidad de reposo porque les he hecho velar de una manera poco considerada.

El cazador se tumbó bajo la tienda; pero Fergusson, a quien no rendía la fatiga, permaneció en su puesto de observación.

Al cabo de tres horas, el *Victoria* franqueaba con extrema rapidez un terreno rocoso con filas de altas montañas de base granítica; algunos picos aislados alcanzaban unos cuatro mil pies de altura; las jirafas, los antílopes, las avestruces, saltaban con maravillosa agilidad en medio de los bosques de acacias, de mimosas, de souahs y de datileros; después de la aridez del desierto, la vegetación recobraba su imperio. Aquél era el país de los kiluas, que se velan la cara con una banda de algodón; lo mismo que sus peligrosos vecinos los tuaregs.

A las diez de la noche, después de una soberbia travesía de doscientas cincuenta millas, el *Victoria* se detuvo sobre una ciudad importante; la luna no dejaba ver más que una parte medio arruinada; algunas torres de las mezquitas se elevaban aquí y allá heridas por un blanco rayo de luz; el doctor tomó la altura de las estrellas y reconoció que se encontraba bajo la latitud de Aghadés.

Esta ciudad, en otro tiempo centro de un intenso comercio, estaba ya en ruinas en la época en que la visitó el doctor Barth.

El *Victoria,* sin que pudiera ser visto en la sombra, tomó tierra a dos millas de Aghadés en un vasto campo de mijo. La noche fue bastante tranquila y desapareció hacia las cinco de la mañana en que un viento ligero inclinaba el globo hacia el oeste y también un poco al sur.

Fergusson se apresuró a aprovecharse de esta casualidad. Se elevó rápidamente y huyó envuelto en los rayos del sol.

Capítulo XXXVIII

La jornada del 17 de mayo discurrió tranquila y sin incidentes; el desierto volvía; un viento débil inclinaba al *Victoria* hacia el sudoeste; no le desviaba ni a derecha ni a izquierda; su sombra trazaba sobre la arena una línea completamente recta.

Antes de su partida, el doctor había renovado prudentemente su provisión de agua; temía no poder tomar tierra en aquellas regiones infestadas por los tuaregs aueliminianos. La planicie, elevada dieciocho pies sobre el nivel del mar, se deprimía hacia el sur. Los viajeros, después de cortar el camino de Aghadés a Murzuk, frecuentemente recorrido por camellos, llegaron por la noche a los 16 grados de latitud y 4 grados 55 minutos de longitud después de haber franqueado ciento ochenta millas en una larga monotonía.

Durante esta jornada Joe preparó las últimas piezas de caza y sirvió en la comida un asado de becadas muy apetitoso. El viento era muy bueno, y el doctor resolvió continuar su camino durante la noche, ya que la luna casi llena estaba en todo su esplendor. El *Victoria* se elevó a una altura de quinientos pies y durante esta travesía nocturna de cerca de sesenta millas no se hubiera alterado el ligero sueño de un niño.

El domingo por la mañana hubo un nuevo cambio en la dirección del viento; varió hacia el noroeste; algunos cuervos volaban por los aires y en el confín del horizonte un grupo de buitres se percibía muy alejado, afortunadamente.

La vista de estos pájaros indujo a Joe a hablar a su amo sobre su idea de los dos globos.

—¿Dónde estaríamos nosotros —dijo— con una sola envoltura? Este segundo globo es como el bote de un navío; en caso de naufragio se puede recurrir siempre a él para salvarse.

—Tienes razón, amigo mío, sólo que mi bote me inquieta un poco; no vuela tan bien como el buque.

—¿Qué quieres decir? —preguntó Kennedy.

—Quiero decir que el nuevo *Victoria* no es como el antiguo; ya sea que el tejido ha sido puesto demasiado a prueba, ya sea que la gutapercha se ha fundido al calor del serpentín, compruebo una cierta pérdida de gas; hasta ahora no es una gran cosa, pero al fin y al cabo es apreciable; tenemos tendencia a bajar y para mantenerme me veo obligado a dar más dilatación al hidrógeno.

—¡Diablos! —dijo Kennedy—; pues no veo ningún remedio eficaz.

—No lo hay, mi querido Dick; por eso haremos bien en apresurarnos evitando incluso las paradas durante la noche.

—¿Estamos todavía muy lejos de la costa? —preguntó Joe.

—¿Qué costa, muchacho? ¿Sabemos adónde nos conducirá el azar? Todo lo que yo te puedo decir es que Tombuctú se encuentra a cuatrocientas millas hacia el oeste.

—¿Qué tiempo tardaremos en llegar allí?

—Si el viento no nos molesta demasiado, espero llegar el martes por la noche.

—Entonces —dijo Joe indicando una larga fila de bestias y de hombres que serpenteaba en pleno desierto—, llegaremos antes que esa caravana.

Fergusson y Kennedy se asomaron y vieron una gran aglomeración de seres de toda especie; había más de cincuenta camellos, de los que por doce mutkals de oro[1] van de Tombuctú a Tafilete con una carga de quinientas libras al lomo; todos llevaban bajo la cola un pequeño saco destinado a almacenar sus excrementos, único combustible con que se puede contar en el desierto.

Estos camellos de los tuaregs son de la mejor especie; pueden permanecer de tres a siete días sin beber y dos días sin comer; su velocidad es superior a la de los caballos y obedecen con inteligencia a la voz de los khabir, guías de las caravanas. Se les conoce en el país con el nombre de mehari.

El doctor daba esos detalles mientras sus compañeros contemplaban aquella multitud de hombres, de mujeres y de niños marchando con trabajo por encima de una arena movediza, apenas contenida por algunos

---

[1] 125 francos. *(N. del A.)*

cardos, hierbas marchitas y matorrales cautivos. El viento borraba la huella de sus pasos casi instantáneamente.

Joe preguntó cómo los árabes acertaban a caminar por el desierto y llegar a los pozos esparcidos en la inmensa soledad.

—Los árabes —respondió Fergusson— han recibido de la Naturaleza un maravilloso instinto para reconocer su camino; allí donde un europeo se vería desorientado ellos no dudan jamás; una piedra insignificante, un guijarro, una mata de hierbas, el color diferente de las arenas, les basta para caminar con seguridad; durante la noche se guían por la estrella polar; no hacen más de dos millas por hora y descansan durante los grandes calores del mediodía; juzgad, pues, el tiempo que invierten en atravesar el Sáhara, un desierto de novecientas millas.

Pero el *Victoria* había desaparecido ya a los ojos extrañados de los árabes que envidiaban su rapidez. Al anochecer llegó a los 2 grados 20 minutos de longitud [2]. Y durante la noche recorrió un grado más todavía.

El lunes el tiempo cambió completamente. Se puso a llover con gran violencia. Era necesario resistir aquel diluvio y el aumento de peso que producía al caer sobre el globo y la barquilla; aquella perpetua lluvia explicaba los pantanos y las charcas que componen únicamente la superficie del país; la vegetación reaparecía allí con las masas de baobabs y los tamarindos.

Tal era el Sonray con sus pueblos de techos invertidos como los gorros armenios.

Tenían pocas montañas, únicamente las colinas necesarias para formar los barrancos y los estanques que las pintadas y las becadas surcaban con su vuelo. Aquí y allá un torrente impetuoso cortaba los caminos; los indígenas lo atraviesan agarrándose a una liana tendida de un árbol a otro; los bosques hacían sitio a los cañaverales, en los cuales anidaban hipopótamos y rinocerontes.

—No tardaremos en ver el Níger —dijo el doctor—; la región se transforma en las proximidades de los grandes ríos; estos «caminos que andan», según una justa expresión, llevan consigo la vegetación como llevarán la civilización más tarde. Así el Níger, en su recorrido de dos mil quinientas millas, ha sembrado en sus orillas las más importantes ciudades de África.

—¡Eso me recuerda —dijo Joe— la historia del gran admirador de la Providencia que alababa el cuidado que ésta había tenido de hacer pasar los ríos por en medio de las grandes ciudades!

A mediodía el *Victoria* pasó por encima de una aldea, de una reunión de chozas muy miserables, Gao, que fue en otro tiempo una gran capital.

—Allí es —dijo el doctor— donde Barth atravesó el Níger a su vuelta de Tombuctú; éste es el río más famoso en la Antigüedad, el rival del

[2] El cero del meridiano de París. *(N. del A.)*

Nilo al cual la superstición pagana atribuye un origen celeste. Como él, ocupó la atención de los geógrafos de todos los tiempos; como la del Nilo, y aún más todavía, su exploración ha costado numerosas víctimas.

El Níger corría entre dos riberas muy separadas. Sus aguas descendían hacia el sur con bastante violencia, pero los viajeros, arrastrados, apenas podían percibir los detalles curiosos.

—¡Quiero hablaros de este río —dijo Fergusson— y ya está lejos de nosotros! Bajo los nombres de Dhiuleba, de Mayo, de Egghirreu, de Quorra y varios más recorre una extensión inmensa del país y alcanza una longitud casi igual que la del Nilo. Estos nombres significan simplemente «el río», según las regiones que atraviesa.

—¿El doctor Barth siguió este camino? —preguntó Kennedy.

—No, Dick; abandonando el lago Tchad, atravesó las ciudades principales de Bornu y alcanzó el Níger en Say, cuatro grados por debajo de Gao; después penetró en el interior de estas regiones inexploradas que el Níger rodea, y al cabo de ocho meses de nuevas fatigas volvió a Tombuctú; esto es lo que nosotros haremos casi en tres días con un viento bastante rápido.

—¿Se han descubierto las fuentes del Níger? —preguntó Joe.

—Hace mucho tiempo —respondió el doctor—. El reconocimiento del Níger y sus afluentes atrajo numerosas exploraciones y os puedo indicar las principales: de 1749 a 1758, Adamson reconoció el río y visitó Goree; de 1785 a 1788, Golberry y Geoffroy recorren los desiertos de la Senegambia y se remontan hasta el país de los moros que asesinaron a Saugnier, Brisson Adam, Riley, Cachelet y tantos otros infortunados. Viene entonces el ilustre Mungo Park, el amigo de Walter Scott, escocés como él. Enviado en 1795 por la Sociedad Africana de Londres, llega a Bambara, alcanza el Níger, hace quinientas millas con un mercader de esclavos, reconoce las orillas de Gambia y vuelve a Inglaterra en 1797; parte de nuevo el 30 de enero de 1805 con su cuñado Anderson, Scott el dibujante y un grupo de obreros; llega a Goree, se une a un destacamento de treinta y cinco soldados, divisa nuevamente el Níger el 19 de agosto; pero entonces, a consecuencia de las fatigas, de las privaciones, de los malos tratos, de las inclemencias de la sed, de la insalubridad del país, no quedan de los cuarenta europeos más que once vivos; el 16 de noviembre las últimas cartas del Mungo Park previenen a su mujer y un año más tarde se sabe por un traficante del país que, llegado a Busa, por el Níger, el 23 de noviembre, el infortunado viajero vio zozobrar su barca en las cataratas del río y fue asesinado por los indígenas.

—¿Y este terrible fin no detuvo a los exploradores?

—Al contrario, Dick, pues entonces había no solamente que reconocer el río, sino encontrar los papeles del viajero. Hacia 1816 se organiza en

Londres una expedición en la cual toma parte el mayor Gray; llega al Senegal, penetra en Zouta-Djaya, visita las poblaciones fulahs y mandingas y regresa a Inglaterra sin otro resultado. En 1822 el mayor Laing explora toda la parte del África occidental, visita las posesiones inglesas y éste fue quien llegó primero a las fuentes del Níger; según sus documentos, la fuente de este río inmenso no tiene más que unos dos pies de ancho.

—Bien fácil de saltar —dijo Joe.

—¡Sí, sí, fácil! —replicó el doctor—. Si se hace caso a la tradición, el que intentara franquear este río saltando sería inmediatamente devorado; el que quiera extraer agua se siente arrebatado por una mano invisible.

—¿Está permitido no creer una palabra de esto? —preguntó Joe.

—Completamente permitido. Cinco años más tarde, el mayor Laing se lanzó a través del Sahara, penetró hasta Tombuctú y murió estrangulado algunas millas más arriba por los ulah-shiman, que quisieron obligarle a hacerse musulmán.

—Una víctima más —dijo el cazador.

—Entonces fue cuando un valiente joven emprendió con sus débiles recursos y terminó el más admirable de los viajes modernos; quiero hablar del francés René Caillié. Después de diversas tentativas en 1819 y 1824, parte de nuevo el 19 de abril de 1827 de Río Núñez; el 3 de agosto llega completamente agotado y enfermo a Tiné, y no puede volver a emprender su viaje hasta enero de 1828, seis meses después; se une entonces a una caravana protegido por su vestidura oriental, alcanza el Níger el 10 de marzo, penetra en la ciudad de Jenné, se embarca en el río y desciende hasta Tombuctú, adonde llega el 30 de abril. Otro francés, Imbert, en 1670; un inglés, Robert Adams, en 1810, habían visto quizá esta ciudad curiosa; pero René Caillié iba a ser el primer europeo en dar noticias exactas; el 4 de mayo abandonó este reino del desierto; el 9 reconoció el mismo lugar en que fue asesinado el mayor Laing; el 19 llegó a El Arauan y abandonó esta ciudad comercial para franquear a través de mil peligros las grandes ciudades comprendidas entre el Sudán y las regiones septentrionales de África; por fin entra en Tánger y el 28 de septiembre se embarca para Toulon; en diecinueve meses, a pesar de ciento ochenta días de enfermedad, había atravesado el África de oeste a norte. ¡Ah! Si Caillié hubiera nacido en Inglaterra, se le hubiera honrado como al más intrépido viajero de los tiempos modernos, al igual que a Mungo Park. Pero en Francia no se ha apreciado su valor[3].

---

[3] El doctor Fergusson, en su calidad de inglés, exagera tal vez; sin embargo, debemos reconocer que René Caillié no es juzgado en Francia entre los viajeros de una celebridad digna de su abnegación y fervor. *(N. del A.)*

—¡Era un audaz compañero! —dijo el cazador—. ¿Qué ha sido de él?

—Murió a los treinta y nueve años, de cansancio; se ha creído haber hecho bastante por él otorgándole el premio de la Sociedad de Geografía en 1828; en Inglaterra se le hubiesen rendido los mayores honores. Por otra parte, mientras él realizaba este maravilloso viaje, un inglés concebía la misma empresa y la intentaba con tanto valor, aunque con menos fortuna. El capitán Clapperton, el compañero de Denham. En 1829 entra en África por la costa oeste en el golfo de Benin; sigue las huellas de Mungo Park y de Laing, encuentra en Busa los documentos relativos a la muerte del primero, llega el 20 de agosto a Sokoto, donde fue hecho prisionero y exhaló el último suspiro entre los brazos de su fiel criado Richard Lander.

—¿Y qué fue de este Lander? —preguntó Joe muy interesado.

—Pudo volver a alcanzar la costa y regresó a Londres, entregando los papeles del capitán y una relación exacta de su propio viaje; ofrece entonces sus servicios al gobierno para completar el reconocimiento del Níger; se une a su hermano John, segundo hijo de unas pobres gentes de Cornualles, y ambos, de 1829 a 1831, volvieron a descender por el río desde Busa hasta su desembocadura describiéndolo pueblo por pueblo y milla por milla.

—¿Así pues, estos dos hermanos escaparon a la suerte común? —preguntó Kennedy.

—Sí, durante esta expedición al menos, pues en 1833 Richard emprendió de nuevo un tercer viaje al Níger y murió herido por una bala perdida cerca de la desembocadura del río. Veis, pues, amigos míos, que este país que nosotros atravesamos ha sido testigo de nobles abnegaciones que no han tenido, demasiado frecuentemente, más que la muerte por toda recompensa.

Capítulo XXXIX

Durante la desagradable jornada del lunes, el doctor Fergusson dio a sus compañeros mil detalles sobre la región que atravesaban. El suelo, bastante llano, no ofrecía ningún obstáculo en su camino. La única preocupación del doctor era el maldito viento del nordeste que soplaba con furia y los alejaba de la latitud de Tombuctú.

El Níger, después de remontarse hacia el norte, hasta esta ciudad, se curva como un inmenso salto de agua y cae en el océano Atlántico; en esta parte, el país es muy variado, desde una fertilidad excesiva a una extrema aridez; los llanos incultos suceden a los campos de mijo, que son reemplazados por vastos terrenos cubiertos de retamas; todas las especies de pájaros de vida acuática, pelícanos, cercetas, los martín pescador, viven en grupos numerosos en los bordes de los torrentes y de los ríos.

De vez en cuando aparecía un campamento de tuaregs, al abrigo de sus tiendas de cuero, mientras sus mujeres se ocupaban en las labores exteriores, trabajando con los camellos y fumando sus pipas de ancha boquilla. El *Victoria,* hacia las ocho de la noche, había avanzado más de doscientas millas al oeste y los viajeros fueron entonces testigos de un magnífico espectáculo.

Algunos rayos de luna se abrían camino por un resquicio de las nubes y atravesando los haces de lluvia caían sobre la cadena de los montes Sambori.

Nada más extraño que estas crestas de apariencia basáltica; se perfilaban en siluetas fantásticas sobre el cielo oscurecido; se hubiera dicho que eran ruinas legendarias de una inmensa ciudad de la Edad Media parecidas a las que, en las noches sombrías, los bancos de hielo de los mares glaciales ofrecen a la mirada atónita.

—He aquí un paraje de la *Historia de Eudalfo* —dijo el doctor—; Ann Radcliffe no habría imaginado montañas de un aspecto más extraño.

—Desde luego —respondió Joe—, no desearía pasear solo por la noche en este país de fantasmas. Mire, mi amo; si no fuera tan pesado, yo trasplantaría todo este paisaje a Escocia. Resaltaría mucho en las orillas del lago Lommond y los turistas irían en masa a admirarlo.

—Nuestro globo no es lo bastante grande como para permitirte esta fantasía. ¡Pero parece que nuestra dirección cambia! ¡Bah! Los gnomos de este lugar son muy amables; nos envían un vientecillo del sudoeste que va a devolvernos al buen camino.

En efecto, el *Victoria* volvió a tomar una ruta más al norte, y el día 20 por la mañana pasaba por encima de una intrincada red de canales, de torrentes y de riachuelos, el conjunto completo de los afluentes del Níger. Muchos de estos canales recubiertos de una hierba espesa recordaban fértiles praderas. Allí el doctor volvió a tomar la ruta de Barth, cuando éste se embarcó en el río para descender a Tombuctú. Con una anchura de ochocientas toesas, el Níger corría allí entre dos riberas ricas en plantas crucíferas y tamarindos; los grandes rebaños de gacelas mezclaban sus cuernos con las grandes hierbas, entre las cuales los caimanes las acechaban en silencio.

Largas filas de asnos y de camellos cargados de mercancías de Jené caminaban bajo los hermosos árboles; bien pronto un anfiteatro de casas bajas apareció detrás del río; sobre las terrazas y los techos estaba amontonado todo el follaje recolectado en las regiones circundantes.

—Esto es Kabra —dijo gozosamente el doctor—; es el puerto de Tombuctú. La ciudad no está mas que a unas cinco millas de aquí.

—¿Entonces, está satisfecho, señor? —preguntó Joe.

—Encantado, muchacho.

—Bien, tanto mejor.

En efecto, dos horas después, la reina del desierto, la misteriosa Tombuctú, que tuvo como Atenas y Roma sus escuelas de sabios y sus cátedras de filosofía, se desplegó bajo las miradas de los viajeros.

Fergusson seguía los menores detalles sobre el plano trazado por Barth y reconoció su extrema exactitud.

La ciudad forma un vasto triángulo inscrito en una inmensa llanura de arena blanca. Su vértice se dirige hacia el norte y penetra en un rincón del desierto; no hay nada en sus alrededores, apenas algunas gramíneas, mimosas enanas y arbustos raquíticos.

En cuanto al aspecto de Tombuctú, parece un agrupamiento de bolas de billar y dados reunidos al azar; éste es el efecto que produce a vuelo de pájaro; las calles bastante estrechas, bordeadas de casas que no tienen más que un piso bajo, construidas con ladrillos cocidos al sol y cabañas de paja y de cañas, aquéllas cónicas y éstas cuadradas; sobre las terrazas, perezosamente tendidos, algunos habitantes envueltos en su ropa llamativa, la lanza o el mosquete en la mano; ninguna mujer a tal hora del día.

—Pero se dice que son bellas —agregó el doctor—. Mirad las torres de las tres mezquitas, únicos restos de un gran número de ellas. La ciudad ha decaído mucho de su antiguo esplendor. Al vértice del triángulo se eleva la mezquita de Sankore con sus líneas de galerías sostenidas por arcos de un dibujo bastante puro. Más lejos, cerca del cuartel de Sane-Gungu, la mezquita de Siri-Yahia y algunas casas de dos pisos; no busquéis ni palacios ni monumentos. El jeque es un simple traficante y su vivienda real parece un mostrador.

—Creo ver algunas murallas medio derruidas.

—Fueron destruidas por los fulahs en 1826; entonces la ciudad era una tercera parte más grande, pues Tombuctú desde el siglo XI ha sido objeto de la codicia general. Ha pertenecido sucesivamente a los tuaregs, a los sarayens, a los marroquíes, a los fulahs; y este gran centro de civilización, donde un sabio como Ahmed Babá poseía en el siglo XVI una biblioteca de seiscientos manuscritos, no es más que un almacén de comercio del África central.

La ciudad parecía haber caído, en efecto, en una profunda decadencia; acusaba la pereza epidémica de las ciudades que decaen; inmensos escombros se amontonaban en los barrios y formaban, con la colina del mercado, los únicos accidentes del terreno. Al paso del *Victoria* se notó algún movimiento, el tambor fue batido, pero apenas tuvo tiempo de observar el último sabio del lugar este nuevo fenómeno. Los viajeros, impulsados por el viento del desierto, recobraron el curso sinuoso del río y bien pronto Tombuctú no fue más que uno de los recuerdos rápidos de su viaje.

—Y ahora —dijo el doctor—, que el cielo nos conduzca donde quiera.

—Por lo visto, quiere hacia el oeste —replicó Kennedy.

—¡Bah! —dijo Joe—. Lo más que puede ocurrir es volver a Zanzíbar por el mismo camino y atravesar el océano hasta América, lo que ya no me asusta.

—Sería necesario poder hacerlo pronto, Joe.

—Y ¿qué nos falta para hacerlo?

—Gas, muchacho; la fuerza ascensional del globo disminuye sensiblemente y serán necesarias grandes economías para que nos lleve hasta la costa. Voy a verme obligado a arrojar lastre. Pesamos demasiado.

—Eso es lo que tiene el no hacer nada, mi amo. Como permanece uno todo el día tumbado como un haragán en su hamaca, engorda y se vuelve pesado. El nuestro es un viaje de perezosos y a la vuelta se nos encontrará desgraciadamente gordos y llenos de grasas.

—Estas reflexiones son dignas de Joe —respondió el cazador—, pero espera al final; ¿sabes lo que el cielo nos reserva? Estamos todavía lejos del término de nuestro viaje. ¿Dónde crees volver a encontrar la costa de África, Samuel?

—Me es imposible contestarte, Dick; estamos a merced de vientos muy variables; pero, en fin, me juzgaría muy dichoso si llegase entre Sierra Leona y Portendick; allí hay una cierta extensión del país donde encontraríamos amigos.

—Tendremos el placer de estrechar su mano; ¿pero seguimos por lo menos la dirección deseada?

—Despacio, Dick, despacio; mira la aguja imantada; caminamos hacia el sur y remontamos el Níger hacia sus fuentes.

—Una gran ocasión de descubrirlas —respondió Joe—, si no fueran ya conocidas. Y en rigor, ¿no se podrían descubrir otras?

—No, Joe; pero no te preocupes de eso, espero no llegar hasta allí.

Al caer la noche, el doctor arrojó los últimos sacos de lastre. El *Victoria* se volvió a elevar; el soplete, aun funcionando a plena llama, apenas si podía mantenerlo. Se encontraban entonces a sesenta millas al sur de Tombuctú y el día siguiente amaneció sobre las riberas del Níger, no lejos del lago Debo.

Capítulo XL

El lecho del río estaba dividido por dos islas en brazos estrechos de una corriente muy rápida. Sobre una de ellas se elevaban algunas chozas de pastores; pero fue imposible hacer un reconocimiento exacto, pues la velocidad del *Victoria* seguía aumentando. Desgraciadamente se inclinaba todavía más al sur y franqueó en algunos instantes el lago Debo.

Fergusson buscó en diversas alturas, forzando extremadamente la dilatación del gas, otras corrientes en la atmósfera, pero en vano. Abandonó pronto estas maniobras que aumentaban todavía más la pérdida del gas, al acusar su presión contra la debilitada envoltura del aeróstato.

No dijo nada, pero empezó a inquietarse. La obstinación del viento en enviarlos hacia la parte meridional de África echaba por tierra sus cálculos. De lo único que estaba seguro era de que marchaban al azar. Si no alcanzaban los territorios inglés o francés, ¿qué hacer en medio de los bárbaros que infestan las costas de Guinea? ¿Cómo esperar allí un navío para volver a Inglaterra? Y la dirección del viento le impulsaba sobre el reino de Dahomey, entre los pueblos más salvajes, a merced de un rey que en los festejos públicos sacrifica millares de víctimas humanas. Allí estarían perdidos.

Por otra parte, el globo se deterioraba visiblemente y el doctor sintió que le faltaban las fuerzas. Sin embargo, el tiempo se despejó un poco y permitió esperar que el fin de la lluvia trajera un cambio en las corrientes atmosféricas.

Pero el doctor volvió desagradablemente a la realidad al oír esta reflexión de Joe.

—Bien —decía—, la lluvia va a aumentar y esta vez será el diluvio si se juzga por la nube que avanza.

—¿Otra nube? —dijo Fergusson.

—Y bien grande —respondió Kennedy.

—Como yo no he visto ninguna —replicó Joe—, con aristas tiradas a cordel.

—Respiro —dijo el doctor dejando su anteojo—; no es un nublado.

—Pues, ¿qué es? —dijo Joe.

—No es una nube.

—¿Qué quieres decir?

—Es una nube de langostas.

—¡Langostas!

—Millares de langostas que van a pasar sobre este país como una tromba y desgraciado de él si descienden; será devastado.

—Quisiera verlo.

—Espera un poco, Joe, dentro de unos diez minutos esta nube nos habrá alcanzado y juzgarás por tus propios ojos.

Fergusson decía la verdad. Aquella nube espesa, opaca, de una extensión de muchas millas, llegaba con un ruido ensordecedor, proyectando sobre el suelo su sombra inmensa; era una innumerable legión de esas langostas a las que se ha dado el nombre de cigarras voladoras. A cien pasos del *Victoria* descendieron sobre un país frondoso; un cuarto de hora más tarde la masa volvía a emprender su vuelo y los viajeros pudieron todavía apreciar de lejos los árboles, los matorrales completamente desnudos, y las praderas como segadas; se hubiera dicho que un invierno temprano acababa de sumir la campiña en la más absoluta y total esterilidad.

—¿Qué dices a esto, Joe?

—Pues bien, señor, que es muy curioso, pero muy natural; lo que una langosta hace en pequeño, millares lo hacen en grande.

—Es una lluvia catastrófica —dijo el cazador—, y más temible todavía que el granizo.

—Y es imposible preservarse de ello —respondió Fergusson—; algunas veces los habitantes han tenido la idea de incendiar los bosques y aun las mismas cosechas para detener el vuelo de estos insectos; pero los primeros grupos se precipitan en las llamas, las extinguen con su masa y el resto de la bandada pasa irresistiblemente. Afortunadamente, en estas regiones hay una especie de compensacion a sus destrucciones; los indígenas recogen estos insectos en gran número y los comen con placer.

—Éstas son las gambas del aire —dijo Joe—; que «para instruirme» —agregó— siento no haber podido probar.

El país se hizo más pantanoso hacia la noche; a los bosques sucedieron grupos de árboles aislados; en las orillas del río se distinguían algunas plantaciones de tabaco y pantanos pletóricos de forraje. En una gran isla apareció entonces la ciudad de Jené con las dos torres de sus mezquitas de tierra y el olor infecto que se escapaba de los millares de nidos de golondrinas acumulados sobre sus muros.

Algunas cimas de baobabs, de mimosas y de datileros se distinguían entre las casas; aquella noche la actividad parecía muy grande. Jené es, en efecto, una ciudad muy comercial; provee todas las necesidades de Tombuctú; sus barcas por el río, sus caravanas por los caminos umbrosos, transportan los diversos productos de su industria.

—Si no temiera prolongar nuestro viaje —dijo el doctor—, habría intentado descender en esta ciudad; seguramente se encontraría más de un árabe que hubiera viajado por Francia y por Inglaterra y al cual nuestro medio de locomoción no habría extrañado. Pero no sería prudente.

—Dejemos esta visita para nuestra próxima excursión —dijo Joe, riendo.

—Además, si no me engaño, amigos míos, el viento tiene una ligera tendencia a soplar hacia el este y no es conveniente perder esta ocasión.

El doctor arrojó algunos objetos ya inútiles, botellas vacías y una caja de carne que no tenía ningún uso; logró mantener al *Victoria* en una zona más favorable a sus proyectos. A las cuatro de la mañana, los primeros rayos del sol alumbraron Sego, la capital del Bambara, perfectamente reconocible por las cuatro ciudades que la componen, con sus mezquitas moriscas y el vaivén incesante de las balsas que transportan los habitantes a los diversos barrios. Pero los viajeros no fueron vistos; huyeron rápida y directamente hacia el noroeste, y las inquietudes del doctor se calmaron poco a poco.

—Dos días más en esta dirección y con esta velocidad y llegaremos al río del Senegal.

—¿Y estaremos en un país amigo? —preguntó el cazador.

—No del todo aún; en rigor, si el *Victoria* nos faltara, podríamos ganar los destacamentos franceses. Pero mejor será tenerlo durante algunos cientos de millas y llegaremos sin fatigas, sin temores y sin peligros hasta la costa occidental.

—¡Y esto se habrá acabado! —dijo Joe—. Pues bien; si no fuera por el placer de relatarlo, yo no querría echar jamás pie a tierra. ¿Piensan que se dará crédito a mis relatos, mi amo?

—¡Quién sabe, mi bravo Joe! En última instancia, habrá siempre un hecho incontestable: mil testigos nos han visto partir de una costa de África, y mil testigos nos verán llegar a la otra.

—En este caso —respondió Kennedy—, me parece muy difícil que digan que no hemos atravesado el África.

—¡Ah, señor Samuel! —replicó Joe, dando un gran suspiro—. Recuerdo apenado, más de una vez, mis guijarros de oro macizo. Esto sí que habría dado consistencia a nuestras historias y verosimilitud a nuestros relatos. A un gramo de oro por oyente, yo habría reunido una hermosa muchedumbre para oírme y al mismo tiempo para admirarme.

CAPÍTULO XLI

El 27 de mayo, hacia las nueve de la mañana, el país se presentó bajo un nuevo aspecto: las pendientes, anchamente extendidas, se cambiaron en colinas que hacían presagiar próximas montañas. Se habría podido franquear la cadena que separa la cuenca del Níger de la cuenca del Senegal y determinaba la desembocadura de las aguas, bien en el golfo de Guinea o en la bahía de Cabo Verde.

Hasta el Senegal, esta parte de África está considerada como peligrosa. El doctor Fergusson lo sabía por los relatos de sus predecesores; habían sufrido mil privaciones y corrido mil peligros en medio de aquellos negros bárbaros; aquel clima funesto devoró a la mayor parte de los compañeros de Mungo Park. Fergusson estaba, pues, más decidido que nunca a no tomar tierra en tal región inhospitalaria.

Pero no tuvo un momento de reposo; el *Victoria* descendía de una manera sensible; era necesario arrojar todavía un sinfín de objetos más o menos inútiles, sobre todo en el momento de franquear una cresta. Y esto ocurrió durante más de ciento veinte millas; se cansaban en subir y bajar; el globo, aquella nueva roca de sísifo, volvía a caer incesantemente; las formas del aeróstato poco inflado se desfiguraban ya; se alargaba y el viento producía grandes hoyos en su arrugada envoltura.

Kennedy no pudo menos de hacer esta observación:

—¿Tiene alguna brecha el globo?

—No —dijo el doctor—; pero la gutapercha está claramente reblandecida o fundida por el calor, y el hidrógeno se escapa a través del tafetán.

—¿Cómo impedir esta fuga?

—Es imposible; aligeremos todo lo que podamos, es el único procedimiento, arrojemos todo lo que se pueda arrojar.

—Pero, ¿qué nos queda? —dijo el cazador, mirando la barquilla, ya muy desvalijada.

—Desembaracémonos de la tienda; su peso es bastante considerable.

Joe, a quien se dirigía esta orden, se encaramó por encima del círculo que formaban las cuerdas de la cubierta y allí pudo arrancar fácilmente las espesas cortinas de la tienda y arrojarlas fuera.

—He aquí una cosa que hará la felicidad de toda una tribu de negros —dijo—; con esto habrá para vestir a un millar de indígenas, pues son muy discretos en lo que respecta a las telas.

El globo se había vuelto a elevar un poco, pero bien pronto se pudo percibir que se aproximaba rápidamente al suelo.

—Descendemos —dijo Kennedy—; veamos lo que se puede hacer con esta envoltura.

—Te lo repito, Dick, no tenemos ningún medio de repararla.

—Entonces, ¿qué haremos?

—Sacrificaremos todo lo que no sea completamente indispensable; quiero evitar a toda costa hacer un alto en estos parajes. Los bosques cuyas cimas rozamos en estos momentos no son nada seguros.

—Pues qué tienen, ¿leones, hienas? —dijo Joe, con desprecio.

—Peor que esto, muchacho; hombres, y de los más crueles que hay en África.

—¿Cómo se sabe?

—Por los viajeros que nos han precedido; los franceses que ocupaban la colonia del Senegal han tenido frecuentemente relaciones con los pueblos que la rodean; bajo el gobierno del coronel Faidherve, se han hecho numerosos reconocimientos muy hacia el interior de este país; oficiales como Pascal, Vincent y Lambert, han enviado preciosos documentos de sus expediciones. Han explorado regiones formadas por el recodo del Senegal allí donde la guerra y el pillaje no han dejado más que ruinas.

—¿Qué ocurrió?

—En 1854 un seguidor del Futa senegalés, Al-Hadji, proclamándose inspirado como Mahoma, puso todas las tribus en guerra contra los infieles, es decir, los europeos. Llevó la destrucción y la desolación entre el río Senegal y su afluente el Falemé. Tres hordas de fanáticos guiados por él invadieron el país sin dejar ni una ciudad, ni una cabaña, robando y saqueando; llegó incluso hasta el valle del Níger, y la ciudad de Sego estuvo largo tiempo amenazada. En 1857 se remontó más al norte y sitió el fuerte de Medina, construido por los franceses a orillas del río; este destacamento fue defendido por un héroe, Paul Holl, que durante muchos meses, sin víveres ni municiones casi, se defendió hasta el momento en que el coronel Feidherve vino a librarle. Al-Hadji y sus bandas volvieron a cruzar entonces el Senegal y se establecieron en el Kaarta para continuar sus rapiñas y sus asesinatos; y éstas son las regiones en las cuales han huido y se han refugiado estas hordas de bandidos y yo os afirmo que no me gustaría caer en sus manos.

—No caeremos —dijo Joe—, aunque debamos sacrificar nuestro calzado para volver a elevar el *Victoria*.

—No estamos muy alejados del río —dijo el doctor—; pero preveo que nuestro globo no podría llevarnos allí.

—Si llegamos a sus orillas, eso habremos ganado —replicó el cazador.

—Eso es lo que intentaremos hacer —dijo el doctor—; una cosa me inquieta solamente.

—¿Cuál?

—Tenemos montañas que atravesar y esto será difícil, puesto que yo no puedo aumentar la fuerza ascensional del aeróstato aun produciendo el mayor calor posible.

—Esperaremos —dijo Kennedy—, y ya veremos entonces.

—¡Pobre *Victoria!* —exclamó Joe—, estoy unido a él como el marino a su navío. No lo abandonaré sin pena. No sé lo que haré a la salida, es verdad, pero no podemos hablar mal de él, nos ha prestado grandes servicios y será para mí una angustia abandonarlo.

—Descuida, Joe. Si lo abandonamos será a nuestro pesar. Nos servirá hasta el fin de sus fuerzas. Sólo pido que resista todavía veinticuatro horas.

—Se extingue —dijo Joe, observándolo—, disminuye, su vida se va. ¡Pobre globo!

—Si no me engaño —dijo Kennedy—, en el horizonte están las montañas de que hablabas, Samuel.

—Ésas son —dijo el doctor, después de haberlas examinado con su anteojo—; me parecen demasiado elevadas como para que podamos franquearlas.

—¿No podemos evitarlas?

—No lo creo, Dick; mira el inmenso espacio que ocupan: cerca de la mitad del horizonte.

—Parecen estrecharse alrededor de nosotros —dijo Joe—; avanzan por la derecha y por la izquierda.

—Es absolutamente necesario pasar por encima.

Aquellos obstáculos tan peligrosos parecían aproximarse con una rapidez extremada, o por mejor decir, un viento muy fuerte precipitaba al *Victoria* hacia los agudos picos. Era necesario elevarse a toda costa si querían evitar estrellarse.

—Tiremos nuestra carga de agua —dijo Fergusson—; no reservaremos más que la necesaria para un día.

—Ya está —dijo Joe.

—¿Se eleva el globo? —preguntó Kennedy.

—Un poco, como unos cincuenta pies —respondió el doctor, que no apartaba sus ojos del barómetro—, pero no es bastante.

En efecto, las altas cimas venían hacia los viajeros como si fuesen a precipitarse sobre ellos; estaban lejos de dominarlas, era necesario elevarse más de cincuenta pies todavía.

La provisión de agua del soplete fue arrojada fuera también; no se conservó más que algunas pintas; pero eso fue todavía insuficiente.

—Sin embargo, es necesario pasar —dijo el doctor.

—Arrojemos las cajas, puesto que las hemos vaciado —dijo Kennedy.

—Arrojadlas.

—Ya está —dijo Joe—; se trata de irse a pedazos.

—En cuanto a ti, Joe, no vayas a renovar tu abnegación del otro día. Aunque llegue la ocasión, júrame que no nos abandonarás.

—Esté tranquilo, mi amo, no le abandonaré.

El *Victoria* había alcanzado una altura de unas veinte toesas, pero la cresta de la montaña dominaba todavía. Era una arista muy derecha que terminaba en una verdadera muralla cortada a pico. Aún se elevaba más de doscientos pies por encima de los viajeros.

—Dentro de diez minutos —dijo el doctor— nuestra barquilla se habrá estrellado contra esas rocas, si no logramos elevarnos.

—¿Y qué hacemos, señor Samuel? —dijo Joe.

—No conserves más que nuestra provisión de *pemmickan* y arroja toda la comida que pese.

El globo fue aligerado todavía en unas cincuenta libras; se elevó bastante; pero poco importaba si no se llegaba sobre la línea de la montaña. La situación era espantosa; el *Victoria* avanzaba con gran rapidez, se iba a hacer pedazos; el choque sería terrible.

El doctor miró alrededor de él en la barquilla.

—Está casi vacía.

—Si es necesario, Dick, debes sacrificar tus armas.

—¡Sacrificar mis armas! —respondió el cazador, con emoción.

—Amigo mío, cuando yo te lo ruego será porque es necesario.

—¡Samuel, Samuel!

—Tus armas, tus provisiones, el plomo y la pólvora pueden costarnos la vida.

—¡Nos aproximamos —exclamó Joe—, nos aproximamos!

¡Diez toesas! La montaña estaba separada del *Victoria* diez toesas aún.

Joe tomó las mantas y las precipitó fuera. Sin decir nada a Kennedy, lanzó también muchos sacos de balas y de plomo.

El globo subió; pasó la cima peligrosa y su polo superior se alumbró con los rayos del sol. Pero la barquilla se encontraba todavía un poco por debajo del macizo de rocas contra las cuales iba inevitablemente a destrozarse.

—¡Kennedy, Kennedy! —exclamó el doctor—, arroja tus armas o estamos completamente perdidos.

—¡Espere, señor Dick —dijo Joe—; espere!

Y Kennedy, volviéndose, le vio desaparecer de la barquilla.

—¡Joe, Joe! —exclamó.

—¡Desgraciado! —dijo el doctor.

La cresta de la montaña tendría en aquel sitio unos veinte pies de ancho y por el otro presentaba un menor declive. La barquilla llegó justo al nivel de aquella planicie uniforme; rozó con el suelo, lleno de agudos guijarros, que rodaban a su paso.

—¡Pasamos, pasamos!, ¡hemos pasado! —gritó una voz que hizo latir el corazón de Fergusson.

El intrépido muchacho se sostenía con las manos al borde inferior de la barquilla; corría a pie por la cresta, aligerando así al globo de la totalidad de su peso; tuvo que sujetarle fuertemente, pues estaba a punto de escabullirse.

Cuando hubo llegado a la vertiente opuesta y el abismo se presentó delante de él, Joe, con un movimiento vigoroso, se volvió a elevar, y agarrándose a las cuerdas, se situó al lado de sus compañeros.

—No hay paso más difícil que éste —dijo.

—Mi bravo Joe, mi buen amigo —dijo el doctor, con emoción.

—¡Oh!, lo que yo he hecho —respondió éste— no ha sido por ustedes, ha sido por la carabina del señor Dick. Le debía gratitud después de la aventura del árabe. Acostumbro siempre a pagar mis deudas y ahora estamos en paz —agregó, presentando al cazador su arma predilecta—. Habría sido una pena si hubiese tenido que separarse de ella.

Kennedy le estrechó fuertemente la mano sin poder decir una palabra.

El *Victoria* no hacía más que descender; se encontró bien pronto a doscientos pies del suelo y entonces se equilibró. El terreno parecía convulsionado, presentando numerosos accidentes muy difíciles de evitar durante la noche con un globo que ya no obedecía. Anochecía rápidamente y, a pesar de su repugnancia, el doctor no tuvo más remedio que hacer alto hasta el día siguiente.

—Vamos a buscar un sitio favorable para detenernos —dijo.

—¡Ah! —respondió Kennedy—, por fin te decides.

—He meditado muy largamente un proyecto que vamos a poner en ejecución; no son todavía más que las seis de la tarde y tendremos tiempo. Arroja las anclas, Joe.

Joe obedeció y las dos anclas cayeron por debajo de la barquilla.

—Distingo grandes bosques —dijo el doctor—; vamos a pasar sobre sus cimas y nos sujetaremos a algún árbol.

—Por nada del mundo consentiría en no pasar esta noche en tierra.

—¿Podremos descender? —preguntó Kennedy.

—¿Para qué? Os repito que sería muy peligroso separarnos. Además, necesito vuestra ayuda para un trabajo muy difícil.

El *Victoria,* que rozaba la cima de inmensos bosques, no tardó en detenerse bruscamente; sus anclas habían hecho presa; el viento cayó con la noche y el globo permaneció casi inmóvil encima de aquel vasto campo de verdura formado por las copas de un bosque de sicomoros.

Capítulo XLII

El doctor Fergusson había comenzado reconociendo su posición por la altura de las estrellas; se encontraba apenas a veinticinco millas del Senegal.

—Todo lo que podemos hacer, amigos míos —dijo después de haber consultado su mapa—, es pasar el río; pero como no hay puente ni barcas es necesario a toda costa pasarlo en globo; para esto, debemos aligerarnos más todavía.

—Pero no veo cómo podemos conseguirlo —respondió el cazador, que temía por sus armas—; a menos que uno de nosotros decida sacrificarse y se quede atrás... De ser así, yo reclamo este honor.

—Yo soy el indicado —respondió Joe—, pues ya tengo la costumbre.

—No se trata de arrojarse, amigos míos, sino de ganar a pie la costa de África; yo soy muy andariego, y mejor cazador...

—No lo consentiría jamás —replicó Joe.

—Vuestro combate de generosidad es inútil, mis buenos amigos —dijo Fergusson—; espero que no sea necesario llegar hasta ese extremo; además, de ser así, en lugar de separarnos, permaneceríamos reunidos para atravesar este país.

—Muy bien hablado —dijo Joe—; un pequeño paseo no nos vendría mal.

—Pero, sin embargo —replicó el doctor—, debemos hacer un último intento para aligerar el *Victoria*.

—¿Cuál? —dijo Kennedy—. Tengo curiosidad por conocerlo.

—Es necesario desembarazarnos de las cajas del soplete, de la pila de Bunsen y del serpentín. Tenemos todavía cerca de novecientas libras, muy pesadas para transportarlas por los aires.

—Pero, Samuel, ¿cómo obtendrás entonces la dilatación del gas?

—No la obtendré. Nos pasaremos sin ella.

—Pues entonces...

—Escuchadme, amigos míos. He calculado muy exactamente la fuerza ascensional que nos queda; es suficiente para transportarnos a los tres con algunos objetos que nos queden; sumaremos apenas un peso de quinientas libras incluyendo nuestras dos anclas, que debemos conservar.

—Mi querido Samuel —respondió el cazador—, tú eres más competente que nosotros en esta materia; eres el único juez de la situación, dinos lo que debemos hacer y lo haremos al instante.

—A sus órdenes, mi amo.

—Os lo repito, amigos míos, por libre que sea esta determinación, es necesario sacrificar nuestro aparato.

—¡Sacrificarlo! —replicó Kennedy.

—Manos a la obra —dijo Joe.

No fue éste un trabajo fácil. Fue necesario desmontar el aparato pieza por pieza; se sacó primero la caja de mezclas, después la del soplete y por fin la caja en que se operaba la descomposición del agua; apenas si bastaron las fuerzas reunidas de los tres viajeros para arrancar los recipientes del fondo de la barquilla, en la cual estaban fuertemente encajados; pero Kennedy era tan vigoroso, Joe tan diestro, Samuel tan ingenioso que finalmente lo consiguieron; las diversas piezas fueron arrojadas fuera y desaparecieron abriendo grandes boquetes en el follaje de los sicomoros.

—A los negros les chocará bastante —dijo Joe— encontrar tales objetos en los bosques; son capaces de convertirlos en ídolos.

Había que ocuparse enseguida de los tubos unidos al globo y ajustados al serpentín. Joe cortó algunos pies por encima de la barquilla las articulaciones de caucho; pero en cuanto a los tubos fue más difícil, pues estaban fijos por su extremo superior y sujetos por alambres de latón al mismo círculo de la válvula.

Entonces fue cuando Joe desplegó una destreza maravillosa; con los pies desnudos para no rasgar la envoltura logró, con la ayuda de la red y a pesar de las oscilaciones, encaramarse hasta la parte superior del aeróstato y allí, después de mil dificultades, sujeto con una mano a aquella superficie escurridiza, soltó las tuercas exteriores que sujetaban los tubos. Éstos se soltaron entonces fácilmente y fueron extraídos por el apéndice inferior, que fue vuelto a cerrar herméticamente por medio de una fuerte ligadura.

El *Victoria*, liberado de este peso considerable, se elevó de nuevo y puso en fuerte tensión la cuerda del ancla.

A medianoche todos estos trabajos se concluyeron felizmente, aunque con grandes fatigas. Se tomó rápidamente una comida a base de *pemmickan* y de *grog* frío, pues el doctor no tenía ya calor que poner a la disposición de Joe.

Éste y Kennedy cayeron rendidos de fatiga.

—Acostaos y dormid, amigos míos —les dijo Fergusson—, yo haré la primera guardia; a las dos despertaré a Kennedy, a las cuatro Kennedy despertará a Joe, a las seis partiremos y que el cielo nos proteja durante esta última jornada.

Sin hacerse de rogar más, los dos compañeros del doctor se tendieron en el fondo de la barquilla y se durmieron con un sueño más rápido que profundo.

La noche era apacible; algunas nubes se amontonaban ante la luna menguante, cuyos rayos indecisos apenas rompían la oscuridad. Fergusson, apoyado sobre el borde de la barquilla, paseaba la mirada a su alrededor; observaba con atención la espesa cortina de sombra del follaje que se extendía bajo sus pies y le robaba la vista del suelo; el menor ruido le parecía sospechoso y estaba atento a la más ligera oscilación de las hojas.

Se encontraba en esa disposición de espíritu que la soledad hace más sensible todavía y durante la cual vagos terrores invaden el cerebro. Al cabo de un viaje parecido, después de haber salvado tantos obstáculos, en el momento de tocar el fin, los temores son más vivos, la emociones más fuertes. El punto de llegada parecía huir ante sus ojos.

Por otra parte, la situación no era nada tranquilizadora, en medio de un país bárbaro y con un medio de transporte que en definitiva podía desaparecer de un momento a otro. El doctor no contaba con su globo de una manera absoluta; había pasado el tiempo en que lo manejaba con audacia porque estaba seguro de él.

Con estas impresiones, el doctor creyó percibir muchas veces algunos rumores indeterminados en los bosques inmensos; creyó asimismo observar que un fuego rápido brillaba entre los árboles; miró con viveza y dirigió su anteojo de noche en aquella dirección. Pero no distinguió nada y se hizo todavía un silencio más profundo.

Fergusson había experimentado una alucinación sin duda; escuchó sin captar el menor ruido; el tiempo de su guardia había transcurrido; despertó a Kennedy, le recomendó una extrema vigilancia y ocupó un sitio al lado de Joe, que dormía profundamente.

Kennedy encendió tranquilamente su pipa frotándose los ojos que apenas tenía abiertos; se acomodó en un rincón y se puso a fumar ávidamente para librarse del sueño.

El silencio más absoluto reinaba alrededor de él; un viento ligero agitaba las copas de los árboles y balanceaba dulcemente la barquilla invitando al cazador al sueño que le invadía contra su voluntad; quiso resistirse, abrió muchas veces los párpados, dirigió en la noche algunas de esas miradas que no ven nada y por fin, sucumbiendo a la fatiga, se durmió.

¿Cuánto tiempo estuvo sumido en este estado de inercia? No pudo darse cuenta de su sueño, que fue bruscamente interrumpido por un chisporroteo inesperado.

Se frotó los ojos y se levantó. Un calor intenso se proyectaba sobre su cara. El bosque estaba ardiendo.

—¡Fuego!, ¡fuego! —exclamó sin comprender aún el acontecimiento.

Sus dos compañeros se levantaron.

—¿Qué ocurre? —preguntó Samuel.

—El incendio... —dijo Joe—. ¿Pero quién puede?...

En este momento los aullidos estallaron bajo el follaje violentamente iluminado.

—¡Ah!, ¡los salvajes! —exclamó Joe—, han prendido fuego al bosque para incendiarnos.

—¡Los talibas! Los seguidores de Al-Hadji sin duda —dijo el doctor.

Un círculo de fuego rodeaba al *Victoria;* los chisporroteos del bosque seco se mezclaban con los gemidos de las ramas verdes; las lianas, las hojas, toda la parte viva de aquella vegetación se retorcía en el elemento destructor; la vista no percibía más que un océano de llamas; los grandes árboles se dibujaban en negro en la hoguera con sus ramas cubiertas de carbones incandescentes; aquel montón inflamado, aquella hoguera se reflejaba en las nubes y los viajeros se creyeron envueltos en una esfera de fuego.

—¡Huyamos! ¡A tierra! —exclamó Kennedy—; es nuestro único camino de salvación.

Pero Fergusson lo detuvo con una mano y precipitándose sobre la cuerda del ancla la cortó de un hachazo. Las llamas, dirigiéndose hacia el globo, lamían ya sus paredes iluminadas; pero el *Victoria,* desembarazado de sus ligaduras, subió más de mil pies.

Gritos espeluznantes estallaron en el bosque con violentas detonaciones de armas de fuego; el globo, impulsado por una corriente que se levantaba con el día, se dirigió hacia el oeste.

Eran las cuatro de la mañana.

Capítulo XLIII

Si no hubiéramos tomado la precaución de aligerarnos ayer por la noche —dijo el doctor—, estaríamos perdidos sin remedio.

—Eso es lo que tiene hacer las cosas a tiempo —replicó Joe—; así se salva uno de la forma más sencilla.

—No estamos fuera de peligro —replicó Fergusson.

—¿Qué temes ahora? —preguntó Dick—. El *Victoria* no puede descender sin tu permiso; ¡y cuando descienda!

—¡Cuando descienda! ¡Dick, mira!

Acababan de salir del bosque, y pudieron distinguir unos treinta jinetes vestidos con largos pantalones y albornoz flotante; estaban armados los unos con lanzas, los otros con largos mosquetes; seguían al galope de sus caballos vivos y ardientes la dirección del *Victoria,* que marchaba con una velocidad moderada.

A la vista de los viajeros lanzaron gritos salvajes blandiendo sus armas; la cólera y las amenazas se dibujaban en sus rostros morenos, que hacía más feroces una barba pequeña pero erizada; atravesaban sin fatiga las planicies inclinadas y las suaves pendientes que descienden al Senegal.

—¡Son ellos! —dijo el doctor—; los crueles talibas, los bárbaros seguidores de Al-Hadji. Desearía mejor encontrarme en pleno bosque en medio de un círculo de bestias hambrientas que caer en las manos de estos bandidos.

—No tienen un aspecto muy agradable —dijo Kennedy—, y son vigorosos y fuertes.

—Afortunadamente, estas bestias no vuelan —replicó Joe—, ya es algo.

—Mirad —dijo Fergusson— estos pueblos en ruinas, estas cabañas incendiadas, ésta es su obra; y allí donde se extendían vastos cultivos han llevado la aridez y la devastación.

—En fin, no pueden alcanzarnos —replicó Kennedy—, y si conseguimos poner el río entre ellos y nosotros, estaremos a salvo.

—Perfectamente, Dick; pero es necesario no caer —respondió el doctor, dirigiendo una mirada al barómetro.

—En todo caso, Joe —replicó Kennedy—, no haremos mal en ir preparando nuestras armas.

—Esto no es perjudicial, señor Dick; no nos arrepentiremos de irlos sembrando en nuestro camino.

—¡Carabina mía —exclamó el cazador—, espero no separarme jamás de ti!

Y Kennedy la cogió con el mayor cuidado; le quedaba pólvora y balas en cantidad suficiente.

—¿A qué altura nos encontramos? —preguntó a Fergusson.

—A unos setecientos cincuenta pies, pero no tenemos la facultad de buscar corrientes favorables subiendo o descendiendo; estamos a merced del globo.

—Esto es un fastidio —replicó Kennedy—; el viento es bastante débil y si hubiéramos encontrado un huracán parecido al de los días precedentes, hace tiempo que habríamos perdido de vista a estos bandidos.

—Estos bribones nos siguen sin dificultad —dijo Joe—, a trote largo; ¡un verdadero paseo!

—Si estuvieran a tiro —dijo el cazador—, me divertiría en irlos desmontando uno a uno.

—Claro —respondió Fergusson—, pero nosotros estaríamos a buena distancia también y nuestro *Victoria* ofrecería un blanco muy fácil a las balas de sus largos mosquetes, y si lo desgarran, figúrate cuál sería nuestra situación.

La persecución de los talibas continuó toda la mañana. Hacia las once los viajeros apenas habían ganado unas quince millas al oeste.

El doctor espiaba las menores nubes en el horizonte. Seguía temiendo un cambio de atmósfera. Si acababan siendo arrastrados hacia el Níger, ¿qué sería de ellos? Además, observaba que el globo tendía a bajar muy sensiblemente; desde su salida había perdido más de trescientos pies y el Senegal estaba alejado unas doce millas; con la velocidad actual necesitaban contar todavía con tres horas de viaje.

En aquel momento nuevos gritos atrajeron su atención; los talibas se agitaban y aceleraban a sus caballos.

El doctor consultó el barómetro y comprendió la causa de los aullidos.

—Descendemos —dijo Kennedy.

—Sí —respondió Fergusson.

—¡Diablos! —pensó Joe.

Al cabo de un cuarto de hora la barquilla no estaba más que a unos 50 pies del suelo, pero el viento soplaba con más fuerza.

Los talibas detuvieron sus caballos e inmediatamente una descarga de mosquetes resonó en los aires.

—Demasiado lejos, imbéciles —exclamó Joe—; me parece que tengo a estos bribones a distancia.

Y apuntando a uno de los jinetes más avanzados, hizo fuego; el taliba rodó a tierra, sus compañeros se detuvieron y el *Victoria* puso tierra de por medio.

—Son prudentes —dijo Kennedy.

—Porque están seguros de cogernos —respondió el doctor—; y lo conseguirán si seguimos descendiendo. Es absolutamente necesario volvernos a elevar.

—¿Qué podemos arrojar? —preguntó Joe.

—Todo lo que queda de nuestra provisión de *pemmickan*. Hay todavía unas treinta libras.

—Aquí están, señor —dijo Joe, obedeciendo las órdenes de su amo.

La barquilla, que tocaba casi el suelo, se elevó en medio de los gritos de los talibas; pero una media hora más tarde el *Victoria* volvía a descender con rapidez; el gas se escapaba por los poros de su envoltura.

Bien pronto la barquilla volvió a rozar el suelo; los negros de Al-Hadji se precipitaron hacia ella; pero como ocurre en semejantes circunstancias, apenas hubo tocado tierra, cuando el *Victoria* se volvió a elevar de un salto para abatirse de nuevo una milla más lejos.

—No nos escapamos —dijo Kennedy con rabia.

—Arroja nuestra reserva de aguardiente, Joe —exclamó el doctor—, nuestros instrumentos, todo lo que pueda tener un peso cualquiera y nuestra última ancla, ya que no hay más remedio.

Joe arrojó los barómetros, los termómetros; pero todo esto era muy poca cosa, y el globo, que se remontó un instante, volvía a caer bien pronto a tierra. Los talibas corrían siguiendo sus huellas y no estaban más que a unos doscientos pasos de ellos.

—Arroja los dos fusiles —exclamó el doctor.

—No, sin antes haberlos descargado al menos —respondió el cazador, y cuatro disparos sucesivos hicieron blanco en el grupo de jinetes; cuatro talibas cayeron en medio de los gritos frenéticos de la banda.

El *Victoria* se volvió a elevar de nuevo; daba saltos de una enorme extensión, como una inmensa pelota elástica que rebotara en el suelo.

Extraño espectáculo el de aquellos infortunados procurando huir a zancadas gigantescas y que, como Anteo, parecían adquirir una nueva fuerza en cuanto tomaban tierra. Pero era inevitable que aquella situación terminase. Era cerca del mediodía. El *Victoria,* agotándose, se vaciaba, se alargaba; su envoltura se había hecho floja y flotante, los pliegues del tafetán distendido rechinaban unos contra otros.

—El cielo nos abandona —dijo Kennedy—. ¡Caeremos!

Joe no respondió, miró a su amo.

—No —dijo éste—, tenemos más de ciento cincuenta libras que arrojar.

—¿Cuáles son? —preguntó Kennedy pensando que el doctor se había vuelto loco.

—La barquilla —respondió éste—, agarrémonos a la red. Podemos sujetarnos a las mallas y ganar el río. ¡Deprisa, deprisa!

Y aquellos hombres audaces no dudaron en intentar tal medio de salvación. Se suspendieron en las mallas de la red como había indicado el doctor, y Joe, sujetándose con una mano, cortó las cuerdas de la barquilla; ésta cayó en el momento en que el aeróstato iba a abatirse definitivamente.

—¡Hurra, hurra! —exclamó mientras el globo aligerado se remontaba a trescientos pies en el aire.

Los talibas excitaban a sus caballos, que corrían a galope tendido; pero el *Victoria,* encontrando un viento más fuerte, los adelantó y se dirigió hacia una colina que cerraba el horizonte hacia el oeste. Ésta fue una circunstancia favorable para los viajeros, pues pudieron atravesarla en tanto que la horda de Al-Hadji se veía forzada a seguir por el norte para rodear aquel último obstáculo.

Los tres amigos permanecían sujetos a la red; habían podido colocarla por debajo de ellos y formaba como un bolsillo flotante.

De repente, después de haber franqueado la colina, el doctor exclamó:

—¡El río, el río! ¡El Senegal!

A dos millas, en efecto, el río arrastraba una masa de agua muy extensa; la ribera opuesta, baja y fértil, ofrecía una retirada segura y un lugar favorable para realizar el descenso.

—Un cuarto de hora más —dijo Fergusson— y estaremos salvados.

Pero no iba a ocurrir así; el globo vacío descendía poco a poco sobre un terreno casi enteramente desprovisto de vegetación, todo largas pendientes y planicies rocosas; apenas algunos matorrales, y una hierba seca y tupida bajo los ardores del sol.

El *Victoria* tocó muchas veces el suelo y se volvió a elevar; sus saltos disminuyeron en altura y extensión; por último, quedó enganchado por la parte superior de la red a las ramas elevadas de un *baobab,* único árbol aislado en medio de aquel país desértico.

—Esto se ha acabado —dijo el cazador.

—¡Y a cien pasos del río! —exclamó Joe.

Los tres infortunados echaron pie a tierra y el doctor arrastró a sus dos compañeros hacia el Senegal. En este lugar el río hacía oír un rugido prolongado; al llegar a sus orillas, Fergusson reconoció las cataratas del Guina. ¡Ni una barca en la orilla, ni un ser animado!

En una anchura de dos mil pies, el Senegal se precipitaba desde una altura de ciento cincuenta pies con un ruido ensordecedor. Corría de este a oeste y la línea de rocas que cerraban su curso se extendía de norte a sur. En el lugar de la caída se divisaban rocas de formas extrañas como inmensos animales antediluvianos petrificados en medio de las aguas.

La imposibilidad de atravesar aquel abismo era evidente. Kennedy no pudo contener un gesto de desesperación.

Pero el doctor Fergusson, con un enérgico acento, exclamó:

—No se ha acabado todo.

—Ya lo sabía yo —dijo Joe con una confianza en su amo que no podía perder jamás.

La vista de la hierba seca había inspirado al doctor una idea atrevida. Era el único camino de salvación. Dirigió rápidamente a sus compañeros hacia la envoltura del aeróstato.

—Llevamos una hora de ventaja a esos bandidos —dijo—; no perdamos tiempo, amigos míos; reunid una gran cantidad de esta hierba seca; me hacen falta cien libras por lo menos.

—¿Qué vas a hacer? —preguntó Kennedy.

—No tengo gas; pues bien, atravesaré el río con aire caliente.

—¡Ah, mi bravo Samuel! —exclamó Kennedy—. ¡Eres verdaderamente un gran hombre!

Joe y Kennedy se pusieron a trabajar y bien pronto un enorme haz fue apilado cerca del baobab.

Durante este tiempo el doctor había agrandado el orificio del aeróstato en su parte inferior; antes tuvo buen cuidado de expulsar por la válvula el hidrógeno que podía quedar; después apiló una cierta cantidad de hierbas secas bajo la envoltura y las prendió fuego.

Es necesario poco tiempo para inflar un globo con aire caliente; un calor de 180 grados [1] es suficiente para disminuir en una mitad el peso del aire que encierra, rarificándolo; bien pronto el *Victoria* comenzó a tomar de nuevo su forma redondeada; la hierba no faltaba, el fuego se activaba por los cuidados del doctor y el aeróstato aumentaba su volumen sensiblemente.

Era entonces la una menos cuarto.

---

1 100 grados centígrados. *(N. del A.)*

En aquel momento, a dos millas hacia el norte apareció la banda de los talibas; se oían sus gritos y el galope de sus caballos lanzados a toda velocidad.

—Dentro de veinte minutos estarán aquí —dijo Kennedy.

—¡Hierba, hierba, Joe! Dentro de diez minutos estaremos en el aire.

—Aquí está, señor.

El *Victoria* se había inflado en sus dos terceras partes.

—Amigos míos, agarraos a la red como hicimos antes.

—Ya estamos —respondió el cazador.

Al cabo de diez minutos algunas sacudidas del globo indicaron su tendencia a elevarse. Los talibas se aproximaban, estaban apenas a quinientos pasos.

—Sujetaos bien —exclamó Fergusson.

—No tenga miedo, mi amo, no se preocupe.

Y el doctor, empujándola con el pie, echó a la hoguera una nueva cantidad de hierba.

El globo, completamente dilatado por el aumento de temperatura, se elevó desgarrando las ramas del baobab.

—En marcha —gritó Joe.

Una descarga de mosquetes le contestó; una bala le rozó la espalda; pero Kennedy, inclinándose y disparando su carabina con una mano, arrojó un enemigo más a tierra.

Gritos de rabia imposibles de describir acogieron la elevación del aeróstato que subió a casi ochocientos pies. Un viento rápido le ayudaba y describió inquietantes oscilaciones mientras que el intrépido doctor y sus compañeros contemplaban el abismo de las cataratas abierto a sus pies.

Diez minutos después, sin haber cambiado una palabra entre sí, los audaces viajeros descendían poco a poco en la otra orilla del río.

Allí, sorprendido, maravillado, estaba un grupo de unos diez hombres que llevaban el uniforme del ejército francés. Juzgue el lector su extrañeza cuando vieron el globo elevarse en la orilla derecha del río. No estaban muy lejos de creer en un fenómeno celeste. Pero sus jefes, un teniente de marina y un alférez de navío, conocían por los periódicos de Europa la audaz tentativa del doctor Fergusson y se dieron enseguida cuenta de lo que ocurría.

El globo, deshinchándose poco a poco, descendía con los intrépidos aeronautas sujetos a su red; parecía difícil que pudieran llegar a tierra; así que los franceses se arrojaron al río y recibieron a los tres ingleses en sus brazos, en el momento en que el *Victoria* caía a algunas toesas de la orilla izquierda del Senegal.

—¡El doctor Fergusson! —exclamó el teniente.

—El mismo —respondió tranquilamente el doctor—; y sus dos amigos.

Los franceses transportaron a los viajeros más allá del río en tanto que el globo, medio desinflado, arrastrado por una rápida corriente, iba como una ampolla inmensa a hundirse con las aguas del Senegal en las cataratas del Guina.

—¡Pobre *Victoria!* —dijo Joe.

El doctor no pudo contener una lágrima; abrió sus brazos y sus dos amigos se precipitaron en ellos impulsados por una gran emoción.

Capítulo XLIV

La expedición que se encontraba en la orilla del río había sido enviada por el gobernador del Senegal; se componía de dos oficiales, Dufraisse, teniente de infantería de marina, y Rodamel, alférez de navío; un sargento y siete soldados. Desde hacía dos días se ocupaban en reconocer la situación más favorable para el establecimiento de un puesto en Guina cuando fueron testigos de la llegada del doctor.

Pueden imaginarse fácilmente las felicitaciones y los abrazos que fueron prodigados a los tres viajeros. Los franceses, que habían podido comprobar por sí mismos el cumplimiento del audaz proyecto, eran desde aquel instante los testigos naturales de Samuel Fergusson.

Así, el doctor les rogó que enseguida hiciesen constar oficialmente su llegada a las cataratas de Guina.

—¿No tendrán inconveniente en firmar este acta? —preguntó al teniente Dufraisse.

—A sus órdenes —respondió este último.

Los ingleses fueron conducidos a un puesto provisional establecido en las orillas del río; allí encontraron los más atentos cuidados y provisiones en abundancia y allí fue redactada en estos términos el acta que figura hoy en los archivos de la Real Sociedad Geográfica de Londres:

«Nosotros, los abajo firmantes, declaramos que al mediodía de hoy hemos visto llegar suspendidos de la red de un globo al doctor Fergusson y sus compañeros Richard Kennedy y Joseph Wilson; su globo ha caído a algunos pasos de nosotros, en el lecho mismo del río y arrastrado por la corriente se ha hundido en las cataratas del Guina.

»En fe de lo cual firmamos la presente acta en unión de los arriba nombrados para hacer valer cualquier derecho.

»Hecho en las cataratas del Guina el 24 de mayo de 1862.

»Dufraisse, teniente de infantería de marina; Rodamel, alférez de navío; Dufays, sargento; Flippeau, Mayar, Pelissier, Lorois, Rascagnet, Guillon y Lebel, soldados».

Aquí terminó la asombrosa travesía del doctor Fergusson y sus dos compañeros, ratificada por irrecusables testimonios; se encontraban con amigos en medio de tribus más hospitalarias y en las cuales son frecuentes las relaciones con los establecimientos franceses.

Habían llegado al Senegal el sábado 24 de mayo y el 27 del mismo mes alcanzaron el puesto de Medina, situado un poco más al norte del río.

Allí los oficiales franceses les recibieron con los brazos abiertos y desplegaron con ellos todas las bondades de su hospitalidad; el doctor y sus compañeros pudieron embarcarse casi inmediatamente en el pequeño vapor *Le Basilic,* que descendió por el Senegal hasta su desembocadura.

Catorce días después llegaron a Saint Louis, donde el gobernador les recibió magníficamente; estaban completamente rendidos por las emociones y las fatigas. Además, Joe decía a quien quería oírle:

—No hay viaje más mezquino que el nuestro después de todo, y si hay alguno que esté ávido de emociones no le aconsejo emprenderlo; es sumamente fastidioso y al fin, y sin las aventuras del lago Tchad y del Senegal, creo verdaderamente que nos habríamos muerto de aburrimiento.

Una fragata inglesa se disponía a partir; los tres viajeros tomaron pasaje a bordo; el 25 de junio llegaron a Porstmouth y al día siguiente a Londres.

No describiremos la acogida que se les dispensó en la Real Sociedad de Geografía ni la solicitud de que fueron objeto; Kennedy partió enseguida para Edimburgo con su famosa carabina; estaba deseoso de tranquilizar a su vieja ama de llaves.

El doctor Fergusson y su fiel Joe siguieron siendo los mismos que hemos conocido. Sin embargo, se había operado un cambio en ellos: se habían hecho dos buenos amigos.

Los periódicos de Europa entera no escatimaron los elogios para los audaces exploradores y el *Daily Telegraph* hizo una tirada de 977.000 ejemplares el día en que publicó un extracto del viaje.

El doctor Fergusson hizo en sesión pública a la Real Sociedad de Geografía el relato de su expedición aeronáutica y obtuvo para sí y sus dos compañeros la medalla de oro destinada a recompensar las más notables expediciones del año 1862.

Viaje al centro de la Tierra

CAPÍTULO I

El domingo 24 de mayo de 1863, mi tío, el profesor Lidenbrock, volvió precipitadamente a su casita, situada en el número 19 de Königstrasse, una de las calles más antiguas del barrio viejo de Hamburgo. Marta la criada debió de creerse muy apurada de tiempo, pues la comida apenas empezaba a entonarse en el fogón de la cocina.

«Bueno —me dije—, si mi tío, que es el hombre más impaciente del mundo, viene con hambre, va a dar unos gritos de cuidado.»

—¡Ya está aquí el señor Lidenbrock! —exclamó Marta la criada, sorprendida, entreabriendo la puerta del comedor.

—Sí, Marta. Pero la comida tiene derecho a no estar guisada, pues todavía no son las dos. Casi ni acaban de dar en Saint-Michel la una y media.

—Entonces, ¿por qué viene el señor Lidenbrock?

—Sin duda, él nos lo dirá.

—¡Ya está aquí! Yo me voy, señorito Axel. Usted le hará entrar en razón.

Y Marta volvió a su laboratorio culinario.

Me quedé solo. Pero hacer que el más irascible de los profesores entrase en razón, era lo que mi carácter un poco indeciso no me permitía.

Me preparaba, por tanto, a volver prudentemente a mi cuartito de arriba, cuando la puerta de la calle rechinó sobre sus goznes; unas grandes zancadas hicieron crujir la escalera de madera, y el amo de la casa, atravesando el comedor, se precipitó al instante en su despacho.

Pero, al pasar rápidamente, había tirado en un rincón su bastón, cuyo puño representa un cascanueces; había puesto en la mesa su gran sombrero de fieltro, y había lanzado a su sobrino estas rotundas palabras:

—Sígueme, Axel.

No había tenido aún tiempo de moverme, cuando ya el profesor me gritaba con vivo acento de impaciencia:

—¿Cómo? ¿Todavía no estás aquí?

Me precipité en el despacho de mi temible maestro.

Otto Lidenbrock no era un hombre malo, convengo en ello; pero si no se verifican cambios improbables, morirá en la piel de un terrible original.

Era profesor en el Johannoeum, y daba un curso de mineralogía, durante el cual montaba en cólera regularmente una vez o dos. No porque se preocupase de tener discípulos asiduos a sus lecciones, ni del grado de atención que le prestaran, ni del éxito que pudieran obtener en adelante; estos detalles no le inquietaban en absoluto.

Enseñaba «subjetivamente», según una expresión de la filosofía alemana: enseñaba para él y no para los demás. Era un sabio egoísta, un pozo de ciencia; pero cuando se quería sacar agua de este pozo, chirriaban las poleas. En una palabra, era un avaro. Hay algunos profesores de este género en Alemania.

Mi tío, desgraciadamente, no gozaba de una extremada facilidad de pronunciación. Si no en la intimidad, al menos cuando hablaba en público, éste era un defecto penoso para un orador. Así que, en sus demostraciones en el Johannoeum, el profesor a menudo se paraba de repente: luchaba contra un vocablo recalcitrante que no quería escapar de sus labios, una de esas palabras que se resisten, se hinchan y acaban por salir bajo la forma poco científica de un taco. De ahí provenían sus excesos de cólera.

En mineralogía hay muchas denominaciones semigriegas, semilatinas, difíciles de pronunciar, apelaciones rudas que desollarían los labios de un poeta. No quiero hablar mal de esta ciencia. Lejos de mí. Pero cuando se encuentra uno en presencia de cristalizaciones romboédricas, de resinas retinasfálticas, de gelenitas, tangasitas, molybdatos de plomo, tungstatos de manganeso y titaniatos de circonia, es natural que la lengua más hábil se haga un lío.

Conocían en la ciudad este achaque perdonable de mi tío, y se metían con él, acechándolo en los pasajes peligrosos; mi tío se enfadaba y todos se reían, cosa que no resulta de buen gusto, ni siquiera para los alemanes. Si Lidenbrock seguía teniendo gran afluencia de oyentes en sus clases, era porque muchos de los que iban asiduamente acudían para burlarse de las rabietas del profesor.

Sea como sea, mi tío —nunca me cansaré de decirlo— era un verdadero sabio. Aunque a veces rompía sus minerales al probarlos con demasiada brusquedad, unía al genio del geólogo la vista del experto conocedor de minerales. Con su martillo, su punzón, su aguja imantada, su soplete y su frasco de ácido nítrico, era un hombre insuperable. Por la rotura, por el aspecto, la dureza, la fusibilidad, el sonido, el olor, el gusto de un mineral cualquiera, lo clasificaba sin titubear entre las seiscientas especies que cuenta hoy la ciencia.

El nombre de Lidenbrock resonaba, pues, con honor en las escuelas y en las asociaciones nacionales. Los señores Humphry Davy, Humboldt, los capitanes Franklin y Sabine, no dejaban de visitarle a su paso por Hamburgo. Los señores Becquerel, Ebelmen, Brewster, Dumas, Milne-Edwards, Sainte-Claire-Dewille le consultaban sobre las cuestiones más actuales de la química. Esta ciencia le debía hermosos descubrimientos, y en 1853 apareció en Leipzig un *Tratado de Cristalografía trascendental*, escrito por el profesor Otto Lidenbrock, gran infolio con láminas con el que no cubrió ni los gastos del libro.

Añadiremos a esto que mi tío era conservador del museo mineralógico del señor Struve, embajador de Rusia, preciosa colección de renombre europeo.

Volvemos aquí al personaje que me llamaba con tanta impaciencia. Imaginemos un hombre alto, delgado, con una salud de hierro y un rubio juvenil que quitaba diez años, al menos, a este cincuentón. Sus ojos grandes se movían sin cesar detrás de sus enormes gafas; su nariz, larga y fina, parecía una cuchilla afilada; los maliciosos pretendían que estaba imantada y que atraía la limadura de hierro. ¡Pura calumnia! No atraía más que el tabaco; pero éste, para no faltar a la verdad, en gran abundancia.

Cuando haya añadido que mi tío andaba dando pasos matemáticos de cuatro pies, y diga también que al andar llevaba los puños cerrados, señal de un temperamento impetuoso, el lector le conocerá lo bastante para no mostrarse muy deseoso de su compañía.

Vivía en su casita de Königstrasse, una vivienda mitad de madera, mitad de ladrillo, que daba a uno de esos canales sinuosos que cruzan el barrio más antiguo de Hamburgo, respetado afortunadamente por el incendio de 1842.

La vieja casa se inclinaba un poco, es verdad; su fachada hacía panza, su techo se caía sobre la oreja, como la gorra de un estudiante de la Tungendbund [1]; el aplomo de sus líneas dejaba bastante que desear, pero en conjunto se tenía en pie gracias a un olmo viejo vigorosamente encajado

[1] Tugenbund: «Liga de la Virtud», asociación fundada en Königsberg (1808) para exaltar las virtudes cívicas y la liberación de Prusia. *(N. del E.)*

en la fachada y que en primavera daba sus brotes en flor a través de las vidrieras de las ventanas.

Mi tío no dejaba de ser rico para ser un profesor alemán. La casa le pertenecía por entero, continente y contenido. El contenido era su ahijada Graüben, joven virlandesa de diecisiete años, Marta la criada, y yo. En mi doble calidad de sobrino y huérfano, llegué a ser el ayudante de sus experimentos.

Confesaré que sentía afición por las ciencias geológicas; tenía sangre de mineralógo en las venas y no me aburría nunca en compañía de mis preciosas piedras.

En suma, se podía vivir feliz en esta casita de Königstrasse a pesar de las impaciencias de su dueño, quien, aun conduciéndose de un modo algo brutal, no por eso me quería menos. Pero este hombre no sabía esperar; tenía más prisa de lo corriente.

Cuando en abril había plantado en los tiestos de su salón algunos pies de reseda o de volúbilis, iba regularmente todas las mañanas a tirarles de las hojas para apresurar su crecimiento.

Con una persona semejante, no había más remedio que obedecer. Me precipité, por lo tanto, en su despacho.

CAPÍTULO II

Este despacho era un verdadero museo. Todas las muestras del reino mineral se hallaban clasificadas en el orden más perfecto, siguiendo las tres grandes divisiones de los minerales inflamables, metálicos y litoideos.

¡Qué bien conocía yo esos objetos de la ciencia mineralógica! ¡Cuántas veces, en vez de jugar con los chicos de mi edad, me había entretenido en quitar el polvo a esos grafitos, antracitas, carbones, lignitos y turbas! ¿Y los betunes, las resinas, las sales orgánicas que había que preservar del menor átomo de polvo? ¿Y esos metales, desde el hierro hasta el oro, cuyo valor relativo desaparecía ante la igualdad absoluta de las muestras científicas? Todas esas piedras habrían sido suficientes para volver a construir la casa de Königstrasse incluso con una hermosa habitación de más, en la que me hubiese yo arreglado tan bien.

Pero, al entrar en el despacho, no me preocupaba en absoluto de esas maravillas. Únicamente mi tío ocupaba mi pensamiento. Estaba hundido en su gran sillón guarnecido de terciopelo de Utrecht, y tenía entre las manos un libro que él consideraba con la más profunda admiración.

—¡Qué libro! ¡Qué libro! —exclamaba.

Esta exclamación me hizo recordar que el profesor Lidenbrock era también bibliómano en sus ratos de ocio; pero un volumen no tenía mérito a sus ojos si no era imposible de encontrar o, por lo menos, ilegible.

—Pero ¿no ves? —me dijo—. Es un tesoro inestimable que he encontrado esta mañana rebuscando en la tienda del judío Hevelius.

—¡Magnífico! —respondí con un estusiasmo fingido.

¿A qué tanto ruido por un viejo libro en cuarto cuyo lomo y cubiertas parecían hechos de una piel basta, un libraco amarillento del cual colgaba un papelillo descolorido?

Sin embargo, las exclamaciones de admiración del profesor no se interrumpían.

—Mira —decía preguntando y contestándose a sí mismo—; ¿es hermoso? ¡Sí, es admirable! ¡Qué encuadernación! ¿Se abre este libro fácilmente? ¡Sí, porque se queda abierto en cualquier página! ¿Y se cierra bien? ¡Sí, porque la cubierta y las hojas forman un conjunto tan unido que no se separan ni entreabren en ninguna parte! ¡Y este lomo, que no tiene ni una rozadura después de setecientos años de existencia! ¡Ésta es una encuadernación de la cual Bozerian, Closs o Purgold se sentirían orgullosos!

Al hablar de esta manera, mi tío abría y cerraba sucesivamente el libraco. Lo menos que podía hacer yo era interrogarle sobre su contenido, aunque éste no me interesase nada.

—¿Y cuál es el título de este volumen maravilloso? —pregunté con un entusiasmo demasiado grande para no ser fingido.

—¡Esta obra! —respondió mi tío animándose—, ¡es el *Heims-Krigla,* de Snorre Turleson, el famoso autor islandés del siglo doce!; ¡es la crónica de los príncipes noruegos que reinaron en Islandia!

—¡Es verdad! —exclamé lo mejor que pude—. ¿Y es, sin duda, una traducción en alemán?

—¡No! —replicó vivamente el profesor—. ¡Una traducción! Y ¿qué haría yo con una traducción? ¿A quién le importa tu traducción? ¡Ésta es una obra original en lengua islandesa, idioma magnífico, rico y sencillo a la vez, que autoriza las más variadas combinaciones gramaticales y numerosas modificaciones en las palabras!

—Como el alemán —insinué con bastante alegría.

—¡Sí —contestó mi tío alzando los hombros—, pero con la diferencia de que la lengua islandesa admite los tres géneros, como el griego, y declina los nombres propios como el latín!

—¡Ah! —dije un poco sacudido en mi indiferencia—, ¿y los caracteres de este libro son hermosos?

—¡Los caracteres! ¿Quién te habla de caracteres, desdichado Axel? ¡No se trata de caracteres! ¡Lo tomas por un impreso! Pero, ignorante, ¡si es un manuscrito, y un manuscrito rúnico!...

—¿Rúnico?

—¡Sí! ¿Me vas a pedir ahora la explicación de esta palabra?

—¡Me guardaré mucho! —contesté con el acento de un hombre herido en su amor propio.

Pero mi tío prosiguió sin inmutarse y me instruyó, a pesar mío, de cosas que no tenía ningún interés en saber.

—Las runas —continuó— eran unos caracteres de escritura usados antiguamente en Islandia, y según la tradición, fueron inventados por el mismo Odin. Pero mira, ¡admira, impío, estos trazos que han salido de la imaginación de un dios!

Falto de réplica, iba a doblegarme, género de respuesta que debe halagar a los dioses, como a los reyes, pues tiene la ventaja de no inquietar a nadie, cuando un incidente vino a cambiar el curso de la conversación.

Fue la aparición de un pergamino mugriento, que se escurrió del libraco y cayó al suelo.

Mi tío se precipitó sobre aquel objeto con una ansiedad fácil de comprender. Un documento antiguo encerrado, desde tiempo inmemorial en un libro viejo, no podía carecer de un gran mérito ante sus ojos.

—¿Qué es esto? —exclamó.

Y al mismo tiempo desplegaba cuidadosamente encima de su mesa un trozo de pergamino de cinco pulgadas de largo y tres de ancho, sobre el cual se extendían, en líneas transversales, los caracteres de aquel galimatías.

Les presento el facsímil exacto. Tengo empeño en dar a conocer estos signos extraños, porque condujeron al profesor Lidenbrock y a su sobrino a llevar a cabo la expedición más extraña del siglo XIX:

El profesor contempló durante unos momentos esta serie de caracteres y después, levantándose las gafas, dijo:

—¡Esto es rúnico; estos rasgos son absolutamente iguales a los del manuscrito de Snorre Turleson! Pero... ¿qué puede significar esto?

Como el rúnico me parecía ser un invento de los sabios para burlarse de la pobre gente, no me chocó observar que mi tío no comprendía una palabra. Así me pareció, por lo menos, al notar el movimiento de sus dedos que empezaban a agitarse horriblemente.

—¡Sin embargo, es...! ¡Islandés antiguo! —murmuró entre dientes.

El profesor Lidenbrock debía entenderlo, pues pasaba por un verdadero políglota. No porque hablase con soltura las dos mil lenguas y los cuatro mil idiomas empleados en la superficie del Globo, pero sabía una buena parte de ellos.

En presencia de esta dificultad iba a dejarse llevar por toda la impetuosidad de su carácter, y yo ya preveía una escena violenta, cuando dieron las dos en el reloj de la chimenea.

Al instante Marta, la criada, abrió la puerta del despacho, diciendo:

—La sopa está servida.

—¡Vayan al diablo la sopa, quien la ha hecho y los que la coman! —gritó mi tío.

Marta huyó; yo me fui tras de ella y, sin saber cómo, me encontré sentado en el comedor en mi sitio de costumbre.

Esperé unos momentos. El profesor no vino. Era la primera vez, que yo sepa, que faltaba a la solemnidad de la comida. ¡Y qué comida! Sopa de perejil, tortilla de jamón, sazonada con acedera y nuez moscada, lomo de vaca con compota de ciruela, y de postre, dulces y frutas, todo ello regado con vino de Mosela.

Esto es lo que un papel viejo le iba a costar a mi tío. En calidad de sobrino servicial, me creí obligado a comer por él y por mí. Lo que hice en conciencia.

—¡Nunca he visto cosa semejante! —decía Marta la criada mientras servía—. ¡No sentarse a la mesa el señor Lidenbrock!

—Es increíble.

—¡Es presagio de algún suceso grave! —volvió a decir la vieja criada moviendo la cabeza.

A mi modo de ver, no era presagio más que de una escena espantosa, cuando mi tío encontrase que su comida había sido devorada por mí.

Estaba en el último bocado, cuando una voz potente me arrancó de los deleites del postre. De un salto pasé del comedor al despacho.

Capítulo III

Evidentemente, esto es rúnico —pensaba el profesor, arrugando el entrecejo—. Pero hay un secreto y lo descubriré, y si no...

Con un violento ademán terminó su pensamiento.

—Ponte ahí —añadió indicándome la mesa con el dedo—, y escribe.

Enseguida estuve preparado.

—Ahora te voy a dictar cada una de las letras de nuestro alfabeto que corresponde a uno de estos caracteres islandeses. Veremos lo que sale. ¡Pero, por Saint Michel, cuidado con equivocarte!

Empezó el dictado; me apliqué cuanto pude; cada letra fue nombrada una tras otra, formando la incomprensible sucesión de las palabras siguientes:

m.rnlls *esreuel* *seecIdl*
sgtssmf *unteief* *nitdrce*
kt,samn *atrateS* *Saodrrn*
emtnael *nuaect* *rrilSa*
Atuaar *.nscrc* *ieaabs*
ccdrmi *eeutul* *frantu*
dt,iac *oseibo* *KediiY.*

Cuando este trabajo hubo terminado, mi tío cogió con energía la hoja que yo acababa de escribir y la examinó con atención durante largo rato.

—¿Qué quiere decir esto? —repetía maquinalmente.

Palabra de honor, que no hubiese podido decírselo. Además, no me preguntó sobre este punto y siguió hablando consigo mismo.

—Esto es —decía—, lo que nosotros llamamos un criptograma, en el cual el sentido está oculto con letras enredadas a propósito y que, convenientemente dispuestas, formarían una frase inteligible. ¡Cuando pienso que a lo mejor esto es la explicación o el indicio de un gran descubrimiento!

Yo, para mis adentros, pensaba que no había absolutamente nada; pero me callaba prudentemente mi opinión.

El profesor cogió entonces el libro y el pergamino y los comparó.

—Estas dos escrituras —dijo— no están hechas con la misma mano; el criptograma es posterior al libro; tengo de ello una prueba irrefutable. En efecto, la primera letra es una M doble que sería inútil buscar en el libro de Turleson, puesto que no fue añadida al alfabeto islandés hasta el siglo dieciséis. Por lo tanto hay, por lo menos, doscientos años entre el manuscrito y el documento.

Esto me pareció bastante lógico, lo confieso.

—Ello me hace pensar —continuó mi tío— que uno de los propietarios de este libro habrá trazado estos misteriosos caracteres. Pero, ¿quién diablos sería este propietario? ¿No habrá puesto el nombre en algún lugar del manuscrito?

Mi tío se levantó las gafas, cogió una potente lupa, y revisó, cuidadosamente, las primeras páginas del libro. Al dorso de la segunda, que era la de la portada, descubrió una especie de mácula, que hacía el efecto de una mancha de tinta. Sin embargo, mirándola de cerca, se distinguían algunos caracteres medio borrados. Mi tío comprendió que ahí estaba el punto interesante; se entregó con ahinco al estudio de la mácula y con la ayuda de su lupa acabó por reconocer los signos siguientes en caracteres rúnicos, que leyó sin titubear:

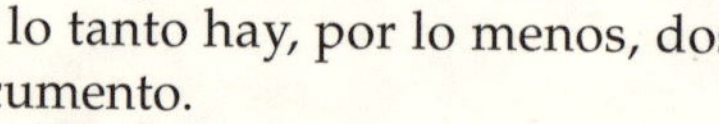

—¡Arne Saknussem! —exclamó con tono de triunfo—. ¡Pero esto es un nombre; un nombre islandés!, el de un sabio del siglo dieciséis, ¡un célebre alquimista!

Yo miraba a mi tío con cierta admiración.

—Estos alquimistas —continuó—: Avicena, Bacon, Lulio, Paracelso, fueron los verdaderos, los únicos sabios de su época. Hicieron descubrimientos de los cuales tenemos derecho a extrañarnos. ¿Por qué este Saknussem no iba a ocultar, bajo este criptograma incomprensible, algún invento sorprendente? Esto debe de ser así. Y así es.

La imaginación del profesor se inflamaba con esta hipótesis.

—Sin duda —me atreví a responder—, ¿pero qué interés podía tener este sabio en ocultar de ese modo algún descubrimiento maravilloso?

—¿Por qué? ¿Por qué? ¿Y acaso lo sé yo? ¿No hizo lo propio Galileo con Saturno? Además, ya lo veremos; conoceré el secreto de este documento, y ni comeré ni beberé hasta haberlo adivinado.

«¡Oh!», pensé.

—Ni tú tampoco, Axel —continuó.

«¡Diablos! —me dije—. ¡Afortunadamente he comido por dos!»

—Y lo primero —dijo mi tío—, es encontrar la lengua en que está la «cifra». No debe de ser difícil.

Al oír estas palabras levanté con energía la cabeza. Mi tío continuó su soliloquio:

—No hay nada más fácil. En este documento hay ciento treinta y dos letras, que suman setenta y nueve consonantes y cincuenta y tres vocales. En esta proporción, sobre poco más o menos, están formadas las palabras de las lenguas meridionales, mientras que los idiomas del norte son infinatamente más ricos en consonantes. Se trata, por tanto, de una lengua del sur.

Estas conclusiones eran muy acertadas.

—Pero, ¿qué lengua será?

Aquí quería yo ver a mi sabio, en quien iba descubriendo a un profundo analista.

—Este Saknussem —continuó— era un hombre instruido, por lo tanto, cuando no escribía en su lengua natal, debía preferir la lengua más corriente entre los espíritus cultivados del siglo dieciséis, o sea el latín. Si me equivoco, probaré con el español, el francés, el italiano, el griego o el hebreo. Pero los sabios del siglo dieciséis escribían generalmente en latín. Tengo razón al afirmar a priori: esto es latín.

Di un salto sobre la silla. Mis recuerdos del latín se rebelaban contra la pretensión de que esta sucesión de palabras desiguales pudiera pertenecer a la dulce lengua de Virgilio.

—¡Sí!, es latín —continuó mi tío—, pero latín enredado.

«¡Magnífico! —pensé—. Si lo desenredas, serás un genio.»

—Examinemos bien —dijo, cogiendo la hoja sobre la que yo había escrito—. He aquí una serie de ciento treinta y dos letras presentadas en un desorden aparente. Hay palabras, como la primera «m.rnlls», donde no hay más que consonantes; otras, por ejemplo, la quinta, «uneeief», o la penúltima «oseibo», donde abundan las vocales. Pero evidentemente, esta disposición se ha combinado; es el resultado matemático de la razón desconocida que dirige esta sucesión de letras. Me parece cierto que la frase primitiva fue escrita regularmente y después alterada según una ley que hay que descubrir. El que tuviese la clave de esta «cifra» la leería de corrido. Pero, ¿cuál será esta clave? ¿La tienes tú, Axel?

No contesté a esta pregunta por una causa bien sencilla. Mi vista se había fijado en un precioso retrato que colgaba de la pared, el retrato de Graüben. La pupila de mi tío se encontraba entonces en Altona, con una de sus parientes, y su ausencia me tenía muy triste, pues confesaré que la bonita virlandesa y el sobrino del profesor se querían con toda la paciencia y la tranquilidad que gastan los alemanes; nos hicimos novios a escondidas de mi tío, demasiado geólogo para comprender semejantes sentimientos. Graüben era una encantadora muchacha rubia, de ojos azules, de carácter algo grave y de espíritu serio, pero no por eso me quería menos; yo, por mi parte, la adoraba, si es que ese verbo puede existir en la lengua tudesca. La imagen de mi virlandesa me transportó un momento de la realidad a la ilusión, al recuerdo.

Volví a ver a la compañera de mis trabajos y de mis alegrías. Ella me ayudaba todos los días a colocar las piedras preciosas de mi tío y a ponerles los rótulos. ¡La señorita Graüben era una gran experta en minerales! Le hubiera dado cien vueltas a más de un sabio. Le gustaba profundizar sobre las cuestiones difíciles de la ciencia. ¡Qué buenos ratos habíamos pasado estudiando juntos y cómo envidiaba yo la suerte de esas piedras inertes que ella manejaba con sus encantadoras manos!

Después, cuando llegaba la hora del recreo salíamos los dos; nos íbamos por las espesas avenidas del Alster, y llegábamos juntos al antiguo molino que hacía tan buen efecto en el extremo del lago; por el camino hablábamos cogidos de la mano; yo le contaba cosas, ella se reía de buena gana; así llegábamos hasta la orilla del Elba, y después de dar las buenas tardes a los cisnes que nadaban entre las grandes ninfeas blancas, volvíamos al muelle en la lancha de vapor.

Estaba soñando con todo esto, cuando mi tío, dando un golpe sobre la mesa, me trajo violentamente a la realidad.

—Veamos —dijo—, la primera idea que se me ocurre para enredar las letras de una frase es, según mi parecer, escribir las palabras verticalmente en lugar de trazarlas horizontalmente.

«¡Vale!», pensé.

—Hay que ver lo que esto produce, Axel. Pon una frase cualquiera en este pedazo de papel; pero en lugar de poner las letras seguidas unas junto a otras, ponlas sucesivamente en columnas verticales, y en grupos de cinco o seis.

Comprendí de lo que se trataba e inmeditamente escribí de arriba abajo:

C o i i a a
u t e a d ü
a e r d a b
n q o o G e
t u m r r n

—Bueno —dijo el profesor, sin haberlo leído—, ahora pon esas palabras en una línea horizontal.

Obedecí y obtuve la frase siguiente:

Coiiaa uteadü aerdab nqooGe tumrrn

—¡Perfectamente! —dijo mi tío arrancándome el papel de las manos—, esto ya tiene la fisonomía del antiguo documento; Tanto las vocales como las consonantes están agrupadas con el mismo desorden; incluso hay mayúsculas en medio de las palabras, ¡igual que en el pergamino de Saknussem!

Me parecieron muy ingeniosas estas observaciones.

—Pues —continuó mi tío, dirigiéndose directamente a mí—, para leer la frase que acabas de escribir y que yo no conozco, me bastará con coger sucesivamente la primera letra de cada palabra, después la segunda, luego la tercera y así sucesivamente.

Y con gran sorpresa suya y, sobre todo, mía, leyó mi tío:

Cuanto te quiero, mi adorada Graüben

—¿Cómo? —dijo el profesor.

Sí, sin darme cuneta, como un torpe enamorado, había escrito esta frase comprometedora.

—¡Ah!, con que quieres a Graüben —dijo mi tío con tono de verdadero furor.

—Sí... No... —balbucí.

—¿Quieres a Graüben? —replicó maquinalmente—. Pues bien, apliquemos mi procedimiento al documento en cuestión.

Mi tío, absorto en su contemplación, se olvidaba ya de mis imprudentes palabras. Y digo imprudentes porque el sabio no podía comprender los asuntos del corazón. Pero, afortunadamente, el trabajo del documento se apoderó de él.

Al realizar la experiencia principal, los ojos del profesor Lidenbrock lanzaron chispas a través de sus gafas; sus dedos temblaban cuando cogió el viejo pergamino; estaba seriamente emocionado. Por fin, tosió fuertemente, y con voz grave, pronunciando sucesivamente la primera letra y después la segunda de cada palabra, me dictó la serie siguiente:

MmessuncaSenrA.icefdoC.segnittamurtn
Ecertserrett,rotaiusadua,ednecsedsadne
LacartniiiluIsiratracSarbmutabiled
mecmeretarcsilucoIsleffenSnI

Cuando acabé, confieso que estaba emocionado; me parecía que estas palabras, dichas una a una, no tenían ningún sentido; pero aguardaba que el profesor dejase caer de sus labios una frase de magnífica latinidad.

Pero, ¿quién lo hubiese previsto? Un violento puñetazo sacudió la mesa. La tinta se derramó y la pluma me saltó de las manos.

—¡No es esto! —gritó mi tío—, ¡esto no tiene sentido!

Después, atravesando el despacho como una bala, bajó la escalera como un alud, se precipitó en Königstrasse y huyó a todo correr.

CAPÍTULO IV

Se ha marchado? —exclamó Marta, que había acudido al ruido que hizo la puerta de la calle al cerrarse violentamente, haciendo temblar la casa entera.

—Sí; desde luego que se ha marchado.

—¿Y la comida? —dijo la anciana criada.

—¡No comerá!

—¿Y la cena?

—¡Tampoco cenará!

—¿Cómo es eso? —dijo Marta juntando las manos.

—No, Marta, ya no comerá ni él ni nadie en casa. Mi tío Lidenbrock nos pone a dieta hasta que haya descifrado un galimatías antiguo que es absolutamente indescifrable.

—¡Jesús, no tendremos entonces más remedio que morirnos de hambre!

No me atreví a confesar que con un hombre tan absolutista como mi tío, esta perspectiva era inevitable.

La anciana criada, seriamente alarmada, regresó gimiendo a la cocina.

Cuando me quedé solo se me ocurrió ir a contárselo todo a Graüben. Pero, ¿cómo marcharme de casa? ¿Y si me llamaba mi tío? El profesor podía regresar en cualquier momento. ¿Y si quería volver a empezar este trabajo logogrífico, ¡que en vano hubiesen propuesto al viejo Edipo!, y yo no respondía a su llamada?, ¿qué podría sobrevenir?

Lo más prudente era quedarse. Justamente un experto en minerales de Besançon acababa de enviarnos una colección de silíceas que había que clasificar. Me puse al trabajo. Entresaqué, etiqueté y coloqué en sus vitrinas todas aquellas piedras huecas en cuyo interior se movían unos cristalillos.

Pero esta ocupación no me absorbía; el asunto del antiguo documento no dejaba de tenerme extrañamente preocupado. Me ardía la cara y sentía una vaga inquietud. Tenía el presentimiento de una catástrofe cercana.

Al cabo de una hora, mis piedras estaban colocadas en orden. Me dejé caer entonces en el gran sillón de Utrecht con los brazos colgando y la cabeza hacia atrás. Encendí mi pipa de largo tubo curvado, cuya cabeza esculpida representaba una náyade recostada con descuido; luego me distraje siguiendo el curso de la carbonización que convertía a mi náyade en una perfecta negra. De cuando en cuando, escuchaba si se oían pasos en la escalera. Pero no. ¿Dónde podía estar mi tío en aquel momento? Me lo figuraba corriendo bajo los hermosos árboles del camino de Altona, gesticulando, dando golpes en las paredes con su bastón, tronchando la hierba y los cardos y turbando el reposo de las cigüeñas solitarias.

¿Volvería triunfante o desanimado? ¿Quién vencería, el secreto o él? Me encontraba interrogándome así, y cogí maquinalmente en mis manos la hoja de papel en la cual yo mismo había trazado aquella incomprensible serie de letras. Me repetía:

«¿Qué significará esto?».

Traté de juntar las letras de modo que formasen palabras. Imposible. Aunque se reuniesen cada dos, tres, cinco o seis, no tenían ningún sentido inteligible. Sin embargo, las letras decimocuarta, decimoquinta y decimosexta formaban la palabra inglesa *ice,* y las que hacían ochenta y cuatro, ochenta y cinco y ochenta y seis formaban la palabra *Sir.* Por último, en medio del documento y en la segunda y tercera líneas, observé también las palabras latinas *rota, mutabile, ira, nec, atra.*

«¡Diablos! —pensé—, estas últimas palabras podían dar razón a mi tío sobre el lenguaje del documento. E incluso en la cuarta línea veo la palabra *luco,* que se traduce por "bosque sagrado". También es verdad que en la tercera línea se lee la palabra *tabiled,* cuya forma es completamente hebrea, y en la última los vocablos *mer, arc, mère,* que son puramente franceses.»

¡Aquello era para perder la cabeza! ¡Cuatro idiomas diferentes en esta frase absurda! ¿Qué unión puede haber entre las palabras *hielo, señor, cólera, cruel, bosque sagrado, cambiante, madre, arco, o mar?* Solamente la primera y la última casi se parecían, pues no era extraño que en un documento escrito en Islandia se tratase de un «mar de hielo». Pero entre esto y comprender el resto del criptograma había gran diferencia.

Me enfrentaba contra una dificultad sin solución; me estallaba el cerebro, pestañeaba ante la hoja de papel; las ciento treinta y dos letras parecían dar vueltas a mi alrededor, como esas chispas brillantes que, cuando se nos sube la sangre a la cabeza, parecen girar alrededor de ella.

Me sentía preso de una especie de alucinación, me ahogaba, necesitaba aire. Maquinalmente me abaniqué con la hoja de papel, cuyo revés y derecho se presentaron sucesivamente ante mi vista.

Cuál sería mi sorpresa cuando en uno de esos vaivenes, en el momento en que el revés estaba vuelto hacia mí, creí ver aparecer palabras perfectamente legibles, palabras latinas, entre otras, *craterem* y *terrestre*.

De pronto, se encendió una luz en mi mente; estos únicos indicios me hicieron entrever la verdad; había descubierto la ley de la cifra. Para entender este documento, no era siquiera preciso leerlo a través de la hoja vuelta, no. Tal como estaba, tal como me había sido dictado, podía ser deletreado de corrido. ¡Todas las ingeniosas combinaciones del profesor se cumplían, estaba en lo cierto en cuanto a la colocación de las letras y en cuanto a la lengua del documento!

Faltaba una «pizca» para que pudiese leer esta frase latina y esta «pizca» acababa de proporcionármela la casualidad.

¡Hay que comprender cómo estaba yo de emocionado! Mis ojos se nublaron y no podía ver. Había colocado la hoja de papel en la mesa. No necesitaba más que echar sobre ella una mirada para convertirme en el dueño de su secreto.

Al final, conseguí calmar mi nerviosismo. Me impuse la obligación de dar dos veces la vuelta a la habitación para aplacar mis nervios y volví a hundirme en el amplio sillón.

«Leamos», me dije después de haber inspirado una gran bocanada de aire.

Me incliné sobre la mesa; señalé con el dedo cada letra una por una y sin pararme, sin titubear, pronuncié en voz alta la frase entera.

¡Pero cuál fue mi estupor y qué terror me invadió! ¡Me sentí herido por un golpe repentino! ¡Cómo! ¡Aquello que yo acababa de descubrir se había realizado! ¡Un hombre había tenido suficiente audacia como para penetrar...!

«¡Ah! —me dije, dando un salto—, ¡no y no! ¡Mi tío no lo sabrá! ¡Sólo me faltaba que conociera un viaje semejante! ¡Querría realizarlo a pesar de todo! ¡Nada podría retenerlo! ¡Y me llevaría con él y no volveríamos más! ¡Nunca, nunca!»

Me encontraba en un estado de ansiedad difícil de explicar.

«¡No, no!, esto no será —me dije con energía—, y puesto que yo puedo impedir que tal idea se le ocurra a mi tirano, lo haré así. Dándole vueltas y más vueltas a este documento podría, por casualidad, descubrir la clave. Destruyámoslo.»

Había un resto de lumbre en la chimenea. Cogí no solamente la hoja de papel, sino el pergamino de Saknussem; con mano febril iba a arrojarlo todo a las brasas y aniquilar este peligroso secreto, cuando se abrió la puerta del despacho. Mi tío apareció.

CAPÍTULO V

Sólo me dio tiempo a colocar otra vez sobre la mesa el dichoso documento.

El profesor Lidenbrock parecía profundamente absorto. Su idea obsesiva no le dejaba ni un respiro; evidentemente había escudriñado y analizado el asunto, había puesto en marcha durante su paseo todos los recursos de su imaginación, y volvía para aplicar alguna nueva combinación.

Así fue; se sentó en su sillón y con la pluma en la mano empezó a establecer fórmulas que parecían un cálculo algebraico.

Yo seguía con la vista su mano temblorosa; no me perdía ni uno solo de sus movimientos. ¿Iría, inopinadamente, a encontrar algún resultado inesperado? Yo temblaba y sin razón, puesto que habiendo encontrado la verdadera combinación, «la única», cualquier otra vendría a ser inútil.

Durante tres largas horas, mi tío trabajó sin hablar y sin levantar la cabeza, borrando, corrigiendo, tachando, volviendo a empezar mil veces.

Yo bien sabía que si conseguía desmadejar estas letras según todas las posiciones que pudieran ocupar, pronto daría con la frase. Pero también sabía que veinte letras solamente pueden formar dos quintillones, cuatrocientos treinta y dos cuatrillones, novecientos dos trillones, ocho billones, ciento setenta y seis millones, seiscientas cuarenta mil combinaciones. Pero, había ciento treinta y dos letras en la frase, y estas ciento treinta y dos letras daban un número de frases, compuesto de ciento treinta y tres cifras lo menos, número casi imposible de contar y que escapa a toda apreciación.

Estaba tranquilo gracias a este medio heroico de resolver el problema.

Sin embargo, pasaba el tiempo, se hizo de noche; los ruidos de la calle se serenaron y mi tío seguía inclinado en su tarea sin ver nada, ni siquiera a Marta, la criada, que entreabrió la puerta; no oyó nada, ni la voz de la leal sirvienta que decía:

—¿Cenará esta noche, señor?

También tuvo que irse Marta sin obtener respuesta. Yo, después de resistir durante algún tiempo, sentí que se apoderaba de mí un sueño terrible y me quedé dormido en una esquina del sofá, mientras mi tío Lidenbrock seguía calculando y tachando.

Cuando desperté al día siguiente, el infatigable trabajador continuaba con su tarea. Los ojos colorados, la tez pálida, el pelo enredado en su mano calenturienta; los pómulos enrojecidos indicaban la terrible lucha con lo imposible, y las fatigas y contención nerviosa que debió de sufrir en esas horas.

Verdaderamente me dio lástima. A pesar de los reproches que creía tener derecho a hacerle, sentía cierta emoción. El pobre hombre estaba tan embebido en su idea que se olvidaba hasta de enfadarse; todas sus fuerzas se concentraban en un único punto, y como no tomaban su cauce ordinario, se podía temer que esa tensión le hiciese estallar de un momento a otro.

Con un gesto, con una palabra solamente, yo podía aflojar esta especie de tornillo que le apretaba el cráneo. Pero no dije nada.

Sin embargo, yo tenía buen corazón. ¿Por qué me quedé mudo en semejante circunstancia? Por el interés de mi tío.

«¡No, no —repetía yo—; no hablaré! Le conozco, querría ir, y nada podría detenerlo. Tiene una imaginación volcánica, y por hacer lo que otros geólogos no han hecho, arriesgaría su vida. Me callaré, guardaré este secreto del que la casualidad me ha hecho el único dueño; descubrirlo sería matar al profesor Lidenbrock. Que lo adivine, si puede; no quiero tenerme que arrepentir un día de haberlo conducido a la muerte.»

Después de tomar esta resolución, me crucé de brazos y esperé. Pero no había contado con un incidente que tuvo lugar algunas horas después.

Cuando Marta, la criada, quiso salir de casa para ir al mercado, se encontró con la puerta cerrada; la gruesa llave no estaba en la cerradura. ¿Quién la había quitado? Mi tío, sin duda, cuando volvió el día anterior de su precipitada excursión.

¿Lo había hecho a propósito? ¿Sería por descuido? ¿Quería someternos a los rigores del hambre? Esto me parecía demasiado. ¡Cómo! ¿Íbamos a ser víctimas Marta y yo de una situación con la que no teníamos nada que ver? Claro, y me acordé de un precedente que vino a atemorizarnos. En efecto; hace algunos años, en la época en que mi tío trabajaba en su gran clasificación mineralógica, estuvo cuarenta y ocho horas sin comer, y toda la casa se tuvo que conformar con esta dieta científica.

En mi caso, pasé unos dolores de estómago poco recomendables para un chico de una naturaleza bastante voraz.

Me pareció que el desayuno nos iba a faltar como la cena de la víspera. Sin embargo, resolví ser heroico y no ceder a las exigencias del hambre. Marta lo tomaba muy en serio y la pobre mujer se angustiaba. En cuanto a mí, la imposibilidad de salir de casa me preocupaba con razón, se puede comprender fácilmente.

Mi tío seguía trabajando; su imaginación se perdía en un mundo ideal de combinaciones; vivía lejos de la tierra y totalmente fuera de las necesidades terrestres.

Hacia el mediodía, el hambre se hizo sentir seriamente; Marta, inocentemente, había devorado el día de antes las provisiones de la despensa, y ya no quedaba nada en casa. Sin embargo, me mantuve firme. Lo había tomado como un caso de honor.

Dieron las dos. Aquello era ya ridículo, hasta intolerable; abrí los ojos desmesuradamente. Empecé a preguntarme si exageraba la importancia del documento; si mi tío le daría crédito; si no vería en él una simple burla; y aun poniéndose en lo peor, si no lo detendrían, a pesar suyo, de querer intentar la aventura; en fin, si descubriría él mismo la clave de la «cifra» y entonces perdería yo los frutos de mi abstinencia.

Estas razones, que el día anterior no hubiese querido ni pensar, ahora me parecían estupendas; incluso encontré absurdo haber esperado tanto tiempo, y tomé la decisión de decirlo todo.

Buscaba la manera de entrar en materia, no muy bruscamente, cuando el profesor se levantó, se puso el sombrero y se dispuso a salir.

¿Cómo? ¿Irse de casa y volvernos a encerrar? Eso nunca.

—¡Tío! —dije.

Pareció que no me oía.

—¡Tío Lidenbrock! —repetí elevando la voz.

—¿Eh? —dijo como un hombre que se despierta súbitamente.

—¿Y esa llave?

—¿Qué llave, la de la puerta?

—¡No —exclamé—, la del documento!

El profesor me miró por encima de las gafas; notó, sin duda, algo nuevo en mi fisonomía, porque me agarró muy seguro del brazo y, sin poder hablar, me interrogó con la mirada. Sin embargo, nunca se hizo pregunta más clara.

Moví la cabeza de arriba abajo.

Movió la suya con un gesto de compasión, como si se tratase de un loco.

Hice un gesto afirmativo.

Sus ojos brillaron extraordinariamente; su mano se volvió amenazadora.

Esta muda conversación, en tales circunstancias, le hubiese interesado al espectador más indiferente. Y llegué a no atreverme a hablar más del miedo que tenía a que mi tío me ahogase al primer abrazo de alegría.

Pero se puso tan impaciente que hubo que contestar.

—¡Sí, esa llave!..., ¡la casualidad!...

—¿Qué dices? —exclamó con una emoción indescriptible.

—Tome —dije presentándole la hoja de papel que yo había escrito—, lea usted.

—¡Pero esto no significa nada! —respondió él arrugando el papel.

—No, nada, empezando a leer por el principio, pero empezando por el final...

No había terminado mi frase cuando el profesor dio un grito y más que un grito, un verdadero rugido. Acababa de tener una especie de revelación. Estaba transfigurado.

—¡Ah, ingenioso Saknussem! —exclamó—. Con que... ¡Habías escrito tu frase primero del revés!

Y precipitándose sobre la hoja de papel, con la vista temblándole y la voz emocionada, leyó el documento entero, empezando por la última letra y acabando por la primera.

Estaba escrito en estos terminos:

In Sneffels Ioculis craterem cem delibat
umbra Scartaris Iulii intra calendas descende,
audas uiator; et terrestre centrum attinges.
Cod feci. Arne Sacnussem.

Este mal latín puede traducirse así:

«Baja al cráter del Yocul Sneffels, que la sombra del Scartaris acaricia antes de las calendas de Julio [1], audaz viajero, y llegarás al centro de la Tierra. Esto es lo que yo he hecho.

Arne Saknussem».

---

[1] Calendas de julio: según el antiguo cómputo romano y en el eclesiástico, el primer día de cada mes; en este caso, el 1 de julio. *(N. del E.)*

Mi tío, al leer esto, dio un salto, como si hubiese tocado inesperadamente una botella de Leyden. Estaba magnífico de audacia, de alegría y de convicción. Iba y venía, se cogía la cabeza con las manos; desordenaba las sillas, amontonaba sus libros y daba un puntapié por aquí, un golpe por allá, haciendo juegos malabares —¡cosa increíble!— con sus preciosas piedras. Al fin se calmaron sus nervios y como un hombre extenuado por un gran desgaste de fuerzas, se volvió a dejar caer en su sillón.

—¿Qué hora es? —preguntó después de unos momentos de silencio.

—Las tres —contesté.

—¡Qué de prisa ha pasado la hora de la comida! Me muero de hambre. A la mesa, y luego enseguida...

—¿Y enseguida, qué?

—Harás mi maleta.

—¿Qué? —exclamé.

—¡Y la tuya! —respondió el inhumano profesor, entrando en el comedor.

CAPÍTULO VI

Al oír estas palabras un escalofrío me recorrió el cuerpo entero. Sin embargo, me contuve. Incluso decidí poner buena cara. Únicamente con argumentos científicos sería posible detener al profesor Lidenbrock; ¡y los había y magníficos en contra de un viaje semejante! ¡Ir al centro de la Tierra! ¡Qué locura! Reservé mi dialéctica para el momento oportuno y sólo me ocupé de la comida.

Sería inútil dar cuenta de las imprecaciones de mi tío cuando vio la mesa sin poner. Se explicó todo y Marta la criada recobró su libertad. Corrió al mercado y se las arregló de tal manera que una hora más tarde se me había calmado el hambre y volvía a ser consciente de de la situación.

Durante la comida, mi tío estaba casi alegre. Incluso hizo algunas bromas de esas que gastan los sabios, que no son nunca peligrosas. Después del postre me hizo señas para que lo siguiese a su despacho.

Obedecí. Se sentó en una esquina de la mesa y yo en otra.

—Axel —dijo con voz suave—, eres un chico muy ingenioso, me has hecho un gran favor cuando, cansado de pelear, iba a abandonar esta combinación. ¿En qué punto me hubiese extraviado? ¡Quién lo sabe! Nunca olvidaré esto, hijo mío, y tendrás tu parte en la gloria que vamos a conseguir.

«¡Vamos —pensé—, está de buen humor! ¡Ha llegado el momento de discutir sobre esta gloria!»

—Ante todo —continuó mi tío—, te recomiendo el más absoluto silencio, ¿me entiendes? No dejo de tener envidiosos entre los sabios, y muchos querrían llevar a cabo este viaje del que no tendrán ni remota idea hasta nuestro regreso.

—¿Usted cree —dije— que sería tan grande el número de esos valientes?

—¡Ciertamente! ¿Quién titubearía en conquistar tal renombre? ¡Si este documento fuera conocido, un ejército de geólogos se precipitaría sobre las huellas de Arne Saknussem!

—Eso es de lo que yo no estoy tan convencido, porque no hay nada que pruebe la autenticidad del documento.

—¡Cómo! ¿Y el libro donde lo hemos descubierto?

—¡Bueno! Admito que este Saknussem haya escrito esas líneas, pero ¿se puede deducir de ahí que haya hecho realmente ese viaje? ¿No puede este antiguo pergamino contener una falsificación?

Esta última palabra, un poco arriesgada, casi me arrepentí de haberla dicho; el profesor frunció el entrecejo, y temí haber puesto en peligro el desenlace de aquella conversación. Afortunadamente no fue así. Mi severo interlocutor esbozó algo así como una sonrisa y respondió:

—Eso lo veremos.

—¡Ah! —dije un poco molesto—, pero permíteme que termine la serie de objeciones relativas a ese documento.

—Habla, hijo mío, no tengas reparo. Te doy absoluta libertad para expresar tu opinión. Ya no eres mi sobrino, sino mi compañero. Así es que continúa.

—Bien; ante todo le preguntaré, ¿qué son ese Yocul, ese Sneffels y ese Scartaris de los cuales no he oído hablar nunca?

—Nada más fácil. Precisamente he recibido hace algún tiempo un mapa de mi amigo Augustus Peterman, de Leipzig; no podía llegar más a punto. Coge el tercer atlas del tercer estante de la biblioteca, serie Z, cuarta lámina.

Me levanté, y gracias a estas indicaciones tan precisas, encontré rápidamente el atlas que me había pedido. Mi tío lo abrió y dijo:

—He aquí uno de los mejores mapas de Islandia, el de Handerson, creo que nos dará una solución a tus problemas.

Me incliné sobre el mapa.

—Mira esta isla, compuesta de volcanes —dijo el profesor—, y fíjate en que todos llevan el nombre de *Yokul*. Esta palabra quiere decir «glaciar» en islandés, y en la elevada altitud de Islandia, la mayoría de las erupciones se abren paso a través de la nieve. De ahí este nombre de *Yokul* que se aplica a todos los montes ignívomos de la isla.

—Bien —contesté—. ¿Y qué es el Sneffels?

Esperaba que para esta pregunta no tendría respuesta. Me equivoqué. Mi tío continuó:

—Sigue conmigo la costa occidental de Islandia. ¿Ves Reykjawik, su capital? Sí. Bien. Recorre los innumerables fiordos de estas costas, erosionadas por el mar, y párate un poco debajo del grado sesenta y cinco de latitud. ¿Qué ves ahí?

—Una especie de península, semejante a un hueso descarnado que acaba en una enorme rótula.

—La comparación es justa, hijo mío. Ahora bien, ¿no notas nada sobre esta rótula?

—Sí, un monte que parece que ha nacido en el mar.

—¡Bien!, ése es el Sneffels.

—¿El Sneffels?

—El mismo, una montaña de cinco mil pies de altura, una de las más notables de la isla, y seguramente la más célebre del mundo entero, si su cráter termina en el centro del Globo.

—¡Pero eso es imposible! —exclamé, encogiéndome de hombros e indignado contra una suposición semejante.

—¡Imposible! —respondió el profesor Lidenbrock con tono severo—. ¿Y por qué?

—Porque este cráter está seguramente obstruido por las lavas, las rocas incandescentes y entonces...

—¿Y si es un cráter apagado?

—¿Apagado?

—Sí, el número de volcanes en actividad sobre la superficie del Globo no es actualmente más que de unos trescientos; pero existe una cantidad mucho mayor de volcanes apagados. El Sneffels es de estos últimos, y desde los tiempos históricos, no ha tenido más que una sola erupción, la de 1219; desde esta época, sus rumores han cesado poco a poco, y ya no se encuentra entre los volcanes activos.

No tenía nada que responder a estas afirmaciones contundentes; por lo tanto, resalté los otros agujeros negros que encerraba el documento.

—¿Qué significa la palabra *Scartaris,* y qué tienen que ver ahí las calendas de julio? —pregunté.

Mi tío reflexionó unos instantes durante los cuales albergué un rayo de esperanza; pero enseguida me respondió en estos términos:

—Lo que tú llamas oscuridad es luz para mí. Esto prueba los ingeniosos cuidados con que Saknussem quiso precisar su descubrimiento. El Sneffels está formado de muchos cráteres; era, por tanto, necesario indicar cuál de ellos es el que conduce al centro del Globo. ¿Qué ha hecho entonces el sabio islandés? Ha hecho hincapié en que, en la proximidad de las calendas de julio, es decir, hacia los últimos días de junio, uno de los picos de la montaña, el Scartaris, proyectaba su sombra hasta la boca del cráter en cuestión, y ha consignado el hecho en su documento. ¿Podía haber imaginado una indicación más exacta? Por lo tanto, una vez llegados a la cima del Sneffels, no nos será posible dudar del camino que hay que seguir.

Decididamente, mi tío tenía respuesta para todo. Me di cuenta de que era inútil atacarle sobre las palabras del antiguo pergamino. Así es que cesé de insistir por ese lado, y, como había que convencerlo ante todo, empecé con objeciones científicas, bien graves a mi modo de ver.

—Bueno —dije—, convengo en que la frase de Saknussem está clara y no deja ninguna duda. Llego hasta aceptar que el documento sea auténtico. Este sabio ha ido al fondo del Sneffels, ha visto la sombra del Scartaris sobre los bordes del cráter, antes de las calendas de julio; hasta ha oído contar en las leyendas de su tiempo que este cráter llegaba al centro de la Tierra. ¡Pero en cuanto a haber llegado él mismo, y a haber hecho el viaje, y si lo ha hecho, haber vuelto..., eso no y cien veces no!

—¿Y por qué razón? —dijo mi tío con singular tono de burla.

—Porque todas las teorías de la ciencia demuestran que una aventura semejante es impracticable.

—¿Todas las teorías dicen eso? —contestó mi tío con aire de ingenuidad—. ¡Ah, las malas teorías! ¡Cómo nos van a incordiar esas pobres teorías!

Noté que se estaba burlando de mí; pero a pesar de ello continué:

—¡Sí!, queda perfectamente aceptado que el calor aumenta cerca de un grado por setenta pies de profundidad bajo la superficie del Globo; por tanto, admitiendo esta proporción constante y siendo el radio terrestre de mil quinientas leguas, existe en el centro una temperatura de dos millones de grados. Las materias del interior de la tierra se hallan, por tanto, en estado de gases incandescentes, pues los metales, el oro, el platino, las rocas más duras no resisten calor semejante. Creo conveniente preguntar si es posible penetrar en semejante lugar.

—¿De modo que es el calor lo que te preocupa, Axel?

—Sin duda. Si llegásemos a una profundidad de diez leguas solamente, estaríamos en el límite de la corteza terrestre porque ya la temperatura es superior a mil trescientos grados.

—¿Y tienes miedo de entrar en fusión?

—Dejo la cuestión para que la decida usted —contesté en broma.

—Esto es lo que decido —contestó el profesor Lidenbrock, adoptando un tono de superioridad—: que ni tú ni nadie sabe con certeza lo que hay en el interior del Globo, puesto que apenas se conoce la duodécima milésima parte de su radio; que la ciencia es eminentemente perfectible y que cada teoría es incesantemente destruida por otra nueva.

¿No se ha creído hasta Fourier que la temperatura de los espacios planetarios iba siempre disminuyendo, y no se sabe hoy que los fríos mayores de las regiones etéreas no pasan de cuarenta o cincuenta grados bajo cero? ¿Por qué no ocurrirá lo mismo con el calor interior? ¿Por qué a cierta profundidad no llegará a un límite infranqueable, en lugar de elevarse hasta el grado de fusión de los minerales más refractarios?

Una vez que mi tío puso las cosas en el terreno de la hipótesis, no tuve nada que responder.

—Ahora te diré que verdaderos sabios, entre otros, Poisson, han probado que si un calor de dos millones de grados existiese en el interior del Globo, los gases incandescentes que provienen de materias fundidas adquirirían una elasticidad tal, que la corteza terrestre no podría resistirla y estallaría como las paredes de una caldera al empuje del vapor.

—Ésa es la opinión de Poisson, tío, pero nada más.

—Estamos conformes, pero es también la opinión de otros geólogos ilustres que el interior del Globo no está formado ni de gas ni de agua, ni de las piedras más duras que se conocen, pues en ese caso la Tierra tendría un peso dos veces menor.

—¡Bah, con los números se prueba todo lo que se quiere!

—Pero, ¿ocurre lo mismo con los hechos, hijo mío? ¿No consta que el número de volcanes ha disminuido notablemente desde los primeros días del mundo, y que si existe calor central, tiende a disminuir?

—Tío, si entra usted en el terreno de las suposiciones, no tengo nada que discutir.

—Y yo diré que mi opinión es la de personas muy competentes. ¿Te acuerdas de una visita que me hizo, en 1825, el célebre químico inglés Humphry Davy?

—De ningún modo, pues no vine al mundo hasta diecinueve años después.

—Pues bien, Humphry Davy vino a verme a su paso por Hamburgo. Discutimos durante largo tiempo, entre otras cuestiones, la hipótesis de la liquidación del núcleo interior de la Tierra. Estábamos los dos de acuerdo en que esta liquidez no podía darse, por una razón a la cual la ciencia no ha encontrado nunca respuesta.

—¿Y cuál es la razón? —dije un poco extrañado.

—Es que esta masa líquida estaría sujeta, como el océano, a la atracción de la Luna, y por consiguiente dos veces al día se producirían mareas interiores que, levantando la corteza de la Tierra, darían lugar a terremotos periódicos.

—Pero es evidente, sin embargo, que la superficie del Globo ha sido sometida a la combustión y se puede suponer que la corteza exterior se ha enfriado la primera, mientras que el calor quedaba en el centro.

—Eso es un error —respondió mi tío—; la Tierra se ha calentado por la combustión de su superficie y no por otra cosa. Su superficie estaba compuesta de una gran cantidad de metales como el potasio y el sodio, que tienen la propiedad de inflamarse al contacto del aire y del agua; estos metales se incendiaron cuando los vapores atmosféricos se deshicieron en lluvia sobre la tierra, y poco a poco, cuando las aguas penetraron en las fisuras de la superficie terrestre, dieron lugar a nuevos incendios con explosiones y erupciones. Por eso eran tan numerosos los volcanes en los primeros días del mundo.

—¡Vaya...!, una hipótesis ingeniosa —exclamé un poco a mi pesar.

—Hipótesis que Humphry Davy me hizo ver aquí mismo con un experimento muy sencillo. Compuso una bola metálica, hecha principalmente con los metales que acabo de nombrar, y que figuraba a la perfección nuestro Globo; cuando se dejaba caer un pequeño rocío sobre su superficie, ésta se dilataba, se oxidaba y formaba una pequeña montaña; un cráter se abría en su cima; la erupción se producía y comunicaba a toda la bola un calor tal, que se hacía imposible tenerla en la mano.

Desde luego, empecé a vacilar con los argumentos del profesor; él, además, les daba más valor con su pasión y su entusiasmo de costumbre.

—Ya lo ves, Axel —añadió—, el estado del núcleo central ha suscitado hipótesis diversas entre los geólogos; nada está menos probado que el hecho de un calor interior; según yo creo, éste no existe; no puede existir; además, ya lo veremos, y, como Arne Saknussem, sabremos a qué atenernos sobre esta importante cuestión.

—¡Bueno —contesté, dejándome llevar por este entusiasmo—, sí, lo veremos, si es que se ve algo!

—¿Y por qué no? ¿No podemos contar con fenómenos eléctricos, que nos aclaren, y hasta con la atmósfera que la presión puede hacer luminosa, acercándose al centro?

—¡Sí —dije—; después de todo, eso es posible!

—Es cierto —respondió triunfante mi tío—, pero silencio, ¿oyes?, silencio sobre todo esto, y que a nadie se le ocurra descubrir el centro de la Tierra antes que nosotros.

CAPÍTULO VII

Así se terminó esta reunión memorable. Esta conversación me produjo fiebre. Salí del despacho de mi tío como aturdido; no me bastaba el aire de las calles de Hamburgo para reponerme; llegué a la orilla del Elba, junto al transbordador de vapor que comunica la ciudad con el tren de Hamburgo.

¿Estaba yo convencido de lo que acababa de enterarme? ¿No estaba dominado por el profesor Lidenbrock? ¿Debía tomar en serio su resolución de ir al centro de la masa terrestre? ¿Lo que acababa de oír eran proyectos insensatos de un loco o deducciones científicas de un gran genio? En todo esto, ¿dónde acababa la verdad y empezaba el error?

Dudaba entre mil hipótesis contradictorias, sin poder inclinarme por ninguna.

Sin embargo, recordaba haber estado convencido, aunque mi entusiasmo empezaba a moderarse; pero hubiera querido marcharme inmediatamente y no tener tiempo de reflexionar. No me habría faltado valor para cerrar la maleta en ese momento.

Aunque tendré que confesar que una hora más tarde esta excitación decayó, mis nervios se calmaron y de los abismos profundos de la Tierra subí a la superficie.

—¡Es absurdo! —exclamé—, ¡no tiene sentido común! No es una proposición seria para un chico sensato. Nada de esto existe. He dormido y he tenido una pesadilla.

Había seguido las orillas del Elba y dado la vuelta a la ciudad. Después de haber subido al puerto, llegué al camino de Altona. Un presentimiento me conducía, un presentimiento justificado, pues pronto vi a mi pequeña Graüben que, con paso ligero, volvía valientemente a Hamburgo.

—¡Graüben! —le grité de lejos.

La muchacha se paró, un poco extrañada, supongo, de que la llamaran así en medio del campo. En diez pasos estuve a su lado.

—¡Axel! —dijo sorprendida—. ¿Has venido a buscarme? Eso está muy bien.

Pero al mirarme, Graüben no pudo engañarse, pues vio mi aire inquieto y trastornado.

—¿Qué tienes? —dijo, tendiéndome la mano.

—¡Que qué tengo Graüben! —exclamé.

En dos segundos y en tres palabras, mi preciosa virlandesa estaba al corriente de la situación. Durante unos instantes, guardó silencio. ¿Palpitaba su corazón como el mío? Lo ignoro; pero su mano no temblaba en la mía. Anduvimos unos cien pasos sin hablar.

—¡Axel! —me dijo al fin.

—¡Querida Graüben!

—Será un hermoso viaje.

Al oír estas palabras, di un salto.

—Sí, Axel, y digno del sobrino de un sabio. ¡Es bueno que un hombre destaque por alguna gran aventura!

—Pero, Graüben, ¿no me disuades de intentar una expedición semejante?

—No, querido Axel, y de buena gana os acompañaría a tu tío y a ti, si una pobre chica no fuera un estorbo para vosotros.

—¿Lo dices de verdad?

—De verdad.

¡Ah, mujeres, jovencitas, corazones femeninos siempre incomprensibles! ¡Cuando no sois los seres más tímidos, sois los más valientes! La razón siempre está de vuestra parte. ¿Cómo? ¡Esta niña me animaba a tomar parte en esa expedición! Ella no hubiese temido intentar la aventura. ¡Y me incitaba a realizarla, a mí, a quien ella amaba!

Estaba desconcertado y, ¿por qué no decirlo?, avergonzado.

—Graüben —repliqué—, veremos si mañana hablas del mismo modo.

—Mañana hablaré como hoy, mi querido Axel.

Graüben y yo, cogidos de la mano, pero en un profundo silencio, seguimos nuestro camino. Yo estaba rendido por las emociones del día.

«Después de todo —pensé—, las calendas de julio están todavía lejos, y de aquí a entonces pueden suceder multitud de cosas que curen a mi tío de su manía de viajar bajo tierra.»

Ya era de noche cuando llegamos a la casa de Königstrasse. Esperaba encontrarme la residencia tranquila, a mi tío acostado, según su costumbre, y a Marta, la criada, pasando el plumero por el comedor, como solía hacer por las noches.

Pero no había contado con la impaciencia del profesor. Me lo encontré gritando, moviéndose en medio de un ejército de transportistas, que descargaban algunas mercancías en el portal; la vieja criada no sabía dónde tenía la cabeza.

—¡Pero ven, Axel, date prisa, desgraciado! —exclamó mi tío desde que me vio a lo lejos—. Tu maleta está sin hacer, mis papeles no están en orden; no encuentro la llave de mi bolsa de viaje y mis polainas no llegan.

Me quedé estupefacto. Me faltó la voz. Apenas pude articular estas palabras:

—¿Entonces..., nos vamos?

—Sí, mal hijo, que te vas de paseo en vez de estar aquí.

—¿Que nos vamos? —repetí con voz débil.

—Sí, pasado mañana por la mañana, a primera hora.

No pude oír más y huí a mi cuarto.

No había que dudarlo; mi tío había pasado la tarde procurándose los objetos y utensilios necesarios para su viaje; el portal estaba lleno de escalas, hechas de nudos de cuerda, de antorchas, garfios de hierro, azadones, bastones de hierro, en fin, de objetos para cargar diez hombres por lo menos.

Pasé una noche espantosa. Al día siguiente sentí que me llamaban temprano. Estaba decidido a no abrir la puerta. Pero no hubo medio de resistir a la dulce voz que pronunciaba estas palabras: «¿Querido Axel?».

Salí de mi cuarto. Pensé que mi palidez, mis ojos enrojecidos por el insomnio, producirían efecto en Graüben y cambiarían sus ideas.

—¡Ah, mi querido Axel! —me dijo—, veo que te encuentras mejor y que la noche te ha calmado.

—¡Calmado! —exclamé.

Me precipité al espejo. Tenía mejor cara de lo que yo suponía. Era increíble.

—Axel —me dijo Graüben—, he hablado largo rato con mi tutor. Es un sabio audaz, un hombre de gran valentía. Acuérdate de que llevas su sangre en las venas. Me ha contado sus proyectos, sus anhelos, me ha dicho por qué y cómo espera alcanzar su fin. Él lo conseguirá, no lo dudo. ¡Oh, querido Axel, qué hermoso es dedicarse de esta manera a la ciencia! ¡Qué gloria le espera al señor Lidenbrock! Y esa gloria recaerá también sobre su compañero. A la vuelta serás un hombre, serás su igual, libre para hablar, para obrar, en fin, para...

La muchacha se puso colorada y no acabó. Sus palabras me animaron. Pero todavía no quería creer en nuestra marcha. Conduje a Graüben hacia el despacho del profesor.

—Tío —dije—, ¿está decidido que nos vamos?

—¡Cómo! ¿Lo dudas?

—No —dije para no contrariarlo—. Solamente le preguntaré por qué tenemos tanta prisa.

—¡Por el tiempo! ¡El tiempo, que corre con una rapidez irreparable!

—Sin embargo, no estamos mas que a 26 de mayo y hasta fines de junio...

—Pero, ¿crees tú, ignorante, que se traslada uno a Islandia tan fácilmente? Si no te hubieses ido como un loco, te habría llevado a la oficina de Copenhague, a casa de Liffender y Compañía. Allí habrías visto que de Copenhague a Reykjawik no hay más que un servicio.

—¿Y qué?

—¿Qué? Que si esperásemos al 22 de junio, llegaríamos demasiado tarde para ver la sombra del Scartaris sobre el cráter del Sneffels; hay que llegar a Copenhague cuanto antes para buscar un medio de transporte. ¡Ve a hacer tu maleta!

No había nada que responder. Subí a mi cuarto y Graüben me siguió. Ella fue la que se encargó de ordenar en una maleta los objetos necesarios para mi viaje. Estaba tan emocionada como si se tratase de un paseo a Lübeck o a Heligoland; sus manitas se movían de un lado a otro, sin precipitación: hablaba con calma; me daba razones sensatas en favor de nuestra expedición. Me encantaba, pero sentía un gran enfado contra ella. Algunas veces quería encolerizarme, pero ella no hacía caso y seguía metódicamente su tranquila tarea.

Finalmente, cerró la última correa de la maleta. Fui a la planta baja.

A lo largo del día los proveedores de instrumentos de física, armas y aparatos eléctricos, se habían multiplicado. Marta la criada perdía la cabeza.

—¿Está loco el señor? —me preguntó.

Hice un gesto afirmativo.

—¿Y se lo lleva a usted con él?

Volví a hacer el mismo gesto de afirmación.

—¿Y adónde? —dijo.

Indiqué con el dedo el centro de la Tierra.

—¿Al sótano? —exclamó la vieja criada.

—¡No —dije al fin—, más abajo!

Llegó la noche. Yo no me daba cuenta del tiempo que había pasado.

—Hasta mañana —dijo mi tío—, salimos a las seis en punto.

A las diez caí en la cama como una masa inerte.

Durante la noche el terror volvió a apoderarse de mí.

Pasé la noche soñando con abismos. Deliraba. Me sentía cogido por la mano vigorosa del profesor, empujado, abatido, hundido. Caía en el fondo de insondables precipicios con esa precipitación creciente de los cuerpos abandonados en el espacio. Mi vida no era más que una interminable caída.

Me desperté a las cinco, destrozado de cansancio y de emoción. Bajé al comedor. Mi tío estaba sentado a la mesa y devoraba. Lo miré con un sentimiento de horror. Graüben estaba allí; no dije nada, pero no pude comer.

A las cinco y media se sintió en la calle el ruido de un carruaje. Era un gran coche que llegaba para conducirnos a la estación de Altona. Pronto estuvo cargado con los bultos de mi tío.

—¿Y tu maleta? —me dijo.

—Ya está lista —respondí desfalleciendo.

—¡Date prisa en bajarla o nos harás perder el tren!

Luchar contra mi destino me pareció imposible.

Subí a mi cuarto, y dejando caer mi maleta por la escalera, bajé tras ella.

En este momento, mi tío entregaba solemnemente a Graüben «las riendas de su casa». Mi bonita virlandesa conservaba su calma habitual. Besó a su tutor, pero no pudo contener una lágrima al tocar mi mejilla con sus dulces labios.

—¡Graüben! —exclamé.

—Vete, mi querido Axel, ve —me dijo ella—; te separas de tu novia, pero encontrarás a tu mujer a la vuelta.

Abracé a Graüben y me metí en el coche. Marta y la muchacha nos dirigieron el último adiós desde la puerta; luego los dos caballos, excitados por el silbido del conductor, se lanzaron al galope por el camino de Altona.

CAPÍTULO VIII

Altona, verdadero arrabal de Hamburgo, es cabeza de línea del tren de Kiel, que debía conducirnos a las orillas de los Belt. En menos de veinte minutos entrábamos en el territorio de Holstein.

A las seis y media, el coche se paraba delante de la estación; los numerosos bultos de mi tío, sus voluminosos artículos de viaje fueron descargados, transportados, pesados, clasificados y vueltos a cargar en el vagón de equipajes, y a las siete estábamos sentados uno frente al otro en nuestro departamento. La máquina silbó, la locomotora se puso en movimiento. Nos habíamos marchado. ¿Estaba resignado? Todavía no. Sin embargo, el aire fresco de la mañana, y los detalles del camino, renovados rápidamente por la velocidad del tren, me distraían de mi gran preocupación.

En cuanto a la imaginación del profesor, iba más deprisa, evidentemente, que aquel convoy, demasiado lento para su impaciencia. Estábamos solos en el vagón, pero no hablábamos. Mi tío miraba sus bolsillos y su bolsa de viaje con minuciosa atención. Me di cuenta de que no le faltaba ninguna de las cosas necesarias para ejecutar sus proyectos.

Entre otras, una hoja de papel, doblada cuidadosamente, llevaba el membrete de la cancillería danesa con la firma del señor Christiensen, cónsul de Hamburgo y amigo del profesor. Esto debía darnos facilidades para obtener en Copenhague recomendaciones para el gobernador de Islandia.

Vi también el famoso documento, cuidadosamente escondido en el bolsillo más secreto de la cartera. Lo maldije de corazón y me puse a examinar el país. Era una vasta serie de llanuras poco interesantes, monótonas, y bastante fecundas; un campo muy favorable y propicio para establecer un ferrocarril, con sus líneas rectas, tan deseadas por las compañías ferroviarias.

Pero esta monotonía no tuvo tiempo de cansarme, pues tres horas después de nuestra salida, el tren se paraba en Kiel, a dos pasos del mar.

No hubo que ocuparse del equipaje, que estaba facturado hasta Copenhague. Mi tío, sin embargo, lo siguió con mirada inquieta, mientras lo transportaban a la lancha de vapor. Allí desapareció en el fondo de la bodega.

Mi tío, con su precipitación, había calculado tan bien la correspondencia entre el tren y el barco, que teníamos que perder un día. El vapor *Elleonora* no salía hasta por la noche. Había que esperar nueve horas, durante las cuales el irascible viajero mandó a todos los diablos a la administración de los barcos y de los ferrocarriles y a los gobiernos que toleraban semejantes abusos. Tuve que hacerle coro cuando la emprendió con el capitán del *Elleonora* sobre este punto. Quería obligarlo a partir al instante; pero el otro lo mandó a paseo.

En Kiel, como en cualquier otro lugar, es preciso que un día se acabe. A fuerza de pasearnos por las orillas de la bahía, en el fondo de la cual se alza la pequeña ciudad, y de atravesar los espesos bosques que le hacen parecer un nido en un manojo de ramas, de admirar las villas, con su casita de baños fríos cada una, y de correr y de refunfuñar, llegaron las diez de la noche.

Las bocanadas de humo del *Elleonora* subían hacia el cielo; el puente retemblaba con los temblores de la caldera; estábamos a bordo y disfrutábamos de dos literas situadas en la única habitación del barco.

A las diez y cuarto largaron las amarras y el barco surcó rápido las sombrías aguas del Grand-Belt.

La noche era tenebrosa; había una ligera brisa y mar fuerte; algunas luces de la costa aparecieron en la oscuridad y más tarde un faro resplandeció sobre las olas; esto es todo lo que recuerdo de esta primera travesía.

A las siete de la mañana, desembarcamos en Korsör, pequeña ciudad situada en la costa occidental de Seeland. Allí pasamos del barco a otro ferrocarrril, que nos llevó por un terreno no menos llano que los campos de Holstein.

Nos quedaban aún tres horas de viaje antes de llegar a la capital de Dinamarca. Mi tío no había pegado ojo en toda la noche. Yo creo que de impaciencia empujaba el vagón con sus pies.

Por fin vio un trozo de mar.

—¡El Sund! —exclamó.

A nuestra izquierda, se elevaba una gran construcción que parecía un hospital.

—Es un manicomio —dijo uno de nuestros compañeros de viaje.

«¡Bien —pensé—; éste es el sitio donde debíamos acabar nuestros días! ¡Y por muy grande que sea este hospital, aún es demasiado pequeño para contener la locura del profesor Lidenbrock!»

En fin, a las diez de la mañana llegamos a Copenhague. Los equipajes fueron colocados en un coche y llegaron con nosotros al Hotel del Fénix, en Bred-Gale. Fue cuestión de media hora, pues la estación está situada en las afueras de la ciudad. Mi tío, tras arreglarse un poco, me ordenó que le siguiese. El portero del hotel hablaba el alemán y el inglés; pero el profesor, en su calidad de políglota, le interrogó en buen danés, y en buen danés le indicó este personaje dónde estaba el Museo de Antigüedades del Norte.

El director de esta interesante institución, donde se conservan maravillas que permitirían reconstruir la historia del país, con sus antiguas armas de piedra, sus cacharros y sus alhajas, era un sabio, amigo del cónsul de Hamburgo, el profesor Thomson.

Mi tío tenía para él una afectuosa carta de recomendación. Generalmente, un sabio recibe bastante mal a otro. Pero en este caso no fue así. El señor Thomson, hombre servicial, recibió cordialmente al profesor Lidenbrock, e incluso a su sobrino. Sería inútil decir que guardamos nuestro secreto al director del museo. Simplemente queríamos visitar Islandia como aficionados desinteresados.

El señor Thomson se puso enteramente a nuestra disposición y recorrimos el muelle en busca de un navío que partiese para Islandia.

Yo esperaba que no hubiera ningún medio de transporte; pero no fue así. Una pequeña goleta danesa, la *Walkyria,* salía el dos de junio para Reykjawik. El capitán, el señor Bjarne, se encontraba a bordo; su futuro pasajero, de alegría, le apretó las manos hasta casi rompérselas. Este buen hombre se quedó algo extrañado de semejante apretón de manos. Ir a Islandia le parecía la cosa más sencilla del mundo, puesto que ése era su oficio. Mi tío, en cambio, lo encontraba sublime. El maravilloso capitán aprovechó este entusiamo para hacernos pagar el doble del pasaje a bordo de su navío. Pero a nosotros no nos importó demasiado.

—Estén ustedes a bordo el martes a las siete de la mañana —dijo el señor Bjarne, después de embolsarse un número respetable de coronas.

Le dimos las gracias al señor Bjarne por sus atenciones y nos volvimos al Hotel del Fénix.

—¡Esto va bien!, ¡esto va muy bien! —repetía mi tío—. ¡Qué dichosa casualidad haber encontrado este barco a punto de partir! Ahora desayunemos y vamos a visitar la ciudad.

Nos fuimos a Kongens-Nye-Torw, plaza irregular donde se halla un puesto con dos inocentes cañones, dispuestos a disparar, que no asustan a nadie. Al lado, en el número 5, había una casa de comidas francesa de un cocinero llamado Vicent; desayunamos bastante bien por el módico precio de cuatro marcos cada uno.

Después disfruté como un niño, recorriendo la ciudad; mi tío se dejaba llevar durante el paseo; de todos modos no vio nada, ni el insignificante palacio del rey, ni el precioso puente del siglo diecisiete que atraviesa el canal por delante del museo, ni ese inmenso cenotafio de Torwaldsen, decorado con pinturas horribles, que contiene en su interior las obras de este escultor; ni el castillo en miniatura de Rosenborg, con su hermoso parque; ni el admirable edificio de la Bolsa, estilo Renacimiento, ni su campanario formado por las colas entrelazadas de cuatro dragones de bronce, ni los grandes molinos de las murallas, cuyas anchas alas se agitaban como las velas de un barco, al viento del mar.

¡Qué paseos tan deliciosos habríamos dado mi querida virlandesa y yo por el puerto, donde los bergantines y las fragatas dormían pacíficamente bajo su techumbre rojiza por las verdes orillas del estrecho, y a través de estos espesos bosques, en cuyo seno se esconde la ciudadela, en donde los cañones alargan su boca negruzca entre las ramas de los saúcos y los sauces.

Pero, desgraciadamente, mi pobre Graüben estaba lejos. ¿Y podría yo esperar volver a verla? Jamás.

No obstante, si mi tío no se fijó en ninguno de estos encantadores lugares, sí le llamó mucho la atención un campanario situado en la isla de Amak, que forma el barrio suroeste de Copenhague.

Me ordenó que nos dirigiésemos por ese lado; me subí en un pequeño barco de vapor que realizaba la ruta de los canales, y en unos minutos arribó al muelle de Dock-Yard.

Después de atravesar algunas calles estrechas, donde unos presos vestidos con pantalones mitad amarillos y mitad grises trabajaban bajo la vigilancia de los capataces, llegamos delante de Vor-Frelsers-Kirk. Esta iglesia no ofrecía nada interesante. Pero su campanario, bastante elevado, había llamado la atención del profesor, porque desde la plataforma serpenteaba alrededor de su capitel una escalera exterior, cuyas espirales alcanzaban el cielo.

—Subamos —dijo mi tío.

—Pero ¿y si nos da vértigo? —repliqué.

—Razón de más; hay que acostumbrarse.

—Sin embargo...

—Ven, te digo, no perdamos el tiempo.

Hubo que obedecer. Un guardián que había al otro lado de la calle, nos dio una llave, y empezó la ascensión.

Mi tío me precedía con paso rápido. Yo le seguía, muerto de miedo, pues me mareaba con suma facilidad. No tenía ni el aplomo de las águilas ni la insensibilidad de sus nervios.

Mientras estuvimos encerrados en la escalera de caracol, todo fue a pedir de boca; pero a los ciento cincuenta escalones sentí que el aire me daba en la cara; habíamos llegado a la plataforma del campanario. Allí empezaba la escalera aérea, resguardada por una barandilla poco consistente y cuyos escalones, cada vez más estrechos, parecían subir hasta el infinito.

—¡Nunca podré! —exclamé.

—¿No serás, por casualidad, un cobarde? ¡Sube! —contestó cruelmente el profesor.

Tuve que seguirle a la fuerza, agarrándome como una lapa. El airón me mareaba, notaba que el campanario oscilaba bajo las ráfagas de viento; pronto empecé a arrastrarme de rodillas y luego boca abajo; cerré los ojos, sentía vértigo.

Por fin, mi tío tuvo que cogerme por el cuello y así llegué cerca de la bola.

—¡Mira —me dijo—, fíjate bien!, hay que tomar «lecciones de abismo».

Abrí los ojos. Veía las casas planas aplastadas como si se hubiesen caído, por entre los torbellinos de humo. Por encima de mi cabeza pasaban nubes desordenadas y por un efecto óptico me parecían inmóviles, mientras que el campanario, la bola y yo nos lanzábamos a una velocidad fantástica. A lo lejos se extendía por un lado el campo verde, y por el otro resplandecía el mar, bajo un haz de rayos. El Sund se abría por la punta de Elseneur, con algunas velas blancas, verdaderas alas de gaviota, y entre la bruma, por el este, se dibujaban las costas de Suecia medio borrosas. Esta inmensidad giraba ante mi vista.

A pesar de todo, tuve que levantarme, ponerme derecho y mirar. Mi primera clase de vértigo duró una hora. Cuando al fin pude bajar y tocar con el pie el adoquín sólido de las calles, estaba derrengado.

—Seguiremos mañana —dijo el profesor.

Y así que durante cinco días practiqué este ejercicio para el vértigo y, a mi pesar, progresé sensiblemente en el arte de las «altas contemplaciones».

CAPÍTULO IX

Llegó el día de salir. La víspera, el complaciente señor Thomson nos había traído cartas de recomendación urgentes para el conde Trampe, gobernador de Islandia; el señor Pictursson, coadjutor del obispo, y el señor Finsen, alcalde de Reykjawik. En agradecimiento, mi tío le obsequió con los más expresivos apretones de manos.

El día 2, a las seis de la mañana, nos llevaron nuestros queridos equipajes a bordo del *Walkyria*. El capitán nos condujo a unos camarotes bastante estrechos, colocados bajo una especie de toldo.

—¿Tenemos buen viento? —preguntó mi tío.

—Excelente —respondió el capitán Bjarne—. Viento del sudeste. Vamos a salir de Sund hacia alta mar y a toda vela.

Momentos después, la goleta, bajo su mesana, su cangreja, su gavia y su juanete [1], se aparejó y dio con su lona en el estrecho. Una hora después, la capital de Dinamarca parecía hundirse entre las olas lejanas y el *Walkyria* rozaba la costa de Elseneur.

Con el estado de nervios en el que me encontraba, esperaba ver el espectro de Hamlet vagando por la terraza legendaria.

---

1 Mesana, cangreja, gavia, juanete: nombre de distintos tipos de velas. *(N. del E.)*

«¡Soñador insensato! —me dije—. ¡Tú aprobarías, sin duda, nuestra empresa! ¡Tú nos seguirías, quizá, para venir al centro del Globo a buscar una solución a tu eterna duda!»

Pero no se apareció nada sobre las antiguas murallas; además, el castillo es mucho más moderno que el heroico príncipe de Dinamarca. Sirve ahora de suntuosa vivienda al portero de este estrecho del Sund, por donde pasan cada año quince mil navíos de todas las naciones.

El castillo de Krongborg desapareció pronto entre la bruma, así como la torre de Helsinborg, que se eleva sobre la costa de Suecia, y la goleta se inclinó ligeramente por el empuje de las brisas del Cattegat.

El *Walkyria* era la flor y nata de los veleros; pero con un barco de vela uno nunca sabe qué puede pasar. Llevaba a Reykjawik carbón, utensilios de casa, alfarería, trajes de lana y una carga de trigo; cinco hombres de la tripulación, todos daneses, eran suficientes para manejarlo.

—¿Cuánto durará la travesía? —preguntó mi tío al capitán.

—Unos diez días —contestó este último—, si no nos encontramos con algún vendaval del noroeste por medio de las Fëroe.

—¿Pero no es corriente que surjan retrasos importantes?

—No, señor Lidenbrock; quédese tranquilo, que llegaremos.

Hacia la tarde, la goleta dobló el cabo Skagen por el lado norte de Dinamarca; durante la noche atravesó el Skager Rak, pasó por la punta de Noruega, a través del cabo Lidness y llegó al mar del Norte.

Dos días después, conocíamos las costas de Escocia a la altura de Peterheade, y el *Walkyria* se dirigió hacia las Fèroe, pasando entre las Orcadas y las Seeland.

Pronto nuestra goleta fue golpeada por las olas del Atlántico; tuvo que navegar en zig zag contra el viento norte y llegó a las islas Fèroe con dificultad. El día 3, el capitán reconoció Myganness, la más oriental de estas islas, y desde allí se dirigió derecho al cabo Portland, situado en la costa meridional de Islandia.

La travesía no tuvo ningún incidente destacable. Yo soporté bastante bien las pruebas de mar; mi tío no dejó de marearse muy a su pesar.

No pudo, por tanto, interrogar al capitán Bjarne sobre la cuestión del Sneffels, sobre los medios de comunicación, ni sobre la rapidez de los transportes; tuvo que dejar sus explicaciones para la llegada y se pasó todo el tiempo acostado en su camarote, cuyos tabiques resonaban con el balanceo de proa a popa. Hay que confesar que se tenía merecida esta mala suerte.

El día 11 pasamos al cabo Portland; el tiempo despejado permitió ver el Myrdals Yocul, que sobresale. El cabo se compone de un gran cerro con pendientes erosionadas, plantado él solo sobre la playa.

El *Walkyria* se quedó a una prudente distancia de las costas, siguiéndolas hacia el oeste, en medio de un grupo numeroso de ballenas y tiburones. Pronto apareció una inmensa roca taladrada, contra la que el mar espumoso daba con furia. Los islotes de Westman parecían salir del océano, como un puñado de rocas sobre la llanura líquida. En ese momento la goleta tomó ángulo para dar la vuelta con seguridad al cabo Reykjaness, que forma el ángulo occidental de Islandia.

El mar agitado impedía a mi tío subir al puente para admirar estas costas irregulares y azotadas por los vientos del sudoeste.

Cuarenta y ocho horas después de salir de una tempestad que obligó a la goleta a huir sin poder izar las velas, remontamos por el este la baliza de la punta Skagen, cuyas peligrosas rocas se prolongan a gran distancia bajo las olas. Un piloto islandés vino a bordo y tres horas después el *Walkyria* fondeaba en Reykjawik, en la bahía de Faxa.

El profesor salió por fin de su camarote, algo pálido y con mal aspecto, pero siempre entusiasta y con la mirada llena de satisfacción.

La población de la ciudad, curiosamente interesada por la llegada de un navío, del cual cada uno tenía algo que recoger, se agrupaba en el muelle.

Mi tío tenía prisa por abandonar su prisión flotante, por no decir su hospital. Pero antes de marcharse del puente de la goleta, me llevó hacia la proa y con el dedo me mostró, en la parte septentrional de la bahía, una montaña alta con dos picos, un cono doble siempre cubierto de nieve.

—¡El Sneffels! —exclamó—. ¡El Sneffels!

Luego, tras haberme recomendado con un gesto que guardara silencio absoluto, bajó al bote que le esperaba. Yo le seguí y pronto pisamos el suelo de Islandia.

Enseguida apareció un hombre de aspecto imponente y vestido con uniforme de general. Sin embargo, no era más que un magistrado, el gobernador de la isla, el señor barón Trampe en persona. El profesor reconoció delante de quién se hallaba. Entregó al gobernador sus cartas de Copenhague, y entablaron una escueta conversación en danés, conversación completamente extraña para mí. Pero de esta primera conversación surgió que el barón Trampe se ponía enteramente a disposición del profesor Lidenbrock.

Mi tío tuvo una acogida sumamente amable por parte del alcalde, el señor Finsen, que por el traje parecía tan militar como el gobernador, aunque era tan pacífico como aquél por su temperamento y por su estado.

En cuanto al coadjutor, el señor Picturssen, se encontraba realizando un viaje pastoral por el territorio norte; había que renunciar de momento a que nos lo presentaran. Pero un hombre encantador, de quien recibimos una gran ayuda, fue el señor Fridriksson, profesor de ciencias naturales en la escuela de Reykjawik. Este modesto sabio no hablaba más que islandés y latín; vino a ofrecerme sus servicios en la lengua de Horacio y sentí que estábamos hechos para comprendernos. Fue, en efecto, el único personaje con quien pude hablar durante mi estancia en Islandia.

De las tres habitaciones que tenía su casa, este hombre maravilloso puso dos a nuestra disposición y pronto estuvimos instalados allí con nuestros equipajes, que, por cierto, debido a su abundancia, llamaron la atención de los habitantes de Reykjawik:

—Bueno, Axel —me dijo mi tío—; esto marcha y ya está hecho lo más difícil.

—¿Cómo lo más difícil? —exclamé.

—Sin duda, ya no tenemos más que bajar.

—Si lo toma usted por ese lado, tiene usted razón, pero me figuro que después de bajar habrá que volver a subir, ¿digo yo?

—¡Ah!, pero esto no me preocupa nada. Bueno, no hay tiempo que perder. Voy a ir a la biblioteca. Puede que se encuentre allí algún manuscrito de Saknussem y me gustaría consultarlo.

—Entonces, yo voy a visitar la ciudad mientras tanto. ¿Usted no hará lo mismo?

—¡Buah!, me interesa bastante poco. Lo que tiene de interesante esta tierra de Islandia no está por encima, sino por debajo.

Salí y caminé sin rumbo.

Perderse por las dos calles que tiene Reykjawik no hubiese sido fácil. Por tanto, no tuve necesidad de preguntar mi camino, lo que en el lenguaje de los gestos se habría prestado a muchas equivocaciones.

La ciudad se extiende sobre un terreno bastante bajo y pantanoso, entre dos colinas. Una inmensa corriente de lava la cubre por un lado y baja hacia el mar, en rampas suaves. Del otro lado, se extiende la gran bahía de Faxa, limitada al norte por el enorme glaciar del Sneffels, y en la cual solamente se hallaba anclado en ese momento el *Walkyria.* Normalmente, los guardas de pesca ingleses y franceses se fondean en mar abierto, pero ahora estaban de servicio en las costas orientales de la isla.

La calle más larga de las dos calles de Reykjawik corre paralela a la playa; allí viven los negociantes y comerciantes, en cabañas de madera, hechas de vigas rojas, puestas horizontalmente; la otra calle, situada más al oeste, se dirige hacia un laguito, por entre las casas del obispo y otros personajes ajenos al comercio. Pronto recorrí estas calles, tristes y melacólicas; entreveía de vez en cuando un trozo de césped descolorido, un tapiz de lana estropeado por el uso; o alguna especie de huerto, cuyas escasas legumbres, patatas, coles y lechugas habrían hecho buen papel en una mesa de liliputienses; algunos alhelíes enfermizos buscaban también un poquito de sol.

Hacia la mitad de la calle, que no era comercial, estaba el cementerio público, cercado por una tapia, y donde había sitio de sobra. Luego, en dos o tres pasos, llegué a la casa del gobernador, una casucha comparada con el hotel de Hamburgo, pero un palacio si se compara con las chozas de la población islandesa.

Entre el lago y la ciudad sobresalía la iglesia, construida según el gusto protestante y hecha de piedras calcinadas, que los volcanes mismos extraen; debido a los vientos fuertes del oeste, su techumbre de tejas rojizas seguramente volaba por los aires, para disgusto de los fieles.

Sobre un montículo próximo vi la escuela estatal, donde, según me enteré después por mi anfitrión, se enseñaba hebreo, inglés, francés y danés, cuatro idiomas de los que, para vergüenza mía, no conocía ni una palabra. Hubiese sido el último de los cuarenta alumnos de este pequeño colegio e indigno de acostarme con ellos en esos armarios de dos departamentos, donde otros más delicados se axfisiarían en la primera noche.

En el espacio de tres horas, ya había visitado no solamente la ciudad, sino sus alrededores. Su aspecto general era singularmente triste. Carecía de árboles y de vegetación. Por todas partes se veían las aristas vivas de las rocas volcánicas. Las chozas de los islandeses están hechas de tierra y de turba y sus paredes, inclinadas hacia dentro, parecen tejados colocados sobre el suelo. Solamente que estos tejados son como praderas relativamente fecundas. Gracias al calor de la habitación, la hierba crece con bastante perfección y la siegan cuidadosamente cuando viene la época, pues si no, los animales domésticos vendrían a pastar sobre estas casas que verdean.

Durante mi excursión me encontré con pocos habitantes; al volver de la calle de los comerciantes vi a la mayor parte de la población ocupada en secar, salar y cargar bacalao, principal artículo de exportación. Los hombres parecían robustos, pero pesados, como alemanes rubios, de mirada soñadora, que se sienten algo fuera de la humanidad, pobres, desterrados, relegados en este rincón de hielo cuya naturaleza hubiera debido hacer de ellos unos esquimales, puesto que los condena a vivir en el límite del círculo polar. Traté en vano de sorprender una sonrisa en sus semblantes; se reían algunas veces, con una especie de contracción involuntaria de sus músculos; pero no sonreían nunca.

Su traje consistía en un amplio blusón de lana negra, conocido en todos los países escandinavos con el nombre de *vadmel;* un sombrero de alas anchas, un pantalón con ribetes colorados y un trozo de cuero doblado, a modo de calzado.

Las mujeres tienen la cara triste y resignada, con aspecto agradable, pero sin expresión; iban vestidas con un corpiño y una falda de *vadmel* oscura; las chicas solteras llevaban sobre sus cabellos trenzados un gorrito de punto de color pardo; las casadas coronaban su cabeza con un pañuelo de color rematado con un trozo de tela blanca.

Después de un buen paseo, cuando volví a casa del señor Fridriksson, ya estaba allí mi tío, en compañía de su anfitrión.

CAPÍTULO X

La comida estaba lista y el profesor Lidenbrock la devoró con gran apetito, pues, debido a la dieta forzosa de a bordo, el estómago se le había convertido en un pozo sin fondo. Esta comida, más danesa que islandesa, no tenía nada de especial, pero nuestro anfitrión, más islandés que danés, me recordó a los héroes por cómo trataban a sus huéspedes en la antigüedad. Era evidente que nos encontrábamos como en nuestra casa más que él mismo.

La conversación se desarrolló en la lengua del país, que mi tío mezclaba con palabras alemanas y el señor Fridriksson con palabras latinas para que yo pudiese comprenderla. Versó sobre cuestiones científicas, como conviene a los sabios, pero el profesor Lidenbrock guardó la reserva más impenetrable, y a cada frase mía me recomendaba con la mirada el silencio más absoluto respecto de nuestros proyectos futuros.

Ante todo, el señor Fridriksson preguntó a mi tío sobre el resultado obtenido en sus investigaciones en la biblioteca.

—¿Su biblioteca? —exclamó este último—. No se compone más que de libros descabalados en estantes casi vacíos.

—¿Cómo? —respondió el señor Fridriksson—. Poseemos ocho mil volúmenes, de los cuales hay muchos que son valiosos y raros, obras en antiguo escandinavo y todas las novedades con las que Copenhague nos surte anualmente.

—¿Y dónde tienen ustedes esos ocho mil volúmenes? Yo por mi parte...

—Oh, señor Lidenbrock, están por todo el país; en nuestra antigua isla de hielo gusta mucho el estudio. No hay un labrador ni un pescador que no sepa leer y que no lea. Nosotros creemos que los libros, en lugar de que se queden enmohecidos detrás de una reja, lejos de la curiosidad, deben ser destinados al uso de los lectores. De modo que estos volúmenes van de mano en mano y son hojeados, leídos y releídos y muchas veces no vuelven a la biblioteca hasta después de un año o dos de ausencia.

—Y mientras tanto los extranjeros... —contestó mi tío con cierto desprecio.

—¡Qué quiere usted!, los extranjeros tienen sus bibliotecas y es menester, ante todo, que nuestros campesinos se instruyan. Le repito que en la sangre islandesa hay mucho amor al estudio. En 1816 fundamos una Sociedad Literaria que marcha bien; muchos sabios extranjeros se sienten orgullosos de formar parte de ella; publica libros destinados a la educación de nuestros compatriotas y le es de gran utilidad al país. Si quiere usted ser uno de nuestros académicos, tendremos mucho gusto, señor Lidenbrock.

Mi tío, que formaba parte de un centenar de sociedades científicas, aceptó con tal amabilidad que impresionó al señor Fridriksson.

—Ahora —continuó éste—, indíqueme, por favor, los libros que esperaba usted encontrar en la biblioteca, y quizá pueda informarle sobre ellos.

Miré a mi tío. Dudó qué responder, pues esto tenía que ver directamente con sus proyectos. Sin embargo, después de reflexionar, se decidió a hablar.

—Señor Fridriksson, quisiera saber si entre las obras antiguas tendrían ustedes las de Arne Saknussem.

—¡Arne Saknussem! —contestó el profesor de Reykjawik—; ¿se refiere usted a ese sabio del siglo dieciséis, gran naturalista, gran alquimista y gran viajero a la vez?

—Precisamente.

—¿Una de las glorias de la literatura y de la ciencia islandesa?

—Como usted dice.

—¿Un hombre ilustre entre todos los demás?

—Estamos de acuerdo.

—¿Y cuya audacia igualaba a su genio?

—Veo que lo conoce usted bien.

Mi tío rebosaba de gozo al oír hablar así de su héroe. Devoraba al señor Fridriksson con los ojos.

—Bueno —preguntó—, ¿y sus obras?

—¡Oh!, sus obras no las tenemos.

—¿Qué? ¿En Islandia?

—No existen ni en Islandia ni en ningún otro sitio.

—¿Y por qué?

—Porque Arne Saknussem fue perseguido por hereje, y en 1573 sus obras fueron quemadas en Copenhague por el verdugo.

—¡Muy bien! ¡Perfecto! —exclamó mi tío, escandalizando al profesor de ciencias naturales.

—¿Qué? —dijo éste.

—¡Sí! Todo se explica, todo se encadena y todo está claro; ahora comprendo por qué Saknussem, censurado y obligado a esconder los descubrimientos de su talento, tuvo que sepultar en un incomprensible criptograma el secreto...

—¿Qué secreto? —pregunto con gran interés el señor Fridriksson.

—Un secreto que..., del cual... —respondió mi tío entre dientes.

—¿No tendrá usted en su poder algún documento preciso? —prosiguió nuestro anfitrión.

—No... era una pura suposición.

—Bueno —contestó el señor Fridriksson, que tuvo la bondad de no insistir ante el embrollo de su interlocutor—. Espero —añadió— que no se marchará usted de nuestra isla sin haber profundizado en sus riquezas mineralógicas.

—Por supuesto —respondió mi tío—, pero llego algo tarde. ¿Han pasado ya sabios por aquí?

—Sí, señor Lidenbrock. Los trabajos de los señores Olafsen y Povelsen, llevados a cabo por orden del rey; los estudios de Troïl, la misión científica de los señores Gaimard y Robert a bordo de la corbeta francesa *La Recherche* y, últimamente, las observaciones de los sabios embarcados en la fragata La Reine-Hortense han contribuido poderosamente al reconocimiento de Islandia. Pero, créame usted, queda aún mucho por hacer.

—¿Usted cree? —preguntó mi tío con aire inocente, procurando quitarle intensidad al brillo de sus ojos.

—Sí. ¡Cuántas montañas, cuántos glaciares, cuántos volcanes poco conocidos pueden estudiarse! Y, sin ir más lejos, mire usted este monte que se alza en el horizonte: es el Sneffels.

—¡Ah! —dijo mi tío—, el Sneffels.

—Sí, uno de los volcanes más interesantes y cuyo cráter es poco visitado.

—¿Está apagado?

—¡Buah! Apagado hace quinientos años.

—¡Bien! —respondió mi tío, que se cruzaba de piernas como un loco por no saltar por los aires—, me dan ganas de empezar mis estudios geológicos por este Seffel... Fessell... ¿Cómo ha dicho que se llama?

—Sneffels —replicó el excelente señor Fridriksson.

Aquella parte de la conversación había sido en latín; yo lo había comprendido todo y me costaba trabajo permanecer serio, viendo a mi tío contener su satisfacción, que le desbordaba por todos lados. Fingía tener ese aspecto inocente que parecía el disimulo de un viejo diablo.

—Sí —dijo—, sus palabras me han convencido; intentaremos escalar ese Sneffels, y puede que hasta estudiemos su cráter.

—Siento mucho —respondió el señor Fridriksson— que mis ocupaciones no me permitan ausentarme; le hubiese acompañado con mucho gusto.

—¡Oh no, no! —respondió mi tío resueltamente—. No queremos molestar a nadie, señor Fridriksson; se lo agradezco de todo corazón. La presencia de un sabio como usted hubiese sido muy útil, pero los deberes de su profesión...

Me inclino a pensar que nuestro anfitrión, con la inocencia de su alma islandesa, no comprendió la malicia de mi tío.

—Estoy muy de acuerdo con su idea de empezar por ese volcán, señor Lidenbrock; recogerá usted una buena cantidad de observaciones interesantes. Pero, dígame, ¿cómo piensa llegar a la península del Sneffels?

—Por mar, atravesando la bahía. Es el camino más rápido.

—Sin duda; pero es imposible hacerlo.

—¿Por qué?

—Porque no tenemos ni un solo bote en Reykjawik.

—¡Diablos!

—Habrá que ir por tierra, bordeando la costa; será más largo, pero más interesante.

—Bueno. Intentaré conseguir un guía.

—Precisamente tengo uno que se lo recomiendo.

—¿Un hombre seguro, inteligente?

—Sí, un habitante de la península. Un cazador de patos muy hábil y del que quedará usted contento. Habla el danés perfectamente.

—¿Y cuándo podré verle?

—Mañana, si usted quiere.

—¿Por qué no hoy mismo?

—Porque no llega hasta mañana.

—Bueno, pues entonces, mañana —respondió mi tío dando un suspiro.

Esta conversación tan importante se acabó unos momentos después, con los calurosos agradecimientos del profesor alemán al colega islandés. Durante la comida, mi tío se acababa de enterar de cosas importantes, entre otras de la historia de Saknussem, de la razón de su misterioso documento, de que su anfitrión no le acompañaría en su expedición, y de que desde el día siguiente contaría con un guía a sus órdenes.

CAPÍTULO XI

Por la noche di un paseo corto por la playa de Reykjawik y volví temprano a acostarme en una cama de tablas gruesas, donde dormí profundamente.

Cuando me desperté, oí a mi tío hablar mucho en la habitación de al lado. Me levanté enseguida y me apresuré a reunirme con él.

Hablaba en danés con un hombre de elevada estatura, muy vigoroso y bien plantado. Este buen mozo debía de tener una fuerza poco común. Sus ojos, horadados en una cara muy grande y bastante ingenua, me parecieron inteligentes. Eran de un azul algo soñador. Una larga cabellera, que hubiese pasado por pelirroja aun en Inglaterra, caía sobre sus atléticos hombros. Este indígena se movía con soltura, pero los brazos los movía poco, como hombre que desdeña o ignora el lenguaje de los gestos. Todo en él revelaba un temperamento sereno, no indolente sino tranquilo. Se veía que no le pedía nada a nadie, que trabajaba según su conveniencia y que, en este mundo, su filosofía no sería ni quebrantada ni alterada.

Comprendí los matices de este carácter ante la actitud con que el islandés escuchaba el discurso apasionado de su interlocutor. Permanecía con los brazos cruzados, inmóvil entre los gestos multiplicados de mi tío; para negar, su cabeza se volvía de derecha a izquierda; se inclinaba para afirmar, y aun tan poco, que sus largos cabellos apenas se movían; era la economía del movimiento llevada hasta la avaricia.

Seguramente, al ver a este hombre, yo nunca hubiese adivinado su profesión de cazador. Desde luego no debía asustar a su presa, pero ¿cómo haría para llegar hasta ella?

Todo se explicó cuando el señor Fridriksson me dijo que este tranquilo personaje no era más que cazador de éider, un pato cuyo plumón constituye la mayor riqueza de la isla. En efecto, este plumón se llama edredón y no hace falta derrochar mucho movimiento para cogerlo.

En los primeros días del verano, la hembra del éider, un vistoso pato, construye su nido por entre las rocas de los fiordos, muy abundantes en la costa. Una vez construido el nido, lo recubre con finas plumas que se arranca del vientre.

Enseguida llega el cazador o, mejor dicho, el negociante, coge el nido y la hembra tiene que volver a empezar su trabajo; esto dura mientras le queda algo de plumón. Cuando se ha despojado por completo, le toca al macho desplumarse. Pero como el plumón basto y grosero de este último no tiene ningún valor comercial, el cazador no se molesta en robarle la cama de sus polluelos; el nido se hace, la hembra pone sus huevos, salen los pajaritos y al año siguiente la recolección del edredón vuelve a empezar.

Como el éider no escoge las rocas escarpadas para construir su nido, sino esas rocas fáciles y horizontales que van a dar al mar, el cazador islandés puede realizar su trabajo sin demasiada agitación. Es un granjero que no tiene que sembrar ni segar la cosecha, sino sólo recogerla.

Este personaje grave, flemático y silencioso se llamaba Hans Bjelke; venía recomendado por el señor Fridriksson y era nuestro futuro guía.

Sus ademanes contrastaban curiosamente con los de mi tío.

Sin embargo, se entendieron fácilmente. Ni al uno ni al otro le importaba el precio; el uno estaba dispuesto a aceptar lo que le ofrecieran y el otro a dar lo que le pidiesen. Nunca hubo negocio que se acordara con tanta facilidad.

Convinieron que Hans nos conduciría al pueblo de Stapi, situado en la costa meridional de la península del Sneffels, al pie mismo del volcán. El viaje, por tierra, suponía unas veintidós millas, que, según la opinión de mi tío, podrían cubrirse en dos días.

Pero cuando supo que se trataba de millas danesas de veinticuatro mil pies, tuvo que rebajar sus cuentas y calcular, contando con el estado de los caminos, con siete u ocho días de marcha.

Había que poner a su disposición cuatro caballos, dos para él y para mí y los otros dos para nuestros equipajes. Hans, según su costumbre, iría a pie. Conocía perfectamente esta parte de la costa y prometió coger el camino más corto.

Su compromiso con mi tío no concluía a nuestra llegada a Stapi, se quedaba a su servicio todo el tiempo que necesitase mi tío para nuestras excursiones científicas. Cobraba tres rixedales por semana. Pero lo único que fue convenido expresamente fue que esta suma le sería entregada al guía cada sábado por la noche, única condición de su compromiso.

Se acordó la salida para el 16 de junio. Mi tío quiso darle una señal para cerrar el trato, pero Hans rehusó con una sola palabra.

—*Efter* —dijo.

—Después —me dijo el profesor para mi edificación.

Hans, cerrado el trato, se retiró.

—Es un hombre famoso —dijo mi tío—, pero no tiene idea del maravilloso papel que tendrá que desempeñar en lo venidero.

—Entonces, él nos acompañará hasta el...

—Sí, Axel, hasta el centro de la Tierra.

Nos quedaban aún cuarenta y ocho horas; muy a mi pesar tuve que emplearlas en nuestros preparativos; toda nuestra inteligencia se ocupó en colocar cada objeto de la manera más ventajosa, los instrumentos de un lado, las armas de otro, las herramientas en este paquete; los víveres en aquél. Cuatro grupos en total.

Los instrumentos comprendían:

1.º Un termómetro centígrado de Eigel, graduado hasta ciento cincuenta grados, lo cual me parecía demasiado, o demasiado poco. Demasiado, si el calor del ambiente subía hasta allí, en cuyo caso nos hubiésemos cocido. Demasiado poco, si se trataba de probar la temperatura de los manantiales o de cualquier materia en fusión.

2.º Un manómetro de aire comprimido, dispuesto de manera que indicase las presiones superiores a las de la atmófera, en el nivel del océano. Efectivamente, el barómetro corriente no hubiese bastado, debiendo aumentar la presión atmosférica proporcionalmente a nuestro descenso bajo la superficie de la Tierra.

3.º Un cronómetro nuevo de Boissonnas, de Ginebra, perfectamente sincronizado con el meridiano de Hamburgo.

4.º Dos brújulas de inclinación y de declinación.

5.º Unos anteojos nocturnos.

6.º Dos aparatos de Ruhmkorff, los cuales, a través de una corriente eléctrica, proyectaban una luz portátil, segura y poco molesta.

Las armas consistían en dos carabinas de Purdley More y Compañía y dos revólveres Colt. Armas, ¿para qué? No teníamos que temer ni a los salvajes ni a las bestias feroces, suponía yo. Pero mi tío parecía tenerle tanto apego a su arsenal como a sus instrumentos, sobre todo a una notable cantidad de fulmicotón resistente a la humedad y cuya fuerza es muy superior a la de la pólvora ordinaria.

Las herramientas consistían en dos azadones, dos picos, una escala de cuerda, tres bastones de hierro, un hacha, un martillo, una docena de cuñas y pitones de hierro para escalar y cuerdas largas de nudos. Todo esto formaba un gran paquete, pues la escalera medía de largo trescientos pies.

Además quedaban las provisiones; el paquete no era grande aunque sí lo bastante para quedarme tranquilo, pues yo sabía que en cuanto a conservas de carne y galletas había como para seis meses. La ginebra formaba la parte líquida, el agua brillaba por su ausencia, pero llevábamos vasijas y mi tío contaba con que existirían manantiales para llenarlas. Las objeciones que hice sobre su calidad, su temperatura e incluso sobre su inexistencia quedaron sin respuesta.

Para completar la lista exacta de nuestros artículos de viaje, señalaré una farmacia portátil con tijeras, tablillas para fracturas, cinta de hilo crudo, vendas y compresas, esparadrapo, una sangradera, en fin, toda clase de cosas temibles; además, una serie de frascos que contenían dextrina, alcohol, acetato de plomo líquido, éter, vinagre y amoniaco, todas ellas drogas de uso poco tranquilizador; y finalmente las materias necesarias para el aparato de Ruhmkorff.

Mi tío tuvo cuidado de no olvidar una provisión de tabaco, pólvora de caza y yesca; ni tampoco un cinturón de cuero que él llevaba a la cintura y donde guardaba una cantidad generosa de monedas de oro y plata y de billetes. En el grupo de las herramientas se encontraban los seis pares de zapatos bien impermeabilizados con una capa de alquitrán y goma elástica.

—Vestidos, calzados y equipados así, no hay razón alguna para no ir lejos —me dijo mi tío.

El día 14 fue empleado por entero en colocar estos diversos objetos. Por la noche cenamos en casa del barón Trampe, en compañía del alcalde de Reykjawik y del doctor Hyaltalin, importante médico del país. El señor Fridriksson no se encontraba entre los invitados; me enteré después que el gobernador y él no estaban de acuerdo en una cuestión administrativa y que no se trataban. Por tanto no tuve ocasión de comprender una sola palabra de cuanto se dijo en esta cena semioficial. Solamente me di cuenta de que mi tío hablaba todo el tiempo.

Al día siguiente, 15 de junio, terminaron los preparativos. Nuestro anfitrión dio una gran alegría al profesor, entregándole un mapa de Islandia incomparablemente más perfecto que el de Hardenson, el mapa del señor Olaf Nikolas Olsen, reducido a escala 1:480.000 y publicado por la Sociedad Literaria islandesa, según los trabajos geodésicos del señor Scheel Frisac y el levantamiento topográfico del señor Bjorn Gumlaugsson. Era un documento valioso para un mineralogista.

La última noche transcurrió con una charla rutinaria con el señor Fridriksson, por el cual yo sentía una simpatía especial; a la conversación le sucedió un agitado sueño, al menos en mi caso.

A las cinco de la mañana, el relinchar de los cuatro caballos que piafaban debajo de mi ventana me despertó. Me vestí deprisa y bajé a la calle. Allí, Hans acababa de cargar nuestros equipajes, casi sin moverse, por decirlo así. A pesar de ello, lo hacía con una habilidad poco común. Mi tío metía mucho ruido, pero el trabajo le cundía poco y al guía parecían importarle un bledo sus recomendaciones.

A las seis ya estaba todo terminado. El señor Fridriksson nos dio un apretón de manos. Mi tío le dio las gracias de todo corazón, en islandés, por su generosa hospitalidad. Yo, por mi parte, pronuncié en mi mejor latín un saludo cordial; luego montamos a caballo, y el señor Fridriksson, con su último adiós, me dirigió este verso, que Virgilio parecía haber hecho para nosotros, viajeros inseguros del camino:

Et quacumque viam dederit fortuna sequamur[1].

[1] «Y por dondequiera que la fortuna os haya deparado el camino, nosotros os seguiremos.» *(N. del E.)*

Capítulo XII

Habíamos salido con tiempo nublado, pero estable. No había que temer calores asfixiantes ni lluvias catastróficas. Un tiempo de turistas.

El placer de recorrer a caballo un país desconocido me hacía fácil el comienzo de la aventura. Me entregaba por completo a la felicidad del excursionista, lleno de deseos y de libertad. Empecé a poner de mi parte en el asunto.

«Después de todo —me decía yo—. ¿Qué peligro corro? ¿El de viajar en medio del país más interesante o escalar una montaña muy famosa? O, si se ponían mal las cosas, ¿bajar al fondo de un cráter apagado? Es evidente que ese Saknussem no hizo otra cosa. En cuanto a la existencia de una galería que comunique con el centro del Globo, no es sino pura imaginación y pura imposibilidad. Por tanto, lo que haya de bueno en esta expedición hay que aprovecharlo sin escatimar.»

Apenas acababa yo estos razonamientos, ya habíamos salido de Reykjawik.

Hans marchaba a la cabeza, con paso rápido, regular y continuo. Los dos caballos, cargados con nuestros equipajes, le seguían sin necesidad de dirigirlos. Mi tío y yo íbamos detrás, sin desmerecer mucho, montados en aquellos animales pequeños pero fuertes.

Islandia es una de las mayores islas de Europa; mide mil cuatrocientas millas de superficie, y no tiene mas que sesenta mil habitantes. Los geógrafos la han dividido en cuatro partes y teníamos que atravesar casi de refilón la que lleva el nombre de País del cuarto del suroeste, *Sudvestr Fjordùngr.*

Hans, al salir de Reykjawik, había seguido inmediatamente la costa; atravesábamos por pequeños prados, a los que les costaba bastante trabajo estar verdes; lo que más destacaba era el amarillo. Las cimas tortuosas de las masas traquíticas se perfilaban en el horizonte, entre la bruma del este; en algunos momentos, unas placas de nieve, concentrando la luz difusa, resplandecían sobre la vertiente de las cimas lejanas; los picos más atrevidos rompían las nubes grises y aparecían por encima de los vapores movedizos, como escollos en medio del cielo.

Frecuentemente, esas sierras de rocas áridas formaban una punta hacia el mar y parecían morder las praderas; pero siempre quedaba sitio suficiente para pasar. Nuestros caballos, por instinto, escogían los sitios propicios sin acortar nunca su paso. Mi tío no tenía siquiera el consuelo de poder animar a su cabalgadura ni con la voz ni con el látigo; no le estaba permitido impacientarse. No podía dejar de sonreírme al verlo tan alto montado en un caballo tan pequeño; y como sus piernas tan largas daban casi contra el suelo, parecía un centauro de seis pies.

—¡Buen caballo, buen caballo! —decía—. Verás, Axel, que ningún caballo gana en inteligencia al islandés; nieves, tempestades, caminos impracticables, rocas, ventisqueros, nada le detiene. Es valiente, serio y seguro. Nunca da un mal paso, ni tiene una mala reacción. ¡Que se presenta un riachuelo o un fiordo, que se presentarán!, pues lo verás echarse al agua sin duda, como un anfibio, y ganar la orilla opuesta. Pero no hay que apretarlos, dejémosles hacer y andaremos nuestras diez leguas diarias.

—Nosotros, sin duda alguna; pero ¿y el guía?

—¡Oh!, no me preocupa en absoluto. Estas gentes andan sin darse cuenta; y éste se mueve tan poco que no debe de cansarse. Además, si fuera preciso, le cedería mi cabalgadura. Pronto tendré calambres si no me muevo un poco, los brazos van bien, pero hay que pensar en las piernas.

Sin embargo avanzábamos con paso rápido; el país estaba ya casi desierto. De cuando en cuando un caserío aislado, o algún *boër*[1] solitario, hecho de madera, de tierra, o de trozos de lava, aparecía como un mendigo al borde de un camino hondo. Estas chozas deterioradas parecían implorar la caridad de los transeúntes y hacían que estuvieses a punto de darles una limosna. En este país apenas existen los caminos o senderos, y la vegetación, por muy lenta que fuese, pronto borraba los pasos de los escasos viajeros.

---

[1] Boër: casa del campesino islandés. *(N. de la T.)*

Sin embargo, esta parte de la provincia, situada a dos pasos de su capital, pasaba por ser uno de los sitios más habitados y cultivados de Islandia. ¿Cómo serían entonces las regiones más desiertas? Después de andar media milla, no habíamos aún encontrado ni un campesino a la puerta de su cabaña, ni un pastor salvaje apacentando un rebaño menos salvaje que él; solamente vimos algunas vacas y borregos que nadie cuidaba. ¿Cómo serían entonces las regiones convulsionadas y arruinadas por los fenómenos eruptivos, nacidas de las explosiones volcánicas y de las conmociones subterráneas?

Estábamos destinados a conocerlas más adelante, pero, consultando el mapa de Olsen, pude ver que las evitábamos, bordeando la sinuosa línea de la playa; efectivamente, el gran movimiento plutónico está concentrado sobre todo en el interior de la isla; allí las capas horizontales de rocas sobrepuestas, llamadas *trapps* en lengua escandinava, las bandas trácticas, las erupciones de basalto, toba y todos los conglomerados volcánicos, las corrientes de lava y de pórfido en fusión, han formado un país de un horror sobrenatural. No me daba entonces cuenta del espectáculo que nos esperaba en la península del Sneffels, donde estos desgastes de una naturaleza ardiente forman un verdadero caos.

Dos horas después de haber salido de Reykjawik, llegábamos al pueblo de Gufunes, llamado *aoalkirkja* o Iglesia principal. No tenía nada del otro mundo. Solamente algunas casas, ni siquiera las bastantes para formar una aldea en Alemania.

Hans se paró allí una media hora; participó de nuestro ligero almuerzo, respondió sí o no a las preguntas de mi tío sobre la naturaleza del camino, y cuando le preguntamos en qué sitio pensaba pasar la noche, contestó solamente:

—*Gardär.*

Busqué en el mapa para saber qué era Gardär. Vi un pueblo con ese nombre en los límites de Hvalfjörd, a cuatro millas de Reykjawik. Se lo enseñé a mi tío.

—¡Cuatro millas solamente! ¡Cuatro millas de veintidós! —dijo—. ¡Vaya un bonito paseo!

Quiso hacerle una observación al guía, que, sin responderle, volvió a ponerse delante de los caballos y emprendió la marcha.

Tres horas después, pisando siempre sobre el verdor descolorido de las praderas, hubo que dar la vuelta al Kollafjörd, rodeo más fácil y más corto que atravesar el golfo: pronto entramos en un *pingstaoer,* lugar de jurisdicción comunal, llamado Ejulberg, y en cuyo campanario hubiesen sonado las doce si las iglesias islandesas fuesen suficientemente ricas para poseer relojes; pero se parecen bastante a sus parroquianos, que tampoco los tienen y se arreglan sin ellos.

Allí refrescaron los caballos; después, tomando un sendero estrecho que va entre una cadena de montañas y el mar, nos llevaron de una tirada al *aoalkirkja* de Brantär, y una milla después a Saurböer *'annexia'*, iglesia situada en el borde meridional de Havalfjörd.

Eran entonces las cuatro de la tarde; habíamos andado cuatro millas.

El fiordo tenía en ese lugar una anchura de, al menos, media milla; las olas chocaban con estrépito sobre las puntiagudas rocas; este golfo se ensanchaba entre murallas rocosas, una escarpa a pico de tres mil pies de altura y notable por sus capas oscuras que separaban venas de toba de un tono rojizo.

Cualquiera que fuera la inteligencia de nuestros caballos, nada bueno podía augurar la travesía de un verdadero brazo de mar a lomos de un cuadrúpedo.

«Si son inteligentes —me dije—, no intentarán pasar. En todo caso, yo me encargaré de ser listo, si ellos no lo son.»

Pero mi tío no quería esperar; picó espuelas hacia la orilla. Su cabalgadura tocó la última ondulación de las olas y se paró; mi tío, de ideas fijas, lo obligó a seguir. El animal rehusó de nuevo sacudiendo la cabeza. Entonces, entre juramentos y latigazos, el caballo empezó a cocear, y a desmontar a su jinete; al fin el caballo dobló sus corvas y se separó del profesor, dejándolo de pie sobre dos piedras de la orilla, como el coloso de Rodas.

—¡Ah, maldito animal! —exclamó el jinete, súbitamente transformado en caminante y avergonzado como un oficial de caballería que pasase a infantería.

—*Färja* —dijo el guía dándole en el hombro.

—¡Qué! ¿Una barca?

—*Der* —respondió Hans, señalando un barco.

—Sí —exclamé—, hay una barca.

—¡Había que decirlo! Bueno, en marcha.

—*Tidvatten* —replicó el guía.

—¿Qué dice?

—Dice «marea» —contestó mi tío traduciendo la palabra danesa.

—¿Hay que esperar a la marea?

—*Förbida?* —preguntó mi tío.

—*Ja* —respondió Hans.

Mi tío dio una patada, mientras los caballos se dirigieron hacia la barca.

Comprendí perfectamente que era necesario esperar un momento de marea para emprender la travesía del fiordo, el instante en el cual la mar, llegada a su mayor altura, está quieta. Entonces las alzas y bajas no tienen acción sensible y la barca no corre el riesgo de verse arrastrada ni al fondo del golfo ni a alta mar.

El momento favorable no llegó hasta las seis de la tarde; mi tío y yo, el guía, dos viajeros y los cuatro caballos nos habíamos colocado en una especie de chalana, bastante frágil. Acostumbrado a las barcas de vapor del Elba, los remos de los barqueros me parecían un triste mecanismo. Nos hizo falta una hora para atravesar el fiordo; pero al menos la travesía se hizo sin accidentes.

Media hora después, llegábamos al *aoalkirkja* de Gardär.

Capítulo XIII

Debía ser de noche, pero bajo el sexagésimo quinto paralelo, la claridad nocturna de las regiones polares no debía extrañarme; en Islandia, durante los meses de junio y julio, el sol no se pone nunca.

A pesar de esto, la temperatura había bajado; tenía frío y, sobre todo, hambre. El *boër* que se abrió hospitalariamente para recibirnos fue bienvenido.

Era la casa de un campesino; pero en lo que a hospitalidad se refiere, valía tanto como la de un rey. A nuestra llegada, el dueño vino a darnos la mano, y sin más ceremonia nos dijo por señas que le siguiésemos.

Desde luego que había que seguirle, pues acompañarle hubiese sido imposible. Un pasillo largo, estrecho y oscuro salía de esta habitación construida con vigas apenas labradas y daba a las otras cuatro habitaciones: la cocina, el telar, la *badstofa,* alcoba de la familia, y la mejor de todas, que era la de los forasteros. Mi tío, con cuya estatura no habrían contado al hacer la casa, se dio tres o cuatro veces con la cabeza en el saliente techo.

Nos llevaron a nuestro cuarto, especie de sala grande con el suelo de barro e iluminada por una ventana cuyos cristales, al estar hechos de piel de cordero, eran muy poco transparentes. Las camas estaban hechas con forraje seco echado encima de dos jergones de madera pintados de rojo y adornados con refranes islandeses. Yo no me esperaba que aquello fuese tan acogedor; lo que había en la casa era un olor tan fuerte a pescado seco, a carne en conserva y a leche agria que mi olfato sufría bastante.

Cuando dejamos nuestros equipajes, se oyó la voz del anfitrión que nos invitaba a pasar a la cocina, única estancia donde encendían la lumbre, aun en los fríos más crudos.

Mi tío se apresuró a obedecer esta amable invitación. Yo le seguí.

La chimenea de la cocina era un modelo antiguo, una piedra era el único fogón en medio del cuarto; en el techo había un agujero por donde salía el humo. Esta cocina servía también de comedor.

Cuando entramos, el anfitrión, como si aún no nos hubiese visto, nos saludó con la palabra *saellvertu,* que significa «que sean ustedes felices», y vino a besarnos en la mejilla.

Su mujer, después que él, pronunció las mismas palabras acompañadas de la misma ceremonia; luego los dos esposos, con la mano derecha puesta sobre el corazón, se inclinaron profundamente.

Me apresuro a decir que la islandesa era madre de diecinueve hijos, que todos, grandes y pequeños, se movían armando barullo ente las nubes de humo que llenaban el cuarto. A cada momento veía una cabecita rubia y algo melancólica saliendo de esta bruma. Parecía una legión de ángeles no lo suficientemente aseados.

Los pequeños nos acogieron muy bien, y pronto nos encontramos con tres o cuatro críos en los hombros, otros tantos sobre las rodillas y el resto entre las piernas. Los que hablaban repetían la palabra *saellvertu* en todos los tonos imaginables y los que no sabían hablar no por eso chillaban menos.

Este concierto se interrumpió cuando anunciaron la comida. En ese momento entró el cazador, que venía de echar de comer a los caballos; es decir, que venía de soltarlos en el campo muy económicamente; los pobres animales tenían que contentarse con pacer el poco musgo de las rocas y algunos fucos poco nutritivos; al día siguiente ellos mismos volverían solos a reanudar la tarea de la víspera.

—*Saellvertu* —dijo Hans al entrar.

Luego, tranquilo, automáticamente, sin que un beso fuese más efusivo que otro, besó al anfitrión, a la anfitriona y a los diecinueve niños.

Cuando terminó la ceremonia, nos sentamos a la mesa los veinticuatro, o mejor dicho, para ser más exactos, nos amontonamos unos con otros. Los más favorecidos tenían sólo dos críos sobre las rodillas.

Sin embargo, cuando llegó la sopa se hizo el silencio entre aquellos pequeños e imperó la tristeza natural islandesa incluso entre los chiquillos. El anfitrión nos sirvió una sopa de liquen que no estaba nada mal; luego una enorme cantidad de pescado seco nadando en mantenca agria, y, desde luego, preferible a la fresca, según las creencias gastronómicas de Islandia. Además había *Skyr,* especie de leche cuajada con bizcochos mojados en zumo de bayas de enebro; la bebida era leche mezclada con agua, que llaman *blanda* en el país. Si este curioso alimento estaba bueno o no, no podría juzgarlo. Lo cierto es que yo tenía hambre y de postre me comí hasta la última cucharada de una espesa papilla de trigo.

Una vez terminada la comida, los niños desaparecieron, las personas mayores nos sentamos alrededor del fogón donde ardía carbón, brezo, estiércol de vaca y huesos de las sobras del pescado. Después de estar un rato calentándose, los diversos grupos se dirigieron a sus respectivos cuartos. La anfitriona se ofreció, según la costumbre, a quitarnos las medias y los pantalones; pero como nosotros rehusamos con amabilidad, no insistió y pude acostarme al fin en mi cama de forraje.

Al día siguiente, a las cinco de la mañana, nos despedíamos del campesino islandés; a mi tío le costó mucho trabajo hacerle aceptar una buena propina. Hans dio la señal de partida.

A cien pasos de Gadär, el terreno empezó a cambiar de aspecto; el suelo era pantanoso y menos favorable para la marcha. A la derecha, la serie de montañas se prolongaba indefinidamente, como un sistema inmenso de fortificaciones naturales, de las cuales seguíamos la contraescarpa; se nos presentaban con frecuencia arroyuelos que había que pasar, vadeándolos y sin mojar demasiado los equipajes.

El desierto era cada vez más profundo; sin embargo, algunas veces nos parecía ver a lo lejos una sombra humana que huía; si con las revueltas del camino nos acercábamos inesperadamente a uno de aquellos espectros, sentía asco al ver de repente una cara hinchada con la piel reluciente y desprovista de cabello, y llagas repugnantes que se notaban por los desgarrones de sus manos.

La desgraciada criatura no venía a alargarnos su mano deforme; por el contrario, huía de nosotros, pero no tan deprisa como para que Hans no la saludase con el *saellvertu* de costumbre.

—*Spetelsk* —decía.

—¡Un leproso! —repitió mi tío.

Ya sólo esta palabra producía un efecto repulsivo. La horrible enfermedad de la lepra es bastante corriente en Islandia; no es contagiosa, pero sí hereditaria, por eso a estos desdichados les está prohibido casarse.

Estas apariciones no servían precisamente para alegrar el paisaje, ya de por sí triste; las últimas briznas de hierba morían al pisarlas nosotros. Ni un solo árbol, a no ser algunos grupos de abedules enanos que parecían zarzas. Ningún animal; solamente algunos caballos a los que su dueño no podía alimentar y que andaban errantes por aquellas desiertas llanuras. De cuando en cuando algún halcón asomaba entre las nubes grises y levantaba el vuelo hacia las regiones del sur; yo me dejaba llevar por la melancolía de esta naturaleza salvaje y los recuerdos me hacían volver a mi país natal.

Pronto hubo que atravesar muchos fiordos sin importancia y luego un golfo auténtico; la marea llegaba entonces a su mayor altura y pudimos pasar sin esperar, alcanzamos la aldea de Alftanes, situada una milla más lejos.

Por la noche, después de vadear varios afluentes ricos en truchas y lucios, el Alfa y el Heta, nos vimos obligados a pernoctar en una casucha abandonada, digna de ser frecuentada por todos los duendes de la mitología escandinava; desde luego, el genio del frío había escogido allí su morada e hizo de las suyas durante toda la noche.

Al día siguiente no ocurrió ningún incidente reseñable. Seguíamos con el mismo terreno pantanoso, la misma monotonía, la misma triste fisonomía. Por la noche habíamos recorrido la mitad del camino y dormimos en la *annexia* de Krösolbt.

El 19 de junio un terreno de lava se extendió a nuestros pies durante una milla; esta disposición del terreno se llama en el país *hraun;* la lava arrugada en la superficie tomaba la forma de cordones, unas veces estirados y otras enrollados. Una inmensa corriente de lava descendía desde las montañas colindantes, volcanes apagados actualmente pero cuyos restos atestiguaban la violencia del pasado. A veces el vapor de los manantiales calientes salía por algunos lugares.

Nos faltaba tiempo para observar estos fenómenos; había que andar. Pronto volvió a aparecer, bajo el paso de nuestras cabalgaduras, el terreno pantanoso entrecortado por pequeñas lagunas. Nuestra dirección era entonces hacia el oeste; habíamos doblado por la gran bahía de Faxa, y la doble cima blanca de Sneffels se elevaba entre las nubes a menos de cinco millas de distancia.

Los caballos andaban bien, las dificultades del terreno no los detenían; yo, por mi parte, empezaba a cansarme, pero mi tío seguía tan firme y derecho como el primer día; no podía dejar de admirarle, lo mismo que al cazador, que consideraba esta expedición como un sencillo paseo.

El sábado 20 de junio a las seis de la tarde llegábamos a Büdir, pueblo situado a la orilla del mar; el guía reclamó su paga como estaba convenido. Mi tío hizo sus cuentas con él. La misma familia de Hans, es decir, sus tíos y primos hermanos, fueron los que nos ofrecieron su hospitalidad; fuimos bien recibidos y, sin abusar de las bondades de esta gente, de buena gana me hubiese quedado en su casa para reponerme del cansacio del viaje; pero mi tío, que no pensaba en descansar, no lo entendió así y al día siguiente tuvimos que montar de nuevo en los caballos.

El terreno se resentía por la proximidad de la montaña, cuyas raíces de granito salían a la superficie como las de una vieja encina. Rodeábamos la inmensa base del volcán. El profesor no lo perdía de vista; gesticulaba y parecía desafiarlo diciendo:

—¡Aquí está el gigante que voy a domar!

Al final, después de veinticuatro horas de marcha, los caballos se pararon por su cuenta ante la puerta de la casa parroquial de Stapi.

CAPÍTULO XIV

Stapi es una aldea formada por treinta cabañas, y construida entre lava bajo los rayos del sol reflejados por el volcán. Se halla en el fondo de un pequeño fiordo enclavado en una muralla basáltica que produce un extraño efecto.

Ya se sabe que el basalto es una roca de color pardo de origen ígneo: toma formas regulares que sorprenden por su disposición. Aquí la naturaleza procede geométricamente y trabaja como si fuera humana, como si hubiese manejado el cartabón, el compás y la plomada. Si por todas las demás partes trabaja con arte en sus grandes masas dispuestas sin orden, sus conos apenas esbozados, sus pirámides imperfectas con la extraña sucesión de líneas, aquí, en cambio, queriendo dar ejemplo de regularidad y precediendo a los arquitectos de los primeros tiempos, ha creado un orden severo, jamás superado por los esplendores de Babilonia ni por las maravillas de Grecia.

Yo había oído hablar bastante de la Calzada de los Gigantes, en Irlanda, y de la Gruta de Fingal, en una de las Hébridas, pero el espectáculo de una construcción subterránea basáltica nunca lo había visto todavía.

Ahora bien, en Stapi este fenómeno aparecía en toda su hermosura.

La muralla del fiordo, como toda la costa de la península, se componía de una sucesión de columnas verticales de treinta pies de altura. Estos fustes derechos y bien proporcionados soportaban una arquivolta hecha de columnas horizontales, cuyo desplome formaba media bóveda por encima del mar. Con ciertos intervalos y bajo este natural impluvio, sorprendían a la vista aberturas ojivales de un admirable diseño, contra las cuales las olas se precipitaban derramando espuma. Algunos trozos de basalto, arrancados por el furor del océano, se extendían sobre el suelo como los restos de un templo antiguo, ruinas eternamente modernas sobre las que los siglos pasan sin hacer mella.

Ésta era la última etapa de nuestro viaje terrestre. Hans nos había conducido sagazmente y me tranquilizaba algo el pensar que todavía tenía que acompañarnos.

Al llegar a la puerta de la casa del cura, una sencilla cabaña de una planta ni más hermosa ni más acogedora que las demás, vi a un hombre que estaba herrando un caballo, con un martillo en la mano y un delantal de cuero puesto.

—*Saellvertu* —le dijo el cazador.

—*God dag* —respondió el herrador en perfecto danés.

—*Kyrkoherde* —dijo Hans, volviéndose hacia mi tío.

—¡El cura! —repitió éste—. Parece ser, Axel, que este buen hombre es el rector.

Mientras tanto, el guía ponía al *Kyrkoherde* al corriente de la situación; éste, suspendiendo su trabajo, dio una especie de grito usual sin duda entre caballos y tratantes, y al momento una enorme especie de bruja salió de la cabaña. Si no medía seis pies de alto, le faltaría poco.

Temí que viniese a ofrecer a los viajeros el beso islandés, pero no fue así, sino que nos introdujo de bastante mala gana en su casa.

La habitación de los huéspedes me pareció la peor de la casa parroquial, estrecha, sucia y maloliente. Había que contentarse con eso; el cura no parecía practicar la hospitalidad de los tiempos pasados, ni mucho menos. Antes de terminar el día, vi que tratábamos con un herrero, con un pescador, con un cazador o con un carpintero cura, pero no con un ministro del Señor. Es verdad que estábamos en medio de la semana. Puede ser que se reservase para el domingo.

No quiero hablar mal de estos pobres sacerdotes que, después de todo, son muy pobres; reciben un sueldo ridículo del gobierno danés y perciben la cuarta parte del diezmo de su parroquia, lo que hace una suma de menos de sesenta marcos. Por eso tenía necesidad de trabajar para vivir; pero pescando, cazando o herrando caballos, se acaba por tener los modales, el tono y las costumbres de los cazadores, de los pescadores y demás gente algo ruda; esa misma noche pude ver que nuestro anfitrión no contaba con la moderación entre sus virtudes.

Mi tío conoció pronto con qué clase de hombre tenía que tratar; en lugar de un sabio generoso y digno, se encontró con un campesino tosco y ordinario; él decidió, por lo tanto, empezar cuanto antes su gran expedición y abandonar a este sucedáneo de cura poco hospitalario. No hizo caso de su cansancio y tomó la resolución de pasar algunos días en la montaña.

Los preparativos de nuestra marcha se hicieron al día siguiente de nuestra llegada a Stapi. Hans contrató a tres islandeses para llevar nuestros equipajes, en lugar de los caballos; pero una vez llegados al fondo del cráter, estos indígenas debían volver por el mismo camino y dejarnos solos. Este punto quedó perfectamente establecido.

En esta ocasión, mi tío tuvo que decirle al cazador que su intención era proseguir el reconocimiento del volcán hasta sus últimos límites.

Hans se contentó con inclinar la cabeza. Ir aquí o allí, penetrar en las entrañas de su isla o recorrer ésta, le parecía totalmente indiferente; en cuanto a mí, distraído hasta entonces por los incidentes del viaje, me había olvidado un poco de lo que me esperaba; pero ahora sentía que la emoción se apoderaba de mí. ¿Qué hacer? Si hubiese podido tratar de disuadir al profesor Lidenbrock, lo hubiera hecho en Hamburgo, pero no al pie del Sneffels.

Había una idea en especial que me atormentaba, idea horrorosa y capaz de desequilibrar nervios menos templados que los míos.

«Veamos —me decía yo mismo—. Vamos a escalar el Sneffels. Bien. Vamos a visitar su cráter. Bueno. Otros han hecho lo mismo y no han muerto; pero esto no es todo. Si se nos presenta un camino para bajar a las entrañas de la Tierra, si lo que ha dicho ese desgraciado Saknussem es cierto, podemos perdernos entre las galerías subterráneas del volcán. Por otra parte, nada nos confirma que el Sneffels esté apagado. ¿Quién puede probar que no se prepara una erupción? Porque este monstruo duerma desde 1229, ¿podemos creer que no puede despertarse? Y si se despierta, ¿qué será de nosotros?»

Merecía la pena reflexionar sobre todo esto, y yo lo hacía. No podía dormir sin soñar con la erupción; y, la verdad, el papel de escoria me parecía demasiado brutal para interpretarlo. En fin, ya no pude más, decidí someter el caso a mi tío lo más hábilmente posible y bajo la forma de una hipótesis irrealizable.

Fui a buscarlo. Le di cuenta de mis temores y me eché hacia atrás para dejarlo estallar a gusto.

—Pensaba en ello —respondió sencillamente.

¿Qué significaban estas palabras? ¿Iba por fin a atender a razones? ¿Pensaba abandonar sus proyectos? Esto hubiera sido demasiado bonito para ser posible.

Después de unos momentos de silencio, durante los cuales no me atreví a interrogarle, continuó diciendo:

—Pensaba en ello. Desde nuestra llegada a Stapi me ha preocupado la grave cuestión a la que acabas de aludir, pues no hay que obrar con imprudencia.

—No —contesté con energía.

—Hace seiscientos años que el Sneffels está mudo; pero puede hablar. Ahora bien; las erupciones van siempre precedidas de fenómenos perfectamente conocidos; por esto he interrogado a los habitantes del país, he estudiado el terreno, y puedo decirte que no habrá erupción, Axel.

Ante esta afirmación me quedé estupefacto y no pude replicar palabra.

—¿Dudas de mis palabras? —dijo mi tío—. Pues bien, sígueme.

Obedecí maquinalmente. Al salir de la casa parroquial, mi tío tomó un camino directo que, por una abertura de la muralla basáltica, se alejaba del mar. Pronto nos hallamos en pleno campo, si se le puede dar este nombre a un inmenso montón de deyecciones volcánicas; el país parecía como aplastado bajo una lluvia de piedras enormes, de *trapp,* de basalto, de granito y de todas las rocas piroxénicas.

Aquí y allá se veían fumarolas que se elevaban por los aires; estos vapores blancos, llamados *reykir* en la lengua islandesa, procedían de los manantiales termales e indicaban, según fuera su violencia, la actividad volcánica del terreno. Esto parecía justificar mis temores. Por esto me vine abajo cuando mi tío me dijo:

—¿Ves todo ese humo, Axel? Pues bien, eso prueba que no tenemos nada que temer de la furia del volcán.

—¡Por ejemplo! —exclamé.

—Entérate de esto —replicó el profesor—. Ante la proximidad de una erupción, estas fumarolas incrementan su actividad para desaparecer por completo mientras dura el fenómeno, pues con los fluidos elásticos no tienen ya la tensión necesaria, van hacia el cráter en lugar de filtrarse a través de las fisuras del Globo. Si estos vapores siguen en su estado habitual, si su energía no aumenta, si a esta observación añades que el viento y la lluvia no cambian por un aire pesado y caluroso, puedes afirmar que no habrá erupción próxima.

—Pero...

—Basta. Cuando es la ciencia la que ha hablado, no hay más que callarse.

Volví a la casa del cura con las orejas gachas; mi tío me había vencido con argumentos científicos. Pero me quedaba todavía una esperanza: una vez llegados al fondo del cráter sería imposible, al no existir galería alguna, bajar a mayor profundidad, mal que pesara a todos los Saknussem del mundo.

La noche siguiente la pasé en medio de un volcán y en las profundidades terrrestres, metido en una espantosa pesadilla; me sentía lanzado por el espacio planetario bajo la forma de una roca eruptiva.

Al día siguiente, el 23 de junio, Hans nos estaba esperando con sus compañeros cargados de herramientas, víveres e instrumentos. Dos barras de hierro, dos fusiles y dos cartucheras teníamos reservadas para mi tío y para mí. Hans, como hombre precavido que era, había añadido a nuestro equipaje un odre lleno que, unido a los nuestros, nos garantizaba el agua para ocho días.

Eran las nueve de la mañana; el cura y su enorme bruja esperaban en la puerta. Sin duda querían dirigirnos el último adiós del anfitrión al viajero. Pero este adiós tomó la inesperada forma de una formidable cuenta donde nos cobraban hasta el aire, hedor que me atrevo a decir se respiraba en la casa parroquial. Esta pareja tan merecedora nos clavaba como un hotelero suizo, y nos ofrecía su hospitalidad a un exagerado precio.

Mi tío pagó sin regatear. Un hombre que iba al centro de la Tierra no escatimaba en algunas monedas de más o de menos.

Liquidado este punto, Hans dio la señal de partida, y unos minutos después habíamos salido de Stapi.

Capítulo XV

El Sneffels mide cinco mil pies de alto; termina en un doble cono, una franja traquítica que destaca del sistema orográfico de la isla.

Desde nuestro punto de partida, no se podía apreciar el perfil de sus dos picos sobre el fondo grisáceo del cielo. Se notaba tan sólo una enorme placa de nieve sobre la cima del gigante.

Marchábamos en fila, precedidos por el cazador; éste subía por estrechos senderos por los que no habrían podido cruzarse dos personas. Cualquier conversación era prácticamente imposible.

Más allá de la muralla basáltica del fiordo de Stapi, se presentó primero un terreno de turba herbácea y fibrosa, residuo de la antigua vegetación de los pantanos de la península; la masa de este combustible, aún sin explotar, sería suficiente para calentar durante un siglo a toda la población de Islandia; esta gran masa de turba, medida desde el fondo de algunos barrancos, tenía frecuentemente sesenta pies de altura y presentaba capas sucesivas de detritus carbonizado separadas por láminas de toba pulimentadas.

Como digno sobrino del profesor Lidenbrock y a pesar de mis preocupaciones, observaba con interés las curiosidades mineralógicas que había en aquel amplio museo de historia natural, al tiempo que reaparecía en mi memoria toda la historia geológica de Islandia.

Esta isla tan curiosa surgió del fondo de las aguas en una época relativamente moderna; puede ser que aún ahora se esté elevando por un movimiento imperceptible. Si es así, no puede atribuirse su origen más que a la acción del fuego subterráneo. En este caso, la teoría de Humphry Davy, el documento de Saknussem y las pretensiones de mi tío, todo en una palabra, se lo llevaba el aire. Esta hipótesis me condujo a examinar detenidamente la naturaleza del terreno, y pronto me di cuenta de la sucesión de los fenómenos que precedieron a la formación de la isla.

Islandia, absolutamente privada de terreno sedimentario, se compone únicamente de toba volcánica, es decir, de una aglomeración de piedras y rocas de textura porosa. Antes de la existencia de los volcanes, estaba formada por un macizo levantado lentamente sobre las olas por el empuje de las fuerzas centrales. Los fuegos interiores aún no habían hecho erupción.

Pero más tarde se abrió una ancha hendidura diagonal del sudoeste al noreoste de la isla, por la cual se vertió poco a poco toda la masa traquítica. El fenómeno se llevaba a cabo, entonces, sin violencia; la abertura era enorme y las materias fundidas, lanzadas desde las entrañas de la tierra, se extendieron poco a poco en anchas capas o en masas onduladas. En esta época aparecieron los feldespatos, las sienitas y los pórfidos.

Pero, gracias a esta abertura, el espesor de la isla aumentó considerablemente y, como consecuencia, también su resistencia. Puede concebirse cuál sería la cantidad de fluidos elásticos que se almacenaron en su seno cuando no volvió a ofrecer ninguna abertura después del enfriamiento de su corteza traquítica. Hubo un momento en que la fuerza mecánica de este gas fue tal que levantó la corteza pesada y se abrieron altas chimeneas. De ahí el volcán formado por el levantamiento de la corteza, y luego el cráter abierto súbitamente en su cima.

Entonces, a los fenómenos eruptivos sucedieron los fenómenos volcánicos. Por las aberturas nuevamente formadas salieron primero deyecciones basálticas, de las cuales la llanura que en ese momento atravesábamos ofrecía a nuestra vista las muestras más maravillosas. Andábamos por esas rocas pesadas de un gris oscuro que el enfriamiento había transformado en prismas de base hexagonal. A lo lejos se veía un gran número de conos aplastados que fueron en otros tiempos otras tantas bocas ignívomas.

Luego, una vez terminada la erupción basáltica, el volcán, cuya fuerza aumentaba con la de los cráteres apagados, dio paso a las lavas y a esas tobas de ceniza y de escoria, de las cuales se apreciaban las largas corrientes diseminadas por cada lado como una espesa cabellera.

Ésta fue la sucesión de los fenómenos que constituyeron Islandia; todos provenían de la acción de los fuegos interiores, y era una locura suponer que la masa interna no estaba en un estado permanente de incandescencia líquida. Pero lo que era una locura auténtica, era pretender llegar al centro del Globo.

Desde luego que me tranquilicé sobre el resultado de nuestra aventura, aunque seguíamos subiendo al asalto del Sneffels.

El camino se nos hacía más difícil; el terreno subía en cuesta, los trozos de las rocas se desprendían y había que andar con el cuidado más escrupuloso para evitar caídas peligrosas.

Hans avanzaba tranquilamente como si estuviera en un terreno liso; algunas veces desaparecía detrás de los enormes bloques y momentáneamente lo perdíamos de vista; entonces, con un silbido agudo indicaba la dirección que había que seguir.

Con frecuencia se paraba, recogía algunos trozos de roca, los colocaba de manera que pudiesen ser reconocidos como marcas que indicaban el camino de vuelta. Buena precaución de por sí, pero que los acontecimientos posteriores habían de hacer inútil.

Después de tres horas de fatigosa marcha, solamente habíamos llegado a la falda de la montaña. Allí Hans nos indicó por señas que nos parásemos, y compartimos todos un desayuno ligero. Mi tío comía los trozos de dos en dos para acabar antes. Pero, como esta parada, además de para desayunar, era también para descansar, tuvo que esperar a que el guía quisiese dar la señal de partida, lo que no hizo hasta una hora después. Los tres islandeses, tan taciturnos como su compañero el cazador, no pronunciaron palabra y comieron muy serios. Empezábamos ahora a trepar por las pendientes del Sneffels; su cima nevada debido a una ilusión óptica, cosa frecuente en las montañas, me parecía muy cercana, y, sin embargo, ¡cuántas horas interminables nos quedaban antes de llegar a ella! Y, sobre todo, ¡qué cansancio! La piedras que no estaban unidas ni por la hierba ni con tierra se desplomaban a nuestros pies y se perdían en la llanura con la rapidez de un alud.

En ciertos lugares, las faldas del monte formaban con el horizonte un ángulo de, al menos, 36 grados; era imposible escalarlas y teníamos que dar la vuelta, con gran dificultad, a estas pendientes pedregosas. Nos prestábamos entonces mutua ayuda valiéndonos de los bastones.

Debo decir que mi tío estaba a mi lado el mayor tiempo posible; no me perdía de vista, y en diversas ocasiones su brazo me proporcionó un apoyo sólido. Él, por el contrario, debía de tener una habilidad innata para el equilibrio; no tropezaba nunca. Los islandeses, a pesar de ir cargados, subían con la agilidad de los montañeros.

Al ver la altura de la cima del Sneffels, me parecía imposible alcanzarla por ese lado si el ángulo de inclinación de las vertientes no se cerraba. Afortunadamente, después de una hora de fatigas y de derrochar las fuerzas por turno, en medio del vasto tapiz de nieve extendido sobre la corteza del volcán, apareció inesperadamente una especie de escalera que simplificó nuestra ascensión. Estaba formada por uno de esos torrentes de piedras lanzadas por las erupciones y cuyo nombre islandés es *stinâ.* Si este torrente no hubiese sido detenido en su carrera por las faldas de la montaña, se habría precipitado en el mar y formado nuevas islas.

Tal como estaba, nos vino muy bien; aumentaba la rigidez de las pendientes, pero estos escalones de piedra permitían subirlas con facilidad y tan rápidamente, que, habiéndome quedado un momento detrás mientras mis compañeros subían, los vi reducidos por la distancia a un tamaño microscópico.

A las siete de la tarde ya habíamos subido los dos mil escalones y dominábamos una zona de la montaña que formaba una especie de lecho sobre el cual se apoyaba el cono propiamente dicho del cráter.

El mar se extendía a una profundidad de tres mil doscientos pies; habíamos sobrepasado ya el límite de las nieves perpetuas, bastante poco elevado en Islandia por la constante humedad del clima. Hacía un frío terrible; el viento soplaba con fuerza. Yo estaba rendido. El profesor se dio cuenta de que mis piernas no podían seguir y, a pesar de su impaciencia, decidió parar. Hizo señas al cazador, que negó con la cabeza diciendo:

—*Ofvanför.*

—Parece que hay que subir más —dijo mi tío.

Luego preguntó a Hans cuál era el motivo de su respuesta.

—*Mistour* —respondió el guía.

—*Ja, mistour* —replicó uno de los islandeses, con tono de espanto.

—¿Qué significa esta palabra? —pregunté con inquietud.

—Mira —dijo mi tío.

Dirigí mi vista hacia la llanura; una inmensa columna de piedra pómez pulverizada, de arena y de polvo, se elevaba rodando como una tromba; el viento la llevaba sobre la falda del Sneffels, donde nosotros estábamos parados; esta cortina opaca extendida ante el sol proyectaba una gran sombra sobre la montaña. Si la tromba se inclinaba, inevitablemente nos arrastraría en su torbellino. Este fenómeno, bastante frecuente cuando el viento sopla del lado de los ventisqueros, tiene el nombre de *mistour* en lengua islandesa.

—*Hastigt, hastigt* —exclamó nuestro guía.

Sin saber danés, comprendí que había que seguir a Hans lo más deprisa posible. Éste empezó a dar la vuelta al cono del cráter, pero de forma sesgada para facilitarnos la marcha; la tromba cayó pronto sobre la montaña, que tembló con el choque; las piedras recogidas en el movimiento del viento cayeron formando lluvia como en una erupción.

Estábamos, afortunadamente, en el lado contrario y resguardados de todo peligro. Sin la precaución del guía, nuestros cuerpos deshechos, reducidos a polvo, hubiesen caído a lo lejos como producto de algún meteoro desconocido.

Sin embargo, Hans no juzgó prudente pasar la noche en las faldas del cono. Continuamos nuestra ascensión zigzagueando, y tardamos cerca de cinco horas en franquear los quince mil pies que nos quedaban; las vueltas, los rodeos y las contramarchas se prolongaron por lo menos tres leguas. Yo no podía más; sucumbía de frío y de hambre. El aire, algo enrarecido, no llegaba a mis pulmones.

Por fin, a las once de la noche, en plena oscuridad llegamos a la cima del Sneffels, y antes de guarecerme en el interior del cráter, pude ver «el sol de media noche», en lo más bajo de su recorrido, proyectando sus pálidos rayos sobre la isla dormida a mis pies.

CAPÍTULO XVI

Devoramos la cena rápidamente y el grupito se acomodó como pudo. La cama era dura; el lugar donde nos resguardábamos, poco sólido; la situación, muy penosa, y, por si fuera poco, estábamos a cinco mil pies sobre el nivel del mar. A pesar de todo, mi sueño fue tranquilísimo durante toda la noche, una de las mejores que había pasado desde hacía mucho tiempo. Ni siquiera soñé.

Al día siguiente nos despertamos medio congelados por un aire muy fuerte, entre los rayos de un sol radiante. Me levanté de mi cama de granito y fui a disfrutar del magnífico espectáculo que se ofrecía ante mi vista.

Yo ocupaba la cima de uno de los dos picos del Sneffels, el del sur. Desde allí mi vista se extendía por encima de la mayor parte de la isla. Un fenómeno óptico muy corriente en las grandes alturas hacía parecer más altas las orillas y, en cambio, las partes del centro semejaban estar hundidas. Cualquiera diría que uno de esos mapas en relieve de Helbesmer se hallaba a mis pies; veía profundos valles cuzándose en todos los sentidos; los precipicios se hundían como pozos; los lagos se convertían en estanques y los ríos en arroyuelos. A mi derecha se sucedían los ventisqueros de forma innumerable y picos desdoblados, algunos de los cuales estaban coronados de un humo poco espeso. Las ondulaciones de aquellas montañas infinitas, cuyas capas de nieve parecían olas de espuma, me recordaba la superficie de un mar agitado. Si me volvía hacia el oeste, veía el océano, con toda su majestuosa extensión, como una continuación de aquellas cimas encrespadas. Mi vista apenas distinguía dónde acababa la tierra y dónde empezaban las olas.

Me sumergí en ese éxtasis ilusorio que produce encontrarse entre las altas cimas, ya sin vértigo, pues al fin me había acostumbrado a las contemplaciones más sublimes. Mi vista deslumbrada se empapaba de la irradiación transparente de los rayos del sol; olvidaba quién era, dónde estaba, para vivir como los elfos y los silfos, habitantes imaginarios de la mitología escandinava; me embriagaba con el deleite de las alturas sin pensar en los abismos donde me iba a sumergir dentro de poco. Pero la llegada del profesor y de Hans me devolvió a la realidad, pues se me unieron en la cima del pico.

Mi tío, volviéndose hacia el oeste, me indicó con la mano un vapor, una ligera bruma, algo parecido a la tierra que dominaba la línea de las olas.

—Groenlandia —dijo.

—¿Groenlandia? —exclamé.

—Sí, no estamos ni a treinta y cinco leguas de distancia, y en la época del deshielo, los osos blancos llegan hasta Islandia llevados por los témpanos del norte. Pero esto no tiene importancia. Estamos en la cima del Sneffels; mira los dos picos, uno al sur, otro al norte. Hans va a decirnos qué nombre dan los islandeses al que nos importa en este momento.

Una vez hecha la pregunta, el cazador contestó.

—*Scartaris.*

Mi tío me lanzó una mirada triunfante.

—¡Al cráter! —dijo.

El cráter del Sneffels representaba un cono invertido, cuyo orificio debía de tener una media legua de diámetro. Su profundidad, me parecía de unos dos mil pies. Imaginémonos un recipiente semejante, lleno de truenos y de llamas. El fondo del embudo no debía de tener más de quinientos pies de perímetro, de modo que sus pendientes, bastante suaves, permitían llegar con facilidad a su parte inferior. Yo comparaba involuntariamente este cráter con un enorme trabuco acampanado, y esta comparación me horrorizaba.

«Bajar a un trabuco —pensaba—, que a lo mejor está cargado y puede estallar al menor choque, es cosa de locos.»

Pero yo ya no podía dar marcha atrás. Hans volvió a colocarse a la cabeza de la caravana con un aspecto indiferente y lo seguí sin decir palabra.

Con el fin de facilitar la bajada, Hans describía en el interior del cono unas elipses muy alargadas; había que andar entre las rocas eruptivas, alguna de las cuales, resentidas en sus alvéolos, se precipitaban hasta el fondo del abismo. Su caída producía repeticiones del eco que causaban una extraña sonoridad.

Ciertas partes del cono formaban ventisqueros interiores; Hans avanzaba entonces con una extremada precaución, tentando el terreno con su barra de hierro para descubrir las hendiduras. En algunos sitios dudosos fue necesario atarnos con una gran cuerda para que, si a alguno le fallaba el pie de repente, se encontrase sostenido por sus compañeros. Esta solidaridad era prudente, pero no excluía del todo el peligro. A pesar de las dificultades que implicaba el descenso, por pendientes que el guía no conocía, hicimos el camino sin accidentes; solamente se cayó un fardo de cuerdas que se le escapó a un islandés de las manos y que fue a parar al fondo del abismo.

A mediodía ya habíamos llegado. Levanté la cabeza y vi el orificio superior del cono, por el cual se veía un trozo de cielo de circunferencia casi perfecta, aunque reducida. Sobre un punto se destacaba el pico de Scartaris, que se hundía en la inmensidad.

En el fondo del cráter se abrían tres chimeneas por las cuales, en el tiempo de las erupciones del Sneffels, el foco central lanzaba sus lavas y sus vapores. Cada una de estas chimeneas tenía unos cien pies de diámetro. Estaban allí, boquiabiertas a nuestros pies. No tuve valor para echarles un vistazo. El profesor Lidenbrock sí había hecho un examen rápido de su colocación; estaba sin aliento, corría de una a otra, gesticulando y pronunciando palabras incomprensibles. Hans y sus compañeros, sentados sobre trozos de lava, miraban lo que hacía; seguramente lo tomaban por un loco.

De pronto, mi tío soltó un grito; creí que se le había ido un pie y que se había caído en una de las tres chimeneas. Pero no. Lo vi, con los brazos extendidos, las piernas separadas, de pie delante de una roca de granito colocada en medio del cráter como un enorme pedestal hecho para la estatuta de un Plutón. Tenía la pose de un hombre pasmado, pero cuya estupefacción dejó pronto lugar a una insensata alegría.

—¡Axel! ¡Axel! —exclamó—. ¡Ven! ¡Ven!

Corrí hacia él. Ni Hans ni los islandeses se movieron.

—¡Mira! —me dijo el profesor.

Y compartiendo su estupefacción aunque no su alegría, leí en la parte occidental del bloque, en caracteres rúnicos y medio borrados por el tiempo, este nombre mil veces maldito:

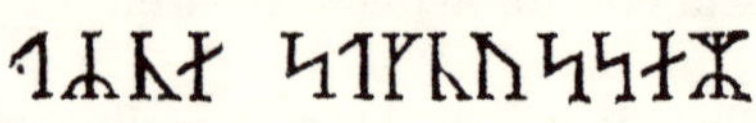

—¡Arne Saknussem! —exclamó mi tío—, ¿todavía dudas?

No contesté y me volví al banco de lava derrotado. La evidencia me agobiaba. Durante cuánto tiempo permanecí absorto en mis reflexiones, lo ignoro. Lo único que sé es que cuando levanté la cabeza vi a mi tío y a Hans solos en el fondo del cráter. Los islandeses habían sido despedidos y ahora volvían a bajar por las pendientes exteriores del Sneffels para llegar a Stapi.

Hans dormía tranquilamente al pie de una roca, en una corriente de lava donde se había improvisado una cama; mi tío daba vueltas alrededor del fondo del cráter como una bestia salvaje en la trampa de un cazador. No tenía ni ganas ni fuerzas para levantarme, y siguiendo el ejemplo del guía, me dejé llevar por un molesto amodorramiento, creyendo oír ruidos o sentir temblores en las faldas de la montaña.

Así pasamos esta primera noche en el fondo del cráter.

Al día siguiente, un cielo gris cubierto de nubes, pesado, se veía sobre la cima del cono. Me di cuenta de ello no tanto por la oscuridad del abismo, sino por la rabia que tenía mi tío.

Comprendí la razón y recuperé un rayo de esperanza.

Explicaré por qué:

De los tres caminos abiertos a nuestros pies, sólo uno había sido seguido por Saknussem. Según el sabio islandés, podría reconocerse por la particularidad señalada en el criptograma, o sea, que la sombra del Scartaris acariciaría sus bordes durante los últimos días del mes de junio.

Se podía considerar, desde luego, este pico agudo como una especie de inmenso cuadrante solar, cuya sombra, en un día determinado, marcaría el camino del centro del Globo.

Pero, si no hacía sol, no había sombra y, por supuesto, no había indicación. Estábamos a 25 de junio. Si el cielo permanecía cubierto durante seis días más, habría que dejar la observación para otro año.

Renuncio a describir la impotente rabia del profesor Lidenbrock. Pasó el día y ninguna sombra se proyectó en el fondo del cráter. Hans no se movió de su sitio; sin embargo, debía de preguntarse qué esperábamos, si es que ese hombre se preguntaba algo. Mi tío no me dirigió ni una sola vez la palabra. Sus miradas, siempre dirigidas al cielo, se perdían en su tinte gris y nebuloso.

El día 26, lo mismo; una lluvia mezclada con nieve estuvo cayendo durante toda la jornada. Hans construyó una choza con trozos de lava. Me entretuve mirando los millares de cascadas improvisadas sobre las faldas del cono, y cuyas piedras aumentaban el murmullo ensordecedor.

Mi tío no podía más. Aquello podía irritar al más paciente, pues era como nadar en mar abierto.

Pero a grandes males, grandes remedios; el cielo reservaba al profesor Lidenbrock una satisfacción igual a su anterior desesperación.

Al día siguiente el cielo continuó cubierto, pero el domingo 28 de junio, antepenúltimo día del mes, hubo cambio de luna y, con él, cambio de tiempo. El sol nos inundó con sus rayos como chorros de luz dentro del cráter. Cada montículo, cada roca, cada piedra, cada aspereza tuvo su parte en el luminoso efluvio, y la sombra se proyectó instantáneamente sobre la tierra. Entre todas, la del Scartaris se dibujó como una arista y empezó a dar la vuelta imperceptiblemente hacia el astro radiante.

Mi tío daba vueltas como ella.

A mediodía, en su período más corto, rozó en el borde de la chimenea central.

—¡Ahí es! —exclamó el profesor—, ¡ahí es! ¡Al centro del Globo! —añadió en danés.

Miré a Hans.

—*Forüt!* —dijo tranquilamente el guía.

—¡Adelante! —contestó mi tío.

Era la una y trece minutos de la tarde.

CAPÍTULO XVII

Ahora sí que comenzaba el auténtico viaje. Hasta entonces el cansancio había podido con todas las dificultades; pero ahora éstas iban a salir verdaderamente a nuestro paso.

Todavía no había echado una ojeada a aquel pozo insondable donde iba a sepultarme. Había llegado el momento. Aún me encontraba a tiempo de tomar parte en la aventura o de negarme a intentarlo. Pero me dio vergüenza echarme atrás ante el cazador. Hans aceptaba la aventura con tanta tranquilidad, con una indiferencia tal y una despreocupación ante el peligro, que me avergonzé al pensar que iba a ser yo menos valiente que él. Solo, hubiese empezado con la retahíla de mis sólidos argumentos; pero en presencia del guía, preferí callarme. Uno de mis recuerdos voló hacia mi preciosa virlandesa y me acerqué a la chimenea central.

Ya he dicho que ésta medía cien pies de diámetro o trescientos pies de perímetro. Me incliné sobre una roca que se desplomaba y miré; se me pusieron los pelos de punta, la sensación del vacío se apoderó de mí. Sentí que se me iba el centro de gravedad y que el vértigo se me subía a la cabeza como una borrachera. Nada tan embriagador como la atracción del abismo. Me caía; una mano me sostuvo, la de Hans. Decididamente, no había tenido las suficientes clases de abismo en la Frelsers-Kirk de Copenhague.

Sin embargo, por poco que mi mirada se hubiese aventurado en ese pozo, me habría dado cuenta de su forma. Sus paredes, casi cortadas a pico, presentaban bastantes salientes que podían facilitar la bajada; pero cuando no faltaba la escalera, faltaba el pasamanos. Una cuerda atada al orificio hubiese bastado para sostenernos, pero, ¿cómo desatarla al llegar a la extremidad inferior?

Mi tío empleó un medio muy sencillo para solventar esta dificultad. Deslió una cuerda de un dedo de gruesa y de cuatrocientos pies de larga; dejó escapar la mitad y la enrolló luego alrededor de un bloque de lava, que hacía saliente, echando la otra mitad por la chimenea. De ese modo cada uno de nosotros podría descender sujetando las dos mitades de la cuerda, que no se podía escurrir; una vez bajados doscientos pies, nos sería fácil recogerla tirando de un cabo. Luego repetiríamos esta maniobra hasta el infinito.

—Ahora —dijo mi tío tras haber acabado con sus preparativos—, ocupémonos de los equipajes; los dividiremos en tres paquetes y cada uno se atará uno a la espalda; hablo solamente de los objetos frágiles.

El atrevido profesor no nos incluía evidentemente en aquella última categoría.

—Hans —prosiguió— va a cargar con las herramientas y una parte de los víveres; tú, Axel, con otra tercera parte de los víveres y las armas, y yo con el resto de los víveres y los instrumentos delicados.

—Pero —pregunté— la ropa y todas esas cuerdas y escalas, ¿quién se encargará de bajarlas?

—Bajarán solas.

—¿Cómo? —pregunté.

—Ahora lo verás.

A mi tío no le gustaba titubear para poner en práctica los grandes remedios. Bajo su mando, Hans reunió en un solo paquete los objetos no frágiles, y aquel lío, sólidamente atado, se precipitó así, por las buenas, en el abismo.

Oí el murmullo sonoro producido por la alteración de las capas de aire. Mi tío, inclinado en el abismo, seguía con mirada satisfecha la bajada de su equipaje, y no se levantó hasta que lo hubo perdido de vista.

—Bueno —dijo—, ahora nosotros.

Que me diga cualquier hombre de buena fe si era posible escuchar aquellas palabras sin echarse a temblar.

El profesor se ató a la espalda el paquete de los instrumentos, Hans cogió el de las herramientas y yo el de las armas. La bajada empezó en este orden: Hans, mi tío y yo. Se llevaba a cabo en un profundo silencio, turbado solamente por la caída de los trozos de roca que se precipitaban en el abismo.

Me dejé deslizar, por decirlo así, agarrándome desesperadamente a la doble cuerda con una mano, y con la otra afianzándome por medio de mi barra de hierro. Una única idea me obsesionaba: me espantaba pensar que me pudiera faltar un punto de apoyo. Aquella cuerda me parecía demasiado endeble para soportar el peso de tres personas. Hacía el menor uso de ella, realizando milagros con el equilibrio sobre los salientes de lava a los que mi pie se agarraba como una mano.

Cuando algunos de estos escalones resbaladizos se derrrumbaban al paso de Hans, éste decía con voz tranquila:

—*Gif akt!*

—¡Cuidado! —repetía mi tío.

Después de media hora, llegamos a la superficie de una roca fuertemente agarrada a la pared de la chimenea.

Hans tiró de uno de los cabos de la cuerda; el otro se elevó por los aires; después de pasar por la roca más alta, volvió a caer arrancando pedazos de piedras y de lava, una especie de lluvia o de granizada muy peligrosa.

Inclinándome por encima de nuestra estrecha llanura, me di cuenta de que el fondo del agujero era todavía invisible.

Empezamos de nuevo la maniobra de la cuerda y media hora más tarde habíamos alcanzado doscientos pies más de profundidad.

No sé si el más enrabietado de los geólogos habría tratado de estudiar, en este descenso, la naturaleza del terreno circundante.

Yo, por mi parte, no me preocupaba de ello en absoluto; que fuesen pliocenos, miocenos, eocenos, cretáceos, jurásicos, triásicos, carboníferos, devonianos o primitivos, me importaba poco. Pero el profesor hacía, sin duda, observaciones o tomaba notas, pues en una de las paradas me dijo:

—Mientras más adelante voy, más confianza tengo; la disposición de estos terrenos volcánicos dan absolutamente la razón a las teorías de Davy. Estamos en pleno terreno primordial, terreno en el que se ha producido la operación química de los metales inflamados al contacto del aire y del agua; rechazo por completo el sistema de un calor central; ya lo veremos.

Siempre la misma conclusión. Se comprende que yo no perdiera el tiempo en discutir. Mi silencio fue tomado por asentimiento y la bajada volvió a empezar.

Al cabo de tres horas, aún no se entreveía el fondo de la chimenea. Cuando levantaba la cabeza veía su orificio, que iba disminuyendo poco a poco; sus paredes, por su ligera inclinación, tendían a aproximarse. Cada vez más, se hacía la oscuridad.

Sin embargo, seguíamos bajando; me parecía que las piedras desprendidas de las paredes se hundían con una repercusión más apagada, y que debían de dar enseguida contra el fondo del abismo.

Como había tenido cuidado de anotar exactamente nuestras maniobras con la cuerda, pude darme perfecta cuenta de la profundidad que habíamos alcanzado y del tiempo invertido.

Habíamos repetido ya catorce veces la manioba, que duraba media hora. Eran, por lo tanto, siete horas, más los catorce cuartos de hora de descanso, tres horas y media. En total, diez horas y media. Habíamos salido a la una, así es que debían de ser las once en ese momento.

En cuanto a la profundidad que habíamos alcanzado, estas catorce maniobras con una cuerda de doscientos pies de larga daban dos mil ochocientos pies de profundidad.

En ese momento se oyó la voz de Hans:

—*Halt!* —dijo.

Me paré en seco en el momento en que iba a pisar la cabeza de mi tío.

—Hemos llegado —dijo éste.

—¿Dónde? —pregunté, deslizándome a su lado.

—Al fondo de la chimenea perpendicular.

—¿No hay entonces otra salida?

—Sí, una especie de corredor que entreveo y que tuerce hacia la derecha. Ya lo veremos mañana. Cenemos primero y, después, a dormir.

La oscuridad no era absoluta todavía. Abrimos la bolsa de las provisiones, comimos y nos acostamos como pudimos sobre un lecho de piedras y de restos de lava.

Y cuando, tendido boca arriba, abrí los ojos, vi un punto brillante en la extremidad de aquel tubo de tres mil pies de largo que parecía un tragaluz de tamaño gigantesco.

Era una estrella que no centelleaba y que según mis cálculos debía ser Beta, de la Osa Menor.

Luego me dormí profundamente.

Capítulo XVIII

A las ocho de la mañana nos despertó un rayo de luz. Las mil facetas de la lava de las paredes la recogían y la desparramaban como una lluvia de destellos.

Esta luz era lo bastante clara para ver los objetos que nos rodeaban.

—Bien, Axel, ¿qué dices de esto? —dijo mi tío, frotándose las manos—. ¿Has pasado nunca una noche tan tranquila en nuestra casa de Königstrasse? ¡Con aquel ruido de carretas, aquellos gritos de los vendedores, aquellas voces de los barqueros!

—Sin duda, estamos muy tranquilos en el fondo de este pozo, pero esta misma calma tiene algo que espanta.

—Vamos, vamos, si te asustas ya, ¿qué será después, si aún no hemos entrado ni un dedo en las entrañas de la tierra?

—¿Qué quiere usted decir?

—Quiero decir que no hemos entrado más que en el suelo de la isla. Este gran tubo vertical que sale al cráter del Sneffels se para más o menos hacia el nivel del mar.

—¿Está usted seguro de eso?

—Completamente seguro; consulta el barómetro y verás.

En efecto; el mercurio, después de haber subido poco a poco a medida que descendíamos, se había parado en veintinueve pulgadas.

—¿Lo ves? —continuó el profesor—, no tenemos aún más que la presión atmosférica, y estoy deseando que el manómetro tenga que reemplazar al barómetro.

En efecto, este instrumento nos iba a ser inútil en el momento en que el peso del aire fuera mayor que la presión calculada al nivel del océano.

—Pero —dije—, ¿no es de temer que esta presión, al seguir aumentando, sea muy peligrosa?

—No. Bajaremos despacio y nuestros pulmones se acostumbrarán a una atmósfera más comprimida. Los aeronautas acaban por quedarse sin aire cuando se elevan en las capas altas; quizá a nosotros nos sobre; pero lo prefiero. Pero, no perdamos tiempo. ¿Dónde estará el paquete que nos precedió al interior de la montaña?

Me acordé entonces de que lo habíamos buscado en vano la noche anterior. Mi tío interrogó a Hans, que después de investigar atentamente con su mirada de cazador, respondió:

—*Der huppe!*

—Allá arriba.

En efecto, el paquete estaba enganchado en el saliente de una roca, a unos cien pasos sobre nuestras cabezas. Enseguida, el ágil islandés subió como un gato y al momento nos lo trajo.

—Ahora —dijo mi tío—, desayunemos, pero desayunemos como la gente que tiene una gran caminata por delante.

Remojamos los bizcochos y la carne reseca en agua mezclada con ginebra.

Una vez terminado el desayuno, mi tío sacó del bolsillo un cuadernito destinado a las observaciones; fue cogiendo sucesivamente sus diferentes instrumentos y anotando lo siguiente:

«*Lunes 1 de julio.*
Cronómetro: 8 h y 17 m. de la mañana.
Barómetro: 29 pulgadas, 7 l.
Termómetro: 6 grados centígrados.
Dirección: Este-Sureste».

Esta última observación estaba tomada en la galería oscura y por medio de la brújula.

—Ahora, Axel —exclamó el profesor con voz entusiasta—, es cuando vamos a hundirnos verdaderamente en las entrañas del Globo. Ya ha llegado el crítico momento en que empieza nuestro viaje.

Dicho esto, mi tío cogió con una mano el aparato de Ruhmkorff que llevaba colgado del cuello; con la otra conectó la corriente eléctrica con el serpentín de la linterna; y una luz bastante clara disipó las tinieblas de la galería.

Hans llevaba un segundo aparato que puso en funcionamiento. Esta ingeniosa aplicación de la electricidad nos permitía marchar mucho tiempo con luz artificial, aun en medio de los gases más inflamables.

—¡En marcha! —dijo mi tío.

Cada uno cogió de nuevo su hatillo. Hans se encargó de ir empujando el paquete de las cuerdas y la ropa, y yendo yo el último, como antes, entramos en la galería.

En el momento de sepultarme en este corredor oscuro, levanté la cabeza y vi por última vez, por el inmenso tubo, el cielo de Islandia, «que ya no volvería a ver nunca más».

La lava, en la última erupción de 1229, se había abierto paso a través del túnel. Tapizaba el interior con una capa espesa y brillante donde se reflejaba la luz eléctrica centuplicando su intensidad.

Toda la dificultad del camino consistía en no dejarse caer con demasiada rapidez por una pendiente inclinada de unos 45 grados; afortunadamente, ciertas erosiones y dilataciones nos servían de escalones y no teníamos más que bajar, dejando resbalar nuestros equipajes, que iban atados a una gran cuerda.

Pero lo que nos hacía las veces de escalón para apoyar los pies, pronto pasaba a convertirse en una estalactita en las otras paredes; la lava, porosa en algunos sitios, presentaba pequeñas ampollas redondas. Algunos cristales de cuarzo opaco, adornados de límpidas gotas de cristal y colgados de la bóveda como arañas, parecían encenderse a nuestro paso. Podía decirse que los genios del abismo iluminaban sus palacios para recibir a los huéspedes de la tierra.

—¡Esto es magnífico! —exclamé sin darme cuenta—. ¡Qué espectáculo, tío! ¿No le maravillan a usted los tonos de la lava, que van desde el rojo oscuro al amarillo fuerte por escalas imperceptibles? ¿Y esos cristales que aparecen como globos de luz?

—¡Ah!, por fin te das cuenta, Axel —contestó mi tío—. Ahora encuentras esto espléndido, hijo mío; pues bien, verás cosas aún más espléndidas. ¡Sigamos andando! ¡Sigamos!

Hubiese sido más propio decir «resbalemos», pues nos dejábamos llevar sin esfuerzo por pendientes inclinadas. Era el *facilis descensus Averni*, de Virgilio. La brújula, que yo consultaba con frecuencia, indicaba con imperturbable rigor la dirección sudeste. Esta corriente de lava no torcía ni a un lado ni a otro. Tenía la inflexibilidad de una línea recta.

Sin embargo, el calor no aumentaba sensiblemente; esto daba la razón a las teorías de Davy, y más de una vez miré el termómetro con extrañeza. Dos horas después de la partida, no marcaba más que 10 grados, o sea, un incremento de 4 grados. Esto me hacía pensar que nuestra bajada era más en sentido horizontal que vertical. En cuanto a conocer exactamente la profundidad alcanzada, nada más fácil. El profesor medía con exactitud los ángulos de desviación y de inclinación del camino, pero guardaba para él el resultado de sus observaciones.

Por la noche, hacia las ocho, dio la señal de parada. Hans se sentó en el acto; enganchamos las lámparas en un saliente de lava. Estábamos en una especie de caverna donde no nos faltaba aire. Al contrario, nos llegaban algunas bocanadas ¿Qué las produciría? ¿De qué agitación atmosférica provendrían? Ésta era una cuestión que yo no trataba de solucionar en ese momento; el hambre y el cansancio me incapacitaban para razonar. Un descenso de siete horas consecutivas no se consigue sin un gran derroche de energías. Estaba rendido. La palabra «alto» me sonó a música celestial. Hans colocó algunas provisiones sobre un bloque de lava y todos comimos con apetito. Sin embargo, me preocupaba una cosa: nuestra provisión de agua estaba medio consumida. Mi tío pensaba coger agua para reponerla en las fuentes subterráneas, pero hasta ahora no habíamos encontrado ninguna. No pude por menos que recordarle este punto.

—¿Te choca que no haya manantiales? —dijo.

—Sin duda, y hasta me inquieta; sólo nos queda agua para cinco días.

—Tranquilízate, Axel; yo te aseguro que encontraremos agua y quizá más de la quisiéramos.

—¿Cuándo?

—Cuando salgamos de esta envoltura de lava. ¿Cómo quieres que corran fuentes a través de estas paredes?

—Pero, ¿y si esta corriente se prolonga a una gran profundidad? Me parece que todavía no hemos hecho mucho camino vertical.

—¿Qué te hace suponer esto?

—Que si estuviésemos a mucha profundidad en el interior de la corteza terrestre, el calor sería más intenso.

—Según tu sistema —respondió mi tío—; ¿y qué indica el termómetro?

—No llega a 15 grados, lo que no supone más que un aumento de nueve grados desde nuestra salida.

—Bueno, ¿y qué deduces de eso?

—Escuche mi conclusión. Según las observaciones más exactas, el aumento de la temperatura en el interior del Globo es de un grado cada cien pies. Pero algunas condiciones de localización pueden modificar esta cifra. En Yakoust, en Siberia, se ha notado que había aumentado un grado cada treinta y seis pies; esto depende, evidentemente, de la conductibilidad de las rocas. Añadiré también que en las proximidades de un volcán apagado y a través del gneis, se ha visto que la elevación de la temperatura era sólo de un grado cada ciento veinticinco pies. Tomemos esta hipótesis, que es la más favorable, y calculemos.

—Calcula, hijo mío.

—Nada más fácil —dije, colocando los números en mi cuaderno—. Nueve veces ciento veinticinco pies dan mil ciento veinticinco pies de profundidad.

—Nada más exacto.

—¿Y entonces?

—Entónces, según mis observaciones, hemos llegado a diez mil pies bajo el nivel del mar.

—¿Es posible?

—Sí, a no ser que las cifras no sean ya las cifras.

Los cálculos del profesor eran exactos; habíamos sobrepasado seis mil pies las profundidades mayores que el hombre había alcanzado: las minas de Kitz-Bahl, en el Tirol, y las de Wuttemberg, en Bohemia.

La temperatura, que tendría que haber sido de 81 grados en este lugar, apenas llegaba a quince. Esto daba que pensar.

Capítulo XIX

Al día siguiente, el martes 30 de junio, el descenso continuó.

Seguíamos aún por la galería de lava, verdadera rampa, suave como esos planos inclinados que reemplazan todavía a la escalera en las casas antiguas. Así fue hasta las doce y diecisiete minutos, preciso momento en que nos reunimos con Hans, que acababa de pararse.

—¡Ah! —exclamó mi tío—, hemos llegado al extremo de la chimenea.

Miré a mi alrededor; estábamos en el centro de una encrucijada en la que desembocaban dos caminos oscuros y estrechos. ¿Cuál de los dos habría que tomar? Esto sí que era un dilema.

Sin embargo, mi tío no quiso aparentar que tenía dudas ni delante de mí ni delante del guía; señaló el túnel del este y pronto estuvimos los tres metidos en él.

Además, cualquier duda sobre cuál de los dos caminos se debía elegir se hubiese prolongado indefinidamente, pues ningún indicio podía determinar cuál era el que había que escoger; teníamos que obrar completamente a la aventura.

La pendiente de esta nueva galería era poco pronunciada y su corte muy desigual; algunas veces nos salía al paso una sucesión de arcos como las naves de una catedral gótica; los artistas de la Edad Media podían haber estudiado allí todas las formas de esta arquitectura religiosa que se desarrolla a partir de la ojiva. Una milla después nuestras cabezas se agachaban bajo las cimbras rebajadas de estilo románico, y las grandes columnas adosadas al macizo se curvaban bajo el arranque de las bóvedas. En algunos lugares, esta forma desaparecía para dar lugar a bajas substracciones que se parecían a los trabajos de los castores, y nos deslizábamos por la pendiente en medio de pasillos estrechos.

El calor seguía siendo soportable. Involuntariamente pensaba en cuál sería su intensidad cuando las lavas vomitadas por el Sneffels se precipitaban por este camino, ahora tan tranquilo. Me imaginaba los torrentes de fuego doblando por los ángulos de la galería y la acumulación de vapores recalentados en este estrecho lugar.

«¡Por lo menos —pensé— que al viejo volcán no se le ocurra despertar de su sueño!»

Ni se me ocurría comunicar estos pensamientos al tío Lidenbrock, pues no los hubiese comprendido. Su única obsesión era seguir adelante. Andaba, se deslizaba, hasta rodaba con una convicción que, después de todo, era digna de admirar.

A las seis de la tarde, después de un paseo no muy cansado, habíamos avanzado dos leguas hacia el sur, pero apenas un cuarto de milla en profundidad.

Mi tío dio la señal de descanso. Comimos sin hablar demasiado y nos dormimos sin pensar mucho.

Nuestros preparativos para la noche eran muy sencillos: una manta de viaje, en la que nos envolvíamos, era nuestra cama. No teníamos que temerle al frío ni a ninguna visita inoportuna. Los viajeros que se internan en los desiertos de África o en el seno de los bosques del Nuevo Mundo, están obligados a velar unos el sueño de los otros; pero aquí no había más que soledad y seguridad absolutas. No había que temer ni salvajes ni bestias feroces.

Nos despertamos al día siguiente descansados y dispuestos. Continuamos nuestro camino, que era de lava como la víspera. Imposible reconocer la naturaleza del terreno que atravesábamos. El túnel, en lugar de hundirse hacia las entrañas del Globo, tendía a hacerse completamente horizontal. Me pareció, incluso, notar que subía hacia la superficie de la Tierra. Esta disposición se hizo tan manifiesta y tan cansada que a eso de las diez de la mañana me vi obligado a moderar el paso.

—¿Qué haces, Axel? —me dijo el profesor con impaciencia.

—No puedo más —contesté.

—¡Cómo!, después de andar tres horas por un camino tan fácil.

—No digo que no sea fácil, pero sí enormemente cansado.

—¡Cansado!, ¡y no hay más que bajar!

—Dirá usted subir, que no es lo mismo.

—¡Subir! —dijo mi tío encogiéndose de hombros.

—Sin duda. Desde hace media hora, las pendientes se han modificado y, si seguimos así, seguramente volveremos a la tierra de Islandia.

El profesor movió la cabeza como un hombre que no quiere convencerse. Traté de continuar la conversación. No me contestó y dio la señal de marcha. Noté que su silencio no era más que mal humor reconcentrado.

A pesar de todo, volví a coger mi hatillo con valor y seguí rápidamente a Hans, a quien precedía mi tío. No quería distanciarme de ellos; mi gran preocupación era no perder de vista a mis compañeros. Me horrorizaba la idea de perderme en medio de las profundidades de aquel laberinto.

A todo esto, el camino ascendente se hacía cada vez más penoso; yo me consolaba pensando que me acercaba a la superficie de la Tierra. Era una esperanza, y cada paso así me la confirmaba; disfrutaba sólo con la idea de volver a ver a mi pequeña Graüben.

Al mediodía se produjo un cambio de aspecto en las paredes de la galería. Me di cuenta de ello por el debilitamiento de la luz eléctrica reflejada en los muros. A la envoltura de lava sucedía la roca viva; el macizo se componía de capas inclinadas y con frecuencia dispuestas verticalmente. Estábamos en pleno período de transición, en pleno período siluriano.

—Esto es evidente —exclamé—; los sedimentos de las aguas han formado, en la segunda época de la Tierra, esos esquistos, esos calcáreos y esos gres. ¡Damos la espalda al macizo granítico! Hacemos como los de Hamburgo, que tomarían el camino de Hanovre para ir a Lübeck.

Debí reservarme mis observaciones. Pero mi temperamente de geólogo venció a la prudencia y el tío Lidenbrock oyó mis exlamaciones.

—¿Qué te pasa ahora? —dijo.

—¡Mire usted! —respondí, mostrándole la variada sucesión de gres, de calizas y los primeros indicios de terrenos pizarrosos.

—¿Y qué?

—Pues que hemos llegado al período en el cual aparecieron las primeras plantas y los primeros animales.

—¿Eso crees?

—¡Pero mírelo usted, examínelo y observe!

Obligué al profesor a pasar la lámpara por las paredes de la galería. Esperaba que lanzase alguna exclamación, pero, lejos de eso, no profirió palabra y continuó su camino.

¿Me habría comprendido o no? ¿No quería confesar, por amor propio, como tío y como sabio, que se había equivocado escogiendo el túnel del este, o es que se empeñaba en explorarlo hasta el fin? Era evidente que nos habíamos apartado del camino de lava y que el que seguíamos no podía llevarnos al fogón del Sneffels.

Pero al mismo tiempo me preguntaba si no le daba yo demasiada importancia a esta modificación del terreno. ¿No sería yo el que se equivocaba? ¿Atravesaríamos realmente esas capas de roca superpuestas al macizo granítico?

«Sí, tengo razón —pensaba—, debo encontrar algún trozo de planta primitiva y habrá que rendirse a la evidencia. Busquemos.»

No había avanzado cien pasos cuando me dieron ante las narices pruebas incontestables. Esto tenía que suceder, pues en la época siluriana, los mares encerraban más de mil quinientas especies de vegetales o animales. Mis pies, acostumbrados al terreno duro de la lava, pisaron de pronto un polvo hecho de restos de plantas y de conchas. En las paredes se veían claramente señales de fucus y de licopodios; el profesor Lidenbrock no podía llamarse a engaño con aquello; pero cerraba los ojos, me figuro, y seguía su camino con paso invariable.

Era una terquedad fuera de toda razón. Yo ya no pude más. Recogí una concha perfectamente conservada y que habría pertenecido a un animal semejante a la cochinilla actual; luego me acerqué a mi tío y le dije:

—¡Mire usted!

—Sí —contestó tranquilamente—, es la concha de un crustáceo de la orden de los trilobulados que desapareció; pero nada más.

—¿Y nada deduce usted de eso?

—¿Lo que tú mismo deduces? Sí. Perfectamente. Hemos dejado la capa de granito y el camino de lava. Es posible que me haya equivocado; pero no estaré seguro de mi error hasta el momento en que llegue al extremo de esta galería.

—Tiene usted razón en obrar así, tío; y yo le aprobaría si no tuviésemos que temer un peligro que cada vez nos amenaza más.

—¿Cuál?

—La falta de agua.

—Bueno, Axel, la racionaremos.

CAPÍTULO XX

Desde luego que hubo que racionarla. Nuestra provisión no podía durar más de tres días, según comprobé durante la cena. Y terrible espectativa: no teníamos esperanza de encontrar ningún manantial vivo en estos terrenos de la época de transición.

Durante todo el día siguiente la galería desarrolló ante nuestra vista sus interminables arcos. Andábamos casi sin decir palabra; el mutismo de Hans se nos había contagiado.

El camino no ascendía, al menos de forma perceptible; a veces parecía incluso que se inclinaba. Pero esta tendencia, poco acusada por otro lado, no debía tranquilizar al profesor, pues la naturaleza de las capas no se modificaba y el período de transición se confirmaba cada vez más.

La luz eléctrica hacía resplandecer espléndidamente los esquistos, las calizas y los antiguos gres rojos de las paredes; hubiésemos creído estar en una zanja abierta en medio de Devonshire, que dio su nombre a esta clase de terrenos. Muestras de mármoles magníficos revestían los muros, unos de un gris ágata con venas blancas dispuestas caprichosamente, otros de un color encarnado o amarillo manchado con placas rojas; más allá muestras de grietas de colores oscuros, en las cuales se destacaban los tonos vivos de la caliza. La mayoría de esos mármoles contenían huellas de animales primitivos, pero, desde la víspera, la creación había progresado evidentemente. En lugar de los trilobulados rudimentarios, yo veía restos de un orden más perfecto; entre otros, peces ganoïdes y esos sauropteris en los cuales la mirada del paleontólogo ha sabido descubrir las primeras formas del reptil. Los mares devonianos estaban habitados por un gran número de animales de esta especie, y los arrojaron por miles contra las rocas de nueva formación.

Iba siendo evidente que subíamos por la escala de la vida animal en cuya cima está el hombre. Pero el profesor Lidenbrock parecía no darse cuenta de ello.

Esperaba dos cosas: o que se abriese bajo sus pies un pozo vertical que le permitiese efectuar de nuevo su bajada, o que algún obstáculo le impidiese continuar por este camino. Pero llegó la noche sin que esta esperanza se realizase.

El viernes, después de una noche en la que empecé a sentir los tormentos de la sed, nuestra pequeña caravana se internó de nuevo en las revueltas de la galería.

Después de diez horas de marcha, noté que la luz de nuestras lámparas reflejada en las paredes disminuía considerablemente. El mármol, el esquisto, la caliza y los gres de los muros eran reemplazados por una envoltura oscura y sin brillo. Hubo un momento en que el túnel se hizo muy estrecho y me apoyé en la pared de la izquierda.

Cuando retiré la mano estaba completamente negra. Miré más de cerca. Estábamos en plena hullera.

—¡Una mina de carbón! —exclamé.

—Una mina sin mineros —respondió mi tío.

—¿Quién sabe?

—Yo lo sé —contestó mi tío con tono áspero—, y estoy seguro de que esta galería, hecha a través de estas capas de hulla, no ha sido fabricada por la mano del hombre. Que sea obra de la naturaleza o no, me importa poco. Ha llegado la hora de la cena. Cenemos.

Hans sacó algunos alimentos. Apenas comí y me bebí las gotas de agua que constituían mi ración. El odre del guía a medio llenar era todo lo que quedaba para saciar la sed de tres hombres.

Después de la comida, mis dos compañeros se echaron en sus mantas y encontraron en el sueño remedio a sus fatigas. Yo no pude dormir y conté las horas hasta la mañana.

El sábado, a las seis, continuamos. Veinte minutos después llegábamos a una gran excavación; entonces me di cuenta de que esa hullera no estaba hecha por el hombre; las bóvedas hubiesen estado apuntaladas y, en realidad, se sostenían en equilibrio de puro milagro.

Esta especie de caverna contaba cien pies de anchura y ciento cincuenta de altura. El terreno había sido violentamente separado por alguna sacudida subterránea. El macizo terrestre, cediendo a algún fortísimo empuje, se había dislocado, dejando un enorme hueco donde los habitantes de la tierra penetraban por vez primera.

Toda la historia del período hullero se encontraba escrita en aquellas paredes oscuras y cualquier geólogo podía seguir fácilmente sus diversas fases. Las capas de carbón estaban separadas por estratos compactos de gres o de arcilla, y parecían aplastadas por las capas superiores.

En esta época del mundo, que precedió al período secundario, la tierra se cubrió de una inmensa vegetación, debido a la doble acción de un calor tropical unido a una humedad persistente. Una atmósfera de vapor cubría la tierra por todas partes, privándola de los rayos del sol.

De ahí la conclusión de que las temperaturas elevadas no provenían de este nuevo foco; puede incluso que el astro del día no estuviese dispuesto a representar su brillante papel. Los «climas» no existían aún, y un calor tórrido se extendía por toda la superficie del Globo, igual en el ecuador que en los polos. ¿De dónde procedería? Del interior del Globo.

A pesar de las teorías del profesor Lidenbrock, un fuego violento anidaba en las entrañas del esferoide; su acción se dejaba sentir incluso en las últimas capas de la corteza terrestre. Las plantas privadas del bienhechor efluvio del sol no producían ni flores ni perfumes, pero sus raíces se fortalecían en los terrenos abrasadores de los primeros tiempos.

Había pocos árboles, solamente plantas herbáceas, inmensas praderas, helechos, licopodios, sigilarias, asterofilitas, especies raras, pero que entonces se contaban por millares.

Precisamente, la hulla debe su origen a esta inmensa vegetación. La corteza del Globo, que era elástica aún, obedecía a los movimientos de la masa líquida que ella cubría. De ahí provenían las fisuras y los numerosos hundimientos; las plantas llevadas bajo las aguas formaron poco a poco montones de consideración importante.

Entonces intervino la acción de la química natural; en el fondo de los mares, las masas vegetales se transformaron primero en turba; luego, gracias a la influencia de los gases y bajo el fuego de la fermentación, se mineralizaron por completo.

Así se formaron esas inmensas capas de carbón que, sin embargo, el consumo excesivo llegará a agotar, a no ser que las sociedades industriales no tomen cartas en el asunto.

Estas reflexiones se me ocurrían mientras consideraba las riquezas hulleras acumuladas en este trozo de la masa terrestre. Éstas, seguramente, nunca serían descubiertas. La explotación de estas minas tan lejanas requería sacrificios demasiado considerables. Y, por otro lado, ¿para qué esos sacrificios si la hulla sigue estando repartida por un gran número de regiones en la superficie de la Tierra? De manera que esas capas que yo veía intactas seguirían igual hasta el fin de los tiempos.

Sin embargo, seguíamos andando y, de los tres, yo era el único que me olvidaba de lo largo que era el camino, perdido en mis consideraciones geológicas. La temperatura seguía poco más o menos igual que cuando íbamos por la lava y los esquistos. Lo único era que se sentía un fuerte olor a protocarburo de hidrógeno. Me di cuenta inmediatamente de que en esta galería había una notable cantidad de ese fluido peligroso al que los mineros llaman grisú y cuya explosión ha causado con frecuencia tremendas catástrofes.

Afortunadamente, nos alumbrábamos con los ingeniosos aparatos de Ruhmkorff. Si por desgracia hubiésemos explorado imprudentemente esta galería con una antorcha en la mano, una terrible explosión habría terminado con el viaje y con los viajeros.

Esta excursión por la hullera duró hasta la noche. Mi tío ya no podía contener la impaciencia que le causaba la continuidad del camino horizontal. Las tinieblas eran tan profundas que no se distinguía ni a veinte pasos; impedían ver el largo de la galería y empecé a creer que ésta era interminable cuando, de pronto, a las seis dimos contra un muro que se nos presentó de sopetón. No había paso, ni a derecha ni a izquierda, ni hacia arriba ni hacia abajo. Habíamos llegado al fondo de un callejón sin salida.

—¡Bueno, mejor! —exclamó mi tío—. Al menos sé a qué atenerme. No estamos en el camino de Saknussem y no hay más remedio que volver hacia atrás. Vamos a descansar esta noche y antes de tres días habremos alcanzado el punto donde se bifurcan las dos galerías.

—Sí —dije—, si nos quedan fuerzas para eso.

—¿Y por qué no?

—Porque mañana nos faltará el agua por completo.

—¿Y faltará también el valor? —dijo el profesor, mirándome con un reproche severo.

No me atreví a contestarle.

CAPÍTULO XXI

Al día siguiente salimos muy temprano. Había que darse prisa. Nos faltaban cinco días de marcha para llegar a la encrucijada.

No me extenderé sobre las penalidades de nuestra vuelta. Mi tío las soportó con la rabia de un hombre que siente que no es el más fuerte; Hans, con la resignación propia a su naturaleza pacífica; yo, lo confieso, quejándome y desesperándome; no tenía ánimo para luchar contra este revés.

Como yo ya lo había previsto, al final del primer día de marcha se nos acabó el agua; no teníamos más líquido que ginebra; pero esta infernal bebida quemaba la garganta y yo no podía ni verla. La temperatura me parecía asfixiante y el cansancio me paralizaba. Más de una vez estuve a punto de desfallecer. Entonces se paraban mi tío o el islandés y me consolaban como podían. Pero yo veía que al primero le costaba muchísimo resistir el cansancio y las torturas causadas por la falta de agua.

Al final, el martes 7 de julio, arrastrándonos de rodillas o con las manos, llegamos medio muertos al punto de reunión de las dos galerías. Allí me quedé como una masa inerte, tumbado en el suelo de lava. Eran las diez de la mañana.

Hans y mi tío, apoyados en la pared, intentaron mordisquear algunos pedazos de bizcocho. Grandes lamentos se escapaban de mis labios entumecidos. Caí en un profundo letargo.

Al cabo de un rato mi tío se acercó a mí y me incorporó con sus brazos.

—¡Pobre criatura! —murmuró con verdadero acento de compasión.

Me emocionaron estas palabras, pues no estaba acostumbrado a las ternezas del malhumorado profesor. Cogí sus manos temblorosas entre las mías. Se dejó coger, mirándome; sus ojos estaban húmedos.

Entonces vi que cogía la bota que colgaba de su cintura. La acercó a mis labios y, con gran asombro por mi parte, me dijo:

—Bebe.

¿Había entendido bien o mi tío estaba loco? Lo miré con cara de idiota. No acababa de comprenderle.

—Bebe —repitió.

Y, empinando la bota, la vació por entero en mi boca.

¡Oh, qué delicia!, un trago de agua humedeció mi boca ardiente; fue uno solo, pero bastó para devolverme la vida, que se me iba.

Le di las gracias a mi tío juntando las manos.

—Sí —dijo—, un trago de agua, ¡el último!, ¿lo oyes?, ¡el último! La había preservado como oro en paño al final de mi cantimplora. Veinte veces, cien veces, he resistido el deseo de bebérmela. Pero no, Axel, la reservaba para ti.

—¡Tío! —murmuré mientras gruesas lágrimas rodaban por mis mejillas.

—Sí, hijo mío, sabía que al llegar a esta encrucijada caerías medio muerto y guardé mis últimas gotas de agua para reanimarte.

—¡Gracias, gracias! —exclamé.

En cuanto mi sed se calmó, pude recobrar algunas fuerzas. Los músculos de mi garganta, que hasta entonces estaban contraídos, iban calmándose y se me suavizó la inflamación. Ya podía hablar.

—Vamos a ver —dije—, sólo nos queda un camino que seguir: nos falta el agua; hay que volver hacia atrás.

Mientras hablaba de este modo, mi tío evitaba mirarme; con la cabeza agachada, procuraba que sus ojos no se encontrasen con los míos.

—¡Hay que volver! —exclamé—, y tomar de nuevo el camino de Sneffels. ¡Que Dios nos dé fuerzas para volver a subir hasta la cima del cráter!

—¡Volver! —dijo mi tío como si hablase consigo mismo y no conmigo.

—Sí, volver, y sin perder un momento.

Hubo una pausa bastante larga.

—¿De modo, Axel —replicó el profesor con tono extraño—, que esas gotas de agua no te han devuelto el valor y la energía?

—¡El valor!

—Te veo tan abatido como antes y castigándonos con palabras de desesperación.

¿Qué clase de hombre era éste y qué proyectos formarían su espíritu aventurero?

—¡Qué! ¿Que no quiere usted...?

—Renunciar a esta expedición en el momento en que todo nos indica que podemos obtener resultados. ¡Nunca!

—¿Entonces hay que resignarse a perecer?

—¡No, Axel, no! Vete. No quiero que mueras. Que Hans te acompañe. ¡Déjame solo!

—¡Abandonarle!

—Déjame te digo. He empezado este viaje; lo haré hasta el final o no volveré. ¡Vete, Axel, vete!

Mi tío hablaba con una gran excitación. Su voz, debilitada por un momento, volvía a ser dura y amenazadora. Con una extraña energía luchaba contra lo imposible. No quería abandonarlo en el fondo de este abismo y, por otro lado, el instinto de conservación me empujaba a huir de él.

El guía presenciaba esta escena con su acostumbrada indiferencia. Comprendía, sin embargo, lo que pasaba entre sus dos compañeros; nuestros gestos indicaban con facilidad el camino diferente por el que cada uno quería llevar al otro; pero a Hans parecía interesarle poco esta cuestión, a pesar de que su vida estaba en juego. Estaba dispuesto a irse si le daban la señal de partida, y a quedarse si tal era la voluntad de su señor.

¡Cuánto sentía no poder hacerme comprender por él en estos momentos! Mis palabras, mis lamentaciones y mis gemidos hubiesen conseguido algo de aquella naturaleza fría. Esos peligros, que él ni siquiera sospechaba, se los hubiese hecho comprender y tocar con la mano, por decirlo de algún modo. Entre los dos habríamos convencido quizá al terco del profesor. En caso de necesidad, lo hubiésemos obligado a volver a las alturas del Sneffels.

Me acerqué a Hans. Le cogí una mano; no se movió. Le enseñé el camino del cráter; continuó sin moverse. El ansia que se reflejaba en mi cara mostraba mi sufrimiento. El islandés movió suavemente la cabeza y, señalando con tranquilidad a mi tío, dijo:

—*Master.*

—¡El señor! —exclamé—. ¡Insensato! No, no es él el dueño de tu vida. ¡Hay que huir! ¡Hay que convencerlo! ¿Me oyes? ¿Me comprendes?

Había cogido a Hans por un brazo. Quería obligarlo a levantarse. Luchaba con él; mi tío intervino.

—Calma, Axel —dijo—. No obtendrás nada de este criado impasible. De modo que escucha lo que te voy a proponer.

Me crucé de brazos, mirando a mi tío de frente.

—La falta de agua —dijo éste— es el único obstáculo para mis proyectos. En esta galería del este, hecha de lava, de esquistos, de hulla, no hemos encontrado ni una molécula líquida. Es posible que tengamos más fortuna siguiendo el túnel del oeste.

Moví la cabeza con aspecto de completa incredulidad.

—Escúchame hasta el final —continuó el profesor con voz forzada—. Mientras tú estabas ahí tendido sin movimiento, yo fui a reconocer la disposición de esta galería. Ésta se interna directamente en las entrañas del Globo, y en pocas horas nos llevará al macizo granítico. Allí encontraremos manantiales en abundancia. La naturaleza de la roca lo dispone así y el instinto está de acuerdo con la lógica para apoyar mi convicción. Mira lo que te voy a proponer: cuando Colón pidió tres días a sus acompañantes para encontrar las nuevas tierras, sus acompañantes, aunque enfermos y atemorizados, encontraron justa su petición y descubrió el Nuevo Mundo. Yo, el Colón de estas tierras subterráneas, no te pido más que un día. Si, cuando haya pasado, no hemos encontrado el agua que nos falta, te juro que volveremos a la superficie de la Tierra.

A pesar de mi enfado, estas palabras me emocionaron, pues valoré lo violento que era para mi tío hablar de este modo.

—¡Bueno! —exclamé—, sea lo que usted quiera y que Dios recompense esa energía sobrehumana. No dispone usted más que de unas horas para probar fortuna. ¡En marcha!

CAPÍTULO XXII

El descenso volvió a empezar, esta vez por la otra galería. Hans, según su costumbre, iba delante. No habíamos andado cien pasos cuando el profesor, pasando su lámpara por los muros, exclamó:

—¡Éstos son los terrenos primitivos! Estamos en el buen camino. ¡Adelante! ¡Adelante!

Cuando la tierra se enfrió poco a poco en los primeros tiempos del mundo, la disminución de su volumen produjo en su corteza dislocaciones, rupturas, huecos, grietas. El pasillo en el que nos encontrábamos era una fisura de ese género, por el cual se salía otras veces el granito eruptivo; esas mil revueltas formaban un tremendo laberinto a través del terreno primordial.

A medida que íbamos bajando, la sucesión de las capas que componían el terreno primitivo aparecían con más claridad. La ciencia geológica considera este terreno primitivo como la base de la corteza mineral, y ha reconocido que se compone de tres capas diferentes: los esquistos, los gneis y los micasquistos, que descansan sobre esa roca firme que se llama granito.

Ahora bien, nunca jamás se había hallado ningún mineralogista en circunstancias tan maravillosas para estudiar la naturaleza sobre el terreno. Lo que la sonda, esa máquina brutal y obtusa, no había podido trasladar a la superficie del Globo de su forma interna, lo íbamos a estudiar nosotros, viéndolo con nuestros propios ojos y tocándolo con nuestras propias manos.

Entre los estratos de esquistos coloreados en tonos verdes, serpenteaban vetas metálicas de cobre y de manganeso, con algunas huellas de platino y oro. Pensaba en aquellas riquezas escondidas en las entrañas del Globo y de las que la avidez humana no disfrutaría nunca. Los temblores de los primeros tiempos enterraron estos tesoros a tal profundidad que ni el azadón ni el pico podrán arrancarlos de su tumba.

A los esquistos sucedieron los gneis de estructura estratiforme, destacando por la regularidad y el paralelismo de sus hojas; luego los micaesquistos, que, colocados en grandes láminas, saltaban a la vista por el brillo de la mica blanca.

La luz de los aparatos, que repercutía en las pequeñas facetas de la masa rocosa, hacía aumentar sus chorros de fuego en todos los ángulos y me parecía viajar entre un diamante hueco en el que los rayos se deshacían en mil resplandores.

Hacia las seis de la tarde esta fiesta de luz disminuyó notablemente y casi cesó por completo; las paredes tomaron un tono cristalizado pero oscuro; la mica se mezcló con más intensidad al feldespato y al cuarzo para formar la roca por excelencia, la más dura de todas, la que soporta sin romperse las cuatro clases de terrenos del Globo. Estábamos sepultados en una inmensa prisión de granito.

Eran las ocho de la noche. El agua seguía faltándonos. Yo padecía de un modo horrible. Mi tío iba delante; no quería detenerse. Yo prestaba toda mi atención en atisbar el murmullo de alguna fuente; pero nada.

Sin embargo, las piernas ya no me sostenían. Resistía mis tormentos para no obligar a mi tío a pararse. Hubiese sido para él el colmo de la desesperación, pues el día que terminaba era el último que le pertenecía.

Al cabo de un rato me abandonaron las fuerzas, di un grito y me caí:

—¡Socorro! ¡Me muero!

Mi tío se volvió. Me contempló con los brazos cruzados y profirió estas sepulcrales palabras:

—¡Se acabó todo!

Un espantoso gesto de rabia hirió mi vista, siendo lo último que vi, y cerré los ojos.

Cuando los volví a abrir, vi a mis dos compañeros inmóviles envueltos en sus mantas. ¿Estarían dormidos? Yo, desde luego, no era capaz de conciliar el sueño ni por un momento. Me encontraba muy mal, sobre todo al pensar que mis males no debían de tener remedio. Las últimas palabras de mi tío seguían resonando en mis oídos.

¡Todo se había acabado! Por descontado que en tal estado de debilidad no había ni que pensar en volver a la superficie del Globo.

¡Nos haría falta recorrer legua y media de corteza terrestre! Me parecía que esta mole pesaba sobre mis hombros. Me sentía como aplastado y tenía que hacer grandes esfuerzos sólo para darme la vuelta en mi cama de granito.

Pasaron algunas horas. Un silencio profundo, silencio de muerte, reinaba a nuestro alrededor. No se oía nada a través de aquellos muros, de los cuales, el más delgado medía cinco millas de grosor.

Sin embargo, en mi letargo me pareció oír un ruido; iba oscureciendo en el túnel. Miré atentamente y creí ver al islandés que desaparecía con la lámpara en la mano.

¿Por qué se iría? ¿Nos abandonaba Hans? Mi tío dormía. Quise gritar, pero mi voz no pudo abrirse paso por la sequedad de mis labios.

Reinaba ya una profunda oscuridad cuando cesaron los últimos ruidos.

«¡Hans nos abandona! —exclamé—. ¡Hans, Hans!»

Estas palabras me las decía yo para mis adentros. Nadie las oía. Sin embargo, después de unos momentos de terror, me avergoncé de haber dudado de un hombre cuya conducta no había tenido nada de sospechosa hasta ahora. Su marcha no podía ser una huida. En lugar de subir por la galería, se había ido hacia abajo. Si hubiese tenido mala intención, hubiese ido hacia arriba y no hacia abajo. Este razonamiento me tranquilizó un poco y me hizo cambiar de idea. Únicamente un motivo grave podía sacar al pacífico Hans de su descenso. ¿Iría a descubrir algo? ¿Habría oído en la noche silenciosa algún ruido que yo no había percibido?

CAPÍTULO XXIII

Durante una hora circularon por mi cerebro calenturiento todas las razones que habrían podido llevar al cazador a obrar de este modo. Las ideas más absurdas se enredaban en mi cabeza. Creí que me estaba volviendo loco.

Pero, por fin, se produjo un ruido de pasos en las profundidades. Era Hans, que regresaba. Una luz tenue empezó a reflejarse en las paredes; luego salió por el orificio del pasadizo y apareció Hans.

Se acercó a mi tío, le puso la mano sobre el hombro y lo despertó suavemente. Mi tío se levantó.

—¿Qué pasa? —dijo.

—*Watten* —respondió el cazador.

Hay que pensar que bajo la presión de las grandes penalidades se vuelve uno políglota. Yo no sabía una palabra de danés y, sin embargo, por instinto, comprendí la palabra de nuestro guía.

—¡Agua! ¡Agua! —exclamé dando palmadas y haciendo gestos como un loco.

—¡Agua! —repetía mi tío.

—*Hvar?* —le preguntó al islandés.

—*Nedat* —respondió Hans.

¿Dónde? ¡Abajo! Lo comprendía todo. Había cogido las manos del cazador y se las apretaba, mientras él me miraba con calma.

Los preparativos no fueron largos; pronto bajamos por un pasadizo cuya pendiente alcanzaba dos pies por toesa[1].

Una hora después habíamos recorrido unas mil toesas y habíamos bajado dos mil pies.

Justo en ese momento oímos claramente un sonido al que no estábamos acostumbrados: el correr del agua por los costados de la muralla granítica, una especie de murmullo sordo, como un bramido lejano. Durante esta primera media hora de marcha, como no encontrábamos la fuente que adivinábamos ya, sentí que me volvía la angustia, pero entonces mi tío me comentó el origen del ruido que se oía.

—Hans no se ha equivocado —me dijo—; eso que oyes por ahí es el estruendo de un torrente.

—¿De un torrente? —exclamé.

—Sin duda. Un río subterráneo fluye a nuestro alrededor.

Apresuramos el paso, empujados por la esperanza. Yo ya no sentía el cansancio. Sólo con el sonido del agua ya me estaba refrescando; el torrente, después de haberse oído largo rato por encima de nuestras cabezas, corría ahora por la pared izquierda, de forma estrepitosa. Yo pasaba una y otra vez la mano por la roca con esperanzas de hallar señales de filtración o de humedad. Pero fue inútil.

Pasó otra media hora más. Anduvimos aún media legua.

Era evidente, entonces, que el cazador, durante su ausencia, no había podido llevar más allá su exploración. Guiado por un instinto peculiar de los montañeros y de los hidróscopos, «sintió» el torrente a través de la roca; pero ciertamente no había visto el precioso líquido ni había saciado con él su sed.

Pronto nos dimos cuenta de que si seguíamos adelante, nos alejaríamos del torrente, cuyo murmullo se escuchaba cada vez menos.

Desanduvimos lo andado. Hans se paró en el lugar donde el torrente parecía más cercano.

Me senté cerca del muro, mientras las aguas corrían a dos pasos de mí con gran fuerza. Pero una muralla de granito nos separaba aún de ellas.

Sin reflexionar, sin preguntarme qué medio podía existir para procurarnos esa agua, me dejé llevar un momento de la desesperación.

Hans me miró y me pareció que una sonrisa se dibujaba en sus labios.

Se levantó y cogió su lámpara. Yo le seguí. Se dirigió hacia la muralla. Observé lo que hacía. Pegó la oreja contra la piedra y la llevó despacio de un lado a otro, escuchando con el mayor cuidado. Comprendí que buscaba el punto preciso donde el torrente se dejaba oír con mayor fuerza.

---

[1] Toesa: antigua medida francesa de longitud, equivalente a 1 metro y 946 milímetros. *(N. del E.)*

Encontró ese punto en la pared lateral izquierda, a tres pies por encima del suelo.

¡Qué emocionado estaba! No me atrevía a adivinar lo que pensaba hacer el cazador. Pero hubo que comprenderlo, aplaudirlo y agasajarlo, cuando le vi coger su azadón para atacar la roca.

—¡Salvados! —exclamé—. ¡Nos hemos salvado!

—Sí —repetía mi tío con ansia—, Hans tiene razón. ¡Ah! ¡Qué valiente cazador! Nosotros no lo hubiésemos encontrado.

¡Desde luego que no! Un medio semejante, por muy sencillo que fuese, no se nos hubiera ocurrido. No había nada tan peligroso como dar con un azadón en este armazón del Globo, pues podía producirse un hundimiento y aplastarnos. Y el torrente, saliendo por la roca, nos ahogaría. Estos peligros no eran quiméricos; pero en ese momento los temores de hundimiento o de inundación no nos detenían, pues teníamos tanta sed que hubiésemos cavado incluso al borde del océano.

Hans empezó el trabajo que ni mi tío ni yo hubiésemos podido hacer. Con la impaciencia que nos dominaba, la roca hubiese saltado con nuestros precipitados golpes. El guía, por el contrario, moderado y tranquilo, desgastó poco a poco la roca con una serie de golpecitos medidos, haciendo una abertura de seis pulgadas de anchura. Sentía que el ruido del torrente se acercaba y creía que el agua maravillosa mojaba ya mis labios.

Pronto el azadón se hundió dos pies en el muro de granito; el trabajo se venía realizando desde hacía más de una hora; ¡ya no podía más de impaciencia! Mi tío quería emplear sus grandes medios. Me costó trabajo disuadirlo y ya había cogido su azadón cuando, de pronto, se oyó un silbido. Un caño de agua salió del muro y vino a estrellarse contra la pared de enfrente.

Hans, a quien el impetuoso choque casi derribó, no pudo contener un grito de dolor. Comprendí el motivo cuando, metiendo mis manos en el líquido, vi que el agua estaba hirviendo. Lancé esta exclamación:

—¡Agua a cien grados!

—Bueno, ya se enfriará —respondió mi tío.

El pasadizo se llenaba de vapor, pero, mientras tanto, se formaba un arroyo que iba a perderse en las sinuosidades subterráneas; poco después, bebíamos por vez primera.

¡Oh, qué delicia, qué gusto! ¿De qué era esta agua? ¿De dónde venía? Poco nos importaba. Era agua y, aunque caliente todavía, nos devolvía la vida que se escapaba de nosotros. Yo bebía sin parar, sin siquiera saborearla.

Después de un rato de placer exclamé:

—¡Ah! ¡Pero si esta agua es ferruginosa!

—Excelente para el estómago —dijo mi tío— y muy mineral. Este viaje ganará al de Spa o al de Toeplitz.

—¡Oh, qué buena está!

—Ya lo creo, es un agua sacada a dos leguas bajo tierra y que tiene un gusto a tinta, nada desagradable. Es un gran recurso que Hans nos ha procurado. De modo que propongo darle su nombre a este arroyo saludable.

—¡Muy bien! —exclamé.

Y el nombre de Hans-Bach se adoptó en el momento.

Hans no se enorgulleció por ello. Después de beber con moderación, fue a colocarse en un rincón con su calma acostumbrada.

—Ahora —dije— habrá que ver el medio para que esta agua no se pierda.

—¿Para qué? —respondió mi tío—. Yo supongo que esta fuente es inagotable.

—¡Qué importa! Llenemos la bota y los odres y luego trataremos de tapar la abertura.

Se siguió mi consejo. Hans, con trozos de granito y estopa, trató de obstruir el corte hecho en la pared. No fue tarea fácil. Se quemaba uno las manos sin darse cuenta; la presión era bastante considerable y nuestros esfuerzos resultaron infructuosos.

—Es evidente —dije— que las capas superiores de esta corriente de agua están situadas a gran altura, a juzgar por la fuerza del chorro.

—Eso es indudable —replicó mi tío—, ahí hay mil atmósferas de presión, si es que esta columna de agua tiene treinta y dos mil pies de altura. Pero se me ocurre una idea.

—¿Cuál?

—¿Para qué empeñarnos en tapar esta abertura?

—Pues, porque...

No me hubiera sido fácil encontrar una razón.

—Cuando los odres estén vacíos, ¿estamos seguros de que encontraremos dónde volver a llenarlos?

—Evidentemente, no.

—Pues bien, dejemos correr esta agua; bajará de forma natural y además de guiarnos, nos refrescará por el camino.

—¡Muy bien pensado! —exclamé—, y teniendo este arroyo por compañero, no hay ninguna razón para que nuestros proyectos no tengan éxito.

—¡Ah!, ¡ya vas entendiendo, hijo mío! —dijo el profesor riéndose.

—Más que eso. Ya lo entiendo.

—¡Un momento! Empecemos por descansar algunas horas.

Se me había olvidado que era de noche. El cronómetro me lo hizo saber. Pronto, bien comidos y bebidos, nos dormimos todos profundamente.

Capítulo XXIV

Al día siguiente ya teníamos olvidado nuestro antiguo calvario. Al principio, me extrañó el no tener sed y me preguntaba cuál sería el motivo. El arroyo que corría a mis pies con su murmullo se encargó de responderme.

Desayunamos y bebimos de aquella excelente agua ferruginosa. Me sentía rejuvenecido y decidido a llegar muy lejos. ¿Por qué no iba a tener éxito un hombre convencido como lo estaba mi tío, con un guía ingenioso como lo era Hans y un sobrino «decidido» como yo? ¡Menudas ideas se me ocurrían! Si me hubieran propuesto entonces volver a la cima del Sneffels me habría negado indignado.

Pero, por fortuna, la cuestión era bajar.

—¡Vamos! —exclamé, haciendo con mis voces entusiastas resonar el eco.

La marcha comenzó de nuevo el jueves a las ocho de la mañana. El pasadizo de granito, que formaba sinuosas revueltas, presentaba recodos inesperados y parecía el embrollo de un laberinto; pero lo importante era que su principal dirección seguía siendo la del sudeste. Mi tío no dejaba de consultar su brújula con el mayor cuidado para percatarse del camino recorrido.

La galería se internaba casi horizontalmente, con dos pulgadas de pendiente por toesa, a lo sumo. El arroyo corría lentamente a nuestros pies, haciéndonos oír su murmullo. Yo lo comparaba con algún genio que nos guiaba a través de la tierra y acariciaba con la mano el tibio manantial cuyo sonido nos acompañaba.

Mi buen humor contribuía a mis ideas mitológicas.

En cuanto a mi tío, echaba pestes por lo horizontal que era el camino; él era «el hombre de las verticales». El camino se alargaba indefinidamente y en lugar de deslizarse a lo largo del circuito terrestre, según su expresión, se iba por la hipotenusa. Pero no nos quedaba otro remedio y mientras fuésemos llegando al centro, por poco que fuera, no había que quejarse.

De vez en cuando las pendientes eran más acusadas; la náyade rodaba por ellas bramando, y nosotros descendíamos con ella cada vez a mayor profundidad.

En suma, ese día y el siguiente hicimos mucho camino horizontal y, relativamente, poco vertical.

El viernes por la noche, 10 de julio, según el cálculo debíamos estar a treinta leguas al sudeste de Reykjawik y a una profundidad de dos leguas y media.

Un pozo bastante temible se abrió entonces a nuestros pies. Mi tío no pudo dejar de dar palmas, calculando lo empinado de sus pendientes.

—¡Esto sí que nos va a llevar lejos —exclamó—, y con facilidad, pues los salientes de la roca forman una verdadera escalera!

Hans se encargó de preparar las cuerdas para evitar cualquier accidente. Empezó el descenso. No me atrevo a llamarlo peligroso, pues ya estaba familiarizado con esta clase de ejercicio.

Aquel pozo era una zanja estrecha practicada en el macizo, del género de las que llaman «fallas»; seguramente la produjo la contracción de la tierra en la época de su enfriamiento. Si había servido en otros tiempos de paso a las materias eruptivas arrojadas por el Sneffels, no me explico cómo éstas no habían dejado ninguna huella. Bajábamos por una especie de escalera de caracol que parecía hecha por la mano del hombre.

Cada cuarto de hora nos parábamos a descansar y estirar las piernas. Nos sentábamos en algun saliente, con las piernas colgando; charlábamos, comíamos, y nos refrescábamos en el arroyo.

Se me olvidaba decir que en esta falla, el Hans-Bach se había convertido en cascada, disminuyendo su volumen; pero era, sin embargo, suficiente para aplacar nuestra sed; además, cuando las pendientes se hiciesen menos pronunciadas, volvería, sin duda, a recuperar su curso tranquilo. En este momento, la cascada me recordaba a mi estirado tío con sus impaciencias y cuando perdía los estribos; en cambio, en sus pendientes suaves se parecía al cazador islandés e imitaba su calma.

El 11 y el 12 de julio continuamos por las espirales de aquella zanja, penetrando dos leguas más en el interior de la corteza terrestre, lo que sumaba cerca de cinco leguas bajo el nivel del mar. Pero el día 13, hacia el mediodía, la falla tomó la dirección del sudeste con una inclinación mucho más suave, alrededor de unos cuarenta y cinco grados.

El camino se hizo entonces fácil y, por tanto, monótono, pues la distracción de un viaje consiste principalmente en la variación del paisaje y en sus incidentes.

Finalmente, el miércoles 15, estábamos ya a siete leguas bajo tierra y a unas cincuenta leguas del Sneffels. Aunque estábamos cansados, nuestra salud era excelente y la farmacia ambulante continuaba intacta.

Mi tío tomaba cada hora apuntes sobre las indicaciones de la brújula, del cronómetro, del manómetro y del termómetro; todas estas indicaciones son las mismas que ha publicado en el relato científico de su viaje. Podía, por tanto, darse perfecta cuenta de su situación. Cuando me dijo que estábamos a una distancia horizontal de cincuenta leguas, no pude contener una exclamación.

—¿Qué te pasa? —me preguntó.

—Nada, que se me ocurre una cosa.

—¿Qué cosa, hijo mío?

—Que si sus cálculos son exactos, ya no estamos debajo de Islandia.

—¿Así lo crees?

—Sí, pero es fácil asegurarnos.

Tomé mis medidas con el compás sobre el mapa.

—No me equivocaba —dije—, hemos pasado el cabo Portland; y esas cincuenta leguas hacia el sudeste nos colocan en medio del mar.

—Debajo del mar —replicó mi tío frotándose las manos.

—¡De modo —exlamé— que el océano se extiende sobre nuestras cabezas!

—¡Bah!, nada más natural, Axel, ¿no existen en Newcastle minas de carbón situadas bajo las olas?

El profesor encontraba muy sencilla esta situación; pero a mí no dejaba de preocuparme la idea de pasearme bajo aquella masa de agua. Pero, después de todo, siendo sólida la corteza granítica, lo mismo daba que se hallasen sobre nuestras cabezas las llanuras de Islandia o las olas del océano. Me acostumbré pronto a esta idea, pues el pasadizo tan pronto derecho como sinuoso, formando vueltas o pendientes, pero inclinado siempre al sudeste e internándose cada vez más, nos conducía rápidamente a profundidades considerables.

Cuatro días después, el sábado 18 de julio por la noche, llegamos a una especie de gruta bastante grande; mi tío pagó a Hans sus tres rixales semanales, y se decidió que el día siguiente fuese de descanso.

CAPÍTULO XXV

Me desperté, por tanto, el domingo por la mañana sin la preocupación de una marcha inmediata, y aunque estábamos en lo más profundo del abismo, aquello no dejaba de ser acogedor; además, ya nos habíamos acostumbrado a esa existencia de trogloditas. No me acordaba del sol, ni de las estrellas, ni de la luna, ni de los árboles, casas, ciudades, ni de todas esas superfluidades terrestres de las que el ser sublunar ha hecho una necesidad. En nuestra calidad de fósiles, desdeñábamos aquellas maravillas inútiles.

La gruta formaba una sala ancha; sobre su suelo granítico corría sosegado nuestro fiel arroyo. A tal distancia de su origen, el agua tenía la temperatura del ambiente y se podía beber tranquilamente.

Después del desayuno, el profesor quiso dedicar algunas horas a poner en orden sus notas diarias.

—Primero —dijo—, voy a hacer cálculos para poner en claro exactamente nuestra situación; a la vuelta quiero poder trazar un mapa de nuestro viaje, una especie de división vertical del Globo que dé una idea de nuestra expedición.

—Será muy interesante, tío, ¿pero tendrán sus observaciones el grado suficiente de precisión?

—Sí, he apuntado con cuidado los ángulos y las pendientes; estoy seguro de no equivocarme. Veamos primero dónde nos hallamos; coge la brújula y mira qué dirección indica.

Miré el instrumento y después de un minucioso examen, respondí.

—Este-Cuarto-Sudeste.

—¡Bien! —dijo el profesor, apuntando la observación y haciendo algunos cálculos—. De aquí deduzco que hemos andado ochenta y cinco leguas desde nuestro punto de partida.

—¿De modo que viajamos bajo el Atlántico?

—Exactamente.

—¿Y es posible que en este momento se pudiese estar desencadenando una tempestad y los navíos se hallen sobre nuestras cabezas, sacudidos por las olas y el huracán?

—Puede ser.

—¿Y que las ballenas estén dando coletazos en los muros de nuestra prisión?

—Puedes estar tranquilo, Axel, de que no nos la echarán abajo. Pero volvamos a nuestros cálculos. Estamos en el sudeste, a ochenta y cinco leguas de la base del Sneffels, y según mis notas anteriores, supongo que hemos alcanzado una profundidad de dieciséis leguas.

—¡Dieciséis leguas! —exclamé.

—Sin duda.

—Pero ése es el último límite que asigna la ciencia al grosor de la corteza terrestre.

—No digo que no.

—Así es que, según la ley del aumento de temperatura, aquí debería hacer un calor de mil quinientos grados.

—*Debería* hacerlo, hijo mío.

—Y todo este granito no podría mantenerse en estado sólido; se hallaría en plena fusión.

—Ya ves que no hay nada de eso y que los hechos, como suele suceder, vienen a desmentir las teorías.

—Tengo que reconocerlo, pero, desde luego, me extraña.

—¿Qué indica el termómetro?

—Veintisiete grados y seis décimas.

—Hacían falta, por tanto, mil cuatrocientos setenta y dos grados y cuatro décimas para que los sabios tuviesen razón. De manera que el aumento proporcional de la temperatura es un error. Por tanto, Humphry Davy no se equivocaba y he hecho bien en escucharlo. ¿Qué respondes a esto?

—Nada.

En realidad, hubiese tenido que decir montones de cosas. No admitía la teoría de Davy, de ninguna manera, y seguía siendo partidario de la idea del calor central, aunque no sintiese sus efectos. En realidad, prefería creer que la chimenea de un volcán apagado, cubierta de lavas de capas refractarias, no permitía que la temperatura se propagase a través de sus paredes. Pero sin detenerme en buscar nuevos argumentos, me contenté con tomar la situación tal cual era.

—Tío —repliqué—, me parecen exactos todos sus cálculos, pero permítame sacar una rigurosa consecuencia.

—Sácala como quieras, hijo mío.

—En el punto en que nos hallamos, bajo la latitud de Islandia, el radio terrestre es de unas mil quinientas ochenta y tres leguas.

—De mil quinientas ochenta y tres leguas y un tercio.

—Pongamos mil seiscientas, en números redondos ¿De esas mil seiscientas leguas de camino, habremos hecho ya doce?

—Sí, exactamente.

—¿Y eso con ochenta y cinco leguas en sentido diagonal?

—Perfectamente.

—¿En unos veinte días?

—En veinte días.

—Pues dieciséis leguas forman la centésima parte del radio terrestre, de modo que, si continuamos así, tardaremos dos mil días, es decir, cinco años y medio en bajar.

El profesor no contestó.

—Esto sin contar con que, si por cada dieciséis leguas en sentido vertical andamos ochenta en horizontal, formarán ocho mil leguas hacia el sudeste, y hará mucho tiempo que habremos salido por un punto de la circunferencia, antes de llegar al centro.

—¡Váyanse al diablo tus cálculos y tus hipótesis! —dijo mi tío, poniéndose como un basilisco—. ¿En qué se basan esas hipótesis? ¿Quién te dice a ti que este pasillo no nos conduce directamente al final? Además, tengo un precedente a mi favor; otros lo han hecho y les ha dado resultado, y también me lo dará a mí.

—Así lo espero; pero, en fin, me está permitido...

—Sólo te está permitido callarte, Axel, cuando quieras decir semejantes disparates.

Me di cuenta de que el terrible profesor volvía a aparecer en la persona de mi tío y me puse sobre aviso.

—Ahora —replicó—, consulta el manómetro. ¿Qué indica?

—Una presión considerable.

—Bueno, pero ya ves que bajando suavemente nos acostumbramos poco a poco a la densidad de la atmósfera y ésta no nos sienta mal.

—No, sólo nos produce algunos dolores de oídos.

—Eso no es nada, y ese malestar desaparecerá poniendo en comunicación rápidamente el aire exterior con el de los pulmones.

—¡Seguro que sí! —contesté decidido a no contrariar más a mi tío—. Menudo gusto produce el sentirse sumergido en esta atmósfera tan densa. ¿Se ha fijado usted con qué facilidad se propaga aquí el sonido?

—Sin duda; aquí un sordo acabaría oyendo de forma admirable.

—¿Pero esta densidad irá en aumento irremediablemente?

—Sí, según una ley poco fundamentada; es verdad que la intensidad de la gravedad irá disminuyendo conforme vayamos bajando. Como tú sabes, donde su acción se deja sentir con más intensidad es en la superficie de la tierra, y, en cambio, en el centro del Globo los objetos ya no pesan.

—Ya lo sé; pero, dígame, ¿este aire no acabará por adquirir la densidad del agua?

—Sin duda, bajo una presión de setecientas diez atmósferas.

—¿Y más abajo?

—Más abajo, aumentará más aún.

—¿Cómo bajaremos entonces?

—Pues nos meteremos piedras en los bolsillos.

—¡Dios mío, tío!, en realidad tiene usted respuesta para todo.

No quise ir más allá en el sentido de la hipótesis, pues me habría estrellado con cualquier imposibilidad que hubiese sacado al profesor de sus casillas.

Era obvio, sin embargo, que el aire, bajo una presión que podía alcanzar millares de atmósferas, acabaría por volverse sólido, y entonces, aun admitiendo que nuestros cuerpos pudiesen resistir, habría que detenerse, a pesar de todos los razonamientos del mundo.

Pero no sostuve este argumento. Mi tío me lo hubiese chafado con su eterno Saknussem, argumento que no tenía fundamento, pues aunque el viaje del sabio islandés estuviese comprobado, había una cosa bien sencilla que objetar:

En el siglo dieciséis, ni el barómetro ni el manómetro se habían inventado; ¿cómo había podido resolver, pues, Saknussem su llegada al centro del Globo?

Pero me guardé esta objeción y esperé los acontecimientos.

El resto del día discurrió entre cálculos y conversaciones. Seguí dándole la razón al profesor Lidenbrock y envidiaba la perfecta indiferencia de Hans, que, sin buscar ni efectos ni causas, iba ciegamente donde el destino le llevaba.

Capítulo XXVI

Hay que confesar que hasta aquí las cosas marchaban bien, y yo había hecho mal en quejarme. Si la «media» de dificultades no aumentaba, no dejaríamos de alcanzar nuestro objetivo. ¡Qué gloria entonces! Llegué a hacer estos razonamientos a lo Lidenbrock. ¿Tendría esto que ver con el lugar extraño en donde ahora vivía? Puede ser.

Durante varios días, pendientes empinadísimas, algunas con una vertical tremenda, nos internaron profundamente en el macizo interior; había días que ganábamos de legua y media a dos leguas hacia el centro. Hubo bajadas peligrosas, en las cuales la habilidad de Hans y su sangre fría nos sirvieron de mucho. Este impasible islandés se sacrificaba con un denuedo incomprensible, y gracias a él salimos de más de un apuro del que no hubiésemos podido salir solos.

Su mutismo, por ejemplo, aumentaba cada día. Yo creo que se nos contagiaba. Sobre el cerebro, indudablemente, los objetos exteriores tienen acción. El que se encierra entre cuatro paredes acaba por perder la facultad de asociar ideas y palabras. ¡Cuántos prisioneros se han vuelto idiotas, si no locos, por falta del ejercicio de las facultades mentales!

Durante las dos semanas que sucedieron a nuestra última conversación, no se produjo ningún incidente digno de mención. No me acuerdo más que de un único suceso de extrema gravedad. Me hubiese sido difícil olvidarlo ni en el más mínimo detalle.

El 7 de agosto nuestros descensos seguidos nos habían llevado a una profundidad de treinta leguas; es decir, que teníamos por encima de nuestras cabezas treinta leguas entre rocas, oceáno, continentes y ciudades. Debíamos de estar a doscientas leguas de Islandia.

Aquel día la pendiente del túnel no era muy inclinada.

Yo iba delante; mi tío llevaba uno de los instrumentos de Ruhmkorff y yo el otro. Iba examinando las capas de granito.

De pronto, me volví y me di cuenta de que estaba solo.

«Bueno —pensé—, o he andado demasiado deprisa, o mi tío y Hans se han parado en el camino. Iré a reunirme con ellos; afortunadamente no hay mucha pendiente.»

Volví hacia atrás. Anduve durante un cuarto de hora, miré a mi alrededor; no había nadie. Llamé; no obtuve contestación alguna. Mi voz se perdió entre el sonido del eco estremecedor que ella misma despertaba.

Empecé a ponerme nervioso; un escalofrío me recorrió todo el cuerpo.

—Un poco de calma —dije en alta voz—. Estoy seguro de encontrar a mis compañeros. No hay más que un camino; además, yo iba delante, no hay más que volver atrás.

Empecé a subir durante una media hora. Iba pendiente de alguna llamada, pues en aquella atmósfera tan densa podría oírse, aunque fuese desde lejos. El más absoluto silencio reinaba en la inmensa galería.

Me paré. No podía creer que me encontrara aislado. Pensaba que me había extraviado, pero no perdido, y cuando uno se extravía es fácil volverse a encontrar.

«Vamos a ver, puesto que no hay más que un camino —pensaba yo—, por él tienen que ir y no tengo más remedio que encontrarlos. Sólo tengo que subir un poco más aún. A menos que, al echarme de menos y olvidarse de que yo iba delante, no se les haya ocurrido volver atrás; pero aun en ese caso, si me apresuro, seguro que les encuentro.»

Repetí esto último sin estar muy convencido. Además, en asociar estas ideas tan sencillas y formar un razonamiento debí echar mucho tiempo.

Me saltó una duda. ¿Iba yo realmente delante? Estoy seguro de que Hans me seguía y de que detrás venía mi tío. Éste se había parado un momento para atarse el equipaje a la espalda. Me acordaba muy bien de este detalle y en ese momento debió de ser cuando yo proseguí mi ruta.

«Por otro lado, tengo un medio seguro para no extraviarme —pensé—; un hilo que no puede romperse y que me guiará por este laberinto: mi fiel arroyo. No tengo más que subir, siguiendo su curso, y encontraré a la fuerza las huellas de mis compañeros.»

Este pensamiento me reanimó y resolví ponerme en camino sin pérdida de tiempo.

¡Cuánto bendije entonces la precaución de mi tío, que impidió que Hans tapase la abertura hecha en la pared de granito! De ese modo, esta bendita fuente, después de aplacar nuestra sed, me iba a servir de guía por las revueltas de la corteza terrestre.

Antes de empezar la subida, pensé que me sentaría bien refrescarme en el arroyo.

Me agaché, por tanto, para meter la cabeza en el Hans-Bach. Puede uno imaginarse mi sorpresa. Pisaba sobre granito seco y áspero. ¡El arroyo ya no corría a mis pies!

Capítulo XXVII

Imposible describir mi desesperación; ninguna palabra humana podría expresar mis sentimientos. Estaba enterrado vivo y ante mí la perspectiva de morirme de hambre y de sed.

Maquinalmente, pasé mis manos sudorosas por el suelo. ¡Qué seca me pareció la roca!

Pero, ¿cómo me habría apartado del curso del arroyo? Desde luego, allí ya no estaba. Ahora me explicaba aquel silencio extraño cuando intenté oír por última vez si mis compañeros me llamaban; de modo que en el momento en que me metí por el camino equivocado, no me di cuenta de que no había arroyo. Está claro que en ese momento algún otro camino de la galería se abrió ante mí, mientras el Hans-Bach seguía por otra pendiente y se marchaba con mis compañeros hacia profundidades desconocidas.

¿Y cómo volver? No había ninguna huella. Mi pie no dejaba señal alguna en aquel suelo de granito. Me rompía la cabeza buscando solución a este problema irresoluble. Mi situación se resumía en una única palabra. ¡Perdido!

¡Sí! Perdido en una profundidad que me parecía inconmensurable. Las treinta leguas de corteza terrestre caían sobre mis hombros con su tremendo peso. Sentía que me aplastaban.

Traté de pensar en las cosas de la Tierra. Apenas pude conseguirlo. Hamburgo, la casa de Königstrasse, mi pobre Graüben, todo lo que había en el mundo, bajo el cual me encontraba perdido, pasó rápidamente ante mis recuerdos espantosos. Volvía a ver, en una especie de alucinación, los incidentes del viaje, la travesía, Islandia, el señor Fridriksson y el Sneffels. Pensé que si en mi situación conservaba algún rayo de esperanza, era señal de que estaba loco y que lo mejor era desesperarse.

A fin de cuentas, ¿qué potencia humana podía devolverme a la superficie del Globo, separando estas bóvedas enormes que se hallaban sobre mi cabeza? ¿Quién podía ponerme en el camino de vuelta y reunirme con mis compañeros? «¡Ay, mi tío», exclamé con acento de desesperación.

Ésa fue la única palabra de reproche que salió de mis labios, pues comprendí lo que el pobre hombre estaría sufriendo, buscándome por su lado.

Cuando me vi excluido de toda salvación humana e incapaz de hacer nada por intentar salvarme, acudí a la ayuda del Cielo. Los recuerdos de mi infancia y de mi madre, a la que no había conocido más que en el tiempo de las caricias, vinieron a mi memoria. Recurrí a la oración por poco que me mereciera que aquel Dios me escuchara y al que tan tarde invocaba, pero lo imploré con fervor.

Esta invocación a la Providencia me devolvió un poco la calma y pude concentrar todas las fuerzas de mi inteligencia en aclarar mi situación.

Tenía víveres para tres días y mi odre estaba lleno de agua. Sin embargo, no podía estar solo por más tiempo. ¿Qué debía de hacer, subir o bajar?

¡Evidentemente, subir! ¡Siempre subir!

Así llegaría al punto donde había abandonado el arroyo, a la funesta encrucijada. Una vez allí, siguiendo el arroyo, siempre podría volver a la cima del Sneffels.

¿Cómo no se me había ocurrido antes? Ahí había una esperanza de salvación; de modo que lo más urgente era encontrar el curso del Hans-Bach cuanto antes.

Me levanté y, con la ayuda de mi bastón de hierro, empecé a subir por la galería. La pendiente era bastante empinada. Andaba con esperanza y sin preocupación, como un hombre que no tiene elección en el camino que debe seguir.

Durante media hora no se me presentó ningún obstáculo. Traté de reconocer el camino por la forma del túnel, por el saliente de algunas rocas o por la disposición de las cavidades. Pero nada de particular me lo hacía ver y pronto me di cuenta de que esta galería no podía conducirme hasta la encrucijada. No tenía salida. Tropecé contra un espeso muro y me caí sobre la roca.

No sabría explicar cuál fue entonces mi terror y mi desesperación. Estaba anonadado. Mi única esperanza acababa de estrellarse contra esa muralla de granito.

Perdido en aquel laberinto, cuyas sinuosidades se cruzaban en todos los sentidos, no tenía razón de ser intentar una huida imposible. ¡Tenía que morir con una de las muertes más espantosas! Y, cosa extraña, me vino entonces a la mente que si algún día alguien encontraba mi cuerpo convertido en fósil, ese encuentro, a treinta leguas en las entrañas de la Tierra, constituiría una grave cuestión para los científicos.

Quise hablar en voz alta, pero sólo salían de mis labios secos acentos roncos. Estaba sin aliento.

En medio de mis angustias se apoderó de mí un nuevo terror. Mi lámpara, al caerse, se había descentrado. No tenía medios para repararla. Su luz era cada vez más tenue y me iba a quedar sin ella.

Miré cómo disminuía la corriente luminosa en el serpentín del aparato. El movimiento de las sombras parecía una procesión por las paredes oscuras. No me atrevía a cerrar los ojos, temiendo perder por completo ese átomo de claridad que me quedaba. A cada instante me parecía que se apagaba y que «las tinieblas» me invadían.

Un último reflejo tembló en la lámpara. Lo seguí, concentré en él mi mirada como si viese la luz por última vez y me quedé sumergido en las espesas tinieblas.

¡Menudo grito tan horrible lancé! Sobre la tierra, aun en las noches más oscuras, la luz nunca pierde del todo su razón; es difusa, sutil, pero por poca que haya, la retina puede percibirla. Aquí, nada. La oscuridad absoluta producía en mí la ceguera en toda la extensión de la palabra.

Entonces perdí la cabeza. Me levanté con los brazos en alto, tratando de andar a tientas; quise huir, precipitando mis pasos por aquel laberinto, siempre bajando y corriendo a través de la corteza terrestre como un habitante de las fallas subterráneas; llamando, gritando, dando alaridos, hiriéndome con los salientes de las rocas, cayéndome y levantándome ensangrentado, queriendo beber esta sangre que me llenaba el rostro y esperando que mi cabeza hallase obstáculo en alguna muralla imprevista y acabara por rompérseme allí.

¿Dónde me condujo aquella loca carrera? Nunca lo sabré. Después de muchas horas y tras perder las fuerzas por completo, caí como una masa inerte al borde del muro y perdí el conocimiento.

Capítulo XXVIII

Cuando volvía a la vida, mi cara estaba empapada de lágrimas. No sabría decir cuánto me duró este estado de inconsciencia. Ya no tenía recurso alguno para medir el tiempo. Nunca habrá soledad ni abandono comparable al mío.

Al caerme, había perdido mucha sangre; me sentía encharcado. ¡Oh, cuánto me pesaba no haber muerto y tener que pasar todavía por todo aquello! Ya no quería pensar en nada, deseché todas las ideas que me rondaban y, vencido por el dolor, rodé contra la pared opuesta.

Sentía que iba a desvanecerme otra vez y que ese desvanecimiento me sumiría en un aturdimiento mayor si cabe, cuando un violento ruido me llegó al oído. Se parecía al sonido prolongado de un trueno, y oí cómo se perdían poco a poco las ondas sonoras en las profundidades del abismo.

¿De dónde vendría ese ruido? Sin duda de algún fenómeno producido en el seno del macizo terrestre. ¡Una explosión de gas o la caída de alguna potente sujección del Globo!

Volví a escuchar; quería saber si aquel ruido se producía otra vez. Pasó un cuarto de hora. El silencio reinaba en la galería; no oía ni los latidos de mi corazón.

De pronto, mi oído pegado al muro de la galería creyó percibir por casualidad algunas palabras vagas, lejanas, inalcanzables. Me estremecí.

«Esto no es más que una alucinación», pensé.

Pero no. Escuché con más atención y oí claramente el murmullo de una voz. Lo que no me permitía mi estado de debilidad era comprender lo que decía. Pero alguien hablaba, de eso estaba seguro.

Por un instante temí que esas palabras fuesen las mías, repetidas por el eco. ¿Habría gritado sin darme cuenta? Apreté los labios y apliqué de nuevo el oído en la pared.

«¡Sí; seguro que alguien está hablando!»

Andando un poco a lo largo del muro, oía con más claridad. Llegué a coger algunas palabras, inseguras, extrañas, incomprensibles. Llegaban a mí como palabras pronunciadas en voz baja, como un murmullo, por decirlo así. La palabra *forloräd* era repetida muchas veces y con acento de dolor.

¿Qué significaría y quién la pronunciaba? Evidentemente, mi tío o Hans. De modo que si yo los oía, también ellos podían oírme.

—¡Socorro! —grité con todas mis fuerzas—. ¡Socorro!

Escuché, espié en la oscuridad alguna respuesta, algún grito, algún suspiro; no se oyó nada. Pasaron unos minutos. Las ideas se amontonaban en mi cabeza; pensé que mi voz debilitada quizá no llegara hasta mis compañeros.

«Seguramente son ellos, pues, ¿qué otro hombre iba a estar a treinta leguas bajo tierra?»

Volví a escuchar. Pasando mi oído por la pared, noté que en un punto determinado era donde las voces se oían con mayor intensidad.

Oí de nuevo la palabra *forloräd* y luego ese ruido de trueno que me había despertado anteriormente de mi letargo.

«No —dije—; esas voces no vienen a través del macizo; la pared es de granito y ningún sonido, aunque fuese una detonación, puede atravesarla. Este ruido procede de la galería misma. Tiene que existir ahí algún fenómeno acústico.»

Escuché de nuevo, y esta vez ¡sí!, esta vez oí pronunciar claramente mi nombre a través del espacio.

¿Lo pronunciaba mi tío? Sí, hablaba con el guía, y la palabra *forloräd* era danesa.

Entonces lo comprendí todo. Para que me oyeran tenía que hablar precisamente contra esa muralla que conduciría mi voz como el hilo conduce la electricidad.

No tenía tiempo que perder. Si mis compañeros se alejaban unos pasos del muro, el fenómeno acústico se habría desperdiciado. Me acerqué, por tanto, a la pared y pronuncié lo más claramente posible estas palabras:

—¡Tío Lidenbrock!

Esperé con ansiedad. El sonido no es de una rapidez extrema. La densidad del aire no aumenta su rapidez, sólo aumenta su intensidad.

Pasaron unos segundos que me parecieron siglos, y al fin llegaron a mí estas palabras:

—¡Axel, Axel! ¿Eres tú?

—¡Sí, sí! —respondí.

—¡Hijo mío! ¿Dónde estás?

—¡Perdido en la oscuridad más profunda!

—Pero, ¿y tu lámpara?

—Apagada.

—¿Y el arroyo?

—Ha desaparecido.

—¡Axel, mi pobre Axel, ten valor!

—Espere usted un poco, estoy rendido y no tengo ya fuerzas para responder, pero hábleme.

—¡Valor! —continuó mi tío—; no hables, pero escúchame. Te hemos buscado subiendo y bajando la galería; imposible encontrarte. ¡Oh, cuánto te he llorado, hijo mío! En fin, suponiendo que seguías encontrándote al borde del Hans-Bach, hemos vuelto a descender dando tiros con el fusil. Si nuestras voces se unen ahora es por un efecto acústico, pero nuestras manos no pueden tocarse. Pero no te desesperes, Axel. Ya hemos ganado algo con poder oírnos.

Durante ese tiempo, reflexioné. Tuve un rayo de una vaga esperanza. Una cosa, sin embargo, me interesaba saber. Acerqué, por tanto, los labios a la pared y dije:

—¿Tío?

—¿Qué, hijo mío? —me respondió éste después de unos instantes.

—Lo primero que hay que saber es la distancia que nos separa.

—Eso es fácil de averiguar.

—¿Tiene usted su cronómetro?

—Sí.

—Pues bien, cójalo usted. Pronuncie mi nombre anotando con exactitud el segundo en que habla. Yo lo repetiré y usted observará igualmente el momento preciso en que le llegue mi respuesta.

—Bien, y la mitad del tiempo comprendido entre mi pregunta y tu respuesta indicará el que mi voz emplea para llegar hasta ti.

—Eso es, tío.

—¿Estás listo?

—Sí.

—Pues ten cuidado, que voy a pronunciar tu nombre.

Apliqué mi oído a la pared y en cuanto oí la palabra «Axel», respondí inmediatamente «Axel» y esperé.

—Cuarenta segundos —dijo mi tío—; han pasado cuarenta segundos entre las dos palabras; el sonido tarda, por tanto, veinte segundos en subir.

De manera que a mil veinte pies por segundo, hacen veinte mil cuatrocientos pies, o sea legua y media y un octavo.

—¡Legua y media! —murmuré.

—¡Esa distancia puede franquearse, Axel!

—Pero, ¿hay que subir, o bajar?

—Bajar, y por esta razón: Hemos llegado a un gran espacio, donde desembocan un gran número de galerías. La que tú has seguido tiene que traerte, pues todas estas zanjas y fracturas del Globo tienen como centro la inmensa caverna que ocupamos. Por tanto, levántate y emprende tu camino, anda, arrástrate si es preciso, escúrrete por las pendientes más pronunciadas y te encontrarás al final del camino con nuestros brazos abiertos para recibirte. ¡Adelante, hijo, mío, adelante!

Estas palabras me reanimaron.

—Adiós, tío —exclamé—; me voy. Nuestras voces no se podrían volver a comunicar, en el momento en que me retire de la pared; de modo que ¡adiós!

—Hasta la vista, Axel; hasta la vista.

Éstas fueron las últimas palabras que oí. Esta sorprendente conversación a través de la masa terrestre y sostenida a más de una legua de distancia terminó con esas palabras de esperanza. Di gracias a Dios, que me había conducido por entre aquella inmensidad sombría al único punto, quizá, donde se podía oír la voz de mis compañeros.

Este fenómeno acústico tan extraño se explicaba fácilmente por las leyes físicas; procedía de la forma que tomaba el pasadizo y de la conductibilidad de la roca; hay muchos ejemplos de semejante propagación del sonido que no son perceptibles en los espacios intermedios. Yo me acordaba de que en varios sitios se había observado ese fenómeno, entre otros, en la galería interior de la cúpula de Saint Paul, en Londres, y sobre todo, en mitad de las curiosas grutas de Sicilia, aquellas prisiones situadas cerca de Siracusa, la más maravillosa de las cuales, en este género, es conocida con el nombre de Oreja de Dionisio.

Me asaltaron estos recuerdos y vi claramente que, puesto que la voz de mi tío llegaba hasta mí, no debía existir entre nosotros ningún obstáculo. Siguiendo el mismo camino del sonido, tenía, lógicamente, que llegar lo mismo que él, si no me faltaban las fuerzas en el camino.

Así que me levanté, más que anduve me arrastré. La pendiente tenía caída suficiente y me dejé llevar, escurriéndome. Pronto la rapidez de mi bajada tomó unas proporciones alarmantes y parecía más bien que terminaría en un terrible golpe. Ya no tenía fuerzas para pararme. De pronto, me faltó el suelo. Sentí que rodaba dando saltos sobre las asperezas de una galería vertical; un verdadero pozo; mi cabeza dio contra una roca puntiaguda y perdí el conocimiento.

CAPÍTULO XXIX

Cuando volví en mí, me encontraba en una semioscuridad, tumbado en unas gruesas mantas. Mi tío cuidaba de mí, esperando ver en mi rostro algún signo de vida. Cuando suspiré, me cogió la mano; cuando le miré por primera vez, dio un grito de alegría.

—¡Vive, sí, vive! —exclamó.

—Sí —contesté con voz débil.

—Hijo mío —dijo mi tío, estrechándome contra su pecho—, ¡te has salvado!

Me emocioné de forma especial por el tono con que fueron pronunciadas estas palabras y más aún por los cuidados que las acompañaron. Pero hacían falta pruebas de este estilo para obtener del profesor aquellos mimos.

En ese momento llegaba Hans; vio mi mano cogida a la de mi tío y me atrevo a afirmar que sus ojos expresaron una gran alegría.

—*God dag* —dijo.

—Buenos días, Hans, buenos días —murmuré—. Y ahora, oígame usted, tío, ¿dónde nos hallamos en este momento?

—Mañana te lo explicaré, Axel, hoy estás aún demasiado débil; te he puesto compresas en la cabeza y no debes moverte; duerme ahora, hijo mío, mañana lo sabrás todo.

—Pero, al menos, dígame qué hora es y en qué día estamos —repliqué.

—Son las once de la noche del domingo nueve de agosto y te está prohibido interrogarme hasta el diez de este mes.

Era cierto que me sentía muy débil; se me cerraban los ojos sin querer. Me hacía falta una noche de descanso. Me quedé como aletargado, pensando que mi soledad había durado cuatro días interminables.

Al día siguiente, cuando desperté, miré a mi alrededor. Mi cama, hecha con todas las mantas del viaje, estaba instalada en una preciosa gruta, decorada con magníficas estalagmitas y cuyo suelo estaba cubierto de arena fina. Reinaba una vaga semioscuridad. Ninguna antorcha ni lámpara estaba encendida y, sin embargo, cierta claridad inexplicable penetraba por una abertua de la gruta. Oía también un murmullo vago e indefinido, semejante al que producen las olas al chocar contra la playa; y algunas veces, también, el soplo de una brisa marina.

Me preguntaba si estaba despierto, si soñaba aún o si mi cerebro ,afectado por el golpe, no percibiría ruidos completamente imaginarios. Pero ni mis ojos ni mis oídos podían equivocarse hasta ese extremo.

«¡Un rayo de luz —pensé— que penetra por esa raja de la roca! ¡El murmullo de las olas! ¡El soplo de la brisa! ¿Estoy soñando? ¿Es que hemos vuelto a la superficie de la tierra? ¿Mi tío habrá renunciado por fin a su expedición o será que la ha terminado afortunadamente?»

Trataba de resolver estas cuestiones cuando mi tío entró.

—Buenos días, Axel —dijo alegremente—. Apostaría a que te encuentras bien.

—Sí —dije, incorporándome sobre las mantas.

—Así tenía que ser, pues has dormido estupendamente. Hans y yo hemos estado vigilando por turnos y hemos visto cómo tu recuperación experimentaba excelentes progresos.

—Es verdad, me siento revivir y la prueba es que haré honor al desayuno, si me lo quieren servir.

—Sí, hijo mío, ¡a comer, que ya no hay fiebre! Hans ha curado tus magulladuras con no sé qué ungüento del cual solamente los islandeses poseen el secreto y se han cicatrizado de maravilla. ¡Este cazador nuestro sí que es un gran hombre!

Mientras hablaba, mi tío preparaba algunos alimentos que yo devoré a pesar de sus recomendaciones. Durante este tiempo le acribillé a preguntas, a las cuales se apresuró a contestar.

Supe entonces que por mi caída providencial había ido a parar precisamente al extremo de una galería casi perpendicular; cómo llegué en medio de un torrente de piedras, de las cuales la más pequeña hubiese bastado para aplastarme. Habría que pensar que una parte del macizo se desprendió y se escurrió conmigo. Este espantoso vehículo me transportó hasta los brazos de mi tío, donde caí ensangrentado e inerte.

—Es verdaderamente admirable —me dijo— que no te hayas matado una y mil veces. Pero, ¡por Dios!, no nos separemos más, ya que no nos volveríamos a ver.

«¡No nos separemos más! ¿Pues no se había terminado el viaje?» Abrí los ojos espantado y mi tío me preguntó:

—¿Qué te pasa ahora, Axel?

—Quiero hacerle una pregunta. ¿Estoy verdaderamente sano y salvo?

—Sin duda.

—¿Tengo intactos todos mis miembros?

—Ciertamente.

—¿Y la cabeza?

—Tu cabeza, aparte de algunas contusiones, está perfectamente sobre tus hombros.

—Pues temo que mi cerebro se haya trastornado.

—¿Trastornado?

—Sí. ¿No hemos vuelto a la superficie del Globo?

—¡Desde luego que no!

—Entonces yo estoy loco, pues veo la luz del día y oigo el ruido del viento y el chocar de las olas.

—¡Ah! ¿No es más que eso?

—¿Quiere usted explicármelo?

—No te lo explicaré, pues es inexplicable; pero verás y comprenderás que la ciencia geológica no ha pronunciado aún su última palabra.

—¡Salgamos, entonces! —dije levantándome bruscamente.

—¡No, Axel, no! El aire podría hacerte daño.

—¿El aire?

—Sí, el viento es demasiado fuerte; no quiero que te expongas de ese modo.

—Le aseguro que me encuentro de maravilla.

—Ten un poco de paciencia, hijo mío. Una recaída sería un impedimento y no hay que perder tiempo, pues la travesía puede ser larga.

—¿La travesía?

—Sí; hoy descansa, y mañana nos embarcaremos.

—¡Nos embarcaremos!

Aquello último me hizo dar un salto.

¡Embarcarnos! ¿Teníamos a nuestra disposición algún río, algún lago o el mar? ¿Habría alguna embarcación en algún puerto interior?

Me picaba la curiosidad cada vez más. Mi tío trató en vano de retenerme. Cuando vio que la impaciencia me haría más daño que la satisfacción de mi deseo, cedió.

Me vestí rápidamente; por exceso de precaución, me arropé con una manta y salí de la gruta.

Capítulo XXX

Al principio no vi nada; mis ojos, acostumbrados a la oscuridad, se deslumbraron y se cerraron bruscamente. Cuando pude abrirlos, me quedé más que maravillado, alucinado.

—¡El mar! —exclamé.

—Sí —respondió mi tío—, el mar Lidenbrock. No creo que ningún navegante me dispute el honor de haberle descubierto ni el derecho de darle mi nombre.

Un inmenso manto de agua, que podía ser el comienzo de un lago o de un océano, se extendía más allá de lo que alcanzaba la vista. La playa, muy abierta, regalaba a las últimas ondulaciones de las olas una arena fina, dorada y llena de pequeñas conchas donde vivieron los primeros seres de la creación. Las olas chocaban con ese murmullo sonoro particular que producen en todo lugar cerrado e inmenso; la espuma se levantaba con el soplo del viento y me salpicaba la cara. Sobre esta playa ligeramente inclinada, a cien toesas de la orilla de las olas, se hallaban los contrafuertes de rocas enormes que se elevaban a gran altura. Algunos, desbaratando la playa con sus puntiagudas aristas, formaban cabos y promontorios roídos por la resaca. De lejos se adivinaban sus moles como dibujadas sobre el nebuloso horizonte.

Era un verdadero océano con el mismo contorno de las playas terrestres, pero desierto y de un aspecto espantosamente salvaje.

Si mis miradas podían llegar hasta lo más lejano de este mar es porque existía una luz «especial» que iluminaba hasta el menor detalle. No era la luz del sol con sus reflejos brillantes y la espléndida irradiación de sus rayos, ni la vaga palidez del astro de la noche que no es más que un reflejo sin calor. No era eso. El poder irradiado de esta luz, su difusión oscilante, su blancura clara y seca, la poca elevación de su temperatura y su brillo superior al de la Luna, indicaban evidentemente un origen puramente eléctrico. Era como una aurora boreal, un continuo fenómeno cósmico, el que llenaba esta caverna capaz de contener un océano.

La bóveda, suspendida sobre mi cabeza, el cielo, si se quiere llamar así, parecía estar hecho de grandes nubes, de vapores movibles que, por efecto de la condensación, se convertían algunos días en lluvias torrenciales. Yo creía que bajo una presión atmosférica tan fuerte no podría evaporarse el agua, y sin embargo, por una razón física que ignoraba, había nubes en el aire. Pero entonces «hacía buen tiempo». Las capas eléctricas producían extraños juegos de luz sobre las nubes muy elevadas; vivas sombras se dibujaban con sus volutas inferiores y, frecuentemente, entre dos capas separadas, se filtraba un rayo, cuyo reflejo llegaba hasta nosotros con una inmensa intensidad. Pero, a pesar de todo, aquello no era el Sol; le faltaba el calor a su claridad, y el efecto de esta luz era triste y melancólico. En lugar de un firmamento lleno de brillantes estrellas, sentía sobre aquellas nubes una bóveda de granito que parecía iba a aplastarme con su peso; y este espacio, por inmenso que fuese, no le hubiera bastado a la órbita del menos ambicioso de los satélites.

Me acordé entonces de la teoría de un capitán inglés que reducía la Tierra a una ancha esfera hueca, en el interior de la cual el aire era luminoso por efecto de su presión, mientras dos astros, Plutón y Proserpina, trazaban alrededor de él sus misteriosas órbitas. ¿Sería verdad esto?

Estábamos realmente aprisionados en una enorme excavación. No se podía juzgar su anchura, puesto que la playa se ensanchaba hasta perderse en la lejanía, ni su longitud, pues una línea de horizonte limitaba la vista. En cuanto a su altura, debía de ser de muchas leguas. ¿Dónde apoyaría esta bóveda sus contrafuertes de granito? La vista no podía asegurarlo, pero había algunas nubes suspendidas en la atmósfera cuya elevación debía de ser de dos mil toesas, altura superior a la de los vapores terrestres y debida, sin duda, a la considerable densidad del aire.

La palabra «caverna» no es la más adecuada para describir este inmenso lugar. Pero se nos acaban las palabras a los que nos aventuramos por los abismos de las entrañas del Globo.

Además, yo no sabía qué hecho geológico podía explicar la existencia de aquella excavación. ¿Podía estar producida por el enfriamiento del

Globo? Yo conocía algunas cavernas célebres por la narración de algunos viajantes, pero ninguna presentaba tales dimensiones.

Si la gruta de Guachara, en Colombia, visitada por el señor de Humboldt, no había revelado el secreto de su profundidad al sabio que la reconoció en un espacio de dos mil quinientos pies, su extensión no era seguro mucho mayor. La inmensa caverna del Mammouth, en el Kentucky, ofrecía proporciones gigantescas, puesto que su bóveda se elevaba a quinientos pies sobre un lago insondable, y los viajeros la recorrieron durante diez leguas sin encontrar su fin. Pero, ¿qué eran aquellas cavidades al lado de la que yo estaba admirando entonces, con su cielo de vapor, sus irradiaciones eléctricas y un gran mar encerrado en su seno? Mi imaginación se desbordaba ante esa inmensidad.

Contemplaba todas esas maravillas en silencio; me faltaban palabras para expresar mis sensaciones. Creía admirar, en algún planeta lejano, como Urano o Neptuno, fenómenos de los que mi naturaleza «terrestre» no tenía conocimiento. Para estas sensaciones tan nuevas hacían falta palabras nuevas también y mi imaginación no me las procuraba. Miraba, pensaba y admiraba con una mezcla de sorpresa y terror a la vez.

Lo imprevisto de este espectáculo había devuelto la salud a mi cara sonrosada; mi tratamiento era la extrañeza y mi curación se estaba efectuando por medio de esta nueva terapéutica; la fuerza del aire más denso me reanimaba, procurando más oxígeno a mis pulmones.

Cabe imaginar que después de una prisión de cuarenta y siete días en una galería estrecha, aspirar aquella brisa producía una delicia infinita, una delicia impregnada de húmedas emanaciones salinas.

No tuve que arrepentirme, por tanto, de haber salido de mi gruta oscura. A mi tío ya no le chocaban estas maravillas de lo acostumbrado que estaba.

—¿Te sientes con fuerzas para pasear un poco? —me preguntó.

—Sí, por supuesto —respondí—, y me resultará muy agradable.

—Pues cógete de mi brazo, Axel, y sigamos las sinuosidades de la playa.

Acepté con gusto y empezamos a bordear este nuevo océano. A la izquierda, rocas abruptas, encaramadas unas sobre otras, formaban un montón titánico de un efecto prodigioso. A los lados, se extendían innumerables cascadas que formaban charcas límpidas y resonantes; ligeros vapores, saltando de una roca en otra, marcaban las fuentes termales y algunos arroyos corrían suavemente hacia su cuenca, buscando en las pendientes la ocasión de hacer oír su agradable murmullo.

Entre esos arroyos reconocí a nuestro fiel compañero, el Hans-Bach, que venía a perderse tranquilamente en el mar como si, desde el principio del mundo, no hubiese hecho otra cosa.

—Ya lo echaremos de menos —dije suspirando.

—¡Bah! —respondió el profesor—, ¿qué más nos da éste u otro?

Esta respuesta me pareció un poco ingrata.

Pero en aquel momento me llamó la atención un espectáculo inesperado. A quinientos pasos, a la vuelta de un promontorio, un bosque alto, frondoso, espeso, apareció ante nuestros ojos. Estaba compuesto de árboles de mediana altura, de contornos pronunciados y geométricos podados en forma de sombrilla; el aire no parecía atacar sus hojas, pues, en medio del viento, permanecían inmóviles como un macizo de cedros petrificados.

Apresuré el paso. No podía dar ningún nombre a estas esencias singulares. ¿No formarían parte de las doscientas mil especies de vegetales conocidos hasta entonces? ¿Y no habría que darles un sitio en la flora de los vegetales lacustres? No. Cuando estuvimos bajo su sombra, mi sorpresa se convirtió en admiración.

Me encontraba, en efecto, en presencia de productos terrestres, pero de dimensiones gigantescas. Mi tío las nombró inmediatamente con su propio nombre.

—Esto no es más que un bosque de setas —dijo.

Y no se equivocaba. Es conocido el desarrollo que adquieren estas plantas en lugares cálidos y húmedos. Yo sabía que el *Lycoperdon giganteum* alcanza, según Bulliard, ocho o nueve pies de circunferencia; pero aquí se trataba de setas blancas de treinta a cuarenta pies de altura, con un casquete de igual diámetro. Se contaban por miles; la luz no podía pasar a través de su espesa sombra y reinaba una oscuridad completa bajo aquellas cúpulas colocadas como los techos redondos de una región africana.

Sin embargo, quise penetrar más adelante; salía un frío mortal de aquellas bóvedas. Dimos vueltas durante media hora por entre aquellas húmedas tinieblas y sentí un gran bienestar al encontrarme de nuevo a orillas del mar.

Pero la vegetación de esta región subterránea no se componía solamente de setas. Más allá se elevaban grupos de árboles de otras clases, de hojas descoloridas. Eran fáciles de reconocer, pues eran arbustos de la tierra de dimensiones fenomenales: licopodios de cien pies de altura, sigilarias gigantescas, helechos arborescentes, grandes como los abetos en las altas latitudes, terminados con anchas hojas y erizados de vello, como monstruosas plantas grasas.

—¡Admirable, magnífico, espléndido! —exclamó mi tío—. Aquí está toda la flora de la segunda época del mundo, de la época de transición. Mira, aquí tenemos humildes plantas de nuestros jardines, hechas árboles en los primeros tiempos del Globo. Mira, Axel, admira, ¡ningún botánico se ha hallado nunca en una fiesta semejante!

—Tiene usted razón, tío; parece que la Providencia ha querido conservar en este inmenso invernadero estas plantas antediluvianas que la sagacidad de los sabios ha reconstruido con tanto acierto.

—Dices bien, hijo mío, es un invernadero; pero aún sería mejor decir que puede que sea una casa de fieras.

—¡Una casa de fieras!

—Sin duda. Mira el polvo que pisamos, estos huesos esparcidos por el suelo.

—¡Huesos! —exclamé—. Sí, huesos de animales antediluvianos.

Me precipité sobre aquellos despojos seculares, hechos de una sustancia mineral indestructible. Sin titubear, les di un nombre a aquellos huesos gigantescos, que parecían troncos de árboles disecados.

—Ésta es la mandíbula inferior del mastodonte —decía yo—; estas muelas son de un dinoterio; he aquí un fémur que no puede haber pertenecido más que al mayor de todos estos animales: al megaterio. Sí; esto es una casa de fieras, no hay duda, pues estos huesos no han sido transportados aquí por ningún cataclismo; esos animales han vivido a orillas de este mar subterráneo y bajo la sombra de estas plantas arborescentes. Mire usted, aquí veo esqueletos enteros. Sin embargo...

—¿Sin embargo, qué? —dijo mi tío.

—Que no comprendo la presencia de semejantes cuadrúpedos en esta caverna de granito.

—¿Por qué?

—Porque la vida animal no ha existido en la Tierra hasta la época secundaria, cuando el terreno sedimentario fue formado por aluviones y reemplazó a las rocas incandescentes del período primitivo.

—Pues bien, Axel, tu objeción tiene una respuesta muy sencilla, y es que este terreno es sedimentario.

—¡Cómo! ¿En una profundidad tal, bajo la superficie de la Tierra?

—Sin duda, y este hecho puede tener su explicación geológica. En una época, la Tierra no estaba formada más que de una corteza elástica, sujeta a movimientos alternos de arriba y de abajo por las leyes de la atracción. Es probable que se produjesen hundimientos del terreno y que una parte de los terrenos sedimentarios fuese precipitada en el fondo del abismo súbitamente abierto.

—Eso debe de ser. Pero si en estas regiones subterráneas han vivido animales antediluvianos, ¿quién nos dice que uno de esos monstruos no anda errante aún por estos bosques sombríos o detrás de esas rocas escarpadas?

Con esta idea miré, y no sin cierto pánico, hacia todos los puntos del horizonte; pero en aquella playa desierta no aparecía ni un ser viviente.

Estaba algo cansado y fui a sentarme al final de un promontorio, a cuyos pies las olas venían a chocar con gran estruendo. Desde allí abarcaba con la vista toda aquella bahía, formada por el sesgo que hacía la costa. En el fondo había un puerto pequeño colocado entre rocas piramidales. Sus tranquilas aguas dormían al abrigo del viento. Un bergantín y dos o tres barcas hubiesen cabido allí fácilmente. Esperaba ver salir algún navío a toda vela bajo el viento del sur.

Pero pronto se desvaneció esta ilusión. Éramos los únicos seres vivientes en este mundo subterráneo. Cuando se calmaba el viento, un silencio mayor que el de un desierto se extendía sobre las rocas y sobre la superficie del océano. Entonces quería, con la mirada, abrir aquella bruma y penetrar detrás de aquella especie de cortina que se extendía en el fondo del horizonte. ¡Cuántas preguntas se me amontonaban! ¿Dónde acabaría aquel mar? ¿Dónde conduciría? ¿Podríamos alguna vez conocer su orilla opuesta?

Mi tío no lo dudaba siquiera. Yo, por mi lado, lo deseaba y lo temía al mismo tiempo.

Después de una hora, pasada en la contemplación de este espectáculo maravilloso, volvimos a tomar el camino de la playa y llegamos a la gruta, donde dominado por los pensamientos más extraños, acabé por quedarme dormido profundamente.

Capítulo XXXI

Me desperté al día siguiente completamente curado. Pensé que un baño me vendría muy bien y fui a meterme en las aguas de aquel Mediterráneo; tal nombre era seguramente el que mejor le cuadraba.

Volví a desayunar con gran apetito. Hans se dedicaba a guisar nuestra comida; tenía agua y fuego a su disposición, así es que podíamos variar un poco más que de costumbre. De postre nos sirvió una taza de café y nunca me había parecido esta bebida tan deliciosa como hasta aquel momento.

—Ahora —dijo mi tío— es la hora de la marea y no debemos perder la ocasión de contemplar este fenómeno.

—¡Cómo! —exclamé—. ¡La marea!

—Sin duda.

—¡Es posible que la influencia del Sol y de la Luna llegue hasta aquí!

—¿Y por qué no? ¿Los cuerpos en conjunto no están sometidos a la atracción universal? Pues esta masa de agua no puede sustraerse a la ley general. De modo que a pesar de la presión atmosférica que hay en su superficie, la vas a ver encresparse como el mismo Atlántico.

En este momento pisábamos la arena de la playa, donde las olas iban ganando terreno poco a poco.

—Ya empieza la marea —exclamé.

—Sí, Axel, y por este sitio que deja la espuma podrás darte cuenta de que el mar se eleva unos diez pies.

—¡Es maravilloso!

—No, es una cosa natural.

—Por mucho que usted diga, tío, todo esto me parece extraordinario y apenas puedo ceer lo que están viendo mis ojos. ¿Quién hubiese imaginado que bajo la corteza terrestre iba a existir un verdadero océano con su resaca, su brisa y sus tempestades?

—¿Por qué no? ¿Hay alguna razón física que se oponga a ello?

—No veo que haya ninguna, desde el momento en que hay que abandonar la teoría del calor central.

—Por tanto, ¿está justificada, hasta ahora, la teoría de Davy?

—Evidentemente, y, por lo tanto, nada prohíbe la existencia de mares o de regiones en el interior del Globo.

—Sin duda, aunque deshabitadas.

—¿Y por qué no tendrán estas aguas algunos peces de una especie desconocida?

—En todo caso, no hemos visto ninguno hasta ahora.

—Bueno, pues vamos a fabricar cañas y a ver si el anzuelo tiene tanto éxito aquí como en los océanos sublunares.

—Vamos a probar, Axel, pues hay que indagar en todos los secretos de estas nuevas regiones.

—Pero ¿dónde estamos, tío? Pues todavía no lo he interrogado acerca de esto y seguramente sus instrumentos lo habrán señalado.

—Horizontalmente, a trescientas cincuenta leguas de Islandia.

—¿Tanto?

—Estoy seguro que no me equivoco ni en quinientas toesas.

—Y la brújula, ¿sigue indicando el sudeste?

—Sí, con una declinación occidental de 19 grados y 42 minutos exactamente como en la Tierra. En cuanto a su inclinación, se produce un hecho curioso que he observado con atención.

—¿Cuál?

—Pues es que la aguja, en lugar de inclinarse hacia el polo como en el hemisferio boreal, se alza al contrario.

—¿De esto se deduce que el punto de atracción magnética se halla comprendido entre la superficie del Globo y el lugar donde nos encontamos?

—Precisamente, y es probable que si llegásemos bajo las regiones polares, hacia el grado setenta, donde James Ross descubrió el polo magnético, viésemos que la aguja se colocaría verticalmente. Por tanto, ese misterioso centro de atracción no está situado a una gran profundidad.

—En efecto; un hecho que la ciencia no ha sospechado.

—La ciencia, hijo mío, está hecha de errores; pero son errores que es bueno cometer, pues nos llevan poco a poco a la verdad.

—¿Y a qué profundidad estamos?

—A una profundidad de treinta y cinco leguas.

—De modo —dije mirando el mapa— que la parte montañosa de Escocia está encima de nosotros y aquí se elevan los montes Grampianos con sus cimas completamente cubiertas de nieve.

—Sí —contestó el profesor riéndose—, es una bóveda algo pesada pero sólida; el gran Arquitecto del Universo la ha construido con unos materiales tan buenos, con los que el hombre nunca hubiese podido dotarla. ¿Qué son los ojos de los puentes y los arcos de las catedrales al lado de esta nave de tres leguas de radio, bajo la cual puede desarrollarse un océano con sus tempestades?

—¡Oh!, no hay miedo que el cielo se venga abajo sobre nuestras cabezas. Y ahora, tío, ¿cuáles son sus proyectos? ¿No piensa usted que es hora de volver ya a la superficie del Globo?

—¡Volver! ¡Estaría bueno! Seguir nuestro viaje, puesto que nos ha ido tan bien hasta aquí.

—Pero yo lo que no veo es cómo vamos a penetrar bajo esa masa líquida.

—Por eso no pretendo lanzarme a ella de cabeza. Pero como los océanos no son, hablando claramente, más que lagos, y están rodeados de tierra, con más razón este mar interior estará circunscrito por el macizo granítico.

—Eso es indudable.

—Pues bien, estoy seguro de que en la orilla opuesta encontraremos nuevas salidas.

—¿Qué longitud cree usted que tendrá este océano?

—Treinta o cuarenta leguas.

—¡Ah! —dije, imaginando que este cálculo podía ser inexacto.

—Por lo tanto, no tenemos tiempo que perder y mañana mismo nos haremos a la mar.

Involuntariamente busqué con la vista el navío que tenía que transportarnos.

—¡Ah! —dije—, nos embarcaremos, muy bien. ¿Y en qué barco haremos la travesía?

—No la haremos en un barco, hijo mío, sino en una sólida balsa.

—¡Una balsa! —exclamé—; pero una balsa es tan imposible de hacer como un navío y no veo...

—Tú no ves, Axel, pero si escuchases; podrías oír.

—¿Oír?

—Sí, oír unos golpes de martillo que te harían saber que Hans ya se ha puesto manos a la obra.

—¿Está construyendo una balsa?

—Sí.

—¡Cómo! ¿Ha cortado ya árboles con su hacha?

—¡Oh! Los árboles estaban ya caídos. Ven y lo verás trabajar.

Después de un cuarto de hora de marcha del otro lado del promontorio que formaba el pequeño puerto natural, vi a Hans con su trabajo; algunos pasos más y estuve a su lado. Con gran sorpresa, vi sobre la arena una balsa casi terminada; estaba hecha de vigas de una madera especial, y un gran número de tablones, de maderas de toda clase, sembraban el suelo literalmente. Había para construir una marina entera.

—Tío —exclamé—, ¿qué madera es ésa?

—Pues es pino, abeto, abedul, toda clase de coníferas del norte, mineralizadas bajo la acción de las aguas del mar.

—¿Es posible?

—Eso es lo que llaman *surtarbrandur,* o madera fósil.

—Pero entonces tendrá, como los lignitos, la dureza de la piedra y no podrá flotar.

—Algunas veces pasa eso; hay maderas que se han convertido en auténticas antracitas; pero otras, como éstas, no han experimentado más que un comienzo de transformación en fósil. Míralo —añadió mi tío echando al mar uno de aquellos trozos.

El pedazo de madera, después de desaparecer, volvió a la superficie y osciló a merced de las olas.

—¿Estás convencido? —dijo mi tío.

—Convencido sobre todo de que esto es increíble.

Al día siguiente por la noche la balsa estaba terminada gracias a la habilidad del guía; tenía diez pies de larga y cinco de ancha; las vigas de *surtarbrandur,* atadas unas con otras por fuertes cuerdas, ofrecían una superficie sólida, y una vez botada al agua, esta embarcación flotó tranquilamente sobre el mar Lidenbrock.

Capítulo XXXII

El 13 de agosto nos despertamos muy temprano. Había que inaugurar un nuevo sistema de locomoción, rápido y poco cansado.

Un mástil hecho con dos palos empalmados, una verga formada con un tercer palo y una vela hecha con nuestras mantas componían todo el aparejo de la balsa. Las cuerdas no faltaban y el conjunto era sólido.

A las seis, el profesor dio la señal de embarque. Los víveres, los equipajes, los instrumentos, las armas y una gran cantidad de agua dulce habían sido ya colocados.

Hans había instalado un timón que le servía para gobernar su aparato flotante. Se puso a dirigir el timón. Solté la amarra que nos sujetaba a la playa, se dispuso la vela y nos hicimos a la mar rápidamente.

En el momento de salir del puerto, mi tío, que tenía interés en su nomenclatura geográfica, quiso darle un nombre, el mío, por ejemplo.

—Pues yo tenía otro que proponerle —dije.

—¿Cuál?

—El nombre de Graüben; Puerto-Graüben quedará muy bien en el mapa.

—Pues le pondremos Puerto-Graüben.

Y de esta manera, el recuerdo de mi querida virlandesa se unió a nuestra afortunada expedición.

La brisa soplaba del nordeste; marchábamos viento en popa con una extremada rapidez; las densas capas de la atmósfera tenían una fuerza considerable y ejercían sobre la vela como un potente ventilador.

Al cabo de una hora, mi tío pudo darse cuenta de nuestra rapidez.

—Si seguimos así —dijo—, haremos treinta leguas, al menos, cada veinticuatro horas y no tardaremos en reconocer las playas opuestas.

No respondí y me coloqué en la proa de la balsa. La costa septentrional descendía ya en el horizonte; los dos lados de la playa se ensanchaban, como para facilitar nuestra partida. Ante mis ojos se extendía un mar inmenso; grandes nubes esparcían rápidamente sobre la superficie su sombra grisácea, que se reflejaba en aquella agua triste. Los rayos plateados de la luz eléctrica reflejados aquí y allí por cualquier gotita hacían aparecer puntos luminosos a los lados de la embarcación. Pronto perdimos de vista la tierra y desaparecieron los puntos de señal, y si no fuera por el surco espumoso que formaba la balsa, hubiese creído que ésta permanecía totalmente inmóvil.

Hacia el mediodía aparecieron algas inmensas sobre la superficie de las olas. Yo conocía la fuerza vegetativa de estas plantas que se arrastraban a una profundidad de más de doce mil pies hasta el fondo del mar, se reproducen bajo una presión de cerca de cuatrocientas atmósferas y forman con frecuencia bajos considerables que entorpecen el paso de los navíos; pero nunca creo que haya habido algas tan gigantescas como las del mar Lidenbrock.

Nuestra balsa pasó por entre fucus de tres y cuatro mil pies de largo, inmensas serpientes que se desarrollaban hasta más allá de nuestra vista; me entretenía siguiendo con la mirada sus infinitas cintas, creyendo siempre llegar a su extremo y viendo cómo durante horas engañaban a mi paciencia.

¡Qué fuerza natural podía producir plantas semejantes y cuál sería el aspecto de la Tierra en los primeros tiempos de su formación, cuando, bajo la acción del calor y de la humedad, se desarrollaba en su superficie solamente el reino vegetal!

Llegó la noche y, como ya había notado la víspera, el estado luminoso del aire no disminuyó en nada. Era un fenómeno constante con cuya duración podíamos contar siempre.

Después de la cena, me tumbé al pie del mástil y no tardé en dormirme y soñar con cosas nimias.

Hans, inmóvil en el timón, dejaba correr la balsa que, empujada por el viento de popa, no necesitaba que la dirigiesen.

Desde nuestra salida del Puerto-Graüben, el profesor Lidenbrock me había encargado la tarea de escribir «el diario de a bordo», anotar las mínimas observaciones, consignar los fenómenos interesantes, la dirección del viento, la rapidez adquirida, el camino recorrido, en una palabra, todos los incidentes de esta extraña navegación.

Me limitaré, por tanto, a reproducir aquí esas notas diarias, dictadas, por así decirlo, por los mismos acontecimientos, con el fin de hacer una narración más exacta de nuestra travesía.

Viernes 14 de agosto. —Brisa estable del noroeste. La balsa marcha con rapidez y en línea recta. La costa queda a treinta leguas. No se divisa nada en el horizonte. La intensidad de la luz no varía. Buen tiempo; es decir, las nubes están altas, transparentes y bañadas en una niebla blanca que parece plata fundida.

Termómetro: 32 grados centígrados.

A mediodía, Hans prepara un anzuelo con un trocito de carne, lo ata al extremo de una cuerda y lo echa al mar. Pasan dos horas sin coger nada. ¿Estarán estas aguas deshabitadas? ¡No! Se produce una sacudida, Hans tira de la caña y saca un pez, que se defiende vigorosamente.

—¡Un pez! —exclamó mi tío.

—¡Es un esturión! —exclamé a mi vez—, un esturión pequeño.

El profesor mira atentamente al animal y no comparte mi opinión. Este pez tiene la cabeza aplastada y redonda y la parte inferior del cuerpo cubierta de placas óseas. No tiene dientes; tiene aletas pectorales bastante desarrolladas y está provisto de cola. Este animal pertenece a un orden en el que los naturalistas han situado al esturión; pero difiere de éste en cosas bastante esenciales.

Mi tío no se equivoca; después de un pequeño examen, dice:

—Este pez pertenece a una familia extinguida hace siglos y restos fósiles se encuentran en los terrenos devonianos.

—¡Cómo! —digo—, ¿habremos cogido vivo a uno de esos habitantes del mar primitivo?

—Sí —responde el profesor, continuando sus observaciones—, mira cómo estos peces fósiles no tienen ningún parecido con las especies actuales. Por eso, haber cogido vivo uno de estos seres es un gran privilegio para un naturalista.

—¿Y a qué familia pertenece?

—Al orden de los Ganoides, de la familia de los Cefaláspidos, del género...

—¿De qué género?

—Juraría que era del género de los Peteriquites, pero éste tiene una particularidad que dicen no se encuentra más que en los de las aguas subterráneas.

—¿Cuál?

—Que es ciego.

—¡Ciego!

—No solamente ciego, sino que le falta por completo el órgano de la vista.

Lo miro y, en efecto, nada es más real. Pero puede que sea un caso aislado. Por tanto, se vuelve a preparar la caña y se echa de nuevo al mar. Este océano posee, sin duda, gran cantidad de peces, pues en dos horas cogemos muchísimos peteriquites y otros pertenecientes también a una familia extinguida, los Diptérides, pero cuyo género no pudo reconocer mi tío. Todos están desprovistos del órgano de la vista. Esta pesca inesperada viene a aumentar considerablemente nuestas provisiones.

De modo que, según parece, este mar no encierra más que especies fósiles, en las cuales lo mismo los peces que los reptiles son más perfectos cuanto más antiguos.

¿Puede ser que encontremos algunos de estos saurios que la ciencia ha sabido rehacer con un trozo de hueso o de cartílago?

Cojo el anteojo y examino el mar; está desierto. Sin duda, estamos aún demasiado cerca de la costa.

Miro por los aires. ¿Por qué no volarán algunos de los pájaros criados por el inmortal Hacedor a través de esta pesada atmósfera? Podrían alimentarse de sobra con los peces. Observo el espacio y veo que los aires están tan deshabitados como las playas.

Sin embargo, me dejo llevar por la imaginación a las maravillosas hipótesis de la paleontología. Me pongo a soñar despierto. Me parece ver en la superficie de las aguas aquellos chersistes enormes, tortugas antediluvianas semejantes a islotes flotantes. Creo ver pasar, sobre las playas sombrías, a los grandes mamíferos de los primeros tiempos; el leptoterio, hallado en las cavernas del Brasil; el mericoterio, llegado de las regiones heladas de Siberia. Más allá creo ver el paquidermo lofiodon, aquel tapir gigantesco que se esconde tras las rocas dispuesto a disputarle su presa al naploterio, animal extraño que tiene algo del rinoceronte, del caballo, del hipopótamo y del camello, como si el Creador hubiese querido apresurarse en las primeras horas del mundo y reunir muchos animales en uno solo. El mastodonte gigante hace girar su trompa y tritura las rocas de la playa, mientras el megaterio, sobre sus enormes patas, revuelve la tierra despertando con sus rugidos el eco en aquellos macizos graníticos. Más allá, el protopiteco, primer mono que apareció en la superficie del Globo, se encarama por las cimas más ásperas. Más allá todavía el pterodáctilo, con sus manos aladas, se escurre como un gran murciélago por los aires. Por fin, en las últimas capas, pájaros inmensos, más fuertes que el casoar y mayores que el avestruz, despliegan sus anchas alas y dan con sus cabezas contra la bóveda granítica.

En mi imaginación, renacen todos esos seres fósiles. Me transporto a los tiempos bíblicos de la creación, antes del nacimiento del hombre y cuando la Tierra, incompleta aún, no podía ser suficiente. Entonces mi sueño hace adelantar la aparición de los seres animados. Desaparecen primero los mamíferos, luego los pájaros y los reptiles de la época secundaria, después, en fin, los peces, los crustáceos, los moluscos y los articulados. Los zoófitos del período de transición vuelven a su vez a la nada. Toda la vida de la Tierra se reduce a mí y sólo mi corazón late en medio de este mundo deshabitado. Ya no hay estaciones ni climas; el calor propio del Globo va en aumento y neutraliza el del astro radiante. La vegetación llega a la exageración; me paseo como una sombra entre los helechos arborescentes, pisando, con mi paso inseguro, sobre las margas irisadas y los gres abigarrados del terreno; me apoyo en el tronco de inmensas coníferas y me acuesto a la sombra de esfenófilos, asterófilos y licopodios de cien pies de altura.

Los siglos transcurren como días; paso por la serie de transformaciones terrestres, desaparecen las plantas, las rocas graníticas pierden su dureza bajo la acción de un calor cada vez más intenso; el estado líquido reemplaza al sólido; corren las aguas por la superficie del Globo, hierven y se volatilizan, formando vapores que llenan la Tierra que poco a poco se convierte en una masa de gas de un tono rojo blanquecino, grande y brillante como el Sol.

Una vez en el centro de esta nebulosa, catorce mil veces mayor que el Globo que ha de formarse un día de ella, me siento arrastrado a los espacios planetarios; mi cuerpo se vuelve etéreo también y se mezcla como un imponderable átomo con esos vapores inmensos que trazan sus inflamadas órbitas hasta el infinito.

¡Qué sueño! ¿Dónde me lleva? Mi mano calenturienta traza sobre el papel sus estrambóticos detalles. Lo he olvidado todo, el profesor, el guía y la balsa. Una alucinación se ha apoderado de mi espíritu...

—¿Qué tienes? —dijo mi tío.

Mis ojos abiertos se fijan en él, pero sin verle.

—¡Ten cuidado, Axel, no vayas a caerte al mar!

Al mismo tiempo me sentí vigorosamente cogido por la mano de Hans; sin él, me hubiese caído al agua bajo el poder de mi sueño.

—¿Se habrá vuelto loco? —exclamó el profesor.

—¿Qué pasa? —dije al fin volviendo en mí.

—¿Estás enfermo?

—No; he tenido un momento de alucinación, pero ya pasó. ¿Todo lo demás va bien?

—¡Sí!, buen aire y buen mar, vamos con rapidez y, si no me equivoco en mi cuenta, no podemos tardar en recalar.

Al oír estas palabras, me levanto y miro al horizonte, pero la línea del agua sigue confundiéndose con las nubes.

CAPÍTULO XXXIII

S*ábado 15 de agosto.* —El mar continúa en su monótona regularidad; ninguna tierra aparece a la vista, el horizonte se ve excesivamente lejano.

Tengo aún la cabeza pesada por la impresión de mi sueño. Mi tío, aunque no ha soñado, está de mal humor; recorre con su anteojo todos los puntos del espacio y se cruza de brazos, con aire contrariado.

Voy notando que el profesor Lidenbrock tiende a volverse a convertir en el hombre impaciente del pasado y consigno este hecho en mi diario. Fueron menester mis peligros y mis sufrimientos, para que brotase de él algún rayo de sentimiento humano; pero desde mi curación, su naturaleza le ha vuelto a traicionar. Pero ahora, ¿por qué enfadarse? ¿El viaje no se está llevando a cabo en las circunstancias más favorables? ¿No avanza la balsa con una maravillosa rapidez?

—Parece que está usted inquieto, tío —le dije, viéndole mirar a cada momento con el anteojo.

—¿Inquieto? No.

—¿Impaciente entonces?

—¡Cualquiera lo estaría con menos motivo!

—Sin embargo, marchamos rápidamente...

—¿Y qué importa? No es que la rapidez sea pequeña, es que el mar es demasiado grande.

Entonces me acordé de que el profesor, antes de embarcar, estimaba que este mar subterráneo tendría unas treinta leguas de largo; ya hemos recorrido un camino tres veces mayor y las costas del sur no aparecen todavía.

—¡No descendemos! —continuó el profesor—. ¡Todo esto es tiempo perdido y, sobre todo, no he venido desde tan lejos para dar un paseo en barco en un estanque!

¡Llama a esta travesía un paseo en barco y a este mar un estanque!

—Pero, puesto que hemos seguido el camino indicado por Saknussem... —dije.

—Ésa es la cuestión. ¿Hemos seguido ese camino? ¿Encontró Saknussem esta extensión de agua? ¿La atravesó? ¿El arroyo que tomamos por guía no nos habrá extraviado por completo?

—En todo caso, no debemos sentir el haber venido hasta aquí; el espectáculo es magnífico y...

—No se trata de ver. ¡Me he propuesto un fin y quiero conseguirlo! ¡De modo que no me hables de admirar!

Queda dicho, por consiguiente, y dejo al profesor que se muerda los labios de impaciencia. A las seis de la tarde, Hans reclama su paga y se le entregan sus tres rixedales.

Domingo 16 de agosto. —Nada nuevo. El tiempo es el mismo, el viento tiene una cierta tendencia a refrescar. En cuanto despierto, lo primero que hago es observar la intensidad de la luz. Siempre temo que el fenómeno eléctrico se oscurezca y se apague. Pero nada de eso; la sombra de la balsa se dibuja claramente sobre la superficie de las olas.

¡Este mar es infinito! Debe de tener la anchura del Mediterráneo o la del mismo Atlántico. ¿Y por qué no?

Mi tío sondea a cada instante; ata el más pesado de los azadones al extremo de una cuerda y la deja caer hasta doscientas brazas. No hay fondo. Nos cuesta gran trabajo volver a sacar la sonda.

Cuando el azadón vuelve a bordo, Hans me hace notar que tiene huellas muy marcadas. Cualquiera diría que este trozo de hierro había sido apretado vigorosamente entre dos cuerpos duros.

Miro al cazador.

—*Tänder!* —me dice.

No lo entiendo y me vuelvo hacia mi tío, que está completamente absorto en sus reflexiones. No pienso en molestarlo. Vuelvo hacia el islandés que, cerrando y abriendo la boca varias veces, me hace comprender su idea.

—¡Dientes! —exclamé con estupefacción, considerando más detenidamente la barra de hierro.

¡Sí! Las huellas que se han señalado en el metal son realmente de dientes. ¡Las quijadas que los cubran deben de tener una fuerza prodigiosa! ¿Será un monstruo de alguna de las especies desaparecidas, más voraz que el tiburón y más temible que la ballena, que se agita bajo el fondo profundo de estas aguas? No puedo separar la vista de este hierro casi roído. Mi sueño de la noche anterior, ¿irá a convertirse en realidad?

Estos pensamientos me agitan durante todo el día y apenas me dejan dormir algunas horas durante la noche.

Lunes 17 de agosto. —Trato de acordarme de los instintos particulares de estos animales antediluvianos de la época secundaria que, sucediendo a los moluscos, a los crustáceos y a los peces, precedieron a la aparición de los mamíferos sobre el Globo. El mundo pertenecía entonces a los reptiles, esos monstruos reinaban en los mares jurásicos. La naturaleza les había concedido la organización más completa. ¡Qué estructura gigantesca y qué fuerza prodigiosa! Los saurios, aligatores o cocodrilos actuales más temibles no son sino débiles reducciones de lo que fueron sus padres en las primeras edades.

Tiemblo pensando en esos monstruos; el ojo humano no los ha visto vivos. Aparecieron sobre la tierra mil siglos antes que el hombre, pero sus huesos fósiles encontrados en aquella caliza arenosa que los ingleses llaman lías, han permitido reconstruirlos anatómicamente y conocer su colosal conformación.

Yo he visto en el museo de Hamburgo el esqueleto de uno de esos saurios que medía treinta pies de largo ¿Estoy destinado yo, habitante de la tierra, a encontrarme frente a frente con los representantes de una familia antediluviana? ¡No!, es imposible. Sin embargo, la huella de unos dientes queda grabada en la barra de hierro, y por esta huella puedo conocer que son unos dientes cónicos como los del cocodrilo.

Mis ojos se fijan en el mar con verdadero espanto; temo ver saltar uno de esos habitantes de las cavernas submarinas.

Supongo que el profesor Lidenbrock participa de mis ideas, si no de mis temores, pues después de examinar con detenimiento el azadón, recorre con la vista todo el océano.

«¡Menuda idea tan genial ha tenido con echar la sonda! —dije para mis adentros—. Seguramente ha turbado en su reposo a algún animal marino, y si no somos atacados por el camino...»

Echo una ojeada sobre las armas y me aseguro de que están en buen estado. Mi tío se da cuenta de lo que hago y lo aprueba con un gesto.

Las agitaciones producidas en la superficie de las aguas indican el movimiento de las capas más lejanas. El peligro se acerca. Hay que estar alerta.

Martes 18 de agosto. —Llega la noche o, mejor dicho, el momento en que el sueño pesa sobre nuestros párpados, pues en este océano falta la noche y la luz implacable cansa nuestra vista, como si navegásemos bajo el sol de los mares árticos. Hans está en el timón; mientras tanto yo me duermo.

Dos horas después me despierta una espantosa sacudida. La balsa ha sido elevada fuera de las olas y lanzada con una fuerza indescriptible a veinte toesas de distancia.

—¿Qué pasa? —exclamó mi tío—. ¿Hemos llegado?

Hans señala con el dedo una masa negra que se alza y se baja a unas doscientas toesas de distancia. Miro y exclamo:

—¡Es una marsopa colosal!

—Sí —replica mi tío—, y mira ahora un lagarto de un tamaño poco corriente.

—¡Y más allá un cocodrilo enorme! Mire usted su gran quijada y los dientes enormes que encierra. ¡Ah, ya desaparece!

—¡Una ballena! ¡Una ballena! —exclama entonces el profesor—. Desde aquí percibo sus enormes aletas. ¡Mira el agua y el aire que lanza por sus narices!

En efecto; dos columnas líquidas se elevan a gran altura sobre el mar. Nos quedamos sorprendidos, paralizados, espantados en presencia de este ejército de monstruos marinos. Tienen unas dimensiones sobrenaturales y el más pequeño de todos rompería la balsa con hincarle un solo diente. Hans quiere poner el timón a toda vela para librarnos de esta peligrosa vecindad; pero se fija que en la otra orilla aparecen enemigos no menos temibles: una tortuga de cuarenta pies de anchura y una serpiente con treinta de largo que asoma su cabeza enorme sobre las olas.

Imposible huir; estos reptiles se acercan, dan vueltas alrededor de la balsa con una rapidez que ningún convoy lanzado vertiginosamente podría igualar; trazan círculos concéntricos en torno de ella. Cojo mi carabina. ¿Pero qué efecto puede producir una bala sobre la concha con que están cubiertos estos animales?

Estamos mudos de espanto. ¡Ya se acercan! De un lado el cocodrilo y del otro la serpiente. El resto del ejército marino ha desaparecido. Voy a hacer fuego, pero Hans me hace señas y permanezco quieto. Los dos monstruos llegan a cincuenta toesas de la balsa, se precipita uno sobre el otro, y su furia les impide vernos.

El combate se libra a cien toesas de la balsa. Vemos claramente a los dos monstruos en la pelea.

A mí me parece que los otros animales vienen a tomar parte en la lucha: la marsopa, la ballena, el lagarto y la tortuga; los veo a cada instante y se los enseño al islandés. Éste mueve la cabeza negativamente.

—*Tva* —dice.

—¡Cómo! ¡Dos! Pretende que hay dos animales solamente...

—¡Tiene razón! —exclama mi tío, que no deja ni un momento el anteojo.

—¡Es posible!

—¡Sí! El primero de estos monstruos tiene el hocico de marsopa, la cabeza de lagarto y los dientes de cocodrilo, y esto es lo que nos ha engañado. Es el ictiosauro, el más temible de los reptiles antediluvianos.

—¿Y el otro?

—El otro es una serpiente escondida en el caparazón de una tortuga, se llama plesiosauro y es un terrible enemigo del primero.

Hans tiene razón. Solamente son dos los monstruos que agitan de este modo la superficie del mar; tengo ante la vista dos reptiles de los océanos primitivos. Veo el ojo sangriento del ictiosauro, tan grande como la cabeza de un hombre. La naturaleza lo ha dotado de un aparato óptico de una fuerza capaz de resistir la presión del agua en las profundidades que habita. Se le ha llamado, justamente, la ballena de los saurios, pues tiene su rapidez y su tamaño. Éste no mide menos de cien pies, y puedo darme cuenta de su enormidad cuando saca sobre las olas las aletas verticales de su cola. Su quijada es enorme y según los naturalistas no tiene menos de ciento ochenta y dos dientes.

El plesiosauro, serpiente de tronco cilíndrico y de cola corta, tiene las patas colocadas en forma de remo; su cuerpo está completamente cubierto de un caparazón y su cuello, flexible como el de un cisne, se alza a treinta pies sobre las olas.

Estos dos animales se atacan con una furia indescriptible. Levantan montañas líquidas, que llegan hasta la balsa. Estamos lo menos veinte veces a punto de zozobrar. Se oyen silbidos de una intensidad prodigiosa. Los dos animales se han enzarzado en la pelea. No pueden distinguirse el uno del otro. Cabe temer cualquier cosa de la rabia del vencedor.

Pasa una hora, luego, dos; la lucha continúa con el mismo ahínco. Los combatientes tan pronto se acercan a la balsa como se alejan de ella. Permanecemos inmóviles, dispuestos a hacer fuego.

De pronto, el ictiosauro y el plesiosauro desaparecen abriendo en el mar un auténtico *maelström*. Pasan unos minutos. ¿Irán a terminar el combate en las profundidades del mar?

Pero, de repente, aparece fuera del agua la enorme cabeza del plesiosauro. El monstruo está herido de muerte; ya no se ve su enorme caparazón. Solamente vemos su largo cuello que se endereza, se dobla, vuelve a levantarse, al caer se cimbrea sobre las olas, como un látigo gigantesco, y se retuerce como un gusano cortado. El agua salta a una distancia considerable, y nos ciega. Pero la agonía del reptil va tocando a su fin, sus movimientos disminuyen, se apaciguan sus contorsiones, y aquel largo tronco de serpiente se extiende al fin como una masa inerte sobre las olas calmadas.

En cuanto al ictiosauro, ¿habrá vuelto a su caverna submarina o volverá a aparecer sobre la superficie del mar?

CAPÍTULO XXXIV

Miércoles 19 de agosto. —Afortunadamente y gracias al viento, que sopla con fuerza, hemos podido huir del centro del combate. Hans continúa en el timón.

Mi tío, distraído de sus absorbentes ideas por los incidentes de aquella lucha, vuelve a dejarse llevar por sus impaciencias y contempla el mar con ansiedad.

El viajero vuelve a su monótona regularidad, que no quisiera ver interrumpida por las mismas causas de ayer.

Jueves 20 de agosto.—Viento nornordeste, bastante desigual. La temperatura es calurosa. Marchamos con una rapidez de tres leguas y media por hora.

Hacia mediodía se oye un ruido muy lejano.

Consigno este hecho sin poder darle una explicación; es un rugido continuo.

«Debe de haber a lo lejos alguna roca o algún islote sobre el cual choca el mar.»

Hans se encarama a lo alto del mástil, pero no ve ningún escollo. El océano se percibe hasta la línea de horizonte.

Pasan tres horas. Los rugidos parece que provienen de algún salto de agua lejano.

Se lo digo a mi tío, que mueve la cabeza en señal de duda. A pesar de eso, estoy convencido de que no me equivoco. ¿Iremos hacia alguna catarata que nos precipitará en el abismo? Puede que esta manera de bajar le guste al profesor, pues se acerca a la vertical, pero lo que es a mí...

De todos modos debe existir a algunas leguas de aquí un fenómeno ruidoso, pues ahora los rugidos se escuchan con más estruendo. ¿Provienen del cielo o del océano?

Dirijo mi vista hacia los vapores suspendidos en la atmósfera y trato de sondar su profundidad. El cielo está tranquilo, las nubes en lo más alto de la bóveda parecen inmóviles y se pierden en la intensidad de la luz. Hay que buscar en otro lado la causa de este fenómeno.

Vuelvo mi mirada interrogadora hacia el horizonte puro y sin bruma; su aspecto es el mismo. Pero si este ruido procede de un salto de agua o de una catarata; si este océano se precipita en una fuente inferior; si estos rugidos están producidos por una masa de agua que cae, la corriente debería activarse y por su rapidez creciente podría darme cuenta del peligro que nos amenaza. Me fijo en la corriente; no existe; echo al agua una botella vacía y se queda inmóvil.

Hacia las cuatro, Hans se levanta y vuelve a encaramarse en el extremo del mástil. Desde allí su mirada recorre el círculo que el océano describe ante la balsa y se para en un punto fijo. Su fisonomía no experimenta sorpresa alguna, pero su vista no se aparta de aquel punto.

—Ha visto algo —dijo mi tío.

—Creo que sí.

Hans vuelve a bajar y extiende el brazo hacia el sur diciendo:

—*Der nere!*

—¿Allí? —responde mi tío.

Y cogiendo su catalejo, mira durante un minuto que a mí me parece un siglo.

—¡Sí, sí! —exclama.

—¿Qué ve usted?

—Un inmenso chorro que se eleva sobre las olas.

—¿Será otro animal marino?

—Puede ser.

—Entonces pongamos rumbo hacia el oeste, pues ya sabemos el peligro que supone el encontrarse con estos monstruos antediluvianos.

—Esperemos a ver qué pasa —responde mi tío.

Me vuelvo hacia Hans; éste sigue sus órdenes con un rigor inflexible.

Sin embargo, si a la distancia a que estamos de este animal, que es de unas doce leguas, podemos ver la columna de agua que lanza por sus narices, debe de ser de un tamaño sobrenatural. Huir sería conformarse con lo que mandan las leyes de la prudencia más vulgar; pero no hemos venido aquí para ser prudentes.

Así que seguimos adelante. Mientras más nos acercamos, más crece aquel chorro. ¿Qué clase de monstruo puede llenarse de tal cantidad de agua y expulsarla sin interrupción?

A las ocho de la noche apenas nos separan de él dos leguas. Su cuerpo negruzco, enorme, monstruoso se extiende sobre el mar como un islote. Y ¿será ilusión?, ¿o pánico?, su longitud me parece de más de mil toesas. ¿Cuál será este cetáceo que no han previsto ni los Cuvier ni los Blumenbach? Está inmóvil y como dormido; parece que el mar no puede levantarlo y las olas pasan sobre su costado. La columna de agua, después de elevarse a una altura de quinientos pies, cae con un ruido ensordecedor. Corremos como insensatos hacia esta masa enorme que apenas podría alimentarse con cien ballenas diarias.

El terror se apodera de mí. ¡No quiero seguir! ¡Cortaré, si es preciso, la driza de la vela! Me sublevo contra el profesor, que no me contesta.

De pronto, Hans se levanta y, señalando con el dedo el lugar amenazador, dice:

—*Holme!*

—¡Una isla! —exclama mi tío.

—¡Una isla! —digo a mi vez, encogiéndome de hombros.

—Evidentemente —responde el profesor soltando una sonora carcajada.

—Pero ¿y ese salto de agua?

—*Geyser* —dice Hans.

—¡Sin duda! —exclama mi tío—, es un géiser como los de Islandia.

Al principio no me resigno a haberme equivocado de esta manera.

¡Tomar un islote por un monstruo marino! Pero hay que rendirse a la evidencia y confesar mi error; no existe más que un fenómeno natural.

A medida que nos acercamos, las dimensiones de la masa líquida crecen.

El islote puede confundirse con un cetáceo, cuya enorme cabeza domina las olas a una altura de diez toesas. El géiser, palabra que los islandeses pronuncian *geysir* y que significa «furor», se eleva majestuosamente en su extremidad. Sordas detonaciones estallan a cada momento y el enorme salto de agua, enfurecido con más violencia, sacude a veces su penacho de vapores y llega hasta las primeras nubes. No le rodean ni humaredas ni fuentes termales; está solo y toda la fuerza volcánica se concentra en él. Los rayos de la luz eléctrica vienen a mezclarse con este chorro deslumbrante y en cada una de sus gotas se reúnen todos los tonos del prisma.

—Atraquemos —dice el profesor.

Pero hay que tener cuidado y evitar esta tromba de agua que anegaría nuestra balsa en un momento. Hans, maniobrando con habilidad, nos conduce al extremo del islote.

Salto a la roca; mi tío me sigue con agilidad mientras el cazador permanece en su puesto, como un hombre que está por encima de estas sorpresas.

Andamos sobre granito mezclado con toba silicosa; el terreno tiembla bajo nuestros pies como los lados de una caldera donde se mueve el vapor recalentado; está caliente. Llegamos a una pequeña cuenca central desde donde se eleva el géiser. Sumerjo en el agua, que sale hirviendo, un termómetro de desagüe y marca una temperatura de ciento sesenta y tres grados.

Por lo tanto, esta agua sale de un centro que está candente. Esto contradice singularmente las teorías del profesor Lidenbrock. No puedo por menos que recordárselo.

—¿Y qué prueba esto contra mi doctrina? —replica.

—Nada —contesto con tono áspero, viendo que tropiezo con una terquedad absoluta.

A pesar de todo, me veo obligado a confesar que hasta aquí hemos sido favorecidos singularmente y que no sé por qué razón este viaje se lleva a cabo en unas condiciones de temperatura excepcionales; pero me parece evidente y cierto que de un día a otro llegaremos a esas regiones donde el calor central alcanza los límites más elevados y sobrepasa todos los grados del termómetro.

—Ya veremos.

Ésas son las palabras del profesor, que, después de bautizar este islote volcánico con el nombre de su sobrino, da la señal de embarcarse.

Me quedo aún unos minutos contemplando el géiser. Noto que el salto es irregular en sus accesos, que tan pronto disminuye en su intensidad como vuelve a cobrar nuevo vigor, lo que atribuyo a las variaciones de presión de los vapores acumulados en su depósito.

Al fin nos vamos, rodeando las rocas escarpadas del sur. Hans ha aprovechado este descanso para volver a poner la balsa en condiciones.

Pero antes de alejarnos de la orilla, hago algunas observaciones para calcular la distancia recorrida y las apunto en mi diario. Hemos recorrido doscientas setenta leguas de mar desde Puerto-Graüben y estamos a seiscientas veinte leguas de Islandia; debajo de Inglaterra.

Capítulo XXXV

V*iernes 21 de agosto.* —Al día siguiente, el magnífico géiser ha desaparecido. El viento ha refrescado y nos ha alejado rápidamente del islote Axel. Los rugidos se han ido extinguiendo poco a poco.

El tiempo va a cambiar pronto, si se puede decir así. La atmósfera se carga de vapores que se llevan la electricidad formada por la evaporación de las aguas salinas; las nubes descienden sensiblemente y toman un tinte aceitunado; los rayos eléctricos apenas pueden atravesar este opaco telón que cae sobre el teatro donde va a representarse el drama de las tempestades.

Me encuentro impresionado, como le pasa a cualquier criatura cuando siente que se aproxima un cataclismo.

Los «cúmulos» situados hacia el sur tienen un aspecto siniestro; presentan esa apariencia despiadada que se nota con frecuencia al principio de las tormentas. El aire se hace pesado y el mar está tranquilo.

Las nubes parecen a lo lejos bolas de algodón amontonadas desordenadamente, poco a poco se van hinchando y acumulando, disminuyendo en número, pero creciendo en intensidad; es tal su pesadez que no pueden separarse del horizonte; pero con el viento se van uniendo poco a poco y oscureciéndose hasta presentar una sola capa de un aspecto temible; de cuando en cuando, algún trozo de vapor iluminado todavía se deja ver en aquel tapiz grisáceo y acaba, al fin, por confundirse con aquella masa opaca.

La atmósfera está completamente impregnada de fluido eléctrico; yo mismo lo siento, mis cabellos se erizan como si se acercasen a una máquina eléctrica. Creo que si mis compañeros me tocasen ahora, experimentarían una violenta sacudida.

A las diez de la mañana, los síntomas de la tormenta son más decisivos; parece que el viento se suaviza para recobrar fuerzas; la nube se asemeja a un abismo inmenso, en el que se acumula el huracán.

Aunque no quiero creer en las amenazas del cielo, no puedo por menos de decir:

—Se prepara mal tiempo.

El profesor no responde. Está de un humor terrible al ver que el océano se prolonga indefinidamente ante sus ojos. Al oír mis palabras, se encoge de hombros.

—Vamos a tener tempestad —digo extendiendo la mano hacia el horizonte—; estas nubes descienden sobre el mar como si fuesen a aplastarlo.

Silencio general. El viento cesa. La naturaleza parece muerta, ya no respira. Sobre el mástil, donde ya veo brillar un rápido relámpago, la vela desplegada se extiende en pesadas dobleces. La balsa está inmóvil, en medio de un mar espeso y sin ondulaciones. ¿Y si no avanzamos más, para qué conservar esta tela que nos haría zozobrar al primer choque de la tempestad?

—Arriemos el mástil —digo—: eso será lo más prudente.

—¡No, diablos; no, y cien veces no! —exclama mi tío—. ¡Que nos lleve el viento! ¡Que nos coja la tormenta! Pero que percibamos las rocas de alguna orilla; aunque nuestra balsa tenga que romperse en mil pedazos!

Aún no había terminado de pronunciar estas palabras, cuando el horizonte cambia súbitamente de aspecto por el lado sur; los vapores acumulados se resuelven en agua, y el aire atraído violentamente en los huecos formados por la condensación, se convierte en huracán. Proviene de lo más lejano de la caverna. La oscuridad aumenta considerablemente; apenas puedo tomar algunas notas incompletas.

La balsa empieza a levantarse, da un salto. Mi tío se cae. Me arrastro hasta él; se ha agarrado fuertemente al extremo de una cuerda y parece contemplar con gusto el espectáculo de los elementos desencadenados.

Hans no se mueve. Sus largos cabellos, impulsados por el huracán, se le vienen a la cara y dan un aspecto extraño a su fisonomía, pues en cada una de sus puntas aparece una cresta luminosa. Su terrible máscara es la de un hombre antediluviano, contemporáneo de los ictiosaurios y de los megaterios.

Sin embargo, el mástil resiste. La vela se extiende como una ampolla a punto de reventar. La balsa corre con una precipitación que no puedo estimar, pero con menos velocidad que el agua que tiene debajo, cuya rapidez hace formar líneas rectas y claras.

—¡La vela, la vela! —digo haciendo señas para que la bajen.

—¡No! —responde mi tío.

—*Nej* —dice Hans, meneando suavemente la cabeza.

La lluvia forma una rugiente catarata ante aquel horizonte hacia el cual corremos como insensatos. Pero antes de que llegue hasta nosotros, se cubren las nubes, el mar entra en ebullición y sobreviene la electricidad producida por una fuerte acción química que se forma en las alturas. Al ruido de los truenos se mezclan los rayos resplandecientes, los relámpagos que se cruzan entre el ruido de las innumerables detonaciones; la masa de vapores se hace incandescente; los granizos al chocar contra el metal de nuestras herramientas y armas se iluminan, las olas al levantarse parecen cercos ignívomos, bajo los cuales nace un fuego interior y cada una de cuyas cimas tiene por penacho una llama.

La intensidad de la luz ciega mis ojos y el ruido del rayo hace que parezca que estallen mis oídos; ¡me tengo que agarrar al mástil, que se dobla como una caña bajo la fuerza del huracán!...

(Al llegar aquí, mis notas de viaje son muy incompletas. No he podido encontrar más que algunas observaciones fugitivas, tomadas maquinalmente, por así decirlo. Pero aun en su brevedad y oscuridad están impregnadas por la tensión que me dominaba y, mejor que mi memoria, dan una idea más real de nuestra situación.)

...

Domingo 23 de agosto. —¿Dónde estamos? Llevados con una rapidez incomparable.

La noche ha sido espantosa. La tormenta arrecia. Vivimos en medio del ruido de una incesante detonación. Nuestros oídos sangran. No podemos dirigirnos ni una sola palabra.

Los relámpagos no paran ni un momento. Parecen zigzags en retroceso que, después de un tiro rápido, circulan de abajo arriba y van a chocar contra la bóveda de granito. ¡Si se llegase a derrumbar! Otros relámpagos se bifurcan o toman la forma de globos, que estallan como bombas. El ruido general no aumenta, pues ha pasado ya el límite de intensidad que puede percibir el oído humano, y aunque explotaran todas las fábricas de pólvora al mismo tiempo, ya habríamos oído mucho más.

La emisión de luz en las nubes es continua; la materia eléctrica se desprende incesantemente de sus moléculas; evidentemente, los principios gaseosos del aire están alterados, innumerables columnas de agua se elevan en la atmósfera y vuelven a caer haciendo espuma.

¿Dónde vamos?... Mi tío está acostado en el extremo de la balsa. El calor aumenta. Miro el termómetro, marca... (El número está borrado.)

Lunes 24 de agosto. —¡Esto no se acaba! El estado de esta atmósfera tan densa, una vez modificado, ¿por qué no será definitivo?

Estamos rendidos de cansancio; Hans, como siempre. La balsa corre invariablemente hacia el sudeste. Hemos andado más de doscientas leguas desde el islote Axel.

A mediodía arrecia el huracán; hay que atar fuertemente todos los objetos que van en la embarcación y nosotros mismos nos atamos también. Las olas nos pasan por encima.

Imposible dirigirnos la palabra desde hace tres días; abrimos la boca, movemos los labios, pero no se produce ningún sonido.

Mi tío se acerca a mí. Articula unas palabras. Creo que me ha dicho: «Estamos perdidos», pero no estoy seguro.

Decido contestarle, escribiéndole estas palabras: «Arriemos la vela».

Me dice por señas que está de acuerdo.

Todavía no le ha dado tiempo a sacar la cabeza cuando un disco de fuego aparece al borde de la balsa. El mástil y la vela quedan destrozados de un solo golpe y los veo que saltan a una altura prodigiosa, semejante a la de aquel pájaro fantástico de los primeros siglos que se llamaba pterodáctilo.

Nos quedamos helados de espanto; la bola, mitad blanca y mitad azulada, con el grosor de una bomba de diez pulgadas, se pasea lentamente, dando vueltas bajo el impulso del huracán, con una rapidez sorprendente. Va de acá para allá, sube a bordo del armazón de la balsa, salta hasta el saco de las provisiones, vuelve a bajar, da un salto, roza con la caja de la pólvora. ¡Horror! ¡Vamos a volar! Pero no; el disco brillante se aleja; se acerca a Hans, que lo mira fijamente; luego a mi tío, que se pone de rodillas para evitar que le dé; luego a mí, pálido y tembloroso por la claridad y el calor; hace piruetas al lado de mi pie, que procuro retirar, pero no lo consigo.

Un olor a gas nitroso llena la atmósfera; penetra en la garganta y en los pulmones. Se ahoga uno.

¿Por qué no podré separar mi pie? ¿Estará clavado a la balsa? ¡Ah!, la caída de este globo eléctrico ha imantado todo el hierro de a bordo; los instrumentos, las herramientas y las armas se agitan con un sonido agudo y los clavos de mi zapato se adhieren con violencia a una plancha de hierro incrustada en la madera. ¡No puedo quitar el pie!

Al final, tras un violento esfuerzo, consigo arrancarlo en el momento en que la bola iba a agarrarlo en una de sus vueltas giratorias y llevarme tras ella si... ¡Oh, qué intensidad de luz! El globo estalla y quedamos envueltos en llamas.

Después, todo se apaga. He tenido tiempo de ver a mi tío tumbado en la balsa y a Hans en el timón «escupiendo fuego» por la carga de electricidad que le envuelve. ¿Dónde vamos? ¿Dónde vamos?...

Martes 25 de agosto. —Me recupero después de un largo desmayo; la tempestad continúa; los relámpagos se suceden como una cría de serpientes que hubieran soltado en la atmósfera.

¿Seguimos en el mar? Sí, y llevados con una rapidez incalculable. Ya hemos pasado debajo de Inglaterra, de la Mancha, de Francia y de Europa entera, probablemente...

¡Un nuevo ruido se deja oír! Será el mar, que se estrella contra alguna roca!... Pero entonces...

Capítulo XXXVI

Aquí termina lo que he llamado «el diario de a bordo», salvado del naufragio milagrosamente. Vuelvo a retomar mi narración como antes.

Lo que pasó al chocar la balsa contra los escollos de la costa me sería imposible describirlo. Me sentí precipitado en el agua, y si escapé a la muerte y no me destrocé contra aquellas rocas puntiagudas fue porque el brazo vigoroso de Hans me sacó del abismo.

El valiente islandés me puso a salvo del alcance de las olas, sobre una arena ardiente, donde me encontré al lado de mi tío.

Luego volvió hacia aquellas rocas contra las que se estrellaba el furioso oleaje, por ver si podía salvar algunos restos del naufragio. Yo no podía hablar; estaba rendido por el cansancio y por la emoción; necesité una hora larga para reponerme.

El agua seguía cayendo en forma de diluvio, pero con el arreciamiento que anuncia el final de la tormenta.

Algunas rocas sobrepuestas nos sirvieron de refugio contra los torrentes que caían del cielo. Hans preparó algunos alimentos, que yo no pude ni probar, y los tres caímos en un apesadumbrado sueño, después de tres noches en vela.

Al día siguiente, el tiempo era espléndido; el cielo y el mar se habían apaciguado de común acuerdo. Había desaparecido toda huella de tormenta. Cuando me desperté, mi tío me saludó con estas palabras dichas en tono alegre:

—¿Qué, has dormido bien, hijo mío?

¿No parecía que estábamos en la casa de Königstrasse, que yo bajaba tranquilamente a desayunar y que mi boda con la pobre Graüben iba a tener lugar ese mismo día?

¡Qué desgracia! Con que la tempestad hubiera inclinado un poco la balsa hacia el este, habríamos pasado debajo de Alemania, bajo mi querida ciudad de Hamburgo, bajo aquella calle donde vivía lo único que yo amaba en el mundo. ¡Entonces apenas cuarenta leguas escasas me separaban de ella! ¡Pero cuarenta leguas de una pared vertical de granito, y en realidad más de mil que atravesar!

Todas estas reflexiones dolorosas pasaron por mi mente antes de responder a mi tío.

—¡Ah! —repitió éste—. ¿No me quieres decir si has dormido bien?

—Muy bien —respondí—; aún estoy rendido, pero eso no es nada.

—Nada de nada. Un poco de cansancio, nada más.

—Parece usted muy contento esta mañana, tío.

—Encantado, hijo, encantado. ¡Hemos llegado!

—¿Al término de nuestra expedición?

—No, pero al final de este mar que no se acababa nunca. Ahora vamos a retornar el camino por tierra y a hundirnos verdaderamente en las entrañas del Globo.

—Permítame una pregunta, tío.

—Te la permito, Axel.

—¿Y la vuelta?

—¡La vuelta! ¿Pero piensas ya en volver y aún no hemos llegado?

—¡No; quiero saber solamente cómo la efectuaremos!

—De la manera más sencilla del mundo. Una vez llegados al centro del esferoide, encontraremos un nuevo camino para volver a su superficie o nos vendremos llanamente por el mismo que ahora estamos recorriendo. Creo que no se cerrará detrás de nosotros.

—Entonces, habrá que volver a poner la balsa en condiciones.

—Necesariamente.

—¿Y quedan provisiones suficientes para llevar a cabo todas nuestras empresas?

—Sí, por supuesto. Hans es muy hábil y estoy seguro de que ha salvado casi todo el cargamento. Pero vamos a asegurarnos.

Salimos de aquella gruta abierta a todos los vientos; tenía una esperanza mezclada de temor; me parecía imposible que en la imponente arribada de la balsa no se hubiese hundido todo lo que ésta trasportaba. Estaba equivocado. Cuando llegué a la playa, me encontré a Hans rodeado de una multitud de objetos que había ordenado cuidadosamente. Mi tío le estrechó la mano con vivo agradecimiento. Este hombre, con una abnegación sobrehumana e incomparable, había trabajado mientras nosotros dormíamos y había salvado los objetos más preciosos, exponiendo su vida.

Esto no quiere decir que no hubiésemos tenido pérdidas bastante importantes, como la de las armas, por ejemplo, pero podíamos pasar sin ellas. La provisión de pólvora, aunque había estado a punto de estallar durante la tempestad, se conservaba intacta.

—Muy bien —dijo el profesor—, pero como los fusiles faltan, no cazaremos.

—Bueno, pero ¿y los instrumentos?

—Aquí está el manómetro, que es el más útil y por el que yo hubiese dado todos los demás. Con él puedo saber la profundidad y calcular si hemos llegado al centro. Sin él, en cambio, nos expondríamos a pasarnos y a salir por las antípodas.

Tenía una alegría desbordante.

—¿Y la brújula? —pregunté.

—Aquí está, en esa roca y en perfecto estado, así como el cronómetro y los termómetros. ¡Oh!, este cazador es una joya.

Así había que reconocerlo, pues no faltaba ni un instrumento. En cuanto a las herramientas y redes vi diseminados por el suelo escalas, cuerdas, picos, azadones, etcétera.

La cuestión de los víveres quedaba aún por dilucidar.

—¿Y las provisiones? —dije.

—Vamos a ver las provisiones —respondió mi tío.

Los cajones que las contenían habían sido conservados y estaban colocados sobre la arena en perfecto orden; el mar había respetado la mayor parte, y, sobre todo en bizcochos, carne salada, ginebra y pescados en salazón, había provisión por lo menos para cuatro meses.

—¡Cuatro meses! —exclamó el profesor—, en cuatro meses tenemos tiempo de sobra para ir y volver, y con lo que quede, voy a poder ofrecer un banquete a mis compañeros del Johannoeum.

Yo debería estar acostumbrado, desde hace tiempo, al temperamento de mi tío, y sin embargo, aquel hombre siempre me sorprendía.

—Ahora —dijo—, vamos a reponer nuestra provisión de agua con la lluvia que ha caído durante la tormenta y se ha quedado en todos estos recipientes de granito; por lo tanto, no tenemos que temer que la sed nos apremie de nuevo. En cuanto a la balsa, voy a decirle a Hans que la arregle lo mejor que pueda, aunque no creo que nos vuelva a servir.

—¿Cómo que no? —exclamé.

—Tengo una idea, hijo. No creo que tengamos que salir por donde hemos entrado.

Miré al profesor con cierta desconfianza; me preguntaba si se habría vuelto loco. Y, sin embargo, no sabía lo bien que hablaba.

—Vamos a desayunar —continuó.

Después que hubo dado sus instrucciones al cazador, le seguí hasta un promontorio elevado. Allí disfrutamos de una excelente comida compuesta de carne seca, bizcocho y té; debo confesar que fue uno de los mejores almuerzos de mi vida. La necesidad, el aire libre y la tranquilidad, después de tantas tensiones, contribuyeron a darme apetito.

Durante el desayuno pregunté a mi tío si sabía dónde estábamos en aquel momento.

—Es difícil de calcular —dije.

—Calcularlo exactamente es imposible —respondío mi tío—, pues en estos tres días de tempestad no he podido tomar notas ni de la velocidad ni de la dirección de la balsa; pero podemos calcular nuestra situación aproximada.

—En efecto, la última observación está hecha en el islote del géiser...

—En el islote Axel, hijo mío. No declines el honor de haber bautizado con tu nombre la primera isla descubierta en el centro del macizo terrestre.

—¡Vale! Pues en el islote Axel habíamos recorrido unas doscientas setenta leguas por mar, y nos encontrábamos a más de seiscientas leguas de Islandia.

—¡Bien!, partiendo de este punto, contemos entonces cuatro días de tormenta, durante los cuales nuestra rapidez no ha debido ser inferior a ochenta leguas cada veinticuatro horas.

—Así lo creo. Hay que añadir, por tanto, trescientas leguas.

—Sí, y el mar Lidenbrock debe de tener unas seiscientas leguas de una orilla a otra. ¿Sabes, Axel, que puede competir en tamaño con el Mediterráneo?

—Sí, sobre todo si lo hemos cruzado solamente a lo ancho.

—¡Pues es muy posible!

—Y, cosa extraña, si nuestros cálculos son exactos, tenemos ahora ese Mediterráneo sobre nuestras cabezas.

—¿De veras?

—De veras, pues estamos a novecientas leguas de Reykjawik.

—¡Vaya un camino, hijo mío! Pero no se puede afirmar que estemos bajo el Mediterráneo, o bajo Turquía, o bajo el Atlántico, sólo es posible saberlo si no nos hemos desviado de nuestra dirección.

—No, el viento no parecía haber cambiado; creo, por tanto, que esta playa debe de estar situada al sudeste de Puerto-Graüben.

—Bueno, lo mejor es asegurarse consultando la brújula. ¡Vamos a examinar la brújula!

El profesor se dirigió hacia la roca donde Hans había colocado los instrumentos. Estaba contento, alegre; se frotaba las manos y adoptaba posturas. ¡Parecía un muchacho! Lo seguí con bastante curiosidad para saber si me había equivocado en mis cálculos.

Cuando llegó a la roca, mi tío cogió el compás, lo colocó horizontalmente y observó la aguja, que después de oscilar, se detuvo en una posición fija bajo la influencia magnética.

Mi tío miró; luego se restregó los ojos y volvió a mirar. Después se volvió hacia mí sorprendidísimo.

—¿Qué pasa? —pregunté.

Me hizo señas de que examinase el instrumento. Una exclamación de sorpresa escapó de mis labios. ¡La aguja marcaba el norte, donde suponíamos el mediodía! ¡Se volvía hacia la playa en lugar de señalar al mar!

Moví la brújula, la examiné; estaba en perfecto estado. Cualquiera que fuese la posición que se diera a la aguja, ésta marcaba siempre aquella inesperada dirección.

Ya no había que dudarlo, por tanto; durante la tempestad se había producido un cambio de viento sin que nos diésemos cuenta y había conducido la balsa hacia la orilla que mi tío creía haber dejado atrás.

Capítulo XXXVII

Me sería imposible describir las emociones que, una tras otra, fueron embargando al profesor Lidenbrock: la sorpresa primero, luego la incredulidad y, por fin, la cólera. Nunca he visto a un hombre que estuviera tan aturdido primero y tan irritado después. Las fatigas de la travesía, los peligros, ¡todo había que pasarlo de nuevo! ¡Habíamos retrocedido en lugar de avanzar!

Pero mi tío pronto se sobrepuso a todo.

—¡Ah! ¡La fatalidad me juega malas pasadas como éstas! —exclamó—. ¡Los elementos conspiran contra mí! ¡El aire, el fuego y el agua se ponen de acuerdo para oponerse a mi paso! ¡Pues bien! Ya sabrán lo que puede mi voluntad. ¡No cederé; no retrocederé ni una línea, y ya veremos quién vence, si el hombre o la naturaleza!

De pie sobre la roca, irritado, amenazador, Otto Lidenbrock, semejante al feroz Ayax, parecía querer desafiar a los dioses. Creí oportuno intervenir y poner freno a aquel ímpetu insensato.

—Escúcheme usted —le dije en tono firme—. Toda ambición aquí abajo tiene que tener un límite; no podemos luchar contra lo imposible; no estamos equipados para una travesía marítima; no pueden hacerse quinientas leguas luchando contra el viento desencadenado sobre unas cuantas vigas ensambladas, con una manta por vela y un palo por mástil. No podemos ponernos así al timón, pues estamos a merced de la tempestad; así que intentar por seguna vez esta travesía imposible es cosa de locos.

Pude desarrollar todas estas razones durante diez minutos, sin ser interrumpido, porque mi tío no me prestaba ninguna atención y no oyó ni una sola palabra de mis argumentos.

—¡A la balsa! —exclamó.

Ésa fue su respuesta. No sirvieron de nada súplicas ni enfados: tropezaba contra una voluntad más dura que el granito.

Hans acababa en aquel momento la reparación de la balsa; parecía que aquel ser extraño adivinaba los proyectos de mi tío. Había consolidado la embarcación con algunos trozos de surtarbrandur. Ya tenía también colocada la vela, cuyos pliegues flotaban a merded del viento.

El profesor dijo algunas palabras al guía y éste embarcó enseguida los equipajes y lo dispuso todo para la partida. La atmósfera estaba bastante clara y había buen viento del noroeste.

¿Qué podía hacer yo? Resistir uno contra dos era imposible. ¡Si Hans estuviese de mi parte! Pero no. Parecía que el islandés había dejado por completo su voluntad y hecho voto de obediencia. No podía obtener nada de un criado tan enfeudado a su amo. No me quedaba más remedio que seguir adelante.

Ya iba, por tanto, a colocarme en la balsa en mi sitio de costumbre, cuando mi tío me paró con la mano:

—No nos iremos hasta mañana —dijo.

Hice un gesto, como un hombre que ya está resignado a todo.

—No debo ser negligente —continuó—, y puesto que la fatalidad me ha conducido a esta parte de la costa, no me marcharé sin haberla reconocido.

Esta observación tendrá sentido cuando se sepa que aunque habíamos vuelto a la orilla del norte, no estábamos en el mismo lugar que la primera vez que nos embarcamos. Puerto-Graüben debía de quedar más al oeste. Nada tan razonable, por lo tanto, que reconocer atentamente los alrededores de nuestra nueva posición.

—¡Vamos al descubrimiento! —dije.

Y dejando a Hans en sus ocupaciones, nos fuimos. El espacio comprendido entre el mar y el principio de los contrafuertes era muy ancho; había que andar media hora antes de llegar a la pared de roca. Nuestros pies aplastaban las innumerables conchas de todos los tamaños y formas, donde vivieron los animales de las primeras épocas. Se veían también caparazones enormes, cuyo diámetro pasaba con frecuencia de quince pies. Habían pertenecido a aquellos gliptodontes gigantescos del período plioceno, de los cuales la tortuga moderna no es más que una pequeña reducción. Por otra parte, el terreno aparecía sembrado de una gran cantidad de piedras, especie de guijarros igualados por la oleada y ordenados en líneas sucesivas. De ahí deduje que el mar debió de ocupar este espacio en otros tiempos. Las olas habían dejado sus huellas sobre las rocas esparcidas ahora y fuera de su alcance.

De este modo podía explicarse, hasta cierto punto, la existencia de este océano situado a cuarenta leguas por debajo de la superficie del Globo. Según creía yo, estas aguas debían perderse poco a poco en las entrañas de la tierra, pues provenían evidentemente del océano y se habían filtrado hasta allí por algunas hendiduras. Había que suponer, sin embargo, que aquellas aberturas ya se habían cerrado, pues si no aquella caverna o, mejor dicho, aquel inmenso depósito se habría llenado en muy poco tiempo. Podía ser también que parte de aquella agua, al luchar contra algún fuego subterráneo, se hubiera evaporado. De ahí podríamos explicar aquellas nubes suspendidas sobre nuestras cabezas y el desprendimiento de electricidad que producía aquellas tormentas en el interior del macizo terrestre.

Esta teoría de los fenómenos que habíamos presenciado me pareció satisfactoria, pues por grandes que sean las maravillas de la naturaleza, siempre tienen su explicación física.

Andábamos, por tanto, sobre una especie de terreno sedimentario, formado por las aguas como todos los de aquel período y tan extendidos sobre la superficie del Globo. El profesor examinaba detenidamente cada hendidura de la roca. Si existía alguna abertura en ella, sondaba enseguida para ver su profundidad.

Habíamos costeado la playa del mar Lidenbrock, andando una milla, cuando el terreno cambió bruscamente de aspecto.

Parecía removido y convulsionado por alguna elevación violenta de las capas inferiores. Hundimientos o levantamientos de algunos lugares atestiguaban una poderosa dislocación del macizo terrestre.

Íbamos andando con dificultad sobre aquellas roturas de granito, mezcladas con sílice, cuarzo y despojos aluviales, cuando apareció ante nuestros ojos un campo, o, más que un campo, una llanura de huesos. Parecía un cementerio inmenso, donde se confundía el polvo eterno de todas las generaciones durante veinte siglos. Las emanaciones de aquellos despojos se elevaban a lo lejos, llegaban hasta el límite del horizonte y allí se perdían como una niebla en fusión. Allí, en tres millas cuadradas, se acumulaba, quizá, toda la historia de la vida animal, apenas escrita en los terrenos demasiado recientes del mundo habitado.

Nos conducía una impaciente curiosidad. Nuestros pies aplastaban, con un ruido seco, los restos de aquellos animales prehistóricos y aquellos fósiles cuyos raros despojos se disputan los museos de las grandes ciudades. Mil Cuvier no hubiesen bastado para recomponer los esqueletos de los seres orgánicos que yacían en aquel magnífico osario.

Yo me quedé paralizado. Mi tío había levantado sus largos brazos hacia la espesa bóveda que nos servía de cielo. Con su boca desmesuradamente abierta, con sus ojos refulgentes bajo la lente de sus gafas, el movimiento de su cabeza de arriba abajo, de izquierda a derecha, toda su compostura, en fin, denotaba una extrañeza sin límites. Se hallaba ante una colección inapreciable de leptoterios, mericoterios, mastodontes, protopitecos, pterodáctilos y de todos los monstruos antediluvianos, amontonados allí para su satisfacción personal. ¡Figúrense a un bibliómano apasionado transportado de pronto a aquella famosa biblioteca de Alejandría, quemada por Omar y renacida, por un milagro, de sus cenizas! Así estaba el profesor Lidenbrock.

Pero aún se maravilló más cuando, corriendo entre aquel polvo orgánico, cogió un cráneo descarnado y exclamó con voz temblorosa:

—¡Axel, Axel! ¡Una cabeza humana!

—¡Una cabeza humana! —respondí más estupefacto aún.

—Sí, sobrino mío. ¡Ah!, señor Milne Edwards. ¡Ah!, señor de Quatrefages, ¡por qué no estarán ustedes aquí donde está Otto Lidenbrock!

Capítulo XXXVIII

Para comprender esta evocación hecha por mi tío a aquellos sabios franceses, hace falta saber que algún tiempo antes de nuestra salida, se había producido un hecho de gran importancia en la paleontología.

El 28 de marzo de 1863, algunos trabajadores, bajo la dirección del señor Boucher de Perthes, rebuscando en las carreteras de Moulin-Quignon, cerca de Abbeville, en el departamento dels Somme, en Francia, encontraron una quijada humana a catorce pies bajo el suelo. Era el primer fósil de esta especie que salía a la luz del día. A su lado hallaron trozos de piedra y de sílex tallados, coloreados y cubiertos por el tiempo de una pátina uniforme.

Fue grande el alboroto que produjo este descubrimiento no solamente en Francia, sino en Inglaterra y Alemania. Muchos sabios del Instituto Francés, los señores Milne Edwards y Quatrefages, entre otros, se tomaron el asunto muy a pecho y demostraron la indiscutible autenticidad del hueso en cuestión y se convirtieron en los defensores más ardientes del «proceso de la quijada», como lo llamaban en Inglaterra.

A los geólogos del Reino Unido que dieron por cierto el hecho, como los señores Falconer, Busk, Carpenter, etcétera, se unieron algunos sabios de Alemania, y, entre ellos, el que estaba en primer término y el más ardiente y entusiasta era mi tío Lidenbrock.

La autenticidad de un fósil humano de la época cuaternaria parecía estar indiscutiblemente demostrada y admitida.

Es verdad que esta causa había tenido un adversario encarnizado en la persona del señor Élie de Beaumont. Este sabio, de una gran autoridad, sostenía que el terreno de Moulin-Quignon no pertenecía al «diluvio» sino a una época menos lejana, y de acuerdo con Cuvier, no admitía que la especie humana hubiese sido contemporánea a los animales de la época cuaternaria. Mi tío Lidenbrock, de acuerdo con la mayoría de los geólogos, había seguido en sus trece, disputando y discutiendo, y el señor Élie de Beaumont se había quedado casi solo entre sus partidarios.

Conocíamos todos estos detalles del asunto, pero ignorábamos que, desde nuestra marcha, la cuestión había hecho nuevos progresos. Se habían encontrado otras quijadas idénticas, aunque pertenecientes a individuos de tipos diversos y de naciones diferentes, en las tierras blandas grises de ciertas grutas de Francia, Suiza y Bélgica, como también armas, utensilios, herramientas, huesos de niños, de adolescentes, de hombres y de ancianos. La existencia del hombre en la época cuaternaria se afirmaba, por lo tanto, cada vez más.

Pero eso no era todo. Nuevos restos sacados del terreno terciario plioceno habían permitido a algunos sabios, más temerarios aún, atribuir una gran antigüedad a la raza humana. Estos restos no eran, en realidad, huesos humanos sino solamente objetos de su industria, tibias, fémures de animales fósiles, estriados regularmente, esculpidos, por decirlo así, y que conservaban algún indicio de la labor humana.

De este modo, el hombre remontaba de un salto un gran número de siglos en la escala de los tiempos; precedía al mastodonte, venía a ser contemporáneo del Elephas meridionalis; contaba cien mil años de existencia, puesto que ésa es la fecha asignada por los geólogos de mayor renombre a la formación del terreno plioceno.

Tal era entonces la situación de la ciencia paleontológica, y lo que conocíamos de ella era suficiente para explicar nuestra actitud ante este osario del mar Lidenbrock. Puede comprenderse fácilmente la sorpresa y la alegría de mi tío, sobre todo cuando veinte pasos más allá, se encontró en presencia y frente a frente, puede decirse, con una muestra del hombre cuaternario.

Era un cuerpo humano que se reconocía perfectamente.

¿Se habría conservado durante siglos en un terreno especial, como el del cementerio de San Miguel, en Burdeos, por ejemplo? No con los miembros todavía suaves —así lo parecía a la vista—. Conservaba los dientes intactos, la cabellera abundante, las uñas de las manos y de los pies de un tamaño imponente, y aparecía ante nuestros ojos tal como había vivido.

Yo estaba mudo ante aquella aparición de otros tiempos. Mi tío, tan locuaz y tan ocurrente de costumbre, también callaba. Levantamos aquel cuerpo. Lo pusimos derecho. Nos miraba con sus órbitas hundidas y nosotros le palpábamos el pecho.

Después de unos momentos de silencio, el tío fue vencido por el profesor; Otto Lidenbrock, dejándose llevar por su temperamento, olvidó las circunstancias de nuestro viaje y el lugar donde nos hallábamos y la inmensa caverna que nos encerraba. Se creyó, sin duda, en el Johanneum ante sus alumnos, pues adoptó un tono doctoral y, dirigiéndose a un auditorio imaginario, empezó:

—Señores —dijo—, tengo el honor de presentarles a un hombre de la época cuaternaria. Grandes sabios han negado su existencia, pero otros no menos grandes la han afirmado. Si se hallasen aquí los santo Tomás de la paleontología, lo tocarían con sus manos y se verían obligados a reconocer su error. Ya sé que la ciencia debe estar alerta con los descubrimientos de este género. No ignoro qué clase de explotación de hombres fósiles hicieron los Barnum y otros charlatanes del mismo estilo. Conozco la historia de la rótula de Ayax, del supuesto cuerpo de Orestes encontrado por los espartanos, y del cuerpo de Asterio de diez codos de largo del que habla Pausanias. He leído las narraciones sobre el esqueleto de Trapani, descubierto en el siglo XIV y en el que querían reconocer a Polifemo, y la historia del gigante desenterrado durante el siglo XVI en los alrededores de Palermo. ¡No ignoran ustedes, señores, el análisis hecho cerca de Lucerna, en 1577, de aquellos huesos que el célebre médico Félix Plater declaraba que pertenecía a un gigante de diecinueve pies! He devorado los tratados de Cassanion y todas aquellas memorias, folletos, discursos y contradiscursos publicados a propósito del esqueleto del rey de los Cimbros, Teutobochus, invasor de la Galia, exhumado de un arenal del Delfinado en 1613! ¡En el siglo XVIII, hubiese discutido con Pedro Campet la existencia de los predamitas de Seheuchzer! He tenido entre mis manos el escrito llamado *Gigans...*

Aquí reapareció la enfermedad habitual de mi tío: cuando estaba en público no era capaz de pronunciar las palabras difíciles.

—El escrito llamado *Gigans...* —volvió a decir.

No podía seguir.

—*Giganteo...*

¡Imposible! ¡La maldita palabra no quería salir! ¡Lo que se hubiesen reído en el Johannoeum!

—*Gigantosteología* —acabó por decir el profesor Lidenbrock entre dos juramentos.

Después continuó, animándose cada vez más:

—Sí, señores, sé todo eso. Sé también que Cuvier y Blumenbach han reconocido, en esos huesos, simples huesos de mamut y de otros animales de la época cuaternaria. Pero, en este caso, solamente dudarlo sería una injuria a la ciencia. ¡El cadáver está aquí! Pueden ustedes verlo, tocarlo. No es un esqueleto, es un cuerpo intacto, conservado con un fin únicamente antropológico.

No quise contradecir aquella afirmación.

—Si pudiese lavarlo con una solución de ácido sulfúrico —continuó mi tío—, desaparecerían de él toda la tierra y las conchas que lo cubren. Pero carezco de esta preciosa disolución. Este cuerpo, sin embargo, tal como está, nos contará su propia historia.

Al llegar aquí el profesor cogió al cadáver fósil y lo manejó con la destreza de un expositor de curiosidades.

—Véanlo —continuó—, no tiene ni siquiera seis pies de largo; está lejos de ser un gigante. En cuanto a la raza a que pertenece, es seguramente la del Cáucaso. ¡Es la raza blanca, nuestra raza! El cráneo de este fósil es regularmente ovoideo; no tiene desarrollados los pómulos, ni salida la quijada. No presenta ninguna señal de aquel prognatismo que modifica el ángulo facial[1]. Midan ustedes este ángulo, tiene cerca de noventa grados. Pero iré aún más lejos en el terreno de las deducciones y me atreveré a decir que esta muestra humana pertenece a la familia jaética, extendida desde las Indias hasta los límites de Europa occidental. ¡No se sonrían, señores!

No se sonreía nadie, pero ¡tenía tal costumbre el profesor de ver a la gente sonreírse durante sus sabias disertaciones...!

—Sí —continuó animándose de nuevo—, he aquí un hombre fósil, contemporáneo de los mastodontes, de cuyos huesos se encuentra lleno este anfiteatro. Lo que no me permito decirles es por qué camino habrá llegado hasta aquí este hombre y cómo las capas de la tierra donde estaba enterrado se han deslizado hasta esta enorme cavidad del Globo. En la época cuaternaria se manifestaban aún, sin duda, grandes trastornos en la corteza terrestre: el enfriamiento continuo del Globo producía rupturas, hendiduras, fallas por las que se desmoronaba seguramente parte del terreno superior. No quiero afirmar nada; pero el hombre está aquí, rodeado de los productos de sus manos, de sus hachas, de aquellos sílices tallados que constituyeron la Edad de Piedra, y a no ser que haya

[1] El ángulo facial está formado por dos planos: uno, más o menos vertical, que es tangente a la frente y a los incisivos; otro, horizontal, pasa por la abertura de los conductos auditivos y la espina inferior nasal.

Se llama prognatismo, en lenguaje antropológico, a la salida de la quijada que modifica el ángulo facial. *(N. de la T.)*

venido como turista, como vanguardia de la ciencia, no puedo dudar de la autenticidad de su origen antiguo.

El profesor se calló al fin y yo prorrumpí en frenéticos y unánimes aplausos. Además, mi tío tenía razón, y hombres más sabios que su sobrino no se hubiesen atrevido a combatirlo.

Otro indicio: aquel cuerpo fósil no era el único en aquel enorme osario. A cada paso que dábamos entre aquel polvo, encontrábamos otros semejantes y mi tío pudo escoger la muestra más maravillosa para convencer a los incrédulos.

Era, en verdad, un extraño espectáculo el que ofrecían aquellas generaciones de hombres y animales confundidos en aquel cementerio. Pero se nos presentaba una grave cuestión, que no nos atrevíamos a resolver. ¿Aquellos seres animados habrían resbalado por una convulsión del terreno hacia las orillas del mar Lidenbrock estando ya reducidos a polvo? ¿O habrían vivido aquí, en este mundo subterráneo, bajo este cielo ficticio, naciendo y muriendo como los habitantes de la Tierra?

Hasta entonces solamente los monstruos marinos y los peces se nos habían aparecido vivos.

Capítulo XXXIX

Durante media hora anduvimos sobre aquellas capas de huesos. Seguíamos avanzando, empujados por una viva curiosidad. ¿Qué nuevas maravillas y qué tesoros para la ciencia encerraría aún esta caverna? Me mantenía alerta, esperaba cualquier sorpresa y mi imaginación cualquier extrañeza.

Las orillas del mar habían desaparecido hacía mucho tiempo tras las colinas del osario. El imprudente profesor, importándole poco extraviarse, me conducía muy lejos. Avanzábamos en silencio, iluminados por las ondas eléctricas. Por un fenómeno que no puedo explicar, y gracias a su difusión, entonces completa, la luz iluminaba por igual las diversas caras de los objetos. Su foco no estaba ya en un punto determinado del espacio y no producía ninguna sombra. Creía uno estar a mediodía y en pleno verano, en el centro de las regiones ecuatoriales y bajo los rayos verticales del sol. Habían desaparecido todos los vapores. Las rocas, los montes lejanos, algunas masas confusas de bosques distantes tomaban un aspecto extraño, bajo la idéntica distribución del fluido luminoso. Nos parecíamos a aquel personaje fantástico de Hoffmann que había perdido su sombra.

Después de una milla de marcha, apareció el confín de un inmenso bosque, pero no un bosque de setas como el que estaba al lado de Puerto-Graüben.

Aquello era la vegetación de la época terciaria en todo su esplendor. Grandes palmeras, de una clase hoy desaparecida, soberbios palmitos, pinos, tejos, cipreses y tuyas representaban la familia de las coníferas y se unían entre sí en una enredadera inextricable. Una alfombra de musgo y de hepáticas cubría suavemente el suelo. Algunos arroyos corrían bajo aquel bosque sombrío, aunque no le cuadraba este nombre, pues no producía sombra. A los lados crecían helechos arborescentes, semejantes a los de los invernaderos del mundo habitado. Solamente que a estas plantas, a esos arbustos y árboles privados del calor del sol, les faltaba color. Todo se confundía en un tono uniforme oscuro, como anticuado. Las hojas estaban desprovistas de verdor y aun las mismas flores, tan numerosas en aquella época terciaria que las vio nacer y que estaban ahora sin color y sin perfume, parecían hechas de un papel descolorido por la acción atmosférica.

Mi tío Lidenbrock se arriesgó a internarse entre aquellos tallos gigantescos. Lo seguí, aunque no sin cierta aprensión. Si la naturaleza había colocado allí una alimentación vegetal, ¿por qué no iban a encontrarse allí los temibles mamíferos? En aquellos claros que dejaban los árboles caídos o consumidos por el tiempo, se veían leguminosas, aceríneos, rubiáceos y mil arbolitos comestibles muy gustosos para los rumiantes de todas las épocas. Luego aparecían, confundidos y mezclados, todos los árboles de las diferentes regiones de la superficie del Globo: el roble al lado de la palmera, el eucaliptus australiano junto al abeto de Noruega, el abedul del Norte confundiendo sus ramas con las del kauri zelandés. Aquello era para confundir al más ingenioso clasificador de la botánica terrestre.

De pronto me detuve y con la mano detuve a mi tío.

La luz difusa permitía percibir los menores objetos entre la profundidad de los tallos. Me había parecido ver... ¡No! ¡Realmente, con mis propios ojos veía unas formas inmensas agitarse bajo los árboles! ¡Eran, en efecto, animales gigantescos, todo un ejército de mastodontes, no ya fósiles, sino vivos, semejantes a aquellos cuyos restos fueron descubiertos, en 1801, en los pantanos de Ohio! Veía aquellos enormes elefantes, cuyas trompas se arrastraban bajo los árboles, como una legión de serpientes. Se oía el ruido de sus largas defensas, cuyo marfil taladraba los troncos viejos. Las ramas crujían y las hojas arrancadas por grandes manojos eran engullidas por aquellos monstruos.

Aquel sueño, donde yo había visto renacer todos los animales de los tiempos prehistóricos, de la época terciaria y cuaternaria, por fin se convertía en realidad. Y nos encontrábamos allí, solos, en las entrañas de la Tierra y a merced de aquellos feroces habitantes.

Mi tío observaba.

—Vamos —Dijo de pronto cogiéndome de un brazo—, ¡adelante, adelante!

—¡No! —exclamé—. ¡No! ¡No tenemos armas! ¿Qué vamos a hacer en medio de esa cantidad de cuadrúpedos gigantes? Venga, tío, venga. Ninguna criatura humana puede burlar impunemente la cólera de estos monstruos.

—¡Ninguna criatura humana! —respondió mi tío bajando la voz—. Te equivocas, Axel. ¡Mira! ¡Mira allí! ¡Me parece percibir un ser viviente, un ser semejante a nosotros, un hombre!

Miré, encogiéndome de hombros y decidido a llevar mi incredulidad hasta sus últimas consecuencias. Pero, a pesar de todo, no hubo más remedio que rendirse a la evidencia.

En efecto, a menos de un cuarto de milla de distancia, apoyado en el tronco de un enorme Kauris, un ser humano, un Proteo de aquellas regiones subterráneas, un nuevo hijo de Neptuno guardaba aquel numeroso rebaño de mastodontes.

Immanis pecoris custos, immanior ipse! [1]

¡Sí!, *¡immanior ipse!* No era ya el ser fósil, cuyo cadáver habíamos levantado en el osario; era un gigante capaz de dirigir a aquellos monstruos. Tenía más de doce pies de alto. Su cabeza, gorda como la de un búfalo, desaparecía entre la maleza de una cabellera inculta. Parecía realmente una crin, semejante a la del elefante de las primeras épocas. Llevaba en la mano una rama enorme, un cayado propio de aquel pastor antediluviano.

Nos quedamos inmóviles, asombrados. Pero podía vernos, había que huir.

—¡Venga, venga! —exclamé, tirando de mi tío, que por primera vez se dejó llevar.

Un cuarto de hora más tarde estábamos ya lejos de aquel temible enemigo.

Y ahora que pienso en ello tranquilamente, ahora que mi espíritu ha recobrado la calma, después de transcurridos meses desde aquel extraño y sobrenatural encuentro, ¿qué pensar, qué creer? ¡No! ¡Es imposible! Nuestros sentidos estaban embotados y nuestros ojos no vieron lo que creían ver. ¡No existe ninguna criatura humana en ese mundo subterráneo! Ninguna generación de hombres puede habitar en aquellas cavernas profundas del Globo, sin preocuparse de los habitantes de la superficie ni comunicarse con ellos. ¡Eso es insensato, verdaderamente insensato!

Prefiero creer en la existencia de algún animal, cuya estructura se parezca a la forma humana, algún mono de las primeras épocas geológicas,

---

1 «Guardián de un prodigioso rebaño, ¡él mismo más prodigioso si cabe!» *(N. del E.)*

algún protopiteco, algún mesopiteco semejante al que descubrió el señor Lartet en el osario de Sansan. ¡Pero el tamaño de éste sobrepasaba a todas las medidas obtenidas por la paleontología! ¡No importa; era un mono, sí, un mono, por muy increíble que parezca! ¡Pero un hombre vivo y con él toda una generación enterrada en las entrañas de la tierra...! ¡Eso nunca!

Sin embargo, salimos de aquel bosque claro y luminoso mudos de espanto, abrumados por una estupefacción que llegaba a atontarnos. Corríamos a pesar nuestro. Era una auténtica huida, parecida a esas espantosas carreras que creemos dar en algunas pesadillas. Instintivamente volvíamos hacia el mar Lidenbrock y no sé en qué divagaciones me habría metido si una preocupación no me hubiese llevado hasta las observaciones más prácticas.

Aunque pisábamos sobre un terreno enteramente virgen, veía algunas veces rocas cuya forma me recordaba a las de Puerto-Graüben. Eso explicaría la indicación de la brújula y nuestro regreso involuntario al norte del mar Lidenbrock. Aquello era como para equivocarse. De los salientes de las rocas caían cascadas y arroyuelos a centenares. Me parecía volver a ver la capa de surtarbrandur, a nuestro fiel Hans-Back y la gruta donde volví a la vida; algunos pasos más allá, la disposición de los contrafuertes, la aparición de un arroyo, el perfil sorprendente de una roca volvían a sumergirme en la duda. Le comenté a mi tío el dilema en el que me encontraba.

El profesor estaba tan indeciso como yo; no podía orientarse en medio de aquel panorama uniforme. Lo comprendí por algunas palabras que se le escaparon.

—Evidentemente —le dije—, no hemos desembarcado en el mismo lugar de donde salimos; pero seguro que rodeando la playa nos acercaríamos a Puerto-Graüben.

—En ese caso —respondió mi tío—, es inútil continuar nuestra exploración; volvamos a la balsa. ¿Pero no estarás equivocado, Axel?

—Es muy difícil afirmar nada, pues todas estas rocas se parecen mucho. Creo, sin embargo, reconocer el promontorio al pie del cual construyó Hans nuestra embarcación. Debemos de estar cerca del puerto, si no es este mismo —añadí, examinando una ensenada que me pareció reconocer.

—Pero Axel, si así fuese, encontraríamos al menos nuestras propias huellas y yo no veo nada...

—¡Yo sí veo algo! —exclamé lanzándome sobre un objeto que brillaba sobre la arena.

—¿Qué es eso?

—Mírelo —respondí, y enseñé a mi tío el puñal cubierto de moho que acababa de recoger.

—¿Tú habías traído esa arma?

—Yo, de ningún modo; la traería usted, supongo.

—Que yo sepa, no; nunca he poseído este objeto.

—¡Qué cosa tan particular!

—No, es muy sencillo, Axel, los islandeses suelen tener armas de este género; debe, por tanto, de pertenecer a Hans y la ha perdido en esta playa...

—¡A Hans! —dije yo, negándolo con la cabeza. Hans jamás hubiera poseído aquel puñal.

—¿Es que acaso es el arma de algún guerrero antediluviano —exclamé yo—, o de un hombre vivo, de alguien contemporáneo al gigantesco pastor? ¡Claro que no! ¡Esto no es un objeto de la Edad de Piedra! ¡Ni de la del Bronce! Este filo es de acero...

Mi tío me cortó rápido, pues por ese camino me perdería en medio de una nueva divagación, y con su tono frío me dijo:

—Cálmate, Axel, y atiende a razones.

Luego examinó el arma con atención.

—Axel, este puñal es un arma del siglo dieciséis; una daga auténtica de las que los gentilhombres llevaban en el cinto para dar el golpe de gracia; es de origen español; no pertenece ni a ti, ni a mí, ni al cazador, ni siquiera a los seres humanos que pudieran habitar en las entrañas del Globo.

—¿Será posible lo que está usted diciendo?

—Mira, esta melladura no es de haber sido clavada en la garganta de la gente y su hoja está cubierta de una herrumbre que no data de un día, ni de un año, ni de un siglo.

El profesor se iba animando según su costumbre, dejándose llevar por su imaginación.

—¡Axel —continuó—, estamos sobre la pista del gran descubrimiento! Este puñal quedó abandonado en la arena desde hace cien, doscientos o trescientos años, y se ha mellado sobre las rocas de este mar subterráneo.

—¡Pero no ha podido venir él solo! —exclamé—. ¡No ha podido torcerse el sólo! ¡Alguien nos ha precedido!...

—Sí, un hombre.

—¿Qué hombre?

—¡Ese hombre ha grabado su nombre con este puñal! Ese hombre ha querido, una vez más, señalar con su propia mano el camino del centro. ¡Busquemos pues, busquemos!

E interesados prodigiosamente, empezamos a bordear aquella alta muralla, examinando las hendiduras más pequeñas que pudieran convertirse en galería.

De esta manera llegamos a un lugar donde la playa se estrechaba. El mar llegaba casi a mojar el pie de los contrafuertes, dejando un paso de una toesa de ancho todo lo más. Entre dos salientes de una roca, se podía ver la boca de un túnel oscuro.

Allí, sobre una piedra de granito, aparecían dos letras misteriosas, medio borradas, las iniciales del osado y fantástico viajero:

—¡A. S.! —exclamó mi tío—, ¡Arne Saknussem! ¡Siempre Arne Saknussem!

CAPÍTULO XL

Yo ya había pasado por bastantes sucesos extraños desde el principio del viaje; de modo que debería creerme inmune a cualquier sorpresa e incapaz de maravillarme por nada. Sin embargo, a la vista de aquellas dos letras grabadas allí desde hacía trescientos años, me quedé en un estado de tal embobamiento que rozaba la estupidez. No solamente el nombre del sabio alquimista se leía sobre la roca, sino que el puñal que lo había trazado se hallaba entre mis manos. Ya no podía dudar de la existencia del viajero, ni de la realidad de su viaje, sino siendo un incrédulo insigne.

Mientras me entregaba a estas turbulentas reflexiones, mi tío, el profesor Lidenbrock, se dejaba llevar por un arrebato de algo ditirámbico hacia Arne Saknussem.

—¡Genio maravilloso! —exclamaba—. ¡No has olvidado nada de lo que pudiese abrir a los demás mortales los caminos de la corteza terrestre y tus semejantes pueden hallar después de tres siglos las huellas que tus pies dejaron en el fondo de estos oscuros subterráneos! ¡Has reservado la contemplación de estas maravillas a otras miradas además de la tuya! ¡Tu nombre, grabado de trecho en trecho, conduce recto a su fin al viajero que es lo suficientemente valiente para seguirte, y aun en el centro de nuestro planeta se encontrará inscrito con tu propia mano! ¡Pues bien, yo también firmaré sobre esta última piedra de granito! ¡Que, desde ahora, este cabo que tú viste al lado de este mar descubierto por ti, se llame el cabo Saknussem!

Esto, poco más o menos, fue lo que oí, y me sentí vencido por el entusiasmo que respiraban estas palabras. ¡Un fuego interior se encendió en mi pecho! Me olvidé de todo, de los peligros del viaje y de las dificultades de la vuelta. Lo que otro había hecho quería yo hacerlo también y, dentro de lo humano, nada me parecía imposible.

—¡Adelante! —exclamé—. ¡Adelante!

Iba ya a internarme por la oscura galería cuando mi tío me detuvo, y él, que era hombre de arrebatos, fue esta vez el que tuvo que recomendarme paciencia y sangre fría.

—Volvamos primero adonde está Hans y traigamos la balsa a este lugar.

Obedecí esta orden con esfuerzo y me lancé rápidamente entre las rocas de la playa.

—Sabe usted, tío —dije mientras andábamos—, que hasta aquí nos han servido de mucho las circunstancias.

—¿Te parece así, Axel?

—Sin duda; si no es por la tempestad, no encontramos el verdadero camino. ¡Bendita sea la tormenta! ¡Nos ha conducido a esta costa de donde el buen tiempo nos hubiese alejado! Suponga usted por un momento que hubiéramos llegado con nuestra proa (¡la proa de una balsa!) a las costas meridionales del mar Lidenbrock ¿Qué habría sido de nosotros? No hubiésemos visto el nombre de Saknussem y estaríamos ahora abandonados en una playa sin salida.

—Sí, Axel, hay algo providencial en esto de que navegando hacia el sur hayamos vuelto precisamente al norte y al cabo Saknussem. Esto es más que extraño; hay ahí un hecho que no puedo explicarme.

—¿Y qué importa? No hay que explicarse los hechos, sino aprovecharse de ellos.

—Sin duda, hijo mío, pero...

—Pero vamos a tomar de nuevo el camino del norte, pasar bajo las regiones septentrionales de Europa: Suecia, Siberia, ¡qué sé yo!, en lugar de internarnos bajo los desiertos de África, las aguas del océano y no sé dónde más.

—Sí, Axel, tienes razón; todo sucede para nuestro bien, puesto que, además, vamos a dejar este mar horizontal que no nos llevaba a ninguna parte. ¡Vamos a bajar, a bajar otra vez, siempre a bajar! ¿No sabes que no nos quedan más que mil quinientas leguas para llegar al centro del Globo?

—¡Bah! —exclamé—. No merece la pena ni hablar de ello. ¡En marcha, en marcha!

Aún duraban estos discursos insensatos cuando nos reunimos con Hans. Todo estaba preparado para partir inmediatamente; no quedaba ni un solo bulto por embarcar; nos colocamos en la balsa y, con la vela desplegada, Hans se dirigió hacia el cabo Saknussem, siguiendo la costa.

El viento no era favorable para una embarcación que no podía mantenerse cerca de la costa. Más de una vez hubo que recurrir a las barras de hierro para seguir avanzando. Otras veces, las rocas, que salían a flor de agua, nos obligaban a dar un gran rodeo. Por fin, a eso de las seis de la tarde y después de tres horas de navegación, llegamos a un lugar adecuado para desembarcar.

Salté a tierra seguido de mi tío y del islandés. La travesía no me había calmado. Al contrario. Llegué incluso a proponer que quemásemos «nuestro barco» para impedir la retirada. Pero mi tío se opuso a ello. Lo encontré singularmente frío.

—Al menos, vámonos sin perder un instante —dije.

—Sí, hijo mío; pero examinemos primero esta nueva galería para saber si hay que preparar las escalas.

Mi tío puso enseguida en movimiento el aparato de Ruhmkorff. La balsa quedó atada a la playa y la dejamos sola. La abertura de la galería no estaba ni en veinte pasos de allí; así es que nuestro pequeño ejército, conmigo a la cabeza, no tardó en llegar.

El orificio, casi en forma de círculo, presentaba unos cinco pies de diámetro; el sombrío túnel se abría sobre la roca viva, estaba redondeado cuidadosamente por las materias eruptivas que habían pasado por él; su parte inferior rozaba contra el suelo de tal manera que pudimos penetrar sin ninguna dificultad.

Seguimos aún en dirección casi horizontal cuando, al cabo de seis pasos, un enorme bloque se interpuso a nuestra marcha.

—¡Maldita roca! —exclamé con furia, viéndome detenido de repente por un obstáculo infranqueable.

Por más que buscamos a derecha y a izquierda, arriba y abajo, no existía ningún paso, ninguna bifurcación. Experimenté un auténtico desencanto y no quería creer en la realidad del obstáculo. Me agaché; miré por debajo del bloque; ninguna hendidura. Luego por encima, y tropecé con la misma barrera de granito. Hans recorrió con la lámpara toda la pared; ésta no nos ofrecía ninguna solución por donde seguir.

No nos quedaba más remedio que perder las esperanzas de pasar.

Me senté en el suelo; mi tío se paseaba, dando pasos largos por el pasadizo.

—¡Pero, y Saknussem! —exclamé.

—Eso es —dijo mi tío—, ¿acaso se vio detenido por esta puerta de piedra?

—¡No, no! —continué con energía—. Esta roca ha cerrado el paso bruscamente, o por algún sacudimiento, o bien por uno de esos fenómenos magnéticos que desplazan la corteza terrestre. Han debido de pasar muchos años desde que Saknussem volviera por aquí hasta la caída de este bloque. Es evidente que por esta galería se abría paso la lava otras veces y circulaban libremente las materias eruptivas. Mire, hay grietas recientes que surcan este techo de granito; está hecho de trozos de piedras enormes que hacen pensar que algún gigante es el que ha trabajado en esta substrucción. Pero un día el empuje fue más fuerte y este bloque, como si fuese una llave, resbaló al suelo y cerró por completo el paso. ¡He aquí un obstáculo accidental que Saknussem no encontró y que si no lo derribamos nos hará indignos de llegar al centro del Globo!

¡Así hablaba yo! Parecía que el alma del profesor se había reencarnado a la mía. Me inspiraba el genio de los descubrimientos. Olvidaba el pasado y despreciaba el porvenir. Para mí ya no existía nada sobre la superficie de aquella esfera, en el centro de la cual estaba sepultado; ni ciudades, ni campos, ni Hamburgo, ni Königstrasse, ni siquiera mi pobre Graüben, que debía creerme perdido para siempre en las entrañas de la Tierra.

—Pues bien —dijo mi tío—, tiremos estas murallas a golpes de pico y azadón y abrámonos paso.

—¡Para el pico es demasiado duro! —exclamé.

—Pues entonces con el azadón.

—Es demasiado largo para el azadón.

—Pero entonces...

—Pues, ¡la pólvora! ¡La mina! ¡Hagamos volar el obstáculo!

—¡La pólvora!

—¡Sí! No se trata sino de partir un trozo de roca.

—¡Hans, manos a la obra! —exclamó mi tío.

El islandés fue a la balsa, de donde volvió enseguida con un pico del cual se sirvió para cavar el barreno. No era un trabajo sencillo. Se trataba de hacer un hueco lo bastante grande para contener cincuenta libras de fulmicotón, cuyo poder explosivo es cuatro veces mayor que el de la pólvora de cañón.

Me encontraba en un prodigioso estado de euforia. Mientras Hans trabajaba, yo ayudaba a mi tío a preparar una mecha larga hecha con pólvora mojada y colocada dentro de un tubo de tela.

—¡Pasaremos! —dije.

—Sí, pasaremos —repitió mi tío.

A media noche, nuestro trabajo de mineros quedó enteramente terminado; la carga de fulmicotón estaba escondida en el hornillo y la mecha, después de recorrer la galería, acababa por llegar hasta afuera. Una sola chispa bastaba ya para poner en actividad esa formidable máquina.

—Hasta mañana —dijo el profesor, y tuve que resignarme a la fuerza a esperar aún ¡seis largas horas!

CAPÍTULO XLI

El día siguiente, jueves 27 de agosto, fue una fecha célebre en este viaje subterráneo. Cada vez que lo recuerdo me sobrecoge un inmenso temor. Desde aquel momento nuestra razón, nuestro juicio, nuestro ingenio no tienen ya voz ni voto, y nos convertimos en el juguete de los fenómenos terrestres.

A las seis ya estábamos levantados. Se acercaba el momento de abrir, gracias a la pólvora, un paso a través de la corteza de granito.

Solicité el honor de prender fuego a la mina. Una vez hecho esto, debía reunirme con mis compañeros en la balsa, que no había sido descargada; después nos alejaríamos para evitar los peligros de la explosión, cuyos efectos no se limitarían probablemente al interior del macizo.

Según nuestros cálculos, la mecha debía arder diez minutos antes de prender fuego a la cámara de pólvora. Yo tenía, por tanto, el tiempo justo para llegar a la balsa.

Me dispuse a desempeñar mi cargo, no sin cierta emoción.

Después de un rápido almuerzo, mi tío y el cazador se embarcaron y yo me quedé en la playa. Llevaba encendido un farol, que debía servirme para prender fuego a la mecha.

—Ve, hijo mío, y vuelve inmediatamente a reunirte con nosotros.

—Esté usted tranquilo, tío; no me entretendré por el camino.

Enseguida me dirigí al orificio de la galería, abrí el farol y agarré el extremo de la mecha.

El profesor tenía el cronómetro en la mano.

—¿Estas dispuesto? —me gritó.

—¡Sí!

—¡Pues prende fuego, hijo mío!

Acerqué la llama a la mecha, que chisporroteó al contacto del fuego; luego me volví corriendo a la orilla.

—Embárcate —dijo mi tío— y alejémonos.

Hans, con un vigoroso empujón, nos lanzó al mar. La balsa se alejó unas veinte toesas.

El momento era solemne; el profesor seguía con la mirada la aguja del cronómetro.

—Aún quedan cinco segundos —decía—, aún cuatro, tres.

Me latía el pulso por medios segundos.

—¡Todavía quedan dos! ¡Uno!... ¡Desplomaos, montes de granito!

¿Qué pasó entonces? Creo que no oí el ruido de la detonación. Pero la forma de las rocas se modificó súbitamente ante mi vista; se abrieron como una cortina. Vi abrirse un abismo insondable en plena playa. El mar, atacado por el vértigo, no era más que una ola enorme, sobre la cual la balsa se elevó perpendicularmente.

Nos caímos los tres. En menos de un segundo, las tinieblas más profundas sucedieron a la luz. Luego sentí que nos faltaba un apoyo sólido, no a nuestros pies, sino a la balsa. Creí que se iba a pique. Pero no. Quise hablar a mi tío, pero era inútil, pues el rugido de las aguas le hubiese impedido oírme.

A pesar de las tinieblas, el ruido, la sorpresa y la emoción, comprendí lo que había pasado.

Más allá de la roca que acababa de saltar se abría un abismo. La explosión había producido una especie de terremoto en aquel terreno cubierto de grietas; el abismo se había abierto y el mar, convertido en un torrente, nos precipitaba dentro de él.

Me sentí totalmente perdido. Así pasó una hora, dos, ¡qué sé yo cúantas! Nos sujetábamos por los codos, nos cogíamos de la mano para no ser lanzados fuera de la balsa; cuando ésta pegaba contra la muralla, se producían choques violentísimos. Sin embargo, estos choques eran escasos, por lo que deduje que la galería se había ensanchado considerablemente. Aquello era, sin duda, el camino de Saknussem; pero en lugar de bajarlo solos, nos habíamos traído, con nuestra imprudencia, el mar entero con nosotros.

Estas ideas me asaltaban de un modo vago y confuso. Era difícil coordinarlas en aquella carrera vertiginosa que parecía un derrumbamiento.

A juzgar por el aire que me azotaba la cara, la rapidez debía sobrepasar a la de los trenes más rápidos. Encender una antorcha en estas condiciones era totalmente imposible; y nuestro último aparato eléctrico se había roto en el instante de la explosión.

Me sorprendió, por tanto, ver resplandecer una luz a mi lado. Vi la cara tranquila de Hans. El hábil cazador había conseguido encender su lámpara y aunque la llama vaciló hasta casi apagarse, reflejó alguna luz en aquella espantosa oscuridad.

La galería era ancha. Tenía yo razón en figurármela así. Nuestra luz no bastaba para ver los dos muros a la vez. La corriente de agua que nos arrastraba era mayor que la más insuperable de las de América; su superficie parecía estar formada por un conjunto de flechas líquidas, disparadas con gran potencia. No podría hacer una comparación más justa. La balsa, empujada por ciertos remolinos, avanzaba a veces dando vueltas. Cuando se acercaba a los muros de la galería, aproximaba la luz y me daba cuenta de su rapidez, viendo los salientes de las rocas convertirse en trazos continuos, de manera que parecía que estábamos encerrados en una red de líneas móviles. Calculaba yo que nuestra velocidad debía de ser de treinta leguas por hora.

Mi tío y yo nos mirábamos con asombro, recostados en el tronco del mástil, que se había roto de un golpe en el momento de la catástrofe. Estábamos vueltos de espaldas al aire para no perecer ahogados por la rapidez de un movimiento que ninguna fuerza humana podría contener.

Las horas se sucedían. La agitación no cambiaba; pero un incidente vino a complicarla aún más.

Al tratar de poner un poco de orden en el cargamento, vi que la mayor parte de los objetos que estaban embarcados habían desaparecido en el momento de la explosión, cuando el mar nos atacó con tanta violencia. Quería saber exactamente a qué atenerme en cuanto a recursos y comencé mis pesquisas con el farol en la mano. De instrumentos no quedaban más que la brújula y el cronómetro. Las escalas de cuerdas se reducían a un trozo de cable enrollado al tronco del mástil. No quedaba ni un solo pico, ni un azadón, ni un martillo, y la desgracia más irreparable era que apenas había víveres para un día.

Me puse a buscar en las hendiduras de la balsa, en los rincones más pequeños formados por las lamas y la unión de las tablas. ¡Nada! Nuestras provisiones consistían únicamente en un trozo de carne seca y algunas galletas.

Miraba con asombro. ¡No quería comprender lo que veía! Y, sin embargo, ¿qué peligro me preocupaba? Aunque hubiese habido víveres suficientes para meses y aun para años, ¿cómo íbamos a salir de aquellos abismos donde nos llevaba aquel torrente irresistible? ¿Para qué temer las torturas del hambre, si la muerte se nos presentaba bajo miles de formas? ¿Tendríamos tiempo para morir de inanición?

Sin embargo, por un extraño impulso de la imaginación, me olvidé del peligro inmediato para pensar en las amenazas del porvenir, que se me presentaban en todos sus horrores.

Por otra parte, quizá podríamos escapar a los furores del torrente y volver a la superficie del Globo. ¿Cómo? Lo ignoraba. ¿Dónde? ¡No importaba! Una posibilidad contra mil es siempre una posibilidad, mientras que el pensamiento de morirse de hambre no nos dejaba esperanza alguna.

Se me ocurrió decírselo todo a mi tío, mostrarle la desnudez a que estábamos reducidos y hacer la cuenta exacta del tiempo de vida que nos restaba. Pero tuve el valor de callarme. Quise dejarle toda su sangre fría.

En ese momento la luz del farol disminuyó poco a poco y se extinguió por completo. La oscuridad se hizo absoluta. La mecha se había consumido hasta el final. No había que pensar ya en disipar aquellas tinieblas impenetrables. Quedaba una antorcha, pero hubiese sido imposible sostenerla encendida. Entonces, como un niño, cerré los ojos para no ver toda aquella oscuridad.

Después de un lapso de tiempo bastante largo, la velocidad de nuestra carrera se hizo mayor. Me di cuenta de ello por el azote del aire en mi rostro. La corriente de las aguas era excesiva. Yo creo que, en realidad, ya no descendíamos, sino que caíamos. Mi impresión era la de una caída casi vertical. La mano de mi tío y la de Hans, pegados a mis brazos, me sostenían con vigor.

De pronto, después de un rato que no puedo calcular, sentí un choque; la balsa no se había precipitado contra un cuerpo duro, sino que se había parado súbitamente en su descenso. Una tromba de agua, una inmensa columna líquida se cernía en su superficie. Me faltaba la respiración; me ahogaba.

Esta súbita inundación no duró demasiado. En unos segundos me encontré al aire libre, el cual aspiré a pleno pulmón. Mi tío y Hans me cogían el brazo hasta casi rompérmelo; la balsa nos conducía aún a los tres.

CAPÍTULO XLII

Supongo que serían entonces la diez de la noche. El primero de mis sentidos que funcionó después de este último asalto fue el del oído. Pude oír casi enseguida hacerse el silencio en la galería, sucediendo a aquellos rugidos que llenaron mis oídos durante tantas horas. Luego oí como un murmullo estas palabras de mi tío:

—¡Subimos!

—¿Qué quiere decir? —pregunté.

—¡Sí, subimos! ¡Subimos!

Extendí el brazo; toqué el muro con la mano, que se me llenó de sangre. Subíamos con una extremada rapidez.

—¡La antorcha, la antorcha! —exclamó el profesor.

Hans acabó por encenderla, no sin dificultad, y aunque la llama oscilaba de arriba abajo por efecto del movimiento ascendente, produjo bastante luz para alumbrar toda la escena.

—Esto es lo que yo suponía —dijo mi tío—. Estamos en un pozo estrecho que no tiene ni cuatro toesas de diámetro. El agua, al llegar al fondo del abismo, vuelve a su nivel y nos hace subir con ella.

—¿Dónde?

—Lo ignoro; pero hay que estar preparados para cualquier eventualidad. Subimos con una rapidez que calculo de dos toesas por segundo, o sea, ciento veinte por minuto, o más de tres leguas y media por hora.

—¡Sí, si no hay nada que nos detenga; si este pozo tiene salida! Pero, ¿y si está tapado?, ¿y si el aire se acumula poco a poco bajo la presión de la columna de agua y acabamos aplastados?

—Axel —respondió mi tío con mucha calma—, la situación es casi desesperada, pero aún hay algunas probabilidades de salvación, y éstas son las que examino. Si de un momento a otro podemos perecer, también podemos salvarnos. Aprovechemos, por lo tanto, todas las circunstancias.

—Pero ¿qué hacemos?

—Reparar nuestras fuerzas comiendo.

Al oír estas palabras, miré a mi tío con ojos desesperados. Había que decir al fin lo que hasta entonces no había querido confesar.

—¿Comer? —repetí.

—Sí, sin demora.

El profesor añadió algunas palabras en danés. Hans movió la cabeza.

—¡Cómo! —exclamó el profesor—. ¡Se han perdido las provisiones!

—Sí, esto es lo que queda. ¡Un trozo de carne seca para los tres!

Mi tío me miraba sin querer comprender mis palabras.

—¡Y qué! —dije—. ¿Cree usted todavía que nos podemos salvar?

Mi pregunta no obtuvo respuesta.

Pasó una hora. Empecé a experimentar un hambre violenta; mis compañeros la sufrían también, pero ninguno se atrevía a tocar aquel mísero resto alimenticio.

Seguíamos subiendo con rapidez; algunas veces el aire nos cortaba la respiración, como a los aeronautas cuando su ascensión es demasiado rápida. Pero así como éstos experimentan cada vez más frío a medida que se elevan en las capas atmosféricas, nosotros sentíamos el efecto contrario. El calor aumentaba de un modo alarmante y debía de llegar a cuarenta grados.

¿Qué significaría un cambio semejante? Hasta entonces los hechos habían dado la razón a las teorías de Davy y de Lidenbrock; hasta entonces las condiciones particulares de las rocas refractarias, de la electricidad, del magnetismo habían modificado las leyes generales de la naturaleza, proporcionándonos una temperatura moderada, pues la teoría del fuego central permanecía a mis ojos como la única verdadera, la única explicable. ¿Iríamos a llegar a un centro donde estos fenómenos se llevan a cabo en todo su rigor y donde el calor reducía las rocas a un estado completo de fusión? Esto era lo que yo temía y se lo dije al profesor.

—Si no nos ahogamos o nos estrellamos, o si no nos morimos de hambre, siempre nos quedará la suerte de quemarnos vivos.

Se contentó con encogerse de hombros y ensimismarse en sus reflexiones.

Pasó otra hora sin que ningún incidente, a no ser un ligero aumento de temperatura, modificase la situación. Mi tío rompió al fin el silencio:

—Veamos —dijo—, hay que tomar una decisión.

—¿Tomar una decisión? —repliqué.

—Sí. Tenemos que reparar nuestras fuerzas. Podemos economizar este resto de alimento y prolongar nuestra vida algunas horas. De otro modo no conseguiremos más que estar débiles hasta el final.

—Sí; hasta el final, que no se hará esperar.

—¡Pues bien! ¿Y si se nos presenta una probabilidad de salvarnos o necesitamos un momento de fuerza? ¿Cómo vamos a encontrarla si nos dejamos vencer por la inanición?

—Pero, tío, una vez devorado este pedazo de carne, ¿qué nos quedará?

—Nada, Axel, nada; pero ¿te alimentará más comiéndotelo con los ojos? Esos razonamientos son dignos de un hombre sin voluntad; de un ser sin energía.

—Entonces, ¿usted no se desespera? —exclamé irritado.

—¡No! —replicó el profesor con firmeza.

—¡Cómo! ¿Cree usted aún en alguna probabilidad de salvarnos?

—¡Sí! ¡Ciertamente, sí! Y mientras a uno le lata el corazón y le palpite la sangre, no admito que un ser dotado de voluntad se deje llevar por la desesperación.

¡Qué palabras! El hombre que las pronunciaba en semejantes circunstancias era seguramente de un temple poco común.

—Pero ¿qué pretende hacer?

—Comernos lo que queda de alimento hasta la última migaja y reparar así nuestras fuerzas perdidas. Esta comida será la última, ¡vale!; pero al menos en lugar de estar desfallecidos, volveremos a ser hombres.

—¡Pues bien, devoremos! —exclamé.

Mi tío cogió el pedazo de carne y las pocas galletas que se habían salvado del naufragio; hizo tres partes iguales y las distribuyó. Venía a resultar una libra de comida para cada uno. El profesor comió con avidez, con una especie de arrebato febril; yo, sin gusto, a pesar del hambre que tenía, y puede decirse que hasta con asco; Hans, tranquilamente, moderadamente, masticando sin ruido pequeños bocados y saboreándolos con la tranquilidad de un hombre a quien no le inquieta el porvenir. Encontró, buscando bien, una bota medio llena de ginebra; nos ofreció y aquel reconstituyente licor logró reanimarme.

—*Förtrafflig!* —dijo Hans, bebiendo a su vez.

—¡Excelente! —repitió mi tío.

Recobré alguna esperanza. Pero la última comida acababa de terminarse. Eran, entonces, las cinco de la mañana.

El hombre es de índole tal que su salud es un efecto puramente negativo; una vez satisfecha la necesidad de comer, es difícil figurarse los horrores del hambre; hay que experimentarlos para comprenderlos. Por eso, después de un largo ayuno, algunos bocados de carne y unas galletas vencieron a los dolores pasados.

Sin embargo, después de este almuerzo, cada uno se dejó llevar por sus reflexiones. ¿En qué pensaría Hans, aquel hombre del extremo occidente a quien dominaba la resignación fatalista de los orientales? En mi caso, los pensamientos no eran más que recuerdos que llevaban a la superficie de aquel Globo que nunca debí dejar. La casa de Königstrasse, mi pobre Graüben, Marta, la criada, pasaron ante mis ojos como visiones, y en medio de los lúgubres rugidos que penetraban aquel macizo, creía sorprender los ruidos de las ciudades terrestres.

Mi tío, siempre a lo suyo, con la antorcha en la mano, examinaba con cuidado la naturaleza de los terrenos; trataba de reconocer su situación por la observación de las capas sobrepuestas. Esta cuenta, o mejor dicho, esta conjetura no podía ser más que aproximada; pero un sabio es siempre un sabio cuando llega a conservar su sangre fría, y el profesor Lidenbrock poseía ciertamente esta cualidad en un grado poco común.

Le oía murmurar palabras de la ciencia geológica; las comprendía y me dedicaba muy a mi pesar a aquel estudio supremo.

—Granito eruptivo —decía—; estamos aún en la época primitiva; pero subimos, ¡subimos! ¿Quién sabe?

¡Quién sabe! Seguía esperando. Palpaba con la mano las paredes verticales, y, unos momentos después, continuaba así:

¡Aquí están los gneis, y aquí los micasquistos! Bien, pronto los terrenos de transición y entonces...

¿Qué quería decir el profesor? ¿Podía medir el espesor de la corteza terrestre suspendida sobre nuestras cabezas? ¿Poseía algún medio para hacer la cuenta? No. Le faltaba el manómetro y ninguna conjetura podía suplirlo.

Sin embargo, la temperatura aumentaba en una proporción enorme; me sentía bañado por una atmósfera ardiente. No podía compararse más que al calor que despedían los hornos de una fundición, a la hora de los vaciados de un metal. Poco a poco, Hans, mi tío y yo habíamos tenido que quitarnos los trajes y los chalecos; nos ponía malos, o, aún peor, nos llegaba a torturar, el tener que llevar la mínima ropa encima.

—¿Subimos hacia un foco incandescente? —exclamé en un momento en que el calor se incrementaba.

—No —respondió mi tío—, ¡es imposible!, ¡es imposible!

—Sin embargo —dije, tocando la pared—, esta muralla está caliente.

Al momento de pronunciar estas palabras toqué el agua y tuve que retirar la mano a toda prisa.

—¡El agua está ardiendo! —exclamé.

El profesor respondió con un gesto de enfado.

Entonces, un terror invencible se apoderó de mi cerebro, sin apartarse de él. Yo era consciente de la catástrofe que se nos venía encima, la mayor que la imaginación más portentosa pudiese concebir. Una idea, vaga e incierta primero, iba convirtiéndose en verdadera en mi conciencia. Procuraba no pensar en ella, pero volvía a mí con obstinación. No me atrevía a formularla. Algunas observaciones involuntarias determinaron, sin embargo, mi convicción; a la luz dudosa de la antorcha, notaba movimientos desordenados en las capas graníticas; evidentemente iba a producirse un fenómeno en el cual la electricidad desempeñaba algún papel; luego aquel calor excesivo, aquella agua hirviendo... Me decidí a observar la brújula.

¡Se había vuelto loca!

Capítulo XLIII

Sí, ¡loca! La aguja saltaba de un polo al otro, con sacudidas bruscas recorría todos los puntos del cuadrante y daba vueltas como si tuviese un ataque de vértigo.

Yo sabía que, según las teorías más aceptadas, la corteza mineral del Globo no está nunca en un estado de reposo absoluto; las modificaciones producidas por la descomposición de las materias internas, la agitación producida por las grandes corrientes líquidas, la acción del magnetismo, tienden a moverla incesantemente, aun cuando los seres diseminados por su superficie no sospechen su agitación. Este fenómeno no me hubiese asustado tanto, o al menos no hubiese despertado en mi mente ninguna idea terrible.

Pero otros hechos, ciertos detalles *sui generis,* no pudieron engañarme por más tiempo; las detonaciones se multiplicaban con una intensidad terrible; no podía compararlas más que con el ruido que harían un gran número de carretas rodando rápidamente por el suelo. Aquello era un trueno continuo.

Luego, la brújula perturbada, sacudida por los fenómenos eléctricos, confirmaba mi opinión; la corteza mineral amenazaba con abrirse, los macizos graníticos con juntarse, la fisura con rebosar, el vacío con llenarse y nosotros, pobres átomos, íbamos a ser aplastados en aquella sacudida formidable.

—¡Tío, tío! —exclamé—, ¡estamos perdidos!

—¿Qué nuevo terror es ése? —me respondió, con una calma sorprendente—. ¿Qué tienes?

—¿Que qué tengo? Observe usted estas paredes que se agitan, este macizo que se disloca, este calor tórrido, el agua hirviendo, los vapores que se espesan, la aguja perturbada, ¡todos los indicios de un temblor de tierra!

Mi tío movió suavemente la cabeza.

—¿Un temblor de tierra? —dijo.

—¡Sí!

—Creo que te equivocas, hijo mío.

—¡Cómo! ¿No reconoce usted estos síntomas?

—¿Como los de un temblor de tierra? ¡No! Espero algo mejor que eso.

—¿Qué quiere usted decir?

—Una erupción, Axel.

—¡Una erupción! —dije—. ¿Estamos en la chimenea de un volcán en actividad?

—Así lo creo —dijo el profesor sonriendo—, y eso es lo mejor que puede ocurrirnos.

¡Lo mejor! ¿Mi tío se había vuelto loco? ¿Qué significaban aquellas palabras, aquella calma y aquella sonrisa?

—¡Cómo! —exclamé—. ¡Estamos prisioneros en una erupción! ¡La fatalidad nos ha lanzado por el camino de las lavas incandescentes, de las rocas ardientes, de las aguas hirviendo y de todas las materias eruptivas! ¡Vamos a ser empujados, expulsados, lanzados, vomitados por los aires con los trozos de roca, las lluvias de cenizas y de escoria, en un turbión de llamas! ¡Y eso es lo mejor que puede ocurrirnos!

—Sí —respondió mi tío, mirándome por encima de sus gafas—, porque es la única probabilidad que tenemos de volver a la superficie de la Tierra.

Paso de refilón por las mil ideas que se cruzaron en mi cerebro. Mi tío tenía razón, absoluta razón, y nunca me pareció ni tan valiente ni tan convencido como en aquel momento en que esperaba y calculaba con calma las probabilidades de una erupción.

Seguíamos subiendo; pasamos la noche en medio de este movimiento ascendente; los ruidos que nos rodeaban se iban incrementando; yo estaba a punto de asfixiarme; creía llegada mi última hora, y, a pesar de ello, la imaginación es tan extraña que me entregué a una indagación verdaderamente infantil. Yo sufría mis pensamientos, pero no los dominaba.

Era evidente que una oleada eruptiva nos estaba vomitando; bajo la balsa había agua hirviendo, y, bajo estas aguas, una pasta de lava, un agregado de rocas que en la cima del cráter se dispersarían en todos los sentidos. Nos encontrábamos, por tanto, en la chimenea de un volcán. No había duda al respecto.

Pero en lugar del Sneffels, volcán apagado, se trataba de un volcán en plena actividad. Yo me preguntaba entonces cuál podría ser aquella montaña y en qué parte del mundo nos expulsaría.

Seguro que sería en las regiones septentrionales. Antes de que se alterase, la brújula no había variado nunca en ese punto. Desde el cabo Saknussem habíamos sido conducidos, durante centenares de leguas, directamente al norte. ¿Habríamos vuelto bajo Islandia? ¿Nos vomitaría por el cráter del Hekla o por alguno de los otros siete montes ignívomos de la isla? En un circuito de cinco leguas al oeste, no veía bajo ese paralelo más que los volcanes poco conocidos de la costa noroeste de América. Al este existía solamente uno, bajo el grado veinticuatro de latitud, el Esk, en la isla de Jean Mayen, no lejos del Spitzberg. Desde luego cráteres no faltaban, y eran suficientemente espaciosos para vomitar un ejército entero. Pero lo que yo trataba de adivinar era cuál nos serviría de salida.

Hacia la madrugada el movimiento ascendente se aceleró. Si el calor aumentó, en lugar de disminuir, al aproximarnos a la superficie del Globo, es porque estaba localizado y se debía a una influencia volcánica. Nuestro género de locomoción ya no dejaba lugar a duda; una fuerza enorme, una fuerza de muchos centenares de atmósferas, producida por los vapores acumulados en el seno de la tierra, nos empujaba de modo irresistible. ¡Pero a cuántos peligros nos exponía!

Reflejos oscuros aparecieron pronto en la galería vertical, que se ensanchaba; me fijaba a derecha y a izquierda en corrientes profundas, semejantes a túneles inmensos de donde salían vapores espesos; lenguas de fuego lamían las paredes chisporroteando.

—¡Mire usted, tío, mire usted! —exclamé.

—Son llamas sulfurosas. Nada más natural en una erupción.

—Pero, ¿y si nos envuelven?

—No nos envolverán.

—¿Y si nos asfixiamos?

—No nos asfixiaremos; la galería se ensancha, y, si es preciso, abandonaremos la balsa y nos cobijaremos en alguna hendidura.

—¿Y el agua ascendente?

—Ya no hay agua, Axel, sino una especie de pasta de lava que nos levanta con ella hasta el orificio del cráter.

Efectivamente, la columna líquida había desaparecido para dar lugar a unas materias eruptivas, bastante densas, aunque en ebullición. La temperatura se hacía insostenible; un termómetro expuesto en aquella atmósfera hubiese marcado más de 60 grados. El sudor me inundaba. Si no hubiera sido por la rapidez de la ascensión, seguramente nos habríamos asfixiado.

A pesar de todo esto, el profesor desechó la proposición de abandonar la balsa, e hizo bien. Aquellos tablones mal unidos ofrecían una superficie sólida, un punto de apoyo, que no hubiésemos encontrado en ninguna otra parte.

Hacia las ocho de la mañana se produjo por primera vez un nuevo incidente. El movimiento ascendente cesó de golpe. La balsa quedó completamente inmóvil.

—¿Qué sucede ahora? —pregunté sacudido por aquella súbita parada como por un choque.

—Una parada —respondió mi tío.

—¿Es que se calma la erupción?

—Espero que no.

Me levanté. Traté de ver a mi alrededor. Quizá la balsa parada por algún saliente de roca oponía una resistencia momentánea a la masa eruptiva. En ese caso había que soltarla enseguida.

No era nada de eso. La columna de cenizas, de escorias y de despojos de piedra habían dejado de subir también.

—¿Será que la erupción va a pararse? —exclamé.

—¡Ah! —dijo mi tío, apretando los dientes—, temes eso, hijo mío, pero tranquilízate, este momento de calma no puede prolongarse; ya ha durado cinco minutos y dentro de poco empezaremos de nuevo nuestra ascensión hacia el orificio del cráter.

Mientras hablaba así, el profesor no dejaba de consultar su cronómetro, y debía de tener una vez más razón en sus pronósticos. Pronto la balsa recuperó un movimiento rápido y desordenado que duró unos dos minutos y se paró de nuevo.

—Bueno —dijo mi tío mirando la hora—, dentro de diez minutos volverá a reanudar el camino.

—¿De diez minutos?

—Sí. Se trata de un volcán cuya erupción es intermitente. Nos deja respirar con él.

Nada más exacto. En el momento indicado, fuimos lanzados de nuevo con una extremada rapidez; había que agarrarse a las vigas para no caer fuera de la balsa. Después, se paró la corriente.

Desde entonces he reflexionado mucho sobre este fenómeno sin encontrarle una explicación satisfactoria. Sin embargo, me parece evidente que no ocupábamos la chimenea principal del volcán, sino un conducto accesorio, donde se sentía un efecto carambola.

¿Cuántas veces se reprodujo esta maniobra? Imposible averiguarlo; todo lo que puedo afirmar es que cada vez que se producía el movimiento, éramos lanzados con más fuerza y como disparados por un auténtico proyectil. En el momento en que se paraba nos asfixiábamos, cuando se movía, el aire ardiente me cortaba la respiración. Pensé un momento en el gusto de encontrarme súbitamente en las regiones hiperbóreas, con un frío de treinta grados bajo cero. Mi imaginación enfervorizada se paseaba por las llanuras nevadas de las regiones árticas y anhelaba el momento en que me caería rodando por el tapiz helado del polo. Poco a poco, además, mi cabeza fue perdiendo el conocimiento, atormentada por las incesantes sacudidas. Si no hubiese sido por el brazo de Hans, más de una vez me habría roto el cráneo contra la pared de granito.

No he conservado, por tanto, ningún recuerdo de lo que pasó en las horas siguientes. Tengo una idea confusa de continuas detonaciones, de la agitación del macizo, de un movimiento giratorio a que fue sometida la balsa. Ondeó por olas de lava, en medio de una lluvia de ceniza. Las llamas sonoras la rodearon. Un huracán que parecía lanzado desde un ventilador inmenso activaba los fuegos subterráneos. Se me apareció la fisonomía de Hans por última vez, en un reflejo del incendio, y ya no tuve más impresión que ese terror siniestro de los condenados, cuando están atados a la boca de un cañón, en el momento en que se le dispara y les dispersan los miembros por los aires.

Capítulo XLIV

Cuando abrí los ojos, me noté agarrado de la cintura por la mano vigorosa del guía. Con la otra mano sostenía a mi tío. Yo no estaba herido de gravedad, pero sí todo magullado y con un agotamiento general. Me vi acostado en la vertiente de una montaña, a dos pasos de un abismo en el que, con el menor movimiento, me hubiese precipitado. Hans me había librado de la muerte cuando caí rodando por las faldas del cráter.

—¿Dónde estamos? —preguntó mi tío, que me pareció muy irritado por haber vuelto a la superficie de la Tierra.

El cazador se encogió de hombros, dando a entender que lo ignoraba.

—¿En Islandia? —dije.

—*Nej* —respondió Hans.

—¡Cómo que no! —exclamó el profesor.

—Hans está equivocado —dije, incorporándome.

Después de las innumerables sorpresas de este viaje, aún nos quedaba una reservada. Yo esperaba ver un cono cubierto de nieves perpetuas, en medio de los áridos desiertos de las regiones septentrionales, bajo los pálidos reflejos de un cielo polar, y más allá de las latitudes elevadas; pero en contra de estas previsiones, mi tío, el islandés y yo nos hallábamos tendidos en la mitad de una montaña calcinada por los ardores de un sol que nos devoraba con sus rayos.

No quería creer lo que veían mis ojos; pero el cocimiento real con el que mi cuerpo contaba no dejaba lugar a dudas. Habíamos salido medio desnudos del cráter y el astro radiante, al cual nada habíamos pedido desde hacía dos meses, se nos mostraba al respecto pródigo de luz y de calor y nos lanzaba a raudales una espléndida irradiación.

Cuando mi vista se habituó a aquella claridad, de la que ya no tenía costumbre, me dediqué a rectificar los errores de mi imaginación. Creía estar, al menos, en el Spitzberg, y no tenía humor para dar mi brazo a torcer fácilmente.

El profesor fue el primero que tomó la palabra y dijo:

—En efecto; esto no se parece a Islandia.

—¿Y a la isla de Jean Mayen? —respondí.

—Menos aún, hijo mío. Esto no es un volcán del norte, con sus colinas de granito y su casquete de nieve.

—Sin embargo...

—¡Mira, Axel, mira!

Sobre nuestras cabezas, a quinientos pies lo más, se abría el cráter de un volcán por el cual salía cada cuarto de hora y con una fuerte detonación una alta columna de llamas mezclada con piedra pómez, ceniza y lava. Yo notaba las convulsiones de la montaña, que respiraba como las ballenas y expulsaba de cuando en cuando fuego y aire por sus enormes respiraderos. Debajo, por una pendiente bastante escarpada, se extendían las materias eruptivas a una profundidad de setecientos a ochocientos pies, con lo que el volcán no alcanzaba un altura de cien toesas. Su base desaparecía en un auténtico cesto de árboles verdes, entre los cuales distinguí olivos, higueras y viñas, plagadas de racimos bermejos.

Había que reconocer que aquél no era el aspecto de las regiones árticas.

Cuando la mirada pasaba más allá de aquel recinto verdoso, llegaba rápidamente a perderse en las aguas de un mar admirable o de un lago, que hacía de esta tierra encantada una extensa isla de pocas leguas. En el levante se veía un puertecito precedido de algunas casas y en el cual algunos barcos de una forma particular se balanceaban con el movimiento de las olas azuladas. Más allá, surgían de la líquida llanura grupos de islotes, tan numerosos que parecían un gran hormiguero. Hacia poniente, lejanas costas se perfilaban en el horizonte; sobre unas se dibujaban montañas azuladas de armoniosos tonos, sobre las otras, más lejanas, aparecía un cono prodigiosamente elevado, cuya cima se veía coronada de humo. Al norte, una inmensa extensión de agua brillaba bajo los rayos del sol, dejando ver aquí y allí la punta de algún mástil o la convexidad de una vela hinchada por el viento.

Lo imprevisto de un espectáculo semejante centuplicaba aún más su asombrosa belleza.

—¿Dónde estamos, dónde estamos? —repetí a media voz.

Hans cerraba los ojos con indiferencia y mi tío miraba sin comprender.

—Cualquiera que sea esta montaña —dijo al fin—, lo cierto es que hace bastante calor en ella; las explosiones no se detienen y no merecería la pena haber salido de una erupción para encontrarse con un trozo de roca en la cabeza. Bajemos y sabremos a qué atenernos. Además, me estoy muriendo de hambre y de sed.

Decididamente, el profesor no tenía espíritu de contemplación. Yo, olvidando la necesidad y la fatiga, me hubiese quedado en aquel sitio muchas horas; pero tuve que seguir a mis compañeros.

El declive del volcán ofrecía cuestas muy pronunciadas; nos escurríamos por auténticos senderos de ceniza, evitando los arroyos de lava que corrían como serpientes de fuego. Mientras descendíamos, yo hablaba con locuacidad, pues lo que contenía mi imaginación no podía por menos de desbordarse en palabras.

—Estamos en Asia —exclamé—, en las costas de la India, en las islas Malesas, en plena Oceanía. Hemos atravesado la mitad del Globo para llegar a las antípodas de Europa.

—Pero, ¿y la brújula? —respondió mi tío.

—¡Sí! ¡Es verdad! ¿Y la brújula? —dije yo, con tono de preocupación. Sí, si nos fiáramos de ella, admitiríamos que hemos ido siempre hacia el norte.

—Entonces, ¿es que ha mentido?

—¡Oh! ¡Mentido!

—¡A no ser que esto sea el polo norte!

—¡El polo!, no; pero...

Ahí había un hecho inexplicable. No sabía qué pensar.

A todo esto, nos acercábamos a aquel verdor que alegraba la vista. El hambre y la sed me atormentaban. Afortunadamente, después de dos horas de camino, apareció ante nuestros ojos un hermoso campo cubierto de olivos, de granados y de viñas, que parecía pertenecer a todo el mundo. Además, después de cómo se había resuelto todo, no podíamos detenernos en eso. ¡Qué delicia poder estrujar en nuestros labios aquella fruta tan sabrosa y coger de la misma viña aquellos racimos tan bermejos! Entre la hierba, a corta distancia, a la sombra deliciosa de los árboles, descubrí una fuente de agua fresca, donde sumergimos con muchas ganas la cara y las manos. Mientras nos entregábamos al reposo, apareció un niño entre dos ramos de olivo.

—¡Ah! —exclamé—. ¡Un habitante de esta feliz región!

Parecía un pobre, miserablemente vestido, bastante andrajoso y a quien nuestro aspecto asustó mucho; en efecto, medio desnudos, con nuestras barbas descuidadas, teníamos muy mal aspecto, y a menos que aquel país no fuese un país de ladrones, teníamos que asustar a sus habitantes a la fuerza.

En el momento en que el chiquillo iba a huir, Hans corrió tras él y lo trajo a pesar de sus gritos y puntapiés.

Mi tío empezó por tranquilizarlo lo mejor que pudo y le dijo en buen alemán:

—¿Cómo se llama esta montaña, amiguito?

El niño no contestó.

—Bueno —dijo mi tío—, no estamos en Alemania.

Y repitió la misma pregunta en inglés.

El niño tampoco respondió. Yo estaba muy intrigado.

—¿Será mudo? —exclamó el profesor, que, muy orgulloso de su poliglotismo, volvió a hacer la pregunta en francés.

El mismo silencio del niño.

—Vamos a probar en italiano —replicó mi tío; y dijo en este idioma—: *Dove noi siamo?*

—¡Sí!, ¿dónde estamos? —repetí con impaciencia.

El niño continuó sin responder.

—¡Ah! ¿Hablarás de una vez? —exclamó mi tío que empezaba a enfadarse y dio al chico un tirón de orejas—. *Come si noma questa isola?*

—Stromboli —respondió el pequeño, escapándose de las manos de Hans y corriendo hacia la llanura por entre los olivos.

¡No nos acordábamos para nada de él! ¡El Stromboli! ¡Qué efecto produjo en mi imaginación este nombre inesperado! Estábamos en pleno Mediterráneo, en medio del archipiélago eólico, de mitológica memoria, en la antigua Srongyle, donde Eolo encadenaba vientos y tempestades. Aquellas montañas que aparecían por levante eran las montañas de Calabria. Y el volcán, allá al sur, en el horizonte, era el Etna, el terrible Etna.

—¡Stromboli, Stromboli! —repetí.

Mi tío me acompañaba con sus gestos y sus palabras. Parecía que estábamos cantando a coro.

¡Oh, qué viaje! ¡Qué maravilloso viaje! Habiendo entrado por un volcán, habíamos salido por otro, y ese otro estaba situado a más de mil doscientas leguas del Sneffels, de aquel árido país de Islandia, situado en los confines del mundo. Las fatalidades de esta expedición nos habían conducido al seno de las regiones más armoniosas de la tierra. Habíamos trocado la región de las nieves perpetuas por la del verdor infinito y habíamos dejado sobre nuestras cabezas la nieve grisácea de las zonas heladas para llegar al cielo azulado de Sicilia.

Después de un delicioso almuerzo, compuesto de frutas y de agua fresca, nos pusimos en camino para bajar al puerto de Stromboli. No nos pareció prudente decir de qué manera habíamos llegado a la isla; el espíritu supersticioso de los italianos no hubiese dejado de ver en nosotros a demonios arrojados del seno de los infiernos. Hubo que resignarse, por lo tanto, a pasar por humildes náufragos. Era menos glorioso, pero más seguro.

Por el camino oí a mi tío murmurar:

—¡Pero la brújula marcaba siempre el norte! ¿Cómo se explica este hecho?

—¡Lo mejor es no explicarlo, y resulta mucho más fácil! —exclamé con tono despreciativo.

—¡Estaría bueno! Un profesor del Johannoeum que no encontrase la razón de un fenómeno cósmico. ¡Sería una vergüenza!

Hablando de esa manera, medio desnudo, con su bolsa de cuero colgada a la cintura y sus gafas puestas, mi tío volvía a ser el terrible profesor de mineralogía.

Una hora después de haber salido del bosque de olivos, llegábamos al puerto de San Vicenzo, donde Hans reclamó el jornal de su decimotercera semana de servicio, jornal que le fue entregado entre calurosos apretones de mano.

En aquel momento, si no participó de nuestra natural emoción, sí que se dejó llevar al menos por una expansión extraordinaria.

Con la punta de los dedos estrechó ligeramente nuestras dos manos y se sonrió.

Capítulo XLV

Esta es la conclusión de una narración que rechazarán incluso las personas a las que, por costumbre, no les extrañe nada. Pero me he acorazado de antemano contra la incredulidad humana.

Fuimos recibidos por los pescadores de Stromboli con las atenciones debidas a unos náufragos; nos dieron ropas y víveres. Después de cuarenta y ocho horas de espera, el 31 de agosto, un pequeño barquichuelo nos condujo a Mesina, donde algunos días de descanso nos repusieron de nuestras fatigas.

El viernes 4 de septiembre nos embarcamos a bordo del *Volturne,* uno de los correos de mensajerías imperiales de Francia, y tres días después desembarcamos en Marsella, sin más preocupación que la de nuestra maldita brújula. Aquel hecho inexplicable me preocupaba seriamente. El 9 de septiembre por la noche llegamos a Hamburgo.

Renuncio a describir la sorpresa de Marta y la alegría de Graüben.

—Ahora que eres un héroe —dijo mi querida novia—, ya no tendrás que separarte más de mí, Axel.

La miré. Lloraba mientras sonreía.

Para qué decir la sensación que produjo en Hamburgo la vuelta del profesor Lidenbrock. Gracias a la indiscreción de Marta, la noticia de su marcha al centro de la Tierra se había extendido por el mundo entero. Nadie quiso creerlo, y cuando volvieron a verlo, lo creyeron menos.

Sin embargo, la presencia de Hans y diversas informaciones llegadas de Islandia modificaron poco a poco la opinión pública.

Entonces mi tío se convirtió en un hombre célebre y yo en el sobrino de un hombre célebre, que ya es algo. Hamburgo dio una fiesta en nuestro honor. En el Johannoeum tuvo lugar una sesión pública, donde el profesor refirió su expedición y no omitió más que lo referente a la brújula. El mismo día depositó en el archivo de la ciudad el documento de Saknussem y expresó su pesar porque las circunstancias, más poderosas que su voluntad, no le hubiesen permitido seguir hasta el centro de la Tierra las huellas del viajero islandés. Como fue modesto en la gloria, aumentó su reputación.

Tanto honor debía, sin duda, procurarle algunos envidiosos. Los tuvo, y como sus teorías apoyadas en hechos ciertos contradecían los sistemas de la ciencia sobre la cuestión del fuego central, sostuvo con la pluma y de palabra notables discusiones con los sabios de todos los países.

Respecto a mí, no puedo admitir su teoría de la frialdad: a pesar de lo que he visto, creo y creeré siempre en el calor central; pero confieso que ciertas circunstancias, mal definidas todavía, pueden modificar esta ley bajo la acción de fenómenos naturales.

Cuando estas cuestiones estaban en el período más palpitante, mi tío sufrió una auténtica pena: Hans, a pesar de sus ruegos, se había marchado de Hamburgo; aquel hombre, a quien se lo debíamos todo, no nos dejó pagarle nuestra deuda. Sentía nostalgia de Islandia.

—*Färval* —dijo un día, y con esta única palabra de adiós se marchó a Reikjiawik, adonde llegó felizmente.

Habíamos tomado singular cariño a nuestro valiente cazador de eider; su ausencia no hará jamás que le olvidemos, pues nos salvó la vida; seguro que no me moriré sin volverlo a ver.

Para terminar, debo añadir que este *Viaje al centro de la Tierra* produjo una enorme sensación en el mundo entero. Fue impreso y traducido a todos los idiomas; los periódicos más acreditados sacaron extractos de los episodios principales, que fueron comentados, discutidos, atacados y sostenidos con la misma convicción por el bando de los creyentes que por el de los incrédulos. ¡Cosa rara! Mi tío disfrutaba en vida de toda la gloria que había adquirido y hubo incluso quien, como el señor Barnum, le propuso «exhibirle» a un alto precio en los Estados Unidos.

Pero una preocupación, un tormento mejor dicho, nublaba nuestra gloria. Un hecho se quedaba sin explicación, el de la brújula. Y para un sabio, no obtener la explicación de un fenómeno semejante supone un suplicio para su inteligencia. Pues bien; el cielo reservaba a mi tío la felicidad completa.

Un día, arreglando una colección de minerales en su despacho, vi la famosa brújula y me puse a observarla.

Hacía seis meses que estaba allí en su rincón, sin saber las preocupaciones que causaba.

De pronto, cuál sería mi sorpresa que lancé un grito. El profesor acudió.

—¿Qué te pasa? —preguntó.

—¡Esta brújula!

—¿Y qué?

—¡Que su aguja indica el sur y no el norte!

—¿Qué dices?

—¡Mire! Sus polos están cambiados.

—¡Cambiados!

Mi tío miró, comparó e hizo temblar la casa de un salto enorme.

—¡Qué luz esclarecía a la vez su espíritu y el mío!

—¿De modo —exclamó cuando hubo recobrado el uso de la palabra— que después de nuestra llegada al cabo de Saknussem, la aguja de esta condenada brújula marcaba el sur en lugar del norte?

—Evidentemente.

—Entonces nuestro error se explica. Pero ¿qué fenómeno ha podido producir este cambio de polos?

—Nada tan sencillo.

—Explícate, hijo mío.

—Durante la tormenta, en el mar Lidenbrock, aquella bola de fuego que atraía el hierro de la balsa desorientó nuestra brújula.

—¡Ah! —exclamó el profesor, echándose a reír—, fue una mala pasada de la electricidad.

Desde aquel día, mi tío fue el más feliz de los sabios y yo el más venturoso de los hombres, pues mi preciosa virlandesa, abdicando de su situación de huérfana, tomó en la casa de Königstrasse el doble rango de sobrina y de esposa. No es preciso añadir que su tío fue el ilustre profesor Otto Lidenbrock, miembro de todas las sociedades científicas, geográficas y mineralógicas de las cinco partes del mundo.

Alrededor de la Luna

CAPÍTULO PRELIMINAR

Durante el año 186... el mundo entero se hallaba profundamente preocupado a causa de cierta empresa temeraria, sin precedentes en los anales de la ciencia. Los miembros que componían el Gun-Club[1], círculo de artilleros fundado en Baltimore después de la guerra de América, habían tenido la idea de ponerse en comunicación con la Luna —sí, con la Luna— enviándole una bala de cañón.

Barbicane, su presidente, después de consultar a los astrónomos del Observatorio de Cambridge sobre esta expedición, declarada realizable por la mayoría y cuya iniciativa había tomado él, se puso en campaña, tomando cuantas disposiciones le parecieron oportunas para alcanzar un éxito completo, y, tras conseguir una suscripción pública de treinta millones de francos, dio comienzo a sus gigantescos trabajos.

Según la nota redactada por los miembros del Observatorio, el cañón destinado a lanzar el proyectil debía emplazarse en un país situado entre 0 y 28 grados de latitud norte o sur, a fin de apuntar hacia la Luna cuando ésta estuviera en el cenit. La bala de este cañón llevaría una velocidad inicial de doce mil yardas por segundo, y disparándolo el primero de diciem-

[1] Cañón-Club. *(N. del T.)*

bre a las once menos veinte minutos de la noche se pondría en contacto con la Luna cuatro días después, el 5 de diciembre a media noche, exactamente en el momento preciso de encontrarse en su perigeo, es decir, cuando la Luna se hallara lo más cerca posible de la Tierra, o sea a 86.410 leguas.

Los miembros principales del Gun-Club: el presidente, Barbicane; el mayor, Elphiston; el secretario, J. T. Maston, y otros sabios, celebraron varias reuniones en las que se discutieron la forma y los componentes de la bala en cuestión, la clase del cañón y su emplazamiento, la calidad y la cantidad de pólvora que se emplearía. Se decidió lo siguiente: primero, el proyectil sería de aluminio, con ciento ocho pulgadas de diámetro y doce de espesor, y pesaría 19.250 libras; segundo, el cañón, cuya longitud mediría 900 pies, sería un Columbiad de hierro, directamente fundido en un molde empotrado en el suelo; tercero, su carga emplearía 400.000 libras de algodón-pólvora, la cual, al desarrollar seis mil millones de litros de gas, impulsaría fácilmente el proyectil hasta el astro de la noche.

Una vez resueltos estos puntos, el presidente, Barbicane, asistido por el ingeniero Murchison, eligió un emplazamiento situado en Florida, a 27 grados y 7 minutos de latitud norte y 5 grados 7 minutos de longitud oeste. Allí mismo se fundió el Columbiad con éxito completo, después de trabajos maravillosos.

Al llegar aquí los acontecimientos, sobrevino un incidente que multiplicó por cien el interés que despertaba ya esta empresa extraordinaria.

Un francés, parisiense caprichoso, artista tan audaz como ingenioso, solicitó que le metieran dentro del proyectil, con el fin de llegar a la Luna y hacer un estudio del satélite terrestre. Este intrépido aventurero se llamaba Michel Ardan. Llegó a América, fue recibido con entusiasmo, celebró conferencias, se le llevó en volandas, reconcilió al presidente Barbicane con su eterno enemigo, el capitán Nicholl, y como prenda de reconciliación propuso a ambos que se embarcaran con él dentro del proyectil.

La proposición fue aceptada. Se modificó la forma de la bala, haciéndola cilindrocónica. Se adaptaron a esta especie de vagón potentes resortes y paredes frangibles, que debían amortiguar el choque del despegue. Se le proveyó de víveres para un año, de agua para unos meses, de gas para algunos días. Un aparato automático fabricaría y repartiría el aire necesario para la respiración de los tres viajeros. Al mismo tiempo, el Gun-Club hizo construir un gigantesco telescopio que permitiría seguir al proyectil durante su trayecto a través del espacio, y lo mandó emplazar en una de las cumbres más elevadas de las Montañas Rocosas. Todo estaba listo.

El 30 de noviembre, a la hora fijada, ante una inmensa concurrencia de espectadores, tuvo lugar el despegue; por vez primera tres seres humanos dejaban el globo terráqueo, lanzándose por los espacios planetarios con la casi certidumbre de llegar a su meta.

Los atrevidos viajeros, Michel Ardan, el presidente Barbicane y el capitán Nicholl, debían efectuar su trayecto en noventa y siete horas trece minutos y veinte segundos. Por tanto, su llegada no podía tener lugar hasta el 5 de diciembre a media noche, en el preciso momento de la Luna llena, en lugar del 4, como lo habían anunciado algunos diarios mal informados.

Mas, circunstancia inesperada, la detonación producida por el Columbiad causó la acumulación de una cantidad enorme de vapores que produjeron algunos trastornos imprevistos en la atmósfera, fenómeno que provocó la indignación general, porque la Luna se veló durante varias noches a los ojos de los que la contemplaban ansiosos.

El digno J. T. Maston, el amigo más entusiasta de los tres expedicionarios, se marchó a las Montañas Rocosas en compañía del honorable J. Belfast, director del Observatorio de Cambridge, llegando pronto a la estación de Long's Peak, en donde se levantaba el telescopio que presentaba a la Luna a dos leguas de la Tierra. El honorable secretario del Gun-Club quería observar por sí mismo el vehículo de sus audaces amigos.

Sin embargo, las nubes que velaban la atmósfera no hicieron posible ninguna observación los días 5, 6, 7, 8, 9 y 10 de diciembre. Se llegó a opinar que debía dejarse todo examen hasta el 3 de enero del próximo año, porque al entrar la Luna en su última fase el 11, ya no presentaría más que una insignificante porción de su disco, insuficiente para que se pudiera seguir la huella del proyectil.

Pero, al fin, durante la noche del 11 al 12 de diciembre, una fuerte tempestad barrió la atmósfera, con gran satisfacción de todos, y la Luna, a media luz, se perfiló netamente sobre el firmamento.

Aquella misma noche J. T. Maston y J. Belfast enviaron un telegrama desde la estación de Long's Peak a los señores miembros de la oficina del Observatorio de Cambridge.

¿Qué anunciaba aquel telegrama?

Anunciaba que el 11 de diciembre, a las ocho cuarenta y siete de la noche, el proyectil disparado por el Columbiad de Stone's Hill había sido divisado por los señores Belfast y J. T. Maston; que la bala, desviada por causas desconocidas, no había llegado completamente a su meta, pero sí tan cerca que la atracción lunar la tenía prisionera; que su movimiento rectilíneo se había transformado en movimiento circular y que, arrastrada en una órbita elíptica alrededor del astro de la noche, se había convertido en su satélite.

El telegrama añadía que los elementos de aquel nuevo astro no habían sido comprobados todavía. En efecto, eran necesarias tres observaciones, tomando al astro en tres posiciones distintas, para determinar aquellos elementos. Indicaba luego que la distancia que separaba al proyectil de la superficie lunar podía ser calculada en 2.833 millas, o sea, 4.500 leguas. Y terminaba, en fin, emitiendo esta doble hipótesis: o bien la atracción de la Luna acabaría por dominar, en cuyo caso los viajeros llegarían a su meta, o bien el proyectil, manteniéndose en una órbita invariable, giraría alrededor del disco lunar hasta el fin de los siglos.

Ante semejante alternativa, ¿cuál sería la suerte de los expedicionarios? Es cierto que tenían víveres para algún tiempo; pero incluso suponiendo que realizaran hasta el fin su temeraria empresa, ¿cómo se arreglarían para volver? ¿Podrían acaso volver? ¿Se tendrían noticias suyas alguna vez? Estas preguntas, comentadas por las plumas más expertas, apasionaban a la gente hasta el frenesí.

Conviene hacer aquí una observación que debería ser meditada por los espíritus demasiado impacientes. Cuando un sabio anuncia al público algún descubrimiento simplemente especulativo, toda prudencia es poca. Nadie está obligado a descubrir un planeta, o un cometa, o un satélite, y quien se equivoca en semejante caso se expone, naturalmente, a la burla del público. Por tanto, vale más esperar. Esto es lo que el inquieto J. T. Maston debía haber hecho antes de dar curso a aquel telegrama que, según su opinión, decía «la última palabra» respecto a la expedición.

En efecto, el telegrama en cuestión contenía errores de dos clases, como se comprobó más tarde: primero, errores de observación relativos a la distancia que separaba el proyectil de la superficie de la Luna: en la fecha del 11 de diciembre era imposible distinguir el proyectil; lo que J. T. Maston había visto, o creído ver, no podía ser la bala del Columbiad; segundo, errores de teoría respecto a la suerte que esperaba el proyectil: hacer de éste un satélite de la Luna era ponerse en contradicción absoluta con las leyes de la mecánica racional.

Una sola hipótesis de los observadores de Long's Peak podía realizarse: aquella que preveía el caso de que los expedicionarios —si existían todavía— combinasen sus esfuerzos con la atracción lunar a fin de llegar a la superficie del disco.

En realidad, aquellos hombres, tan inteligentes como atrevidos, habían sobrevivido al terrible choque del cañón al dispararlo. Precisamente lo que vamos a relatar es su expedición encerrados en la bala-vagón, con sus dramáticos y singulares detalles. Esta narración destruirá muchas ilusiones y muchas previsiones; pero en cambio dará una idea precisa de las peripecias inherentes a aquella temeraria empresa, poniendo de relieve los instintos científicos de Barbicane, los recursos del ingenioso Nicholl y la audacia humorística de Michel Ardan.

Además probará que su digno amigo J. T. Maston perdía el tiempo cuando, inclinado sobre el gigantesco telescopio, se ponía a observar la marcha de la Luna a través de los espacios siderales.

CAPÍTULO I

Cuando dieron las diez, Michel Ardan, Barbicane y Nicholl se despidieron de los numerosos amigos que dejaban en tierra. Los dos perros destinados a aclimatar la raza canina en los continentes lunares estaban ya encerrados dentro del proyectil. Los tres viajeros se acercaron al orificio del enorme tubo de hierro fundido y una grúa volante los bajó hasta el cohete cónico del proyectil.

Ya allí, por una abertura dispuesta a este efecto, se metieron en el vagón de aluminio. Los brazos de la grúa giraron hacia el exterior y se despejó la boca del Columbiad de sus últimos andamiajes.

Nicholl, una vez dentro del proyectil con sus compañeros, se encargó de cerrar la abertura por medio de una placa muy espesa sujetada interiormente por fuertes tornillos de presión. Otras chapas, sólidamente ajustadas también, cubrían los cristales lenticulares de los portillos. Encerrados herméticamente en su prisión de metal, quedaron los expedicionarios sumidos en una profunda oscuridad.

—Y ahora, queridos compañeros —dijo Michel Ardan—, instalémonos como en nuestra propia casa. En lo que a mí respecta, soy hombre que gusta mucho de su hogar y me las entiendo muy bien en esta materia. Tenemos que sacar todo el partido posible de nuestro nuevo domicilio y vivir en él con la mayor comodidad. Por de pronto, procuremos ver un poco más claro, ¡qué diablos, no se inventó el gas para los topos!

Y, diciendo esto, el despreocupado joven prendió un fósforo frotándolo en la suela de su zapato; luego lo acercó al mechero colocado en un recipiente lleno de hidrógeno carbonado y sometido a alta presión, suficiente para dar luz y calor al interior del proyectil durante ciento cuarenta y cuatro horas, o sea seis días y seis noches.

El gas se encendió. Iluminado así el interior del proyectil, apareció convertido en un saloncito confortable, almohadilladas sus paredes y amueblado con divanes circulares. El techo se redondeaba en forma de cúpula.

Cuantos objetos encerraba aquella pequeña habitación —armas, instrumentos, utensilios sólidamente sujetados a los botones del almohadillado—, podrían aguantar impunemente el choque del despegue. Todas las precauciones humanamente posibles habían sido aseguradas para el buen éxito de una empresa tan temeraria.

Michel Ardan lo examinó todo y se declaró satisfecho de su instalación.

—¡Es una cárcel —exclamó—, pero una cárcel que viaja! Yo me comprometería por un contrato de cien años si tuviera derecho a asomarme a la ventana. ¿Sonríe, Barbicane? ¿Tiene alguna duda? ¿Quizá piensa que esta cárcel puede ser nuestra tumba? ¡Bueno, pues aun así no cambiaría esta tumba por la de Mahoma, suspendida en el espacio, sin moverse nunca!

Mientras Michel discurría de este modo, Barbicane y Nicholl hacían sus últimos preparativos.

El cronómetro de Nicholl marcaba las diez y veinte de la noche cuando los tres amigos quedaron definitivamente encerrados en el proyectil. Este cronómetro no tenía con el del ingeniero Murchison ni un segundo de diferencia. Barbicane lo consultó y dijo:

—Amigos míos, son las diez y veinte. A las diez y cuarenta y siete minutos Murchison lanzará la chispa eléctrica por el hilo que comunica con la carga del Columbiad. En ese preciso momento saldremos de nuestro esferoide. Tenemos, pues, veintisiete minutos todavía antes de dejar la Tierra.

—Veintiséis minutos y trece segundos —replicó el metódico Nicholl.

—¡Bueno! —exclamó Michel Ardan en tono de buen humor—; pues en veintiséis minutos pueden hacerse muchas cosas. ¡Pueden discutirse los más graves problemas de moral o de política, y hasta resolverlos! Veintiséis minutos bien empleados valen más que veintiséis años sin hacer nada. Unos cuantos segundos de un Pascal o de un Newton valen más que la existencia entera de la indigesta turba de los necios…

—¿Y usted deduce, eterno parlanchín...? —preguntó el presidente Barbicane.

—Yo deduzco que tenemos todavía veintiséis minutos —respondió Ardan.

—Veinticuatro solamente —rectificó Nicholl.

—Bueno, veinticuatro, si se empeña en ello, mi valiente capitán —repuso Ardan—; veinticuatro minutos durante los cuales se podría profundizar...

—Michel —le interrumpió Barbicane—, durante nuestro viaje tendremos todo el tiempo necesario para ahondar en las cuestiones más complicadas. Pero ahora ocupémonos de nuestra partida.

—¿Pues qué, no estamos listos?

—Sin duda; pero nos restan algunas precauciones que tomar para que se atenúe en lo posible el primer choque.

—¿Acaso las paredes frangibles del proyectil no tienen en sus huecos las capas de agua que por su elasticidad han de protegernos suficientemente?

—Así lo creo, Michel —respondió tranquilamente Barbicane—; pero no estoy muy seguro de ello.

—¡Ah! ¡Bromista! ¡Lo cree! ¡No está seguro de ello! ¡Y espera a que estemos encerrados para hacernos esta deplorable confesión! —exclamó Michel Ardan—. ¡Pues yo quiero irme de aquí!

—¿Y cómo? —replicó Barbicane.

—En efecto, es algo difícil ya... Nos hallamos dentro del tren y el silbato del conductor se oirá dentro de veinticuatro minutos...

—De veinte —rectificó Nicholl.

Los tres viajeros se miraron. Luego se pusieron a examinar los objetos encerrados con ellos.

—Todo está en su sitio, y ahora lo esencial es que nos coloquemos en la mejor postura para aguantar el choque del despegue —dijo Barbicane—. Debemos estudiar bien la posición que adoptamos, a fin de evitar que la sangre afluya con demasiada violencia al cerebro en ese crítico momento.

—Es cierto —repuso Nicholl.

—Entonces —exclamó Michel Ardan, disponiéndose a unir el ejemplo a la palabra—, coloquémonos con la cabeza en el suelo y los pies en alto, como los payasos del circo...

—No. Acostémonos de lado. Así resistiremos mejor el choque. Deben observar que en el momento en que el proyectil salga disparado lo mismo dará, más o menos, estar en el interior de él que fuera —replicó Barbicane.

—¡Ah! Si sólo se trata de «poco más o menos», me tranquiliza —dijo Ardan.

—¿Aprueba usted mi idea, Nicholl? —preguntó Barbicane.

—Completamente —respondió el capitán—. Todavía quedan trece minutos y medio.

—¡Eso no es un hombre! ¡Eso es un cronómetro de segundos, con disparadores y con ocho huecos!... —exclamó Ardan.

Pero sus compañeros no le prestaban atención, ocupados en tomar sus últimas disposiciones con una sangre fría imposible de imaginar. Parecían dos metódicos viajeros instalándose en su vagón y buscando el medio de colocarse cómodamente. Era cosa de preguntarse de qué pasta estaban hechos aquellos corazones americanos que ante el más terrible de los riesgos no palpitaban ni más ni menos que antes.

Tres divanes-camas, sólidos y bien acondicionados, habían sido colocados en el proyectil. Nicholl y Barbicane los llevaron al centro del disco que constituía el suelo móvil. En ellos debían extenderse los tres viajeros momentos antes de la partida.

Entretanto, Ardan no podía estarse quieto, y, dando vueltas en su estrecha prisión, como una fiera en su jaula, charlaba con sus amigos, con sus perros, *Diana* y *Satélite,* a los cuales, como se ve, había adjudicado desde hacía algún tiempo unos nombres expresivos.

—¡Eh, *Diana!* ¡Eh, *Satélite!* Vais a enseñar a los perros selenitas las buenas maneras de los perros de la Tierra —les decía, jugando con ellos—. ¡Esto será un honor para la raza canina! ¡Si volvemos algún día, me propongo hacer una raza cruzada de perros lunares que hará furor!

—Si hay perros en la Luna —objetó Barbicane.

—¡Sí que los hay! Como hay vacas y caballos y asnos y gallinas... ¡Apuesto a que encontramos gallinas por allá!...

—¡Cien dólares a que no encontramos ni una sola! —dijo Nicholl.

—¡Aceptado, capitán! —replicó Ardan, estrechándole la mano—. Pero, a propósito: ya ha perdido tres apuestas con nuestro presidente, puesto que los fondos de nuestra empresa han sido desembolsados, puesto que la operación de la fundición ha resultado perfectamente, y, en fin, puesto que el Columbiad ha sido cargado sin accidente alguno. Total, ¡ha perdido ya seis mil dólares!

—¡Comprendido, capitán! Pues bien: antes de un cuarto de hora tendrá que soltar de nuevo nueve mil dólares al presidente: cuatro mil porque el Columbiad no estallará, más cinco mil porque el proyectil se elevará a más de seis millas por el aire.

—Aquí tengo el dinero —respondió Nicholl dando palmaditas al bolsillo de su chaqueta—. ¡Yo no deseo más que pagar, no pido otra cosa!

—Vamos, Nicholl, veo que es usted un hombre ordenado, lo que yo no he logrado ser nunca. Pero, en resumidas cuentas, ha hecho unas cuantas apuestas nada ventajosas; permítame que se lo diga.

—¿Por qué?

—Porque si gana la primera será que el Columbiad habrá hecho explosión, y con él el proyectil, y en ese caso Barbicane ya no existirá y no podrá reembolsarle el dinero.

—Mi apuesta está depositada en el banco de Baltimore —exclamó Barbicane simplemente—, y a falta de Nicholl, el dinero recaerá en sus herederos.

—¡Ah! ¡Hombres prácticos! ¡Espíritus positivos! Yo os admiro tanto más cuanto menos os comprendo —replicó Ardan.

—Las diez y cuarenta y dos —dijo Nicholl de pronto.

—¡Cinco minutos nada más! —añadió Barbicane.

—¡Sí! ¡Cinco minutitos! —asintió Ardan—. ¡Ya estamos encerrados en el proyectil, en el fondo de un cañón de novecientos pies! ¡Y bajo este proyectil se hallan amontonadas cuatrocientas mil libras de algodón-pólvora, que equivalen a un millón doscientas mil libras de pólvora común! ¡Y el amigo Murchison, reloj en mano, la mirada fija en el minutero, el dedo sobre el botón eléctrico, cuenta los segundos, y de un momento a otro nos lanzará a los espacios interplanetarios...!

—¡Basta, Michel, basta! —le interrumpió Barbicane con voz grave—. Preparémonos. Sólo unos minutos nos separan del trance supremo... Un apretón de manos, amigos míos.

—¡Bueno! –exclamó Ardan, más emocionado de lo que quería aparentar.

Y los tres audaces camaradas se unieron en un abrazo.

—¡Que Dios nos proteja! —dijo Barbicane el creyente.

Michel Ardan y Nicholl se echaron sobre los divanes instalados en el centro del disco.

—¡Las diez y cuarenta y siete! —murmuró el capitán.

—¡Todavía veinte segundos! —Barbicane apagó rápidamente el gas y se acostó cerca de sus compañeros.

El profundo silencio era interrumpido sólo por los latidos del cronómetro que marcaba los segundos...

De repente se produjo un choque espantoso, y el proyectil, bajo la presión de seis mil millones de litros de gas, desarrollados por la conflagración del piróxilo, salió disparado por el espacio...

Capítulo II

Qué había ocurrido? ¿Cuáles habían sido los efectos de la terrible sacudida? ¿Había tenido éxito el ingenio de los constructores? ¿Habrían acaso atenuado el espantoso choque los resortes, los topes, los cojines de agua y las paredes frangibles? ¿Había sido dominado quizá el tremendo empuje de aquella velocidad inicial de once mil metros, suficiente para atravesar en un segundo París o Nueva York? Éstos eran, sin duda, los principales puntos de interrogación entre los millares de testigos de aquella escena emocionante. Se olvidaban del objeto de semejante viaje para no pensar más que en los viajeros. ¿Y qué hubiera visto quien hubiese podido echar una ojeada —J. T. Maston, por ejemplo— al interior del proyectil?

Nada absolutamente. La oscuridad que reinaba era completa; pero sus paredes cilindrocónicas habían resistido admirablemente. Ni una fractura, ni una flexión, ni una deformación. El admirable proyectil no se había alterado lo más mínimo bajo la intensísima deflagración de la pólvora, ni se había licuado en una lluvia de aluminio, como quizá era de temer.

En suma, poco desorden en el interior, aunque algunos objetos habían sido lanzados violentamente contra la bóveda; pero los más importantes no parecían haber sufrido con el choque y los ganchos que los retenían continuaban intactos.

Sobre el disco móvil, empujado hacia el fondo del proyectil por la sacudida, después de destrozar sus paredes frangibles y dejando partir el agua, yacían tres cuerpos exánimes. ¿Respiraban todavía Barbicane, Nicholl y Michel Ardan? ¿Resultaría su tumba aquel proyectil que seguía transportándolos por el espacio?

Minutos después del disparo del cañón uno de aquellos cuerpos hizo un movimiento; sus brazos se agitaron, levantó la cabeza y consiguió ponerse de rodillas. Era Michel Ardan. Se palpó, respiró fuerte y dijo:

—¡Michel Ardan, presente!... Veamos a los demás...

El valeroso francés quiso incorporarse; pero no pudo sostenerse en pie; se le iba la cabeza, la sangre le cegaba, estaba como ebrio.

—¡Brr! —exclamó—. Esto me produce el mismo efecto que dos botellas de Corton, aunque es menos agradable de tragar...

Luego, pasándose varias veces la mano por la frente, gritó con voz firme:

—¡Nicholl! ¡Barbicane!

Esperó lleno de ansiedad. Nadie respondió; ni un suspiro que indicase que el corazón de sus compañeros latía todavía. Reiteró su llamada; el mismo silencio...

—¡Diablos! —se dijo—. Es como si me hubiese caído de cabeza desde un quinto piso... ¡Bah! —añadió con imperturbable optimismo—. Si un francés ha conseguido ponerse de rodillas, dos americanos acabarán por ponerse de pie. Pero ante todo iluminemos la situación.

Ardan sentía que la vida volvía con fuerza. Su sangre y su circulación se normalizaban, y poco a poco recobra su equilibrio. Consiguió levantarse, y sacando de su bolsillo un fósforo, lo prendió; se acercó al mechero de gas y lo encendió después. El recipiente continuaba intacto; el gas no se había derramado. Indudablemente, si esto hubiera ocurrido, Ardan se hubiese dado cuenta de su fuerte olor, y en este caso no habría encendido impunemente el fósforo. El gas, combinado con el aire, habría producido una detonación funesta, y la explosión habría rematado lo que la terrible sacudida quizá había iniciado.

En cuanto pudo ver claro acudió a sus compañeros, que, como dos bultos inertes, habían caído uno sobre otro, quedando Barbicane debajo de Nicholl.

Ardan levantó al capitán, lo apoyó sobre un diván y lo friccionó enérgicamente. Este masaje, aplicado con inteligencia, reanimó a Nicholl, quien recobró al momento su sangre fría y asió la mano de Ardan; después, mirando a su alrededor, preguntó:

—¿Y Barbicane?

—A cada cual su turno —respondió tranquilamente Ardan—. He empezado por usted porque se encontraba encima; ahora pasemos a Barbicane.

Dicho esto, Ardan y Nicholl levantaron del suelo al presidente del Gun-Club y lo acostaron en el sofá. Barbicane parecía haber sufrido más que sus compañeros. Sangraba algo, pero Nicholl se tranquilizó al darse cuenta de que la hemorragia procedía de una ligera herida en un hombro; un rasguño que curó con todo esmero.

Pero Barbicane tardó algo en volver en sí, con gran preocupación de sus amigos, que continuaban friccionándolo con fuerza.

—Respira, sin embargo —decía Nicholl, acercando el oído al pecho del herido.

—Sí —asentía Ardan—, y respira como quien tiene alguna costumbre de esta operación cotidiana. ¡Friccionemos, Nicholl, friccionemos con vigor!

Y los dos improvisados practicantes consiguieron que Barbicane volviera en sí. Abrió los ojos, se incorporó, cogió las manos de sus amigos y preguntó:

—Dígame, Nicholl, ¿estamos en marcha?

Ardan y Nichol no se habían ocupado hasta entonces del proyectil. Su primera preocupación había sido los viajeros, no el vagón.

—¡Es cierto! ¿Andamos? —repuso Ardan.

—¿O bien estamos descansando tranquilamente sobre el suelo de Florida? —preguntó Nicholl.

—¿O en el fondo del golfo de México? —añadió Ardan.

—¡Tendría gracia! —exclamó el presidente Barbicane.

Y aquella doble hipótesis, sugerida por sus compañeros, bastó para que recobrase inmediatamente sus sentidos.

Sea como fuere, no había posibilidad por el momento de conocer la situación del proyectil. Su aparente inmovilidad y la carencia de comunicaciones con el exterior impedían resolver la cuestión. ¿Acaso el proyectil iba desarrollando su trayectoria por el espacio? ¿Quizá, después de elevarse en el aire por un momento, había vuelto a caer en tierra o en el golfo de México, caída que hacía posible la escasa anchura de la península de la Florida?

El caso era grave; el problema, interesante. Urgía resolverlo. Barbicane, excitado y sobreponiéndose, por su energía moral, a su debilidad física, se levantó. Se puso a escuchar. Fuera, silencio profundo. Pero el espeso almohadillado que cubría las paredes era suficiente para interceptar todos los ruidos de la Tierra. Barbicane observó un detalle principal: la temperatura en el interior del proyectil era singularmente alta. El presidente desenfundó el termómetro y lo observó. El instrumento marcaba 45 grados centígrados.

—¡Pues sí! ¡Nos movemos, estamos en marcha! —exclamó—. Este calor sofocante proviene del roce del proyectil con las capas atmosféricas.

Dentro de poco disminuirá porque estamos ya en el vacío, y después de este calor asfixiante vendrá un frío también excesivo.

—¿Qué?, ¿según usted, Barbicane, estamos ya fuera de los límites de la atmósfera terrestre? —preguntó Ardan.

—Sin duda alguna, Michel. Escúcheme. Son las diez y cincuenta y cinco minutos; estamos en marcha desde hace ocho minutos, poco más o menos. Pues bien: si nuestra velocidad inicial no hubiera disminuido con el roce, seis segundos nos habrían bastado para franquear las dieciséis leguas de atmósfera que rodean al esferoide.

—Perfectamente —replicó Nicholl—; pero ¿en qué proporción calcula usted que el roce disminuye la velocidad de la marcha?

—En la proporción de un tercio, amigo Nicholl. Esta disminución es considerable y efectiva, según mis cálculos. Por consiguiente, si hemos tenido una velocidad inicial de once mil metros, esta velocidad se reduce a siete mil trescientos treinta y dos metros al salir de la atmósfera. Sea como sea, este intervalo está ya franqueado y...

—Y, por tanto —interrumpió Ardan—, el amigo Nicholl ha perdido sus dos apuestas: cuatro mil dólares, por no haber estallado el Columbiad, y cinco mil por haberse elevado el proyectil a más de seis millas. ¡Ea, Nicholl, a pagar!

—Comprobemos primero, y luego pagaremos —respondió Nicholl—. Es muy posible que los cálculos de Barbicane sean exactos y que yo haya perdido mis nueve mil dólares; pero una nueva hipótesis que anularía la apuesta se presenta a mi espíritu.

—¿Cuál? —preguntaron Ardan y Barbicane.

—La hipótesis de no habernos movido por no haber prendido la pólvora, sea por el motivo que sea.

—¡Diablos!, ésa es una hipótesis digna de mi cerebro —replicó Ardan—. ¡Vamos, que no es seria! ¿Acaso no sentimos la sacudida tremenda que nos dejó medio muertos? ¿Acaso no tuve yo que hacer que volviera a la vida? ¿Acaso el hombro del presidente no está sangrando aún por efecto del choque que recibió?

—Conforme, Michel —respondió Nicholl—; pero voy a hacerle una sola pregunta.

—Venga, capitán.

—¿Ha oído usted la detonación, que ha debido de ser tremenda sin duda alguna?

—No, no la he oído, en efecto —respondió Ardan, sorprendido.

—¿Y usted, Barbicane?

—Yo tampoco.

—¡Pues entonces...!

—¡Es verdad! ¿Por qué no habremos oído el estampido?

Y los tres amigos se miraron con preocupación. Había algo inexplicable en aquel hecho. El proyectil había partido, y, por consiguiente, el estampido debía haberse producido.

—Por lo pronto, vamos a ver dónde nos hallamos —opinó Barbicane—. Bajemos los tableros exteriores.

La operación, muy sencilla, fue llevada inmediatamente a la práctica. Las tuercas que sujetaban los pernos a las placas exteriores del portillo de la derecha cedieron a la presión de una llave inglesa. Aquellos pernos fueron empujados hacia fuera, y en su lugar se colocaron unos obturadores guarnecidos de caucho que cerraron los orificios. Enseguida la placa exterior se dobló sobre sus bisagras, como una porta, dejando al descubierto la lente del portillo. Otro portillo idéntico se encontraba en la parte opuesta del proyectil; otro, en la cúpula, y otro, en el centro del disco que servía de suelo del proyectil. De este modo podía observarse en cuatro direcciones opuestas el firmamento por las lentes laterales, y más directamente la Tierra o la Luna, a través de las aberturas superior e inferior del proyectil.

Barbicane y sus dos amigos se precipitaron hacia el portillo descubierto. Ni un rayo de luz le animaba; la oscuridad más completa envolvía el proyectil. Esto no impidió que Barbicane dijera:

—No, amigos míos, no hemos vuelto a caer a la Tierra, no estamos sumergidos en el golfo de México. ¡Sí! ¡Nos remontamos por el espacio! ¡Miren esas estrellas que brillan en el cielo y esa oscuridad profunda entre la Tierra y nosotros!

—¡Hurra! ¡Hurra! —gritaron a la vez Ardan y Nicholl.

En efecto, aquellas tinieblas tupidísimas eran la prueba de haberse separado de la Tierra, pues el suelo, vivamente iluminado entonces por la Luna, se hubiese presentado a la vista de los viajeros si el proyectil no se hubiera separado de su superficie. Aquella oscuridad demostraba también que habían traspasado la capa atmosférica, pues la luz difusa esparcida por el aire se habría reflejado en las paredes metálicas del proyectil. Aquella luz habría iluminado el cristal del portillo, y, sin embargo, la lente seguía oscura. La duda no era posible: los expedicionarios habían dejado la Tierra.

—He perdido —dijo Nicholl.

—Y le felicito por ello —replicó Ardan.

—Aquí están los nueve mil dólares —repuso el capitán, sacando de su bolsillo un fajo de billetes de Banco.

—¿Quiere usted un recibo? —preguntó Barbicane, tomando el dinero.

—Si no le molesta..., es más correcto —respondió Nicholl.

Y seriamente, flemáticamente, como si estuviese en su despacho, el presidente Barbicane sacó su cuaderno, desprendió de él una hoja blanca y con su lápiz extendió un recibo en regla, lo fechó, lo firmó, lo rubricó y se lo entregó al capitán, quien lo guardó cuidadosamente en su cartera.

Michel Ardan se quitó la gorra y, sin pronunciar palabra, se inclinó delante de sus dos amigos. Tanto formalismo, en esas circunstancias, le cortaba la respiración. Nunca había visto algo tan *americano*.

Terminado aquel requisito, Barbicane y Nicholl se acercaron al portillo y contemplaron las constelaciones. Las estrellas se destacaban como puntos luminosos sobre el fondo negro del cielo; mas por aquel lado no pudieron divisar al astro de la noche, que iba elevándose hacia el cenit, de este a oeste. Aquello hizo intervenir a Ardan:

—¿Y la Luna? ¿Faltará por casualidad a nuestra cita?

—Tranquilícese —respondió Barbicane—. Nuestro futuro esferoide está en su puesto; pero nosotros no podemos verlo por este lado. Vamos a abrir el otro portillo lateral.

En aquel momento, cuando el presidente se disponía a dejar su puesto de observación para ocuparse del portillo opuesto, su atención fue solicitada por un objeto brillante que iba aproximándose. Era un disco enorme, cuyas colosales dimensiones no se podían calcular. Su faz vuelta hacia la tierra lucía brillante y luminosa. Se hubiera dicho que era una luna pequeña que reflejaba la luz de la grande. Avanzaba con rapidez vertiginosa, describiendo alrededor de la Tierra, al parecer, una órbita que cortaba la trayectoria del proyectil. El movimiento de traslación de ese cuerpo se completaba por otro de rotación sobre sí mismo. Por lo tanto, se regía por el mismo sistema que los demás cuerpos celestes abandonados en el espacio.

—¡Eh! ¿Qué será eso? ¿Otro proyectil? —preguntó Ardan.

Barbicane no respondió. La aparición de aquel cuerpo enorme le sorprendía e inquietaba. Era posible un encuentro cuyos resultados podían ser funestos, bien desviando al proyectil de su camino, o bien provocando un choque, el cual, al interrumpir su marcha, lo precipitaría sobre la Tierra; o bien, en fin, haciendo que el proyectil se viera arrastrado por la propia atracción de aquel asteroide.

El presidente Barbicane se dio cuenta rápidamente de las consecuencias de las tres hipótesis, que de una manera u otra acarrearían fatalmente el fracaso de su empresa. Sus camaradas, silenciosos, observaban el espacio. El objeto iba aumentando prodigiosamente de volumen a medida que se aproximaba, y por una ilusión óptica, parecía que el proyectil se precipitaba hacia él.

—¡Mil truenos! —exclamó Ardan—. ¡Los dos trenes van a chocar!

Instintivamente los viajeros dieron un paso hacia atrás. Su espanto fue atroz, pero no duró mucho, apenas algunos segundos. El asteroide pasó a unos centenares de metros y desapareció, no tanto a causa de la rapidez de su carrera como por haberse confundido con la oscuridad absoluta del espacio, pues llevaba su faz en sentido opuesto a la Luna.

—¡Buen viaje! —dijo Ardan, respirando con alegría—. ¿Cómo es eso? ¿Acaso no es bastante espacioso el infinito para que un pobre proyectil no pueda pasearse por él a sus anchas?... Pero ¿qué diablos será ese globo tan petulante que por poco nos apabulla?

—¡Ya supongo lo que debe ser! —exclamó Barbicane.

—¡Claro! Usted lo sabe todo...

—Pues bien: se trata de un bólido, sencillamente; pero de un bólido descomunal, retenido como satélite por la atracción de la Tierra.

—¿Es eso posible? ¿De modo que la Tierra tiene dos satélites, como Neptuno?

—Sí, amigo mío; dos Lunas, aunque generalmente pasa por no tener más que una. Esta segunda es tan pequeña y su velocidad tan vertiginosa, que los habitantes de la Tierra ni se dan cuenta de que existe. Solamente al observar ciertas perturbaciones atmosféricas, un astrónomo francés, M. Petit, consiguió determinar la existencia de este segundo satélite y estudiar sus elementos. Según sus observaciones, este bólido ejecuta su movimiento alrededor de la Tierra en tres horas veinte minutos nada más, lo cual delata una velocidad prodigiosa.

—¿Y admiten los demás astrónomos la existencia de ese satélite? —preguntó Nicholl.

—En principio, no. Pero si se hubieran encontrado con él, como nos ha ocurrido a nosotros, seguramente que ya no dudarían. Pero estoy pensando —repuso Barbicane— que ese bólido, que tanto nos hubiera perjudicado al rozarnos, va a servirnos precisamente de punto de apoyo en el espacio.

—¿Cómo? —dijo Ardan.

—Porque ya no conoce su distancia; y dado el punto en que nos hemos encontrado con él, resulta que estábamos en aquel preciso momento a 8.140 kilómetros de la superficie del globo terráqueo.

—¡Más de dos mil leguas! —exclamó Ardan—. ¡Eso sí que deja chafaditos a los trenes expresos de ese miserable globo que se llama la Tierra!

—Ciertamente —asintió Nicholl, consultando su cronómetro—. Son las once; sólo han transcurrido trece minutos desde que dejamos el continente americano.

—¿Nada más que trece minutos? —preguntó Barbicane.

—Nada más; y si nuestra velocidad inicial, de once mil kilómetros, se mantuviese, haríamos cerca de diez mil leguas por hora.

—Todo eso está muy bien, amigos míos —dijo el presidente—; pero queda siempre en pie la insoluble pregunta: ¿por qué razón no hemos oído el estampido del Columbiad?

Por falta de respuesta se interrumpió la conversación, y Barbicane, siempre pensando en lo mismo, bajó el panel exterior que cubría el portillo lateral; su operación tuvo éxito, y el resplandor de la Luna inundó el interior del proyectil. Nicholl, como hombre económico que era, apagó el gas, ya inútil, cuya luz, además, no hacía más que entorpecer el estudio de los espacios interplanetarios.

El disco lunar brillaba con incomparable pureza. Sus rayos, libres completamente de los vapores atmosféricos del globo terrestre, se filtraban límpidos a través del cristal, saturando el interior del proyectil de reflejos plateados. La negra cortina del firmamento duplicaba el resplandor de la Luna, sin eclipsar a las estrellas vecinas, por ser refractario el vacío del éter infinito a la difusión de la luz.

Visto así, presentaba el cielo un aspecto nunca imaginado por la mente humana.

Fácil es suponer con qué interés contemplaban nuestros audaces viajeros al astro de la noche, fin supremo de su expedición. El satélite de la Tierra, en su movimiento de traslación, se aproximaba insensiblemente al cenit, punto matemático que debía alcanzar noventa y seis horas después, poco más o menos.

Las montañas, los valles, todo el relieve de la Luna, no resultaba, sin embargo, más marcado que visto desde la Tierra; pero su luz, a través del vacío, brillaba con una intensidad incomparable. El disco lunar resplandecía como un espejo de platino, y de la Tierra, que huía bajo sus pies, los expedicionarios habían olvidado ya hasta el recuerdo.

El capitán Nicholl fue el primero que hizo alusión al globo terrestre, ya invisible.

—Vamos, no seamos desagradecidos... —replicó Ardan—; puesto que dejamos nuestro país, que sean para él nuestras últimas miradas. Quiero echar una ojeada a la Tierra antes de que se eclipse completamente.

Para satisfacer este deseo de su amigo, Barbicane se encargó de despejar la ventana situada en el fondo inferior del proyectil, por la cual se podía observar directamente la Tierra. Desmontó, no sin esfuerzo, el disco que formaba el suelo del saloncito, y que el choque del primer momento había hundido, y sus piezas fueron colocadas contra las paredes laterales, por si hacían falta alguna vez. Entonces apareció una abertura circular de unos cincuenta centímetros de ancho, practicada en la placa inferior del proyectil. Un cristal de quince centímetros de espesor, reforzado por un armazón de cobre, cerraba herméticamente aquella abertura. Por debajo de ella se hallaba una placa de aluminio, sujeta por unos pernos. Cuando las tuercas fueron destornilladas y se quitaron los pernos, la placa de aluminio se dobló, estableciéndose así la comunicación visual entre el interior y el exterior.

Ardan se había arrodillado sobre el cristal. Nada se distinguía. Todo resultaba opaco.

—¿Y la Tierra? —exclamó.

—¿La Tierra? Ahí está —respondió Barbicane.

—¿Qué? ¿Ese hililllo?... ¿Ese arco plateado?

—Sin duda alguna, Michel. Dentro de cuatro días, cuando sea Luna llena, en el momento mismo en que lleguemos hasta ella, entonces la Tierra será Tierra nueva, y a su vez se nos aparecerá como un medio arco muy fino que no tardará en desaparecer y que durante algunos días estará sumido en una impenetrable sombra.

—Pero ¿eso es la Tierra? —repitió Ardan, mirando con avidez el ligerísimo perfil de su planeta natal.

La explicación de Barbicane era exacta. Con respecto al proyectil, la Tierra entraba en su última fase. Estaba ya en su octavo menguante, destacándose como un arco finamente trazado sobre el fondo negro del cielo. Su luz, azulada, a causa de la espesa capa atmosférica, acusaba menos intensidad que la del cuarto menguante lunar. En cambio, este menguante parecía de dimensión considerable. Resultaba como un enorme arco tendido sobre el cielo. Algunos puntos, muy iluminados, sobre todo en su parte cóncava, denunciaban la existencia de altas montañas; pero estos puntos desaparecían a veces, cubiertos por unos manchones muy densos, que nunca son visibles sobre la superficie del disco lunar. Eran nubes que formaban anillos dispuestos concéntricamente alrededor del esferoide terrestre.

Sin embargo, a causa de un fenómeno natural, idéntico al que se produce en la Luna en su última fase, era posible apreciar el contorno completo del globo terrestre. Aparecía claramente su disco entero gracias a un efecto de luz cenicienta, menos apreciable, sin embargo, que la luz cenicienta de la Luna. La razón de esta menor intensidad luminosa es fácil de comprender.

Cuando se produce este reflejo sobre la Luna se debe a los rayos solares que la Tierra le transmite, y ahora, por razón inversa, aquel reflejo era producido por los rayos solares que la Luna transmitía a la Tierra. Por otro lado, la luz terrestre es trece veces más intensa que la luz lunar, a causa de la diferencia de volumen de ambos astros. De ahí que se dibujase con menos nitidez la pared oscura del disco terrestre que la del disco lunar, por ser proporcional la intensidad del fenómeno a su potencia luminosa respectiva. Hay que añadir que el creciente terrestre parecía de curva más alargada que la curva del resto del disco: simple efecto de irradiación.

Mientras los expedicionarios procuraban sondar las profundas tinieblas del espacio, un ramillete de estrellas errantes se esparció en una lluvia luminosa por el firmamento ante sus ojos maravillados. Centenares de bólidos, inflamándose al contacto de la atmósfera terrestre, rayaban la sombra como luminosos regueros, alumbrando con sus fuegos la parte cenicienta del disco. Era la época del perihelio de la Tierra, y el mes de diciembre es tan propicio a la aparición de lluvias de estrellas, que hay astrónomos que han podido contar hasta veinticuatro mil por hora.

Pero Michel Ardan, poco dado a las controversias científicas, prefería suponer que la Tierra saludaba con sus fuegos artificiales más lucidos la partida de tres de sus hijos.

En suma, a esto se reducía cuanto veían de aquel esferoide perdido entre sombras; astro inferior del mundo solar que, en relación con los grandes planetas, aparece y desaparece como un simple lucero matutino o vespertino. Imperceptible punto en la inmensidad del espacio, aquel globo, en donde habían dejado todos sus afectos, no era ya más que un arco fugitivo y apenas visible.

Durante largo tiempo, silenciosos y unidos de corazón, los tres amigos observaron conmovidos cómo el proyectil se alejaba con una velocidad que decrecía uniformemente. Una somnolencia irresistible invadió su cerebro. ¿Fatiga del cuerpo, fatiga del espíritu? Sin duda, porque después de la excitación de aquellas últimas horas pasadas en la Tierra la reacción debía producirse forzosamente.

—Bueno —dijo Michel—, puesto que hay que dormir, durmamos.

Y echándose sobre los divanes, los tres se durmieron profundamente.

Mas, apenas transcurrido un cuarto de hora, Barbicane se incorporó de repente, y con voz de trueno despertó a sus compañeros, exclamando:

—¡Ya lo encontré!

—¿Qué encontró? —preguntó azorado Ardan, saltando de su cama.

—Pues la razón de no haber oído el estampido del Columbiad.

—¿Y cuál es? —dijo Nicholl.

—¡Que nuestro proyectil iba más deprisa que el sonido!

Capítulo III

Después de conocer aquella explicación, tan original como justa, los tres amigos volvieron a conciliar el sueño.

¿Dónde hubieran encontrado lugar más tranquilo, más propicio para dormir? En la Tierra, las casas de las ciudades, las chozas de las aldeas se resienten de las sacudidas que recibe la corteza del planeta. En el mar, el barco, sacudido por las olas, es todo bamboleo y agitación. En el aire, el globo oscila incesantemente entre las fluidas capas de densidades diversas. En cambio, aquel proyectil, flotando en el vacío absoluto, en medio del silencio absoluto, ofrecía a sus huéspedes el absoluto reposo.

Así fue que el sueño de los tres audaces viajeros se hubiera prolongado indefinidamente si, a eso de las siete de la mañana del 2 de diciembre, ocho horas después de su partida, no los hubiera despertado un ruido inesperado: este ruido era un ladrido bien determinado.

—¡Son los perros! —exclamó Ardan, levantándose enseguida.

—Tienen hambre —dijo Nicholl.

—¡Como que los hemos olvidado!

—¿Dónde están? —preguntó Barbicane.

Los buscaron, y encontraron a uno de ellos acurrucado debajo del diván. Espantado, aniquilado por el choque inicial, había permanecido en aquel rincón hasta que con la sensación del hambre recobró la voz. Era la amable *Diana,* todavía algo mohína, que salió de su retiro no sin hacerse rogar, mientras Michel la animaba con frases cariñosas.

—Ven *Diana* —le decía—; ven, hijita; tú, a quien el destino hará famosa en los anales cinegéticos; tú, a quien los paganos hubieran dado como compañera al dios Anubis, y los cristianos a san Roque como amiga; tú, digna de ser fundida en bronce por el rey de los Infiernos, lo mismo que aquel falderillo que Júpiter cedió a la bella Europa a cambio de un beso; tú, cuya fama borrará la de los héroes de Montargis y del Monte San Bernardo; tú, que lanzándote por los espacios interplanetarios serás quizá la Eva de los perros selenitas; tú, que justificarás aquella frase de Toussenel: «Al principio, Dios creó al hombre; y al verlo tan débil, le dio el perro». ¡Ven, *Diana,* ven aquí!

Halagada o no, *Diana* avanzaba poco a poco, lanzando plañideros gemidos.

—¡Bueno! —dijo Barbicane—. Ya veo a Eva; pero ¿dónde está Adán?

—¿Adán? —respondió Michel—. Adán no puede estar lejos. Por ahí debe de estar; hay que llamarle. *¡Satélite!* ¡Aquí, *Satélite!*

Pero *Satélite* no aparecía. *Diana* continuaba gimiendo. Vieron, sin embargo, que no estaba herida, y le sirvieron una apetitosa comida que calmó sus quejidos.

En cuanto a *Satélite,* continuaba invisible, y hubo de buscarle un buen rato, hasta encontrarlo en uno de los compartimentos superiores del proyectil, adonde le había lanzado violentamente el choque del despegue. El pobre animal, contuso y maltrecho, estaba en un estado deplorable.

—¡Diablos! —exclamó Ardan—. Nuestra aclimatación perruna parece algo comprometida...

Bajaron al pobre perro, que se había roto la cabeza contra la bóveda del proyectil de tal modo que todo hacía suponer que sería difícil hacerle reaccionar. Sin embargo, al ser confortablemente acostado en un almohadón dejó escapar un suspiro.

—Te curaremos —le decía Ardan—. Nosotros somos responsables de tu existencia. Preferiría perder un brazo antes que mi pobre *Satélite* una de sus patas.

Le hizo tragar unos buches de agua que el herido bebió con avidez.

Después de cuidar al perro, los expedicionarios continuaron observando atentamente la Tierra y la Luna. La Tierra no era ya más que un pequeño disco gris, terminado por un arco más estrecho que la víspera; pero su volumen continuaba siendo enorme comparado con el de la Luna, la cual iba tomando la forma de un círculo perfecto.

—¡Vaya! Siento muchísimo que no nos hayamos marchado en el momento de Tierra llena, cuando nuestro globo se hallaba en oposición con el Sol —observó Ardan.

—¿Por qué?

—Porque habríamos contemplado bajo una luz especial sus continentes y sus mares; éstos, resplandecientes, reflejando los rayos solares; aquéllos, en plena sombra, tal como los reproducen algunos mapamundis. Yo hubiera querido estudiar los polos de la Tierra, que ningún ojo humano ha visto todavía.

—Sin duda —asintió Barbicane—; pero si hubiera sido Tierra llena, la Luna habría sido nueva; es decir, invisible a causa de la irradiación del Sol. Por tanto, nos interesa más ver nuestro punto de llegada que nuestro punto de partida.

—Tiene usted razón —apoyó Nicholl—; además, cuando hayamos llegado a la Luna, tiempo tendremos, durante las interminables noches lunares, de considerar a nuestras anchas el globo en donde pululan nuestros semejantes.

—¡Nuestros semejantes! —exclamó Ardan—. ¿Acaso son ya nuestros semejantes? No lo son ni más ni menos que los selenitas. Habitamos actualmente un mundo nuevo, el proyectil, cuyos únicos habitantes somos nosotros. Yo soy el semejante del Barbicane y Barbicane es el semejante de Nicholl. ¡Más allá de nosotros, fuera de nosotros, la humanidad cesa; somos la única población de este microcosmo hasta el instante en que seamos selenitas!

—Dentro de ochenta y ocho horas, poco más o menos —replicó Nicholl.

—¿Lo cual quiere decir...? —insistió Ardan.

—Lo cual quiere decir que son las ocho y media —respondió Nicholl.

—¡Bueno! Pues a estas horas me sería imposible encontrar una apariencia de razón que nos impida almorzar —repuso Michel.

En efecto, no era cosa de que los habitantes del nuevo astro vivieran sin comer; y sus estómagos iban sintiendo el imperativo del hambre. Como buen francés, Ardan se declaró cocinero en jefe, importante cargo que no le suscitó competencia alguna. El gas proporcionó los grados de calor suficientes para los aprestos culinarios, y el cajón de provisiones, todos los componentes para aquel primer festín.

Empezó el almuerzo con tres tazas de caldo excelente, gracias a las tabletas Liebig, preparadas con las mejores tajadas de los rumiantes de la Pampa y desleídas en agua hirviente. Al caldo de vaca siguieron algunos trozos de bistec, comprimidos en la prensa hidráulica, tan tiernos y suculentos como si llegaran del Café Inglés. Michel, hombre de imaginación, incluso sostuvo que sangraban. Conservas de legumbres «más frescas que al natural» sucedieron al plato de carne, y luego siguieron sendas tazas de té y tostadas con mantequilla, a la americana. Aquel brebaje, que declararon exquisito, procedía de la infusión de hojas de té de primera calidad que el emperador de Rusia había puesto a disposición de los expedicionarios.

En fin, para rematar la comida, desenterró Ardan del fondo del compartimento de las provisiones, en donde se encontraba «por casualidad», una botella de vino de Borgoña que los tres amigos bebieron, brindando por la unión de la Tierra con su satélite.

Y como si no fuera bastante con haber dorado las viñas que habían servido para destilar vinos tan generosos, el Sol quiso participar también en la fiesta. Desembocaba en aquel momento el proyectil del cono de sombra proyectado por la Tierra, y los rayos del astro radiante hirieron directamente el disco inferior del proyectil, a causa del ángulo que forma la órbita de la Tierra con la de la Luna.

—¡El Sol! —exclamó Ardan.

—En efecto, lo esperaba —dijo Barbicane.

—Sin embargo, ¿acaso el cono de sombra que la Tierra proyecta en el espacio puede extenderse más allá de la Luna?

—Mucho más allá, si no se tiene en cuenta la refracción atmosférica —continuó Barbicane—; pero cuando la Luna se encuentra envuelta en esa sombra es porque los centros de los tres astros, el del Sol, el de la Tierra y el de la Luna, se hallan en línea recta; porque estos centros coinciden con las fases de la Luna llena y hay eclipse. Si nosotros nos hubiéramos puesto en camino durante un eclipse de Luna, todo nuestro proyecto se habría hecho en la sombra, lo que no hubiera resultado agradable.

—¿Por qué?

—Porque, aunque flotamos en el vacío, nuestro proyectil, bañado por los rayos solares, recogerá su luz y su calor. De ahí también una economía de gas, cosa inapreciable en nuestras circunstancias.

En efecto, el proyectil, gracias a los rayos del Sol, cuya temperatura y brillo no amortiguaba ninguna atmósfera, se alumbraba y se calentaba como si repentinamente hubieran pasado del invierno al verano. La Luna por arriba, el Sol por abajo, lo inundaban con sus luces.

—¡Qué temperatura tan agradable! —dijo Nicholl.

—¡Ya lo creo! Como que con una ligera capa de tierra vegetal esparcida sobre nuestro planeta de aluminio veríamos crecer guisantes en veinticuatro horas. ¡Yo no tengo más que un temor: que se fundan las paredes del proyectil!

—Tranquilícese, mi buen Michel —replicó Barbicane—; el proyectil ha resistido ya una temperatura mucho más elevada, mientras se deslizaba por las capas atmosféricas. Nada me extrañaría que en aquel momento hubiera aparecido como un bólido de fuego a los ojos de los espectadores de Florida.

—¿Entonces, J. T. Maston habrá creído que estamos asados?

—Y lo que me sorprende es que, en realidad, no lo estemos —respondió Barbicane—. ¡Ése sí que era un peligro que no entraba en nuestras conjeturas!

—Yo, realmente, me lo temía —dijo Nicholl.

—¡Y nada nos había dicho, sublime capitán! —exclamó Ardan, estrechando la mano de su compañero.

Entretanto, Barbicane se preocupaba de instalarse en el proyectil como si no debiera dejarlo nunca.

Se recordará que aquel vagón aéreo medía en su base una superficie de cincuenta y cuatro pies cuadrados, con una altura de doce pies hasta la cima de la bóveda. Hábilmente combinado el interior, ocupando los instrumentos científicos y los utensilios de viaje sus puestos adecuados, el habitáculo resultaba bastante desahogado, dejando a sus tres habitantes cierta libertad de movimientos. El espeso disco de cristal que formaba parte del centro del suelo podía soportar un peso considerable, lo que permitía a Barbicane y a sus compañeros pisar aquel suelo como otro cualquiera. El Sol, al pasar por aquel disco transparente, producía efectos de luz muy originales.

Empezaron por examinar el estado del depósito de agua potable y el cajón de víveres. Aquellos recipientes no habían sufrido deterioro alguno, gracias a las precauciones tomadas para atenuar el choque del despegue. Los víveres eran abundantes y podrían alimentar a los tres viajeros durante todo un año; Barbicane había querido tomar precauciones por si el proyectil aterrizaba en alguna comarca de la Luna completamente estéril. En cuanto al agua y la reserva de aguardiente, habían llevado unos cincuenta galones, provisión para dos meses solamente. Sin embargo, ateniéndose a las últimas observaciones de los astrónomos, la Luna conservaba una atmósfera bastante densa, cuando menos en sus valles profundos, en donde no debían faltar arroyos y manantiales. Por consiguiente, durante el trayecto y durante el primer año de su instalación en el continente lunar, los audaces exploradores no sufrirían hambre ni sed.

Quedaba la cuestión del aire en el interior del proyectil. También este punto estaba resuelto. El aparato Reiset y Regnault, destinado a la producción del oxígeno, podía resistir dos meses: estaba alimentado por clorato de potasa. Consumía necesariamente cierta cantidad de gas, porque debía mantener por encima de cuatrocientos grados la materia productora. Pero también de eso tenían suficiente reserva. El aparato, además, sólo necesitaba cierta vigilancia, pues funcionaba automáticamente. En aquella temperatura tan elevada, el clorato de potasa, al transformarse en cloruro de potasio, se desprendía de todo su oxígeno. Y ¿qué daban de sí dieciocho libras de clorato de potasa? Daban las siete libras de oxígeno indispensables para el consumo diario de los huéspedes del proyectil.

No bastaba con renovar el oxígeno consumido; era preciso, además, absorber el ácido carbónico que producía la espiración del aire.

¡Y hacía ya doce horas que la atmósfera del proyectil estaba cargada de este gas, absolutamente deletéreo, producto definitivo de la combustión de los elementos de la sangre por medio del oxígeno inspirado! Nicholl se dio cuenta de ello al observar que *Diana* respiraba con dificultad. En efecto, el ácido carbónico —por un fenómeno análogo al que se produce en la famosa Gruta del Perro— había ido depositándose en el fondo del proyectil a causa de su peso. La pobre *Diana* sufría los efectos de aquel gas antes que sus amos a causa de su poca alzada sobre el suelo.

El capitán se apresuró a corregir la situación colocando sobre el piso varios recipientes que contenían potasa caústica y agitándolos durante unos minutos, y esta materia, muy ávida de ácido carbónico, lo absorbió completamente y purificó así el aire interior.

Comenzó luego el inventario de los instrumentos científicos. Los termómetros y barómetros, excepto un termómetro de mínima, cuyo cristal estalló, habían resistido bien al despegue. Se enganchó en una de las paredes un excelente aneroide, después de sacarlo de su estuche acolchado. Naturalmente, no sufría y no marcaba más presión que la del aire interior del proyectil. Pero también señalaba la cantidad de vapor de agua. En aquel momento su manecilla oscilaba entre setecientos treinta y cinco y setecientos sesenta metros. Indicaba «buen tiempo». Barbicane había traído también algunas brújulas, igualmente intactas. Se comprende que, en las circunstancias extraordinarias en que se encontraban, las agujas se movieran alocadas, sin dirección alguna. En efecto, a aquella distancia de la Tierra, el polo magnético no podía ejercer sobre el aparato influencia alguna. Quizá trasladadas al disco lunar aquellas brújulas podrían acusar ciertos fenómenos especiales. En todo caso, resultaría interesante comprobar si el satélite de la Tierra se sometía, como ella, a la influencia magnética. Un hipsómetro para medir la altitud de las montañas lunares; un sextante, para tomar la altura del Sol; un teodolito, instrumento de geodesia, para levantar planos y reducir ángulos en el horizonte; unos catalejos, cuyo uso sería justamente apreciado al acercarse a la Luna, todos estos instrumentos fueron examinados minuciosamente y declarados en buen estado a pesar de la conmoción inicial del viaje.

En cuanto a los utensilios, había picos, azadas, cuya elección corrió a cargo de Nicholl; y respecto a los sacos de semillas variadas y a los arbustos que Ardan pensaba trasplantar en los terrenos selenitas, todos ellos se hallaban a buen recaudo en los huecos superiores del proyectil. Aquello era como un desván lleno de objetos que el pródigo francés había almacenado y cuya nomenclatura exacta ni él mismo conocía. De vez en cuando, el alegre joven, agarrándose a unos ganchos remachados en las paredes, se encaramaba hasta aquel bazar, cuya dirección se había reservado, poniendo en orden los mil objetos allí depositados, inspeccionando minuciosamente algunos cajones misteriosos, mientras tarareaba con desafinada voz alguna antigua canción francesa.

Barbicane observó con satisfacción que sus cohetes y demás fuegos artificiales no se habían estropeado. Aquella pirotecnia de gran potencia debía servir para moderar la caída del proyectil cuando, solicitado por la atracción lunar, después de traspasar el punto neutro, cayese sobre la Luna. Caída que, de todos modos, sería seis veces más lenta que si se produjera sobre la Tierra, merced a la diferencia de masa entre ambos astros.

Terminó, pues, la inspección a gusto de todos, y después volvieron a observar el espacio desde los portillos laterales y el del suelo.

El panorama era el mismo. Por la infinita extensión del firmamento hormigueaban estrellas y constelaciones de una pureza maravillosa, capaz de volver loco de entusiasmo a un astrónomo. Por un lado, el Sol, semejante a la boca de un horno, disco deslumbrador, sin aureola, destacándose sobre el fondo negro del cielo. Por el lado opuesto, la Luna, reflejando aquellos fulgores, inmóvil, al parecer, en el centro del mundo estelar. Y más abajo, por el portillo incrustado en el fondo del proyectil, aparecía la Tierra, mancha sombría, bordeada ligeramente por un hilillo de plata. Aquí y allá, las nebulosas, agrupadas como caprichosos copos de nieve sideral; y del cenit al nadir, la Vía Láctea, inmenso anillo formado de impalpable polvillo de estrellas, entre las cuales el mismo Sol resultaba semejante a una estrella de cuarta magnitud.

Los observadores no podían separar sus ojos de aquel maravilloso espectáculo del que no podía dar idea descripción alguna. ¡Cuántas reflexiones les sugería! ¡Qué emociones, nunca conocidas, les embargaban el alma! Barbicane decidió comenzar el relato de su expedición bajo la impresión extraordinaria de aquellos momentos, y fue anotando hora por hora cuantos hechos se habían sucedido desde el principio de aquella singular empresa, con su escritura de gruesos caracteres y su estilo más bien comercial.

Mientras tanto, Nicholl repasaba sus fórmulas de trayectorias, manejando los números con una destreza sin igual.

En cuanto a Michel Ardan, tan pronto charlaba con Barbicane, que no le respondía, como con Nicholl, que no le escuchaba, o con *Diana*, que no entendía de teorías, o dialogaba consigo mismo, yendo, viniendo, ocupándose de mil detalles, unas veces encorvado sobre el vidrio inferior, otras encaramado en las alturas del proyectil, y canturreando sin cesar. Figuraban en aquel microcosmos la viveza y la locuacidad francesas, dignamente representadas.

El día o, para más exactitud, el lapso de doce horas que constituye el día en el globo terrestre, terminó con una cena copiosa y delicada. Ningún incidente que turbase la confianza de los viajeros se había producido aún.

Llenos de esperanza, seguros del éxito, se durmieron tranquilamente, mientras el proyectil, moderando uniformemente su velocidad, iba franqueando los caminos del cielo.

Capítulo IV

Transcurrió la noche sin novedad. A decir verdad, la palabra «noche» es impropia. La posición del proyectil no variaba con respecto al Sol. Astronómicamente, era de día en la parte inferior del proyectil y de noche en su parte superior. Cuando en esta narración se emplean las palabras «día» y «noche» expresan solamente el lapso de tiempo que transcurre entre la salida y la puesta del Sol en la Tierra.

El sueño de los viajeros era tanto más apacible cuanto que, a pesar de su velocidad excesiva, el proyectil parecía completamente inmóvil. Ninguna oscilación delataba su marcha por el espacio. En efecto, el movimiento, por muy rápido que sea, no es capaz de producir efectos apreciables en el organismo cuando tiene lugar en el vacío o cuando la masa de aire circula al mismo tiempo que el cuerpo que va arrastrando. ¿Qué habitante de la Tierra se da cuenta de la velocidad de ésta? Y sin embargo, la Tierra va arrastrándolo consigo a razón de noventa mil kilómetros por hora. En estas condiciones, lo mismo se siente el movimiento que el reposo. Por esto, a todo cuerpo le es indiferente este fenómeno físico: si se encuentra en reposo, en reposo seguirá hasta que lo mueva alguna fuerza extraña; si está en movimiento, éste no se detendrá mientras algún obstáculo no venga a interrumpir su marcha. Esta indiferencia hacia el movimiento o el reposo es la inercia.

Por tanto, Barbicane y sus amigos podían creerse en una inmovilidad absoluta hallándose en el interior del proyectil. De todos modos, el efecto hubiera sido el mismo si se encontrasen fuera de él. Sin la Luna, que aumentaba de volumen por encima del proyectil; sin la Tierra, que disminuía de tamaño, mirada por el portillo inferior, hubieran jurado que flotaban en completa inercia.

Aquella mañana, 3 de diciembre, los despertó el alegre e inesperado cacareo de un gallo que repercutía en el vagón.

Ardan, levantándose el primero, trepó rápidamente al desván, y cerrando un cajón entreabierto, dijo en voz baja:

—¿Quieres callarte? ¡Este animalucho va a hacer fracasar mi plan!

Entretanto, Nicholl y Barbicane se despertaron también.

—¿Un gallo? —preguntó Nicholl.

—¡No! ¡Soy yo!... Quise despertarles con estos gorgoritos campestres... —respondió Ardan con viveza.

Y lanzó un «¡kikirikíii!» que hubiera hecho honor al más fanfarrón de los gallos.

Los dos americanos no pudieron menos de reír.

—¡Muy bien, muy bien! —dijo Nicholl, mirándole receloso.

—¡Sí!... Es una broma muy en uso en mi país —repuso Michel—. Es muy gálico... Hay mucha costumbre de imitar el canto del gallo en las tertulias más lucidas...

Y cambiando de conversación:

—¿Sabes, Barbicane, qué he pensado esta noche?

—No —respondió éste.

—Pues en nuestros amigos de Cambridge. Ya habrás notado que yo soy un completo ignorante en matemáticas. Por esta razón me es imposible adivinar cómo nuestros sabios del Observatorio han podido calcular la velocidad inicial que debía llevar el proyectil al salir del Columbiad para llegar a la Luna.

—Querrás decir para llegar al punto neutral en el que las atracciones terrestre y lunar se encuentran en equilibrio; porque a partir de este punto, situado en las nueve décimas del recorrido, poco más o menos, el proyectil ha de caer sobre la Luna con toda naturalidad, a causa de su peso —replicó Barbicane.

—¡Bien! Pero insisto: ¿cómo pudieron calcular la velocidad inicial?

—Nada más fácil.

—¿Y usted hubiera podido hacer ese mismo cálculo?

—Seguramente. Nicholl y yo lo habríamos hecho si el Observatorio no nos hubiera evitado esa molestia.

—Pues a mí, mi buen Barbicane —repuso Michel—, antes me cortan la cabeza empezando por los pies que hacerme resolver semejante problema.

—Porque usted no sabe álgebra —replicó tranquilamente Barbicane.

—¡Bah! ¡Ustedes que se comen tanta *x*, se figuran haberlo dicho todo cuando dicen ¡«el álgebra»!

—Dime, Michel, ¿crees tú que se puede forjar sin martillo o labrar la tierra sin arado?

—Difícilmente...

—¡Pues bien: el álgebra es una herramienta como el martillo y el arado; y una buena herramienta para quien sepa manejarla!...

—¿De veras?

—¡Tan de veras!

—¿Y usted la manejaría ante mí?

—Si le interesa...

—¿Y me demostraría cómo se ha calculado la velocidad inicial de nuestro vagón?

—¡Ciertamente, amigo mío! Puedo establecer con toda precisión cuál ha sido esa velocidad inicial por medio de una simple fórmula, teniendo en cuenta todos los elementos del problema: la distancia del centro de la Tierra al centro de la Luna, el radio de la Tierra y su volumen, así como el volumen de la Luna.

—¡Veamos esa fórmula!

—Ya la verá. Pero no le daré la curva trazada realmente por el proyectil entre la Tierra y la Luna teniendo en cuenta sus movimientos de traslación alrededor del Sol, no; yo consideraré a estos astros como inertes; esto basta.

—¿Y por qué?

—Porque eso sería pretender averiguar la solución del problema que se llama «problema de los tres cuerpos», y el cálculo integral no ha adelantado todavía lo suficiente para resolverlo.

—¡Cómo! ¿Las matemáticas no han dicho aún su última palabra? —replicó, con cierta ironía, Ardan.

—No, ciertamente —dijo Barbicane.

—Quizá los selenitas hayan ido más allá que nosotros en el cálculo integral. Y a propósito: ¿qué es eso del cálculo integral?

—El cálculo integral es un cálculo a la inversa del cálculo diferencial —respondió Barbicane seriamente.

—Comprendido...

—O, mejor dicho, es un cálculo por el cual se averiguan las cantidades limitadas de las cuales se conoce ya la diferencial.

—¡Vamos, ni siquiera así, está claro! —repuso muy serio Michel, con aire satisfecho.

—Y ahora, una hoja de papel y un lápiz, y antes de media hora habré averiguado la fórmula deseada —dijo Barbicane, enfrascándose acto seguido en su trabajo, mientras que Nicholl observaba el espacio, dejando a su compañero el cuidado del almuerzo.

No había transcurrido media hora cuando, levantando la cabeza, mostró Barbicane a Ardan una hoja llena de figuras algebraicas, en cuyo centro se destacaba la fórmula general:

$$\frac{1}{2}\left(v^2 - v_0^2\right) = gr\left\{\frac{r}{x} - 1 + \frac{m'}{m}\left(\frac{r}{d-x} - \frac{r}{d-r}\right)\right\}$$

—¿Y eso significa...? —preguntó Michel.

—Y eso significa —explicó Nicholl— que un medio de *v* dos, menos *v* cero cuadrado, igual *gr*, multiplicado por *r* sobre *x* menos uno, más *m* prima sobre *m*, multiplicado por *r* sobre *d* menos *x*, menos *r* sobre *d* menos *r*.

—¡*X* sobre *y*, montado sobre *r* y cabalgando sobre *p!* —exclamó Ardan, riéndose a carcajadas—. ¿Y tú entiendes eso, capitán?

—No hay nada más claro.

—¿Cómo no?... ¡Si salta a la vista!... ¡Me basta, me basta!... —repuso Ardan.

—¡Sempiterno guasón! —replicó Barbicane—. ¿Usted no me ha pedido algo de álgebra? Pues tendrá álgebra hasta la coronilla...

—¡Prefiero que me ahorquen!

—¡En efecto! —exclamó Nicholl, examinando la fórmula como una persona competente—. Me parece muy bien construida. Es la integral de la ecuación de las fuerzas vivas, y no dudo que nos dé el resultado apetecido.

—Pero, yo bien quisiera comprenderlo. ¡Como que daría diez años de la vida de Nicholl para conseguirlo! —añadió Ardan.

—Escuche, pues —le dijo Barbicane—. Una mitad de *v* dos, menos *v* cero cuadrado es la fórmula que nos da como resultado la semivariación de la fuerza viva.

—¡Bueno, bueno! ¿Y Nicholl sabe lo que significa eso?

—Sin duda —respondió el aludido—. Todos esos signos que te parecen cabalísticos forman, sin embargo, un lenguaje claro, neto y lógico para quien sabe leerlos.

—¿Y pretende usted, Nicholl, que por medio de esos jeroglíficos, más incomprensibles que los egipcios, se puede averiguar qué velocidad inicial convenía dar al proyectil? —preguntó Ardan.

—¡Indudablemente! Y mediante esta misma fórmula podré indicar cuál sigue siendo la velocidad del proyectil en cualquier punto de su recorrido —respondió Nicholl.

—¿Palabra?

—¡Palabra!

—¿De modo que usted es tan sabio como nuestro presidente?

—No, Michel; lo difícil es lo que ha hecho él: establecer una ecuación que tenga en cuenta todos los elementos del problema. Lo demás es simplemente cuestión de aritmética y no exige más que el conocimiento de las cuatro reglas.

—¡Ya es algo, sin embargo! —objetó Ardan, que en su vida había conseguido hacer una suma exacta y que definía la regla de sumar como «un rompecabezas chino que permite obtener totales indefinidamente variados».

Barbicane protestó, afirmando que Nicholl también habría encontrado la fórmula si la hubiese buscado.

—Eso es lo que no me consta —replicó Nicholl—, porque cuanto más la estudio, más maravillosa la encuentro.

—Ahora, présteme atención —dijo Barbicane a su ignorante camarada—, y verá que todas esas letras tienen su significado.

—Escucho —asintió Ardan, resignado.

—*d* es la distancia entre el centro de la Tierra y el centro de la Luna, porque son los centros los que nos sirven para averiguar las potencias de atracción de una y de otra.

—¡Eso sí lo comprendo!...

—*r* es el radio de la Tierra.

—*r*, radio: ¡conforme!

—*m* es la masa de la Tierra; *m* prima es la masa de la Luna. Porque hay que tener en cuenta la masa de los dos cuerpos que atraen, puesto que la atracción es proporcional a las masas.

—¡Bien! ¡Comprendido!

—*g* representa la gravedad, la velocidad adquirida al cabo de un segundo por un cuerpo que caiga sobre la superficie de la Tierra. ¿Está claro?

—¡Como agua de manantial! —respondió Ardan.

—Ahora represento por *x* la distancia variable entre el proyectil y el centro de la Tierra, y por *v* represento la rapidez del proyectil a esa distancia.

—Bueno...

—En fin, *v* cero, que figura en la ecuación, es la velocidad que posee el proyectil al salir de la atmósfera. En efecto, en ese punto preciso es donde había que averiguar esa velocidad, puesto que sabemos ya que la velocidad al partir equivale exactamente a los tres medios de la velocidad al salir de la atmósfera.

—¡Ya no lo entiendo! —exclamó Ardan.

—Pues es bien sencillo —replicó Barbicane.

—¡No tanto!

—Eso quiere decir que cuando nuestro proyectil llegó al límite de la atmósfera terrestre ya había perdido un tercio de su velocidad inicial.

—¿Tanto como eso?

—Sí, nada más que por su roce con las capas atmosféricas. Ya comprenderá que cuanto más deprisa marchaba, más resistencia le oponía el aire.

—Eso lo admito y lo comprendo, aunque sus *v* cero dos y *v* cero cuadrado andan en mi cabeza tan revueltos como clavos en un saco...

—¡Primer resultado del álgebra! Y ahora, para rematar, vamos a establecer la equivalencia de esos términos, es decir, a representar en guarismos su valor.

—¡Acabe, acabe conmigo de una vez!

—Bien. Algunos de esos términos son conocidos ya; pero los demás están por calcular.

—Yo me encargo de esos últimos —dijo Nicholl.

—Veamos *r* —repuso Barbicane—, *r* es el radio de la Tierra, que en la latitud de Florida, nuestro punto de partida, equivale a seis millones trescientos setenta mil metros; *d*, es decir, la distancia entre el centro de la Tierra y el de la Luna, equivale a cincuenta y seis radios terrestres, o sea...

Nicholl hizo rápidamente el cálculo.

—O sea —añadió— 356.720.000 metros en el momento en que la Luna está en su perigeo, es decir, lo más cerca de la Tierra.

—Bien —continuó Barbicane—. Ahora, *m* prima sobre *m*, es decir, la relación de la masa de la Tierra con la de la Luna, es igual a una ochenta y una parte.

—¡Perfectamente! —asintió Ardan.

—*g*, que representa la gravedad, equivale en Florida a nueve metros ochenta y un centímetros. De ahí resulta que *gr* equivale a...

—62.426.000 metros cuadrados —continuó Nicholl.

—¿Y ahora? —preguntó Ardan.

—Pues ahora, una vez traducidas las fórmulas en números, voy a averiguar la velocidad *v* cero; es decir, la velocidad que debía tener el proyectil al abandonar la atmósfera para alcanzar el punto de atracción neutro, con una rapidez nula. En ese punto, puesto que la rapidez será nula, anoto que igualará a cero y que *x*, distancia en la que se halla ese punto neutral, será representada por las nueve décimas de *d*, es decir, de la distancia que separa a los dos centros.

—Tengo como una vaga idea de que eso debe ser así —dijo Michel.

—Tendré entonces: *x* igual a nueve décimas de *d*, y *v* igual a cero, y mi fórmula será...

Y Barbicane escribió rápidamente:

$$v^2 = 2gr\left\{1 - \frac{10r}{9d} - \frac{1}{81} - \left(\frac{10r}{d} - \frac{r}{d-r}\right)\right\}$$

Nicholl leyó con avidez.

—¡Eso mismo, eso mismo! —exclamó.

—¿Está claro? —preguntó Barbicane.

—¡Escrito en letras de fuego! —contestó Nicholl.

—¡Qué buenas personas! —murmuró Ardan.

—¿Has comprendido por fin? —le dijo Barbicane.

—¿Que si he comprendido? ¡Tanto que mi cabeza estalla! —exclamó Ardan.

—Así pues, *v* cero dos, igual a dos *gr*, multiplicado por uno, menos diez *r* sobre 9 *d*, menos un ochentayunavo multiplicado por diez *r* sobre *d*, menos *r* sobre *d* menos *r*.

—Y ahora no hay más que hacer el cálculo para obtener la velocidad del proyectil al salir de la atmósfera —dijo Nicholl.

El capitán, práctico en toda clase de dificultades matemáticas, se puso a hacer números con una rapidez vertiginosa. Divisiones y multiplicaciones iban saliendo de sus dedos en apretadas columnas, cubriendo la hoja de papel. Barbicane le seguía con la mirada, en tanto que Ardan, con ambas manos, se comprimía las sienes, luchando con un principio de jaqueca.

—¿Qué resulta? —preguntó Barbicane, después de unos momentos de silencio.

—Resulta, hecho el cálculo, que *v* cero, es decir, la velocidad del proyectil al salir de la atmósfera, ha debido ser, para alcanzar el punto de igual atracción, de...

—¿De...?

—De 11.051 metros durante el primer segundo.

—¿Eh? —exclamó Barbicane, dando un salto—. ¿Dice usted...?

—11.051 metros —repitió Nicholl.

—¡Maldición! —gritó, con un gesto desesperado, el presidente.

—Pero ¿qué le pasa? —le preguntó sorprendido Ardan.

—¿Qué me pasa? Pues que si en aquel momento la velocidad había disminuido ya en un tercio a causa del roce, la velocidad inicial debió de ser...

—De 16.576 metros —dijo Nicholl.

—¡Y el Observatorio de Cambridge había declarado que bastaban para la partida once mil metros! ¡Y nuestro proyectil no llevaba más velocidad que ésa!

—Bueno, ¿y qué? —preguntó Nicholl.

—¡Que será insuficiente!

—Bueno...

—¡No llegaremos al punto neutral!

—¡Cáspita!

—No llegaremos ni siquiera a la mitad del trayecto...

—¡Maldición...! —exclamó Ardan, dando un salto como si el proyectil estuviera a punto de chocar con el esferoide terrestre.

—¡Y caeremos sobre la Tierra!

CAPÍTULO V

Aquella revelación cayó como un rayo. ¡Quién iba a figurarse semejante error de cálculo! Barbicane no quería creerlo. Nicholl revisó sus números: eran exactos. En cuanto a la fórmula que los había determinado, no era posible dudar de su precisión. Después de una nueva operación resultó lo mismo; hubiera sido preciso que, al salir disparado, el proyectil llevase durante el primer segundo una velocidad de 16.576 metros para poder alcanzar el punto neutral.

Los tres amigos se miraron en silencio.

Ya no se pensó en almorzar. Barbicane, apretando los dientes, fruncido el entrecejo y cerrando los puños convulsivamente, miraba a través del portillo. Nicholl se había cruzado de brazos y repasaba sus cálculos. Michel Ardan murmuraba: «¡Así son estos sabios! ¡Siempre los mismos!... ¡Daría gustoso un puñado de dólares para poder caer, al regreso, sobre el Observatorio de Cambridge y aplastarlo con todos los embrollones de números que encierra!».

De pronto, el capitán hizo una observación que impresionó a Barbicane.

—Pero..., vamos a ver; son las siete de la mañana, es decir, que estamos de viaje desde hace treinta y dos horas; más de la mitad de nuestro trayecto está recorrido ya, y, sin embargo, no nos hemos caído todavía, que yo sepa.

Barbicane no respondió; pero después de cruzar una rápida mirada con el capitán, tomó un compás que le servía para medir la distancia angular del globo terrestre, y por el portillo inferior tomó nota de cuanto observaba, gracias a la inmovilidad aparente del proyectil. Luego se incorporó, enjugándose la frente, sudorosa, y se puso a hacer números sobre el papel. Nicholl le miraba ansiosamente, comprendiendo que el presidente estaba deduciendo la distancia entre el proyectil y la Tierra de la medida del diámetro terrestre.

—¡No! —exclamó Barbicane, después de un momento—. ¡No descendemos! ¡No nos caemos! ¡Estamos ya a más de cincuenta mil leguas de la Tierra! ¡Hasta hemos pasado ya del punto crítico en donde el proyectil se hubiera detenido, si su velocidad no hubiese excedido de los once mil metros en el despegue! ¡Subimos, subimos sin cesar!

—Esto es indiscutible —replicó Nicholl—. Lo que prueba que nuestra velocidad inicial, por la impulsión de cuatrocientas mil libras de fulminato, ha pasado de los once mil metros calculados. Así me explico ahora que ya a los trece minutos de partir nos encontrásemos con el segundo satélite, que gravita a más de dos mil leguas de la Tierra.

—Y esta explicación resulta tanto más probable considerando que el proyectil, al hacer estallar sus paredes frangibles y dejar salir el agua que llevaba en sus huecos, se aligeró de repente de una gran parte de su peso —añadió Barbicane.

—Indudablemente —asintió Nicholl.

—¡Ah! ¡Mi buen Nicholl, nos hemos salvado!

—¡Bueno! Puesto que nos hemos salvado, almorcemos —dijo tranquilamente Ardan.

En efecto, Nicholl no se engañaba: la velocidad inicial había sido superior a la indicada por el observatorio de Cambridge; lo cual probaba que dicho observatorio se había equivocado.

Repuestos de aquella falsa alarma, los expedicionarios se sentaron a la mesa y almorzaron alegremente. Si comieron mucho, no charlaron menos. Se sentían más optimistas, si cabe, después que antes del «incidente del álgebra».

—¿Por qué no hemos de acertar en nuestra expedición hasta el fin? ¿Por qué no hemos de llegar? ¡Ya estamos en marcha! —decía Ardan—. ¡No hay obstáculos ante nosotros! No hay piedras en el camino. Nuestra ruta está más despejada que la del navío que lucha contra el mar; más libre que la del globo que tiene que luchar contra el viento. Pues si un navío llega adonde se propone llegar, si un globo sube hasta donde quiere, ¿por qué nuestro proyectil no ha de alcanzar la meta que se ha propuesto?

—¡Sí que la alcanzará! —asintió Barbicane.

—¡Aunque sólo fuera para honra del pueblo americano —exclamó Ardan—, el único pueblo capaz de realizar tal empresa, el único que ha podido producir un presidente Barbicane!... Y a todo esto, ¿qué va a ser de nosotros, ahora que nuestras inquietudes han pasado? ¡Vamos a aburrirnos soberanamente!

Barbicane y Nicholl hicieron un gesto de protesta.

—¡Pero yo he previsto el caso, amigos! ¡No tienen más que pedir por esa boca!... A su disposición están naipes, dominós, ajedrez y tablero de damas. ¡No falta más que un billar! —añadió Ardan.

—¿Qué? —preguntó Barbicane—. ¿Ha traído acaso semejantes cachivaches?

—¡Sin duda alguna! No solamente para distraernos, sino con la loable intención de abastecer los cafés selenitas.

—Amigo mío —objetó Barbicane—, si la Luna está habitada, sus habitantes existen desde algunos millares de años antes que los de la Tierra, porque no puede dudarse ya de que la Luna sea más antigua que la Tierra. Por consiguiente, si los selenitas existen desde cientos de miles de años; si su cerebro está organizado como nuestro cerebro terrestre, es probable que ya tengan inventado cuanto nosotros hemos inventado, y lo que podamos inventar en el curso de los siglos. Nada tendrán que aprender de nosotros, y, en cambio, nosotros tendremos mucho que aprender de ellos.

—¿De modo que usted supone que han tenido ya artistas como Fidias, Miguel Ángel o Rafael? —preguntó Ardan.

—Sí...

—¿Y poetas como Homero, Virgilio, Milton, Lamartine, Hugo?

—Estoy seguro de ello.

—¿Y filósofos como Platón, Aristóteles, Descartes, Kant?...

—Sin duda alguna...

—¿Y sabios como Arquímedes, Euclides, Pascal, Newton?

—¡Lo juraría!...

—¿Y cómicos como Arnal, y fotógrafos como... Nadar?

—Con seguridad.

—Entonces, amigo Barbicane, si saben tanto o más que nosotros esos selenitas, ¿por qué no han intentado comunicarse con la Tierra? ¿Por qué no se les ha ocurrido enviar un proyectil a las regiones terrestres? —preguntó Ardan.

—¿Y quién le dice a usted, amigo Michel, que no lo han hecho ya? —replicó Barbicane.

—En efecto —dijo Nicholl—. Eso era para ellos más fácil de ejecutar que para nosotros, por dos razones: la primera, porque la fuerza de la atracción de la Luna es seis veces menor que la de la Tierra; la segunda, porque les bastaba lanzar un proyectil a una distancia de ocho mil leguas solamente, en lugar de ochenta mil, lo que exigía una fuerza de impulsión diez veces menor.

—Entonces, vuelvo a preguntar: ¿por qué no lo han hecho? —repuso Ardan.

—Y yo vuelvo a contestar: ¿quién le dice que no lo han hecho?

—¿Cuándo?...

—Hace miles de años, antes de la aparición del hombre sobre la Tierra.

—¿Y el proyectil? ¿Dónde está el proyectil? ¡Yo quiero ver el proyectil!

—Amigo mío, considere que el mar cubre actualmente las cinco sextas partes de nuestro globo. Hay razones de sobra para suponer que el proyectil, si fue lanzado alguna vez, está a estas horas sepultado en el fondo del Atlántico o del Pacífico; a menos que se haya incrustado dentro de alguna grieta, en la época en que la corteza terrestre no se había solidificado bastante.

—¡Ah! ¡Barbicane, tiene usted respuesta para todo; yo me inclino ante su sabiduría! Sin embargo, hay una hipótesis que me agradaría más que las otras: que los selenitas, siendo más viejos que nosotros, fueran más juiciosos y no hubieran inventado la pólvora.

En aquel momento intervino *Diana* en la conversación con un sonoro ladrido. Reclamaba su almuerzo.

—¡Vamos! Discutiendo y discutiendo, nos olvidamos de *Diana* y de *Satélite* —exclamó Ardan.

Y acto seguido se sirvió a la perra una respetable empanada, que fue devorada inmediatamente.

—Estoy pensando, Barbicane, que debíamos haber hecho de este proyectil una segunda Arca de Noé, para transportar a la Luna una pareja de todas las clases de animales domésticos —dijo Ardan.

—Sin duda; pero hubiera faltado espacio.

—¡Bah! Estrechándose un poquito...

—El hecho es que bueyes, vacas, toros, caballos, todos ellos nos serían útiles en el continente lunar —asintió Nicholl—. Por desgracia, nuestro vagón no podía convertirse en cuadra o en establo.

—Pero, al menos —repuso Michel—, podíamos haber traído un borrico, nada más que un borriquito, animalito valiente y sufrido, que el viejo Sileno prefería como cabalgadura. A mí me encantan los pobrecitos asnos. Son los animales menos favorecidos de la creación. ¡Pobrecillos! No sólo se les da de palos en vida, sino que hasta después de muertos se los aporrea...

—¿Cómo es eso? —preguntó Barbicane.

—¡Toma! Puesto que con su pellejo se hacen los tambores —contestó Ardan.

Barbicane y Nicholl se echaron a reír. Pero una exclamación de su alegre compañero les interrumpió. Éste, inclinado ante el nicho de *Satélite,* se levantaba diciendo:

—¡Vaya! ¡*Satélite* ya no está enfermo!

—¡Ah!...

—No. Está muerto... No deja de ser una complicación —añadió Michel—. ¡Mi pobre *Diana,* me parece que no formarás dinastía en las regiones lunares!...

En efecto, el pobre *Satélite* no había logrado curarse de su herida. Estaba muerto, y bien muerto.

Ardan, muy descorazonado, miraba a sus amigos.

—¡Ahora surge una dificultad! No es posible conservar aquí dentro el cuerpo de este perro durante cuarenta y ocho horas más —dijo Barbicane.

—No, sin duda alguna —asintió Nicholl—. Pero como los portillos están sujetos por unas bisagras, podemos abrirlos. Así echaremos fuera al perro.

El presidente reflexionó y dijo:

—Sí, en efecto; podemos hacer eso; pero tomando precauciones.

—¿Por qué? —preguntó Ardan.

—Por dos razones que comprenderá. La primera es por el aire almacenado dentro del proyectil, y del cual debemos malgastar lo menos posible.

—¡Pero si nosotros mismos volveremos a fabricar ese aire!

—En parte únicamente. Nosotros podemos producir oxígeno. A propósito de oxígeno: debemos tener mucho cuidado de que el aparato no produzca oxígeno en demasiada cantidad: ese exceso nos acarrearía trastornos fisiológicos muy graves. Pero aunque es cierto que producimos oxígeno, no podemos producir ázoe, ese gas que los pulmones no absorben y que debe conservarse intacto. Y si se abre el portillo, el ázoe se evapora enseguida...

—¡Oh! ¡Hace falta tan poco tiempo para sacar al pobre *Satélite!* —añadió Ardan.

—Conformes; pero que sea una operación rapidísima.

—¿Y la segunda razón?

—La segunda razón es que si dejamos penetrar en el proyectil el frío exterior, que es glacial, nos helaremos.

—Sin embargo, el Sol...

—El Sol caldea nuestro proyectil porque éste absorbe sus rayos; pero no calienta el vacío en el que flotamos en estos momentos. Allí donde no existe el aire no pueden existir ni calor ni luz difusa; y por lo mismo, todo es oscuridad y frío. Allí donde los rayos del Sol no llegan directamente, el espacio resulta frío y oscuro. Esta temperatura es la producida por la radiación estelar; es decir, la misma temperatura que tendría el globo terrestre si el Sol se apagase algún día.

—Lo cual no es de temer —replicó Nicholl.

—¿Quién sabe? —exclamó Ardan—. Además, aun suponiendo que el Sol no se apague nunca, ¿no podría ocurrir que la Tierra se alejase de él?

—¡Bah! ¡Ya está Michel con sus imaginaciones!

—¡Toma! —replicó Michel—. ¿Acaso se ignora que la Tierra atravesó la cola de un cometa en 1861? Figurémonos otro cometa cuya atracción fuese superior a la atracción solar, en cuyo caso la órbita terrestre se curvaría hacia el astro errante, y convertida la Tierra en satélite sería arrastrada a tan larga distancia del Sol, que los rayos solares no tendrían influencia alguna sobre ella.

—En efecto, podría presentarse este caso —asintió Barbicane—; pero las consecuencias de ese desplazamiento podrían resultar menos graves de lo que usted supone.

—¿Por qué?

—Porque el frío y el calor se equilibrarían en la Tierra. Se ha calculado que si la Tierra hubiese sido arrastrada por el cometa de 1861 no habría sentido, aunque separada del Sol por la mayor distancia imaginable, un calor superior dieciséis veces al calor que la Tierra recibe de la Luna, calor que, concentrado en el foco de las lentes más potentes, no produce efecto alguno apreciable.

—Bueno, ¿y qué? —dijo Michel.

—Espere y comprenderá. Se ha calculado también que la Tierra, en su perihelio, es decir, en el punto en que se acerca más al Sol, habría soportado un calor veintiocho mil veces superior al calor del verano. Mas este calor, capaz de cristalizar las materias terrestres y hacer que se evapore el agua, habría formado un cerco espeso de nubes que hubiesen atenuado tan excesiva temperatura. De ahí la compensación entre los fríos del afelio y los calores del perihelio, resultando un término medio soportable.

—Pero ¿en cuántos grados se calcula la temperatura de los espacios siderales? —preguntó Nicholl.

—En otros tiempos —contestó Barbicane— se creía que esa temperatura era excesivamente baja. Calculando su descenso termométrico, se llegaba a cifrarla en millones de grados bajo cero. Fourier, compatriota de Michel, sabio ilustre de la Academia de Ciencias, fue quien redujo esas cifras a proporciones más exactas. Según él, la temperatura del espacio no desciende más de sesenta grados.

—¡Bah! —exclamó Michel.

—Ésta fue, aproximadamente, la temperatura que pudo observarse en las regiones polares, en la isla Melville y en el fuerte Reliance, o sea 56 grados centígrados bajo cero.

—Falta probar —dijo Nicholl— que Fourrier no se equivocara en sus evaluaciones. Si yo recuerdo bien, otro sabio francés, M. Poulliet, calcula la temperatura del espacio en 160 grados bajo cero. Esto es lo que nosotros comprobaremos.

—No en este momento, porque los rayos solares, al impresionar directamente nuestro termómetro, acusarían, por el contrario, una temperatura muy alta; pero cuando hayamos llegado a la Luna, durante las noches de quince días que cada una de sus caras produce alternativamente, ya tendremos tiempo de sobra de hacer experimentos, porque nuestro satélite se mueve en el vacío.

—Pero, ¿qué entiende por el vacío? —preguntó Michel—. ¿Es acaso el vacío absoluto?

—Es el vacío absolutamente privado de aire.

—¿En el cual el aire no tiene reemplazante?

—Sí lo tiene: el éter.

—¡Ah! Y ¿qué es el éter?

—El éter, amigo mío, es una aglomeración de átomos imponderables que, en relación a sus dimensiones, según dicen las obras que tratan de física molecular, se hallan tan distantes entre sí como lo están los cuerpos celestes en el espacio. Esta distancia interatómica es, sin embargo, inferior a una tresmillonésima de milímetro. Estos átomos son los que, por sus movimientos vibratorios, producen la luz y el calor al efectuar cuatrocientos treinta trillones de ondulaciones por segundo, sin contar con más amplitud que la de cuatro a seis diezmilésimas de milímetro.

—¡Miles de miles de millones! —exclamó Ardan—. ¿Acaso habrán contado esas oscilaciones?... Todo eso no son más que guarismos de sabios, que embarullan el oído y no dicen nada al espíritu, amigo Barbicane...

—Siempre es bueno hacer números...

—No, señor; mejor es comparar. Un trillón no dice nada. Un punto de comparación lo dice todo. Ejemplo: cuando usted me haya repetido que el volumen de Urano es setenta y seis veces mayor que el de la Tierra, que el de Saturno le supera en novecientas veces, el de Júpiter en mil trescientas veces y el del Sol en un millón trescientas mil, me quedaré como antes. Por esto, prefiero, con mucho, las anticuadas comparaciones del almanaque *Le Double Liégeois*, que nos dice simplemente: «El Sol es una calabaza que mide dos pies de diámetro; Júpiter, una naranja; Saturno, una manzanita, Neptuno, una guinda; Urano, una cereza; la Tierra, un garbanzo; Venus, un guisante; Marte, una cabeza de alfiler; Mercurio, un grano de mostaza; y Juno, Ceres, Vesta y Palas, simples granos de arena». ¡Al menos sabe uno a qué atenerse!

Después de esta salida de Ardan contra los sabios y sus trillones, que van colocando en fila sin pestañear, los viajeros se ocuparon en el «sepelio» de *Satélite.* Se trataba, sencillamente, de lanzarlo al espacio, lo mismo que los marinos lanzan un cadáver al mar.

Pero hubo que proceder con extremada rapidez, como lo había recomendado Barbicane, de manera que se desperdiciase la menor cantidad de ázoe, cuya elasticidad le hubiera hecho desparramarse pronto por el vacío.

Los pernos del portillo de la derecha, cuya abertura medía treinta centímetros, fueron cuidadosamente destornillados, mientras Michel, muy triste, se preparaba para echar fuera el cuerpo de su perro. El cristal, manejado por una fuerte palanqueta que permitía dominar la presión del aire interior sobre las paredes del proyectil, giró rápidamente sobre sus bisagras, y *Satélite* fue arrojado al espacio.

Apenas si se escaparon algunas moléculas de aire, resultando tan perfecta la operación que, más tarde, Barbicane pensó deshacerse por el mismo procedimiento de todos los objetos que se inutilizaran dentro del vagón.

CAPÍTULO VI

El 14 de diciembre los cronómetros marcaban las cinco de la mañana terrestre cuando se despertaron los expedicionarios, después de cincuenta y cuatro horas de viaje.

En cuanto al tiempo, no habían ganado más que cinco horas y cuarenta minutos en la mitad de lo que debía durar su estancia dentro del proyectil; pero en cuanto al trayecto, habían recorrido ya cerca de las siete décimas del camino. Esta particularidad era debida a la disminución continua de su velocidad.

Cuando se pusieron a mirar hacia la Tierra por el cristal del suelo, ya no era aquélla más que una mancha oscura, casi invisible entre los rayos solares. Ni arco ni luz cenicienta. A media noche del día siguiente la Tierra debía ser nueva en el preciso instante de ser Luna llena.

Se veía a la Luna acercándose cada vez más a la línea que seguía el proyectil, para encontrarse con éste a la hora indicada. A su alrededor, la bóveda celeste estaba constelada de puntos brillantes que se movían lentamente; pero su volumen, a aquella distancia, no parecía haberse modificado. El Sol y las estrellas resultaban exactamente como vistos desde la Tierra.

En cuanto a la Luna, su masa era mucho mayor, aunque los catalejos de los viajeros, de escasa potencia, no les permitían hacer muchas observaciones respecto a su disco ni examinar debidamente sus condiciones topográficas y geológicas.

Les quedaba el recurso de las discusiones sin fin. Sobre todo, la Luna era su tema favorito, aportando cada cual sus conocimientos personales a la conversación: Barbicane y Nicholl, siempre serios; Ardan, siempre quimérico. El proyectil, su posición, su dirección, las contingencias que podían presentarse, las precauciones que exigiría su caída en la Luna, todo ello constituía un tema inagotable para sus conjeturas.

Precisamente, mientras almorzaban, una pregunta de Ardan, relativa al proyectil, dio lugar a una respuesta originalísima de parte de Barbicane, digna de ser reproducida.

Michel, imaginando que el proyectil se hubiera detenido bruscamente cuando llevaba todavía su formidable velocidad inicial, quería saber cuáles habrían sido las consecuencias de semejante parada.

—Pero es que yo no comprendo cómo habría podido detenerse —dijo Barbicane.

—Supóngalo, sin embargo —insistió Michel.

—Suposición irrealizable —replicó el práctico Barbicane—. A menos que la fuerza de impulsión desapareciera... Pero aun en este caso todo se reduciría a que poco a poco fuera parándose, sin brusquedad alguna.

—¡Pues bien! Suponga que hubiese chocado el proyectil con algún otro cuerpo en el espacio...

—Pero ¿con qué cuerpo?

—Por ejemplo, con el bólido enorme que hemos visto.

—En ese caso —dijo Nicholl—, el proyectil se habría roto en mil pedazos, y nosotros con él.

—Mejor que eso —replicó Barbicane—: nos habríamos quemado vivos.

—¿Quemarnos? ¡Vaya! ¡Siento que el caso no se haya presentado para verlo!

—Pues lo habría visto. Se sabe ya que el calor no es más que una modificación del movimiento. Cuando se calienta agua, es decir, cuando se le añade calor, eso quiere decir que se imprime un movimiento a sus moléculas.

—Pues no deja de ser ingeniosa la teoría... —dijo Michel.

—Ingeniosa y exacta, amigo mío. El calor no es más que un movimiento molecular, una simple oscilación de las partículas de un cuerpo. Cuando se aprieta el freno de un tren, el tren se detiene. Mas ¿qué es del movimiento que le hacía andar? Pues se ha transformado en calor, y el freno se recalienta. ¿Por qué razón se engrasa el eje de las ruedas? Pues para impedir que se recaliente, porque este calor sería una pérdida de movimiento, por su transformación. ¿Comprende? —preguntó Barbicane.

—¡Sí, comprendo! ¡Admirablemente! —respondió Ardan—. Así, por ejemplo, cuando después de correr un buen rato me siento bañado en sudor, ¿por qué me veo obligado a detenerme? Sencillamente, porque mi movimiento se ha transformado en calor.

Barbicane no pudo menos que sonreír al oír a Michel, y reanudó su demostración:

—Por eso mismo, en caso de choque le ocurriría a nuestro proyectil lo mismo que a una bala que cae ardiendo después de haber chocado contra una chapa de metal. Su movimiento se ha convertido en calor. Por consiguiente, afirmo que si nuestro proyectil hubiese chocado con el bólido, su velocidad, bruscamente interrumpida, habría determinado un calor capaz de volatilizarlo instantáneamente.

—En ese caso, ¿qué ocurriría si la Tierra se detuviera repentinamente en su movimiento de traslación? —preguntó Nicholl.

—Ocurriría que su temperatura llegaría a tal extremo que se convertiría inmediatamente en vapor —respondió Barbicane.

—Bueno; ésa sería una manera como otra cualquiera de que concluyese el mundo, simplificando mucho las cosas —exclamó Ardan.

—¿Y si la Tierra cayera sobre el Sol? —preguntó Nicholl.

—Según ciertos cálculos, esa caída desarrollaría un calor igual al producido por mil seiscientos globos de carbón iguales en volumen al globo terrestre.

—¡Buen suplemento de temperatura para el Sol! Los habitantes de Urano o de Neptuno no podrían quejarse; ellos, que tanto deben tiritar de frío en sus planetas —replicó Ardan.

—Es decir, amigos míos —continuó Barbicane—, que todo movimiento bruscamente interrumpido es productor de calor. Esta teoría permite suponer que el calor del disco solar está alimentado por una granizada de bólidos que constantemente está cayendo sobre él. Incluso se ha calculado...

—¡Cuidado! Ya vuelven los números... —murmuró Michel.

—Incluso se ha calculado —prosiguió imperturbable Barbicane— que el choque de cada bólido sobre el Sol debe producir un calor equivalente al de cuatro mil masas de hulla de un volumen igual.

—¿Cuál es el calor solar? —preguntó Michel.

—Ese calor equivale al que produciría la combustión de una capa de carbón de un espesor de veintisiete kilómetros que rodease al Sol.

—¿Y ese calor...?

—Ese calor sería capaz de hacer hervir por hora dos mil novecientos millones de miriámetros cúbicos de agua.

—Y, sin embargo, ese calor no nos achicharra.

—No, porque la atmósfera terrestre absorbe las cuatro décimas partes del calor solar. Además, el calor que intercepta la Tierra no equivale a más de dos mil millonésimas partes de la radiación total.

—Ya veo que todo eso está muy bien organizado —replicó Michel— y que esa atmósfera es una invención muy útil, porque no sólo nos permite respirar, sino que, además, nos impide cocernos.

—Sí; pero, desgraciadamente, no nos ocurrirá lo mismo en la Luna —observó Nicholl.

—¡Bah! —replicó, siempre optimista, Ardan—. Si allí hay habitantes, es que respiran; y si ya no los hay, habrán dejado suficiente oxígeno para tres personas, aunque no sea más que en el fondo de los barrancos, en donde se habrá depositado por razón de su peso. ¡Todo se reducirá a no trepar por las montañas!

Y levantándose, Michel se puso a admirar el disco lunar, que brillaba con un resplandor irresistible, diciendo:

—¡Caracoles! ¡Qué calor debe de hacer por allá!

—Sin contar —respondió Nicholl— que el día dura en la Luna trescientas sesenta horas.

—A cambio —dijo Barbicane—, las noches tienen esa misma duración, y como el calor es devuelto por irradiación, su temperatura será la de los espacios interplanetarios.

—¡Lindo país! —dijo Michel—. ¡No importa! ¡Ya quisiera haber llegado!... Díganme, amigos míos, si no es original eso de tener a la Tierra por Luna; de verla aparecer por el horizonte, observando las líneas de sus continentes, y de poder decir: allí está Europa, por aquí está América. ¡Y después, seguir su curso, hasta perderla de vista entre los rayos del Sol!... A propósito, Barbicane, ¿hay eclipses para los selenitas?

—Sí, eclipses de Sol, cuando los tres astros se encuentran en la misma línea, con la Tierra en el centro. Pero esos eclipses son simplemente anulares, durante los cuales la Tierra, proyectada como una pantalla sobre el disco solar, deja ver la mayor parte del Sol —respondió Barbicane.

—¿Y por qué no hay allí un eclipse total? —preguntó Nicholl—. ¿Acaso el cono de sombra que la Tierra proyecta no se extiende más allá de la Luna?

—Sí, si no se tiene en cuenta la refracción producida por la atmósfera terrestre. No, si se toma en consideración esta refracción. Así, sea *delta* prima la paralaje horizontal y *p* prima el medio diámetro aparente...

—¡Uf! —le interrumpió Ardan—. ¡Un medio de *v* cero cuadrado!... ¡Vamos, hable para todo el mundo, hombre algebraico!

—Bueno. Pues en lenguaje vulgar —repuso Barbicane—: como la distancia media de la Luna a la Tierra es de sesenta radios terrestres, la longitud del cono de sombra se reduce a menos de cuarenta y dos radios, por efecto de la refracción. De eso resulta que, cuando hay eclipse, la Luna se encuentra más allá del cono de sombra pura y que el Sol le envía no sólo los rayos de sus bordes, sino también de su centro.

—Entonces, ¿por qué hay eclipse no debiendo haberlo? —preguntó socarronamente Michel.

—Únicamente porque esos rayos solares se atenúan por efecto de esa refracción y porque la atmósfera que atraviesan los apaga en gran parte.

—Esta razón me satisface —repuso Ardan—. Además, hemos de comprobarlo cuando estemos allí... Y ahora, dígame, Barbicane, ¿cree usted que la Luna es un antiguo cometa?

—¡Vaya una idea!

—Sí, yo suelo tener a veces ideas de esas... —replicó Michel, con amable fatuidad.

—¡Pero esa idea no es de Michel! —exclamó Nicholl.

—¡Bueno! ¡Ahora resulta que no soy más que un copión!

—¡Sin duda alguna! —replicó Nicholl—. Según afirman los antiguos, los habitantes de la Arcadia pretendían que sus antepasados habitaban ya en la Tierra antes de que la Luna se transformara en satélite suyo. Partiendo de este hecho, ciertos sabios han visto en la Luna un cometa al que su órbita llevó un día lo bastante cerca de la Tierra para que ésta le retuviese con su atracción.

—Pero, ¿qué hay de cierto en esa hipótesis? —preguntó Ardan.

—¡Nada! La prueba está en que la Luna no ha conservado ni rastro de la envoltura de gases que rodea siempre a los cometas.

—¿Y no podría haber ocurrido, por ejemplo, que la Luna, antes de convertirse en satélite de la Tierra, se acercara al Sol lo suficiente para que se evaporasen esas substancias gaseosas? —preguntó Nicholl.

—Podría ser, amigo Nicholl, pero no es probable —repuso Barbicane.

—¿Por qué?

—Porque... ¡Bah! ¡Qué sé yo!...

—¡Ah! ¡Cuántos centenares de libros podrían escribirse sobre lo que se ignora! —exclamó Ardan—. A propósito, ¿qué hora es?

—Las tres —dijo Nicholl.

—¡Cómo pasa el tiempo charlando entre sabios como nosotros! Decididamente, ya me doy cuenta de que me estoy instruyendo demasiado... Siento que me transformo en un pozo de ciencia —dijo Michel, encaramándose hasta la bóveda del proyectil «para observar mejor a la Luna», según pretendía él.

Mientras tanto, sus compañeros consideraban el espacio desde el cristal inferior. Nada nuevo ocurría. Cuando Michel volvió de las alturas, se asomó al portillo lateral, y de pronto lanzó un grito de sorpresa.

—Pero ¿qué ocurre? —le preguntó Barbicane, acercándose y observando, a algunos metros del proyectil, una especie de saco aplastado que flotaba en el aire, al parecer inmóvil como el proyectil, y, por consiguiente, siguiendo a la misma velocidad idéntica línea ascensional.

—¿Qué diablos puede ser ese bulto? ¿Será alguno de los corpúsculos del espacio, que nuestro proyectil retiene en un radio de atracción y que va a seguir así hasta la Luna? —preguntaba Ardan, intrigadísimo.

—Lo que me sorprende es que la gravedad específica de ese cuerpo, inferior ciertamente a la del proyectil, le permita sostenerse a su nivel —observó Nicholl.

—Nicholl —replicó Barbicane después de reflexionar—, yo no sé qué puede ser ese bulto; pero sí sé por qué se sostiene así.

—¿Por qué?

—Porque nosotros flotamos en el vacío, y en el vacío todo cuerpo se mueve o se cae (lo cual viene a ser lo mismo) con una velocidad idéntica, cualquiera que sea su peso o su forma. El aire es el que, por su resistencia, origina las diferencias de rapidez, según el peso. Cuando, por ejemplo, se produce el vacío en un tubo, todo objeto que se encierre en ese vacío, lo mismo granos de arena que perdigones, caerá con una misma velocidad. Aquí en el espacio, igual causa e igual efecto.

—Es exacto —repuso Nicholl—, y todo cuanto nosotros echemos fuera del proyectil irá acompañándolo en su viaje hasta la Luna.

—¡Ay! ¡Pero qué tontos somos! —exclamó Michel.

—¿Porqué dice eso? —preguntó Barbicane.

—¡Porque debíamos haber llenado el proyectil de objetos inútiles, libros, instrumentos, herramientas, etcétera! Los hubiéramos echado fuera, y todo ello nos habría seguido en nuestro viaje... ¡Vamos a ver!, ¿Y por qué no dar un paseo fuera del vagón también nosotros, como ese bulto? ¿Por qué no lanzarnos al espacio por la abertura de un portillo? ¡Figúrense qué sensación tan deliciosa la de sentirse suspendido en el éter, más privilegiados que los pájaros, obligados a mover siempre sus alas para no caer!

—Supongamos eso que dice; pero, ¿cómo respiraríamos? —preguntó Barbicane.

—¡Maldito aire que tan inoportunamente se ausenta!

—Y si el aire no faltase, como su densidad es inferior a la del proyectil, se quedaría bien pronto rezagado.

—Entonces, ¿todo esto es un círculo vicioso?

—¡De lo más vicioso!

—¿De modo que tenemos que continuar encerrados en este vagón?

—¡Forzosamente!

—¡¡¡Ah!!! —exclamó con voz estentórea Michel.

—¿Qué le ocurre?

—¡Ya sé! ¡Ya adivino lo que es ese pretendido bólido!

—¿Y qué es?

—¡Es nuestro pobre perro! ¡El marido de *Diana!*

En efecto, aquel bulto informe, imposible de identificar, reducido a su mínima expresión, ¡era el cuerpo de *Satélite,* aplastado como una gaita desinflada, que subía, subía, sin cesar!...

CAPÍTULO VII

En aquellas condiciones tan particulares se presentó un fenómeno curioso, pero lógico; extraordinario, pero explicable: todo objeto lanzado fuera del proyectil debía seguir la misma trayectoria, sin detenerse hasta que éste se detuviera. Aquél fue un tema de conversación que no se agotó durante la velada.

A medida que el término de la expedición se acercaba, la emoción de los tres camaradas iba en aumento. Preveían los fenómenos más estupendos; nada podía sorprenderlos, tal era el estado de su espíritu. Su imaginación, caldeada, se adelantaba al proyectil, cuya velocidad decrecía notablemente, aunque no se daban cuenta de ello. La Luna iba aumentando de tal modo que hasta les parecía posible alcanzarla con las manos.

Al día siguiente, 5 de noviembre, a las cinco de la mañana, estaban ya levantados los tres. Aquél debía de ser el último día de su viaje, si sus cálculos eran exactos. Aquella misma noche, a las doce, dentro de dieciocho horas, en el preciso momento de la Luna llena, llegarían a su disco resplandeciente. A media noche terminaría aquella expedición, la más extraordinaria de los tiempos antiguos y modernos. Por eso, desde muy temprano, aquella mañana, a través de los portillos, plateados por los rayos lunares, saludaron al astro de la noche con un entusiasta «¡Hurra!».

Avanzaba majestuosamente la Luna por el firmamento, constelado de estrellas; unos grados más y alcanzaría el punto preciso en que tendría lugar su encuentro con el proyectil. Según sus propias observaciones, calculó Barbicane, la abordarían por su hemisferio norte, allí en donde se extienden inmensas llanuras y en donde apenas hay montañas; circunstancia esta que los favorecía indudablemente si, como ellos pensaban, la atmósfera lunar se encontraba sólo en las simas.

—Indudablemente —observó Ardan—, es más propio un llano que un monte para aterrizar. Si se desembarcara a un selenita en Europa, en la cumbre del Mont Blanc, o en Asia, en un pico del Himalaya, no podría decirse con exactitud que ese selenita había llegado a su destino.

—Además —asintió Nicholl—, el proyectil podrá inmovilizarse en cuanto roce con un terreno plano. En cambio, si fuera una cuesta rodaría como un alud; y como nosotros no somos ardillas, seguramente que no saldríamos sanos y salvos de nuestra prisión. ¡Todo va bien!

En efecto, el éxito de la audaz empresa parecía ya seguro. Pero había algo que preocupaba a Barbicane y que no quiso comunicar a sus compañeros, por no inquietarles: la dirección del proyectil hacia el hemisferio norte de la Luna probaba que su trayectoria había sido ligeramente modificada. La puntería del Columbiad, matemáticamente calculada, debía lanzar el proyectil al centro mismo del disco lunar. Si no llegaba, es que existía cierta desviación, ¿producida por qué causa? Barbicane no podía comprenderlo ni determinar siquiera la importancia de semejante desviación, porque le faltaban puntos de referencia. Esperaba, sin embargo, que la desviación no tendría otra consecuencia que la de llevar al proyectil hacia el borde superior de la Luna, región más propicia para el aterrizaje. Se contentó, sin participar su inquietud a sus amigos, con observar continuamente a la Luna para ver si la dirección del proyectil no sufría alteración. Porque la situación resultaría espantosa si, arrastrado más allá del disco lunar, el proyectil era lanzado a los espacios interplanetarios.

En aquel momento la Luna dejaba ya apreciar su convexidad, en lugar de aparecer achatada como un disco. Si el Sol la hubiese alumbrado oblicuamente con sus rayos, la sombra proyectada habría hecho destacarse las altas montañas lunares, la mirada hubiera sondeado el abismo de sus cráteres y las caprichosas sinuosidades de sus inmensos llanos. Pero todos los relieves se fundían todavía en un resplandor intenso, dibujándose apenas las caprichosas manchas que prestan a la Luna el aspecto de una faz humana.

—¡Faz! ¡Concedido! Pero, lo siento por la hermana de Apolo, ¡faz picada de viruelas! —decía Ardan.

Entretanto, los viajeros, tan cercanos al fin de su expedición, no cesaban de observar aquel mundo nuevo. Su imaginación los arrastraba hacia aquellas regiones desconocidas, haciéndolos trepar por los picos más elevados y descender hasta el fondo de los anchos circos. Les parecía que contemplaban mares sin fin, bajo una atmósfera rarificada, y manantiales innumerables que bajaban de las montañas; inclinados sobre el abismo, esperaban sorprender los rumores de aquel astro, eternamente silencioso en las soledades del espacio.

Aquel último día les dejó recuerdos imperecederos que fueron anotados en sus menores detalles. Cierta inquietud imprecisa iba apoderándose de ellos a medida que se acercaban al fin; inquietud que hubiera sido tremenda si se hubiesen dado cuenta de la velocidad, cada vez menor, insuficiente para conducirlos a la Luna: el proyectil ya no pesaba casi nada. Su peso disminuía sin cesar, hasta que se anulase en el punto preciso en que la atracción lunar y la atracción terrestre se neutralizaran, provocando entonces efectos sorprendentes.

A pesar de sus preocupaciones, Michel no se olvidó de preparar el desayuno matinal con su puntualidad habitual. Comieron con buen apetito. Nada más agradable que aquel caldo disuelto al calor del gas; nada más sabroso que aquellas viandas en conserva. Algunas copas de buen vino francés completaron la comida.

Al llegar aquí, Michel observó que los viñedos lunares, madurados por aquel sol tan ardiente, debían destilar los vinos más generosos, si es que existían tales viñedos. En todo caso, el precavido francés no se había olvidado de incorporar a sus reservas algunas cepas del Médoc y de la Côte d'Or, contando con ellas muy especialmente.

El aparato Raiset y Regnault continuaba funcionando con toda regularidad. El aire se mantenía en su estado de pureza perfecta. No había molécula de carbono que resistiera a la potasa, y en cuanto al oxígeno, como decía Nicholl, «era seguramente de primera calidad». La ligera cantidad de agua encerrada en el proyectil se mezclaba al oxígeno, moderando la sequedad del aire que respiraban. Ciertamente que ni en muchas habitaciones de París, Londres o Nueva York, ni en muchas salas de espectáculos, se contaba con condiciones tan higiénicas. Y como era indispensable que el aparato fuese mantenido en perfecto estado para su funcionamiento normal, Michel se encargaba de examinar todas las mañanas los reguladores de corriente y sus grifos, graduando el calor del gas por medio del pirómetro.

Todo iba «a pedir de boca» hasta entonces, y los viajeros, imitando al digno J. T. Maston, habían engordado hasta el extremo de que no los reconocerían si aquel encierro durase algunos meses; les pasaba lo que a las aves en jaula: se cebaban.

Mirando a través de los portillos, Barbicane volvió a ver el espectro del perro, así como cuantos objetos habían ido echando fuera del proyectil y que le acompañaban obstinadamente. *Diana* aullaba melancólicamente al divisar los restos de *Satélite*, que parecía tan inmóvil como si hubiera descansado sobre un plano sólido.

—¿Saben que si uno de nosotros hubiera sucumbido al choque del despegue nos habríamos visto en apuros para enterrarlo?; ¿qué digo?, para «eterarlo», puesto que aquí el éter reemplaza a la tierra. ¡Figúrense por un momento el efecto de un cadáver humano acusador que nos hubiera seguido como un remordimiento por el espacio! —decía Michel.

—Eso hubiera resultado muy triste, en efecto —asintió Nicholl.

—¡Ah! ¡Cuánto siento no poder darme un paseíto por ahí fuera! ¡Qué placer sin nombre el de flotar por el éter, bañándose en esos rayos de Sol tan puros! Si Barbicane hubiera tenido siquiera la buena idea de traerse una escafandra y una bomba de aire, seguramente yo me lanzaba fuera. Y tomaría actitudes de quimera y de hipogrifo sobre el casquete del proyectil —añadió Michel.

—¡Pues se luciría, mi pobre Michel! Puede creer que no hubiera llegado a hacer de hipogrifo mucho tiempo, porque, a pesar de su escafandra, inflado por la dilatación del aire contenido en usted mismo, habría estallado como una granada, o, mejor dicho, como un globo cuando se eleva demasiado por el aire —replicó Barbicane—. Por lo cual, no eche nada de menos y no olvide esto: mientras flotemos en el vacío tiene que prohibirse todo paseíto sentimental fuera del proyectil.

Michel se dejó convencer en parte, conviniendo en que la cosa era difícil, pero no «imposible», palabra que él no pronunciaba jamás.

La conversación pasó de este tema a otros, sin languidecer un instante. Les parecía que las ideas brotaban en su mente como las hojas a los primeros calores de la primavera; se sentían pletóricos.

Entre las preguntas y respuestas que se cruzaron aquella mañana, a Nicholl se le ocurrió ésta, que no pudo tener solución inmediata:

—Está muy bien que vayamos a la Luna; pero, ¿cómo volveremos de allá?

Sus dos interlocutores se miraron perplejos.

—¿Qué entiende usted por eso? —preguntó gravemente Barbicane.

—A mí me parece inoportuno buscar un medio para salir de un país antes de haber llegado a él —exclamó Michel.

—Yo no digo eso para volverme atrás; pero reitero lo dicho y pregunto: ¿cómo volveremos de la Luna?

—No lo sé —respondió Barbicane.

—Pues yo, si hubiera sabido cómo volver de la Luna, no habría ido —dijo Ardan.

—Apruebo lo dicho por Michel —asintió Barbicane—. Incluso añadiré que la cuestión no tiene interés alguno. Más tarde, cuando juzguemos conveniente volver, ya veremos. Si allí no hay Columbiad, siempre habrá proyectil.

—¡Vaya un consuelo! ¡Una bala sin fusil!

—El fusil puede fabricarse —replicó Barbicane—. No creo que falten metales, ni salitre, ni carbón, en las entrañas de la Luna. Además, para salir de la Luna no hay más que dominar la atracción lunar, contando con que nos alejemos ocho mil leguas para caer sobre la Tierra, en virtud de la ley de gravedad.

—¡Basta! No se trata de volver —dijo Michel, animándose—. Ya hemos hablado bastante de eso. En cuanto a comunicarnos con nuestros colegas de la Tierra, eso no sería difícil.

—¿Por qué medio?

—Por medio de bólidos lanzados por los volcanes lunares.

—¡Bien dicho, Michel! —asintió Barbicane en tono resuelto—. Laplace calculó que una fuerza cinco veces superior a la de nuestros cañones bastaría para enviar un bólido de la Luna a la Tierra, y no hay volcán que no tenga una potencia de impulsión superior a esa.

—¡Hurra! ¡Qué cómodos son los bólidos! ¡Y nada caros! ¡Cómo vamos a reírnos de la Administración de Correos!... Pero estoy pensando...

—¿En qué piensa?

—¡En una idea soberbia! ¿Por qué no habremos enganchado un hilo a nuestro proyectil? ¡Así habríamos telegrafiado a la Tierra!

—¡Mil diablos! ¿Y dónde dejas el peso de ese hilo, que mediría ochenta y seis mil leguas? ¿No supone nada eso? —replicó Nicholl.

—¡Nada! ¡Se hubiera triplicado, sencillamente, la carga del Columbiad! ¡Cuadruplicado!... ¡Quintuplicado!... —exclamó Michel, con entonación cada vez más violenta.

—No existe más que un «pero» contra su proyecto: ese hilo, a causa del movimiento de rotación del globo terrestre, se habría enrollado alrededor, como una cadena a su cabrestante, y nos habría vuelto a llevar a la Tierra.

—¡Por las treinta y nueve estrellas de la Unión! ¡Está visto que hoy no tengo más que ideas disparatadas! ¡Ideas dignas de J. T. Maston!... Pero, ahora que pienso en él... ¡Si no volvemos más a la Tierra, J. T. Maston es capaz de venir a reunirse con nosotros!

—¡Sí que vendrá! ¡Es un excelente y valiente camarada! ¡Además, nada más fácil! ¿No sigue el Columbiad incrustado en el suelo de Florida? ¿Acaso escasean el algodón y el ácido azótico para producir piróxilo? ¿Acaso no volverá la Luna a pasar por el cenit de Florida? ¿Acaso no ha de encontrarse dentro de dieciocho años en el mismo punto en que se encuentra hoy? —dijo Barbicane.

—Sí, es posible. ¡Maston vendrá, y con él nuestros amigos Elphiston, Blomsberry y todos los demás socios del Gun-Club, y serán bien recibidos! ¡Y después se organizarán trenes de proyectiles entre la Tierra y la Luna! ¡Hurra por J. T. Maston!

Es probable que, aunque no oyera el honorable J. T. Maston los vítores lanzados en su honor, cuando menos le zumbarían los oídos en aquel instante. ¿Qué hacía en ese momento? Sin duda, apostado en las montañas Rocosas, en la estación de Long's-Peak, estaría haciendo lo indecible para descubrir el proyectil invisible que gravitaba por el espacio. Si pensaba en sus queridos compañeros, hay que convenir en que éstos le correspondían, y que, bajo la influencia de una excitación singular, le consagraban sus mejores pensamientos.

Mas, ¿de dónde provenía aquella animación, cada vez más acentuada, entre los huéspedes del proyectil? Su sobriedad estaba fuera de duda. ¿Habría que atribuir aquella extraña exaltación cerebral a las circunstancias extraordinarias en que se hallaban? ¿A la proximidad creciente del astro nocturno, distante solamente algunas horas? ¿O a alguna secreta influencia de la Luna sobre el sistema nervioso? Sus rostros iban enrojeciendo como si estuvieran expuestos a la reverberación de un horno; su respiración se aceleraba y agitaba sus pulmones como el fuelle de una fragua; les brillaban los ojos de un modo extraño; su voz resonaba estentórea, y lanzaban sus palabras como tapones de champaña impulsados por el ácido carbónico. Incluso sus ademanes iban adquiriendo proporciones inquietantes, dado el reducido espacio en que se encontraban encerrados. Y, detalle curioso; ni siquiera se daban cuenta de la tensión excesiva de todo su organismo.

—Ahora, puesto que yo ignoro si volveremos jamás de la Luna —continuó bruscamente Nicholl—, quiero saber a qué vamos allá. ¿Qué vamos a hacer en la Luna?

—¿Qué es lo que vamos a hacer allá? —respondió Barbicane, dando una patada en el suelo, como si se encontrara en alguna sala de armas—. ¡Pues no lo sé!...

—¿Que no lo sabe? —exclamó Michel, con un rugido que estremeció las paredes del proyectil.

—¡No! ¡Ni siquiera me lo figuro! —replicó, con la misma violencia, el tranquilo Barbicane.

—¡Pues bien! ¡Yo sí lo sé! —repuso Michel.

—¡Entonces, dígalo! —exclamó Nicholl, que no podía reprimir su deseo de gritar.

—¡Hablaré si se me antoja! —y Michel, al decir esto, agarró con violencia el brazo a su compañero.

—¡Es necesario que se le antoje! —gritó Barbicane, con los ojos inyectados de furor—. ¡Usted es quien nos ha arrastrado a esta terrible expedición, y queremos saber con qué fin!

—¡Sí, señor! ¡Ya que no sé adónde voy, al menos quiero saber para qué voy! —rugió Nicholl, iracundo.

—¿Para qué, eh? —respondió Michel, dando un brinco de un metro sobre el suelo—. ¿Por qué?... ¡Pues para tomar posesión de la Luna en nombre de los Estados Unidos! ¡Para añadir un Estado más a los treinta y nueve de la Unión! ¡Para colonizar las regiones lunares! ¡Para cultivarlas! ¡Para poblarlas! ¡Para trasladar allí todos los prodigios del Arte, de la Ciencia y de la Industria! ¡Para civilizar a los selenitas (a no ser que sean ya más civilizados que nosotros) y organizarlos en República, si no lo están ya!...

—¿Y si no hay selenitas? —replicó burlonamente Nicholl; él se sentía dispuesto a llevar la contraria, por efecto de aquella extraña embriaguez.

—¿Quién dice que no hay selenitas? —preguntó Ardan, amenazador.

—¡Yo! —rugió Nicholl.

—¡Capitán!... ¡No repita semejante insolencia, o se la hago tragar! —gritó Ardan.

Los dos adversarios iban a lanzarse el uno sobre el otro, amenazando con hacer degenerar en batalla aquella incoherente disputa, cuando intervino Barbicane dando un salto formidable, separándolos con un gesto violento y manteniéndolos espalda contra espalda.

—¡Basta, insensatos! —les dijo—. Si no hay selenitas nos pasaremos sin ellos, ¡qué diablos!

—¡Sí, en efecto; nos pasaremos sin ellos! —asintió Ardan, que, después de todo, no tenía tanto empeño en encontrarlos—. ¡En resumidas cuentas, no tenemos nada que hacer con ellos! ¡Abajo los selenitas!...

—¡Para nosotros el imperio de la Luna! —gritó Nicholl.

—¡Nosotros tres constituiremos la República!

—¡Yo soy el Congreso! —gritó Michel.

—¡Y yo, el Senado! —replicó Nicholl, en el mismo tono.

—¡Y Barbicane, el presidente! —rugió Michel.

—¿Nada de presidente nombrado por la nación? —respondió Barbicane.

—¡Bueno! ¡Pues un presidente elegido por el Congreso! Y como yo soy el Congreso, ¡yo le nombro por unanimidad! —gritó Ardan.

—¡Hurra, hurra, hurra por el presidente Barbicane! —vociferó Nicholl.

—¡Hip! ¡Hip! ¡Hip! —respondió Ardan.

Enseguida, el presidente y el Senado entonaron con una voz terrible el popular *Yankee Doodle,* mientras el Congreso cantaba con voz atronadora los viriles acentos de *La Marsellesa.*

Y acto seguido comenzaron a saltar formando una rueda, cogidos de la mano, gesticulando como energúmenos, gritando como locos, dando volteretas como payasos desarticulados. *Diana,* mezclándose a tan extravagantes diversiones, aullaba y brincaba hasta el techo. Se oyeron inexplicables aleteos, cacareos de gallo con sonoridades extrañas; cinco o seis pollos revolotearon, chocando contra las paredes del proyectil, como murciélagos alocados...

Y al fin, los tres compañeros, cuyos pulmones iban desorganizándose bajo una influencia incomprensible, cayeron en el suelo sin movimiento, más que ebrios, como abrasados por el aire que prendía fuego en su aparato respiratorio...

CAPÍTULO VIII

Qué había ocurrido? ¿A qué obedecía aquella extraordinaria embriaguez, cuyas consecuencias podían ser desastrosas? A un simple descuido de Ardan, que, afortunadamente, Nicholl pudo corregir a tiempo.

Después de un desmayo que duró algunos minutos, el capitán fue el primero en recobrar sus facultades intelectuales. Aunque había almorzado dos horas antes, sentía un hambre voraz, como si no hubiera probado bocado en dos días; tenía el estómago y el cerebro completamente trastornados.

Pudo incorporarse, y pidió a Michel una colación suplementaria. Michel, aniquilado, no respondió, y Nicholl, más repuesto, preparó unas tazas de té con unos emparedados. Por lo pronto, hacía falta fuego, y encendió un fósforo.

¡Cuál no fue su sorpresa al notar que el azufre de la cerilla brillaba con una fuerza tan extraordinaria que se hacía imposible fijar la vista en él! Y del mechero de gas salió una llama sólo comparable a las chispas de la luz eléctrica.

Instantáneamente comprendió Nicholl la causa de aquella intensidad de la luz, así como la razón de los trastornos fisiológicos que experimentaba y de la reciente sobreexcitación de sus facultades mentales y pasionales.

—¡El oxígeno! —exclamó.

Y acercándose al aparato de aire, vio cómo el grifo dejaba escapar a chorros el oxígeno, incoloro, sin sabor ni olor, eminentemente vital, pero que aislado produce los desórdenes más graves en el organismo. Por atolondramiento, Michel había abierto demasiado el grifo del aparato.

Nicholl se apresuró a cortar aquel derroche de oxígeno que había saturado la atmósfera y que, de continuar, habría causado la muerte de los expedicionarios, no por asfixia, sino por combustión.

Una hora después, despejado el ambiente, los pulmones recobraron su función normal. Poco a poco, los tres amigos se reponían de su embriaguez; pero tuvieron que «dormir la mona» del oxígeno, lo mismo que los borrachos la del vino.

Cuando Michel se dio cuenta de su responsabilidad en aquel incidente, lo tomó con tranquilidad, alegando que, después de todo, aquella borrachera interrumpía la monotonía del viaje. Se habían dicho y hecho no pocas tonterías, pero ya estaban olvidadas.

—Además —añadió el francés, siempre bromista—, no me pesa haber probado un poquito de ese gas tan alegre que se sube a la cabeza tan pronto. ¿Sabéis que se podía montar un establecimiento extraordinario con cabinas de oxígeno, en las cuales aquellas personas cuyo organismo estuviese debilitado podrían, durante algunas horas, vivir una vida más activa? ¡Suponed por un momento las tertulias en un local en donde el aire estuviera saturado de ese fluido tan poderoso! ¡Unos teatros donde el administrador se encargaría de esparcirlo en altas dosis! ¡Qué fuego, qué entusiasmo, qué pasión en los actores y en las actrices! ¡Y figuraos que en lugar de tratarse de una asamblea se tratara de todo un pueblo! ¡Qué actividad en su funcionamiento! ¡Qué derroche de vida! ¡De una nación gastada se haría una nación fuerte y grande! ¡Conozco más de un Estado, en nuestra vieja Europa, que debería someterse al régimen del oxígeno!...

Michel charlaba y se animaba como si el grifo continuase abierto todavía.

Pero Barbicane interrumpió su entusiasmo diciéndole:

—¡Bueno! Todo eso está muy bien, amigo Michel; pero, ¿quiere decirme de dónde vienen esas gallinas que se mezclaron en nuestro concierto?...

—¿Esas gallinas?...

—¡Sí, esas gallinas!

Y señalaba a un hermoso gallo, rodeado de media docena de gallinas, que revoloteaban y cacareaban por la pequeña estancia.

—¡Ay! ¡Qué torpes! —exclamó Michel—. ¡El oxígeno las ha revolucionado!

—Pero ¿qué pretende hacer con esas aves? —insistió Barbicane.

—¡Toma! ¡Aclimatarlas en la Luna!

—Entonces, ¿por qué las tenía escondidas?

—¡Una broma, mi presidente, una simple broma..., que ha fracasado miserablemente!... Yo pensaba darles libertad en el continente lunar, sin avisarles. ¡Figúrese qué asombro el de ustedes al ver a esos volátiles terrestres picoteando por los campos de la Luna!

—¡Ah, chiquillo, sempiterno chiquillo! Usted sí que no necesita oxígeno para calentarse la cabeza! ¡Para usted es cosa corriente lo que para nosotros era efecto del grifo demasiado abierto! ¡Qué loco es! —exclamó Barbicane riéndose.

—¿Y quién puede afirmar que no estábamos realmente cuerdos entonces? —replicó Ardan.

Después de aquella filosófica reflexión, los tres amigos se ocuparon en poner orden en su vivienda. Gallinas y gallo fueron devueltos a sus jaulas. Pero al efectuar aquel traslado se dieron cuenta de un nuevo fenómeno. Desde que dejaron la Tierra, su propio peso, como el del proyectil y el de cuanto llevaba éste en su interior, había ido disminuyendo progresivamente. Aunque no les fuera posible comprobar esta pérdida de gravedad respecto al proyectil, llegaría un instante en que forzosamente se darían cuenta de ello respecto a sí mismos y a cuantos objetos, instrumentos, utensilios, etcétera, encerraba aquél. No hay para qué decir que tampoco una balanza hubiera acusado esta pérdida, porque la misma balanza habría sufrido igual disminución. Solamente una pesa de resorte, cuya tensión no está sujeta a la atracción, habría indicado con exactitud la equivalencia tan singular de aquella disminución de peso.

Sabido es que la atracción, o sea la gravedad, es proporcional a las masas e inversa al cuadrado de las distancias. De ahí esta consecuencia: si la Tierra estuviese sola en el espacio, por haberse aniquilado los demás cuerpos celestes, el proyectil, según la ley de Newton, hubiera ido pesando menos a medida que se alejaba de la Tierra; sin perder, sin embargo, su peso completamente, porque siendo la atracción terrestre la única en el espacio, se habría hecho sentir —aunque cada vez más débil— a cualquier distancia, por larga que fuese.

Pero, en el caso actual, fatalmente debía llegar un momento en que el proyectil no estuviese sometido a las leyes de la gravedad, haciendo abstracción de los demás cuerpos celestes, cuya influencia podría considerarse ya anulada.

En efecto, la trayectoria del proyectil iba trazándose entre la Tierra y la Luna. A medida que se separaba de la Tierra, iba disminuyendo la atracción de ésta en sentido inverso del cuadrado de las distancias; pero, en cambio, la atracción lunar aumentaba en la misma proporción. Era, pues, forzoso que, al llegar a un punto determinado, ambas atracciones se neutralizasen, y entonces el proyectil perdería por completo su propio peso.

Si la masa de la Luna hubiera sido igual a la de la Tierra, este punto hubiese estado situado en el mismo centro de la distancia entre ambas. Pero teniendo en cuenta esta diferencia de volumen, era fácil calcular que el punto neutral resultaría a unas 78.114 leguas de la Tierra.

En aquel punto especial, todo cuerpo que careciese de velocidad y de movimiento propio tendrá que inmovilizarse por toda la eternidad, pues ni la Tierra ni la Luna ejercerían influencia alguna sobre él. Y en el caso del proyectil del Columbiad, si su fuerza de impulsión había sido bien calculada, alcanzaría fatalmente el punto neutral con una rapidez nula, por haber perdido toda su gravedad; lo mismo ocurriría con todo cuanto encerraba en su interior.

¿Qué ocurriría entonces? Se presentaban tres hipótesis:

O el proyectil conservaría aún cierta velocidad, y pasando más allá del punto de atracción neutral caería sobre la Luna, debido a la preponderancia, ya efectiva, de la influencia lunar sobre la terrestre.

O, faltándole la velocidad indispensable para llegar al punto neutral, caería de nuevo sobre la Tierra, por ser todavía superior la influencia terrestre a la influencia lunar.

O bien, en posesión de una velocidad suficiente para llegar al punto neutral, pero insuficiente para ir más allá, se inmovilizaría para siempre en aquel punto preciso, suspendido eternamente en el espacio, como el supuesto sepulcro de Mahoma, entre el cenit y el nadir.

Tal era la situación, cuyas consecuencias explicó Barbicane a sus amigos.

—¡Cuestión magna, de capital interés!

Y ¿cómo se darían cuenta de que el proyectil llegaba al consabido punto, situado a 78.114 leguas de la Tierra? Cuando precisamente ellos y cuantos objetos se hallaban en el proyectil dejaran de sentirse regidos por la ley de la gravedad.

Hasta aquel momento, aunque notaban que progresivamente iban perdiendo peso, los viajeros no habían observado su anulación completa.

Pero hacia las once de la mañana Nicholl advirtió que al dejar de la mano un vaso, éste, en lugar de caerse al suelo, se quedaba suspendido en el aire.

—¡Ah! ¡Qué curioso! —exclamó Ardan—. ¡Ésa sí que es una física divertida!

Y enseguida varios objetos, armas, botellas, abandonados a sí mismos, se sostuvieron en el aire, como por milagro. También *Diana,* levantada del suelo por su amo, reprodujo, pero sin *truco* alguno, la famosa hazaña de la suspensión en el aire, realizada por los Castone y Roberto Houdin. La perra parecía no enterarse siquiera de que no pisaba en firme.

Ellos mismos, sorprendidos, estupefactos, a despecho de sus razonamientos científicos, se sentían arrastrados a las regiones de lo maravilloso al notar que sus brazos, extendidos horizontalmente, no perdían aquella postura; que sus pies se desprendían del suelo; que movían de un lado para otro la cabeza, como hombres ebrios que pierden toda estabilidad.

La fantasía improvisa hombres sin sombra al sol y sin reflejo alguno al mirarse en un espejo. Pero aquí la realidad, por la anulación recíproca de las fuerzas de atracción, producía hombres en los cuales nada pesaba, ni pesaban nada ellos mismos.

De pronto, Michel Ardan, dando un salto, quedó suspendido en el aire, como el buen monje en *La Cocina de los Ángeles,* de Murillo. Sus dos amigos se reunieron enseguida con él, y los tres, en el centro del proyectil, parecían una milagrosa *Ascensión.*

—¿Es esto creíble? ¿Es esto posible? —decía Michel—. ¡No! ¡Y sin embargo, es!... ¡Ah! ¡Si Rafael nos hubiera visto así, qué *Ascensión* hubiese reproducido con sus pinceles!...

—La Asunción no puede durar —replicó Barbicane—. Si el proyectil consigue pasar más allá del punto neutral, la atracción de la Luna nos arrastrará hacia ella.

—Y nuestros pies descansarían entonces en el techo del proyectil... —repuso Michel.

—No: como el centro de gravedad del proyectil está en su parte inferior, éste irá poco a poco recobrando su aplomo.

—Y mientras esto suceda, ¿todos nuestros cachivaches andarán patas arriba?... —exclamó Ardan.

—¡Nada de eso, Michel! No es de temer semejante trastorno, porque la evolución del proyectil tendrá lugar insensiblemente —dijo Nicholl.

—En efecto —asintió Barbicane—; cuando el proyectil pase del punto neutral, su fondo, relativamente más pesado que el resto, le hará seguir una trayectoria perpendicular a la Luna. Para que tal fenómeno sea un hecho es necesario que pase de esa línea neutral.

—¡Pasar de la línea neutral! —exclamó Michel—. ¡Pues hagamos como los marinos cuando pasan el ecuador! ¡Bebamos en su honor!...

En aquel instante, cierto movimiento de costado empujó a Michel sobre la pared acolchada. Cogió allí una botella y tres vasos, los colocó en el «espacio» delante de sus compañeros, y brindando alegremente saludaron el paso del punto neutral con un triple ¡hurra!

Aquella situación singular duró apenas una hora, volviendo insensiblemente a acercarse al suelo.

Observó Barbicane que la parte cónica del proyectil se separaba algo de la línea normal de su trayectoria hacia la Luna, y que, debido a cierto movimiento en sentido inverso, el fondo del proyectil se acercaba a ella. La atracción lunar resultaba, pues, más poderosa que la atracción terrestre; comenzaba el descenso hacia la Luna, aunque casi imperceptible, equivalente durante el primer segundo a un milímetro y un tercio de milímetro, o sea quinientas noventa milésimas de línea. Poco a poco se acentuaría el impulso, y el descenso se aceleraría; el proyectil, arrastrado por el peso de su propia base, presentaría su cono superior a la Tierra y acabaría por caer, cada vez más deprisa, sobre la superficie de la Luna, alcanzando al fin el objetivo de aquella expedición.

Ya nada podía impedir el éxito de la atrevida empresa, y Michel y Nicholl compartían la alegría de Barbicane, charlando sobre aquellos fenómenos maravillosos y discutiendo sobre las leyes de la gravedad.

Michel, siempre entusiasta, se entregaba a deducciones cada vez más fantásticas.

—¡Ah! ¡Qué progreso, amigos míos, si pudiera uno desprenderse en nuestro planeta terrestre de esa ley de la gravedad que nos encadena! Sería como devolver la libertad a un prisionero. ¡No más cansancio de brazos y piernas! Y si es cierto que para volar por la superficie de la Tierra, si para poder sostenerse en el aire por el simple esfuerzo de los músculos es indispensable una fuerza superior ciento cincuenta veces a la que poseemos, nos veríamos trasladados al espacio por un simple capricho, por un simple impulso de la voluntad si esa ley de atracción desapareciera.

—¡En efecto! —asintió Nicholl, riéndose—: si fuera posible suprimir esa ley como se suprime el dolor por medio de un anestésico, ¡cómo cambiaría la sociedad moderna!

—Eso es: destruyamos esa ley de gravedad; ¡fuera todo lo que sean fardos! —añadió Michel, dominado por su idea—. Por lo tanto, no más grúas, ni gatos, ni cabrestantes, ni manivelas, ni otros chismes, que ya no tendrían razón de ser.

—¡Bien dicho! —asintió Barbicane—. Pero si nada tuviera peso, nada podría mantenerse en un lugar fijo: ni tu sombrero sobre tu cabeza, ni las piedras con que se construye una casa, puesto que se adhieren por su propio peso. Tampoco habría barcos, puesto que su estabilidad sobre el agua no es más que la consecuencia de su peso. Tampoco habría océano, porque sus olas no estarían equilibradas por la atracción terrestre. Ni habría atmósfera, porque sus moléculas se desparramarían en el espacio por no estar sujetas a la atracción...

—¡Eso sí que resultaría fastidioso! —replicó Michel—. ¡No hay nada como estos sabios para traerle a uno brutalmente a la realidad!

—Pero consuélese, amigo Michel —añadió Barbicane—, porque si bien es cierto que no existe astro alguno que no se rija por la ley de la gravedad, va a poder visitar uno al menos en el que esa ley es mucho menor que en la Tierra.

—¿La Luna, verdad?

—Sí, la Luna, en cuya superficie todos los cuerpos pesan seis veces menos que en la superficie de la Tierra; fenómeno muy fácil de comprobar.

—¿Y podremos darnos cuenta de todo eso?

—Indudablemente, puesto que doscientos kilogramos no pesan más que treinta en la Luna.

—¿Y no disminuirá allí nuestra fuerza muscular?

—De ningún modo. En lugar de elevarte a un metro al dar un salto de altura, te elevarás a dieciocho pies.

—Pero entonces, ¡seremos unos hércules en la Luna!

—Tanto más —replicó Nicholl—, cuanto que si la estatura de los selenitas está en proporción con el volumen de su globo, deben de medir apenas un pie de altura...

—¡Liliputienses! —exclamó Michel—. Yo haré de Gulliver en ese caso. ¡Realizaremos la fábula de los gigantes! ¡Ventajas de dejar el propio planeta para recorrer el mundo solar!...

—¡Un instante, Michel! Si quieres representar el papel de Gulliver, sólo debes ir a los planetas inferiores, como Mercurio, Venus o Marte, cuyo volumen es un poco menor que el de la Tierra. Pero no te arriesgues en los grandes planetas, como Júpiter, Saturno, Urano o Neptuno, porque allí los papeles estarían invertidos: tú serías el liliputiense.

—¿Y en el Sol?

—En el Sol, aunque su densidad es cuatro veces inferior a la de la Tierra, en cambio su volumen es un millón trescientas veinticuatro mil veces superior, y su atracción es veintisiete veces mayor que la de nuestro globo. Respetada toda proporción, sus habitantes deberían tener una estatura de doscientos pies.

—¡Mil diablos! —exclamó Michel—. ¡Allí sí que no sería yo más que un pigmeo, un mequetrefe!...

—¡Gulliver entre los gigantes! —dijo Nicholl.

—¡Justamente! —asintió Barbicane.

—¡No sería quizá inútil que llevásemos con nosotros algunas piezas de artillería para defendernos! —dijo Ardan.

—¡Bah!... Sus balas no harían efecto alguno en el Sol y se caerían al suelo al cabo de unos metros.

—¡Eso sí que es tremendo!

—Pues es lo cierto. La atracción es tan fuerte en aquel enorme astro, que un proyectil que pesara setenta kilogramos en la Tierra pesaría en el

Sol mil novecientos treinta. ¿Tu sombrero? ¡Unos diez kilogramos! ¿Tu cigarro? ¡Una media libra! En fin, si te cayeras sobre el Sol, sería tanto tu peso (dos mil quinientos kilos, aproximadamente) que no podrías ponerte de pie.

—¡Diablos! —replicó Michel—. ¡En ese caso haría falta una pequeña grúa portátil!

—¡Bueno, nos contentaremos con la Luna por hoy! ¡Al menos allí haremos un gran papel! ¡Más tarde veremos si nos conviene hacer un viajecito por el Sol, ¡en donde haría falta un cabrestante para llevarse un vaso a la boca!

Capítulo IX

Barbicane no sentía ya inquietud alguna respecto a la fuerza de impulsión, dejando a un lado el que la expedición llegase o no a su término.

La velocidad efectiva arrastraba al proyectil más allá de la línea neutral; por lo tanto, ya no volvería a la Tierra ni se inmovilizaría en el punto de atracción neutral. Sólo una hipótesis quedaba por resolver: la llegada, bajo la acción de la atracción lunar.

En realidad, sería una caída de 8.296 leguas sobre un planeta cuya gravedad, es cierto, no debía calcularse en más de la sexta parte de la gravedad terrestre. Caída formidable, sin embargo, que imponía toda clase de precauciones sin pérdida de tiempo.

Estas precauciones eran de dos tipos: unas, para atenuar el choque en el momento en que el proyectil se pusiera en contacto con el suelo lunar; otras, para retrasar su caída y atenuar así su violencia.

Para amortiguar el golpe, Barbicane echaba de menos el empleo del agua como resorte, dentro de las paredes frangibles del proyectil; combinación que tan excelente resultado había dado para atenuar el choque del despegue. Las paredes existían, pero faltaba el agua, porque no podía emplearse con este fin la que tenían en reserva por el caso de carecer de ella durante los primeros días al llegar a la Luna.

Además, la reserva existente resultaría insuficiente. En efecto, el líquido almacenado entre las paredes frangibles del proyectil, al partir, no ocupaba menos de tres pies de altura sobre una superficie de cincuenta y cuatro pies cuadrados. Como volumen, medía seis metros cúbicos, y como peso, 5.750 kilogramos. En el depósito quedaba sólo una quinta parte. Era, pues, forzoso renunciar a este medio, tan eficaz para atenuar el choque de llegada.

Felizmente, Barbicane había tenido la precaución, además del empleo del agua, de dotar al disco móvil del suelo de unos topes muy recios, con resortes, destinados a moderar el choque contra el fondo del proyectil al romperse las paredes horizontales. Aquellos topes existían todavía; no había más que ajustarlos y colocarlos en su sitio.

Todas aquellas piezas, de fácil manejo por ser apenas apreciable su peso en estas condiciones especiales, fueron montadas de nuevo. Cuestión de pernos y tuercas: no faltaban herramientas.

Poco después, el disco móvil pudo descansar sobre sus topes de acero como una mesa sobre sus pies. Sin embargo, apareció cierto inconveniente después de colocar el disco: el portillo inferior quedaba obstruido; de ahí la imposibilidad para los viajeros de ejercer su vigilancia sobre la Luna por aquel cristal cuando fuesen perpendicularmente lanzados sobre ella. Había que renunciar a aquella atalaya; al menos, por los portillos laterales podían contemplar los espacios lunares lo mismo que se contempla la Tierra desde la barquilla de un aeróstato.

Aquella operación de arreglar el disco les llevó una hora. Era más de mediodía cuando terminaron. Barbicane hizo nuevas observaciones relativas a la inclinación del proyectil, y con profundo disgusto vio que seguía, al parecer, una curva paralela a la Luna, en lugar de acentuar su movimiento para caer sobre ella. Brillaba el astro de la noche en todo su esplendor, incendiado por el astro del día. Aquella situación del proyectil empezaba a ser comprometida.

—¿Llegaremos? —preguntó Nicholl.

—¡Hagamos como si fuésemos a llegar! —respondió Barbicane.

—¡Son unos pusilánimes! —replicó Ardan—. Llegaremos, y más deprisa de lo que quisiéramos.

Esta réplica hizo volver a Barbicane a sus preparativos, ocupándose en disponer cuanto debía servir para moderar la caída.

Se recordará la discusión entre el capitán Nicholl, Barbicane y Ardan durante la reunión que había tenido lugar en Tampa-Town, en la Florida, cuando Nicholl pretendía que el proyectil se haría añicos al aterrizar y Michel sostenía que el choque de caída sería atenuado si se empleaban cohetes dispuestos al efecto.

Así era. Ciertos aparatos pirotécnicos, al apoyarse sobre el fondo exterior del proyectil, una vez prendido el fuego, tenían que producir forzosamente un movimiento de retroceso, moderando así su velocidad. Es cierto que aquellos cohetes prenderían en el vacío, pero no les faltaría oxígeno: ellos mismos lo producirían, a semejanza de los volcanes lunares, cuya deflagración no ha sido entorpecida jamás por falta de atmósfera alrededor de la Luna.

Aquellos cohetes estaban encerrados en cañones pequeños de acero que se atornillaban en el fondo del proyectil, quedando a ras del suelo y sobresaliendo del proyectil como medio pie. Eran veinte.

Por una abertura practicada en el disco se prendía la mecha de cada uno de ellos, produciéndose en el exterior la explosión de la carga de cada cañoncito. Bastaba, pues, con reemplazar los obturadores metálicos por dichos cañones, herméticamente ajustados al hueco de cada tapón.

Este trabajo, que completaba las precauciones más indispensables, fue terminado en tres horas. ¡Ya no había nada que hacer salvo esperar!

Entretanto, se veía que el proyectil iba acercándose a la Luna. Indudablemente, la atracción existía hasta cierto punto; pero su propia velocidad le arrastraba en línea oblicua. De aquellas dos influencias tenía que resultar una línea que acabaría por ser tangente. Era evidente que no caería normalmente sobre la superficie de la Luna, pues su parte inferior, por su peso propio, debería hallarse ya frente a ella.

La inquietud de Barbicane iba en aumento al ver que el proyectil no obedecía a la ley de la gravedad. Aquello era una terrible incógnita a través de los espacios interplanetarios.

Él, el sabio, había creído prever las tres únicas hipótesis posibles: la caída sobre la Tierra, la caída sobre la Luna o la inercia en el punto neutral. ¡Y, sin embargo, surgía de repente una cuarta hipótesis, preñada de todos los terrores del infinito! ¡Para no desfallecer ante semejante contingencia era preciso ser un sabio del temple de Barbicane, un flemático como Nicholl, o un aventurero audaz como Ardan!

Hablaron de la situación. Otros hombres hubieran considerado la cuestión desde el punto de vista práctico, preguntándose sobre todo adónde los arrastraba el vagón-proyectil. Ellos no; lo que les preocupaba era la causa de lo que ocurría.

—De modo que hemos descarrilado; pero ¿por qué? —dijo Michel.

—Yo me temo que, a pesar de cuantas precauciones se tomaron, el Columbiad no apuntó con la exactitud debida. Por ligero que fuera el error, bastaría para hacernos desviar de la atracción lunar —contestó Nicholl.

—Cuestión de puntería entonces —repuso Michel.

—Yo no lo creo —objetó Barbicane—. La perpendicularidad del cañón era absoluta, y al pasar la Luna el cenit, el proyectil debería haberla alcanzado en el mismo cenit. Indudablemente, existe otra causa que no logro comprender.

—¿No llegaremos acaso demasiado tarde? —preguntó Nicholl.

—¿Demasiado tarde?

—Sí —repuso Nicholl—. La nota del Observatorio de Cambridge afirma que el trayecto debe durar 97 horas, 13 minutos y 20 segundos, lo cual quiere decir que antes de ese momento la Luna no se encontrará aún en el cenit, y que pasado ese preciso instante ya habrá salido de él.

—Conformes —repuso Barbicane—. Pero salimos el primero de diciembre, a las once menos trece minutos y veinticinco segundos de la noche, y debíamos llegar el día 15 a media noche, en el mismo momento en que fuera Luna llena. Estamos ya a 5 de diciembre; son las tres y media de la tarde, y ocho horas y media deberían bastar para que llegásemos a la Luna. ¿Por qué, pues, no llegamos?

—¿No podría ser quizá por exceso de velocidad? —preguntó Nicholl—. No olvidemos que llevábamos una velocidad inicial superior a la prevista.

—¡No, cien veces no! El exceso de velocidad, si la dirección del proyectil era buena, no nos hubiera impedido llegar a la Luna. ¡No, no! ¡Ha habido una desviación! ¡Hemos sido desviados!...

—¿Por quién? ¿Por qué causa? —preguntó Nicholl.

—No puedo decirlo —repuso Barbicane.

—Pues mire, Barbicane —dijo entonces Michel—, ¿quiere saber mi opinión sobre la causa de esa desviación?

—¡Hable!

—Pues que yo no daría ni medio dólar por saberla. Nos hemos desviado, eso es un hecho. ¿Adónde vamos? ¡Poco importa! Ya lo veremos a su tiempo, ¡qué diablo! ¡Puesto que somos arrastrados a través del espacio, acabaremos por caer en algún centro de atracción!

Esta indiferencia de Ardan no satisfacía a Barbicane; no porque le inquietase el porvenir, sino porque tenía empeño en saber por qué razón el proyectil se había desviado.

Entretanto, éste avanzaba, siempre paralelo a la Luna, así como todos los objetos que los viajeros habían lanzado al exterior. Barbicane pudo establecer, por medio de puntos de referencia tomados en relación a la Luna, cuya distancia era inferior a dos mil leguas, que la velocidad era siempre la misma: prueba de que no había caída. Indudablemente, la fuerza de impulsión era superior todavía a la de la atracción lunar; pero la trayectoria del proyectil lo acercaba cada vez más al disco lunar, y podía esperarse que a una distancia menor la influencia de su peso dominara y provocara definitivamente su caída.

No teniendo otra cosa que hacer, los tres amigos continuaron observando, sin que pudiesen determinar todavía la situación topográfica del astro lunar, cuyos relieves se atenuaban bajo la sección de los rayos solares. Y permanecieron arrimados a los portillos laterales hasta las ocho de la noche.

A esas horas se veía tan inmensa a la Luna, que, con su masa, ocultaba la mitad del firmamento. El Sol por un lado, la Luna por el otro, invadían con sus resplandores el interior de la habitación.

Barbicane creyó que podía evaluarse la distancia que los separaba de la Luna en setecientas leguas nada más; le parecía que la velocidad del proyectil acusaba unos doscientos metros por segundo, o sea, cerca de ciento setenta leguas por hora. Bajo la influencia de su fuerza centrípeta, el fondo del proyectil tendía a girar hacia la Luna; pero la fuerza centrífuga era más poderosa, resultando probable que la trayectoria rectilínea se convirtiese en una curva, cuya naturaleza era imposible precisar. No cejaba Barbicane en su empeño por dar solución a aquel problema.

Pasaron las horas sin encontrar una solución. Aunque se veía que se acercaban a la Luna, era también evidente que no llegarían a alcanzarla.

Se acortaría aún más la distancia, por efecto de las dos fuerzas de atracción y de repulsión que se disputaban el proyectil.

—Yo sólo deseo una cosa: llegar lo bastante cerca de la Luna para sorprender sus secretos —exclamó Ardan.

—¡Maldita sea la causa que nos ha hecho desviar! —dijo Nicholl.

—Entonces, ¡maldito sea el bólido con que nos cruzamos en nuestro camino! —exclamó Barbicane, como si de repente se le iluminase el espíritu.

—¿Qué dice?... —preguntó Michel.

—¿Qué quiere usted decir?... —insistió Nicholl.

—Quiero decir que la desviación del proyectil se debe al encuentro con aquel cuerpo errante —dijo Barbicane en tono convencido—. ¡No hay otra causa!

—¡Pero si ni siquiera nos ha rozado!

—¡No importa! Su masa era enorme, comparada con la de nuestro proyectil, y bastó su atracción para modificar nuestra dirección.

—¡Tan poca cosa! —objetó Nicholl.

—Pues con ser tan poca cosa, ha bastado, a una distancia de ochenta y cuatro mil leguas, para que no lleguemos a la Luna.

CAPÍTULO X

Indudablemente, Barbicane había acertado con la causa de aquella desviación que, a pesar de ser tan aparentemente insignificante, modificaba del tal modo la trayectoria del proyectil.

Era una fatalidad. La audaz empresa fracasaba por un accidente fortuito y, a no ser que se presentase alguna circunstancia extraordinaria, ya no resultaba posible llegar al disco lunar.

La gran cuestión para los viajeros era saber si se acercarían lo suficiente para resolver determinados problemas de Física o de Geología, hasta entonces sin solución. Ésta era su obsesión, y no querían pensar en la suerte personal que les reservaba el porvenir.

Sin embargo, ¿qué sería de ellos en aquellas soledades infinitas cuando les faltase el aire para respirar? Algunos días más y morirían de asfixia dentro de aquel proyectil, vagando a la ventura. Mas para aquellos hombres intrépidos eran siglos aquel puñado de días, y consagraron todo su tiempo a observar el astro en el que ya no esperaban aterrizar.

La distancia que los separaba era de unas doscientas leguas. Y en aquellas condiciones, respecto a la visibilidad de los detalles del disco lunar, se encontraban más alejados de él de lo que están los habitantes de la Tierra cuando se valen de sus poderosos telescopios para observar a la Luna.

Es conocido, en efecto, que el telescopio montado en Parson-Town por John Ross, cuya potencia de aumento es de seis mil quinientas veces, acerca la Luna a dieciséis leguas de la lente. Además, gracias al que se había colocado también en Long's-Peak, y que la aumentaba en 48.000 veces, el astro nocturno se aproximaba a menos de dos leguas; todo objeto que tuviera diez metros de diámetro se acusaba con suficiente precisión.

Por lo tanto, a la distancia en que se encontraba el proyectil no era posible a simple vista determinar los detalles topográficos de la Luna. Se abarcaba el inmenso contorno de las depresiones impropiamente llamadas «mares de la Luna», pero no se apreciaba sus composición. El relieve de las montañas desaparecía a causa del refulgente resplandor que producía la reflexión de los rayos solares. La mirada, como si contemplase una masa de plata en fusión, se desviaba involuntariamente de aquel espectáculo maravilloso que la deslumbraba.

Sin embargo, la forma oblonga del astro iba acusándose como si fuera un huevo gigantesco, cuya extremidad más puntiaguda se inclinase hacia la Tierra. En efecto, la Luna, líquida o maleable en los tiempos de su formación, había tenido en aquella época la forma de una esfera perfecta. Pero arrastrada después por la Tierra, fue alargándose, bajo la influencia de la atracción. Al convertirse en satélite, perdió la pureza de sus líneas primitivas y su centro de gravedad se inclinó hacia delante. De este fenómeno, algunos cosmógrafos dedujeron que el aire y el agua se habían refugiado en la parte de la Luna que nunca se presenta ante la Tierra.

Estas alteraciones de la luna primitiva no fueron apreciables más que por breves instantes para los habitantes del proyectil. La distancia que los separaba disminuía rápidamente, a pesar de ser su velocidad de traslación tan inferior a la velocidad inicial; pero, de todos modos, el proyectil llevaba una marcha ocho o nueve veces superior a un expreso de ferrocarril.

Aquella dirección oblicua del proyectil permitió a Ardan la hipótesis de que rozarían el astro quizá en algún punto elevado cualquiera del disco lunar; le resultaba demasiado cruel suponer que no llegarían. «¡No! ¡No podía creerlo!» Y así lo afirmaba a cada momento. Pero Barbicane, mejor juez en la materia, no cesaba de contradecirle, con su lógica implacable.

—No, Michel; no es posible que lleguemos a la Luna sin caer directamente encima de ella, y ya ve que no hay trazas de tal caída. La fuerza centrípeta nos sostiene bajo la influencia lunar; pero la fuerza centrífuga nos aleja de ella irremisiblemente.

Esta argumentación tan contundente hizo que perdiera Ardan toda esperanza.

Aquella parte de la Luna que iba acercándose era su hemisferio norte, aquel que los mapas selenográficos colocan al sur, por ser observada la

Luna por medio de lentes, y sabido es que las lentes de un telescopio hacen ver los objetos invertidos. Tal era el *Mappa Selenographica,* de Beer y Moedler, que consultaba Barbicane. Aquel hemisferio norte acusaba inmensas llanuras y montañas aisladas.

A media noche era Luna llena. En aquel preciso momento, los viajeros hubieran debido trasladarse del proyectil al astro, si el malaventurado bólido no hubiese desviado su dirección. Era innegable que las condiciones determinadas por el Observatorio de Cambridge habían sido correctas. La Luna se hallaba matemáticamente en su perigeo y en el cenit del paralelo 28.

Cualquier observador colocado en el fondo del enorme Columbiad, apuntando perpendicularmente hacia el cielo, hubiese enfocado la Luna en la boca misma del cañón; una línea recta, figurando el eje del cañón, podía atravesar indefectiblemente el astro de la noche por su centro mismo.

Ocioso es afirmar que durante aquella noche del 5 al 6 de diciembre los viajeros no descansaron ni un minuto. ¿Cómo cerrar los ojos encontrándose tan cerca de aquel mundo nuevo? ¡Imposible! Concentraban sus pensamientos en un solo anhelo: ¡ver! Representantes de la Tierra, de la Humanidad pasada y presente, la raza humana observaba por sus ojos aquellas maravillosas regiones y sorprendía los secretos del satélite. Poseídos de sin igual emoción, pasaban silenciosamente de uno a otro portillo. Reproducidas por Barbicane, sus observaciones fueron minuciosamente determinadas, gracias a los gemelos y a los mapas.

El primero que estudió la Luna fue Galileo. Su catalejo no aumentaba más que treinta veces. Sin embargo, en aquellas manchas que salpicaban el disco lunar, como los ojos sembrados en la cola del pavo real, Galileo fue el primero que descubrió sus montañas, calculando exageradamente su elevación, que evaluaba en la vigésima parte del diámetro del disco, es decir ocho mil ochocientos metros. Pero no trazó ningún mapa de sus observaciones.

Algunos años después, Hevelius, astrónomo de Dantzig, usando procedimientos que no resultaban exactos más que dos veces al mes (durante el primer y segundo cuadrantes), redujo las alturas de Galileo a una vigésimosexta parte del diámetro lunar.

Exageración inversa. Pero a este sabio le debemos el primer mapa de la Luna. Las manchas claras y redondeadas indican montañas circulares, y las manchas sombrías, los mares; en realidad, llanuras. A aquellos montes y mares les dio nombres terrestres. Allí figuran el Sinaí, en el centro de una Arabia; el Etna, en el centro de una Sicilia; los Alpes, los Apeninos, los Cárpatos, el Mediterráneo, el Palus Meotides, el Ponto Euxino, el mar Caspio. Nombres impropios: ni esos montes ni esos mares recuerdan la configuración de sus homónimos del globo terrestre. Apenas si en aquel manchón blanco, unido por el sur a más vastos continentes y terminado en punta, se reconocería la figura invertida de la península india, del golfo de Bengala y de la Cochinchina. Por esto desaparecieron aquellos nombres.

Otro cartógrafo, mejor conocedor del corazón humano, propuso una nueva nomenclatura que la vanidad humana se apresuró a adoptar.

Este observador fue el padre Riccioli, contemporáneo de Hevelius. Su mapa fue muy tosco y lleno de errores. Pero a las montañas lunares les impuso los nombres de los grandes hombres de la antigüedad y de los sabios de su época, costumbre corriente desde entonces.

Otro tercer mapa de la luna fue ejecutado en el siglo XVII, por Dominico Cassini; aunque superior como factura, es inexacto en cuanto a las mediciones. Algunas reducciones de este mapa fueron publicadas; pero su plancha de cobre, conservada largo tiempo en la Imprenta Real, fue vendida al peso, como cachivache inútil.

La Hire, célebre matemático y dibujante, hizo un mapa de la Luna, de cuatro metros de alto, que no se llegó a grabar.

Después, un alemán, Tobie Mayer, a mediados del siglo XVIII, comenzó la publicación de un magnífico mapa selenográfico según mediciones lunares minuciosamente revisadas por él; pero su muerte, acaecida en 1762, interrumpió tan lucido trabajo.

Vienen después Schrœter, de Lilienthal, que bosquejó numerosos mapas de la Luna, y luego, cierto Lohrmann, de Dresde, a quien se debe una plancha dividida en veinticinco secciones, de las cuales fueron grabadas cuatro.

Fue en 1830 cuando Beer y Mœdler compusieron cu célebre *Mappa Selenographica,* según una proyección ortográfica. Este mapa reproduce fielmente el disco lunar tal y como aparece; sólo que las configuraciones de montañas y llanuras no son exactas más que en su parte céntrica; sus puntos septentrionales o meridionales, orientales u occidentales, representados en escorzo, no son comparables a los del centro. Este mapa, que mide noventa y cinco centímetros y se divide en cuatro secciones, es la obra maestra de la cartografía lunar.

Después de estos sabios se citan los relieves selenográficos del astrónomo alemán Julius Schmidt, los trabajos topográficos del padre Secchi, las magníficas pruebas del aficionado inglés Waren de la Rue, y, en fin, un mapa de proyección ortográfica de Lecouturier y Chapuis, hermoso modelo ejecutado en 1860, de dibujo muy preciso y de clara disposición.

Tal es la nomenclatura de los diversos mapas relativos al mundo lunar. Barbicane poseía dos de ellos, el de Beer y Mœdler y el de Lecouturier y Chapuis, que debían serle de gran utilidad en sus observaciones.

En cuanto a los instrumentos de óptica puestos a su disposición, tenía unos excelentes prismáticos marinos, fabricados especialmente para esta expedición. Aumentaban cien veces los objetos, y hubieran podido acercar la Luna a la Tierra a menos de mil leguas; pero a una distancia que no pasaba de ciento veinte kilómetros, a las tres de la mañana y en un ambiente sin atmósfera, aquellos instrumentos tenían que reducir el nivel lunar a menos de mil quinientos metros.

CAPÍTULO XI

«Ha visto usted alguna vez la Luna?», preguntaba, irónicamente, cierto profesor a uno de sus alumnos. «No, señor —replicó éste, con más ironía aún—; pero debo decir que he oído hablar de ella.»

Hasta cierto punto, la graciosa respuesta de aquel alumno podría ser atribuida a la mayoría de los seres sublunares. ¡Cuántos han oído hablar de la Luna sin haberla visto jamás!..., por lo menos, a través del ocular de unos catalejos o de un telescopio. ¡Cuántos que ni siquiera han examinado el mapa de su satélite!

Cuando se examina un mapamundi selenográfico llama enseguida la atención cierta particularidad característica: al contrario de lo que ocurre respecto a Marte y a la Tierra, los continentes se encuentran en mayor proporción en el hemisferio sur del globo lunar. Estos continentes no presentan sus líneas extremas tan precisas y regulares como las que acusan la América meridional, el África y la península indostánica. Sus costas son angulosas, caprichosa y profundamente recortadas, ricas en golfos y peninsulares. Recuerdan la disposición, tan confusa, de las islas de la Sonda, en donde las tierras están excesivamente divididas. Si ha llegado a existir alguna vez la navegación en la Luna debió de ser muy peligrosa. Hay que compadecer a los marineros y a los hidrógrafos selenitas: a éstos, al hacer el trazado de las riberas y acantilados; a aquéllos, cuando tropezaban con sus arrecifes, al desembarcar.

Es de notar asimismo en los mapas selenográficos que en el esferoide lunar el polo sur acusa más continentes que el polo norte. En este último no existe más que un grupo de terrenos, separados de los demás continentes por inmensos mares [1]. Hacia el sur, los continentes cubren casi todo el hemisferio. Esto hace suponer que los selenitas pudieran izar su bandera en alguno de ambos polos, en tanto que los Franklin, los Ross, los Kane, los Dumont d'Urville, los Lambert, no han podido llegar todavía a ese punto desconocido del globo terrestre.

En cuanto a las islas, abundan en la superficie de la Luna. Casi todas, oblongas o circulares, como trazadas a compás, forman como un gran archipiélago, comparable al pintoresco grupo que separa Grecia del Asia Menor, y que la mitología pobló con sus más atractivas leyendas. Involuntariamente se presentan a nuestro espíritu los nombres de Naxos, de Tenedos, de Milo, de Cárpatos, y buscamos con la vista la nave de Ulises o el *clipper* de los Argonautas.

Así discurría Michel Ardan; lo que él veía en el mapa era un archipiélago griego. A los ojos de sus compañeros, menos imaginativos, el aspecto de aquellas costas les recordaba las tierras desmenuzadas de la Nueva Escocia y del Nuevo-Brunswick. Allí donde el francés evocaba las huellas de los héroes fabulosos, aquellos americanos se fijaban en los puntos adecuados para establecer factorías, en beneficio del comercio y de la industria lunares.

Para terminar la descripción de la parte continental de la Luna bastarán algunas líneas sobre su configuración orográfica.

Se distinguen allí con suma claridad las cordilleras, las montañas aisladas, los circos y las ranuras o surcos. Todo el relieve lunar está comprendido en esta división. Extraordinariamente recortado, el continente selenita parece una Suiza inmensa, una Noruega, sin límites, obra toda ella de la acción plutónica.

Aquel suelo tan rugoso es el resultado de las sucesivas contracciones de la costa lunar en su época de formación, siendo por esta razón terreno propicio para el estudio de los grandes fenómenos geológicos. Según opinión de algunos astrónomos, el suelo de la Luna, a pesar de ser más antiguo que el de la Tierra, se ha conservado mejor. Allí no existe el agua, que desfigura el primitivo relieve y cuyo roce continuo acaba por nivelarlo todo; ni el aire, cuya influencia disolvente modifica los perfiles orográfi-

[1] Debe tenerse bien en cuenta que la palabra «mares» representa en este caso los inmensos espacios que probablemente han estado cubiertos de agua y que actualmente son vastas llanuras. *(N. del A.)*

cos. Allí el trabajo plutónico, no alterado por las fuerzas neptunianas, se conserva en toda su pureza nativa. Es la Tierra tal como fue antes de que las mareas y las corrientes la desfigurasen con sus capas sedimentarias.

Después de errar por aquellos dilatados continentes la mirada se siente atraída por los mares, aún más dilatados, y cuya conformación, situación y aspecto recuerdan los océanos terrestres. Así como ocurre en la Tierra, esos mares ocupan la mayor parte del globo lunar. Sin embargo, allí no hay agua: sólo llanuras, cuya naturaleza esperaban poder determinar nuestros expedicionarios.

Hay que reconocer que los astrónomos han adornado aquellos pretendidos océanos con nombres a cual más absurdo, que, sin embargo, la ciencia ha respetado hasta ahora. Michel Ardan tenía razón cuando comparaba aquel mapamundi a un Mapa del Amor trazado por una Scudery o un Cirano de Bergerac.

—Con la diferencia —añadía Ardan— de que no se trata del mapa sentimental, como en el siglo diecisiete. Éste es el mapa de la vida, dividido en dos secciones: una femenina, otra masculina. Para las mujeres, el hemisferio de la derecha; para los hombres, el de la izquierda.

Y al oír hablar así a Michel, sus prosaicos camaradas se encogían de hombros, considerando el mapa lunar desde un punto de vista muy distinto al de su ingenioso amigo. Y, sin embargo, éste tenía razón; júzguese por lo que sigue.

En aquel hemisferio de la izquierda se extiende el mar de las Nubes, en el que naufraga a menudo la humana razón. Un poco más lejos aparece el mar de las Lluvias, constituido por todos los sinsabores de la existencia. A su vera, el mar de las Tempestades, en donde lucha el hombre, sin tregua ni descanso, contra sus pasiones, victoriosas a veces. Después, agotado por los desengaños, las traiciones, las infidelidades y el cortejo de todas las miserias terrestres, ¿qué es lo que encuentra al fin de su carrera? El mar de las Amarguras, apenas atenuadas por algunas gotas del golfo del Rocío. Nubes, lluvias, tempestades, amarguras, ¿acaso es otra cosa la vida humana? ¿No se resume en esas cuatro palabras?

El hemisferio de la derecha, «dedicado a las mujeres», encierra mares más reducidos, cuyos expresivos nombres evocan todos los incidentes de una existencia femenina: el mar de la Serenidad, en cuyas aguas se mira una adolescente, y el lago de los Ensueños, en cuyos reflejos cree ver un porvenir de felicidades; el mar del Néctar, con sus olas de ternura y sus brisas de amor; el mar de la Fecundidad, el mar de las Crisis, el mar de los Vapores, cuyas dimensiones son por demás limitadas, y, en fin, el vasto mar de la Tranquilidad, en donde se hundieron todos los ensueños fallidos, todos los anhelos insaciados, y cuyas aguas se vierten en el lago de la Muerte.

¡Qué sucesión de nombres tan extraña! ¡Qué singular división la de estos dos hemisferios lunares, unidos entre sí como el hombre y la mujer, formando la esfera de la vida y flotando en los espacios! ¿No tenía razón Michel al interpretar en aquel sentido el caprichoso lenguaje de los antiguos astrónomos?

Pero, mientras su fantasía recorría aquellos «mares», sus compañeros los consideraban geográficamente, aprendiéndose de memoria aquel mundo nuevo y midiendo sus ángulos y sus diámetros. Para Barbicane y Nicholl, el mar de las Nubes era una inmensa depresión del terreno lunar, sembrada de unas cuantas montañas circulares que cubrían gran parte del hemisferio sur occidental y que ocupaba 184.800 leguas cuadradas, su centro se encontraba a 15 grados de latitud sur y 20 grados de longitud oeste. El mar de las Tempestades, *Oceanus Procellarum,* el llano más extenso del disco lunar, abarcaba una superficie de 328.300 leguas cuadradas, cuyo centro estaba a 10 grados de latitud norte y 45 grados de longitud este. De su seno se alzaban las montañas resplandecientes de Kepler y Aristarco. Más al norte, y separado del mar de las Nubes por altas cordilleras, se extendía el mar de las Lluvias, *Mare Imbrium,* teniendo su punto céntrico a 35 grados de latitud norte y 20 grados de longitud este. Era su contorno casi circular y cubría una superficie de 193.000 leguas. No muy lejos, el mar de los Humores o Amarguras, *Mare Humorum,* pequeño estanque que medía solamente 44.200 leguas cuadradas y se hallaba situado a 25 grados de latitud sur y 40 grados de longitud este. En fin, se dibujaban tres golfos sobre el litoral de aquel hemisferio, el Tórrido, el del Rocío y el de Iris, pequeños llanos encerrados entre altas cordilleras.

Naturalmente más caprichoso, se distinguía el «hemisferio femenino» por mares más reducidos y numerosos. Hacia el norte, el mar del Frío, *Mare Frigoris,* a 55 grados de latitud norte y 0 grados de longitud, con una superficie de 76.000 leguas cuadradas, lindando con el lago de los Ensueños y el lago de la Muerte; el mar de la Serenidad, *Mare Serenitatis,* a 25 grados de latitud norte y 20 grados de longitud oeste, abarcando una superficie de 86.000 leguas cuadradas; el mar de las Crisis, *Mare Crisium,* bien recortado y redondeado, con una superficie de 40.000 leguas cuadradas, a 17 grados de latitud norte y 55 grados de longitud oeste, verdadero mar Caspio, oculto entre montes; luego, en el ecuador, a 5 grados de latitud norte y 25 grados de longitud oeste, aparecía el mar de la Tranquilidad, *Mare Tranquilitatis,* que ocupaba 121.509 leguas cuadradas y que comunicaba por el sur con el mar del Néctar, *Mare Necteris,* cuya extensión era de 28.800 leguas cuadradas, a 15 grados de latitud sur y 35 grados de longitud oeste, y que por el este comunicaba con el mar de la Fecundidad, *Mare Fecunditatis,* el más dilatado en aquel hemisferio; era su extensión de 219.300 leguas cuadradas, 3 grados de latitud sur y

50 grados de longitud oeste. En fin, completamente al norte y completamente al sur, se distinguían otros dos mares, el de Humboldt, *Mare Humboldtianum,* con una superficie de 6.500 leguas cuadradas, y el mar Austral, *Mare Australe,* sobre una superficie de 26.000 leguas cuadradas.

En el centro del disco lunar, a caballo sobre el ecuador y sobre el meridiano cero, se abría el Golfo del Centro, *Sinus Medii,* semejante a un guión entre ambos hemisferios.

En esta forma se descomponía, para los ojos de Barbicane y de Nicholl, la superficie siempre visible del satélite de la Tierra. Cuando hicieron la adición de aquellas diversas medidas encontraron que la superficie de aquel hemisferio era de 4.738.160 leguas cuadradas, de las cuales correspondían 3.317.600 a los volcanes, cordilleras, circos, islas, es decir, a lo que constituía al parecer la parte sólida de la Luna, y 1.410.400 a los mares, lagos, pantanos, o sea su parte líquida. Todo lo cual le resultaba a Michel Ardan completamente indiferente.

Como se ve, este hemisferio es trece veces y media más reducido que el hemisferio terrestre. Sin embargo, los selenógrafos han contado ya más de cincuenta mil cráteres, lo cual acusa una superficie agrietada, llena de hoyos; una verdadera espumadera, digna de la prosaica calificación, dada por los ingleses, de *green chesse* (queso verde).

Michel se indignó cuando Barbicane le indicó aquel apodo tan desairado.

¡Así trataban en el siglo diecinueve los anglosajones a la hermosa Diana, a la rubia Febea, a la amable Iris, a la encantadora Astarté, a la Reina de las Noches, a la hija de Júpiter y de Letona, a la hermana menor del radiante Apolo!...

CAPÍTULO XII

Ya se habrá observado que la dirección que seguía el proyectil le arrastraba hacia el hemisferio septentrional de la Luna.

Los expedicionarios estaban ya lejos del punto central, en donde hubieran debido apearse de no haber sufrido una desviación su trayectoria. Eran las doce y media de la noche. Barbicane calculó que distaban unos 1.400 kilómetros, distancia algo superior a la longitud del radio lunar y que iría disminuyendo a medida que se acercaran al polo norte. Se encontraba el proyectil en aquel momento no a la altura del ecuador, sino enfrente del décimo paralelo. Y a partir de esta latitud, cuidadosamente anotada sobre el mapa, Barbicane y sus amigos pudieron examinar la Luna en unas condiciones inmejorables.

En efecto, gracias a los catalejos, la distancia de mil cuatrocientos kilómetros se reducía a catorce, es decir cuatro leguas y media. El telescopio de las montañas Rocosas acercaba más a la Luna; pero la atmósfera terrestre atenuaba mucho su potencia óptica. Y Barbicane, con sus catalejos, distinguía desde su puesto de observación no pocos detalles que desde la Tierra no era posible apreciar.

—Amigos míos —dijo gravemente—, yo no sé adónde vamos, ni siquiera si veremos de nuevo el globo terrestre. Sin embargo, procedamos como si nuestro trabajo pudiera llegar a ser algún día de cierta utilidad para nuestros semejantes. Conservemos el espíritu despejado de toda preocupación. Somos astrónomos; este proyectil en que nos hallamos es un gabinete del Observatorio de Cambridge transportado a los espacios. ¡Observemos!

Y dicho esto, se puso a observar y a anotar fielmente los diversos aspectos de la Luna con relación a las diferentes distancias que separaban el proyectil de aquel astro. Al mismo tiempo que el proyectil se encontraba a la altura del décimo paralelo norte, parecía seguir rigurosamente el grado 20 de longitud este.

Aquí cuadra una observación importante, relativa al mapa que servía para las observaciones. En las cartas selenográficas, a causa de la inversión de las imágenes por el telescopio, el sur está en lo alto y el norte en la parte inferior; parece lógico, por tanto, que el este se acusara a la izquierda y el oeste a la derecha; y, sin embargo, no es así. Si la carta selenográfica estuviese vuelta del revés y presentase a la Luna tal como ésta se ofrece a la vista, el este se hallaría a la izquierda y el oeste a la derecha; todo lo contrario de lo que ocurre en los mapas terrestres. He aquí la causa de esta anomalía: los observadores situados en el hemisferio boreal, en Europa, por ejemplo, ven la Luna al sur de sí mismos. Cuando están examinándola dan la espalda al norte, posición opuesta a la que ocupan cuando están observando un mapa terrestre. Puesto que vuelven la espalda al norte, el este se encuentra a su izquierda y el oeste a su derecha. Para los observadores situados en el hemisferio austral, en la Patagonia, pongamos por caso, el oeste de la Luna estará a su izquierda y el este a su derecha, puesto que el sur se hallará a su espalda. Ésa es la razón de esta inversión aparente de los puntos cardinales; es preciso tenerla en cuenta para seguir las observaciones de Barbicane.

Guiados por el *Mappa Selenographica,* de Beer y Mœdler, los viajeros podían sin vacilaciones reconocer el trozo del disco enfocado en la lente de sus catalejos.

—¿Qué vemos en este momento? —preguntó Ardan.

—Vemos la parte norte del mar de las Nubes —respondió Barbicane—. Estamos demasiado distantes para apreciar su naturaleza. ¿Se componen acaso sus llanuras de áridos arenales, como decían los primeros astrónomos? ¿O se trata de selvas inmensas, según M. Waren de la Rue, que concede a la Luna una atmósfera muy baja, pero muy densa? Esto es lo que averiguaremos más adelante. No afirmemos nada antes de tener derecho a ello.

Este mar de las Nubes está indicado en los mapas con sobrada deficiencia. Se supone que su extensa llanura está sembrada de bloques de lava, expulsados por volcanes vecinos, a su derecha: Ptolomeo, Purbach, Arzachel.

Pero el proyectil avanzaba, acercándose sensiblemente. Pronto aparecieron las cumbres que cierran el mar de las nubes en su límite septentrional. Enfrente se alzaba un monte de resplandeciente belleza, cuya cumbre parecía incendiada por los rayos solares.

—¿Es...? —preguntó Ardan.

—¡Copérnico!

—¡Veamos, veamos!...

Aquel monte, situado a 9 grados de latitud norte y 20 grados de longitud este, se eleva por encima de la superficie lunar a 3.438 metros, es muy visible desde la Tierra y fácil de observar para los astrónomos; sobre todo en el último cuarto y la Luna nueva, porque entonces las sombras se proyectan largamente de este a oeste, lo que permite calcular sus alturas.

Este Copérnico constituye el sistema radiante más importante de la Luna, exceptuando a Tycho, situado en el hemisferio meridional. Se eleva solitario, como un gigantesco faro, sobre aquella parte del mar de las Nubes que confina con el mar de las Tempestades, y alumbra dos océanos a la vez con sus mágicos resplandores. Resultaba un espectáculo sin par el de aquellas largas estelas luminosas, tan radiantes en Luna llena y que, traspasando por el norte las cordilleras limítrofes, van apagándose gradualmente al llegar al mar de las Lluvias.

A la una de la madrugada terrestre, el proyectil, semejante a un globo errante, dominaba ya aquella montaña de incomparables efectos. Barbicane pudo tomar nota de sus circunstancias particulares.

Copérnico está comprendido en la serie de montañas anulares de primer orden, en la lista de los grandes circos. Lo mismo que Kepler y Aristarco, que dominan el océano de las Tempestades, aparece Copérnico a veces como un punto brillante visto a través de una luz cenicienta, y por esto lo consideraron como un volcán en actividad. Pero es un volcán ya apagado, como todos los de este lado de la Luna. Su circunvalación presentaba un diámetro de unas veintidós leguas. Con el catalejo se descubrían huellas de estratificaciones, producidas por erupciones sucesivas. Sus contornos aparecían sembrados de restos volcánicos, de los que se distinguían algunos todavía en el interior del cráter.

—Existen varias clases de circos en la superficie de la Luna —dijo Barbicane—, siendo fácil discernir que Copérnico pertenece al género radiante. Si estuviéramos más cerca, divisaríamos incluso los conos que erizan el interior del cráter y que fueron otras tantas locas ignívomas. Como característica y sin excepción en el disco lunar, hay que notar que la superficie interior de esos circos se halla a un nivel muy inferior al de la llanura exterior, al contrario de la disposición de los cráteres terrestres. Se deduce de todo esto que la curvatura general del fondo de esos circos corresponde a una esfera de un diámetro inferior al de la Luna.

—¿Y por qué esta disposición tan especial? —preguntó Nicholl.

—No se sabe —respondió Barbicane.

—¡Qué resplandor tan intenso! ¡No es posible imaginar un espectáculo más maravilloso! —repetía Michel, entusiasmado.

—¿Qué diría si la casualidad nos llevase hacia el hemisferio sur? —repuso Barbicane.

—¡Pues diría que el espectáculo es más maravilloso aún!

En aquel momento, el proyectil dominaba perpendicularmente el circo. La circunvalación de Copérnico formaba un círculo casi perfecto, destacándose claramente sus paredes escarpadas; incluso se distinguía un segundo recinto anular. A su alrededor se extendía una llanura muy árida con relieves amarillentos. En el fondo, como encerrados en un estuche, brillaron por unos instantes dos o tres conos eruptivos, como enormes y refulgentes gemas. Hacia el norte, las paredes parecían rebajadas por una depresión que probablemente hubiera permitido el acceso al interior del cráter.

Al pasar por encima de la llanura circundante, pudo observar Barbicane gran número de cumbres de poca importancia; entre otras, una pequeña montaña anular denominada Gay-Lussac, cuya anchura mide 23 kilómetros.

Hacia el sur, un llano muy liso, sin protuberancia alguna. Por el contrario, hacia el norte, hasta el punto en que confinaba con el océano de las Tempestades, aquel llano era como una superficie líquida agitada por un furioso huracán y cuyas olas hubieran sido súbitamente solidificadas en forma de conos.

Por encima de este conjunto, y en todas direcciones, se extendían luminosas fajas que se reunían en la cumbre de Copérnico. Algunas de estas fajas tenían una anchura de treinta kilómetros, con una extensión incalculable.

Los viajeros disentían sobre el origen de aquellas rayas luminosas tan extrañas, sin más éxito que sus colegas terrestres.

—¿Y por qué no han de ser esos resplandores sencillamente los contrafuertes de la montaña, que reflejan con más fuerza la luz del Sol? —preguntó Nicholl.

—No, porque si así fuera, las aristas producirían también sombras en determinadas circunstancias de la Luna, y, sin embargo, no hay tales sombras —respondió Barbicane.

En efecto, no aparecen aquellas fajas de luz hasta que el Sol se halla en oposición con la Luna, y desaparecen en cuanto los rayos solares se hacen oblicuos.

—¿Y qué se ha imaginado para explicar esas estelas de luz? Porque no puedo creer que los sabios carezcan jamás de explicaciones —dijo Ardan.

—En efecto, Herschell formuló cierta opinión, sin atreverse a afirmarla.

—Bueno. ¿Cuál es?

—Suponía que esos resplandores debían de ser unas corrientes de lava ya fría, que brillan porque el Sol las hiere normalmente. Puede ser así, pero no es posible asegurar que lo sea. De todos modos, si pasamos cerca de Tycho nos encontraremos mejor colocados para estudiar la causa de esos resplandores.

—¿Saben a qué se parece esta llanura, vista desde aquí? —preguntó Michel.

—¡No!

—Pues bien: con todos esos montones de lava alargados como espigas, esa llanura parece un inmenso juego de «palillos», revueltos al azar. Sólo falta el gancho para ir sacándolos del montón uno por uno.

—¡Vamos! ¡Tengamos formalidad! —suplicó Barbicane.

—¡Tengamos formalidad! —repitió Michel sin turbarse—. Pongamos, en vez de «palillos», huesos. En cuyo caso esa llanura sería un inmenso osario, en donde reposarían los restos mortales de mil generaciones desaparecidas. ¿Le gustaría más esta comparación de gran efecto?

—¡Las dos andan por el estilo! —contestó Barbicane.

—¡Demonios! ¡Veo que es usted difícil!

—Desde el momento en que nada se sabe sobre ese particular, poco importa hacer comparaciones —respondió el positivista Barbicane.

—¡Bien contestado! —exclamó Ardan—. ¡Eso me enseñará a razonar con sabios!

Entretanto, el proyectil avanzaba con una velocidad casi uniforme, siguiendo el cerco lugar. Fácil es suponer que los viajeros no pensaban en descansar. Cada minuto modificaba el paisaje, que huía de su vista.

Hacia la una y media de la madrugada divisaron las cimas de otro monte. Barbicane, consultando el mapa, reconoció a Eratóstenes.

Era ésta una montaña anular altísima, uno de esos circos tan numerosos en la Luna; medía cuatro mil quinientos metros.

Barbicane se apresuró a informar a sus amigos de la singular teoría de Kepler sobre la formación de los circos lunares. Según el célebre matemático, aquellas cavidades crateriformes habían sido hechas por la mano del hombre.

—¿Con qué propósito? —preguntó Nicholl.

—Con un fin muy natural. Los selenitas habrían emprendido esos enormes trabajos y vaciado esos inmensos hoyos para refugiarse en ellos, resguardándose contra los rayos solares, que durante quince días consecutivos los aniquilaban.

—¡No eran tontos los selenitas! —exclamó Michel.

—¡Qué idea tan singular! —replicó Nicholl—. Probablemente, Kepler no se daría cuenta de las verdaderas dimensiones de estos circos, porque el mero hecho de horadar cavidades semejantes supone un trabajo de gigantes, impracticable para los selenitas.

—¿Por qué, puesto que la fuerza de gravedad es seis veces menor en la superficie de la Luna que en la Tierra? —objetó Michel.

—¿Y si los selenitas son seis veces más pequeños? —replicó Nicholl.

—¿Y si no existieran tales selenitas? —añadió Barbicane.

Allí acabó la discusión.

Pronto desapareció Eratóstenes en el horizonte, sin que el proyectil se hubiera acercado lo suficiente para un examen minucioso. Aquella montaña separaba los Apeninos de los Cárpatos.

En la orografía lunar se han señalado algunas cordilleras, sobre todo las que se hallan en el hemisferio septentrional. Otras, sin embargo, ocupan ciertas secciones del hemisferio sur.

Veamos el cuadro de estas cordilleras, indicadas de sur a norte, con sus latitudes y altitudes, tomadas en las cimas más elevadas:

MONTES:

Dœrfel	84°	latitud sur	7.603	metros.
Leibnitz	65°	—	7.600	—
Rook	20° a 30°	—	1.600	—
Altai	17° a 28°	—	4.047	—
Cordilleras	10° a 20°	—	3.898	—
Pirineos	8° a 18°	—	3.631	—
Ural	5° a 13°	—	838	—
Alembert	4° a 10°	—	5.847	—
Hœmus	8° a 21°	latitud norte	2.021	—
Cárpatos	15° a 19°	—	1.939	—
Apeninos	14° a 27°	—	5.501	—
Tauro	21° a 28°	—	2.746	—
Rifeos	25° a 33°	—	4.171	—
Hercynianos	17° a 29°	—	1.170	—
Cáucaso	32° a 41°	—	5.567	—
Alpes	42° a 49°	—	3.617	—

De estas sierras lunares, la más importante es la de los Apeninos, cuyo desarrollo es de ciento cincuenta leguas; desarrollo inferior, sin embargo, al de los grandes movimientos orográficos de la Tierra. Los Apeninos bordean por el este el mar de las Lluvias y continúan al norte por los Cárpatos, cuyo perfil mide unas cien leguas.

Los expedicionarios pudieron entrever nada más la cumbre de aquellos Apeninos, que se dibujan desde los 10 grados de longitud oeste a los 16 grados de longitud este; pero la cordillera de los Cárpatos fue extendiéndose ante sus ojos desde el grado 18 al grado 30 de longitud oriental, y les fue posible examinar su distribución.

Les pareció justificada cierta hipótesis. Al ver aquella sierra de los Cárpatos, afectando aquí y allí formas circulares, rematadas en pico, dedujeron que, en efecto, en tiempos lejanos aquellas montañas fueron otros tantos circos que debían haber sido destrozadas en parte por el desagüe avasallador del mar de las Lluvias. Eran los Cárpatos, por su aspecto, lo que serían los circos de Purback, Arzachel y Ptolomeo si un cataclismo derribase sus murallas del lado izquierdo y las transformase en cordilleras continuas. Los Cárpatos miden, por término medio, 3.200 metros, altura comparable a ciertos puntos de los Pirineos, como el desfiladero del Pinedo. Sus vertientes meridionales llegan hasta el inmenso mar de las Lluvias.

Hacia las dos de la madrugada el proyectil se hallaba a la altura del paralelo lunar 20, cerca de la pequeña cumbre que lleva el nombre de Pytias y cuya altura es de 1.559 metros. La distancia que le separaba de la Luna era sólo de mil doscientos kilómetros, reducidos a dos leguas y media por el catalejo.

El *Mare Imbrium* se extendía a la vista de los viajeros como una depresión inmensa, cuyos detalles resultaban borrosos todavía. A la izquierda se alzaba el monte Lambert, a 1.813 metros. Más allá, en los límites del océano de las Tempestades, a 23 grados de latitud norte y 29 de longitud este, resplandecía la montaña luminosa de Euler. Aquella cumbre, que no mide más que 1.815 metros, ha sido objeto de un interesante estudio del astrónomo Schrœter. Este sabio, queriendo averiguar el origen de los montes de la Luna, se preguntaba si resultaba siempre igual el volumen del cráter al volumen de las paredes que lo circundan; y como esta proporción existe casi siempre, Schrœter deducía que una sola erupción de materias volcánicas había bastado para formar aquellas paredes; porque de otra suerte aquella proporción entre ambos volúmenes habría sido alterada si las erupciones se hubiesen sucedido. Únicamente el monte Euler desmentía esa ley general, requiriendo su formación varias erupciones sucesivas, por resultar el volumen de su cavidad el doble del volumen de su contorno.

Todas aquellas hipótesis estaban permitidas a observadores terrestres, cuyos instrumentos eran deficientes. Pero Barbicane no se conformaba con ellas, y al observar que el proyectil continuaba acercándose al disco lunar no perdía la esperanza de sorprender, cuando menos, los secretos de la formación de la Luna, ya que no era posible llegar hasta ella.

Capítulo XIII

A las dos y media de la mañana el proyectil se hallaba enfrente del paralelo lunar 30 y a una distancia efectiva de mil kilómetros, reducida a diez por los instrumentos de óptica. Seguía siendo imposible, al parecer, que pudiese alcanzar un punto cualquiera del disco. Su velocidad de traslación, relativamente moderada, resultaba inexplicable para Barbicane. A la distancia que se encontraba la Luna, aquella velocidad debía haber sido considerable para poder resistir a la fuerza de atracción. Existía allí un fenómeno cuya causa no se conocía aún. Además, faltaba tiempo para averiguarla; el relieve lunar desfilaba sin cesar, y no era cosa de perder detalle alguno.

Aparecía el disco, como queda dicho, a unas dos leguas y media, visto con los catalejos. ¿Qué hubiera distinguido de la superficie de la Tierra un aeronauta transportado a tal altura sobre ella? No es posible averiguarlo, porque las ascensiones más altas no han pasado de los ocho mil metros.

He aquí, sin embargo, una descripción exacta de lo que observaron a aquellas alturas Barbicane y sus amigos.

Sobre el disco, formando anchas placas, aparecían variados tintes, de cuya naturaleza los selenógrafos no tienen una opinión unánime. Son estas coloraciones muy diversas y están bruscamente separadas. Pretende

Julius Schmidt que si los océanos terrestres se secaran, un observador selenita no distinguiría sobre la Tierra, entre los mares y las llanuras continentales, matices tan desiguales entre sí como los que ofrecen los mares y las llanuras continentales de la Luna a un observador terrestre. Según él, el matiz de las inmensas llanuras conocidas por *mares* es el gris oscuro mezclado de verde y de marrón. También algunos grandes cráteres tienen estos colores.

Barbicane conocía aquella opinión del selenógrafo alemán, compartida por Beer y Moedler. Pudo comprobar por sí mismo que tenían razón, contra los astrónomos que sólo admiten la coloración gris en la superficie de la Luna.

En ciertos espacios, el matiz verde era muy pronunciado, tal como resalta, según Julius Schmidt, de los mares de la Serenidad y de las Amarguras. También notó Barbicane espaciosos cráteres desprovistos de conos internos, que tenían un tinte azulado análogo a los reflejos de una placa de acero recién bruñido.

Aquellas coloraciones eran propias realmente del disco lunar; no resultaban, como pretendían algunos astrónomos, de la imperfección de los cristales de los catalejos ni de la interposición de la atmósfera terrestre. Para Barbicane no existía duda alguna sobre el particular. Él hacía observaciones a través del vacío, y por lo tanto no era posible error alguno de óptica. Consideró, pues, aquellas coloraciones como un hecho que pertenecía ya a la ciencia. Faltaba saber si aquellas coloraciones se debían a una vegetación tropical mantenida por una atmósfera densa y baja. Todavía no se podía afirmar esa hipótesis.

Más lejos notó un tinte rojizo bastante acusado. Ya había sido observado aquel matiz en el fondo de un circo aislado, conocido como el circo de Lichtemberg, situado cerca de los montes Hercynianos, al borde de la Luna; pero no le fue posible explicar su naturaleza.

Tampoco tuvo mejor acierto a propósito de otra particularidad del disco lunar:

Ardan observaba cerca del presidente cuando notó unas prolongadas listas blancas, intensamente iluminadas por los rayos directos del Sol. Eran una serie de surcos luminosos que se prolongaban paralelamente entre sí, y cuyo resplandor resultaba muy diferente al que habían observado ya en Copérnico.

Michel, siempre ocurrente, no pudo evitar decir:

—¡Miren! ¡Campos cultivados!...

—¿Campos cultivados? —replicó Nicholl alzando los hombros.

—¡Al menos, labrados! —repuso Ardan—. ¡Pero qué labradores son esos selenitas! ¡Y qué bueyes tan gigantescos deben enganchar a sus arados para llegar a trazar tales surcos!

—Si no son surcos —dijo Barbicane—, son ranuras.

—¡Vaya con las ranuras! Pero, ¿qué se entiende por ranuras en el mundo científico?

Barbicane le explicó que eran unos surcos observados ya en todos los puntos llanos del disco lunar; que estos surcos, generalmente aislados, tienen una extensión de cuatro a cincuenta leguas; que su anchura varía de mil a mil quinientos metros, y que sus bordes son matemáticamente paralelos. Pero no sabía nada más ni conocía su formación ni su naturaleza.

Armado con su catalejo, examinó aquellas ranuras con gran atención, y observó que sus bordes estaban formados por unos paredones escarpados que parecían líneas de fortificaciones construidas por ingenieros selenitas. Algunas de estas ranuras seguían en línea recta, como trazadas a cordel. Otras presentaban una ligera curvatura, aunque se mantenían paralelos ambos bordes. Se entrecruzaban a veces, cortando el cerco de los cráteres, surcando las cavidades anulares —como las de Poridonius y Petavius— y rayando mares —como el de la Serenidad.

Indudablemente, semejantes accidentes del terreno lunar debieron influir en la imaginación de los astrónomos terrestres, cuyos primeros estudios no habían conseguido descubrirlas. Ni Hevelius, ni Cassini, ni La Hire, ni Herschell hablan de esas ranuras. Schrœeter, en 1789, fue el primero en señalarlas a la atención de los astrónomos. Luego fueron estudiadas por Pastorfi, Gruithuysen, Beer y Mœdler. Actualmente se conocen hasta setenta surcos o ranuras, pero no se ha podido determinar su naturaleza.

Seguramente no se trata de fortificaciones ni de cuencas de ríos ya secos; porque, por una parte, siendo tan ligeras las aguas en la Luna, no les hubiera sido posible ahondar semejantes vertederos, y por otra, esos surcos atraviesan con frecuencia cráteres situados a grandes alturas.

Hay que reconocer, sin embargo, que a Ardan se le ocurrió cierta idea que coincidía con la de Schmidt:

—¿Por qué esos surcos no han de ser, lisa y llanamente, fenómenos de vegetación?

—¿Cómo se lo explicará? —le preguntó Barbicane.

—¡No se enfade, mi presidente! —respondió Michel—. ¿Quién sabe si se trata simplemente de hileras de árboles dispuestos con mucha simetría, y que a nosotros se nos presentan como unas fajas sombrías, formando un espaldón?

—¿Se aferra a la vegetación?

—Yo me aferro al deseo de explicar lo que ustedes los sabios no explican. Al menos, mi hipótesis tendría la ventaja de justificar por qué razón esos surcos desaparecen —o parece que desaparecen— en épocas determinadas...

—¿Cuál sería esa razón, vamos a ver?

—El hecho de que esos árboles se hacen invisibles al perder sus hojas, y visibles cuando reverdecen...

—Es ingeniosa su explicación, en efecto, mi buen Michel, pero inadmisible.

—¿Por qué inadmisible?

—Porque al no existir estaciones en la Luna no pueden producirse fenómenos de vegetación.

En efecto, la escasa oblicuidad del eje lunar hace que el Sol se mantenga a una altura casi igual en cada latitud. Por encima de las regiones ecuatoriales este astro permanece casi siempre en el cenit, y sin traspasar casi el límite del horizonte en las regiones polares. Por lo tanto, se producen, según la región, un invierno, una primavera, un verano y un otoño perpetuos, lo mismo que en el planeta Júpiter, cuyo eje tiene también poca inclinación sobre su órbita.

¿Cuál es el origen de las ranuras? Es difícil precisarlo. Indudablemente, son ulteriores a la formación de los cráteres y circos, porque algunas se han introducido en ellos, destruyendo el círculo de sus muros. Puede ser que, contemporáneas de las últimas épocas geológicas, su existencia sea debida a la expansión de las mismas fuerzas naturales.

El proyectil llegaba ya al grado 40 de latitud lunar, a unos ochocientos kilómetros como máximo. En el foco de la lente parecía que esta distancia no pasaba de dos leguas.

En aquel punto se alzaba a quinientos cinco metros el Helicón, y a su izquierda se redondeaban las cumbres de menor importancia que rodean una pequeña parte del mar de las Lluvias, conocido por el nombre de golfo de Iris.

Para que los astrónomos terrestres pudieran examinar la superficie de la Luna la atmósfera tendría que ser ciento setenta veces más transparente de lo que es en realidad. Pero en el vacío en el que flotaba el proyectil ningún fluido se interponía entre el observador y el astro nocturno. Además, Barbicane se encontraba a una distancia jamás obtenida por los telescopios más potentes, ni siquiera el de John Ross ni el de las montañas Rocosas. Estaba en condiciones favorables en extremo para resolver el gran problema de la habitabilidad de la Luna. Sin embargo, no daba todavía con la solución. Solamente distinguía el árido suelo de llanuras inmensas, y hacia el norte, montañas escarpadas. Nada revelaba la mano del hombre: ni ruina que denunciase su paso, ni aglomeraciones de animales que indicasen que allí se desarrollaba la vida, aunque fuera en una escala inferior. En ninguna parte había vestigios de vegetación ni movimiento. De los tres reinos que se reparten el esferoide terrestre, sólo uno tenía representación en el globo lunar: el reino mineral.

—¿Qué es eso? —dijo Ardan, algo descorazonado—. ¿No hay nadie por aquí?

—Hasta ahora, nadie ni nada; ni un hombre, ni un animal, ni un árbol siquiera —replicó Nicholl—. Después de todo, si la atmósfera se ha refugiado en el fondo de las cavidades, o en el interior de los circos, o en el lado opuesto de la Luna, no nos es posible prejuzgar...

—Además —añadió Barbicane—, aun poseyendo la vista más perfecta, no se hace visible al hombre a más de siete kilómetros. Si hay selenitas, ellos pueden ver nuestro proyectil; pero en cambio nosotros no podemos verlos.

Hacia las cuatro de la mañana, a la altura del paralelo 50, se redujo la distancia a seiscientos kilómetros. Hacia la izquierda se desarrollaba una línea de montañas caprichosamente dibujadas a plena luz. Hacia la derecha, por el contrario, se veía un hoyo sombrío, semejante a un inmenso pozo, insondable y negro, vaciado en el suelo lunar.

Aquel hoyo era el lago Negro, era Platón; circo profundo que se puede estudiar desde la Tierra, entre el último cuarto y la Luna nueva, cuando la sombra se proyecta del oeste al este.

Esta coloración tan sombría es muy poco frecuente en el suelo lunar. No se la ha observado hasta ahora más que en las profundidades del circo de Endymión, al este del mar del Frío, en el hemisferio norte, y en el fondo del circo de Grimaldi, en el ecuador, hacia el borde oriental del astro.

Platón es una montaña anular, situada a 51 grados de latitud norte y 9 grados de longitud este. Su circo mide noventa y dos kilómetros de largo por 61 de ancho. Barbicane sintió no pasar perpendicularmente por encima de aquella inmensa abertura, en cuyas profundidades quizá existiera algún fenómeno digno de estudio. Pero la marcha del proyectil no podía ser modificada. No se le da dirección a un globo, y menos todavía a un proyectil, cuando se halla uno encerrado en él.

Por fin, hacia las cinco de la mañana, el límite septentrional del mar de las Lluvias fue rebasado. Se veían los montes La Condamine y Fontenelle, uno a la izquierda y otro a la derecha. Aquella parte del disco, a partir del grado 60, era completamente montañosa. El catalejo la acercaba a una legua, distancia inferior de la que separa la cumbre del Monte Blanco del nivel del mar. Toda aquella región estaba erizada de picos y circos. Hacia el grado 70 dominaba Filolaus, a una altura de tres mil setecientos metros, cuyo cráter, elíptico, medía dieciséis leguas de largo por cuatro de ancho.

Visto a aquella distancia, el disco lunar resultaba sumamente curioso. Los paisajes se presentaban en condiciones diferentes y muy inferiores a los de la Tierra.

Como la Luna no tiene atmósfera, la carencia de esta envoltura vaporosa hace que no haya crepúsculo y que la noche y el día se reemplacen con la brusquedad de una lámpara que se enciende y se apaga en medio de una profunda oscuridad. Sin transición también del frío al calor, la temperatura salta del grado del agua hirviente al de los fríos del espacio.

Otra de las consecuencias de esta ausencia total de aire: las tinieblas absolutas reinan allí donde no llegan los rayos solares. Eso que se llama luz difusa en la Tierra, la materia luminosa que el aire tiene en suspensión, que produce el alba y el crepúsculo, la sombra y la penumbra, toda la magia del claroscuro, eso no existe en la Luna. De ahí que se dé una brutalidad de contrastes que no admite más tintes que el blanco y el negro. Si un selenita resguardara su vista del resplandor de los rayos solares, el cielo le resultaría completamente negro, y entonces las estrellas brillarían a sus ojos como en las noches más sombrías.

Júzguese la impresión producida por aquel extraño aspecto en el ánimo de Barbicane y sus dos amigos. Sus ojos estaban vencidos y no podían ni calcular la distancia respectiva de los diversos planos. Un paisaje lunar sin la suavidad del claroscuro no puede ser reproducido por un pintor del globo terrestre: manchones de tinta negra sobre una hoja de papel blanco, nada más.

Aunque el proyectil no distaba ya más de cien kilómetros, en el grado suroeste, aquel extraño panorama no tuvo modificación alguna, ni siquiera cuando pasó a menos de cincuenta kilómetros del monte Gioja, distancia que las lentes reducían a un octavo de legua. Parecía que se podía tocar la Luna con la mano y que era ya imposible evitar que el proyectil chocase con su polo norte, cuya reluciente arista se dibujaba crudamente sobre el fondo negro del cielo. Michel se empeñaba en abrir uno de los portillos para lanzarse sobre la superficie lunar. ¡Un salto de doce leguas! No se daba cuenta del tamaño disparate que sería. ¡Además, temeridad inútil! Si al proyectil le era imposible tocar un punto cualquiera del satélite, Michel, arrastrado por el impulso de aquél, no lo hubiera rozado siquiera.

En aquel momento, seis de la mañana, el polo lunar se hacía visible. Ya no presentaba el disco más que uno de sus hemisferios, violentamente luminoso, mientras que el otro se ocultaba en las tinieblas.

De repente el proyectil rebasó la línea de demarcación entre la luz intensísima y la absoluta oscuridad, quedando sumido en profundas tinieblas.

Capítulo XIV

En el momento en que se produjo bruscamente aquel fenómeno el proyectil se hallaba a menos de cincuenta kilómetros del polo norte de la Luna; le habían bastado algunos minutos para hundirse en la oscuridad absoluta del espacio. Fue tan rápida la transición, sin matices, sin degradación de luz, sin atenuación de las ondas luminosas, que parecía que un soplo formidable había apagado el astro.

—¡Fundida! ¡Desaparecida la Luna! —exclamó Ardan, estupefacto.

En efecto, ni un reflejo, ni una sombra: nada quedaba de aquel disco tan resplandeciente de hacía un instante. La oscuridad era completa, y lo parecía aún más por el centelleo de las estrellas. Aquella oscuridad era «la negrura» de las noches lunares, que duran trescientas cincuenta y cuatro horas y media en cada uno de ambos hemisferios; una noche interminable producida por la igualdad de los movimientos de traslación y de rotación de la Luna, que la hace girar uno de ellos alrededor de la Tierra y el otro sobre sí misma. Por cuya razón, como el proyectil se hallaba en el radio de sombra del satélite, no podía aprovechar los rayos solares, ocurriéndole lo mismo al hemisferio invisible.

En el interior del saloncito la oscuridad era completa. Urgía disipar aquellas tinieblas, y aunque Barbicane quería economizar la reserva de gas, ya tan limitada, no tuvo más remedio que echar mano de ella, puesto que el Sol les negaba su luz.

—¡Vaya con el astro radiante, que nos obliga a malgastar el gas, en vez de regalarnos sus propios rayos! —exclamó Michel.

—No acusemos al Sol —repuso Nicholl—. No es culpa suya, sino de la Luna, que se ha colocado, como una pantalla, entre él y nosotros.

—¡La culpa es del Sol! —insistió Michel.

—¡No, la culpa es de la Luna! —replicó Nicholl.

Disputa ociosa, que Barbicane interrumpió diciendo:

—¡Vamos, amigos míos! La culpa no es del Sol ni de la Luna. La culpa la tiene el proyectil, que en lugar de seguir su trayectoria se separó de ella tontamente. Y hasta añadiré, para ser más imparcial, que la culpa fue de aquel bólido que tuvimos la mala suerte de encontrar en nuestra ruta, y que nos desvió de ella.

—¡Bueno! Puesto que esta cuestión está resuelta, almorcemos. ¡Después de una noche entera de vigilancia conviene restaurarse un poco! —dijo Michel.

La proposición no encontró contradictores. Michel, en un momento, preparó el almuerzo. Pero comieron por comer y se bebió sin brindar. Los intrépidos expedicionarios, arrastrados por aquellos espacios tan lóbregos y privados de sus acostumbrados resplandores, sentían cierta inquietud al hallarse en aquellas tinieblas tan imponentes. «La sombra hostil», tan grata para la pluma de Victor Hugo, los envolvía por todos lados.

Sin embargo, conversaron y discutieron sobre aquella noche extraordinaria que duraba trescientas cincuenta y cuatro horas, es decir, cerca de quince días, impuesta por las leyes físicas a los habitantes de la Luna. Barbicane dio a sus amigos algunas explicaciones sobre las causas y las consecuencias de aquel fenómeno tan curioso.

—Curioso resulta, en efecto —dijo—, pues si bien es cierto que cada hemisferio de la Luna está privado de luz durante quince días, no es menos cierto que el hemisferio sobre el cual flotamos nosotros en este momento ni siquiera disfruta durante su larga noche de la vista de la Tierra, espléndidamente iluminada. En una palabra, no hay Luna (aplicando este nombre a nuestro esferoide terrestre) más que para un solo lado del disco lunar. Si le ocurriera lo mismo a la Tierra, si, por ejemplo, Europa no viera nunca la Luna y ésta fuera sólo visible en sus antípodas, ¡figúrense el asombro de un europeo que fuese a Australia!

—¡Sería cosa de hacer el viaje nada más que por contemplar la Luna! —exclamó Michel.

—Pues bien: este asombro está reservado al selenita que habita el lado de la Luna opuesto a la Tierra; hemisferio invisible siempre a nuestros hermanos del globo terrestre.

—Y hemisferio que nosotros podríamos haber visto si hubiéramos llegado aquí cuando era Luna nueva, es decir, quince días más tarde —dijo Nicholl.

—Añadiré, en cambio —repuso Barbicane—, que los habitantes del hemisferio visible se ven muy favorecidos por la naturaleza, en perjuicio de los habitantes del hemisferio invisible. Estos últimos, como observan ustedes, tienen noches de trescientas cincuenta y cuatro horas, sin que un solo rayo de luz interrumpa su oscuridad. Los otros, por el contrario, cuando el Sol, después de alumbrarlos durante quince días, se pone, pueden contemplar cómo aparece en el horizonte un astro espléndido, la Tierra, trece veces más voluminosa que esta Luna tan reducida que vemos nosotros; la Tierra, que desarrolla un diámetro de dos grados y que les prodiga una luz trece veces más intensa y que ninguna capa atmosférica atenúa; la Tierra, que no se pone hasta el momento en que el Sol hace su reaparición.

—¡Bella frase! —exclamó Michel—. Algo académica quizá...

—Se deduce de todo esto —continuó Barbicane, sin inmutarse— que debe ser sumamente agradable habitar esa faz visible del disco lunar, porque siempre tiene enfrente, o bien al Sol, cuando es Luna llena, o bien a la Tierra, cuando es Luna nueva.

—Pero esa ventaja debe de tener el inconveniente del intolerable calor producido por tanta luz —observó Nicholl.

—Ese inconveniente es el mismo para ambos hemisferios, porque la luz reflejada por la Tierra está desprovista de calor. Sin embargo, el hemisferio invisible sufre más del calor que el visible. Digo esto para usted, Nicholl, porque probablemente Michel no comprenderá...

—¡Gracias! —exclamó Michel.

—En efecto —repuso Barbicane—, cuando esa faz invisible recibe a la par luz y calor del Sol, es Luna nueva; es decir, que la Luna se halla entonces en conjunción entre el Sol y la Tierra. Por este motivo, y respecto al sitio que la Luna ocupa en oposición al Sol y con relación a la Tierra, o sea cuando es Luna llena, esa faz se encuentra más próxima al Sol que a la Tierra en una proporción del doble de la distancia que la separa de ésta. Puede estimarse esta distancia en las dos centésimas partes de la distancia que separa al Sol de la Tierra, o sea, en números redondos, doscientas mil leguas. Por todo lo cual resulta que la faz invisible de la Luna está doscientas mil leguas más cerca del Sol cuando éste le transmite sus rayos.

—Exacto —dijo Nicholl.

—Por el contrario... —continuó Barbicane.

—¡Un instante! —interrumpió Michel—. ¡Un instante!

—¿Qué dice?

—Pido que se me deje continuar la explicación...

—¿Para qué?

—Para probar que he comprendido...

—¡Continúe! —dijo Barbicane, sonriendo.

—Por el contrario —continuó Michel, imitando el tono y los gestos de Barbicane—, por el contrario, repito, cuando la faz visible de la Luna está iluminada por el Sol, es Luna llena, es decir, que se halla en el lado opuesto al Sol respecto a la Tierra. La distancia que la separa del astro radiante aumenta, en números redondos, en doscientas mil leguas y el calor que recibe debe ser algo menor.

—¡Bien dicho! —exclamó Barbicane—. ¿Sabe, Michel, que para ser un artista resulta inteligente?

—Sí —respondió éste desdeñosamente—. ¡Nosotros los del bulevar de los Italianos somos así!...

Barbicane estrechó gravemente la mano de su simpático compañero y continuó enumerando las ventajas reservadas a los habitantes de la zona visible.

Entre otras cosas citó el estudio de los eclipses del Sol, que tienen lugar solamente en la zona visible del disco lunar, por ser indispensable que la Luna esté en oposición. Aquellos eclipses, provocados por la interposición de la Tierra entre el Sol y la Luna, pueden durar dos horas, durante las cuales, a causa de los rayos refractados por su atmósfera, el globo terrestre resulta como una mancha negra dibujada sobre el Sol.

—Ése es un hemisferio —dijo Nicholl— que está poco favorecido por la naturaleza.

—Pero no todo él. Gracias a cierto movimiento de balancín, la Luna presenta a la Tierra un poco más de la mitad de su esfera, a semejanza de un péndulo cuyo centro de gravedad se acercara al globo terrestre y oscilara regularmente. ¿De dónde procede esa oscilación? De la regularidad de su movimiento de rotación sobre su eje, mientras que su movimiento de traslación, al seguir una curva elíptica alrededor de la Tierra, carece de esa uniformidad. En el perigeo domina la rapidez de traslación, dejando ver la Luna cierta zona de su borde occidental. En el apogeo domina, en cambio, la rapidez de rotación, y aparece entonces otra zona de su borde oriental. Es un arco de unos 8 grados que tan pronto aparece en occidente como en oriente. Resulta, pues, que la Luna se deja ver en la proporción de quinientas sesenta y nueve sobre mil partes.

—De todos modos, si alguna vez nos hacemos selenitas, habitaremos en el hemisferio visible. ¡A mí me gusta la luz! —exclamó Ardan.

—A menos que la atmósfera no esté concentrada en el otro hemisferio, como lo pretenden ciertos astrónomos —replicó Nicholl.

—¡Eso sí que hay que tenerlo en cuenta! —asintió Ardan.

Una vez terminado el almuerzo, los viajeros volvieron a sus puestos de observación, procurando distinguir algo a través de los sombríos portillos y apagando, con este fin, toda claridad dentro del proyectil. Pero todo esfuerzo resultó inútil: ni un átomo luminoso desgarraba aquellas profundas tinieblas.

Un hecho inexplicable preocupaba a Barbicane. ¿Cómo era posible que habiendo pasado a tan corta distancia de la Luna —cincuenta kilómetros como máximo—, el proyectil no cayera sobre ella? Si hubiera sido muy grande su velocidad, era comprensible que la caída no llegase a efectuarse. Pero con una marcha relativamente mediocre, era inexplicable la resistencia que el proyectil oponía a la atracción lunar. ¿Estaría acaso sometido a influencias exteriores? ¿Sería quizá que algún cuerpo extraño lo sostenía en el éter? No cabía duda de que ya no llegaría a tocar ningún punto de la Luna. Entonces, ¿hacia dónde iba? ¿Se acercaba o se alejaba del disco lunar? ¿Sería arrastrado quizá en aquella profunda noche por los espacios infinitos? ¿Cómo averiguarlo, cómo hacer cálculos en aquellas tinieblas? ¡Pavoroso problema, que Barbicane pretendía en vano resolver!

Pudiera ser que, en efecto, el astro invisible se hallase a algunas millas nada más; pero ni él ni sus compañeros podían distinguirlo ya. Si realmente se producía algún rumor, algún ruido, era imposible oírlo. El aire, vehículo del sonido, faltaba para transmitirles los gemidos de aquella Luna, que las leyendas árabes designan como «un hombre transformado a medias en granito y palpitante todavía».

Había motivo para alterar los nervios de cualquiera, justo es reconocerlo. ¡Precisamente el hemisferio misterioso era el que se negaba a dejarse ver! ¡Aquel hemisferio que quince días antes o quince días más tarde había estado y estaría resplandeciente gracias a los rayos solares, resultaba ahora invisible en aquella oscuridad! ¿Dónde estaría el proyectil dentro de quince días? ¿A qué regiones le arrastraría el azar de las atracciones contrarias? ¿Quién podía decirlo?

Se admite generalmente, según las observaciones selenográficas, que el hemisferio lunar invisible es de constitución idéntica a la del hemisferio visible. También se sabe que en sus movimientos oscilatorios la Luna deja al descubierto una séptima parte del hemisferio invisible, tal como lo había explicado Barbicane. Aquella zona sólo tiene montes y llanuras, circos y cráteres, análogos a los que indican los mapas. Se podía prejuzgar, por lo tanto, una naturaleza tan árida y muerta como la del hemisferio visible. ¿Y si a pesar de todo se había concentrado en él toda la atmósfera? ¿Y si, con el aire, el agua había devuelto la vida a aquellos continentes regenerados? ¿Y si persistía aún la vegetación? ¿Y si los animales poblaban aquellos continentes y aquellos mares? ¿Y si el hombre, en aquellas condiciones propicias, existía todavía? ¡Cuántos problema, y qué interesantes! ¡Cuántas soluciones sugeridas por la contemplación de aquel hemisferio misterioso! ¡Qué suprema satisfacción la de descubrir y estudiar aquel mundo desconocido, jamás contemplado por la mirada del hombre!

Se concibe el disgusto que sentían los viajeros durante aquella noche tan negra, que hacía imposible toda investigación. Sólo las constelaciones atraían sus miradas, y forzoso es convenir en que nunca ningún astrónomo —ni Faye, ni Chacornac, ni Secchi— se encontró en condiciones tan favorables para estudiarlas.

En efecto, nada podía compararse con el esplendor de aquel mundo sideral bañado en el límpido éter. Aquellos diamantes incrustados en la bóveda celeste lanzaban fulgores deslumbrantes. La mirada abarcaba el firmamento desde la Cruz del Sur hasta la Estrella del Norte; constelaciones que cederán sus puestos de estrellas polares, dentro de unos doce mil años, como consecuencia de la precesión de los equinoccios: Canopus reemplazará a la Cruz del Sur en el hemisferio austral, y Vega, a la Estrella del Norte del hemisferio boreal.

Se perdía la imaginación en aquel infinito sublime en cuyo centro gravitaba el proyectil, como un nuevo astro creado por la mano del hombre. Las estrellas no centelleaban; brillaban solamente con suave resplandor, por carecer de atmósfera. En efecto, ésta es la que produce el centelleo, a causa de la interposición de sus capas desigualmente densas y diversamente húmedas. Aquellas estrellas parecían ojos cuyas dulces miradas sondeaban la noche profunda en medio del silencio absoluto del espacio. Los viajeros enmudecían al contemplar el firmamento en el que la vasta pantalla de la Luna parecía un enorme agujero negro.

Cierta penosa sensación los hizo volver a la realidad. Fue la de un frío glacial que iba cubriendo interiormente el cristal de los portillos con una espesa capa de hielo. El Sol no calentaba ya el proyectil con sus rayos directos, perdiendo éste poco a poco el calórico almacenado entre sus paredes; aquel calórico se había evaporado en el espacio, y por la acción de la temperatura exterior la humedad interior se transformaba en hielo al contacto de los cristales e impedía toda observación.

Consultando el termómetro, Nicholl vio que marcaba 17 grados centígrados bajo cero. A pesar de todas las razones que le asistían para mostrarse económico, Barbicane tuvo que recurrir al gas para tener calor, como lo había hecho para tener luz. La temperatura tan baja se hacía insoportable, y se hubiesen helado sin remedio.

—¡No podemos quejarnos de que nuestro viaje sea monótono! —exclamó Michel—. ¡Qué variaciones en la temperatura! ¡Tan pronto cegados por la luz y tostados por el Sol como los indios de las Pampas, tan pronto sumidos en profundas tinieblas y en medio de un frío boreal, como los esquimales del Polo! No, positivamente, no tenemos derecho a quejarnos, pues la naturaleza hace bien las cosas en obsequio nuestro...

—¿Cuál será en este momento la temperatura exterior? —preguntó Nicholl.

—La misma que la de los espacios planetarios —contestó Barbicane.

—En ese caso, ¿no sería ésta la ocasión propicia para llevar a cabo el experimento que resultaba imposible cuando nos hallábamos rodeados de rayos solares? —preguntó Michel.

—En efecto, ahora o nunca. Nos encontramos en las mejores condiciones para comprobar la temperatura del espacio y ver si los cálculos de Fourrier y los de Pouillet son exactos.

—En todo caso, el frío aprieta, compañeros. Ved cómo se condensa la humedad interior sobre los cristales; por poco que continúe bajando el termómetro, el vapor de nuestro aliento caerá en derredor nuestro como nieve...

—Vamos a preparar un termómetro —exclamó Barbicane.

Como puede suponerse, un termómetro corriente no habría dado resultado alguno en aquellas circunstancias especiales. El mercurio se había helado, no pudiendo mantenerse fluido a 42 grados bajo cero.

Pero Barbicane poseía un termómetro sistema Walferdin, que acusaba un mínimo de temperatura excesivamente bajo. Antes de comenzar el experimento comprobaron aquel instrumento comparándolo con un termómetro ordinario, y Barbicane se encargó de su empleo.

—¿Y luego, cómo nos manejaremos? —preguntó Nicholl.

—Nada más fácil —dijo Michel, que tenía respuesta para todo—. Se abre rápidamente un portillo y se lanza fuera el termómetro. Éste sigue al proyectil con una docilidad ejemplar, y un cuarto de hora después volvemos a meterlo en casa...

—¿Con la mano? —preguntó Barbicane.

—Con la mano —asintió Michel.

—Pues, mi buen Michel, ¡pobre de usted si se expone a sacar la mano al exterior! Cuando la retire no será mas que un muñón, helado y deformado por ese frío espantoso —dijo Barbicane.

—¿De veras?

—Sentiría la impresión de una quemadura terrible, como la de un hierro candente; lo mismo da, en efecto, que el calor salga o entre brutalmente en nuestra carne. No afirmaría, además, que los objetos que lancemos fuera del proyectil seguirán dándonos escolta...

—¿Por qué razón?

—Porque si pasamos por una atmósfera, aunque su densidad sea muy ligera, esos objetos se quedarán rezagados... Por otro lado, a causa de la oscuridad, no podemos darnos cuenta de si todavía flotan alrededor nuestro. Así es que, para evitar que se extravíe nuestro termómetro, lo ataremos, y así podremos recuperarlo después.

Así se hizo. Nicholl lanzó rápidamente, por un portillo, el instrumento, retenido por una cuerda muy corta, a fin de tirar de él fácilmente. El portillo no estuvo abierto más que un segundo, y sin embargo aquel segundo bastó para que un frío violento penetrase en la habitación.

—¡Mil demonios! —exclamó Michel—. ¡Hace un frío capaz de helar a un oso blanco!

Barbicane esperó una media hora para que el termómetro tuviera tiempo de ponerse al nivel de la temperatura exterior, y, pasado ese tiempo, lo retiró rápidamente. Calculó la cantidad de mercurio contenida en la pequeña ampolla soldada en la parte inferior del termómetro, y dijo:

—¡Ciento cuarenta grados centígrados bajo cero!

Pouillet tenía razón, contra Fourrier. Ésa era la espantosa temperatura de los espacios siderales; ésa será quizá la temperatura de los continentes lunares cuando el astro nocturno pierde, por radiación, todo el calor que ha ido recogiendo durante quince días.

Capítulo XV

Parecerá extraño quizá que Barbicane y sus compañeros se preocuparan tan poco del porvenir que les reservaba aquella cárcel de metal errando por el espacio infinito. En lugar de preguntarse adónde irían a parar, pasaban el tiempo en hacer experimentos, como si estuvieran tranquilamente instalados en su laboratorio.

Podía argüirse que hombres de semejante temple estaban por encima de tales inquietudes, que no se apuraban por tan poca cosa y que tenían otras cavilaciones más interesantes que la de su suerte personal.

Lo cierto es que no eran árbitros de aquel proyectil, cuya marcha y dirección estaba fuera de su alcance. Un marino cambia a su antojo la proa de su barco; un aeronauta imprime a su globo movimientos verticales. Ellos, en cambio, no tenían influencia alguna sobre su vehículo. Toda maniobra les estaba vedada. De ahí que todo se reducía a «dejar correr», como dicen los marinos.

¿En qué punto se hallaban en aquella hora, ocho de la mañana, en aquella fecha, que en la Tierra era el 6 de diciembre? Probablemente, en la vecindad de la Luna, y tan cerca de ella, que el astro se les aparecía como una pantalla inmensa que cubría el firmamento. En cuanto a la distancia intermedia, era imposible calcularla. Mantenido por fuerzas inexplicables, el proyectil había rozado el polo norte del satélite a menos de cincuenta kilómetros. Pero, ¿podía asegurarse que aquella distancia seguía siendo la misma desde hacía dos horas, momento en el que entraron en la zona sombría? Faltaba todo punto de referencia que permitiera evaluar su velocidad y su dirección. Quizá iba alejándose rápidamente del disco hasta salir de las tinieblas absolutas; quizá, por el contrario, se acercaba cada vez más, hasta llegar a chocar contra alguna cumbre elevada del hemisferio invisible. Aquello daría la expedición por terminada, con perjuicio de los viajeros, indudablemente.

Se suscitó una discusión sobre este particular. Michel Ardan, siempre pródigo en explicaciones, suponía que el proyectil, retenido por la atracción lunar, acabaría por caer sobre la Luna, como un aerolito sobre el globo terrestre.

—Ante todo —objetó Barbicane—, no todos los aerolitos caen sobre la Tierra. Son los menos. Por lo tanto, aunque nos convirtiéramos en aerolitos, no sería ésa una razón para que necesariamente cayéramos sobre la Luna.

—Sin embargo, si nos acercamos demasiado...

—¡Error! ¿No ha observado en ciertas épocas cómo van las estrellas errantes de un lado para otro por el firmamento?

—Sí, en efecto.

—Pues esas estrellas, o, mejor dicho, esos corpúsculos, brillan sólo cuando se recalientan al deslizarse entre las capas atmosféricas terrestres. Atraviesan la atmósfera, pasando a menos de dieciséis leguas del globo, y, sin embargo, caen muy rara vez. Lo mismo ocurriría con nuestro proyectil. Puede acercarse muchísimo a la Luna y, a pesar de todo, no caerse.

—Tendría curiosidad por ver cómo maniobraría nuestro vehículo vagando por el espacio —dijo Michel.

—Yo no veo más que dos hipótesis —repuso Barbicane, después de reflexionar.

—¿Cuáles?

—El proyectil puede elegir entre dos curvas matemáticas; optará por una o por otra, según su velocidad, que es imposible de evaluar en este momento.

—Es verdad; optará por una parábola o por una hipérbola —dijo Nicholl.

—En efecto. Si lleva una velocidad determinada, tomará la parábola; pero si su marcha adquiere una rapidez mayor, tomará la hipérbola.

—¡Me encantan esos terminajos! —exclamó Michel—. ¡Se sabe inmediatamente lo que quieren decir!... ¿Quieren explicarme cuál es su parábola, amigos míos?

—La parábola —respondió Nicholl— es una curva de segundo orden, resultante de la sección de un cono cortado por un plano paralelamente a uno de sus lados.

—¡Ah!... ¡Muy bien!... —exclamó Michel, con aire convencido.

—Es, poco más o menos, la trayectoria que describe una bomba lanzada por un mortero.

—¡Perfectamente! ¿Y la hipérbola? —insistió Michel.

—La hipérbola es también una curva de segundo orden, producida por la intersección de una superficie cónica y de un plano paralelo a su eje, y que constituye dos ramas separadas, que se extienden indefinidamente en ambos sentidos.

—¿Es posible? —exclamó Michel, como si se le hubiera comunicado algún acontecimiento de suma gravedad—. Pues debe saber, capitán Nicholl, que lo que me encanta en su definición de la hipérbola (iba a decir la hipérbroma) es el hecho de parecerme menos comprensible aún que esa palabra que pretende definir...

Nicholl y Barbicane no se preocupaban de las bromas de Michel, engolfados en una discusión científica: ¿cuál sería la curva del proyectil? Eso era lo que les interesaba. Uno se aferraba a la hipérbola; el otro, a la parábola, cruzándose argumentos erizados de *x*, en una jerga científica que crispaba los nervios de Michel. La discusión era acalorada; ninguno de ellos quería sacrificar al contrario su curva predilecta.

Aquella querella científica iba prolongándose tanto, que Michel, impaciente, les dijo:

—¡Ea! ¡Señores del consejo!, ¿acabarán ustedes de tirarse a la cabeza sus parábolas y sus hipérbolas? Yo lo que quiero saber es lo único interesante en esta cuestión; ¿seguimos una de esas curvas? ¡Bueno! ¿Pero adónde nos llevarán una u otra?

—¡A ninguna parte! —respondió Nicholl.

—¿Cómo a ninguna parte?

—Naturalmente, puesto que son curvas que no terminan jamás —dijo Barbicane.

—¡¡¡Ah!!! ¡Sabios de mi alma! ¿Qué diablos nos importan la hipérbola y la parábola, puesto que ambas nos arrastran de igual modo al espacio sin fin?...

No pudieron menos de sonreírse Nicholl y Barbicane. Acababan, en efecto, de hablar por hablar; la discusión era inoportuna, sencillamente. Lo que resultaba cierto hasta la evidencia era que, hiperbólica o parabólicamente arrastrado en su marcha, el proyectil no volvería jamás, jamás, a encontrar ni a la Luna ni a la Tierra...

¿Y qué ocurriría en ese futuro que era casi un presente? Si los audaces expedicionarios no morían de hambre o de sed sería porque, al faltarles el gas, sucumbirían faltos de aire; contando con que el frío no acabase antes con ellos.

Entretanto, el descenso excesivo de la temperatura los obligaba a consumir mayor cantidad de gas de lo que les convenía para asegurar sus reservas. De hecho, podían estar sin luz, pero no sin calor. Gracias a que el calórico desarrollado por el aparato Reiset y Regnault elevaba algo la temperatura del interior del proyectil, sin gran derroche pudieron mantenerlo a una temperatura tolerable.

Se hacía muy difícil el examen del espacio a través de los portillos. La humedad interior se condensaba sobre los cristales, congelándose enseguida. Era preciso hacer desaparecer la opacidad del vidrio por medio de fricciones reiteradas. Y gracias a eso pudieron observar algunos fenómenos sumamente interesantes.

En efecto, suponiendo que el disco invisible tuviera atmósfera, ¿no sería posible ver estrellas errantes rayándola con sus trayectorias? Si el proyectil atravesara aquellas capas fluidas, ¿no sería posible sorprender algún rumor repercutido por los ecos lunares, o el fragor de una tempestad, o el estrépito de un alud, o el estallido de un volcán en erupción? Y si algún monte ignívomo se coronase de relámpagos, ¿no sería fácil reconocer sus intensas refulgencias? Tales fenómenos, cuidadosamente estudiados, hubieran aclarado no poco la cuestión, tan confusa, de la constitución lunar. Por esta razón, astrónomos ante todo, Nicholl y Barbicane no abandonaban su puesto de vigías, observándolo todo con ansiosa curiosidad.

Hasta entonces el disco continuaba sombrío y mudo, sin corresponder a las interrogaciones de aquellos espíritus apasionados. Esto provocó la reflexión, exacta en apariencia, de Michel:

—Si alguna vez podemos volver a hacer esta expedición, será mejor escoger la época de la Luna nueva.

—En efecto —asintió Nicholl—, esa circunstancia nos favorecería. Es cierto que la Luna, envuelta en los rayos solares, no sería visible durante el trayecto; pero en cambio se dejaría ver la Tierra llena. Además, si fuésemos arrastrados alrededor de la Luna, como ocurre actualmente, tendríamos al menos la ventaja de ver su disco invisible resplandeciente de luz.

—Muy bien dicho, Nicholl —replicó Ardan.

—¿Qué piensa usted de esto, Barbicane?

—Pienso lo siguiente —respondió el flemático presidente—: si emprendemos otra vez el viaje, saldremos en la misma época y en las mismas condiciones. Supongamos que hubiéramos llegado efectivamente a la Luna. ¿No sería preferible en este caso encontrar sus continentes en plena luz, en lugar de recorrer regiones enteras sumidas en la oscuridad de la noche? ¿No se habría hecho en mejores condiciones nuestra primera instalación? ¡Sí, ciertamente! En cuanto al hemisferio invisible, ya habríamos tenido oportunidad de visitarlo al hacer investigaciones, una vez instalados en el globo lunar. Por todas estas razones, convengamos en que esta época de la Luna llena ha sido bien escogida; la cuestión era llegar al fin que nos proponíamos, y para esto no debíamos haber tenido la mala suerte de desviarnos de nuestro camino.

—Nada se puede argüir contra eso que dices. Pero ¡qué ocasión nos hemos perdido para examinar el otro lado de la Luna! —exclamó Michel—. ¡Quién sabe si los habitantes de los demás planetas no están más enterados respecto a sus propios satélites que los sabios de la Tierra respecto a la Luna!

Podía haberse contestado a esta observación lo siguiente: sí, en efecto; existen otros satélites que han facilitado su estudio por estar más cerca; si realmente existen habitantes en Saturno, Júpiter y Urano, seguramente habrán podido comunicarse con sus lunas respectivas. Los cuatro satélites de Júpiter, en efecto, gravitan a unas distancias de 108.260 leguas, 172.200, 274.700 y 480.130, respectivamente. Pero estas distancias se calculan desde el centro del planeta; y restando la extensión del radio, es decir, 17 o 18.000 leguas, resulta que el primer satélite está más próximo a Júpiter que la Luna lo está de la Tierra. De las ocho lunas o satélites de Saturno, cuatro se encuentran también más próximas a él; por ejemplo, Diana se halla a 84.600 leguas; Tetis, a 62.966; Encelado, a 48.191, y, en fin, Mimas, a una distancia media de 34.500 leguas nada más. En cuanto a los ocho satélites de Urano, el primero, Ariel, se halla a 51.520 leguas solamente de su planeta.

Por todas estas razones, un experimento análogo al del presidente Barbicane habría presentado menos dificultades en la superficie de cualquiera de estos tres astros. Es probable, si sus habitantes han llevado a cabo este ensayo, que pudieran determinar la constitución de la mitad del disco lunar, que su satélite oculta eternamente a sus miradas[1]. Pero, si no han abandonado nunca su planeta, no están mejor enterados respecto a su satélite que los astrónomos de la Tierra respecto al suyo propio.

Entretanto, el proyectil describía en la sombra una trayectoria desconocida: ¿se había modificado acaso su dirección, bajo la influencia de la atracción lunar o la de algún astro desconocido? Barbicane no podía afirmar nada; pero observó, hacia las cuatro de la mañana, que la posición relativa del proyectil se había alterado. Consistía aquella alteración en lo siguiente: la base del proyectil había girado hacia la superficie de la Luna y se mantenía perpendicular sobre el eje del disco lunar. La atracción, es decir, el peso, había provocado aquel movimiento. La parte más pesada

[1] Herschell ha observado, en efecto, que para los satélites el movimiento de rotación sobre su eje es idéntico al movimiento de revolución alrededor del planeta. Por consiguiente, le presentan siempre el mismo hemisferio. Urano es el único planeta que ofrece una diferencia marcada: el movimiento de sus lunas, o satélites, se efectúa en una dirección casi perpendicular al plano de la órbita, y la dirección de sus movimientos es retrógrada, es decir, que estos satélites se mueven en sentido inverso al de los demás astros del mundo solar. *(N. del A.)*

del proyectil se inclinaba hacia el disco invisible, como si fuera a caer sobre él.

¿Era esto cierto? ¿Llegarían por fin los expedicionarios a alcanzar la meta tan anhelada? No. Y Barbicane tuvo la seguridad, por medio de cierto dato inexplicable, de que el proyectil no se acercaba a la Luna, sino que seguía una curva casi concéntrica. Consistía este dato en un resplandor que Nicholl señaló de repente en el límite del horizonte que formaba el disco oscuro. No era posible confundir aquel punto con una estrella. Era una luz rojiza que aumentaba poco a poco: prueba irrecusable de que el proyectil se movía en aquella dirección en lugar de inclinarse sobre la superficie de la Luna.

—¡Un volcán! ¡Es un volcán en erupción! —exclamó Nicholl—. ¡Un desbordamiento del fuego interior de la Luna! ¡Ese mundo no está completamente muerto!

—¡Sí, una erupción! —dijo Barbicane, que observaba minuciosamente el fenómeno con su catalejo de noche—. ¿Qué podría ser sino un volcán?

—Pero en ese caso hace falta aire para sostener esa combustión —replicó Michel—. ¡Eso quiere decir que esa parte de la Luna tiene atmósfera!

—¡Puede ser! ¡Pero eso no es indispensable! —repuso Barbicane—. Por la descomposición de ciertas materias puede un volcán suministrarse oxígeno a sí mismo y producir llamaradas en el vacío. Hasta me parece que esa deflagración posee la intensidad y la luz de los objetos cuya combustión tiene lugar en el oxígeno puro. No nos apresuremos, por tanto, a afirmar la existencia de una atmósfera lunar.

La montaña en erupción debía de estar situada en el grado 45 de la latitud sur de la parte invisible del disco. Pero, con gran contrariedad de Barbicane, la curva que describía el proyectil le arrastraba lejos del punto iluminado por el volcán, lo que impidió determinar con más exactitud su naturaleza.

Media hora después de haber sido señalado, el punto luminoso desaparecía en el sombrío horizonte.

A pesar de ello, la existencia de aquel fenómeno resultaba muy importante para la ciencia selenográfica, pues probaba que todo calor no había desaparecido de las entrañas de la Luna. ¿Y quién puede afirmar que allí donde el calor existe, el reino vegetal, e incluso el reino animal, no habrán resistido a las influencias destructoras?

La existencia de aquel volcán en erupción, reconocida indiscutiblemente por los astrónomos de la Tierra, habría suscitado algunas teorías favorables a la grave cuestión de la habitabilidad de la Luna.

Barbicane se dejó llevar por sus preocupaciones científicas, introduciéndose en un mundo de ensueño en el que evocaba el misterioso destino del mundo lunar procurando enlazar entre sí los fenómenos observados, cuando un nuevo incidente le trajo bruscamente a la realidad.

Se trataba de algo más que de un fenómeno cósmico: era un peligro amenazador, cuyas consecuencias podrían ser desastrosas.

Súbitamente, en medio del éter, entre las tupidas tinieblas, había surgido una masa enorme, semejante a una Luna; pero una Luna incandescente cuyo resplandor se destacaba con más fuerza dada la oscuridad absoluta del espacio. Aquella mole circular proyectaba tal refulgencia que el proyectil resplandecía todo él. Las caras de Barbicane, Nicholl y Ardan aparecían lívidas, espectrales, en aquella luz brutal, tan blanca como la que en un laboratorio se produce con la luz ficticia del alcohol impregnado de sal.

—¡Mil truenos! —exclamó Michel—. ¡Estamos horribles! ¿Qué es esa maldita Luna?

—¡Es un bólido! —respondió Barbicane.

—¿Un bólido inflamado en pleno vacío?

—¡Sí!

Era un bólido, en efecto. No se equivocaba Barbicane. Cuando son observados desde la Tierra, esos meteoros poseen una intensidad de luz inferior a la de la Luna, Sin embargo en el éter sombrío, aquel bólido resplandecía como un astro.

Esos cuerpos errantes llevan en sí mismos el principio de su incandescencia; no necesitan de atmósfera para su combustión. Algunos de estos bólidos atraviesan las capas atmosféricas a dos o tres leguas de la Tierra; otros, en cambio, describen su trayectoria a distancias en que ya la atmósfera no existe.

Uno de aquellos bólidos, el del 27 de octubre de 1844, apareció a una altura de ciento veintiocho leguas. Otro, el del 15 de agosto de 1841, desapareció a ciento ochenta y dos leguas de altitud. Algunos de estos meteoros miden de tres a cuatro kilómetros de ancho y llevan una marcha de setenta y cinco kilómetros por segundo [2], siguiendo una dirección inversa al movimiento de la Tierra.

Aquel globo errante que tan súbitamente se había destacado de la sombra a una distancia de cien leguas debía medir lo menos dos mil metros de diámetro, según estimó Barbicane. Avanzaba con una velocidad de unos dos kilómetros por segundo, o sea treinta leguas por minuto, cortando la ruta al proyectil, con el que se encontraría fatalmente, y aumentando de volumen en una proporción aterradora a medida que se aproximaba.

Imaginemos, si es posible, la situación de los expedicionarios. A pesar de su valor, de su sangre fría y de su serenidad ante el peligro, tenían los nervios crispados; no decían palabra, inmóviles, poseídos de estupor,

---

[2] La velocidad media del movimiento de la Tierra a lo largo de la eclíptica no excede de 30 kilómetros por segundo. *(N. del A.)*

viendo cómo el proyectil, cuya marcha no les era posible desviar, iba derecho hacia aquella mole ígnea, más refulgente que la boca de un horno siderúrgico, y que parecía a punto de precipitarse en un abismo de fuego.

Barbicane había asido de la mano a sus compañeros, y los tres miraban, a través de sus párpados entreabiertos, el asteroide de fuego. Si el pensamiento subsistía aún en ellos, si funcionaba su cerebro en medio de aquel espanto, debían creerse perdidos sin remedio.

Dos minutos después de la brusca aparición del bólido, ¡dos siglos de angustia!, cuando el proyectil parecía ya a punto de chocar con él, de repente el globo ardiente estalló como una bomba, sin estrépito alguno, en aquel vacío, en donde el sonido, que no es más que vibración del aire, no podía producirse.

Nicholl lanzó un grito. Los tres amigos se precipitaron a los cristales de los portillos. ¡Qué espectáculo! ¿Qué pluma, qué paleta tendrían suficiente riqueza de matices para reproducir aquella maravilla?

Era como un cráter inmenso desbordándose en fuego por todos lados. Millares de fragmentos luminosos alumbraban el espacio con sus fuegos; todos los tamaños, todos los colores, todos los matices se mezclaban allí. Había irradiaciones amarillas, anaranjadas, rojas, verdes, grises: una corona de fuego de artificio multicolor.

Del enorme y terrorífico bólido no quedaban más que millares de partículas lanzadas en todas direcciones, transformadas en asteroides a su vez, flamígeras algunas como espadas, envueltas otras en blanquísima nube, dejando tras de sí estelas luminosas de polvo cósmico.

Aquellos bloques incandescentes se cruzaban, chocaban unos con otros, se desmenuzaban en fragmentos pequeñísimos, algunos de los cuales rebotaron luego sobre el casco del proyectil, cuyo cristal del portillo izquierdo recibió un choque tan violento que se rajó. El proyectil parecía flotar envuelto en una granizada de balas capaces de hacerlo polvo en un minuto.

Los asteroides esparcían en todos sentidos resplandores que saturaban el éter con incomparable intensidad, llegando la luz a ser tan viva que hubo momentos en que Michel pudo exclamar, arrastrando a Barbicane y a Nicholl hacia su portillo:

—¡Miren! ¡La Luna, antes invisible, visible al fin!...

Y los tres, a través de un efluvio luminoso que duró breves segundos, divisaron aquel disco misterioso que la mirada del hombre descubría por vez primera.

¿Y qué es lo que pudieron vislumbrar a aquella distancia incalculable? Algunas fajas extendidas sobre el disco, verdaderas nubes, formadas en una capa atmosférica muy reducida, de las cuales se destacaban no sólo las montañas, sino los relieves de poca importancia; los circos, los cráteres, caprichosamente dispuestos, como los que existen en el hemisferio visible. Luego, inmensos espacios, no ya de áridas llanuras, sino de verdaderos mares; océanos que reflejaban como en un espejo líquido toda la magia maravillosa de los fuegos del espacio. En fin, en la superficie de los continentes, vastas masas sombrías que parecían selvas de ilimitadas proporciones, fugazmente iluminadas...

¿Fue ilusión, error de los ojos, espejismo de la óptica? ¿Sería posible aportar una afirmación científica de aquella visión rápida y superficial? ¿Se atreverían a pronunciarse sobre la habitabilidad de la Luna después de la aparición tan fugaz del disco invisible?

Entretanto, los resplandores del espacio fueron atenuándose; disminuyó la luz; huyeron los asteroides por trayectorias diversas, apagándose según se alejaban, y el éter volvió a recobrar su tenebrosidad habitual. Las estrellas, eclipsadas momentáneamente, centellearon en el firmamento, y el disco, apenas vislumbrado, se perdió de nuevo en la noche impenetrable.

Capítulo XVI

El proyectil acababa de correr un peligro tan terrible como imprevisto. ¿Quién hubiera imaginado semejante encuentro con los bólidos? Aquellos cuerpos errantes podían haber originado a los expedicionarios muy serios peligros. Eran como otros tantos escollos en aquel mar etéreo; escollos que, menos afortunados que los marinos, no podían esquivar. Pero, ¿se quejaban de ello aquellos aventureros del espacio? Nada de eso: la naturaleza los había obsequiado con el espectáculo espléndido de un meteoro estallando en tan formidable deflagración que incluso pudo iluminar durante unos segundos el lado invisible de la Luna. Fuegos artificiales, que ningún Ruggiere habría sido capaz de imitar siquiera. En aquel rapidísimo esclarecimiento se les aparecieron continentes, montes, mares, bosques. ¿Trasdalaría acaso la atmósfera a aquel hemisferio misterioso sus moléculas vivificadoras? ¡Problemas jamás resueltos, aunque eternamente presentes a la curiosidad humana!

Eran en aquel momento las tres y media de la tarde. El proyectil seguía su trayectoria curvilínea alrededor de la Luna, a menos que el meteoro la hubiese modificado otra vez. Era de temer. Sin embargo, el proyectil debía describir una curva imperturbablemente determinada por las leyes de la mecánica racional. Barbicane suponía que dicha curva sería más bien una parábola que una hipérbola. Pero aun admitiendo esta parábola, hubiera debido salir el proyectil con bastante rapidez del cono de sombra proyectado en el espacio, por el lado opuesto al Sol. Aquel cono, en efecto, es muy estrecho, por ser de reducidas dimensiones el diámetro angular en la Luna, comparado con el diámetro del Sol. Y el caso era que hasta ahora el proyectil seguía flotando entre aquellas sombras profundas. Cualquiera que fuera su velocidad (y no podía ser mediana), hasta aquel momento su período de ocultación continuaba. Era evidente; pero en el supuesto de una trayectoria rigurosamente parabólica, esto no debía de ser así. Nuevo problema que atormentaba a Barbicane, realmente aprisionado en un círculo de incógnitas que no podía resolver.

Ninguno de los viajeros pensaba en descansar. Cada cual estaba al acecho de algún incidente inesperado que reflejase alguna luz a los estudios uranográficos. Hacia las cinco, Michel distribuyó, a guisa de comida, algunos trozos de fiambre y pan, rápidamente ingeridos sin abandonar los portillos, en cuyos vidrios se formaba incesantemente una costra de hielo, producida por la condensación de los vapores.

Hacia las cinco y cuarenta y cinco de la tarde, Nicholl, armado con su catalejo, señaló hacia el borde meridional de la Luna, y en la dirección que seguía el proyectil, algunos puntos luminosos que se destacaban sobre la sombría pantalla celeste. Parecían picos agudos, que se perfilaban como una línea ondulante. Así aparece la línea que circunda a la Luna cuando se presenta en uno de sus octantes. No era posible equivocarse. No se trataba de un simple meteoro, pues aquella arista luminosa no tenía ni su color ni su movilidad. Tampoco se trataba de un volcán, y Barbicane no vaciló en afirmar:

—¡El Sol!

—¿Qué? ¿El Sol? —exclamaron Nicholl y Ardan.

—Sí, amigos míos, el Sol, iluminando las cumbres de las montañas que se hallan en el borde meridional de la Luna. ¡No cabe duda, nos aproximamos al polo sur!

—Después de haber pasado por el polo norte. ¡De modo que hemos dado la vuelta alrededor de nuestro satélite! —exclamó Michel.

—Sí, en efecto.

—Entonces, ¿no hay tales parábolas, ni hipérbolas, ni curvas abiertas que temer?

—No. Pero en cambio hay que temer a cierta curva cerrada.

—¿Qué se llama...?

—Que se llama elipse. En lugar de extraviarse en los espacios interplanetarios, es probable que el proyectil describa una órbita elíptica alrededor de la Luna.

—¡Luna de la Luna!

—Pero le haré observar, mi buen Michel, que no por eso dejaremos de estar perdidos irremisiblemente...

—Pero será de un modo más divertido —replicó filosóficamente el despreocupado francés con su más amable sonrisa.

Tenía razón Barbicane. Al describir la órbita elíptica gravitarían eternamente alrededor de la Luna, como un subsatélite. El proyectil resultaría como un nuevo astro incorporado al mundo solar: un microcosmo poblado por tres únicos habitantes, que morirían pronto, faltos de aire.

Aquella situación, definitiva al parecer, impuesta por la doble influencia de las fuerzas centrípeta y centrífuga, no tenía nada de halagüeña para Barbicane y sus amigos. Iban a ver de nuevo el hemisferio luminoso del disco lunar. Podía suceder tal vez que sus vidas se prolongasen lo suficiente para contemplar de nuevo la Tierra en plena luz, reflejando los rayos del Sol. ¡Así podrían ver por última vez aquel globo terrestre, su patria! Luego, el proyectil no sería más que una masa sin vida, semejante a los asteroides que circulan en el éter. Como única compensación, iban por de pronto a salir de aquellas tinieblas impenetrables; volverían a ver la luz, entrando de nuevo en la zona bañada por la irradiación solar.

Entretanto, se destacaban con más fuerzas en la sombra los montes señalados por Nicholl. Eran el Dœrfel y el Leibnitz, que erizan al sur la región circumpolar de la Luna.

Todas las montañas del hemisferio visible han sido medidas con perfecta exactitud. Parecerá extraña esta perfección; pero esos métodos hipsométricos son rigurosos y se puede afirmar que las altitudes de los montes visibles de la Luna están determinadas con la misma precisión que las de las montañas de la Tierra.

El sistema empleado generalmente es el que mide sólo la sombra proyectada por las montañas, teniendo en cuenta la altura del Sol en el momento de la medición. Ésta se obtiene por medio de un anteojo provisto de una retícula con dos hilos paralelos, admitiendo como dato positivo que el diámetro verdadero del disco lunar está ya reconocido como tal. Este método permite calcular, asimismo, la profundidad de los cráteres y cavidades de la Luna. Galileo se valió de él; más tarde, Beer y Mœdler lo emplearon también con el mayor acierto.

Otro método, llamado el de los rayos tangentes, puede asimismo emplearse para la medición de los relieves lunares. Se aplica en el momento preciso en que los montes forman puntos luminosos, destacados de la línea que separa la sombra de la luz y que brillan en la parte oscura del disco. Estos puntos luminosos son producidos por los rayos solares, superiores a los que determinan el límite de la fase. Por tanto, la medida del intervalo oscuro que dejan entre sí el punto luminoso y la más próxima parte luminosa de la fase acusa exactamente la altura de aquel punto.

Se comprende, sin embargo, que este procedimiento sólo puede emplearse con las montañas cercanas a la línea divisoria de luz y sombra.

Un tercer sistema consiste en medir el perfil de las montañas lunares que se dibujan sobre el fondo, empleando un micrómetro; pero no es aplicable más que a las alturas próximas a los bordes del astro.

En todo caso, se observará que esta medición de sombras, intervalos y perfiles no puede efectuarse más que en el momento en que los rayos solares caen sobre la Luna oblicuamente con relación al observador. Cuando los rayos caen directamente, es decir, en Luna llena, desaparece toda sombra de su disco y este examen resulta imposible.

Galileo fue el primero que, después de haber descubierto la existencia de las montañas lunares, empleó para calcular sus altitudes el sistema de las sombras reflejadas, atribuyéndoles, como se ha dicho ya, por término medio, 4.500 toesas. Havellius rebajó estas cifras, y en cambio Riccioli las duplicó. Todas eran exageradas. Gracias a instrumentos perfeccionados, Herschell se acercó más a la exactitud hipsométrica; pero definitivamente hay que apelar a las anotaciones de los observadores modernos.

Beer y Mœdler, los selenógrafos más notables del mundo entero, han medido 1.095 montes lunares. Resulta de sus cálculos que seis de ellos miden más de 5.800 metros y 22 más de 4.800. La cumbre lunar más elevada mide 7.603 metros. Es inferior a las cumbres de la Tierra, pues ésta cuenta con algunas que pasan de quinientas o seiscientas toesas.

Debe hacerse una observación al llegar aquí. Teniendo en cuenta el volumen respectivo de ambos astros, las montañas lunares son relativamente más elevadas que las terrestres. Las lunares forman la cuatrocientas setentava parte del diámetro de la Luna; las terrestres, solamente la mil cuatrocientas cuarentava parte del diámetro de la Tierra. Para que una montaña terrestre alcance las proporciones relativas de una montaña lunar sería menester que su altitud perpendicular midiese seis leguas y media; la más elevada no tiene nueve kilómetros.

Por tanto, para proceder por comparaciones, diremos que la cordillera del Himalaya comprende tres picos superiores a los picos lunares: el monte Everest, cuya altitud es de 8.837 metros; Kunchinjuga, 8.588 metros, y el Dwalagiri, 8.187 metros. Los montes Dœfel y Leibnitz de la Luna tienen una altura igual a la del Jewahir, en la misma sierra, o sea 7.603 metros.

Newton, Casatus, Curtius, Short, Tycho, Clavius, Blancannus, Endymión, cumbres principales del Cáucaso y de los Apeninos lunares, son superiores al Mont-Blanc, que mide 4.810 metros. Igualan al Mont-Blanc:

Moret, Teófilo, Catharnia. Igualan al Monte Rosa, que se eleva a 4.636 metros. Piccolimini, Werner, Harpalus... Al Mont-Cervin, que tiene 4.522 metros: los montes Macrobe, Eratóstenes, Albateque, Delambre. Al pico de Tenerife, cuya altura es de 3.710 metros: los montes Bacón, Cysatus, Eilolans y los picos de los Alpes lunares. Al Monte Perdido, en los Pirineos, con 3.351 metros de elevación: el Roemer y el Boguslawski. Al Etna, con 3.237 metros de altura: el Hércules, el Atlas y el Furnerius.

Ésos son los puntos de comparación que permiten apreciar la altura de las montañas lunares, y precisamente la trayectoria del proyectil le arrastraba hacia aquella región montañosa del hemisferio meridional, punto en que abundan los picos más caracterizados de la orografía lunar.

CAPÍTULO XVII

Eran las seis de la tarde cuando el proyectil pasaba por el polo sur a menos de sesenta kilómetros. A esa misma distancia se había acercado al polo norte. La curva elíptica se dibujaba, pues, rigurosamente.

En aquel momento volvían los expedicionarios a encontrarse de nuevo en la bienhechora zona de los rayos solares. Volvían a contemplar aquellas estrellas que vagaban de Oriente a Occidente. Saludaron al astro luminoso con un triple «¡hurra!».

Con su luz, el Sol prodigaba su calor, que bien pronto atravesó las paredes de metal y permitió recobrar su natural transparencia a los vidrios de los portillos, fundiendo como por encanto la capa de hielo que los cubría. Apagaron la luz del gas, por prudente economía. Sólo el aparato de producir aire continuó consumiéndolo.

—¡Ah! —exclamó Nicholl—. ¡Qué delicia este calorcito! ¡Con qué impaciencia los selenitas deben esperar la vuelta del Sol después de esta noche tan larga!

—¡Sí! —replicó Michel, aspirando, como quien dice, aquel éter resplandeciente—. ¡Luz y calor! ¡En eso estriba toda la vida!

En aquel momento la base del proyectil se desviaba ligeramente de la superficie lunar, siguiendo una órbita elíptica bastante alargada.

Si hubiera sido Tierra llana, Barbicane y sus compañeros la hubieran visto; mas envuelta en los rayos solares, seguía absolutamente invisible.

Otro espectáculo atraía su atención: el de la región austral de la Luna, que los catalejos acercaban a medio cuarto de legua. Ya no se separaban de los portillos, observando todos los detalles de aquel continente singular.

Los montes Dœrfel y Leibnitz forman dos grupos, casi en el polo sur. El primero de ellos se extiende desde este polo hasta el paralelo 84, en la parte oriental del astro. El segundo, en el borde oriental también, se desarrolla desde el grado 65 de latitud hasta el polo sur.

Sobre sus aristas, caprichosamente contorneadas, aparecían capas deslumbrantes, tal como las señaló en su tiempo el padre Secchi.

Con mayor seguridad que el ilustre astrónomo, Barbicane pudo reconocer su naturaleza.

—¡Eso es nieve! —exclamó.

—¿Nieve?

—Sí, nieve cubierta por una capa muy espesa de hielo. ¡Vean ustedes cómo se refleja en ella la luz! La lava fría no brillaría tanto. Lo que prueba que en la Luna hay agua, hay atmósfera, poca o mucha; pero la hay, ¡eso es innegable!

En efecto, no era posible negarlo. Y si Barbicane vuelve algún día al globo terrestre, sus notas darán fe de aquellas observaciones tan interesantes para la selenografía.

Los montes Dœrfel y Leibnitz se levantaban rodeados de llanuras no muy extensas, bordeadas por una serie infinita de circos y de muros anulares. Son los únicos montes que se observan en aquella región; pero accidentados relativamente, terminan a veces en picos agudos, de los cuales el más alto mide 7.603 metros.

El proyectil dominaba todo aquel conjunto, cuyo relieve se esfumaba en el intenso resplandor del disco. Volvía a presentarse el aspecto arcaico de los paisajes lunares, de tonos crudos, sin matices, sin penumbras, brutalmente blancos o negros, por falta de luz difusa. A pesar de ello, por su misma originalidad resultaba en extremo interesante aquel mundo desolado.

Pasaban por encima de aquella región caótica como arrastrados por el soplo de un huracán, viendo desfilar las cumbres bajo sus pies, sondeando con la mirada la profundidad de los circos, descendiendo por los surcos, remontándose por encima de las cumbres, hundiéndose en sus hoyos misteriosos, nivelando sus grietas y gibas. Ni rastro de vegetación, ni vestigios de ciudades; nada más que estratificaciones, desbordamientos de lava, cuya superficie brillaba como un inmenso espejo que reflejaba los rayos del Sol con irresistible intensidad. Nada había allí que pareciera vivo; todo era un mundo muerto donde las avalanchas, rodando desde lo alto de las montañas, se hundían sin ruido en el fondo de los abismos. Tenían movimiento, pero faltaba el sonido.

Barbicane observó que el relieve de los bordes del disco tenía una conformación uniforme, a pesar de haber estado sometidos a fuerzas distintas de las de la región central. La misma aglomeración circular, los mismos resaltos del suelo. Sin embargo, no debían ser análogas las condiciones de unas y otros. En efecto, en el centro, la costra de la Luna, todavía maleable, había sufrido la doble atracción de la Tierra y de la Luna, aunque en sentido inverso, siguiendo una línea recta entre los centros de ambos astros. Por el contrario, en los bordes del disco la atracción lunar había sido perpendicular a la atracción terrestre. Resultaba, por lo tanto, que los relieves del suelo, producidos por influencias distintamente combinadas, debían de haber adquirido también distintas formas. Y no era así, porque la Luna encontró en sí misma el principio de su constitución y formación: no debía nada a fuerzas extrañas. Esto justificaba la frase notable de Arago: «Ninguna fuerza exterior a la Luna ha contribuido a producir su relieve».

De todos modos, tal como se encontraba actualmente, aquel mundo era la imagen de la Muerte, sin poder afirmar siquiera que la Vida lo hubiera animado jamás.

Sin embargo, Michel Ardan creyó distinguir una aglomeración de ruinas, que señaló a sus amigos. Era, poco más o menos, en el paralelo 80, a los 30 grados de longitud. Aquel amontonamiento de piedras, dispuestas con cierta regularidad, figuraba una fortaleza de grandes dimensiones, que dominaba a uno de aquellos dilatados surcos que antes sirvieron de cauce a los ríos en la época prehistórica. Algo más lejos se levantaba el monte anular de Short, a 5.646 metros, semejante al Cáucaso asiático. Michel, con su acostumbrada vehemencia, sostenía que era una fortaleza selenita. Más abajo, él distinguía las murallas desmanteladas de una ciudad; aquí, el abovedado, todavía intacto, de un pórtico; allá, dos o tres columnas recortadas sobre sus basamentos; más lejos, una serie de cimbras que debieron sostener, sin duda, las tuberías de un acueducto, y hasta los pilares derrumbados de un puente gigantesco, hundido en el fondo del surco. Todo eso veía Michel, con tanta imaginación en la mirada y a través de lentes tan fantásticos, que será prudente desconfiar de sus observaciones. Y sin embargo, ¿quién podría afirmar, quién se atrevería a sostener que el simpático joven no veía realmente lo que sus dos compañeros no querían ver?

La situación era demasiado crítica para perder el tiempo en discusiones estériles. La ciudad selenita, real o soñada, desapareció. La distancia entre el proyectil y el disco lunar aumentaba, y los detalles de su suelo iban borrándose. Solamente los cráteres, los circos y las llanuras seguían destacando sus líneas terminales.

En aquel momento se dibujaba, hacia la izquierda, uno de los circos más hermosos de la orografía lunar, una de las curiosidades más típicas de aquel continente. Era Newton, que Barbicane reconoció fácilmente, guiándose por el *Mappa Selenographica,* situado a 77 grados de latitud sur y 16 grados de longitud este. Forma Newton un cráter anular cuyas paredes, infranqueables al parecer, miden 7.264 metros.

Barbicane hizo observar a sus amigos que la altura de aquella montaña sobre el nivel del suelo estaba lejos de igualar a la profundidad de su cráter. Aquella enorme cavidad no podía medirse; era un abismo jamás visitado por los rayos solares. Según observa Humboldt, allí no entran nunca ni la luz del Sol ni la luz de la Tierra; los mitologistas selenitas hubieran establecido la entrada de los Infiernos, con sobrada razón, en aquel espantoso precipicio.

—Newton es el tipo más perfecto de esas montañas anulares, desconocidas en la Tierra, que atestiguan cómo la formación de la Luna por el enfriamiento de su masa es debida a causas violentas; mientras el impulso del fuego interior lanzaba sus relieves a unas alturas enormes, proporcionalmente, el fondo se hundía muy por debajo del nivel de la superficie lunar —replicó Barbicane.

—No digo que no —asintió Michel.

Pocos minutos después de dejar detrás a Newton, el proyectil pasaba sobre otra montaña anular, Moret, siguiendo de lejos las cumbres de Blancannus, y a las siete y media llegaba al circo Clavius.

Este circo, uno de los más notables del disco, se halla a 58 grados de latitud sur y 15 grados de longitud este. Se calcula su altura en 7.091 metros. Michel y sus amigos, distantes unos cuatrocientos kilómetros, reducidos a cuatro por los catalejos, pudieron admirar el conjunto de aquel inmenso cráter.

—Los volcanes terrestres —decía Barbicane— no son más que unas toperas comparados con los de la Luna. Midiendo los antiguos cráteres que se formaron con las primeras erupciones del Vesubio y del Etna, se ve que apenas tenían seis mil metros de anchura. En Francia, el Circo del Cantal tiene diez mil metros. En Ceylán, el circo de la isla, considerado como uno de los mayores de la Tierra, tiene setenta mil metros. ¿Qué suponen esos diámetros comparados con el de Clavius, sobre el cual pasamos ahora?

—Y ¿cuál es su diámetro? —preguntó Nicholl.

—Doscientos veintisiete kilómetros. Este circo es el más importante de la Luna, es cierto; pero existen otros que miden doscientos, ciento cincuenta y cien kilómetros —contestó Barbicane.

—¡Oh!... —exclamó Ardan—. ¿Pueden imaginar lo que debía ser ese astro, tan tranquilo ahora, cuando sus cráteres se ponían a lanzar torrentes de lava ardiendo, granizadas de piedras, nubes de humo y cenizas y aludes de fuego? ¡Qué espectáculo tan prodigioso el de antaño y qué decadencia ahora! Esa Luna no es ya más que la armazón de un castillo de fuegos artificiales, cuyos petardos, cohetes y fulminantes, rosetas y serpentinas no dejaron en pie más que unos informes recortes de cartón ennegrecido! ¡Quién pudiera explicar la causa, la razón, la justificación de tales cataclismos!

Barbicane no prestaba atención a Michel. Contemplaba, absorto, aquellos paredones de Clavius, formados por enormes moles de montañas que tenían leguas de espesor. En el fondo de su inmensa cavidad se divisaba un centenar de pequeños cráteres que perforaban el suelo como si fuera una espumadera, dominados por una cumbre de cinco mil metros.

En todo el contorno ofrecía el llano un aspecto desolador. Nada tan árido como aquellos relieves; nada tan triste como aquellos montes en ruinas; nada tan desconsolador como aquel suelo sembrado de fragmentos de escombros y de picos. Parecía que el satélite había estallado allí mismo.

El proyectil avanzaba. Se sucedían sin cesar los circos, los cráteres, los montes derruidos. Ni llanos, ni mares; una Suiza, una Noruega interminables; y por fin, en aquella región en ruinas, en su punto culminante, la montaña más espléndida del disco lunar, el magnífico Tycho, cuyo nombre hará subsistir eternamente el del ilustre astrónomo danés.

Al observar la Luna llena en un cielo sin nubes no habrá persona que no haya reparado en aquel punto brillante del hemisferio sur. Para calificarlo, Michel Ardan empleó cuantas metáforas le sugería su fantasía.

Para él Tycho era un foco ardiente de luz, un centro de irradiación, un cráter que lanza rayos. Era el cubo de una rueda resplandeciente, una arteria que envolvía al disco con sus tentáculos de plata, un ojo inmenso lleno de llamas, un nimbo luminoso para la frente de Plutón. Era como una estrella lanzada al espacio por la mano del Creador, que se había aplastado contra la faz lunar.

Tycho forma una concentración tan resplandeciente, que los habitantes de la Tierra pueden divisarlo sin telescopio, aunque se encuentren a una distancia de cien mil leguas. Imagínese cuál sería su intensidad a los ojos de los que lo examinaban a ciento cincuenta leguas nada más. Era tal el resplandor, que Barbicane y sus amigos tuvieron que ahumar sus lentes con el mechero del gas para no cegarse. Extasiados, mudos de admiración contemplaban aquella maravilla, reconcentrando en sus ojos impresiones y sentimientos, como se reconcentra la vida en el corazón bajo una emoción violenta.

Tycho pertenece al sistema de las montañas radiantes, como Copérnico y Aristarco. Es, de todos ellos, el más marcado, el más completo. Testimonio irrefutable de la espantosa acción volcánica origen de la formación de la Luna.

Está situado a 43 grados de latitud sur y 12 grados de longitud este. Su centro comprende un cráter de ochenta y siete kilómetros de ancho, de forma algo elíptica, cerrándose en un recinto de murallas anulares que, de este a oeste, dominan la llanura exterior con una altura de 5.000 metros. Es como una agregación de los montes Blancos, dispuestos alrededor de un centro y coronados por una luminosa cabellera.

Jamás fotógrafo alguno pudo reproducir aquella montaña incomparable, ni el conjunto de relieves que convergen hacia ella, ni las protuberancias interiores de su cráter. En Luna llena es cuando Tucho se muestra en todo su esplendor; entonces no tiene sombras, los escorzos de la perspectiva han desaparecido, y la placa fotográfica resultaría blanca. Circunstancia deplorable, porque sería muy interesante reproducir esta región tan extraña con toda la precisión de la fotografía.

Todo el monte es una aglomeración vertiginosa de crestas y de cráteres, y hasta donde llega la vista, el suelo está salpicado de volcanes. Se comprende que aquellas burbujas de la erupción central hayan conservado su forma primitiva, cristalizándose al enfriarse, estereotipando así el aspecto que presentaba la Luna, dominada por las fuerzas plutónicas.

La distancia que separaba el proyectil de las cimas anulares de Tycho era ya tan corta que se hizo posible anotar sus detalles más esenciales. Sobre el mismo reborde que forma la circunvalación de Tucho, se incrustan los montes en los flancos de los taludes exteriores e interiores, formando gigantescas terrazas. Parecía medir unos trescientos o cuatrocientos pies más en el oeste que en el este. No existe sistema de defensa comparable a aquellas fortificaciones naturales. Si se edificara una ciudad en el fondo de la cavidad circular, resultaría absolutamente innaccesible. ¡Inaccesible y maravillosamente instalada en aquel suelo accidentado de resaltos pintorescos! La naturaleza no ha dejado ni un hueco liso en el fondo de aquel cráter que tiene una orografía especial, un sistema montañoso propio, resultando como un mundo aparte.

Los viajeros distinguieron netamente colinas centrales, conos y accidentes de terreno extraordinarios, dispuestos por la naturaleza para recibir las obras maestras de la arquitectura selenita. Allá se dibujaba el emplazamiento de un templo; acá, el de un foro; en aquel otro lado, los basamentos de un palacio; más lejos, la meseta de una ciudadela; todo ello dominado por una montaña central de mil quinientos pies. ¡Inmenso círculo capaz de contener diez veces a la Roma antigua!

—¡Ah! —exclamó Ardan entusiasmado—. ¡Qué grandiosa ciudad podría edificarse en este anillo de montañas! ¡Ciudad tranquila, refugio apacible, lejos de todas las miserias humanas! ¡Qué bien vivirían allí los misántropos, los que odian a la Humanidad, todos aquellos que se sienten asqueados de la vida social!

—¿Todos? ¡Este terreno sería pequeño para todos ellos! —replicó Barbicane.

CAPÍTULO XVIII

El proyectil había pasado ya del recinto de Tycho. Los tres expedicionarios examinaron con escrupulosa atención los regueros de luz que la célebre montaña esparcía a su alrededor. ¿Qué sería aquella aureola tan resplandeciente? ¿Por qué fenómenos geológicos había surgido aquella cabellera de fuego? Barbicane se hacía estas preguntas con evidente curiosidad.

Se prolongaban a su vista, y en todas direcciones, inmensos y luminosos surcos, de bordes escarpados y centro cóncavo; unos, con veinte kilómetros de anchura, y los otros, con cincuenta. Aquellas fajas luminosas se prolongaban a trescientas leguas de Tycho, cubriendo en ciertos puntos la mitad del hemisferio meridional, sobre todo hacia el este, el noroeste y el norte. Una de ellas se extendía hasta el circo de Neandre, situado sobre el meridiano 40. Otra surcaba el mar del Néctar y terminaba en la cordillera de los Pirineos, después de un recorrido de cuatrocientas leguas. Las había que cubrían hacia el oeste con sus ramales resplandecientes el mar de las Nubes y el mar de las Amarguras.

¿Cuál sería el origen de aquellos rayos que se extendían sobre los relieves, fuese cualquiera su altura? Partían todos ellos de un centro común, el cráter de Tycho, de donde surgían. Herschell atribuía su resplandor a corrientes de lava helada. Esta opinión no se ha generalizado. Otros astrónomos han visto en aquellas fajas originales ventisqueros y bloques erráticos dispersados en la época de la formación de Tycho.

—¿Y por qué no? —preguntó Nicholl a Barbicane, que era quien les explicaba estas teorías, rechazándolas al mismo tiempo.

—Porque la regularidad de esas listas luminosas y la violencia necesaria para lanzar las materias volcánicas a tales distancias son inexplicables.

—¡Vaya! —exclamó Ardan—. Pues a mí me parece fácil explicar el origen de esas fajas.

—¿De veras? —replicó Barbicane.

—¡De veras! Con decir que se trata de un inmenso «estrellamiento» como el que produce una bala o una piedra al chocar contra un cristal...

—¡Bah! ¿Qué mano tendría la fuerza suficiente para lanzar tal piedra? —objetó Barbicane.

—No es necesario mano alguna —respondió Michel, sin inmutarse—. Y en cuanto a la piedra, supongamos que sea un cometa...

—¡Ah! ¡Cómo se abusa de los cometas! Mi buen Michel, su explicación no es mala; pero su cometa es inútil, porque el choque puede haber partido del interior del astro. Una contracción violenta de la costra lunar, bajo la acción del enfriamiento, bastaba para producir ese gigantesco «estrellamiento» que usted cree.

—¡Vaya por la contracción! Vamos, algo así como un cólico lunar... —repuso Michel riéndose.

—Ésta es también la opinión de un sabio inglés, Nasmyth, y me parece que es la más acertada —añadió Barbicane.

—Pues no tiene nada de tonto ese Nasmyth —dijo Michel.

Los viajeros no se cansaban de admirar el maravilloso espectáculo que ofrecía Tycho. El proyectil, impregnado de efluvios luminosos y flotando en aquella doble irradiación del Sol y de la Luna, debía resultar como un globo incandescente. Habían pasado los viajeros, sin transición, del frío intenso al calor sofocante. Sin duda, la naturaleza iba preparándolos para transformaros en selenitas...

¡Convertirse en selenitas! Esta idea los llevó de nuevo a tratar de la habitabilidad de la Luna. Después de lo que habían visto, ¿podían acaso resolver semejante problema? ¿Podían optar en pro o en contra suya? Michel invitó a sus amigos a que dieran su parecer, y les preguntó si creían que la animalidad y la humanidad estaban representadas en el mundo lunar.

—Yo creo que podemos responder —dijo Barbicane—; pero no debe presentarse la cuestión en esa forma. Voy a hacerlo como es debido.

—¡A ver, a ver!

—Hela aquí. El problema es doble y exige doble solución. ¿Es habitable la Luna? ¿Ha estado habitada la Luna?

—¡Bien! Busquemos primero si la Luna es habitable —dijo Nicholl.

—A decir verdad, yo lo ignoro —replicó Michel.

—Y yo respondo negativamente —repuso Barbicane—. En su estado actual, con una envoltura atmosférica ciertamente reducida, con sus mares secos en su mayoría, con sus aguas insuficientes, con su vegetación limitada, con sus bruscas alternativas de calor y frío, con sus noches y sus días de trescientas cincuenta y cuatro horas, no me parece habitable la Luna, ni propicia al desarrollo del reino animal, ni suficiente para las necesidades de la existencia, tal como la comprendemos nosotros.

—¡Conformes! —asintió Nicholl—. Pero ¿no podía ser la Luna habitable para seres organizados de distinto modo que nosotros?

—Esta pregunta tiene más difícil respuesta —replicó Barbicane—. Trataré de encontrarla, sin embargo; pero empiezo por preguntar a Nicholl si cree que el movimiento es el resultado indispensable de toda existencia, sea cual sea.

—Sin duda alguna —afirmó Nicholl.

—Pues bien: y le responderé, mi buen amigo, que hemos examinado en lo posible los continentes lunares a una distancia de quinientos metros como máximo, y que no hemos observado que existiera movimiento alguno en la superficie de la Luna. La presencia de una humanidad cualquiera se hubiera denunciado por algunos rasgos, por algunas construcciones, hasta por algunas ruinas. Y, ¿qué es lo que hemos visto allí? Siempre y en todas partes el trabajo geológico de la Naturaleza; jamás el trabajo del hombre. Si existen representantes del reino animal en la Luna, estarán ocultos, sin duda, en cuevas profundas, inaccesibles a la mirada; cosa que no puedo admitir, porque si así fuera, habrían dejado alguna huella de su paso por las llanuras que debe cubrir la capa atmosférica, por baja que sea. Esas huellas no aparecen en punto alguno. Queda la única hipótesis de una raza de seres desprovistos de esa facultad de movimiento que es la vida.

—Como si dijéramos seres vivientes que no viven —añadió Michel.

—Eso es. Y eso para nosotros carece de sentido —replicó Barbicane—. Entonces, ¿podemos formular nuestra opinión? —preguntó Michel.

—¡Sí! —respondió Nicholl.

—Pues bien —repuso Michel—: la Comisión Científica, reunida en el proyectil del Gun-Club, después de basar su argumentación en hechos nuevamente observados, declara por unanimidad de votos, respecto a la pregunta sobre la habitabilidad actual de la Luna: no, la Luna no es habitable.

Esta solución fue consignada en el cuaderno de notas de Barbicane, allí donde figuraba ya el acta de la sesión del 6 de diciembre.

—Ahora ataquemos la segunda interrogación, complemento de la primera. Pregunto, pues, a la ilustre Comisión: si la Luna no es habitable actualmente, ¿ha sido o no ha sido habitada? El ciudadano Barbicane tiene la palabra —dijo Michel.

—Amigos míos —repuso Barbicane—, yo no he esperado a este viaje para formar opinión sobre la habitabilidad pretérita de nuestro satélite. Añadiré que nuestras observaciones personales han confirmado esa opinión. Creo, hasta afirmo, que la Luna ha estado habitada por una raza humana organizada como la nuestra; que ha producido animales anatómicamente conformados como los animales terrestres; pero diré también que esa raza humana, como esas razas animales, no existen ya, que se han extinguido para siempre.

—Entonces —replicó Michel—, ¿la Luna es un mundo más antiguo que la Tierra?

—No —dijo en tono convencido Barbicane—, sino un mundo que ha envejecido más deprisa y cuya formación y deformación han sido más rápidas. Relativamente, las fuerzas orgánicas de la materia fueron mucho más violentas en el interior de la Luna que en el interior de la Tierra. El estado actual de aquel planeta, agrietado, deformado, lo prueba con creces. La Luna y la Tierra han sido en sus orígenes unas masas de gases. Estos gases pasaron al estado líquido bajo influencias diversas, y finalmente se solidificaron. Pero no cabe duda: nuestro planeta estaba todavía en estado gaseoso o líquido cuando ya la Luna, solidificada por enfriamiento, se hacía habitable.

—Así me parece a mí también —asintió Nicholl.

—En aquella época de transformación —prosiguió Barbicane— envolvía a la Luna una atmósfera que impedía que las aguas que la rodeaban se evaporasen. Bajo la influencia del aire, del agua, de la luz, del calor solar y del calor central, la vegetación invadía los continentes que le eran propicios, y entonces es cuando, indudablemente, se manifestó la vida; porque la naturaleza no se prodiga en inutilidades: un mundo tan perfectamente habitable ha debido de estar habitado, seguramente.

—Sin embargo —objeto Nicholl—, no pocos fenómenos, inherentes a los movimientos de la Luna, debían entorpecer la expansión de los reinos vegetal y animal; por ejemplo, esos días y esas noches de trescientas cincuenta y cuatro horas...

—Que duran seis meses en los polos terrestres —observó Ardan.

—Argumento de escaso valor, puesto que los polos terrestres no están habitados.

—Observen ustedes —intervino Barbicane— que si en el estado actual de la Luna esas noches y esos días tan largos originan diferencias de temperatura intolerables para el organismo, no ocurría eso en los tiempos históricos de la Luna. En aquellos tiempos, en efecto, la atmósfera envolvía a la Luna en un manto fluido. Este vapor tomaba la forma de nubes, con lo cual resultaba que aquella envoltura templaba el ardor de los rayos solares y retenía de noche el calor recibido durante el día. La luz y el calor podían desparramarse por el aire. De ahí cierto equilibrio entre aquellas influencias, que ya no existe, porque aquella atmósfera ha desaparecido casi del todo. Además, voy a asombrarles a ustedes...

—¡Asómbrenos! —asintió Michel.

—Pues bien: yo creo que en aquella época en que estaba habitada la Luna ni las noches ni los días duraban trescientas cincuenta y cuatro horas.

—¿Por qué? —preguntó Nicholl vivamente.

—Porque quizá el movimiento de rotación de la Luna sobre su eje no era entonces igual a su movimiento de revolución, igualdad que es la causa por la cual cada punto del disco lunar se presenta a la acción del Sol durante quince días.

—¿Y por qué esos movimientos no pueden haber sido iguales, puesto que actualmente lo son?

—Porque esa igualdad no ha sido determinada más que por la atracción terrestre. ¿Y quién nos dice que esta atracción habrá tenido bastante fuerza para modificar los movimientos de la Luna en la época en que la Tierra era todavía fluida?

—¿Y quién nos asegura que la Luna ha sido siempre satélite de la Tierra? —añadió Nicholl.

—¿Y quién nos afirma que la Luna no ha existido mucho antes que la Tierra? —dijo Michel.

La imaginación se perdía en el laberinto de las hipótesis, y Barbicane quiso retenerla.

—¡Bah!, esos problemas, demasiado especulativos, no tienen solución posible. Dejémoslos a un lado y comprobemos solamente la insuficiencia de la atracción terrestre primitiva. Así se explica que, por la desigualdad de ambos movimientos, rotación y revolución, los días y las noches hayan podido alternar en la Luna lo mismo que en la Tierra. Además, incluso sin estas condiciones, la vida era entonces posible en el satélite.

—¿De donde resulta que la humanidad ha desaparecido de la Luna? —preguntó Ardan.

—Indudablemente, después de haber persistido allí millares de siglos. Luego, poco a poco, fue rarificándose la atmósfera, y el planeta dejó de hacerse habitable como lo será algún día el globo terrestre: por enfriamiento.

—¿Por enfriamiento?

—Por enfriamiento. A medida que el fuego interior fue apagándose y que la materia incandescente se concentraba, la corteza lunar ha ido enfriándose. Como consecuencia de aquellos fenómenos, desaparecieron los seres organizados; desapareció la vegetación; se hizo cada vez más escasa la atmósfera, aspirada probablemente por la atracción terrestre; desapareció el aire respirable y se evaporó el agua. En aquella época, la Luna, no siendo ya habitable, dejó de estar habitada. Fue un mundo muerto, tal como se nos presenta hoy día.

—¿Y dice usted que esa misma muerte espera a la Tierra?

—Muy probablemente.

—Pero ¿cuándo?

—Cuando el enfriamiento de su corteza la haya hecho inhabitable.

—¿Y se ha calculado el tiempo que tardará nuestro desgraciado planeta en enfriarse?

—Sin duda...

—¿Y usted conoce esos cálculos?

—Por supuesto.

—¡Pues hable, hable, hombre flemático, que me consumo de impaciencia! —exclamó Michel.

—Bueno. Pues le diré, mi buen Michel, que se sabe en cuánto disminuye la temperatura de la Tierra durante un siglo. Según ciertos cálculos, la temperatura media bajará a cero grados dentro de cuatrocientos mil años.

—¡Uf! ¡Respiro! ¡Cuatrocientos mil años! ¡Ya me había asustado! Al oírle, me temí que no tendríamos más de cincuenta mil años de vida... —dijo Michel, muy serio.

Barbicane y Nicholl no pudieron menos de reírse de las inquietudes de su compañero. Y Nicholl planteó de nuevo la segunda pregunta:

—Vamos ahora a esto: ¿ha estado habitada la Luna?

Por unanimidad, la respuesta fue afirmativa.

Mientras se discutían aquellas teorías, más o menos aventuradas, aunque resumían las teorías científicas actuales, el proyectil se dirigía rápidamente hacia el ecuador, al mismo tiempo que se alejaba de la Luna. Ya había pasado del circo de Willen, así como del paralelo 40, a una distancia de ochocientos kilómetros. Luego, dejando Pitatus a la derecha, en el grado 30, bordeó el sur del mar de las Nubes, a cuyo norte se había acercado anteriormente. Varios circos aparecieron confusamente entre el resplandor blanco e intenso de la Luna llena: eran Bouillaud, Purback, casi cuadrado, con un cráter central, y Arzachel, cuya montaña central brillaba con un resplandor indefinible.

Y mientras el proyectil seguía alejándose, se borraban los perfiles, se confundían las montañas en lontananza, y de todo aquel conjunto original, extraño, maravilloso, del satélite de la Tierra no fue quedando en el ánimo de los expedicionarios más que el recuerdo imperecedero.

CAPÍTULO XIX

Durante largo rato, mudos y pensativos, los tres amigos contemplaron aquel mundo que huía y que solamente habían podido entrever de lejos —como Moisés la tierra de Canaam—, y del cual se alejaban para siempre.

Se había modificado la posición del proyectil con relación a la Luna, y ahora presentaba su base hacia la Tierra. Aquel cambio de postura no dejó de sorprender a Barbicane. Si el proyectil debía gravitar alrededor del satélite, siguiendo una órbita elíptica, ¿por qué no le presentaba su parte más pesada, como la Luna respecto a la Tierra? Allí había un punto oscuro.

Podía observarse que el proyectil seguía, separándose de la Luna, una curva análoga a la que había trazado al acercarse a ella, describiendo, por lo tanto, una elipse muy alargada, que probablemente se extendería hasta el punto de atracción neutral.

Ésta fue la conclusión que dedujo Barbicane de cuanto venía observando, y que compartieron sus compañeros.

Y llovieron las preguntas.

—¿Qué va a ser de nosotros al llegar a ese punto neutral? —preguntó Ardan.

—¡Quién lo sabe! Ésa es la incógnita...

—Pero pueden elaborarse ciertas hipótesis, ¡me figuro!...

—Pueden hacerse dos: o nuestra velocidad será insuficiente, y nos estancaremos eternamente en aquella línea neutral... —dijo Barbicane.

—¡Prefiero la otra hipótesis desde luego, sea cual sea! —interrumpió Michel.

—O bien —continuó Barbicane— nuestra velocidad será suficiente, en cuyo caso volveremos a seguir la ruta elíptica, para gravitar eternamente alrededor de la Luna...

—Resultado poco halagüeño, en verdad —replicó Michel—. ¡Eso de pasar al estado de servidores humildes de una Luna que estamos acostumbrados a considerar como sirvienta nuestra! ¡Vaya un porvenir que nos aguarda!

Ni Barbicane ni Nicholl respondieron.

—¿Se callan? —repuso el impaciente Michel.

—No hay nada que añadir a lo dicho...

—Pues qué, ¿no puede intentarse algo, algo...?

—¿Pretendes acaso luchar contra lo imposible? —exclamó Barbicane.

—¿Y por qué no? ¿Acaso un francés y dos americanos vacilarían ante esa palabra?

—Pero ¿qué haría usted?

—¡Tratar de moderar ese movimiento que nos arrastra!

—¿Moderarlo?

—Sí, señor; moderarlo, o interrumpirlo, o emplearlo útilmente para la ejecución de nuestros planes...

—¿Y cómo?...

—¡Eso a vosotros os corresponde! ¡Si los artilleros no son dueños de sus proyectiles, no son artilleros! ¡Si el proyectil manda al que maneja el cañón, hay que meterle dentro del cañón en lugar del proyectil!... ¡Vaya unos sabios! ¡Ni siquiera saben lo que va a ser de nosotros, después de haberme inducido!...

—¿Inducido? —exclamaron Barbicane y Nicholl—. ¿Inducido? ¿Qué entiende por eso?

—¡Nada de recriminaciones! ¡Yo no me quejo! ¡El paseíto me gusta! ¡El proyectil me agrada! Pero ¡hagamos todo lo humanamente posible para caer en algún punto, ya que no podemos caer sobre la Luna!

—Nosotros no deseamos otra cosa; pero nos faltan medios para ello, mi buen amigo.

—¿No podríamos, por ejemplo, modificar el movimiento del proyectil?

—No, no...

—¿Ni disminuir su velocidad?

—¡Tampoco!

—¿Ni siquiera aligerándole de lastre, como se hace con un barco demasiado cargado?

—¿Y qué lastre quiere echar fuera? —preguntó Nicholl—. Nosotros no tenemos lastre a bordo. Y, además, me parece que el proyectil, aligerado, iría más deprisa todavía.

—¡Menos deprisa! —dijo Michel.

—¡Más deprisa! —replicó Nicholl.

—¡Ni más ni menos deprisa! —repuso Barbicane sentenciosamente, para poner paz—. Flotamos en el vacío, y ahí no es posible tener en cuenta el peso específico.

—Pues entonces no queda más que un recurso —añadió Michel.

—¿Cuál? —preguntó Nicholl.

—¡Almorzar! —respondió imperturbablemente el jovial francés, que siempre echaba mano de esta solución en las circunstancias más críticas.

En efecto, si bien aquella operación no influiría en la dirección del proyectil, podía ponerse en ejecución sin inconveniente alguno, e incluso con ventaja para el estómago. Decididamente, Michel no tenía más que ideas excelentes.

Almorzaron a las dos de la madrugada, pero la hora importaba poco. Sirvió Michel su menu habitual, ilustrado con una buena botella que sacó a la luz de su misteriosa bodega. Si con eso no acudían las ideas al cerebro, era cosa de renegar del Chambertin 1863. Después volvieron a su vigilancia interrumpida.

Continuaban rodeando al proyectil, a una distancia invariable, cuantos objetos habían ido lanzando al espacio durante su trayecto. Por lo tanto, era evidente que en su movimiento de traslación alrededor de la Luna, el proyectil no había atravesado atmósfera alguna: el peso específico de aquellos objetos habría modificado su velocidad relativa.

Por el lado del esferoide terrestre nada se veía. La Tierra no tenía más que un día de fecha, puesto que había sido Tierra nueva la víspera a media noche; todavía debían transcurrir dos días antes de que su creciente, despejado de los rayos solares, pudiera servir de reloj a los selenitas; por su movimiento de rotación, cada uno de sus puntos pasa cada veinticuatro horas por el mismo meridiano de la Luna.

Por el lado del esferoide lunar, en cambio, el panorama era distinto. Brillaba la Luna en todo su esplendor, rodeada de innumerables constelaciones, cuya pureza no podían enturbiar sus rayos. Sobre el disco aparecían ya las llanuras con aquel tinte sombrío que se distingue desde la Tierra. El resto del nimbo continuaba resplandeciente, destacándose Tycho, como un Sol, en aquel centelleo general.

Barbicane no podía apreciar la rapidez de la marcha que llevaba el proyectil; pero por deducción comprendía que aquélla seguía disminuyendo de un modo uniforme, según las leyes de la mecánica racional.

En efecto, dando por sentado que el proyectil trazaba una órbita alrededor de la Luna, dicha órbita sería forzosamente elíptica; la ciencia prueba que así debe ser. Ningún cuerpo móvil que circula alrededor de un cuerpo atrayente falta a esa ley. Todas las órbitas descritas en el espacio son elípticas: lo mismo las órbitas de los satélites alrededor de los planetas, como las órbitas de los planetas alrededor del Sol, o la órbita del Sol alrededor del astro desconocido que le sirve de eje central. ¿Por qué había de eludir el proyectil del Columbiad aquella ley natural? Y como en las órbitas elípticas el cuerpo atrayente ocupa siempre uno de los focos de la elipse, el satélite se encuentra tan pronto alejado del astro a cuyo alrededor gravita como cercano a él. Cuando la Tierra está más próxima al Sol se encuentra entonces en su perihelio, y en su afelio en el punto más lejano de aquel astro. Si se trata de la Luna, se encuentra en su peligro al llegar al punto más próximo a la Tierra, y en su apogeo en el punto más separado de este planeta.

Empleando términos análogos a los que enriquecen el lenguaje de los astrónomos, se dirá que si el proyectil se convierte en satélite de la Luna, se halla en su «aposelenio», o sea en el punto más lejano del disco lunar, y en el «periselenio», en su punto más aproximado. En este último caso el proyectil debía alcanzar su velocidad máxima, y en el primero, en el «aposelenio», llegaría a su velocidad mínima.

Era evidente que se dirigía el proyectil a su aposelenio, y Barbicane tenía razón al suponer que su velocidad iría disminuyendo hasta llegar a ese punto, y que después aumentaría de nuevo a medida que se acercase a la Luna. Aquella velocidad llegaría a ser nula en el aposelenio si dicho punto se confundía con el punto de atracción neutral.

Cavilaba Barbicane sobre todas aquellas consecuencias, buscando el partido que podría sacar de la situación, cuando le interrumpió Ardan bruscamente:

—¡Pero si seremos imbéciles!

—No digo que no lo seamos; pero ¿a qué viene eso? —le preguntó Barbicane.

—¡Pensar que de nosotros depende moderar la marcha del proyectil para no alejarnos de la Luna y que no hacemos nada para ello!

—¿Qué es lo que podríamos hacer?

—¡Utilizar la fuerza de retroceso de nuestros cohetes!

—¡En efecto!... —dijo Nicholl.

—No los hemos utilizado, es cierto; pero los utilizaremos —replicó Barbicane.

—¿Cuándo?

—Cuando sea oportuno. Observen ustedes que, en la posición oblicua que ocupa todavía el proyectil respecto a la Luna, los cohetes, al modificar su dirección, podrían desviarlo en lugar de acercarlo al satélite. ¿Supongo que lo que deseamos es precisamente eso, llegar hasta él?

—Naturalmente que sí —asintió Michel.

—Entonces, calma. Esperemos la ocasión. Por influencias inexplicables, el proyectil tiende a llevar de nuevo su base hacia la Tierra, y es probable que en el punto neutral su casquete se dirija decididamente hacia la Luna. En aquel instante es probable también que sea nula su velocidad. Entonces es cuando pondremos en juego la fuerza impulsiva de nuestros cohetes, provocando quizá la caída a plomo sobre el suelo lunar.

—¡Bravo! —exclamó Michel.

—Y esto no podíamos haberlo intentado al pasar por primera vez por el punto neutral, porque el proyectil contaba entonces con una velocidad excesiva.

—¡Bien razonado! —asintió Nicholl.

—Tengamos, pues, paciencia. Pongamos en juego todas las probabilidades a nuestro favor. Después de haber perdido toda esperanza, vuelvo a creer que llegaremos a nuestra meta.

Aquella solución provocó los «¡hip!» y los «¡hurrahs!» de Michel Ardan. Y ninguno de aquellos locos temerarios recordaba que ellos mismos habían resuelto negativamente aquella pregunta: «¿Es habitable la Luna? ¡No, la Luna no es habitable! ¡No, la Luna no está habitada!». Y, sin embargo, iban a la desesperada tras un medio cualquiera a fin de llegar a esa misma Luna inhabitada e inhabitable...

Quedaba un solo punto dudoso: ¿en qué momento exacto llegaría el proyectil al famoso punto neutral, en donde se jugarían el todo por el todo?

Para calcular aquel momento, segundos más o menos, Barbicane no tuvo más que atenerse a sus apuntes de viaje y anotar las distintas altitudes inscriptas de los paralelos lunares. Por ejemplo, el tiempo que se emplea en recorrer la distancia entre el punto muerto y el polo sur debía ser igual al tiempo empleado en recorrer la distancia que separa el polo norte del punto muerto. Las horas que representaban el tiempo empleado habían sido cuidadosamente anotadas, por lo que era fácil hacer aquel nuevo cálculo. Así, pudo fijar Barbicane rápidamente que el proyectil llegaría al punto neutral a la una de la madrugada del 8 de diciembre. Eran en aquel momento las tres de la madrugada del 7 de diciembre; por lo tanto, si no ocurría novedad, llegaría el proyectil dentro de 22 horas al punto consabido.

Los cohetes habían sido dispuestos primitivamente para atenuar la caída del proyectil en la Luna. Ahora se trataba de que esos cohetes sirvieran para un fin absolutamente opuesto. Ya estaban preparados; sólo faltaba prenderles fuego cuando llegase el momento oportuno.

—¡Bueno, amigos! Ya que todo está listo —dijo Nicholl—, voy a proponerles algo.

—¿Qué es?

—Les propongo que nos echemos a dormir.

—¡Qué idea! —exclamó Michel.

—Hace ya cuarenta horas que no hemos cerrado los ojos —repuso Nicholl—; algunas horas de sueño nos darán mayor resistencia.

—¡Vaya! —replicó Michel.

—¡Bueno! Que cada cual haga lo que quiera. Yo me acuesto —dijo Nicholl, echándose sobre un diván. Y al poco rato roncaba como una bala de cañón del 48.

—¡Este Nicholl está lleno de juicio! —exclamó poco después Barbicane—. Voy a seguir su ejemplo.

Y minutos después hacía dúo como bajo profundo con el barítono del capitán.

—Decididamente —se dijo Michel al verse solo—, estas gentes prácticas tienen a veces ideas oportunas.

Y extendió sus largas piernas y apoyando la cabeza sobre sus brazos, Michel también se durmió.

Aquel sueño no podía ser tranquilo ni prolongado. Preocupaciones sin fin acosaban el ánimo de aquellos tres hombres. Hacia las siete de la mañana los tres estaban simultáneamente en pie.

Se alejaba cada vez más el proyectil de la Luna, inclinando hacia ella su casquete; fenómenos inexplicables, que Barbicane pensaba utilizar.

Todavía una espera de diecisiete horas, y llegaría el momento ansiado.

El día les pareció interminable. Por muy audaces que fueran, los viajeros se sentían realmente impresionados a medida que se acercaba el crítico instante de decidirlo todo: o su caída hacia la Luna o su eterno encadenamiento en una órbita inmutable. Contaron una por una aquellas horas, tan lentas para su impaciencia: Barbicane y Nicholl, absortos en sus cálculos; Michel, yendo y viniendo en aquella reducida jaula y contemplando con ávida curiosidad a la impávida Luna.

A veces, evocando sus recuerdos, veían a sus amigos del Gun-Club, sobre todo al que más afecto profesaban, a J. T. Maston. El ilustre secretario debía de encontrarse todavía en su puesto de observación, en las Montañas Rocosas. Si llegaba a ver reflejado el proyectil sobre el espejo de su gigantesco telescopio, ¿qué pensaría?... Se daría cuenta, indudablemente, de que volvía a aparecer por el polo norte lunar, después de haber observado cómo había desaparecido anteriormente detrás del polo sur de la Luna, semejante al satélite de otro satélite. ¿Se le ocurriría comunicar a los demás aquella noticia tan inesperada?... ¿Sería acaso ése el desenlace de la gran empresa?...

Transcurrió el día si novedad. Llegó a su vez la medianoche terrestre. Iba a amanecer el 8 de diciembre; una hora más y ya estarían en el punto de atracción neutral.

¿Cuál era a aquellas horas la marcha del proyectil? ¡Quién podía saberlo! Aunque no era posible apreciarlo, no podía existir error alguno en los cálculos de Barbicane: a la una de la madrugada la velocidad llegaría a ser nula. Cierto fenómeno, ya conocido, anunciaría que llegaban al punto muerto: los objetos acabarían por perder su propio peso. Aquel hecho singular, experimentado ya por Barbicane y sus compañeros cuando por vez primera pasaron de aquella línea neutral, había de reproducirse de nuevo, puesto que volvían a pasar por ella. Esta circunstancia quizá los favorecería; acaso bastaría con provocar cierto impulso, por muy ligero que fuese, en dirección a la Luna, para determinar la caída del proyectil sobre ésta.

—¡La una menos cinco! —anunció Nicholl.

—¡Todo está listo! —respondió Michel, dirigiendo hacia la llama del gas una mecha especialmente preparada.

—¡Espere! —le dijo Barbicane, que tenía su cronómetro en la mano.

En aquel mismo instante la fuerza de gravedad faltó por completo y ellos mismos se dieron cuenta del extraño fenómeno: ¡de un momento a otro iban a llegar al punto neutro, si es que no lo habían alcanzado ya!...

—¡La una! —exclamó Barbicane.

Michel acercó la mecha inflamada al fulminante, que prendió fuego simultáneamente a los cohetes, ya preparados... No se oyó detonación fuera ni dentro del proyectil; pero, por los portillos, Barbicane vio una llamarada intensa que se apagó enseguida. El proyectil se estremeció con una fuerte sacudida, perceptible en el interior de la habitación. Los tres amigos miraban, acechando todo rumor, mudos, respirando apenas... En aquel patético silencio, podían oírse los latidos de sus corazones...

—¿Caemos? —preguntó al fin Ardan.

—¡No! La base del proyectil sigue sin girar hacia el disco lunar —respondió Nicholl.

En aquel momento, Barbicane, dejando el portillo, se volvió hacia sus dos compañeros; estaba lívido, con el entrecejo fruncido y la boca contraída.

—¡Ya caemos! —exclamó.

—¡Ah!, ¡al fin!... ¿Hacia la Luna? —preguntó Michel.

—¡No, hacia la Tierra! —respondió Barbicane.

—¡Diablos! —exclamó Ardan.

Y, filosóficamente, añadió:

—Era de temer al entrar en esta jaula que nos sería algo difícil salir de ella...

En efecto, comenzaba la espantosa caída. La velocidad que conservaba el proyectil lo había arrastrado más allá del punto muerto, sin que pudiera impedirlo la explosión de los cohetes. Y, como ocurrió en el despegue del Columbia, la velocidad de su marcha lo llevaba más allá de la línea neutral; pero esta vez, hacia la Tierra. Por ley física, resultaba que después de su elipse alrededor de la Luna tenía que pasar de nuevo por todos los puntos que había recorrido ya.

Desde una altura de 78.000 leguas, la caída era vertiginosa, sin que ni resortes ni topes pudieran amortiguar el choque. Según las leyes de la balística, en efecto, el proyectil debía llegar a la Tierra con una rapidez igual a la que tenía al partir, es decir, dieciséis mil metros durante el último segundo.

Para dar una idea comparativa, calculen que un objeto lanzado desde las torres de Nuestra Señora de París (que no tienen de altura más que doscientos pies) llega al suelo con una velocidad de ciento veinte leguas por hora. En el caso del proyectil, éste debía llegar a la superficie de la Tierra con una velocidad de 57.600 leguas por hora.

—¡Estamos perdidos! —dijo fríamente Nicholl.

—Bueno, pues si nos matamos —replicó Barbicane, con cierto fervor místico— el resultado de nuestra expedición será infinitamente superior: Dios mismo nos dará la solución que buscamos... En el más allá de la vida, como el alma no necesita ni máquinas ni aparatos para saber, se identificará con la sabiduría eterna...

—Bien mirado —exclamó Ardan—, el otro mundo, en su inmensidad, nos compensará de este astro tan ínfimo que se llama Luna...

Barbicane se cruzó de brazos con un gesto de sublime resignación.

—¡Que sea lo que Dios quiera! —dijo sencillamente.

Capítulo XX

Y esos sondeos, teniente Bronsfield?

—Capitán, creo que ya tocan a su fin —respondió el teniente Bronsfield—. ¿Quién hubiera pensado que se encontrarían semejantes profundidades a cien leguas solamente de la costa americana?

—En efecto, Bronsfield, se trata de una gran depresión. Existe en ese punto un valle submarino, producido por la corriente de Humboldt, que prolonga las costas de América hasta el estrecho de Magallanes.

—Esas depresiones de terreno son poco favorables a la colocación de los cables telegráficos. Sería preferible una meseta plana como la que sostiene el cable americano entre Valentia y Terranova.

—Es cierto, Bronsfield. Y, con su permiso, ¿dónde estamos ahora?

—Pues en este momento tenemos veintisiete mil pies de cable sumergido y el plomo de la sonda todavía no ha tocado fondo; de lo contrario, ya hubiera salido a la superficie por sí mismo.

—¡Qué ingenioso aparato ese de Brook! —replicó el capitán Blomsberry—. Con él es muy fácil obtener sondeos exactos...

—¡Fondo! —gritó en aquel momento uno de los timoneles de proa, que vigilaba la operación.

El teniente y el capitán fueron hacia el castillo de proa.

—¿Qué profundidad? —preguntó el capitán.

—21.762 pies, capitán —respondió el teniente, anotando la cifra en su cuaderno.

—Bueno, Bronsfield. Voy a inscribir este resultado en mi mapa. Ahora haga usted halar la sonda a bordo. Es trabajo de varias horas; mientras tanto, el jefe de máquinas hará poner en presión las calderas, y así estaremos dispuestos a partir en cuanto termine usted. Son las diez, y, con su permiso, voy a acostarme.

—Como usted guste, capitán...

El capitán del *Susquehanna,* bellísima persona y humilde servidor de sus oficiales, entró en su camarote, tomó su ponche de brandy, que mereció no pocos plácemes al jefe del comedor, se acostó, después de haber elogiado a sus camareros por su modo de hacerle la cama, y se durmió tranquilamente.

Serían las diez. El undécimo día del mes de diciembre tocaba a su fin, con un tiempo magnífico.

El *Susquehanna,* corbeta de quinientos caballos, de la Marina nacional de los Estados Unidos, se ocupaba en trabajos de sonda por el Pacífico, a unas cien leguas de la costa americana, paralelamente a la península que se encuentra en la costa de Nuevo México.

El viento había cedido; la grímpola de la corbeta colgaba, inerte, del mástil de perroquete. El capitán Jonathan Blomsberry —primo carnal del coronel Blomsberry, uno de los entusiastas del Gun-Club, que se había casado con una señorita Horschbidden, tía del capitán e hija de un honrado comerciante del Kentucky— no podía haber soñado con un tiempo más propicio para llevar a cabo sus delicadas maniobras de sondeo. Ni siquiera se había dado cuenta su corbeta del fuerte temporal que, al barrer los nubarrones amontonados sobre las Montañas Rocosas, permitiría observar la marcha del famoso proyectil. Todo iba a su gusto, y no se olvidó de dirigir al cielo su acción de gracias con todo el fervor de un presbiteriano.

La serie de sondeos llevados a cabo por el *Susquehanna* tenía por objeto reconocer los fondos más favorables para el establecimiento de un cable submarino entre las islas Haway y la costa americana.

Aquélla era una empresa de grandes vuelos, debida a la iniciativa de una gran compañía. Su director, el inteligente Cyrus Field, incluso pretendía cubrir todas las islas de la Oceanía con una red eléctrica, proyecto gigantesco, digno del genio americano.

Las primeras operaciones de sondeo para establecer los cables necesarios fueron confiadas al *Susquehanna,* que se encontraba en la noche del 11 al doce de diciembre a 27 grados 7 minutos de latitud norte y 41 grados 37 minutos de longitud oeste del meridiano de Washington [1]. La Luna, en su cuarto menguante, se asomaba por el horizonte.

---

[1] Exactamente 119 grados 55 minutos de longitud oeste del meridiano de París.

Cuando el capitán se marchó, se reunieron Bronsfield y otros oficiales en la toldilla. Al aparecer la Luna contemplaron aquel astro que los habitantes de todo un hemisferio admiraban en aquel momento. Sus más potentes anteojos marinos eran incapaces de descubrir el proyectil errante y, sin embargo, todos se pusieron a mirar con sus catalejos hacia el astro resplandeciente, objeto de curiosidad extraordinaria en aquellos instantes para millones de seres humanos.

—Ya hace diez días que partieron —dijo el teniente Bronsfield—; ¿qué será de ellos?

—Ya habrán llegado, mi teniente —exclamó un guardiamarina—, y seguramente estarán haciendo lo que todo viajero que llega a un país desconocido: ¡estarán paseándose!

—Estoy convencido de ello puesto que usted lo dice —respondió, con una sonrisa, el teniente Bronsfield.

—Pero no puede dudarse de su llegada —dijo otro oficial—. Era Luna llena el cinco a media noche; ya estamos a once, es decir, que han pasado ya seis días, y en seis veces veinticuatro horas, sin oscuridad, habrán tenido tiempo de instalarse «confortablemente». Me parece estar viéndolos acampados en el fondo de un valle, al borde de un arroyo selenita y cerca del proyectil, medio enterrado, por la fuerza de la caída, entre restos volcánicos... El capitán Nicholl, ocupado en sus mediciones de terreno; Barbicane, poniendo en limpio sus notas de viaje, y Michel Ardan, embalsamando las soledades lunares con sus habanos...

—¡Sí, sí, eso es! ¡Así mismo!... —exclamó el guardiamarina, entusiasmado ante la descripción imaginativa de su superior.

—Quisiera creerlo yo también —replicó el teniente, que no se exaltaba nunca—. Desgraciadamente, las noticias directas del mundo lunar no llegarán nunca...

—Dispense usted, mi teniente: ¿acaso el presidente Barbicane no puede escribirnos? —preguntó el guardiamarina.

Una carcajada general acogió la pregunta.

—No digo cartas, no —repuso con viveza el joven—. La Administración de Correos no tiene nada que ver con esto.

—Entonces, ¿la de Telégrafos? —preguntó con ironía uno de los oficiales.

—¡Tampoco! —respondió el guardiamarina sin inmutarse—. Pero sería muy fácil establecer una comunicación gráfica con la Tierra...

—¿Cómo?

—Por medio del telescopio de Long's-Peak, que, como saben ustedes, acerca la Luna a dos leguas de las Montañas Rocosas, permitiendo observar cuantos objetos midan nueve pies de diámetro. Pues bien: que nuestros amigos, tan ingeniosos, organicen un alfabeto gigantesco, con palabras de cien toesas y frases de una legua de largas, y seguramente les será posible enviarnos noticias.

Aplaudieron con gran algazara la idea del joven, que no carecía de imaginación, conviniendo el mismo teniente Bronsfield en que aquello era realizable por medio de espejos parabólicos que transmitieran rayos luminosos reunidos en haz; de esta manera sería posible comunicarse, siendo esos rayos tan visibles en la superficie de Venus o de Marte como el planeta Neptuno lo es desde la Tierra. Añadió el teniente que se han observado antes de ahora ciertos puntos luminosos en los planetas cercanos, que pudieran muy bien ser señales destinadas a la Tierra. También hizo observar que si por ese sistema se podía recibir noticias del mundo lunar, en cambio no cabía la recíproca, a menos que los selenitas contasen con instrumentos capaces de llevar a cabo observaciones a larga distancia.

—Indudablemente —dijo uno de los oficiales—; pero lo que nos interesa sobre todo, es saber lo que ha sido de los viajeros, lo que han podido hacer, lo que han visto. Y si, como me figuro, ese ensayo ha resultado bien, se podría volver a empezar. El cañón sigue incrustado en el suelo de Florida. No es más que cuestión de un proyectil y de pólvora. Siempre que se encuentre la Luna en el cenit es posible enviarle un cargamento de expedicionarios.

—¡Con seguridad que J. T. Maston irá cualquier día de estos a reunirse con sus amigos! —exclamó Bronsfield.

—Y si me lo permite, yo estoy dispuesto a acompañarle —dijo el guardiamarina.

—¡Oh! ¡No faltarán candidatos para el viaje! ¡Si pudieran, la mitad de los habitantes de la Tierra emigrarían pronto a la Luna! —replicó Bronsfield.

La conversación entre los oficiales del *Susquehanna* se prolongó hasta cerca de la una de la madrugada. No se podría enumerar los sistemas, a cual más ingenioso, las teorías, a cual más atrevida, que improvisaron aquellos espíritus audaces. Desde la tentativa de Barbicane, nada parecía imposible a los americanos, y ya proyectaban enviar, no una comisión de sabios, sino una colonia, hacia las riberas selenitas, así como todo un ejército, con infantería, artillería y caballería a la conquista del mundo lunar.

A la una no había terminado aún el halaje de la sonda; 10.000 pies de cable quedaban sumergidos; había trabajo para varias horas. Por orden del capitán, se encendieron los hornillos y aumentaron su presión las calderas. El *Susquehanna* habría podido zarpar enseguida.

En aquel instante —era la una y diecisiete minutos— se disponía el teniente Bronsfield a dejar la guardia para irse a su camarote, cuando le llamó la atención un silbido lejano, completamente inesperado.

Al principio él y sus compañeros supusieron que sería alguna fuga de vapor; pero al alzar la cabeza, observaron que aquel ruido provenía de las profundidades del espacio.

No tuvieron ni tiempo para comunicarse su impresión; el silbido iba adquiriendo una intensidad espantosa y, de repente, ante sus ojos deslumbrados apareció un enorme bólido, inflamado por su misma velocidad y su roce con las capas atmosféricas.

Aquella masa de fuego aumentó de volumen y cayó con el estrépito de un trueno sobre el bauprés de la corbeta, cortándolo a ras del estrave, y hundiéndose en el mar con un ruido ensordecedor...

Unos pies más cerca del *Susquehanna,* y la corbeta se habría ido a pique con todo lo que llevaba dentro.

En aquel momento apareció Blomsberry, a medio vestir, y corriendo al castillo de proa, adonde habían acudido precipitadamente sus oficiales, les preguntó:

—Con su permiso, señores, ¿qué ha ocurrido?

El guardiamarina, como un eco de los demás, contestó:

—¡Comandante, son *ellos,* que regresan!

Capítulo XXI

La emoción fue inmensa a bordo del *Susquehanna.* Oficiales y marineros olvidaban el terrible peligro que habían corrido y la posibilidad de haber sido aplastados y sepultados en el mar. Sólo pensaban en la catástrofe que remataba la expedición; la empresa más audaz de los tiempos antiguos y modernos costaba la vida a los hombres valientes que la habían intentado.

«Son *ellos,* que regresan», había dicho el guardiamarina, y todos le habían comprendido. Nadie ponía en duda que aquel bólido fuese el proyectil del Gun-Club. En cuanto a los viajeros que se hallaban en su interior, se cruzaban diversos pareceres respecto a su suerte.

—¡Se han matado! —decía uno.

—¡Viven! La capa de agua es profunda y habrá amortiguado su caída —protestaba otro.

—Pero les habría faltado aire para respirar y han debido morir asfixiados —objetaba el primero.

—¡Quemados! El proyectil no era más que una masa incandescente al atravesar la atmósfera —replicaba aquél.

—¡Qué importa! ¡Vivos o muertos, hay que sacarlos a flote! —declaraban todos, unánimes.

Entretanto, el capitán Blomsberry reunía a sus oficiales para tratar, «con su permiso», de la situación. Había que tomar una determinación sin perder tiempo. Ante todo era menester sacar a flote el proyectil, operación difícil, aunque posible. Pero el navío carecía de aparatos adecuados, potentes y de precisión. Decidieron llevarlo al puerto más cercano y pasar aviso al Gun-Club de la caída del proyectil. Por unanimidad fue resuelto así.

La elección del puerto fue discutida. La costa cercana no tenía desembarcadero en el grado 27 de latitud. Más arriba, por encima de la península de Monterrey, se encontraba la importante ciudad que le ha dado su nombre. Pero, situada en los confines de un verdadero desierto, no contaba con ninguna comunicación telegráfica con el interior; sólo la electricidad podía comunicar rápidamente aquella noticia tan importante.

La bahía de San Francisco se hallaba a unos grados más altos, y por la capital del país del oro sería fácil comunicarse con el centro de la Unión. En menos de dos días, el *Susquehanna,* a toda máquina, podría llegar al puerto de San Francisco. Zarparían enseguida. Podrían aparejar inmediatamente, para lo cual el capitán Blomsberry, no queriendo malgastar el tiempo, resolvió cortar el cable de la sonda; en el fondo quedaban todavía dos mil brazadas de sonda.

—Fijaremos el cabo en una boya —dijo—, y así tendremos el punto exacto en donde se ha hundido el proyectil.

—Además —añadió el teniente Bronsfield—, ya conocemos nuestra posición exactamente: 27 grados 7 minutos de latitud norte y 41 grados 37 minutos de longitud oeste.

—Bien, señor Bronsfield —repuso el capitán—; y, con su permiso, mande usted cortar el cable.

Una gran boya, reforzada por una serie de barlingas, fue lanzada al agua. Se fijó sólidamente en ella el extremo del cable, y aunque sometida al vaivén de las olas, no se iría al garete fácilmente.

En aquel momento avisó el jefe de máquinas que tenían presión suficiente y que podían partir. El capitán hizo que le dieran las gracias por aquella grata comunicación y señaló la ruta al nornoroeste. La corbeta se dirigió a todo vapor hacia la bahía de San Francisco. Eran las tres.

Poca cosa suponían, en verdad, doscientas veinte leguas para una buena andarina como la corbeta *Susquehanna.* En treinta y seis horas franqueó aquella distancia, y el 14 de diciembre, a la una y veintisiete minutos de la tarde, entraba en la bahía de San Francisco.

A la vista de aquel barco de la Marina nacional que llegaba a gran velocidad, con el bauprés destrozado y su palo trinquete apuntalado, la curiosidad pública se alarmó; la gente se aglomeraba en los muelles, esperando impaciente el desembarco.

Después de echar el ancla, el capitán Blomsberry y el teniente Bronsfield bajaron a una lancha de ocho remeros y llegaron a tierra rápidamente.

—¿El telégrafo? —interrogaron, sin atender a las mil preguntas que les dirigían. El capitán los condujo del puerto a la oficina de telégrafos entre un inmenso grupo de curiosos.

Blomsberry y Bronsfield entraron en el despacho, mientras la gente se agolpaba a la puerta. Minutos después, un parte, en cuádruple expedición, era transmitido: primero, al secretario de la Marina, Washington; segundo, al vicepresidente del Gun-Club, Baltimore; tercero, al honorable J. T. Maston, Long's-Peak, Montañas Rocosas; cuarto, al subdirector del Observatorio de Cambridge, Massachussets.

Estaba concebido en estos términos: «A los 20 grados 7 minutos latitud norte y 41 grados 37 minutos longitud oeste, hoy, 12 de diciembre, a la una y diecisiete minutos de la mañana, proyectil Columbiad hundido en el Pacífico. Envíen instrucciones.—BLOMSBERRY, comandante *Susquehanna*».

Cinco minutos después todo San Francisco sabía la noticia; antes de las seis de la tarde los diversos Estados de la Unión tenían conocimiento de la suprema catástrofe. Pasada la medianoche, por el cable, toda Europa sabía el resultado de la gran expedición americana.

Hay que renunciar a describir el efecto que produjo en el mundo entero aquel inesperado desenlace.

Cuando se recibió el parte, el secretario de la Marina telegrafió al *Susquehanna* ordenándole que esperase en la bahía de San Francisco sin apagar las calderas. Día y noche debía estar dispuesto a hacerse a la mar.

El Observatorio de Cambridge se reunió en sesión extraordinaria, y, con aquella calma que distingue a las sociedades científicas, se discutió tranquilamente el punto de vista científico de la cuestión.

En el Gun-Club hubo gran revuelo. Todos los artilleros estaban presentes. Precisamente el ilustre Wilcome, vicepresidente, leía un despacho, por demás prematuro, en el cual J. T. Maston y Belfast anunciaban que el proyectil acababa de ser señalado en el gigantesco reflector de Long's-Peak. Añadía aquel comunicado que el proyectil, retenido por la atracción de la Luna, se había convertido en subsatélite del mundo solar. Ya es conocida la verdad sobre este punto.

Sin embargo, en cuanto llegó el telegrama de Blomsberry, que contradecía tan categóricamente el de J. T. Maston, se formaron dos bandos en el Gun-Club. De un lado, el partido de los que admitían la caída del proyectil y, por consiguiente, el regreso de los viajeros. Del otro, el partido de aquellos que, ateniéndose a las observaciones de Long's-Peak, opinaban que el comandante del *Susquehanna* había cometido un error. El supuesto proyectil no era más que un bólido para estos últimos; un globo errante que, al caer, había destrozado la propa de la corbeta.

No se sabía realmente qué responder a esta argumentación, porque la velocidad que llevaba el proyectil al hundirse no debía de haber facilitado el examen de aquel cuerpo tan vertiginosamente móvil. El comandante y los oficiales de la corbeta podían haberse equivocado con la mejor buena fe. Había un dato, sin embargo, que argüía en favor del comandante: si el proyectil había caído efectivamente sobre el globo terrestre, el choque no podía haberse efectuado mas que en el grado 27 de latitud norte, teniendo en cuenta el tiempo transcurrido y el movimiento de rotación de la Tierra, entre el grado 42 de longitud oeste.

Fuera lo que fuese, se decidió por unanimidad en el Gun-Club que el hermano de Blomsberry, Bilsby y el mayor Elphiston irían inmediatamente a San Francisco y tomarían las decisiones necesarias para recoger el proyectil del fondo del océano.

En efecto, aquellos señores partieron, y el ferrocarril que dentro de poco atravesará toda la América Central los condujo a Saint-Louis, en donde los esperaban unos rápidos *mail-coaches.*

Casi al mismo tiempo en que el secretario de la Marina, el vicepresidente del Gun-Club y el subdirector del Observatorio de Cambridge recibían el despacho de San Francisco, experimentaba el honorable J. T. Maston la emoción más violenta de su vida, no igualada por aquella otra, tan terrible, cuando la explosión de su célebre cañón; emoción que estuvo a punto de costarle la vida esta vez también.

Se recordará que el secretario del Gun-Club se había marchado algunos minutos después que el proyectil —y casi tan rápidamente como él— para el puesto de Long's-Peak, en las Montañas Rocosas. El sabio J. Belfast, director del Observatorio de Cambridge, le acompañaba. Cuando llegaron al Observatorio, ambos amigos se instalaron someramente y no se separaron más del ocular superior del enorme telescopio.

Aquel instrumento gigantesco había sido construido en las mismas condiciones que los reflectores llamados *front-view* por los ingleses. Por una disposición especial, no reflejaba más que una sola vez los objetos, y por consiguiente la visión resultaba más clara.

Cuando J. T. Maston y J. Belfast tenían que proceder a sus observaciones se colocaban, no en la parte inferior del instrumento, sino en la superior. Llegaban allí por una escalera de caracol, obra maestra de ligereza. Debajo de ellos se abría aquel pozo de metal cuyo fondo era un espejo metálico; medía doscientos ochenta pies de profundidad. Pasaban la vida en la estrecha plataforma instalada encima del telescopio, renegando de la claridad del día, que ocultaba la luna, y de las nubes, que la velaban obstinadamente toda la noche.

¡Cuál no sería su contento, después de esperar en vano varios días, cuando la noche del 5 de diciembre divisaron el vehículo que arrastraba a sus amigos por el espacio! A aquella entusiasta alegría sucedió pronto un desaliento profundo. Atendiendo a ciertas observaciones incompletas, habían transmitido al mundo entero con su primer telegrama la afirmación errónea que hacía del proyectil un satélite de la Luna, gravitando en una órbita inmutable.

Desde aquel momento ya no volvieron a ver más el proyectil, siendo esta desaparición explicable teniendo en cuenta que el proyectil pasaba entonces por detrás del hemisferio invisible de la Luna.

¡Júzguese de la impaciencia del vehemente J. T. Maston y de su compañero, no menos vehemente, esperando a que el proyectil volviese a presentarse en el hemisferio visible! A cada minuto de la noche creían ver de nuevo el proyectil; pero no lo veían. De ahí las discusiones incesantes, las violentas disputas. Belfast afirmaba que no se distinguía el proyectil; Maston sostenía que le cegaba los ojos.

—¡Sí, es el proyectil! —repetía J. T. Maston.

—¡No! ¡Es una avalancha que se ha desprendido de alguna montaña lunar! —afirmaba Belfast.

—¡Bueno! ¡Pues se le verá mañana!

—¡No! ¡No se le volverá a ver más! ¡Ha sido arrastrado al espacio!

—¡Sí!

—¡No!

Y en aquellas discusiones, salpicadas de violentas interjecciones, la irritabilidad, bien conocida, del secretario del Gun-Club constituía un peligro constante para el honorable J. Belfast.

Aquella vida en común habría resultado pronto imposible de no producirse un acontecimiento inesperado que cortó de raíz sus discusiones sempiternas.

Durante la noche del 14 al 15 de diciembre los dos irreconciliables amigos estaban entregados a sus observaciones. J. T. Maston injuriaba, según su costumbre, al doctor Belfast, que por su parte sentía que su cólera subía por momentos.

El secretario del Gun-Club sostenía, por milésima vez, que acababa de ver el proyectil, añadiendo que había distinguido a Michel Ardan asomado a uno de los portillos. Y apoyaba su argumentación con una serie de gestos que el temible gancho que reemplazaba su antebrazo amputado hacía más peligrosos.

En aquel momento apareció el criado de Belfast en la plataforma —serían las diez de la noche—, y le entregó un telegrama, el del comandante del *Susquehanna*.

Belfast desgarró el sobre, leyó y lanzó un grito.

—¿Qué hay?...

—¡El proyectil!...

—¿Y qué?...

—¡Que ha caído sobre la Tierra!...

Un nuevo grito, un aullido mejor dicho, le respondió.

Se volvió hacia J. T. Maston. El desdichado, demasiado inclinado sobre el tubo de metal, acababa de desaparecer dentro del telescopio. ¡Una caída de doscientos ochenta pies! Belfast, azorado, acudió precipitadamente al orificio; ¡respiró!: J. T. Maston, retenido por el consabido gancho de metal, se agarraba desesperadamente a una de las virolillas que sostenían la disyunción del telescopio, y gritaba como un energúmeno.

Belfast pidió auxilio. Acudieron sus ayudantes, instalaron unos palanquines y con bastante esfuerzo pudieron subir al imprudente secretario del Gun-Club, que hizo su aparición por el orificio superior, sin lesión alguna.

—¡Ah! —dijo—. ¿Y si se hubiera roto el espejo?

—Lo habría usted pagado —respondió Belfast con severo acento.

—¿De modo que ese empecatado proyectil cayó? —preguntó Maston.

—En el Pacífico.

—¡Vámonos!

Un cuarto de hora después los dos amigos bajaban la cuesta de las Montañas Rocosas, y dos días más tarde, al mismo tiempo que sus compañeros del Gun-Club, llegaban a San Francisco, habiendo reventado a cinco caballos.

Elphiston, el hermano de Blomsberry y Bilsby se precipitaron a su encuentro.

—¿Qué hacemos? —preguntaron.

—Sacar a flote el proyectil. ¡Y lo más pronto posible! —respondió J. T. Maston.

Capítulo XXII

Se conocía exactamente el punto en que el proyectil se había hundido. Faltaban las máquinas y los instrumentos para sacarlo a flote. Había que inventarlos y fabricarlos. Los ingenieros americanos no se apuraban por tan poca cosa. Una vez sujeto el proyectil en los garfios y maniobrando por medio del vapor, estaban seguros de levantar el proyectil, a pesar de su peso algo rebajado ya por la densidad.

Pero no bastaba con subir el proyectil: había que proceder rápidamente, en interés de los que se hallaban en su interior; nadie dudaba de que aún estuviesen con vida.

—¡Sí! —repetía sin cesar J. T. Maston, cuyo optimismo se comunicaba a todo el mundo—; nuestros amigos son gente ingeniosa y no han debido dejarse caer como unos imbéciles. Viven, viven; pero hay que darse prisa para que no sea demasiado tarde. Lo que me inquieta no es el agua ni los víveres; tienen de todo eso para mucho tiempo. Pero ¿y el aire? ¡El aire!... Eso sí que les faltará pronto... Por tanto, ¡deprisa, deprisa!...

Y se trabajaba deprisa; se organizaba el *Susquehanna* para su nuevo destino. Se dispusieron sus potentes máquinas para que embragasen las cadenas del halaje. El proyectil, de aluminio, no pesaba más que 19.250 libras, peso muy inferior al del cable trasatlántico que había sido halado en parecidas circunstancias. La única dificultad consistía en sacar a flote un proyectil cilindrocónico, en cuyas paredes lisas sería muy difícil que prendieran los garfios.

Con objeto de facilitar la maniobra, el ingeniero Murchison, llamado a San Francisco, hizo instalar unos enormes palanquines automáticos, que no soltarían el proyectil una vez que estuvieran sujetos con los garfios. También hizo que se preparasen escafandras, que, gracias a su envoltura sólida e impermeable, permitirían a los buzos hacer un minucioso reconocimiento en el fondo del mar. Embarcó asimismo a bordo del *Susquehanna* aparatos de aire comprimido muy ingeniosos. Eran verdaderas cámaras, provistas de portillos, que el agua, llenando ciertos compartimentos, podía arrastrar a grandes profundidades. Aquellos aparatos existían en San Francisco, donde ya habían sido utilizados para la construcción de un dique submarino. Esto fue una gran ventaja, pues no había tiempo para construir otros.

A pesar de la perfección de aquella maquinaria, a pesar de ser tan expertos los hombres que la manejaban, no era seguro, ni mucho menos, el resultado de la maniobra. ¡Cuántas contingencias, tratándose de un proyectil hundido a veinte mil pies! Y aun suponiendo que el proyectil fuese sacado a flote, ¿cómo habrían soportado los viajeros el terrible choque, que aquellos veinte mil pies de agua probablemente no pudieron amortiguar?

Urgía, pues, poner en práctica el salvamento sin perder un minuto. J. T. Maston apremiaba día y noche a sus obreros en ese sentido. Él estaba ya preparado para ponerse la escafandra o para hacer un ensayo personalmente de los aparatos del aire, a fin de darse exacta cuenta de la situación de sus valientes amigos.

Sin embargo, a pesar de la actividad desplegada para la organización de aparatos y máquinas, a pesar de las sumas importantes que fueron puestas a disposición del Gun-Club por el Gobierno de la Unión, cinco días largos, ¡cinco siglos!, transcurrieron antes de ultimar los preparativos. Durante esos días la opinión pública se exaltaba en grado sumo. Se cruzaban telegramas en el mundo entero, por cables e hilos telegráficos. El salvamento de Barbicane, Nicholl y Ardan resultaba un acontecimiento internacional. Todas las naciones que habían suscrito al empréstito del Gun-Club se interesaban directamente por el salvamento de los expedicionarios.

Por fin las cadenas de halaje, las cámaras de aire, las palancas automáticas fueron embarcadas en el *Susquehanna.* J. T. Maston, el ingeniero Murchison y los miembros del Gun-Club se instalaron en sus camarotes; sólo faltaba la señal de partida.

El 21 de diciembre, a las ocho de la noche, aparejó la corbeta, con mar bellísima, brisa nordeste y frío bastante vivo.

Toda la población de San Francisco se agolpaba en los muelles, emocionada, muda, reservando sus «hurras» para el regreso.

Las calderas del *Susquehanna* llegaron a su máxima tensión, y su hélice lo impulsó rápidamente fuera de la bahía...

Sería ocioso detallar las conversaciones a bordo entre oficiales, marineros y pasajeros. Todos aquellos hombres tenían la misma preocupación, todos aquellos corazones palpitaban con la misma emoción.

¿Qué estarían haciendo Barbicane y sus compañeros mientras acudían en su auxilio? ¿Qué sería de ellos? ¿Estarían a punto de intentar alguna arriesgada maniobra para recobrar su libertad? ¡Nadie podía decirlo! Era probable que toda tentativa fracasara: sumergida a dos leguas de profundidad, aquella cárcel de metal desafiaba todo esfuerzo de sus prisioneros.

El 23 de diciembre, a las ocho de la mañana, después de una rápida travesía, el *Susquehanna* llegaba al lugar del naufragio. Era preciso esperar al mediodía para conseguir datos exactos; no se veía todavía la boya en la que se había sujetado el cable del sondeo.

A mediodía el capitán Blomsberry, ayudado por los oficiales que comprobaban la operación, tomó la altura en presencia de los delegados del Gun-Club. Siguió un momento de ansiedad. Determinada su posición, el *Susquehanna* se encontraba en el oeste, a algunos minutos del lugar exacto en que el proyectil se había hundido en el mar, y se le dio a la corbeta la dirección adecuada para llegar.

A las doce y cuarenta y siete minutos se avistó la boya; continuaba en perfecto estado y, al parecer, apenas se había desviado.

—¡Al fin! —exclamó J. T. Maston.

—¿Empezamos? —preguntó el capitán.

—¡Sin perder un segundo! —respondió J. T. Maston.

Se tomaron todas las precauciones para mantener el barco en una inmovilidad casi absoluta.

Antes de proceder a enganchar el proyectil, el ingeniero Murchison quiso examinar la posición que ocupaba; los aparatos submarinos destinados a este fin recibieron su provisión de aire.

No dejaba de ser peligroso su manejo, porque a semejantes profundidades y bajo presiones tan fuertes se exponían a averías cuyas consecuencias serían terribles.

J. T. Maston, el hermano de Blomsberry y el ingeniero Murchison, sin preocuparse gran cosa de aquellos riesgos, se instalaron en las cámaras de aire. El comandante, desde la pasarela, presidía la operación, dispuesto a retener o a halar sus cadenas a la primera señal; desembragada la hélice y concentrada toda la fuerza de las máquinas en el cabrestante, era fácil reintegrar rápidamente la cámara a bordo.

El descenso comenzó a la una y veinticinco minutos de la tarde, y la cámara, arrastrada por sus depósitos de agua, desapareció de la superficie del océano.

A bordo, la emoción de los oficiales y de los marineros se dividía entre los prisioneros del proyectil y los del aparato submarino. En cuanto a éstos, ni se acordaban de sí mismos y, pegados a los cristales de los portillos, observaban minuciosamente las masas líquidas que iban atravesando.

Bajaban con rapidez; a las dos y diecisiete minutos J. T. Maston y sus compañeros tocaban fondo. Pero no vieron nada más que un desierto sin flora ni fauna marinas.

Gracias a los poderosos reflectores de sus lámparas les era fácil recorrer con la vista, en un radio bastante extenso, las sombrías capas del agua; pero el proyectil continuaba invisible.

No es posible describir la impaciencia de los atrevidos buzos. Estando en comunicación eléctrica con el *Susquehanna,* se hicieron las señales convenidas, y la corbeta hizo circular por espacio de una milla el aparato de la cámara, suspendido a unos metros del fondo del mar.

Exploraron de ese modo la llanura submarina, sugestionados a cada instante por espejismos que hacían palpitar sus corazones. Aquí una roca, allí una protuberancia del suelo, les hacía creer que se trataba del proyectil; luego, reconocían su error y se descorazonaban.

—Pero ¿dónde están?, ¿dónde están? —exclamaba J. T. Maston, y llamaba a gritos a Nicholl, Barbicane y Ardan, como si sus infortunados amigos hubiesen podido oírle y responderle en aquel medio impenetrable.

Continuaron explorando hasta que al aire viciado del aparato los obligó a hacer que los subieran a bordo. Comenzó el halaje a eso de las seis de la tarde, y no terminó hasta las doce de la noche.

—Hasta mañana —dijo J. T. Maston al pisar el puente de la corbeta.

—Bueno —respondió el capitán Blomsberry.

—Y en otro punto.

—Bien.

J. T. Maston no dudaba todavía del éxito; no así sus compañeros, cuyo entusiasmo había decaído, en vista de las dificultades de la empresa. Lo que en San Francisco parecía fácil, allí, en pleno océano, resultaba casi irrealizable. Disminuían en gran proporción las probabilidades de éxito; sólo a la suerte había que confiar el hallazgo del proyectil.

El 24 de diciembre, a pesar de las fatigas de la víspera, reanudaron la tentativa. Cambió de sitio la corbeta, hacia el oeste, y el aparato, bien provisto de aire, se sumergió de nuevo, y con los mismos exploradores, en las profundidades del mar.

Transcurrió el día en investigaciones infructuosas. El fondo del mar estaba desierto. El día 25 no dio mejores resultados. Tampoco el 26.

Aquello resultaba desesperante. Y el pensamiento no se apartaba de aquellos desdichados que estaban encerrados en el proyectil desde hacía veintiséis días. Quizá en aquel momento sentían ya las primeras angustias de la asfixia, si es que habían sobrevivido a los peligros de la caída. El aire les faltaba, y, sin duda, con el aire, el valor, la esperanza...

—El aire es posible que les falte; pero el valor, ¡jamás!... —decía invariablemente J. T. Maston.

El día 28, después de haber pasado otros dos en inútiles pesquisas, perdieron toda esperanza.

¡Aquel proyectil era ya un átomo en la inmensidad del mar! Había que renunciar a dar con él.

Sin embargo, J. T. Maston no quería oír hablar de marcharse, abandonando aquel emplazamiento, sin explorar de nuevo la tumba de sus amigos. Pero el comandante Blomsberry no podía obstinarse por más tiempo y, a pesar de las protestas del secretario del Gun-Club, dio orden de aparejar.

El 29 de diciembre, a las nueve de la mañana, el *Susquehanna,* con la proa hacia el nordeste, tomó de nuevo el camino de San Francisco. Eran las diez de la mañana. La corbeta se alejaba lentamente, y como a su pesar, del lugar de la catástrofe, cuando el vigía de guardia gritó de repente:

—¡Una boya a la vista a sotavento!

Miraron los oficiales en la dirección indicada, y con sus catalejos reconocieron que el objeto señalado tenía, efectivamente, la apariencia de esas boyas que se emplean para balizar los pasos de las bahías o de los ríos. Pero, detalle singular: una bandera, flotando al viento, remataba la parte cónica, que sobresalía del agua unos cinco o seis pies. Aquella boya resplandecía al sol como si sus paredes fueran de plata.

El comandante Blomsberry, J. T. Maston y los delegados del Gun-Club, desde la pasarela, contemplaban aquel objeto que erraba a la ventura sobre las olas, sorprendidos, mudos, con una ansiedad febril, sin atreverse a formular la idea que a todos ellos les sugería aquel espectáculo.

El buque se aproximó a menos de dos cables; un estremecimiento galvanizó a todos: aquella bandera ¡era la americana!

En aquel momento se oyó un verdadero rugido, y el bueno de J. T. Maston se desplomaba como una masa. Olvidándose de que su antebrazo derecho lo reemplazaba con un gancho de hierro y de que cubría su cráneo una simple gorra de lona, acababa de propinarse un golpe formidable en la cabeza. Acudieron en su auxilio, lo incorporaban, lo hicieron volver en sí. Y ¿cuáles fueron sus primeras palabras?

—¡Ah! ¡Majaderos! ¡Idiotas! ¡Estúpidos! ¡No somos otra cosa!...

—Pero ¿qué ocurre? —le preguntaron.

—¿Que qué ocurre?..

—¡Pero hable usted!...

—Pues lo que ocurre, imbéciles —aulló el terrible secretario—, es que el proyectil sólo pesa 19.250 libras!...

—¿Y qué?...

—¡Y que desplazando 28 toneladas, o sea 50.000 libras, el proyectil «flota»!

¡Ah! ¡Cómo subrayó el buen señor el verbo «flota»! ¡Y era cierto! Todos, sí, todos aquellos sabios habían olvidado esta ley fundamental: que a consecuencia de su ligereza específica, el proyectil había salido a flote por sí solo, después de haber sido arrastrado en su caída hasta las mayores profundidades del océano. Y ahora, naturalmente, a merced de las olas...

Se lanzaron al agua los botes, y J. T. Maston y sus amigos se metieron en ellos precipitadamente. La emoción llegó a su colmo; y mientras las embarcaciones avanzaban hacia el proyectil, todos se preguntaban con ansiedad qué iban a encontrar en su interior. ¿Habrían perecido? ¿Habrían sobrevivido? Sí, a menos que hubieran muerto después de haber izado la bandera nacional...

Un profundo silencio reinaba en los botes. La respiración era anhelante, los ojos se cegaban. Uno de los portillos del proyectil estaba abierto. Los trozos de cristal adheridos todavía al bastidor demostraban que había sido roto. Este portillo se alzaba unos cinco pies por encima del agua.

Atracó una de las lanchas, la de J. T. Maston, que se precipitó al portillo abierto...

En aquel momento se oyó una voz clara y jovial, la de Michel Ardan, que decía triunfante: «¡Blanco, blanco, Barbicane; blanco en toda la línea!».

¡Barbicane, Michel Ardan y Nicholl jugaban al dominó!...

Capítulo XXIII

Se recordará la inmensa expectación que había acompañado a los tres expedicionarios en el momento de su despegue. Si al comenzar el viaje suscitaron semejante emoción en el Antiguo y en el Nuevo Mundo, ¡qué entusiasmo no acogería su regreso! ¿No se precipitarían al encuentro de los sublimes aventureros los millones de espectadores que habían invadido la península de Florida? Aquellas legiones de extranjeros que acudieron presurosos a las costas americanas desde todos los rincones del globo, ¿serían capaces de dejar el territorio de la Unión sin haber visto otra vez a Barbicane, a Nicholl y a Michel Ardan? ¡No! El ardiente entusiasmo de los pueblos respondería dignamente a la grandeza de aquella empresa.

Aquellos seres humanos que habían dejado la Tierra y que volvían después de un viaje tan singular por el espacio no podían menos de ser aclamados, como lo será el profeta Elías cuando descienda de nuevo sobre la Tierra.

Primero, verlos; después, escuchar lo que contaran; ése era el deseo general.

Este deseo iba a verlo realizado muy pronto la casi totalidad de los habitantes de la Unión.

Barbicane, Michel, Nicholl y los delegados del Gun-Club regresaron inmediatamente a Baltimore, siendo aclamados con un entusiasmo indescriptible. Los apuntes de viaje del presidente Barbicane estaban ya preparados para ser publicados. El *New-York Herald* compró aquel manuscrito a un precio que no ha sido conocido aún, pero cuya importancia tenía que ser considerable. Durante la publicación del *Viaje a la Luna* la tirada de aquel periódico llegó a cinco millones de ejemplares. Tres días después del regreso de los viajeros eran ya conocidos los menores detalles de su expedición. Sólo faltaba ver a los héroes de aquella empresa sobrehumana.

La exploración de Barbicane y sus amigos alrededor de la Luna había permitido comprobar las diversas teorías admitidas respecto al satélite terrestre. Aquellos sabios lo habían observado de cerca y en condiciones especialísimas. Ahora se sabía cuáles eran los sistemas que debían ser desechados, cuáles los admitidos, relativos a la formación de la Luna, a sus orígenes, a su habitabilidad. Su pasado, su presente, su porvenir habían sido descubiertos con sus más recónditos secretos. ¿Qué se podría objetar a aquellos observadores concienzudos que habían examinado a menos de cuarenta kilómetros la montaña Tycho, tan original, el sistema más extraño de la orografía lunar? ¿Qué replicar a aquellos sabios cuyos ojos penetraron en los abismos del Circo de Platón? ¿Cómo contradecir a aquellos valientes a quienes las contingencias de su empresa arrastraron por encima del hemisferio invisible del disco, jamás explorado por el ojo humano? Estaban en su derecho de imponer ahora ciertos límites a la ciencia selenográfica, que acababa de reconstituir el mundo lunar como Cuvier había reconstituido el esqueleto de un fósil, y que decían: «La Luna, *fue* un mundo habitable y habitado mucho antes que la Tierra. La Luna *es* un mundo inhabitable e inhabitado».

Para festejar el regreso del más ilustre de sus miembros y el de sus dos compañeros, el Gun-Club pensó en dar un banquete; pero un banquete digno de aquellos triunfadores, digno del pueblo americano, y en condiciones tales que todos los habitantes de la Unión pudieran tomar parte en él.

Se reunieron todas las cabezas de línea de los ferrocarriles del Estado por medio de rieles volantes. En todas las estaciones, empavesadas con banderas iguales, decoradas en idéntica forma, se instalaron interminables series de mesas, servidas también del mismo modo. A ciertas horas, calculadas sucesivamente y señaladas en relojes eléctricos que marcaban el segundo en el mismo momento, las muchedumbres fueron invitadas a sentarse a las mesas de aquel gran banquete.

Durante cuatro días, del 5 al 9 de enero, se interrumpió el servicio de trenes, como ocurre cada domingo en los ferrocarriles de la Unión, y las vías quedaron libres.

Solamente una locomotora de gran velocidad, arrastrando el vagón de honor, tuvo derecho a circular durante aquellos cuatro días por las líneas de los Estados Unidos.

En la locomotora, servida por un mecánico y un fogonero, tomó asiento, como favor insigne, el honorable J. T. Maston, secretario del Gun-Club.

El vagón estaba reservado para el presidente Barbicane, el capitán Nicholl y Michel Ardan.

Al silbido del mecánico, a los «¡Hip!» y los «¡Hurras!» y demás onomatopeyas admirativas de la lengua americana, el tren salió de la estación de Baltimore, llevando una velocidad de 80 leguas por hora. Mas, ¿qué significaba aquella velocidad, comparada con la que arrastró a los tres héroes encerrados en el proyectil al salir disparados del Columbiad?

De este modo fueron de ciudad en ciudad, contemplando las poblaciones sentadas a la mesa en todo su trayecto, las cuales los saludaban con las mismas aclamaciones.

Recorrieron el este de la Unión por Pensilvania, Connecticut, Massachussets, Vermont, Maine y el Nuevo Brunswick. Atravesaron el norte y el oeste por Nueva York, Ohío, Michigan y Wisconsin. Bajaron al sur por el Illinois, Missouri, Arkansas, Texas y Luisiana, yendo luego al sureste por Alabama y Florida, remontándose por Georgia y las Carolinas, visitando el centro por Tennessee, Kentucky, Virginia, Indiana y, finalmente, por Washington regresaron a Baltimore.

Durante cuatro días pudieron figurarse que los Estados Unidos de América, reunidos en aquel gran banquete, los saludaban simultáneamente con los mismos hurras.

La apoteosis fue digna de aquellos tres héroes, que la fábula hubiese elevado al rango de semidioses.

¿Tendrá algún resultado práctico aquella expedición sin precedentes en los anales de viajes? ¿Se establecerán algún día comunicaciones directas con la Luna? ¿Llegará a organizarse un servicio de navegación por el espacio, en conexión con el mundo solar? ¿Será posible trasladarse de un planeta a otro, de Júpiter a Mercurio, y más tarde de una estrella a otra, de la Polar a Sirio, por ejemplo? ¿Permitirá algún sistema de locomoción que se viaje por esos soles que pululan en el espacio?

A estas preguntas no es fácil contestar; mas conociendo el audaz ingenio de la raza anglosajona, nadie se extrañará de que los americanos traten de sacar partido del viaje del presidente Barbicane.

Por esta razón, algún tiempo después del regreso de los viajeros del proyectil, el público acogió con agrado los anuncios de una pequeña sociedad *(limited)*, cuyo capital de cien millones de dólares se subdividía en cien mil acciones de mil dólares cada una, bajo la razón social de

Sociedad Nacional de Comunicaciones Interestelares: presidente, Barbicane; vicepresidente, el capitán Nicholl; secretario de la Administración, J. T. Maston; director de Transportes, Michel Ardan.

Y como es inherente al temperamento americano el preverlo todo en los negocios —hasta la misma quiebra—, nombraron de antemano como juez de liquidaciones al honorable Harry Troloppe y como síndico a Francis Dayton.